Parties and Party Systems : A Framework for Analysis

Parties and Party Systems : A Framework for Analysis

조반니 사르토리의 개정판 서문
피터 마이어의 서문 수록

Parties and Party Systems: A Framework for Analysis

Giovanni Sartori

정당과 정당 체계

조반니 사르토리 지음 | 정헌주 옮김

한울아카데미

차례

신판 저자 서문　　　　　　　　　　　10

피터 마이어의 서문　　　　　　　　　12

서문　　　　　　　　　　　　　　　24

제1부　왜 정당인가

1장　부분으로서의 정당　　　　　　　33

2장　전체로서의 정당　　　　　　　　81

3장　예비적 틀　　　　　　　　　　103

4장　내부로부터의 정당　　　　　　123

제2부　정당 체계

5장　정당 수에 따른 정당 체계 구분　187

6장　경쟁 체계　　　　　　　　　　205

7장　비경쟁 체계　　　　　　　　　313

8장　유동적 정체와 유사 정당　　　　349

9장　전체적인 틀　　　　　　　　　387

10장　공간 경쟁　　　　　　　　　457

미주　　　　　　　　　　　　　　504

찾아보기　　　　　　　　　　　　575

표·그림 차례

표 1.   책임 정부에서 정당 정부로 66

표 2.   당내 정파의 분류 항목과 유형(목록) 141

표 3.   다당 체계의 패턴, 부류, 유형 202

그림 4.   각국의 정당 체계에 따른 권력 분산 203

표 5.   네덜란드의 선거 결과(1946~72년) 234

표 6.   덴마크의 선거 결과(1945~75년) 235

표 7.   이스라엘의 선거 결과 합산(1949~73년) 240

표 8.   바이마르공화국 시기 선거 결과(독일제국의회) 246

표 9.   이탈리아의 하원 선거 결과(1946~72년) 및 지방선거 결과(1975년) 247

표 10.   프랑스의 하원 선거 결과(1945~75년) 248

표 11.   칠레의 하원 선거 결과(1945~73년) 251

표 12.   핀란드의 선거 결과(1945~75년) 257

표 13.   스페인 공화국 : 좌파 계열과 우파 계열의 의석수(1931~36년) 259

표 14.   양극화된 정체 7개국 선거 결과 및 선형 추세(회귀 계수) 260

그림 15.   바이마르공화국의 추세 261

그림 16a.   이탈리아의 추세 262

그림 16b.   이탈리아: 좌경 원심력 263

그림 16c.   이탈리아: 우경 원심력 264

그림 17a.   프랑스의 선거 결과(1945~73년) 265

그림 17b.   프랑스의 추세(1945~73년) 265

그림 18.   칠레의 추세 266

그림 19.   핀란드의 추세 267

그림 20.   스페인(1931~36년, 선거 분포 종합) 268

표 21.   노르웨이의 선거 결과와 의석 점유율(1945~73년) 270

표 22.   스웨덴의 선거 결과와 의석 점유율(1948~73년) 272

표 23.   벨기에의 하원 선거 결과(1894~1974년) 282

표 24.   벨기에의 연립 정부(1946~74년) 284

표 25.   지배 정당 국가(선거 결과) 299

표 26.   지배 정당 및 일당 우위 체계(제1당과 제2당의 하원 의석 점유율) 305

표 27.   일당제 국가의 유형 및 기준에 따른 특성 330

표 28.   멕시코 하원 선거 결과(1958~73년) 340

표 29.   아프리카 국가에서 발생한 쿠데타(1975년 이전의 독립국가) 360

표 30.   유동성에서 결정화까지(상응 관계) 376

표 31.   아프리카 독립국: 39개국 정치 유형의 연속 379

표 32.   튀르키예 : 국민의회 의석 점유율과 의석수(1946~73년) 397

표 33.   정당 정체의 유형론 405

표 34.   단순화한 구조 도식 407

표 35.   전체 구도 409

그림 36.   단순화 모델 416

표 37.   18개국 정부 연립의 파편화(1946~74년간 체계의 평균) 432

표 38.   5개국 누적 비율 435

표 39.   24개 민주주의국가의 상위 두 정당 평균 득표율과 의석수(1945~73년) 436

그림 40.   F지수의 2차 처리와 가능한 수정 439

표 41.   세계 각국의 정당 체계 분열 비교 441

표 42.   민주주의 26개국의 정당 체계 분열(평균값 및 중앙값, 1945~73년) 444

표 43.   25개 민주주의국가의 유형 및 정당 체계 분열 점수(평균값) 446

그림 44.   다차원 공간 481

그림 45.   중간 지향성에 따른 2차원적 정당 공간의 편차 485

그림 46.   구심적 경쟁의 도식 494

그림 47.   원심적 경쟁 500

| 번역 용례 |

1. 이 책에서 사르토리가 처음 사용하거나 기존 영어에 없는 용어가 사용된 예가 있다. 대표적으로 'party pluralism'과 'channelment'가 있다. 전자는 복수의 시민 집단 사이에서 정치적 의견의 다름에서 비롯된 차이를 의미하므로 '정당 다원주의'로 옮겼다. 이는 왕과 신민, 국가와 시민 사이의 입헌 다원주의(constitutional pluralism)는 물론, 사회가 다양한 집단 이익으로 분화된 갈등 구조를 가리키는 '사회 다원주의'(societal pluralism)와도 대비되는 의미를 갖는 사르토리의 용어이다. 'channelment' 역시 영어에는 없는 사르토리만의 용어이다. 정치사회 안에서 정당들이 발휘하는 체계적인 의사의 소통(communication)과 대표(representation), 표출(expression)의 양식을 포괄하는 의미이므로 '의사 전달'로 옮겼다. 이를 응용해서 'party channelment'는 '정당이라는 전달체'로 옮겼다.

2. 사르토리는 정당의 수가 중심이 된 구도(format)와 정당 간 이념적 거리를 중심으로 한 경쟁의 역학(mechanics)을 변수화해서 정당 체계의 유형을 분류한다. 정당의 수가 5개 미만으로 덜 파편화된 구도는 'limited'로 표현하며, 5개 이상으로 파편화된 구도는 'extreme'으로 표현한다. 이는 각각 '제한적', '극단적'으로 옮겼다. 정당 구도가 제한적이면서 이념적 거리가 작으면 'moderate'로 표현하며, 정당 구도는 극단적이며 이념적 거리도 크면 'polarized'로 표현하는데, 이는 각각 온건(한), 양극(화된)으로 옮겼다.

3. 사르토리는 이 책에서 '정당 체계'를 "정당 간 경쟁과 연합의 상호작용 체계"로 정의하고 있
   다. 따라서 정당이 하나인 정치 체계는 정당 '체계'를 갖지 않는다고 했으며, 비경쟁적 유형에
   는 '체계'라는 단어를 사용하지 않았으므로 이 책에서는 경쟁적 유형에만 '체계'를 사용했다.
   그렇지 않은 one party, one party pattern, unipartism 등은 '일당제'로 번역했다.

 4. 'fragmentation'은 정당의 수가 많아지는 것을 가리키며 '파편화'로 번역했다. 유사한 의미
   의 'fractionalisation'은 정당 체계 수준에서 정당의 수가 많아지는 것을 가리킬 때는 '정당
   체계 분열'로, 당내 수준에서 정파가 많아지는 것을 가리킬 때는 '정파 분열'로 번역했다.
   'segmentation'은 이념적 거리는 좁으나 언어나 종교, 문화적으로는 서로 단절되어 있는 상
   태를 의미하며, '분절(화)'로 번역했다.

5. 'polarized'나 'polarization'은 일차원적인 연속체 상에서 좌-우 유효 정당 간의 이념적 거리
   가 멀어지는 것을 의미하며 '양극화'로 번역했다. 이와는 달리 정부나 연립을 구성하는 주축
   정당의 수를 가리키는 'bipolar'는 '이극', 'unipolar'는 '단극', 'multipolar'는 '다극'으로 번역
   했다.

6. 정당 내부의 하위 체계와 관련해서, 'faction'은 고전적 의미 그대로 '파벌'로, 'sect'는 '종파'
   로, 'fraction'은 '정파'로, 'division'은 '분파'로, 'current'와 'tendency'는 '계파'로 번역했다.

7. 'center'나 'center party'의 경우 좌우의 이념적 연속체상에서 중간이나 중앙의 위치를 의미
   할 때는 '중간', '중간 정당'으로 옮겼고, 이념적 성향의 온건함을 가리킬 때는 '중도'로도 옮겼
   다. 같은 이유에서 'centrality'는 '중간 지향성', 'centre logic'은 중도 논리로 번역했다.

8. 양당제에서 정부가 될 수 있는 야당은 'alternative government'라고 표현하며, 다당제에서
   집권 연합에 참여할 수 있는 야당들은 'alternative coalition'이라고 표현한다. 전자는 '대안
   정부', 후자는 '대안 연립'으로 옮겼다.

신판 저자 서문

원래 이 책은 두 권으로 집필할 계획이었다. 첫 책은 1976년에 발간되었으나 두 번째 책은 빛을 보지 못했다. 두 번째 책의 원고를 분실했는데,* 어쩌다 보니 복사본을 따로 만들어 두지 않았기 때문이다. 해가 지날수록 원래의 원고를 다시 쓸 수 없다는 사실이 명백해졌다. 그래서 잃어버린 두 번째 원고의 주요 논의를 1976년도 판에 축약해 넣어서 새로 한 권의 책으로 출간하기로 결심했다. 그래서 1976년도 판의 절판을 허락하고 말았다. 하지만 이 결정을 두고두고 후회했다. 두 번째 원고를 분실해 내 계획이 수포로 돌아간 뒤 나는 높은 심리적 장벽 안에 갇히게 되었는데 그런 장벽을 빠져나갈 길을 찾았다고 생각한 것이 솔직히 어리석은 일이었다. 사실상 처음부터 나는 그 장벽 속에 영원히 갇혀 한걸음도 나아가지 못했다. 결국 두 번째 책은 세상의 빛을 보지 못하게 되고 말았다.

역설적인 것은 영어판 원작이 이런 우여곡절로 인해 오래전에 시중에서 자취를 감췄음에도 불구하고 여러 나라 말로 번역, 출간되어 지금도 성황리에 판매되고 있다는 점이다(스페인에서는 Partidos y Systemas de Partidos이라는 제목으로 9~10쇄까지 판매되었다). 또한 1997년에는 미국정치학회로부터 '최우수 도서상'을 수상했으며, 2005년에는 중국어 번역본이 나올 예정이다.**

---

* 원고를 두고 내린 자동차를 도난당했다고 한다.

이 책에 수록된 자료는 확실히 시기적으로 오래된 것들이다. 하지만 이 책의 중심 내용인 이론 부분은 그렇지 않다. 1999년에 피터 마이어는 "영향력 있는 책들"*이라는 글에서 다음과 같이 단정적으로 말했다. "분류법과 유형론은 물론 폭넓은 이론과 관련해『정당과 정당 체계』에 비견할 만한 책이 없을 만큼 사르토리야말로 분류와 유형론에서 기존의 논쟁을 종식시켰다고 할 수 있다." 최근에 조슬린 에반스는 "사르토리에 대한 옹호"**라는 글을 발표했다. 사르토리를 옹호하는 사람이 필요하다면 공격하는 사람도 필요할 것이다. 따라서 이 책은 아직도 옹호자와 비판자 모두에게 큰 호소력을 가지고 있다.

나는 이 책이 새롭게 출간된 것을 환영한다. 케임브리지 대학교 출판부에서 출간한 1976년 판을 조기에 절판시킨 것이 어리석은 일이었음을 절실히 느낀다. 나의 이런 어리석음을 새삼 깨닫게 해준 유럽정치학회ECPR 출판부에 깊이 감사한다.

한편, 정당 분류 및 정당 기능에 관해 1967년에 내가 썼던 원고를 학술지『서유럽 정치』*West European Politics*에서 게재하기로 결정했다는 소식을 접하고는 너무 기뻤다. 이 원고는 『서유럽 정치』(vol. 28, no. 1, January 2005)에 영어로는 처음 실릴 예정이다.

2004년 피렌체에서

조반니 사르토리

** 중국어판은 2006년에 출간되었다. G. 萨托利, 王明进 譯, 『政党与政党体制』(商务印书馆, 2006).

* Peter Mair, "Volumes of Influence," *ECPR News,* Spring, 1999. pp. 30-31.

** Jocelyn A. J. Evans, "In Defence of Sartori," *Party Politics* no. 2, pp. 155-74.

피터 마이어*의 서문

1.

5~6년 전쯤 당시『유럽정치학회 뉴스』*ECPR News* 편집자인 제임스 뉴얼로부터 '영향력 있는 책들'에 관한 짧은 연재 글을 기고해 달라는 요청을 받았다. 현재 활동하고 있는 학자들의 책 가운데 "자신의 지적 발전에 가장 영향을 미쳤다고 생각하는" 저작을 소개해 달라는 것이었다. 책을 선정하는 것은 어렵지 않았다. 비교 정치 및 정치 행동에 관한 많은 고전들을 읽으며 큰 감명을 받았지만, 그 가운데에서도 지적으로 놓칠 수 없다고 느낀 유일한 책이 있다면 그것은 단연 조반니 사르토리의『정당과 정당 체계』이다. 이 책이 없었더라면 나는 연구의 방향을 잡지 못하고 매우 힘든 길을 헤맸을 것이다. 이 책은 1976년 케임브리지 대학교 출판부에서 초판이 나온 이래 지금까지 쇄를 거듭해 발간되고 있다.[1]

내가 정당과 정당 체계에 관한 사르토리의 저작을 처음 접한 것은 학자로서의 경력을 막 시작한 1970년대 초반이었다. 정당 체계에 관한 그의 초기 유형론은, 조지프 라팔롬바라와 마이런 와이너가 편집한 매우

---

* 아일랜드 출신의 정치학자. 오랫동안 네덜란드 라이덴 대학교에서 비교 정치학을 가르쳤으며, 학술지『서유럽 정치』의 공동 편집자로 활동했다. 모리스 뒤베르제, 세이무어 마틴 립셋, 스테인 로칸, 조반니 사르토리 이후 현대 정당 이론의 최고 권위자로 평가받고 있다.

영향력 있는 책이자 하나의 표준을 설정해 준『정당과 정치발전』*Political Parties and Political Development*(1966)에서 이미 모습을 드러냈다. 이 책은 한스 달더, 오토 키르히하이머, 스테인 로칸 등이 저술한 선구적인 글들로 구성되어 있다.[2] 그 뒤 그의 글은 에리크 알라르트와 로칸이 편집한『대중 정치』*Mass Politics*(1970)에 실렸으며,[3] 1976년도에 이 책이 출간되기까지는 오랜 시간을 기다려야 했다. 나는 이 책이 시판되자마자 바로 구입해 펼쳐 보고는 깜짝 놀랐다. 그토록 포괄적인 저작을 접한 적이 없었기 때문이다. 이 책은 다루는 범위가 넓을 뿐만 아니라 논의가 빈틈없이 전개되고 있으며, 경험적 실재 위에 견고하게 기초해 있었다. 또한 대단히 높은 수준에서 여러 개념을 명료하고 엄격하게 전개하고 있었다. 사르토리의 저작을 좀 더 폭넓게 이해하게 되면서 개념에 대한 엄격성이야말로 그의 학문적 특징임을 깨닫게 되었다. 이 책은 처음 접했을 때부터 나의 눈을 뜨게 해준 커다란 자극제가 되었다.

이 책은 실용적인 측면에서도 커다란 도움을 주었다. 당시 나는 아일랜드 정당 체계의 전개 과정을 연구하고 있었는데, 사르토리의 틀은 그 주제를 다루는 데 있어 이상적인 방법론을 제시해 주었다. 이 책을 읽고는 곧바로 그 방법론을 아일랜드에 관한 논문에 적용했다. 때마침 나는 1977년 베를린에서 개최될 예정인 유럽정치학회 합동 회의에서 발표할 논문을 준비하고 있었고, 이때 발표한 논문은 나중에 학술지『비교 정치』*Comparative Politics*에 수록되었는데,[4] 나로서는 더할 나위 없이 좋은 기회가 되었다. 이 때문에도 나는『정당과 정당 체계』에 대해 늘 애정을 갖고 있다.

2.

『정당과 정당 체계』가 처음 출간된 것은 1976년이지만 그 기원은 적어도 1960년대 초로 거슬러 올라간다. 사르토리는 피렌체 대학교 정치학과 교수로 있을 당시 정당과 정당 체계를 분석하고자 새로운 틀을 발전시키기 시작했고, 이미 1965년에 이탈리아어로 된 짧막한 책을 출간했다.[5] 예일 대학교 정치학과 방문 교수로 있던 1967년에는 그 주제를 다룬 긴 분량의 영어로 된 원고를 완성해 회람했다. 라팔롬바라와 와이너가 편집한 책에 실린 글에는 그 원고가 하퍼 앤 로Harper and Row 출판사에서 곧 출간될 것이라고 소개되기도 했다. 그러나 책은 출간되지 못했다. 사르토리가 자신의 이론을 좀 더 발전시키고 검증을 거친 뒤 경험 분석에 적용하고자 스스로 출간을 철회했기 때문이다.

세월이 흘러 연구가 축적되면서 사르토리의 출간 계획은 확대되었다. 원래 한 권으로 기획했던 것을, 1967년 원고의 접근 방법을 기초로 해 두 권으로 늘리기로 한 것이다. 더 많은 내용을 담겠다는 생각에서였다. 제1권에서는 1967년 원고의 1부와 2부에 비해 훨씬 상세한 내용이 들어 있는데, 거기에는 정당의 기원과 근본 원리, 그리고 정당 체계의 분류론과 유형론이 포함되었다. 또한 정당 경쟁에 대해서도 다루었다. 두 번째 책에서는 1967년 원고의 3부와 4부를 발전시키고자 했는데, 정당의 유형과 조직, 기능 연구를 위한 틀 그리고 정당 사회학 및 선거 제도의 영향을 분석할 예정이었다. 새로 두 권으로 계획한 저작은 정당 체계party system와 정치 체계political system의 관계에 대한 분석, 특히 연립 coalition 및 연립 정부에 관한 이론으로 결론을 맺기로 되어 있었다. 이 연립 및 연립 정부에 관한 주제는 전적으로 새로운 것으로, 1967년 원고에서는 전혀 거론되지 않은 것이었다.

마침내 1권은 1976년에 케임브리지 대학교 출판부에서 출간되었고, 현재는 유럽정치학회 출판부가 재출간했다. 그러나 2권은 모습을 드러내지 못했다. 1권은 1967년 원고에서 93쪽 분량으로 다뤘던 내용이었는데, 책으로 출간되었을 때는 370쪽에 이르렀다. 10년 전 원고에 비해 1976년에 출간된 책은 내용이 상당히 발전되고 확장된 것이다. 아마 2권도 출간되었더라면 그만큼 내용이 확대되었을 것이다. 2권 원고 파일에는 1967년 원고의 3부와 4부에 채워 넣을 계획이었던 각주·색인 카드 등과 보충 원고가 함께 들어 있었는데 그만 분실하고 말았다. 사르토리는 그 파일이 들어 있는 자동차를 도난당한 후 다시 찾지 못했다.

사르토리는 2권을 다시 집필하지 않았고, 그 결과 정당 분야의 학문이 더 풍부해질 기회를 잃었다. 그렇다 치더라도 2권이 완전히 사라진 것은 아니었다. 정당 사회학 및 선거법의 영향에 관한 부분들은 이미 1960년대 말부터 논문 형태로 출간되었다. 이 작업은 입헌 공학constitutional engineering*을 다룬 사르토리의 이후 저작에 부분적으로 실렸다.[6] 그렇지만 "정당의 유형, 조직, 기능"에 관한 부분은 발전되지 못했는데, 바로 이 점을 사르토리는 가장 유감스럽게 생각했다. 이런 이유에서 최근 학술지 『서유럽 정치』는 사르토리에게 1967년도 원고 가운데 발표하지 않은 부분을 그대로 게재할 것을 제안했다. 다행히도 사르토리는 이 제안에 동의했고, 그 원고는 『서유럽 정치』(vol. 28, no 1, January 2005)에 실리게 되었다. 이 원고는 시대적으로 오래되어 현 시점에는

* 헌법이나 선거제도의 설계와 기획을 통해 기존의 정치 행위와 관행을 개선하려는 접근.

불가피하게 적합하지 않을 수도 있고 후속 연구에 중요한 의미를 갖지 못하는 부분이 일부 있지만, 정당의 조직과 기능에 대한 분석은 여전히 매우 독창적이고 통찰력이 풍부하며, 분실한 2권의 간극을 채울 방도를 제시해 준다.

1980년대에 사르토리는 1권을 축약하고, 분실한 2권 원고의 내용을 결합해 『정당 정체』*The Party Polity*라는 제목으로 출간을 기획했다. 그 때문에 사르토리는 1권 영어판의 절판을 허락했다. 다만 스페인어판은 계속 출간되었고, 출간이 예정되어 있던 최초의 중국어판은 그대로 두기로 했다. 그러나 불행하게도 사르토리는 한 권으로 통합하려던 책을 저술하지 못했고, 결국 정당 조직에 관한 저작은 출간되지 못했다. 1990년대에 들어와서는 절판된 1권을 구하는 일이 점점 더 어려워졌다. 나는 이 책을 서재에 보관하고 있었는데 아쉽게도 1984년에 화재로 불에 타버렸다. 이후에 사본을 용케 구입했으나 가난한 대학원생에게 그것을 주고 말았다. 당시에는 책을 구입하려면 서점에 직접 가야 했다. 인터넷으로 중고 판을 구입하게 된 것은 극히 최근의 일이었다. 우연히 내가 발견한 책은 로버트 매켄지*가 소장하던 양장본으로, 주석이 달려 있고 밑줄까지 그어져 있었다. 그러므로 유럽정치학회 출판부가 이 책을 다시 펴내는 것은 매우 환영할 만한 일이다.

• 영국 비비시(BBC) 방송의 선거 전문 분석가로 유명했던 정치 사회학자.

3.

이 책은 매우 풍부한 내용을 담고 있다. 많은 사람들이 이 책을 경쟁적 정당 체계의 분류에 대한 가장 영향력 있는 접근 방법을 다룬 원전으로 읽고 인용하고 있는데, 사실은 그 이상이다. 이 책은 사르토리가 일찍이 개념 형성 및 정치사회학에 관한 두 편의 유력한 '방법론적' 논고에서 주창한, 매우 귀중한 분석적 가이드라인을 일관되게 보여 주는 본보기이다.[7] 이 책에서는 정당의 개념과 근본 원리에 관한 다방면의 해박한 논의가 전개되고 있다(1~4장). 아직 큰 주목을 받지 못하고 있지만, 정당 경쟁의 공간 모델에 대해 매우 통찰력 있게 비판한 부분도 있다(10장). 또한 정당 체계를 "정당 간 경쟁의 결과에 따른 상호작용의 체계"로 정의하고 있는데, 이는 권위 있는 정의로 인정되어 널리 인용되고 있다(91쪽). 돌이켜보면 사르토리가 정당 체계를 정의하고 또 그런 정의를 발전시키는 데 크게 주목하지 않은 것은 신기한 일이다. 어떤 관점에서 보든 정당 체계는 이 책의 핵심 개념임에 틀림없다. 그런데 공교롭게도 정당 체계에 대한 정의는 [일당제의 특징인] 당-국가 체계를 논의하는 과정에서 등장하며, 단순히 정당이 하나인 정치 체계는 정당 체계를 가지지 않으며, 정당이 복수인 정치 체계는 정당 체계를 가진다는 식으로 구별하기 위해 만들어 낸 것이다. 달리 말해, 사르토리는 이런저런 정당 체계들을 구별하는 데는 200여 쪽을 할애하면서도 정작 정당 체계 자체를 정의하는 데는 단 몇 단락으로 간단히 처리하고 있는 것이다. 이런 점은 그가 '정당'의 정의에 대해 포괄적으로 논의한 것과는 현저히 대조적이다.

물론 이 책은 정당 체계의 유형론과 더불어, 양극화된 다당 체계, 온건 다당 체계, 일당 우위 체계 등을 명확하게 구분한 것으로 가장 널리 알려져 있다. 이런 유형론을 통해 사르토리는 정당 체계에 관한 사고를 완전히 새로운 수준에 올려놓았다. 사르토리는 정당 체계의 분류에 있어서 정당의 수 또는 '구도'format의 중요성을 강조하고 있는데, 적어도 이 부분에서는 다른 학자들과 별반 다르지 않았다. 하지만 그는 하나의 체계 안에서 정당들을 서로서로 분리시키는 이념 거리ideological distance 를 두 번째 주요 기준으로 삼고 있다는 점에서 기존의 유형론을 넘어섰다. 또한 해당 체계 내에서 정당들 간의 상호작용(체계의 '역학'mechanics)과 경쟁 패턴의 차이에 남다른 관심을 두고 있었다는 점에서도 여타 유형론과 달랐다. 그는 이 두 기준[정당의 수 및 구도와 이념 거리]을 적용해야 정당 체계를 가장 잘 이해할 수 있다고 여겼다.

그에 따르면 정당 체계는 그 체계를 구성하는 정당의 수에 따라 분류해야 한다. 여기서는 양당 구도, 3당에서 5당 구도(제한적 다당 체계limited pluralism), 6당 이상의 구도(극단적으로 파편화된 다당 체계extreme pluralism)로 구분된다. 또한 정당 체계는 [극좌와 극우] 양 극단에 위치한 유효 정당relevant extreme parties 사이의 이념 거리에 따라 구분된다. 그 거리는 좁을 수도 있고, 넓을 수도 있다. 즉 '온건할'moderate 수도 있고, 극단적으로는 '양극화될'polarized 수도 있다. 그럼에도 불구하고 사르토리가 그 체계의 구도는 [정당의] 수와 [이념적] 거리 사이의 '역학적 성향'을 포함한다고 강력히 주장한 점을 보면, 이 두 기준이 완전히 서로 독립적인 것은 아닌 것 같다. 이를테면, 극단적으로 파편화된 다당 체계는 양극화로 이어지기 쉽다. [구도와 이념 거리라고 하는] 이 두 기준을 조합하면 세 가지 유형의 기본적인 정당 체계가 나온다. ① [정당의 수가 많지 않다는 의미에서] 구도가 제한적이고 이념 거리가 좁은 양당 체계(영국), ② 제한적 다당 체계이면서 이념 거리가 비교적 좁은 온건 다당 체계(덴마크), ③ 극단적으로 파편화된 다당 체계이면서 이념 거리가 넓은 양극 다당 체계(1960년대와 1970년대의 이탈리아). 또한 사르토리는 자신이 '일당 우위 체계'라고 부른 것을 검토하는데, 이 체계에서는 (일본의 자민당이나 아일랜드의 공화당처럼) 특정 정당이 선거에서 지속적으로 승리해 의회의 다수 의석을 차지한다. 그렇지만 이 체계는 항상 다소 특수한 범주로 취급되는데, 왜냐하면 이 체계는 정당의 수나 이념 거리에만 관련된 것은 아니기 때문이다.

내가 다른 곳에서 밝힌 것처럼, 사르토리의 유형론을 현재까지 발전해 온 유형론 가운데 가장 중요한 것으로 보는 데에는 많은 이유가 있다. 첫째, 사르토리의 유형론은 관심의 범위에서는 물론 경험적 사례에 적용되는 방식에서도 가장 포괄적이다. 둘째, 그것은 정교한 일국적 연구 및 초국가적 연구에 계속 활용되어, 정당 체계의 작동에 대한 일정한 통찰을 제시한다. 지금까지 발전되어 온 어느 유형론도 그의 통찰에 비견할 바가 못 된다. 셋째, 사르토리의 유형론은 확실히 경쟁의 패턴과 정당 간 상호작용에 초점을 둔다. 따라서 그의 유형론은 정당 체계 자체의 작동에 좀 더 직접적으로 관련되어 있다. 끝으로, 그의 유형론은 체계의 속성과 그것이 투표 행동의 패턴 및 정부 형성 패턴에 미치는 영향을 강조한다. 그러므로 그의 유형론은 정당 및 정당 체계를, 투표에서 유권자의 선호를 제약하거나 이끄는 독립변수로 이해하게 한다. 부언하자면, 이런 논점들은 사르토리가 적어도 1960년대 이래로 자신의 저작에서 지속적으로 강조한 바이다. 그런데도 오늘날 일부 논자들은 사르토리와 유사한 접근 방법을 채택하고 있음에도 불구하고, 마치 자신들의 접근 방법이 전적으로 새로운 것처럼 여기는 경우가 종종 있다.

4.

『정당과 정당 체계』가 발간된 지 30여 년이 지난 지금 사르토리의 유형론이 여전히 효용성이 있는지, 그리고 이 시대에도 판별력을 갖는지에 대해 당연히 의문이 들 것이다. 이런 의문은 단순히 '온건 다당 체계' 범주에 속하는 사례가 오늘날에는 과도하게 많아지고 있다는 사실 때문만은 아니다. 이런 의문은 스티븐 울리네츠가 세이지 출판사에서 곧 출간할 『정당 편람』*Handbook on Political Parties*[8]에 기고한 글에서 지적한 바 있다. 이로 인한 또 한 가지 문제는 명백한 양당 체계 사례를 찾기가 점점 어려워지고 있다는 것이다. 고전적 양당 체계 모델로 종종 거론되는 미국도 의회 선거와 대통령 선거에서 별도로 작동하는 '4당 체계' 또는 50개 주 수준으로 파편화된 정당 체계로 볼 수 있다. 뉴질랜드와 영국의 정당 체계도 점점 파편화되고 있으며, 영국은 지금 [이 서문을 저술할 당시인 2004년] 일당 우위 체계에 가까워지는 추세에 있다. 한편, 남미와 남부 및 중동부 유럽의 여러 새로운 민주주의국가들은 이극 패턴bipolar pattern을 형성하고 있다. 물론 이런 이극 패턴은 주요 대극을 형성하는 두 개의 정당이 아니라 여러 정당들이 두 개의 블록을 형성하는 양상을 띤다. 이탈리아, 독일, 오스트리아가 그렇게 움직이고 있음을 볼 수 있다. 다른 한편, 최근 전통적인 공산당들이 쇠락 또는 몰락함에 따라 양극화된 다당 체계의 명백한 사례를 찾아보기가 더 힘들어졌다. 사르토리가 이 책에서 다루고 있는 양극화된 다당 체계에 적용하고 있는 기준은 매우 정교하다. 즉 양극화된 다당 체계는 '최대화된 이념적 의견 폭'과 함께 '양 극단에 반대당*'이 있어야 하며, 반드시 정치 스펙트럼 양 극단에 '반체제 정당'("현 체제의 정당성에 도전하는" 정당)이 존재해야 한다. 그 뒤 양 극단에 위치한 반체제 정당 가운데 한쪽은 유효성을 상실하거나 소멸하게 되고, [이념적] 의견 폭이 불가피하게 줄어들며, 양극화 정도가 약화되는 일이 나타난다. 그 결과 양 극단에 위치한 정당이 사라짐에 따라 이들 나라의 정당 체계는 양극화된 다당 체계의 범주로부터 떨어져 나가게 된다. 1989년 베를린장벽이 붕괴하고 난 다음 몇 년 사이에 바로 이런 양상이 전개되었다. 이제 좌파 진영에는 더 이상 반체제 공산당이 존재하지 않으며, 반체제 우익 정당도 현 체제에 꾸준히 흡수, 편입되고 있다. 사실상 지금은 모든 정당이 연립 가능성을 가지고 있으며, 그 결과 양극화된 다당 체계의 사례는 찾아보기 어려워졌다.

요컨대, '순수한' 양당 체계는 찾기 어렵고, 양극화된 다당 체계는 그 기반이 점점 좁아지고 있으므로 결국 불가피하게 대부분의 체계는 온건한 다당 체계 형태로 분류된다. 이런 점 때문에 사르토리의 유형론이 갖고 있는 설명력은 명백히 감소하고 있다. 내가 보기에 사르토리가 정의한 기준을 엄격히 고수하면 학자들은 현실 세계의 체계를 (사르토리가 자신의 전체적 틀을 요약하면서 넌지시 암시했던) 일종의 혼합 범주에 위치시키게 될 것이다(〈표 41〉 참조).

이처럼 지금 사르토리의 유형론을 적용하는 데는 다소 문제가 있긴 하지만 그럼에도 그의 접근법이 가진 논리는 여전히 도전받지 않고 있다. 사실 그의 논리는 정당 체계를 적절하게 구분하는 작업이 어떻게 현실 세계에서 의미를 상실해 가고 있는지를 이해할 수 있게 해주기도 한다. 마찬가지로 중요한 것은 이 책을 통해 사르토리가 [정당 체계 이론에 관해] 매우 강력한 결정판을 제시했다는 사실이다. 울리네츠가 주목한

• 집권당에 반대하는 극좌 정당과 극우 정당.

바처럼, 정당 체계 이론은 1960년대와 1970년대에 번성했다가 지금은 점차 주목을 끌지 못하고 있다. 그 뒤로 새로 추가된 내용이 없는 것으로도 보인다. 물론 정당 체계의 작동에 관한 연구에서 결정판은 있을 수 없으며, 학술지와 여러 저서들에서 정당 체계의 동학과 그 변화 및 작동에 대한 논의는 계속해서 넘쳐 나고 있다. 그러나 정당 체계에 관한 분류법과 유형론 그리고 그에 대한 이론과 관련해 그만큼 폭넓은 논의는 『정당과 정당 체계』 이래로 주목할 만한 것이 없었다. 그런 의미에서 사르토리는 그간의 긴 논쟁에 사실상 종지부를 찍었다고 할 수 있다.[9]

『정당과 정당 체계』를 비롯해 정당, 정치 체계, 정치 이론에 관한 광범한 저작에서 드러나는 사르토리의 탁월함은 추론reasoning의 힘이다. 그의 사고는 매우 예리하며 정확하다. 이런 점에서 그는 현대 정치학계에서 비범한 정치학자로 남아 있다. 그는 이 책의 원판 서문에서 다음과 같이 지적한 바 있다. "기술적으로 정교해질수록 개념적으로는 더 우둔해지는 것 같다"(27쪽). 이 말은 그의 지속적인 관심사 중의 하나이지만, 그것은 1976년 당시보다 현재에 와서 훨씬 더 적절한 말이다. 한편, 사르토리와 『정당과 정당 체계』의 위대한 점은 개념적으로 매우 명민하다는 데 있다. 사실 사르토리를 읽으면 1970년 『미국 정치학회보』 APSR에 실린 그의 유명한 논문에서 묘사된 바 있는 '추상화의 사다리' ladder of abstraction가 갖는 중요성과 효용성을 다시금 이해하게 해준다. 이 추상화의 사다리는 1967년 원고에서도 분명하게 등장한다. 한때 그는 나에게 다음과 같이 말한 적이 있다. "나의 강점은 그 사다리를 오르내릴 수 있다는 것이다." 이 책은 사르토리가 어떻게 효과적으로 그렇게 했는지를 보여 준다.

이 책에 나타난 유형론을 현대에 적용하는 데 다소 문제가 있음에도 불구하고 이 책을 다시 읽는 것은 헤아릴 수 없는 값진 교훈을 가져다준다. 이 중에서 적잖은 것들이 [정당 체계 논의를] 종결시키기 위해 제시된 충고이며, 특히 21세기 정치학계를 겨냥한 충고인 듯하다. 그는 다음과 같이 경고한다. "정확성이라는 것이 조작적으로 만들어 낸 가공품에 지나지 않을 수 있다는 사실에 주의해야 한다." "숫자로만 된 것보다는 말로만 된 것이 낫다. 말로만 된 것보다는 숫자가 있는 말이 낫다. 숫자는 말로 된 이론 안에서 타당해지거나, 말로 된 이론 속에서 훨씬 큰 의미를 갖게 된다"(455쪽).

1998년 미국정치학회 '정당 조직 및 정당' 분과는 『정당과 정당 체계』에 '최우수 도서상'을 수여했다. 이 상은 이 분야에서 가장 탁월하고 영속적인 의의를 지닌 책에 부여하는 최고의 영예이다. 이 책은 분명 그럴 만한 자격이 충분하고, 케임브리지 대학교 출판부가 첫 출간을 했던 그때처럼 활력과 풍부한 통찰을 그대로 유지하고 있다. 이 책은 지금 유럽정치학회 출판부 고전 시리즈의 시작과 더불어 다시 출간된 것이다. 1976년 당시 젊은 학자였던 나는 이 책에서 엄청난 영감을 얻었다. 30년이 지난 지금에도 나는 이 책을 여전히 훌륭한 책으로 여기며, 새로운 세대의 학자들에게 이 책을 소개할 수 있게 된 것을 영광스럽게 생각한다.

2004년 라이덴에서

서문

인정하고 싶지 않지만 이 책을 저술하는 데는 제법 오랜 시간이 걸렸다. 돌이켜 보건대 내가 정당과 정당 체계에 관한 강의를 시작한 것은 1960년대 초 무렵이었다. 이 글을 쓰게 된 일차적 동기는 1951년에 출간된 모리스 뒤베르제의 선구적인 저작에 대한 불만에서 비롯되었다. 뒤베르제의 저작이 시간이 지나도 가치를 갖는 것은, 그가 일반 이론을 필요로 하는 주제를 포착했기 때문이다. 그런데 1963년 데이비드 앱터는 정당 분야 연구를 개관하면서 "정당 이론이 빠져 있다."고 정확히 지적했다. 나 역시 이 원고와 씨름하면서 그런 공백이 메워지기는커녕 오히려 점점 커지고 있음을 절감했다.

이 책의 초고는 1967년 예일 대학교에서 완성했고 그해에 회람되었다. 나뿐만 아니라 당시 많은 동료들이 원고가 곧 출간되리라 믿고 1967년 원고를 인용했다. 그들에게 진심으로 사과의 뜻을 전한다. 그때의 원고는 지금 출판된 책에 비하면 이론적으로 번잡하고, 체계 이론 system theory과 구조기능주의structural functionalism에 치우쳐 있었다. 그렇다고 내가 그 뒤로 이론적 야망을 버렸다는 뜻은 아니다. 1967년의 초고와 지금 발간된 책에 차이가 있다면, 1967년에는 한 권에 모든 것을 담으려 했으나, 이제 그것을 두 권으로 기획해 그중 **제1권**을 출간한다는 것이다. 내 이론의 실마리들은 논의를 전개하면서 나타날 텐데, 특히 **제2권**에서 주로 다뤄지게 될 것이다.*

제2권은 아직 출간되지 않았기 때문에 체계 이론에 관한 나의 입장을 잠깐 언급해 둘 필요가 있겠다. 체계 이론에 불만을 가진 연구자들이 올바르게 지적하고 있듯이, 체계 전체에 대한 이론적 분석을 한편으로 하고, 경험적 연구와 발견을 다른 한편으로 할 때, 그 사이에는 엄청난 간극이 있다. 이 간극을 잇는 한 가지 방법은 아마도 중간 수준, 즉 하위 체계 또는 부분 체계에 대한 분석을 발전시키는 일일 것이다. 또한 나는 정당 체계party system, 좀 더 정확히 말하면, [정치 체계의] 하위 체계로서 정당 체계가 이런 목표를 달성하는 데 결정적으로 중요하다고 생각한다. 정당들은 사회와 정부 사이에 존재하는 핵심적인 중재 구조이자 매개 구조이다. 나아가 이들 정당이 하나의 체계를 이루는 한 정당들은 상호작용을 한다. 그런 상호작용은 역학적 성향, 즉 보상 및 기회의 구조로 파악할 수 있는데, 정당 정체party polity의 유형이 서로 다르면 상이한 결과를 낳게 된다. 나는 정치를 독립변수로 간주한다. 즉 정당과 정당 체계는 정치사회political society를 (반영하지만 그것을 넘어) 형성한다. 따라서 정치학자들은 정치를 종속변수로 다루기에 앞서 정치의 자율성이 정당과 정당 체계의 형성 과정에서 어떤 역할을 했는지를 탐색해야 할 것이다.

　이런 나의 이론적 야망은 제2권에서 드러날 텐데, 그렇다면 1967년 원고는 왜 출간되지 못했으며, 출판을 연기한 것이 원래의 원고 구성에 어떤 영향을 미쳤을까? 1968년에 이른바 학생 혁명이 내 연구실 문을 두드렸고, 학자들이 중립적인 의미에서 '갈등 관리'라고 부르는 일에 4년을 보냈다. 스탠퍼드 대학교 행동과학고등연구센터에서 만 1년 동안

• 개정판 서문에서 밝혔듯이 제2권은 결국 출간되지 못했다.

연구 생활을 하고 난 1971년 말이 되어서야 나는 원고를 다시 손에 잡을 수 있었다. 그러는 사이에 새로운 자료가 너무 많이 나타나서 간단히 원고를 마무리하기 어려워졌다. 그래서 책을 두 권으로 나누든가 분량을 두 배로 늘려야만 했다.

1970년대에는 입증할 수 있는 증거가 없으면 정당에 관한 어떤 일반 이론도 인정받을 수 없다는 견해가 지배적이었다. (뒤베르제라면 그렇게 주장할 자격이 있지만) 그 이래로 많은 증거들이 축적되었다. 그러나 그런 증거들은 어떤 이론적 용도를 위한 것인가? 나는 경험적 발견들로 이론을 입증하고, 또 역으로 그런 발견들의 이론적 연관성을 찾으려고 무진 애를 썼다. 그러나 누적적이지도 않고 비교가 불가능한 경험적 증거의 더미 속에 빠져 결국 좌절하고 말았다. 몇 번이고 시도했지만 나의 노력은 개념적 혼돈과 산만함 속에서 결국 수포로 돌아갔다. 다원주의pluralism, 대표representation, 표출expression, 강제coercion, 구조structure, 기능function, 체계system, 이념ideology, 문화culture, 참여participation, 동원mobilization 등은 모두 정당이라는 주제를 다루는 데 있어 중심적인 개념임에 틀림없다. 나는 이런 개념들과 마주칠 때마다 어떻게 그 개념들이 (엉뚱하게 또는 불분명하게) 사용되고 있는지를 설명하고, 논쟁하고, 또 내가 선택한 정의를 정당화하는 데 대부분의 시간과 정력을 쏟아 부었다. 그러는 과정에서 본격적인 논의에 들어가기도 전에 예비적인 문제들에 끝없이 말려들었고, 내가 다룰 주제의 핵심에 가까이 가지도 못하고 있다는 것을 느끼게 되었다. 결국 모든 것을 휴지통에 던져 버려야만 했으며 마치 [끊임없이 돌을 굴려 올려야 했던] 시시포스처럼 원점으로 되돌아가야 했다.

이런 좌절과 우여곡절이 원고가 늦어지게 된 것, 그리고 원고를 완성하지 못한 것에 대한 변명이 될 수는 없다. 그러나 이는 지난 25년 동안이나 뒤베르제의 고전을 대체할 연구가 나타나지 못한 이유를 설명하는 데 도움을 준다. 나아가 오늘날 정치학이 경험적 이론과 동일시되면서 어떤 곤경에 처하게 되었는지에 대해 경종을 울려 준다고 볼 수도 있다. 기술적으로 정교해질수록 개념적으로는 더 우둔해지는 것 같다.

또한 나는 비교의 근거라는 문제에서도 끝없이 어려움을 겪어야 했다. 우리는 모두 자신의 경험을 확대하고 다른 나라 사람들의 경험을 축소하는 경향이 있다. 그런 점에서 인간은 [지구 중심의 천동설을 주장한] 프톨레마이오스와 다름없다. 그렇지만 미국의 여러 주쎄들, 소비에트연방, 일련의 신생 아프리카 국가들을 애써 같은 범주로 분류하려 한다면 근본적으로 잘못될 수밖에 없다. 100개나 되는 나라에 일정한 공통의 기준을 적용한다면 어떻게 하든 문제가 있기 마련이다. 단일 지역을 연구하는 전문가들은 나의 분석이 지나치게 포괄적이라며 못마땅해 할 것이다. 하지만 전 세계적 차원의 비교 연구를 위해서는 이런 대가를 치를 수밖에 없다.

이 책은 두 부분으로 구성되어 있다. 1부에서는 정당이 어떻게, 왜 등장했는지, 정당의 목적, 그리고 하나의 정체polity가 그것의 부분들에 맡겨질 때의 위험성에 대해 주로 다룬다. '부분'이나 '전체' 같은 추상적 개념을 별로 좋아하지 않는 것이 요즘 풍조이지만, 사실 역사적으로 볼 때 이런 개념들은 정당을 둘러싼 논쟁에서 중요한 표지석의 역할을 했으며, 하나의 관점을 수립하는 데 분석적으로도 유용하다. 안타깝게도 실제로 파벌주의와 관련된 문제(1부는 파벌의 문제에서 시작해 이 문제로 끝난다.)를 둘러싸고 혼란이 생기는 것은, 내가 보기에는 바로 관점이 결여되었기 때문이다.

2부에서는 정당 '체계들'을 살펴보고, 여러 정당 체계가 가진 역학적 경향 내지 성향과, 그에 따른 설명력과 예측력에 기초해 정당 체계를 분류한다. 여기서 시도하는 분류 방식은 많은 점에서 이전의 분류 방식과 별반 다르지 않다. 그렇지만 (누구나 인정하듯이) 부류class와 유형type은 정당 연구에 있어 그저 '출발점'일 뿐이다. 이어지는 과학적 연구의 모든 단계는 체계화된 분석적 용어에서 출발하지 않으면 오류투성이가 될 수밖에 없다. 게다가 부류와 유형은 지수indexes나 연산algorithms으로 대체될 수 있는 것이 아니기에, 우리가 취할 수 있는 합리적 태도는 더 많은 것을 얻기 위해 명목적 기준과 수리적인 기준을 결합하는 데 있는 것으로 보인다. 명목적 기준과 수리적 기준 사이에 놓여 있는 서로에 대한 해묵은 배타성을 완화시켜서 말이다. 얼핏 보면 내가 정당의 수, 즉 정당 체계의 수적 분류 기준을 중요하게 다룬 것으로 보일 수도 있다. 그렇지만 이 책의 목차만 살펴봐도 나의 주요 관심이 경쟁competition에 있다는 사실을 알 수 있을 것이다. 이 책이 다운스 모델과 경쟁의 방향에 관한 논의로 마무리되는 것은 우연이 아니다.

제2권의 3부에서는 정당의 유형, 조직, 기능에 대해 살펴볼 것이다. 정당 체계를 먼저 다루고 정당의 여러 유형(이를테면 대중정당)을 나중에 살펴보는 것은 처음에 언급했던 '체계상의 이유'systemic reason 때문이다. 끝으로, 제4부에서는 정당이라는 주제를 정치 문화와 이념, 사회 균열cleavage*과 사회 체계(이것이야말로 정당 사회학의 주제라 할 수 있다), 선거

---

* 균열은 사회 구성원들 사이의 집단적 갈등과 대립을 야기하거나 야기할 가능성을 갖는 사회적 구분을 의미한다. 선거에서 다수의 지지를 얻고자 하는 정치 엘리트와 정당은 바로 이런 균열 축을 따라 집단을 동원한다. 그런 점에서 한 국가의 정당 체계는 사회의 균열 구조를 반영한다. 립셋과 로칸은 서유럽 정당 체계에 대한 고전적 연구(S. M. Lipset and S. Rokkan eds., *Party Systems and Voter Alignments: Cross-National Perspectives*, New York: Free

제도electoral systems의 효과, 정치공학political engineering의 방법과 수단 등 일련의 중요한 변수들과 연관시켜 논의할 것이다. 그리고 정당 체계를 전체로서의 정치 체계에 연관시켜 설명하고, 특히 연립정부 및 연립 이론에 대한 논의로 마무리할 것이다.

결국 나는 **정당 정체**(이는 민주주의 정체와 동일한 것이 아니다.)의 문제를 검토하게 될 것이다. 이번 작업은 다음과 같은 가정에 입각해 있다. 현대 정치가 특별히 '현대적인' 성격을 갖고 있다면, 그 새로움은 정치적으로 능동적인 사회, 정치적으로 동원되는 사회에서 비롯된다. 이는 새로운 자원이자, 또한 복합성의 새로운 원천이 아닐 수 없다. 바로 그렇기 때문에 현대 정치는 정당이라는 전달체party channelment*를 필요로 한다. 복수의 정당이 존재할 때는 정당들이, 그렇지 않으면 하나의 단일 정당single party이 그 역할을 하게 된다.

여러 해에 걸쳐 이 책을 쓰는 데 전념하는 동안 많은 동료들의 조언과 비판이 큰 도움이 되었다. 각 장에서 그들에게 감사의 뜻을 밝혀 두었다. 그 중에서도 레너드 바인더, 발 로윈, 한스 달더, 빙햄 파월은 원고의 주요 부분마다 적시에 논평을 해주었기에, 이 서문에서 꼭 감사의 뜻을 전하고자 한다. 지난 10여 년 동안 립셋과 로칸이 국제사회학회 정치사회학 위

Press, 1967)에서 산업혁명 이후 유럽의 정당정치의 내용을 결정지은 4개의 균열, ① 중심 대 주변, ② 국가와 교회, ③ 자본과 노동, ④ 토지와 산업을 제시했다.

* channelment는 본래 사전에 없는 말을 저자인 사르토리가 만든 단어이다. 과거와 달리 현대 정치는 사회의 다양한 갈등과 요구를 동원하고 표출하며 매개하고 집약하는 정당(들)의 능동적이고 적극적인 역할을 필요로 하는바, 그 전달체로서 정당의 특징을 가리키는 용어로 사용된다.

원회에서 정당을 의제로 삼아 연구를 진행하면서 흥미진진한 논의를 제시했는데, 이는 내게 말할 수 없이 큰 도움이 되었다. 예일 대학교 국제지역연구평의회, 그리고 후일 스탠퍼드 대학교 행동과학고등연구센터는 내가 힘겨운 작업을 하는 동안 이상적인 환경과 시설을 제공해 주었다. 사실 최종 원고는 대부분 스탠퍼드의 '언덕 위에서' 작성했고, 미리엄 갤러허가 센터에서 편집을 했다. 끈기 있게 그리고 가끔은 이견을 제시하며 조력을 다해 준 그에게 감사하고, 최종 편집을 하는 데 성심을 다한 케임브리지 대학교 출판부 편집진에게도 감사의 말을 전한다.

G. S.

1975년 9월 산 줄리아노에서

제1부

왜 정당인가

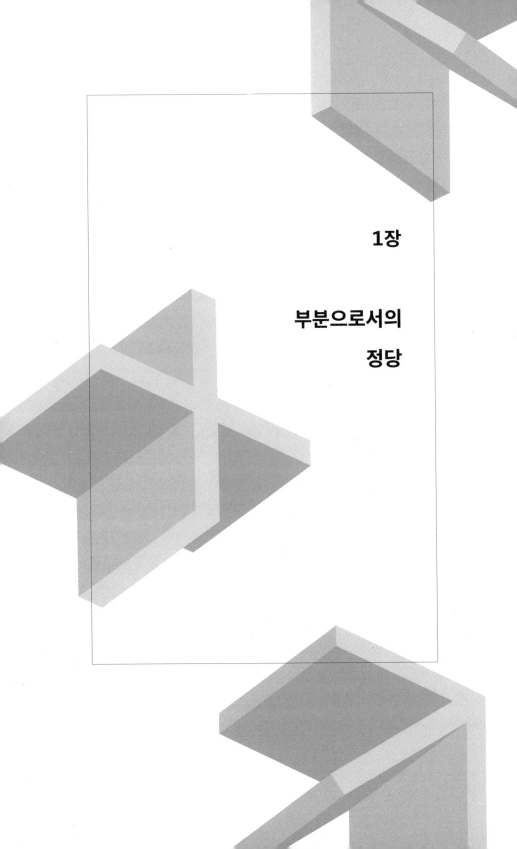

1장

부분으로서의
정당

1. 파벌에서 정당으로

경멸적인 뜻을 지닌 '파벌'faction이라는 용어를 밀어내고 '정당'party이라는 명칭이 사용되기 시작한 것은, 정당이 반드시 파벌도 아니고 해악도 아니며 공동선 즉 공공복리를 훼손하는 것도 아니라는 관념을 받아들이면서부터이다. 파벌에서 정당으로의 변천 과정은 사실 관념의 영역과 실제의 영역 모두에서 천천히 그리고 여러 굴곡을 거치면서 이루어졌다. 18세기 후반에 들어설 즈음에 볼테르는 『백과사전』*Encyclopédie*에서 다음과 같이 간명하게 진술했다. "정당이라는 용어는 그 자체로 불쾌감을 주지 않는데, 파벌이라는 말은 항상 불쾌감을 준다."[1] 이 문장은 1732년에, 다방면에서 천재적이며 종합적인 능력의 소유자인 볼테르가 볼링브로크*로부터 시작해 약 한 세기 동안 진행된 논쟁을 축약한 것이다.[2]

로마 시대에서 19세기에 이르기까지 파벌이라는 명칭이 혐오감을 주었다는 것은 분명한 사실이다. 서구 정치사상의 전통을 통틀어 다른 견해를 가진 이론가는 없다고 해도 무방하다. 그러므로 이 문장에서 흥미로운 부분은 볼테르가 정당은 파벌과 다르며, 정당이라는 용어가 반

* 18세기 영국의 정치가이자 철학자이다. 뛰어난 논변과 웅변 실력 덕분에 일찍이 토리당의 주요 인물이 되었다. 의회의 입장에서 정당에 관한 최초의 논의를 주도한 것으로도 잘 알려져 있다.

드시 부정적인 의미와 연결되는 것은 아니라고 인정했다는 점이다. 그렇다고 볼테르가 이런 차이를 받아들였다고 생각할 수는 없다. 그는 파벌을 가리켜 "국가 내의 선동적인 정당"a seditious party in a state이라고 말했다. 그러므로 정당이라는 용어는 선동적이지 않은 파벌을 가리킨다고 볼 수 있다. 그러나 그는 이어서 다음과 같이 말한다. 파벌은 "아직 힘이 미약할 때, 즉 국가 전체를 통합할 힘이 없을 때 선동적인 정당이 된다." 그래서 "카이사르의 **파벌**은 로마공화정을 삼키고서 이내 하나의 지배적인 정당a dominant party이 되었다." 그리고 "한 정당의 우두머리는 항상 한 파벌의 우두머리이다."라는 볼테르의 언명으로 인해 그 둘의 구분은 (사라지지는 않았지만) 한층 약화되었다.

그러면 아무런 차이가 없는 것을 구분한 것인가? 이런 식으로 볼테르를 비판하는 것은 온당치 못하다. 그는 다만 18세기에 존재했던 모호함과 당혹스러움을 반영할 따름이다. 그러므로 볼링브로크, 데이비드 흄, 에드먼드 버크, 그리고 프랑스혁명 및 미국혁명의 주역 등 우리 주제와 관련된 사람들 모두에게 의문을 제기해야 마땅할 것이다. 그렇게 하려면 우선 그들의 용법을 먼저 이해해야 한다.

'파벌'과 '정당'은 어원학적으로도 의미론적으로도 다른 뜻을 갖는다. 파벌을 뜻하는 faction은 훨씬 더 오래 되었고 좀 더 잘 정립된 용어로서, '하다', '행동하다'라는 뜻의 라틴어 동사 facere에서 유래했고, 라틴어로 글을 쓰는 사람들에게 factio라는 용어는 곧 파괴적이고 해로운 행동facere을 일삼는, 즉 '끔찍한 행동을 하는' 정치집단을 의미했다. 그리하여 라틴어 어원이 전하는 애초의 의미는 오만하고 과도하며 무자비한, 그래서 해로운 행동이라는 관념이다.

'정당'party은 '분할하다'라는 뜻의 라틴어 partire라는 단어에서 유래

한다. 그러나 그것은 17세기 전까지는 유의미한 정치학 용어가 되지 못했다. 이는 라틴어 뜻 그대로 직접 정치적 담론으로 사용되지 않았음을 의미한다. 정당보다 오래된 개념이자 어원학적으로 동일한 의미를 갖는 것은 '종파'sect이다. 이 단어도 '자르다', '절단하다', '분할하다'라는 의미의 라틴어 secare에서 유래한다. 이처럼 '종파'라는 말이 partire가 갖는 엄격한 의미를 대신해 이미 일상화되어 있었고 확고하게 자리 잡고 있었기 때문에, '정당'은 좀 더 느슨하고 막연한 의미로 사용되었다. 이런 경우 '정당'은 기본적으로 '부분'part의 의미를 가졌는데, 부분이라는 말은 그 자체로서 경멸적인 용어가 아니라 일종의 분석적 구성물이라 할 수 있다. 이전 시대의 학자들 사이에서는 그들이 서로 이탈리아어로 말하든 스페인어나 프랑스어나 독일어로 말하든 그 의미는 라틴어나 희랍어를 통해 이해되었다. 그러므로 정당이 어원학적으로 partire, 즉 분획partition에서 유래했다는 사실에 대해 17, 18세기의 사상가들은 아무도 이견을 제시하지 않았다. 그럼에도 불구하고 '부분'은 오랜 기간을 거치면서 원래의 의미를 상실해 갔다. 부분이라는 용어는 영어의 협력partnership 및 참여participation와 더불어 '참가하다'partaking의 의미를 지니게 되면서 '함께하다'라는 뜻의 프랑스어 partager와 같은 뜻으로 쓰이게 되었다.

따라서 '부분'part이라는 말이 '정당'party이라는 말로 쓰일 때는 의미론적으로 서로 대립되는 두 개의 뜻을 갖게 된다. 한편으로는 partire에서 파생된 '분할하다'는 의미를, 다른 한편으로는 '참여하기', '함께하기'와 연계되는 의미를 지닌다. 사실 정당이라는 말이 더 강하게 연상시키는 것은 전자보다 후자의 의미에 가깝다. 그런데 여기서 주목해야 할 복잡한 문제가 하나 있다. 그것은 '정당'이 정치학 용어로 자리 잡아 가는 동안 '종파'는 정치학 용어의 범주에서 벗어나기 시작했다는 점이다. 17세기를 거치며 종파라는 용어는 종교, 특히 개신교의 종파주의와 연계되기 시작했다. 이런 과정에서 '정당'이라는 용어는 (적어도 부분적으로) 정치 영역에서 이전에 '종파'가 가졌던 의미까지 갖게 되었다. 그 결과 '정당'은 본래 갖고 있던 단절 및 분할 개념과 더욱 강하게 연계되었다.

이상의 긴 설명을 통해, '정당'은 처음부터 '파벌'보다 덜 부정적인 의미를 가졌으면서도 여전히 파벌과 유사한 동의어로 남아 있게 된 까닭을 살펴보았다. 버크를 제외하고* 18세기의 어떤 사상가도 두 개념을 구별하지 못했다는 데는 의심의 여지가 없다. 우리가 알고 있는 모든 사상가들, 특히 볼링브로크와 흄은 두 개념의 차이를 보여 주기 위해 전력을 다했다. 우리가 당시 문헌을 읽으면서 두 용어를 구분하고 각각의 정확한 용어법에 주의를 기울이면, '파벌'은 구체적인 집단을 일컫는 반면, '정당'은 구체적 실체가 아니라 분석적 분획analytic partition, 즉 정신적 구성물이라는 점을 알 수 있다. 이는 왜 둘의 구분이 금세 모호해지고 견고하게 유지되지 못하는지를 설명해 준다. 만약 파벌을 구체적 집단으로, 정당을 추상적 집단으로 정의한다면, 현실 세계에서 파벌과 정당을 구분할 기준을 세울 수 없게 된다.

이런 사실을 통해 우리는 다음과 같은 점에 주목하게 된다. 즉 '부분'을 말하지만 '정당'이라는 단어를 사용하지 않는 사상가들은 이 문제[부분과 정당을 구분하는]와 실제로 대면하지 않고 있다는 것이다. 특히 마키아벨리와 몽테스키외가 그런 경우인데, 이들은 정당 개념을 호의적인 의미로 바라본 선구자로 거론되곤 한다. 그러나 정작 그들은 정당이라

• 정당에 대한 버크의 정의는 46쪽을 참고할 수 있다.

는 단어를 사용하지 않았다. 이와 관련해 마키아벨리는 다음과 같이 적었다. "귀족과 평민 간의 분규는 …… 로마의 자유를 유지시킨 으뜸가는 요인이다." 그리고는 다음과 같이 덧붙인다. 모든 공화정에는 "두 개의 서로 다른 기질, 즉 평민의 기질과 귀족의 기질이 있는데 자유를 지향하는 모든 법률은 이 둘 간의 불화에서 비롯된다." 그러나 마키아벨리는 이런 일반화를 자신의 시대에 적용할 준비가 되지 않았을 뿐만 아니라, 그의 말대로 "도시[국가]를 여러 부분으로 갈라놓은 파당partisans"에도 적용할 의사가 없었다. 왜냐하면 이런 '부분들'이 도시를 '파멸'로 이끈다고 생각했기 때문이다.[3] 실제로 마키아벨리는 구체적 집단에 대해 언급할 때면 온 힘을 다해 종파와 파벌주의를 비난했다.

몽테스키외는 얼핏 보면 마키아벨리보다 한 걸음 더 나아간 듯하다. 몽테스키외는 로마가 흥망성쇠를 경험한 원인을 다룬 『로마 흥망의 원인』 *Considerations*•에서 다음과 같이 서술했다.

정치체의 연합union of the body politic이라고 불리는 것은 모호하기 짝이 없다. 진정한 연합은 조화의 연합이다. 이런 연합에서는 모든 부분들[toutes les parties]이 비록 대립되는 듯 보이지만 사회의 공동선에는 일치한다. 음악 속의 불협화음이 전체의 …… 조화 …… 에 동조하는 것처럼 말이다. 그것은 우주의 부분들처럼 작용과 반작용에 의해 영속적으로 연계되어 있다.[4]

지금 보면 이런 주장은 매우 추상적이고, 음악의 조화나 우주의 조화 같은 상상은 매우 낡은 비유이다. 몽테스키외가 마키아벨리보다 한 걸

• 『로마인의 흥망성쇠 원인론』(박광순 옮김, 범우사 2007).

음 더 나아간 것으로 보인다면 그 이유는 몽테스키외가 마키아벨리의 주장을 로마 시대에서 당대의 영국으로 확대했기 때문이다.[5] 그런데 몽테스키외가 공화국의 '부분들'을 우호적으로 이해한다는 것을 조금이라도 발견하려면 몽테스키외의 저작 전체를 검토해야만 한다. 하지만 영국의 헌법을 개관하고 있는 『법의 정신』*L'Eesprit des Lois*의 중심 장章에는 정당에 대한 언급이 한마디도 없다.[6] 반면, '파벌'에 가해지고 있는 비난에 대해 몽테스키외도 동조했다는 데는 의문의 여지가 없다.[7]

사실 마키아벨리와 몽테스키외로서는 이 문제에 대해 깊이 탐구할 수 없었다. '부분'에서 '정당'으로 이행하는 결정적인 단계는 정당을, **대상을 지칭하는 목적어**, 즉 (파벌과 구분 가능한) 구체적인 실체entity와 기관agency을 가리키는 구체적인 명사로 인식하는 데 있기 때문이다. 이와 관련한 인식의 상당한 진전은 몽테스키외 이후 반세기 가량이 지난 버크에 와서야 이루어졌다. 버크에게 도달하기까지 겪어 온 긴 여정을 파악하려면, 몽테스키외와 동시대 인물로서 정당에 대해 광범하게 저술한 최초의 이론가인 볼링브로크에서 시작할 필요가 있다.[8]

볼링브로크는 다음과 같은 입장을 견지한다. "정당에 의한 통치는 …… 항상 어느 한 파벌의 정부로 마감되기 마련이다. …… 정당은 정치적 해악이며, 파벌은 모든 정당들 중에서 최악의 것이다."[9] 여기서 볼링브로크는 정도의 차이만 지적하고 있는 것처럼 보인다. 즉 파벌은 정당보다 해롭지만, 그 둘은 동일한 뿌리에서 나온 불행의 결과인 것처럼 말이다. 그러나 그는 정당은 사람들을 '원리에 따라' 분할한다는 점에서 그 둘의 차이는 [정도의 차이가 아니라] 종류의 차이임을 명백히 해둔다.[10] 그리하여 볼링브로크에 따르면, 17세기의 '전국적[국민적] 정당들'national parties과 당시의 분파들divisions 사이에는 명목적 차이가 아닌 실질적 차이가 있었다. 전국 정당들은 '원리와 기획에 따라 실질적 차이'가 나타나는 반면, 분파들은 '국가 이익'national interests에는 더 이상 관심이 없고, "사적 이익에만 몰두하는데" 이것이 바로 "파벌의 진정한 특성"이다.[11] 확실히 볼링브로크도 정당과 파벌을 동의어인 양 서로 바꾸어 사용한다. 그러나 이는 정당이 파벌로 타락하기 마련이라는 자신의 주장에 상응하는 것으로, 두 사물이 하나로 융합되면 그것을 가리키는 두 용어도 당연히 혼용될 수밖에 없다.[12]

그럼에도 불구하고 볼링브로크의 정당 개념에는 다소 양면성이 있다는 것을 염두에 둘 필요가 있다. 그가 지칭한 것이 1688년의 입헌 체제로 귀결된 대반란 때의 정당이냐, 아니면 볼링브로크 자신이 옹호했던 당시의 '나라당'country party*이냐에 따라 그 개념이 달라지기 때문이다. 후자의 정당에 대한 그의 입장은 매우 흥미롭다. 한편으로 그는 나라당을 정당화한다. 왜냐하면 "나라당은 나라 전체의 목소리에 의해 권위를 부여받는다. 나라당은 공동 이익의 원리에 기초해 형성되어야 하기" 때문이다. 다른 한편, 볼링브로크는 서둘러 다음과 같은 말을 덧붙인다. 나라당을 "정당이라고 부르는 것은 부적절하다. 나라당은 특정인들의 담론과 행위로 말하고 행동하는 국민nation이다."[13] 그런데 나라당은 긴급한 경우에만, 즉 정당한 이유가 있는 경우에만 필요해진다. 그러므로 볼링브로크는 "반드시 필요한" 정당[14]이 존재한다는 것을 인정하고 있

---

* 나라당은 왕정복고 이후 찰스 2세의 전횡에 반대한 세력들의 연합으로, 왕을 중심으로 정부를 관장하는 궁정 세력에 대항하는 반대당 역할을 하고자 했다. 체계적인 조직을 가진 것이 아니라 공동의 대의에 기초한 운동 세력의 형태를 띠었다. 나라당 이외에 조국당, 국가당, 국민당, 반궁정파 등으로 번역된다.

으며, 그런 정당은 입헌 체제에 해를 끼치는 세력에 대적하는 정당 또는 정당 연립이어야 한다. 이런 정당의 사례가 바로 (실제로는 '파벌'인) 궁정파court faction에 의한 입헌 체제의 침해에 맞서 입헌 체제를 수호하는 나라당이다. 이처럼 나라당은 (우리가 생각하는) 여러 정당들 가운데 하나의 정당이 아니라 (그 용어가 의미하듯이) 왕실에 반대해 나라 전체, 즉 자신들에게 해악을 끼치는 군주에 대항하는 신민subject이다. 군주가 아무런 해악을 끼치지 않는다면, 즉 군주가 헌법이 정한 대로 의회 안에서 통치한다면, 나라[국민]는 정당이 될 이유가 없다. 이로써 우리는 비정당적 정당non-party party, 즉 모든 정당을 종식시키는 정당이라는 개념을 갖게 된다.[15] 사실 바로 이것이 볼링브로크의 목적이다. [자신의 책인]『정당론』Dissertation upon Parties을 소개하는 헌사에서 볼링브로크는 자신의 저술을 "그토록 오랫동안, 처음에는 파멸적으로, 마침내는 어리석게 국민들을 미혹시켜 온 정당들을 증오하고 그 이름까지 소멸시키려는 시도"라고 표현한다. 간단히 말해, 볼링브로크의 의도는 "정당들을 서로 화해시켜 그들 간의 불미스러운 구분을 폐기"하는 것이었다.[16]

그렇다면 볼링브로크가 반정당적antiparty이었다고 결론 내리는 것은 합당하다. 정당에 의한 통치는 항상 파벌에 의한 통치로 마감되며, 정당은 이성과 형평의 원리에서 비롯되는 것이 아니라 열정과 이해관계에서 비롯되기 때문에 입헌 통치를 침해하고 위협하는 결과를 가져온다. 결국 볼링브로크가 지지한 것은 입헌 통치이다. 그의 이상은 통일과 조화이다. 하지만 볼링브로크는 이전의 어느 누구보다도 더 명확하게 파벌과 정당을 구분했다. 열정으로 가득 찬 긴 분량의 수많은 저술들[17] 속에서 그는 정당을 전면에 부각시켰다. 따라서 동시대의 학자와 후대의 학자들은 이 문제를 숙고하지 않을 수 없게 되었다. 흄은 볼링브로크 직후의 주요 철학자들 가운데 가장 먼저 그 주제에 파고들었다.

흄은 볼링브로크와 버크 사이에 위치하지만 사상적으로나 시대적으로나 볼링브로크 쪽에 가깝다. 정당에 관한 흄의 최초의 저작『평론』 *Essays*이 발표된 것은 볼링브로크의『정당론』이 나온 지 10년밖에 되지 않았을 때였지만 버크는 30년 정도가 지난 1770년에야 정당 문제를 다루었다. 예상한 대로 흄은 정당 문제를 다루는 데 있어서는 볼링브로크보다 덜 열정적이었으나 파벌을 다루는 데는 볼링브로크만큼이나 열정적이었다. 왜냐하면 그가 보기에 "파벌은 정부를 전복시키고, 법을 무력하게 만들며, 국민들 사이에 가공할 적개심을 불어넣"기 때문이다.[18] 정당에 관해 흄은 아주 관대한 입장을 취한다. 실제로 그는 "정당들 간의 모든 구분을 폐기하는 것은 실현 가능하지도 않을 뿐더러 자유 정부에서는 바람직하지도 않다는 것"을 인정했다는 점에서 볼링브로크보다 한발 앞서 나간다. 하지만 흄의 이상은 여전히 볼링브로크의 이상과 매우 흡사한 상태에 머물러 있다. 흄의 이상은 인위적이고 불쾌한 구분을 종식시키는 것이다. 당시 흄은 ("정부의 본질을 둘러싸고 정반대의 입장을 갖는" 사람들 사이를 갈라놓는) "정당 구분을 폐기하려는 보편적 욕망"이 존재한다는 것을 간파해 냈다. 그는 이런 욕망을 '연립의 경향'tendency to a coalition이라 불렀고, 이런 연립 속에서 "미래의 행복을 위한 최고의 만족스러운 전망"을 발견했다.[19] 그는 대반란[청교도혁명] 당시의 정당이 '원리에 기초한 정당'parties of principle이라는 것을 인정했으나 그 후에 "휘그당과 토리당이라는 명칭으로" 등장한 '새로운 정당들'에서는 그런 성격을 발견하지 못했다. 당시의 "파벌들은 성격, 주장, 원리에서 차이가 없었기 때문이다."[20]

흄의 주요한 기여는 1742년의 평론 "정당 일반에 관하여"Of Partie's in

General에서 개관한 유형론에 있다. 흄은 이 글을 비롯해 여러 글에서 독자들을 당혹스럽게 할 만큼 '정당'과 '파벌'을 혼동해서 사용하고 있다.[21] 확실히 그는 두 용어를 사용하는 데 있어 볼링브로크만큼 일관성을 보여 주지는 못했다. 그러나 흄은 분류하려 했으며, 정당-파벌에 대한 볼링브로크의 구분이 불충분하다고 여겼다는 점을 염두에 두어야한다. 만약 [볼링브로크의 말대로] 정당 역시 파벌로 귀결될 수밖에 없다면, 자신의 유형론은 그것이 어떤 정치집단이든[즉 정당이든 파벌이든] 상관없이 모두에 적용되어야 한다고 여겼던 것 같다. 그래서 흄은 ① [인물 중심의] **사적**personal 집단과 ② **실질적**real 집단이라는 기본적인 구분에서 출발하는, '당파심에 기초한 유형론'typology of partisanship을 수립했다고 말할 수 있다. 여기서 실질적 집단은 "감정sentiment과 이해관계interest와 같은 현실적인 차이에 기초한" 파벌 또는 정당을 말한다.[22] 흄은 "정당은 혼합되지 않은 순수한 형태로는 좀처럼 발견되지 않지만" '사적 파벌'은 일반적으로 과거의 소규모 공화정에서 전형적으로 나타나며, '실질적 파벌'은 현대 세계에서 전형적으로 나타난다고 주장한다. 흄의 분석은 '실질적 파벌'에 집중되는데, 이는 다시 세 종류로 분류된다. ① **이해관계**에 의한 파벌, ② **원리**에 의한 파벌, ③ **정서**affection에 의한 파벌이 그것이다.

흄의 견해에 따르면, 이해관계에 기초한 파벌은 "가장 합리적이고 용납될 만하다." 또한 이런 파벌들은 전제 정부에서는 "잘 나타나지 않는다." 반면 "이런 파벌은 실제로 존재하고, 어쩌면 바로 그렇기 때문에더 실질적이고 더 해롭다." 흄은 계속해서 다음과 같이 말하는데(이때 [파벌에서] '정당'으로 표현이 바뀐 것에 주목해야 한다), "**원리**에 기초한 정당, 특히 추상적 원리에 기초한 정당은 근대에 와서야 주목받았으며, 지금까지 인간사에서 나타난 가장 이례적이고 설명하기 어려운 **현상**이다." 이 신기한 현상은 실체를 파악하기가 어려웠다. 그러나 그는 여기서 비록 예시적이긴 하지만 '정치' 원리와 '종교' 원리를 결정적인 기준으로 구분한다. 흄이 겨냥하고 있는 것은 후자이다. "근대에서는 종교 정당이 지금까지 이해관계와 야심에서 비롯된 그 어떤 잔혹한 파벌보다도 흉포하고 광포하다." 정치 원리에 기초한 정당에 대해서는 논조가 사뭇 다르다. "상이한 원리들은 서로 반대되는 행위를 낳게 되는데 특히 정치 원리가 다를 경우 그렇다. 이 문제에 대해서는 좀 더 쉽게 설명할 수 있다."[23] 이처럼 좀 더 다르고 차분한 견해는 『영국의 정당』*Of the Parties in Great Britain*이라는 저술에서 분명하게 드러난다.

대체로 흄은 정당을 자유 정부의 조건이라기보다는 자유 정부가 초래할 수밖에 없는 불유쾌한 결과로 받아들였다. 이렇듯 정당을 사실상 불가피한 것으로 보는 흄의 견해[24]와, 정당을 존중해야 할 자유 정부의 도구로 보는 버크의 견해 사이에는 확실히 엄청난 차이가 있다. 그런데 버크가 논의를 전개하는 데 사용한 소재의 일부는 사실 흄이 제공한 것이었다. 흄의 유형론은 문제를 분석적으로 이해하는 데 도움이 되었을 뿐만 아니라, 모든 분류가 속성상 그렇듯이 더 나은 추론을 전개하는 데 견실한 요소를 제공해 주었다. 정치 저술가로서 흄은 결코 예언적인 태도를 갖지 않았다. 그가 분류했던 "정치 원리에 기초한 파벌" 역시 나중에 우리가 이념 정당이라고 부르게 되는 것과는 거리가 멀다. 그러나 그것은 정당을 구체적인 집단으로 감지하고 인식하게 만드는 가교를 제공해 준다. 정당은 파벌보다 진전된 것이라는 점에서, 이해관계와 감정 affect(흄이 말하는 '정서'affection)뿐만 아니라 공동의 원리에 기초하고 있기 때문이다. 이것이 바로 버크의 견해이다. 그러나 흄은 원리에 기초한 파벌이 정치 무대에 새롭게 출현하고 있으며 정치 원리는 종교 원리와 구별되어야 한다고 지적함으로써 [볼링브로크에 비해] 한층 더 진전된 견해를 제시했다.[25]

다음과 같은 버크의 정의는 자주 인용되고 있으나 그만큼 제대로 이해되지는 못하고 있다. "정당은 구성원들 모두가 동의하는 특정 원리에 기초를 두고 구성원들이 공동으로 노력해 국가 이익을 증진하기 위해 결집한 조직체이다." 목적은 수단을 필요로 하는데, 정당은 그 구성원들이 "국가의 모든 권력과 권위를 가지고 자신들의 공동 계획을 실행에 옮기기 위한 적절한 수단"이다.[26] 확실히 버크가 말하는 정당은 훌륭한 수단이다. 뿐만 아니라 **정당**party은 모든 점에서 **부분**part(즉, 구체적인 기관으로서 파벌만큼이나 실질적인)과 구분된다. 동시에 파벌과 정당은 더 이상 혼용할 수 없다. 그 둘은 정의상 구별된다. 버크의 표현에 따르면, "고결한 권력 추구를 위한 투쟁(이것은 정당이 행하는 것이다.)은 …… 지위와 이득을 추구하는 천박하고 정략적인 투쟁(이것은 파벌이 행하는 것이다.)과 쉽게 구별된다."[27] 정당은 항상 파벌로 마무리된다는 논리는 더 이상 논의할 여지가 없다. 그런 정당은 더 이상 정당이 아니다. 버크는 파벌을 의미할 때는 분명 파벌이라고 말하고, 정당을 의미할 때는 정당이라고 말한다.

앞의 문장들은 어쩌다 한 번씩 불쑥 언급되고 있는 것이 아니다. 버크는 이 점에 대해 많은 분량을 할애했다. 그가 논박의 표적으로 삼은 것은 왕의 측근이었다. 그들은 "정당은 사악한 일을 하기 때문에 모조리 없어져야 한다."고 주장했다. 버크는 『고찰』*Thoughts*에서 그 같은 주장을 꼼꼼하게 논박했는데, 그런 주장들이란 "파벌이 사적 성향에 따라 궁정을 지배하기 위해" 고안해 낸 것일 뿐이라고 비난했다.[28] 왕의 측근들은

"모든 정치적 연계망political connections은 속성상 파벌적"이라고 선전했다. 버크는 이런 주장은 어느 시대든 '입헌제도를 반대하는' 사람들의 선전 수법이었다며, 그 이유를 다음과 같이 지적한다. "사악한 계획에 대한 경고음이 사람들 사이에서 쉽고 신속하게 전달되는" 것은 오직 '연계망을 통해서' 즉 사람들이 함께 결합되어 있을 때뿐이다. 실제로 **연계망**은 버크에게 핵심 단어인데, 그는 "정치적 연계망은 공적 의무를 충실히 실행하는 데 필수적인 요소"라고 주장했다. 이런 연계망이 "간혹 파벌로 퇴락"하기도 하지만, 그럼에도 "최고의 국가에서 최상의 애국자는 항상 그런 연계망을 장려하고 추진해 왔다."[29] 버크는 사람들은 "자유롭게 생각하게 되면 특정 사안에 대해 서로 다른 생각을 할 수 있다."는 점을 인정했다. 하지만 버크가 "정치적 연계망에 대한 혐오"를 내세우는 사람들과 논쟁하려 했던 것은 아니다. 만일 공적인 일에 관심을 갖는 누군가가 "특정 정당이 기초하고 있는 일반 원리에 동의하지 않는다면 …… 애초부터 다른 정당을 선택"하면 될 일이기 때문이다. 버크는 다음과 같은 결론을 내린다. "사람들이 아무런 연계망 없이 어떤 일을 수행한다는 것을 나로서는 도저히 납득할 수 없다."[30]

이상의 논의에서 설득력 있게 다루었듯이, 영국에서의 정당 정부party government는 17세기의 [의회파나 왕당파와 같은] 거대 정당들을 모태로 한 것이 아니다. 영국의 정당 정부는 오히려 그런 정당들의 해산을 전제로 한 개념이며, [휘그당이나 토리당과 같은] 18세기의 군소 정당들을 모태로 하여 탄생했다.[31] 볼링브로크는 거대 정당의 (파벌과 대비되는) 독특한 점을 발견했다. 그러나 그 뒤의 문제는 18세기 영국 하원에서 생겨난 소규모 정당들 속에서 그런 '정당'의 독특성을 찾아야 한다는 데 있었다. 버크는 바로 이 점에서 획기적인 진전을 이루었는데, 당시 상황이 이런 진전에 한몫했다. 버크에게 유리한 점은 1688~89년[영국 명예혁명 시기] 이후 거의 한 세기가 지나, 종교 위기와 입헌 위기가 모두 확실하게 해소된 시점에서 집필했다는 것이다. 볼링브로크와 흄의 시대에는 여전히 기초적인 것에 대한 합의도 이루어지지 않았기 때문에 원리상으로는 반反정당 그리고 실제로는 반反파벌의 입장을 취해야 했던 반면, 버크의 시대에는 입헌제도에 대한 찬반을 둘러싸고 싸우던 거대 정당들이 쇠락하고, 조지 3세의 장기 지배하에서 파벌들은 오로지 정부의 각료 자리를 놓고 다투고 있었다. 볼링브로크와 흄은 의회가 파벌에 휘둘려 분열됨으로써 무기력해지고, 이를 이용해 분할 통치하려는 왕의 측근들이 헌법을 위협하는 시대에 살았다. 반면에 버크는 의회가 [분열되지 않는] 단일체가 될 수 없었기에 의원들은 서로 연계되어야, 즉 '고결한 연계망들'honorable connections로 조직될 때 좀 더 유리한 위치에서 군주에 대항할 수 있다는 사실을 간파했는데, 바로 여기서 그의 천재성이 드러난다.

핵심은 버크에 이르러 논의의 축이 선회했다는 점이다. 볼링브로크는 반입헌주의적 주권체(군주)에 대항하는 온 나라의 반대 세력[나라당]만 '정당'으로 인정했다. 그와는 달리 버크는 '정당'을 정부 영역 내에 위치시켰고, 그것을 더 이상 신하와 군주 사이의 분할partition이 아니라 주권자들 사이의 분할로 재인식했다.[32] 버크 시대에는 헌법에 대한 합의는 있었지만, 누가 그리고 어떻게 입헌 통치를 수행할 것인가에 대한 이해가 없었으며 그에 대한 합의는 더더욱 없었다. 버크는 입헌 통치를 수행하는 일은 정당들이 맡아야 한다고 **제안했다**. 당시에는 입헌 통치를 책임지는 정당이 존재하기 전이었으므로, 그는 사실상 가상적으로 '정당'을 제안했던 셈이다. 그리고 시간이 지남에 따라 정당이 실제로 파벌을 넘어서 발전할 수 있다는 **관념**을 제공해 주었다.[33] 그러나 그의 통찰을 완전히 이해하기 위해서는 수십 년이 더 지나야 했다.

프랑스혁명이 유럽 대륙을 휩쓴 것은 버크의 지적 진전이 있고 나서 얼마 되지 않아서였다. 1789~94년 동안 일련의 사건들을 실질적으로 주도한 지롱드당과 자코뱅당 및 여타 정치집단들은 자신들의 연계망과 원리, 즉 자신들의 존재를 정당화하기 위해 버크를 잘 활용할 수 있었지만 그렇게 하지 않았다. 이 중대한 5년 동안의 소용돌이 속에서 거의 모든 정치적 입장이 표출되었으나, 오직 한 가지 점에서 프랑스 혁명가들은 의견을 같이했다. 그들은 일치단결해 강경하게 정당을 비난한 것이다. 그들이 비난하고 언쟁을 벌이다 마침내 목숨을 걸고 싸우면서 사용한 단어는 '정당의 우두머리'라는 표현이었다. 이 말은 파벌의 우두머리와 같은 의미를 지녔다.[34]

콩도르세는 지롱드당의 입헌제 구상에 대해 조언하면서 "프랑스 공화국은 무엇보다도 정당을 갖지 않아야 한다."라고 주장했다. 이에 조르주 당통은 다음과 같이 선언했다. "만약 우리가 서로를 화나게 했다면 우리는 결국 정당들을 만들어 냈을 것이다. 그러나 우리에게 필요한 것은 이성이라는 정당 하나뿐이다." 로베스피에르는 다음과 같이 천명했다. 오직 '사적 이익'이 존재하는 곳에서만 복수複數의 정당이 생겨나며, "야심, 계략, 교활함, 마키아벨리주의가 감지되는 곳에는 항상 파벌이 존재하게 된다." 그리고 "모든 파벌은 일반 이익을 희생시킨다." 생쥐스트Saint-Just는 훨씬 강하게 말했다. "모든 정당은 범죄 집단이다. …… 따라서 모든 파벌은 범죄 집단이다. …… 모든 파벌은 국민의 주권을 침해하려 한다." 그리고 좀 더 간결하게 진술했다. "파벌은 국민을 분열시켜 자유를, 광포한 당파성으로 대체한다."[35]

이 같은 의견 일치에 대해서는 세 가지 이유로 설명할 수 있다. 첫째, 1789년의 혁명가들은 루소의 영향을 받고 있었다. 둘째, 그들의 신은 이성이었다. 셋째, 그들은 원자론적 철학을 전적으로 신봉한 것은 아니지만 개인주의 철학에 물들어 있었다.[36] 이런 근거들은 모두 나름대로 설득력을 갖는다. 그러나 우리는 사실의 주요 전제, 즉 파벌주의가 혹독한 현실과 해악을 가져왔음을 잊어서는 안 된다. 이와 전혀 다른 주장에서도 파벌은 마찬가지로 비난을 받아 왔다. 프랑스 혁명가들은 '애국자'임을 자처했다. 그들에게 정당과 파벌은 한 세기 전 기회주의자 핼리팩스의 사례처럼 '국가에 반대하는 음모' 같은 것이었다. 이렇게 한 세기 전 영국적 분위기로 소급하여 끌어 낼 수 있는 주요 교훈은 아마도 정당들이 수용되고 적절하게 기능하려면 내전이 아니라 입헌 통치하의 평화를 전제로 해야 한다는 것, 다른 무엇보다도 확고한 입헌적 기반이 있어야 한다는 것이다.

프랑스 혁명가들이 버크의 견해를 받아들이거나 이해할 수 없었던 것은 그리 놀랄 일이 아니라 할지라도, 미국 건국의 아버지들은 달랐으리라 생각하는 사람이 있을 수도 있다. 1787~88년에 제임스 매디슨•은 '파벌'이라는 단어에 대해 (프랑스 혁명가들과는 다르게, 그리고 폭넓은 맥락에서 파악하기는 했지만) 여전히 고전적이고 경멸적인 의미로 자주 언급했다. 그는 파벌을 다음과 같이 정의한다.

• 미국 헌법의 아버지로 불리는 제임스 매디슨은 1787년 헌법제정회의를 주도했으며, 그 뒤 토머스 제퍼슨과 함께 민주공화당을 결성해, 알렉산더 해밀턴이 주도하는 연방당과 맞섰다. 미국 제4대 대통령(1809-17년)을 지냈다.

내가 생각하는 파벌이란, 전체 중에서 다수파에 해당하든 소수파에 해당하든 상관없이, 다른 시민들의 권리나 공동체의 영속적이고 집합적인 이익에 반하는 어떤 정념이나 이해관계 등과 같은 공통의 욕구에 의해 결합해 행동하는, 상당수의 시민들을 말한다.*

그는 연방 정부가 인민 통치의 '위험한 해악'으로 간주되는 "파벌의 폭력을 분쇄하고 통제하는 데" 도움이 될 것이라고 주장했다.[37] 그의 주장이 가진 참신함은 문제를 입헌적 차원에서 인식한 데 있다. 즉, 거대한 '공화국'이 파벌의 (원인을 제거하는 것이 아니라) **결과**를 통제하는 데 가장 적합하다고 생각한 것이다. [파벌의 해악을 척결하는 문제에 있어서] 버크가 인간의 고결한 의도에 맡겨 두었다면, 매디슨은 입헌 공학적 측면에서 대응했다. 그 외에는 매디슨도 파벌을 부정적 의미로 사용했고, 파벌과 정당을 동일한 것으로 이해하거나 등가물에 가까운 것으로 간주했다는 점은 분명하다.[38]

버크가 찬양한 정당을 매디슨만 비난했던 것은 아니다. 해밀턴이 초안을 작성한, 조지 워싱턴의 1796년 대통령 퇴임 연설**에는 다음 같은 내용이 들어 있다.

정부가 너무 유약해 파벌의 획책을 이겨내지 못하면 자유는 사실 유명무실

• 알렉산더 해밀턴, 제임스 매디슨, 존 제이 지음, 박찬표 옮김, 『페더럴리스트』(후마니타스, 2019), 80쪽.
•• 대통령 임기가 6개월 남은 시점에서, (3선이 가능했음에도) 더 이상 출마하지 않겠다는 고별 연설을 한 것으로 유명하다. 그로 인해 이후 대통령들도 재선 이상은 하지 않는 암묵적 전통이 만들어졌다.

해지고 맙니다. …… **정당의 정신**이 갖는 유해한 결과에 대해 엄숙하게 경고해 두고자 합니다. …… 자유국가에서 정당은 유용한 견제 수단이며 …… 자유의 정신을 유지시키는 데 봉사한다는 견해가 있습니다. …… 어느 정도는 이런 견해가 아마 참일 것입니다. …… 그러나 순수하게 선거를 통해 형성된 정부에서 장려해야 할 것은 정당의 정신이 아닙니다.[39]

이 연설 내용은 프랑스 혁명가들의 주장과는 거리가 멀다. 마찬가지로 버크의 견해와도 아주 거리가 멀다. 파벌은 '정당의 정신'과 동일시되었고, 워싱턴은 정당이 자유정신을 고양시킨다는 점을 인정하고는 있지만 흄이 인정하는 정도는 아니었다.[40] 왜냐하면 워싱턴이 강조하는 것은 명백히 정당 정신에 대한 경고이기 때문이다.

제퍼슨의 경우는 훨씬 더 흥미롭다. 근대적 정당 개념이 버크에서 처음으로 나타났다면, 최초의 근대 정당은 (비록 만들어지고 얼마 뒤 해체되기는 했지만) 제퍼슨의 주도하에 미국에서 실현되었다. 그는 '연계망'을 조직했고, 연방파들을 누르고 전국에 호소하여 공화당 강령에 승리를 가져다주었다. 하지만 제퍼슨의 정당을 기점으로 버크의 메시지가 마침내 뿌리를 내렸다고 여기는 것은 잘못된 생각이다. 역설적으로 보이겠지만, 제퍼슨은 자신의 정당을 볼링브로크가 나라당을 인식한 것과 흡사하게 생각했다. 즉, '공화주의 원리'가 실행되어 완전히 확립되고 나면 정당은 종식되거나 적어도 당파성에 기초한 정당성의 기반이 약화될 것으로 보았다.[41]

다른 한편 유럽 대륙에서 이념과 현실의 변화는 아주 천천히 진행되고 있었다. 프랑스혁명의 상처를 치유하는 데만 30년이 넘게 걸렸다. 워싱턴이 말했던 '정당 정신'은 그가 퇴임 연설을 했던 바로 그해인

1796년에 [프랑스의 낭만주의 작가이자 평론가인] 마담 드 스탈로부터 열렬한 비난의 대상이 되었다.[42] 프랑스의 주요 헌법 사상가 뱅자맹 콩스탕이 "자유의 이점을 지키려면 정치조직에서 파벌을 배제해서는 안 된다."는 점을 인식한 것은 1815년이 되어서였다. 그러나 곧바로 그는 "우리는 가능한 한 파벌을 덜 유해하게 만들려고 노력해야만 한다."고 덧붙였다.[43] 콩스탕은 그저 매디슨을 따라가고 있었다. 물론 그런 표현들은 1830년까지 지속된 왕정복고기에는 매우 선진적인 것이었다. 분명히 버크는 지성사에서 하나의 전환점을 이룬다. 그러나 현실에서의 전환은 그와는 별개의 문제이다. 버크가 정의했던 의미의 정당이 파벌을 대체해 영어권에서 등장하기 시작한 것은 그의 저작 『담론』*Discourse*이 나온 지 반세기 정도가 지나서였다.

2. 다원주의

버크가 정당을 긍정적이고 필수적인 것으로 인식하게 되었을 때, 그의 통찰을 뒷받침해 줄 그 어떤 이론도 존재하지 않았다. 하지만 그 토대는 마련되고 있었다. 파벌에서 정당으로의 전환은 그에 병행하는 하나의 과정에 따른 것이었는데, 그것은 불관용에서 관용으로, 관용에서 이견으로 그리고 다시 이견과 더불어 다양성에 대한 신뢰로 아주 느리게 진행되어 그런 과정을 눈으로 파악하기가 어렵다.[44] 버크가 정당을 존중할 만한 것이라고 선언했다고 해서 정당이 존중받게 된 것은 아니었다. 다양성과 이견이 반드시 정치 질서와 양립할 수 없는 것은 아니며, 정치 질서를 파괴하지 않는다는 것을 깨닫게 되면서 정당은 (무의식적으로, 그렇지만 마지못해) 받아들여지게 되었다. [다양성과 이견이 정치적 질서와 양립할 수 있다는] 이런 이상적인 의미의 정당은 자유주의 세계관과 연관되어 있고 또 그것에 의존한다. 하지만 정당은 홉스나 스피노자식의 정치관 속에서는 상상할 수 없으며, 루소의 도시국가 속에서도 허용되지 않는다.[45] 그런 정당은, "단일 의견이 지배하는 세계가, 안정된 정체polity를 가능하게 하는 유일한 토대가 아니라는 믿음"이 '분열disunity에 대한 공포'를 대체할 때에만 상상될 수 있었고 또 실제로도 그러했다. 즉 이상적으로 말한다면, 정당은 다원주의와 동일한 신념 체계에 그 기원을 두고 있다.

그렇다면 다원주의는 무엇인가 하는 질문이 즉각 제기된다. 우선, 입헌 다원주의constitutional pluralism가 정당 다원주의party pluralism보다 앞서 출현했지만 전자가 후자의 길을 열어 놓은 것은 아니라는 점을 잠시 주목해야 한다. 아리스토텔레스 이래로 입헌주의가 칭송하고 추구한 것은 혼합 정부mixed government였지 정당 정부가 아니었다. 특히 권력의 분립, 견제와 균형 원리에 기초한 입헌 다원주의는 정당 다원주의보다 훨씬 오래전부터 존재했으며, 정당 없이 그리고 정당에 대립하는 논리로 이루어졌다. 입헌적 측면에서 말하자면, 하나의 정치체body politic는 부분들로 분리할 수도, 분리해서도 안 될 뿐만 아니라, 유추 또는 원리를 통해 '부분들'(즉, 정당들로 구성된 부분들)을 설명할 수 없었다.[46] 존 로크에서 에드워드 코크로, 윌리엄 블랙스톤에서 몽테스키외로, 연방주의자에서 콩스탕으로 이어지는 입헌 정부 이론은 정당을 논의할 여지도 필요성도 없었다. 입헌 정부 이론이 헌법 법률가의 손에 넘어가면서 정당은 더욱 논의에서 밀려났다. 왜냐하면 정당은 제2차 세계대전이 끝나고 나서야, 그것도 당시 몇몇 나라의 헌법에서만 법적 지위를 획득했기

때문이다.[47]

자유주의적 입헌주의의 세계관을 정당으로 확장하는 데는 아마도 두 가지 측면에서 어려움이 있을 것이다. 첫 번째 어려움은, 당시 정당은 정당이 아니라 파벌, 즉 전체의 부분이 아니라 전체에 **반하는** 부분이었다는 사실이다. 두 번째 어려움은 계몽주의가 지닌 강한 개인주의적 신조에서 비롯된 것이다. 제이콥 탈몬의 말을 상기해 보자. "오늘날 민주주의의 필수 요소로 여겨지는, 견해와 이해관계의 다양성이 18세기 민주주의의 선조들에게는 결코 필수적인 것이 아니었다. 그들이 본래 전제하고 있었던 것은 통일unity과 만장일치였다."[48] 이는 전혀 놀랄 일이 못 된다. 왜냐하면 그들이 준거로 삼았던 것은 자유민주주의가 아닌 고대 민주주의, 그것도 아테네의 민주주의가 아니라 스파르타와 로마의 민주주의였기 때문이다.[49] 17세기와 18세기의 자유주의 사상가들이 왜 그 같은 준거를 가졌는지는 분명하지 않다. 중요한 설명 요인의 하나로 철저한 개인주의를 들 수 있는데, 이는 꼼짝달싹 못 하게 꽉 짜인 코포라티즘적corporatist 구조와 중세의 속박으로부터 시대를 해방시키려던 그들의 필요에 부합했다.[50]

확실히 다원주의와 정당의 관계는 감지하기 어려울 정도로 미묘하다. 다원주의는 정당의 배후지이자 배경 요인이며, 정당 다원주의와 직접 연계되어 있지 않다. 하지만 정당 다원주의는 종교개혁에 반대한 구교도의 나라가 아니라 다원주의가 최초로 이식된 개신교의 나라에서 비롯되었다는 것은 틀림없는 사실이다. 그리고 정당 다원주의는 몇 나라를 제외하면 다원주의적 세계관이 침투한 지역을 넘어 안착하거나 오랫동안 지속되지 못했다는 것도 잘 알려진 사실이다.[51] 하나의 정체를 분열시키지 않은 채로 **많은** 정당들이 정치 체계를 운영한다는 것은 간단한 일이 아니다. 민주주의의 수출을 열망하는 정책 입안자들뿐만 아니라 서구의 학자들은 이런 어려움을 한결같이 과소평가해 왔다. 따라서 이런 어려움을 그 토대와 관련해 이해하는 것이 중요하다.

그러나 다원주의가 무엇을 의미하는가라는 문제는 여전히 남아 있다. 확실히 다원주의라는 말은 풍부하고 복잡한 의미를 함축하고 있다. 대규모 사회 모두 어느 정도는 불가피하게 다원적이라는 견해가 받아들여지면서 이런 풍부함은 혼란스러움으로 바뀌었다.[52] 이런 일반화를 따르면, 다원주의는 근대화 과정에서 불가피하게 동반되는 노동 분업과 구조적 분화에서 비롯되며, 대개는 그것들과 동시에 발생한다. 따라서 이런 주장은 거의 동어 반복적인 것이 되고, 그것의 결론은 정의definition에 따라 참이 되어[53] '다원주의'라는 개념은 아프리카를 비롯한 세계 거의 모든 지역으로 쉽게 확장된다.[54] 내가 보기에 이는 개념을 무분별하게 확장하거나 잘못 적용한 전형적인 사례이다. 근대 서구의 다원주의, 중세의 위계적 신분제, 힌두교의 카스트 제도, 아프리카의 종족 분열을 똑같이 취급한다면, 이들을 모두 다원적 상태 또는 **다원 사회**라 불러야 할 것이다. 그러나 이 온갖 것들과 '다원주의'를 혼동해서는 안 된다. 즉 우리가 서구 사회를 다원주의적이라고 말할 때 전달하려는 의미와 혼동해서는 안 된다는 것이다.

다원주의라는 용어는 세 가지 수준, 즉 ① 문화적 수준, ② 사회적 수준, ③ 정치적 수준에서 개념화할 수 있다. 문화적 수준에서 다원주의는 세속화되고secularized 동질적인 문화와 유사한 의미를 지닌다. 다원주의 문화는 같음이 아니라 다름이, 만장일치가 아니라 의견의 불일치가, 불변이 아니라 변화가 좋은 삶을 만든다는 믿음에 기초를 둔 세계관을 말한다. 이것은 다원주의의 실재와 다르다는 점에서 철학적 다원주의 또는 다원주의 철학 이론이라 할 수도 있다.[55] 그렇더라도 철학자들은 (그들이 정치에 대해 이론화할 때 그렇듯이) 세상일에 관심을 가지며, 실재 세계에서 일어나고 있는 일의 전개 과정을 해석하는 동시에 주조했다는 점을 염두에 두어야 한다. 그리하여 '다원주의 이론'으로서 고안된 것이 후일 (비록 부분적이고 불완전하기는 하지만) '다원주의의 현실' 속에 반영되었다. 따라서 우리가 다원주의를 (규범적인 측면이 아닌) 서술적인 용어로 사용할 때조차 다원주의는, 어떤 가치 지향, 즉 가치 신념에 뿌리를 둔 사회적·정치적 구조를 의미한다. 이 사실을 간과해서는 안 된다는 점을 강조해 두고자 한다.[56] 만약 우리가 다원주의 가치 자체를 신뢰하지 않는다면, 현재 서구 사회에 스며들어 있는 다원주의는 사라질 것이다.

사회적 수준에서는 반드시 **사회 다원주의**societal pluralism와 **사회분화**societal differentiation를 구분해야 한다. 이것들은 모두 사회구조, 좀 더 정확하게는 사회구조적 형상configurations을 축약해 놓은 구조적 원리다. 그러나 '복합 사회'complex society는 모두 '분화'되기 마련이지만, 모든 사회가 '다원적으로' 분화되는 것은 결코 아니다. 이전에 내가 사용했던 표현에 따르면, 다원 사회plural society라고 해서 다원주의 사회pluralistic society인 것은 아니다. 후자는 사회분화의 여러 유형 가운데 하나일 뿐이다.

셋째, 정치적 수준에서 **정치 다원주의**political pluralism는 '권력의 분화' 그리고 좀 더 정확하게는 '다른 집단에 포괄되지 않는 독립적인 복수의 집단들'이 존재하는 것을 말한다.[57] 이런 다원주의가 어떻게 (정당들이라고 하는) 부분들로 확장되는지에 대해서는 앞에서 언급한 바 있다. 그러나 이와 관련한 중요한 지점들을 짚고 넘어갈 필요가 있다.

첫째, 합의와 갈등이라는 개념에 비해 다원주의적 관점이 갖는 이점에 대한 것이다. 지나친 합의[의견일치]에 싫증이 나고, 수많은 갈등에 직면해 있는 현재 우리는 민주주의의 기반이 합의가 아니라 갈등이라고 강조하고 있다.[58] 나는, 이처럼 신중하지 못한 용어 사용이 자유민주주의의 다원주의적 기초를 모호하게 만든다는 느낌을 받는다. 왜냐하면 다원주의적 전망을 가장 잘 전달하는 용어는 '이견'dissent이기 때문이다. 밸푸어 경은 영국인 특유의 절제된 표현으로 다음과 같이 말했다. 영국의 "정치기구는 기본적으로 국민이 자유롭게 언쟁할 수 있다는 것을 전제로 한다." 그러나 민주주의가 갈등을 전제로 한다는 주장은 지나치게 과장된 표현이다. 홉스가 '리바이어던'Leviathan의 전제적 통치하에서 평화를 갈망했던 것도, 볼링브로크와 흄 그리고 매디슨과 워싱턴이 '정당들의 연립'을 추구했던 것도 바로 이 갈등 때문이었다. 갈등을 단어가 의미하는 그대로 받아들이면 정당은 악평을 듣게 될 것이다. 그러므로 다원주의 세계관의 핵심은 합의나 갈등이 아니라 이견, 그리고 이견에 대한 찬양이라는 점을 강조하고 싶다. 특징적인 사실은 이견이 합의에 대한 반대의 의미로 이해된 적이 없었다는 점이다. 이견은 합의에서도 비롯되고 갈등에서도 비롯되지만 어느 쪽과도 일치하지는 않는다.[59]

합의는 갈등과 조화를 이룰 수 있다(그러나 신념과 행동의 수준이 서로 다를 때에만 그렇다). 여기서 중요한 차이는 ① 공동체 수준과 정부 수준(정책) 간의, 그리고 ② 근본 원리와 개별 쟁점 간의 차이다. 공동체 수준과 근본 원리에서 합의가 이루어지더라도, (특히 갈등 해소의 규칙에서 합의가 이루어지더라도) 정책을 둘러싸고 갈등이 일어날 수 있다. 이는 (현실에서는 사람들이 항상 서로를 겨누고 있는 것을 보면서도 언제나 그것을 뒤늦게 깨닫는 것처럼) 근본 원리에 대한 합의가 갈등을 '갈등이 아닌' 것으로 만드는 자기 억제 기능을 하기 때문이다. 근본 원리를 둘러싼 갈등은 민주주의의 기초가 될 수 없으며, 어떤 정체polity의 토대는 더더욱 될 수 없다. 그런 갈등, 즉 진짜 갈등은 내전을 야기하며 그에 대한 유일한 해결책은 분리 독립뿐이다.[60]

다른 한편, 합의를 만장일치와 개념적으로 가까운 것으로 이해해서는 안 된다. 그 차이는 다음과 같다. 합의는 '다원주의적 만장일치'다. 그것은 단색의 세계관이 상정하는 단일의 견해로 구성되는 것이 아니라, 많은 이견(및 이해관계)들을 상호 설득함으로써 하나의 '연립'을 이루기 위해 끊임없이 조정해 가는 과정을 의미한다.[61] 즉 "의견의 불일치dissensus가 사회가 가진 불가피한 특징이라면 합의는 발견되는 것이 아니라 만들어지는 것"이라고 할 수 있다.[62] 서구에서 정당 체계가 국민국가의 형성과 관계가 없었다는 것, 정당성의 위기(입헌 통치의 수용)가 해결된 이후에 비로소 정당 체계가 작동하게 되었다는 것, 이 두 사실이 전혀 우연의 일치가 아니라는 것은 현재 우리가 살고 있는 세계에서 합의가 얼마나 중요한지를 잘 보여 준다.[63] 아마도 정치체가 먼저 존재해야 했고, 통합이 정당의 '분할'보다 먼저 이루어져야 했을 것이다. 이런 조건에서 정당은 통합을 방해해 조직을 분할하는 것이 아니라 통합과 양립할 수 있는 하위 조직subdivision이 된다. 이런 사실은 국민 정체성의 구축과 국민 통합에 열심인 개발도상국들의 경험을 통해 입증된다. 이들 국가에서는 단일 정당 또는 군부 통치에 신속하게 의지해 어떤 경우든 조직된 이견, 즉 반대파들을 제거한다.

두 번째 논점은 정치 다원주의와 다수 **지배**majority rule(이는 다수결 **원칙**majority principle과 동일한 것이 아니다.)의 관계에 대한 것이다. 다수 지배를 매디슨, 토크빌, 존 스튜어트 밀처럼 이해하면, 즉 다수 전제(이 용어가 가진 문자 그대로의 강한 의미에서 수적으로 확고한 다수의 '지배')의 횡포로 이해한다면, 다원주의와 다수 지배는 서로 대립한다고 할 수 있다. 그렇다고 다원주의가 규제 원리regulatory principle, 즉 의사 결정 기법으로서 다수결 원칙을 거부한다는 것은 결코 아니다.[64] 그러나 다원주의는 (다수가 소수의 권리를 존중해야 한다는) **제한적** 다수결 원칙을 유지하고 정당화하는 최상의 근거를 마련해 준다.[65]

세 번째 논점에도 주의를 기울일 필요가 있다. '관용의 원리'로 이어지는 논쟁을 통해 간파할 수 있듯이, 다원주의는 전쟁과 종교 박해의 산물로서, 신의 영역과 군주의 영역이 분리되기 전에는 존재하지 않았다고 볼 수 있다.[66] 두 영역이 분리된 결과 주교도 군주도 신민의 영혼에 대해 권리를 주장하지 못하게 되었다. 마찬가지로 어떤 절대적 요구도 정당화할 수 없게 되었다. 세월이 흘러 구조적 분화와 전문화가 심화됨에 따라 정치적 흥망성쇠가 개인의 생명과 안녕을 더 이상 위협하지 못하는 단계가 도래했다. 바로 이때 세속화가 다원주의를 길러 낸 것이다. 여기서 중요한 점은, 공적 복리와 사적 복리가 분리될 때에야 비로소 권력 교체가 게임의 규칙으로 인정받을 수 있다는 것이다. 종교, 정치, 경제 등 삶의 다양한 영역들이 충분히 분리되지 않는다면, 그리고 그 속에서 개인이 충분히 보호받지 못한다면, 정치적 경쟁의 비용이 너무 높아 정치인들은 정당 체계의 경쟁 규칙에 따라 권력을 양도할 수 없게 된다.

넷째, 다원주의 개념의 구조적 근거로 다시 돌아가, 다원주의는 단순히 복수의 결사체들로 구성되어 있다고 완성되는 것은 아니라는 점을 분명히 해두어야 한다. 복수의 결사체는 우선 **자발적**(귀속적이 아닌)이어야 하고, 둘째, 배타적이지 않아야 한다. 즉, 여러 결사체에 소속될 수 있어야 한다. 후자는 다원주의가 구조화되는 데 있어 중요한 속성이다.[67] 수많은 집단이 존재한다는 사실이 다원주의의 존재를 증명하는 것은 아니다. 이는 분절segment이나 파편화fragmentation, 혹은 둘 다 발달된 상태임을 보여 줄 뿐이다. 복수의 집단이 '다원주의적'이 되는 것은 그 집단들이 (관습적 또는 제도적으로 형성되는 것이 아니라) 결사체association로 형성될 때이다. 그리고 무엇보다 그런 결사체가 '강요된' 것이 아니라 자연적으로 발달될 때이다.[68] 그러므로 관습적 공동체 집단에 종속되어 있으며, 결국 파편화되고 마는, 이른바 아프리카식 다원주의는 물론, 계층적 신분 체계 또한 우리의 분석 대상에 포함되지 않는다.[69]

'다원주의' 개념은 조작화가 가능한가? 좀 더 쉽고 정확하게 말해서, 다원주의적 사회구조의 지표는 무엇인가? 케네스 잰다에 따르면, 다원주의는 "서로 교차하는 균열의 존재"(교차하는 압력이 아니다!)라고 조작적으로 정의할 수 있다. 확실히 이것은 절묘한 조작화이다. 왜냐하면 이는 주로 부족, 인종, 카스트, 종교, 지역, 자족적 관습 집단을 기초로 한 모든 사회를 논의에서 제외하기 때문이다. 또한 잰다에게서 가장 중요한 점은, 개인들이 복수의 충성심을 갖는 것이 아닌 복수의 결사체에 속할 때 여러 균열들이 교차되며, 그럼으로써 여러 균열들은 서로를 강화시키는 것이 아니라 중화시킨다는 사실이다. 한편, 조작적 정의는 다원주의의 **신념** 요소보다는 **구조** 요소에 좀 더 적합하다는 점을 분명히 해 두고자 한다. 이런 점에서 다원주의가 가진 가치[신념]의 맥락을 간과해서는 안 된다. 또 조작적 정의의 수준에서는 많은 선험적 (그리고 인과적) 가정들이 빠져 있다는 점에도 유의해야 한다.[70]

이상의 내용을 통해 우리는 **정당 다원주의**라고 말하는 것이 옳다는 것, 그리고 이 표현은 우리가 일반적으로 생각하는 것보다 훨씬 깊은 의미가 있다는 것을 알게 된다. 정당 다원주의는 표면적으로만 보면 단지 정당이 하나 이상 존재하는 것을 의미하지만, 좀 더 깊이 들여다보면 복수의 정당은 '다원주의'의 산물이다. 그렇지만 정당 다원주의의 정당화와 그것의 순조로운 작동은 전적으로 다원주의의 수용에 달려 있다. 그러나 그것만으로는 정당 체계가 현재의 모습으로 변화된 이유와, 정당 체계가 전체 정치 체계 내에서 어떤 역할을 해왔는지 설명할 수 없다.

3. 책임 정부와 반응 정부

지금까지의 논의는 정당에 관한 관념idea의 변천 과정에 집중되어 있었다. 관념은 확실히 현실 세계의 발달에 대응해 변화되었지만 버크가 정당을 정의했을 때 그는 역사보다 한발 앞서 나갔다. 그러나 버크 이후로는 현실이 관념을 앞서 나갔다. 마이클 오크숏의 말을 빌리면, "위대한 업적은 실제 경험의 정신적 안개 속에서 성취된다."[71] 이는 정당이 정부의 영역으로 들어가 작동하게 되는 방식에서 잘 나타났다. 정당이 무엇을 위한 것인지, 즉 정치 체계 내에서 정당이 어떤 기능을 하고, 어떻게 배열되어 있으며, 어떤 영향력을 갖는지는 이론에 의해 결정되는 것이 아니라 현실에서 일어나는 사건에 의해 결정되었다. 예컨대 '폐하의 반대당'Majesty's opposition*이라는 말은 1821년이 되어서야 만들어졌는데, 이 말은 평온한 권력 교체, 즉 양당 체계에 관한 어떤 면밀한 논쟁 없이 즉흥적으로 생겨난 것이다. 그러나 이런 성취는 결코 작은 것이 아니었

• 영국의 반대당을 가리키는 말로서, 양당 체계와 점진주의적 정치문화가 확립된 영국에서는 집권당과 반대당 간의 동질성이 폐하에 대한 충성으로 보증됨을 의미한다.

다. 이후에 만들어진 많은 말들은 충분히 이해되기도 전에, 심지어 그것이 구상되기도 전에 나타났다.

우리는 18세기 영국에서 정당 정부가 시작되었다는 말을 자주 들을 수 있다.[72] 그런데 '정당 정부'라는 말은 매우 모호하다. 이 개념은 '정부 내 정당'party in government, 즉 정당이 정부의 구성 요소의 하나로서 정부 영역에 들어간다는 의미로 사용할 수 있다. 이것은 이미 큰 진전이다. 왜냐하면 국민이 정부의 정책 결정에 접근하지 못하는 상황에서는 정당이 국민과 정부를 연결하는 유일한 고리이기 때문이다(이런 연결 고리는 독일제국*에서 오랫동안 남아 있었다). 여하튼 위에서 정의한 정부 내 정당은 뜻 그대로 이해하면 정당 정부와는 거리가 멀다. 즉 정당이 **통치한다**govern는 의미, 그리고 선거에서 승리한 정당 또는 정당들의 연립이 통치 기능을 실질적으로 장악, 독점한다는 의미와는 거리가 멀다.

정당은 다음과 같이 구분된다. ① 정부 영역 외부에 있거나 정부 영역에 관여하지 않는 정당, 이른바 사절단 정당ambassador party, ② 정부의 권역 내에서 활동하지만 통치하지 않는 정당, ③ 실질적으로 통치하는 정당, 즉 통치 또는 정부 기능을 수행하는 정당.[73] 이 세 가지 경우들 사이에 그리고 그 안에서도 많은 중간 형태들이 있으며, 특히 정부 내 정당과 정당의 **지배**party governance 간에는 매우 큰 차이가 있다는 점에 대해서도 지적해 두고자 한다. 정당의 지배와 유사한 어떤 형태도 18세기 동안 영국은 물론 다른 지역에서도 실제로 실행된 적이 없다. 그리고 조지 3세의 긴 통치 기간 동안 영국이 이른바 사절단 정당과 정부 내 정당 사

---

* 1871~1918년. 프로이센 왕 빌헬름 1세가 독일을 통일하여 황제임을 선포하며 성립된 독일 국가.

이의 문턱을 실제로 넘었는지도 매우 불확실하다. 버크는 자신이 정의한 그대로의 모습을 가진 정당을 일생 동안 본 적이 없다. 그렇다면 '정당 정부'는 이를 적용할 주어 자체가 없기 때문에 느슨한 의미로도 적용이 불가능하다.

영국이 18세기에 실행하기 시작한 것은 정당 정부가 아니라 [의회에 대한] **책임 정부**responsible government였다. 책임 정부는 시기적으로 정당 정부에 앞섰을 뿐만 아니라, 대개 정당 정부는 책임 정부의 발전이 가져온 산물이다. 책임 정부는 '각료들이 의회에 책임지는 것'을 의미한다. 이것은 매우 느슨하고 모호한 의미의 의회제, 즉 정부에 대한 의회의 지원을 기반으로 한 제도라 할 수 있다. 그러나 이런 제도가 반드시 정당을 기반으로 한 정부 체계로 이어지는 것은 아니다. 이는 버크에서 아주 분명하다. 그의 입장은 다음과 같다. "하원의 덕목, 정신, 본질은 국민감정의 이미지를 명확하게 반영해 표현하는 데 있다. 그것은 국민 **위에서** 통제하기 위해 고안된 것이 아니다. …… 그것은 국민을 위한 통제로서 고안된 것이다."[74] 그렇지만 국민을 **위한다는** 말이 국민에 **의한다는** 것을 의미하지는 않았다. 버크는 의회를 대의 기구로 생각했다. 그러나 그가 말한 대표성은 선거에 의한 것이라기보다는 '가상적인 것'virtual이었다. 이런 관점에서 보면, 정당은 대의 과정과 무관할 뿐만 아니라 그것에 반한다. 버크가 생각하는 의원은 유권자의 명령에 구속된 대리인이 아니었다.[75] 같은 이유에서, 버크는 정당의 명령과 정당의 규율에 두려움을 느꼈을 것이다.

한편, 버크가 말하는 정당은 의회 안에서 '연계망'을 조직했다. 정당은 의회 밖에서 구성원을 조직하지 않았으며 그렇게 할 의도도 없었다. 그런 정당은 아직 실현되지 않았으며, 버크가 예견하지도 주창하지도 않은 것이었다. 토크빌의 용법을 빌면, 버크의 정당은 여전히 '귀족' 정당이지 '민주'정당이 아니었다. 그 둘의 차이는 엄청나다. 토크빌이 예리하게 지적했듯이, "민주주의국가에서 의원들이 자신의 정당보다 유권자들에게 더 신경을 쓰는 것은 자연스러운 일이다. 반면, 귀족정치에서 의원들은 유권자보다 자신의 정당에 더 관심을 기울인다."[76] 이와 관련해 다음과 같은 질문이 제기된다. 귀족층의 내집단in-group 성격을 갖는 원내 정당에서 어떻게 선거에 의한 외집단out-group* 으로서의 정당, 그리고 마침내 민주정당으로 변모하게 되었는가?

이런 이행은 역사적으로 곡절이 많았고 평탄하지도 못했지만, 논리적으로는 깔끔하게 재구성할 수 있다. 한마디로 말해, 의회에 책임을 지는 정부는 장기적으로 국민에게 책임을 지는 정부가 되고, 이어서 **반응하는**responsive 정부, 즉 국민의 목소리에 주의를 기울이고 그것으로부터 영향을 받는 정부가 된다. 그러나 이 말은 지나치게 포괄적이다. 왜 그리고 어떻게 이런 전환이 일어났는지를 좀 더 자세하게 살펴볼 필요가 있다. 〈표 1〉은 그 과정을 도식화한 것이다(화살표는 주요 인과적 방향을 가리킨다).

책임 정부란, 말 그대로 각료들이 의회에서 재정을 구해야 하고 의회의 비판에 노출된다는 것을 의미할 뿐이다. 그러나 의원들은 원자화된 상태로 존재한다. 즉 버크가 주장하는 정당 형태의 연계망이 결여되어 있다. 버크가 왜 정당 노선을 따라 결합하는 것이 의원들에게 이익이 되는지를 설명해 놓았기 때문에 이제 이 첫 단계는 당연한 것으로 받아들

• 미국 사회학자 윌리엄 섬너가 창안한 개념으로, 내집단은 공생적 유대 관계로 연결된 집단을 말하며, 외집단은 그런 유대 관계보다는 필요에 의해 소속되는 집단을 말한다.

표 1.

책임 정부에서 정당 정부로

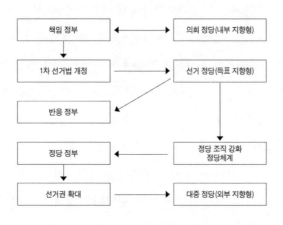

여질 수 있다. 그럼에도 이렇게 되면 우리는 국민을 위한 '의원님들의 입헌적 지배'rule of gentlemen를 받게 된다. 유권자가 규모로나 질적으로나 의미 있는 존재가 되지 않는다면, 또 그렇게 되기 전까지는, 버크가 바람직하게 생각했던 것과 비슷한 상태로 유지될 것이다. 영국에서 최초의 선거권 확대와 1832년의 선거법 개정을 가져온 다양한 요인들을 자세히 살펴볼 필요까지는 없지만, 아래로부터의 압력이 증대한 것은 분명하다. 달더가 지적했듯이, "현대 정당은 …… 약간 과장해서 말하면 산업혁명의 소산이라고 할 수 있다."[77] 그러나 애초부터 그 과정은 위로부터 촉발된 것이었다. 아마도 의원들은 자신들의 대표성representativeness이 가상적인 것이 아니라 선거를 통해 얻어진 것이었다면 자신들의 목소리가 더 큰 영향력을 가졌으리라 생각했을 것이다. 그렇지만 무

엇보다도 유권자는, 의회와 정부가 그들을 두고 서로 경쟁함으로써 더욱더 필요한 존재가 되었다. [조지 3세 치하에서 총리였던] 윌리엄 피트의 예에서 보듯, 의회를 다루기 힘들게 되자 정부는 의회를 넘어 유권자의 투표에 직접 호소하고자 했다. 의회도 같은 방식으로 응수했다. 그 과정은 내생적 발전에 의해, 즉 의회와 내각 사이의 내적 변증법에 의해 촉발되었다. 그러나 그것은 외적 힘에 의해 가속화되었고 이어서 그것에 의해 결정되었다.

미국을 제외하면, 참정권의 제1물결은 남성 보통선거에서 시작해 길고 긴 여정을 걸어 왔다.[78] 그러나 선거권의 획득은, 그 범위와 관계없이, 그 자체로 하나의 결정적인 전환점이 되었다. 선거권의 획득으로 부패한 선거구가 재정비되었고, 유권자는 매수되지 않게 되었으며, 귀족들의 지시를 따르지 않게 되었다. 이로써 정당은 버크가 의미한 것보다 한 걸음 더 나아가게 되었다. 의원들이 더 많은 표를 필요로 할수록 원내 정당(귀족 정당)은 외부 지향적으로 발전해야만 했다. 원내 정당은 선거 때 만큼은 선거 정당, 즉 표를 모으고 궁극적으로는 득표를 추구하는 기구가 될 필요가 있었다. 표를 얻으려면 불만에 귀를 기울여야 하고 요구 사항을 어느 정도 충족시켜야 한다.

그러므로 선거철이 되면 두 가지 피드백이 발생한다. 하나는 정당이 **견고화**solidification되는 것이다. 이것은 일정한 시점에서 정당들이 '원리'에 의해서뿐만 아니라 득표에서의 우위, 즉 득표의 안정화를 통해 결집되는 것을 의미한다. 지나친 동요와 분열, 당명 변경은 결국 정당에 부담으로 작용한다. 바로 이런 국면에서 원초 정당들protoparties 혹은 원내 (및 상층) 집단의 내적 분할이었던 '부분들'parts이 오늘날 의미의 정당, 즉 나라를 단위로 한, 좀 더 큰 분파divisions가 된 것이다. 뒤베르제가 "진정한 의미의 정당이 출현한 지 겨우 한 세기 정도밖에 안 되었다."라고 단언한 것은 바로 이를 가리킨다.[79]

두 번째 피드백은 [의회에 대한] 책임 정부로부터 [유권자에 대한] 반응 정부responsive government로 이끄는, 또는 어느 정도 양자가 결합되도록 하는 피드백이다. 책임 정부는 자신의 기술적인 책임 이상으로 반응할 필요가 없다. 책임 정부의 기준은 책임 있고 유능하게 일하는 것이다. 이와 달리 반응 정부는 유권자의 요구를 받아들이라는 요청을 받는 정부이다. 유능하고 기술적으로 책임 있는 행동이라는 기준에서 본다면, 반응 정부는 '무책임'하다고', 즉 독자적인 책임을 다하지 못하는 정부라고 말할 수도 있다. 이처럼 이 둘은 매우 다르며, 둘 사이의 균형을 이루기는 어렵다. 그럼에도 (책임성에서 반응성으로의 이행을 강조할 때에만) 외향적이고 대중의 편에 서고자 하는 경향을 의미하는 민주정당을 이야기할 수 있다.

논리적으로는 반응 정부가 정당 정부를 초래한 것처럼 보인다. 집권할 수 없다면 정당은 득표 경쟁에서 표출된 요구 사항을 실현할 수 없기 때문이다. 그런데 역사적으로 보면 순서상 그 반대인 경우가 많다. 많은 상황들이 그런 전개 과정에 영향을 미쳤기 때문이다. 반응 정부와 정당 정부가 연장선상에 있다고 말하는 데는 문제가 있다. 하지만 여전히 우리는 좀 더 신중하게 다음과 같이 말할 수 있을지 모른다. 정당들이 선거에서 얻은 결과return(유권자로부터 얻은 지지)에 실제로 보답해야만 하는 상황이 아니라면, 정당의 통치가 들어설 필연적 이유는 없다고 말이다.

이 모든 실마리들을 조합해 보면 우리는 현대 정당은 물론, 정치 체계의 구조적 요건이자 그것의 하위 체계 가운데 하나인 **정당 체계**를 발견할 수 있다. 정당은 참정권 확대의 제1물결 속에서(즉 참여가 매우 낮고,

참정권이 제한된 조건에서) 비로소 정당이 되었지만, 정당 체계도 그렇게 확립된 것은 아니다. 한 정체 안에서 정당 체계가 구조화되려면 [노동자, 부르주아 같은] 결정적 대중critical mass이 참정권을 획득하고, 노동 부문과 같은 중요한 부문이 포괄되어야 한다. [결정적 대중이나 공동체 내 중요한 부문의] 규모가 어느 정도 되어야 하느냐는 분명하지 않은데, [참정권 획득을 비롯한 여타 조건이 실현된] 시점timing과 속도tempo가 크게 다르기 때문이다. 그럼에도 보통선거권 또는 준보통선거권은 정당이 정치 체계의 하위 체계가 되는 데 있어 필요조건이 아닌 것은 분명하다(영국이 그 전형적인 사례이다). 보통선거권은 대중정당과 '외생 정당'externally created party을 등장시킨다.[80] 따라서 보통선거권은 정당 체계를 변화시키지만 정당 체계의 확립에 필수적인 요소는 아니다. 시간적 순서를 보면, 〈표 1〉이 나타내고 있는 모든 단계가 역사적으로 명확하고 동일하게 진전된 것은 아니다. 그러나 다음 세 가지 주요 사건은 순서를 거스를 수 없다. ① 책임 정부의 출현, ② [보통]선거의 '실시', ③ 정당들이 하위 체계로 확립되는 것. 순서가 비가역적인 것은, 선거와 정치 참여만으로는, 즉 입헌 정부와 책임 정부 없이는 결코 정당에 기초한 정체(정당 **체계**)가 실현될 수 없기 때문이다.

돌이켜 보면 모든 것이 분명해 보이지만, 당시로서는 분명하지 않을 뿐더러 분간하기도 어려웠다. 한 사회 내에서 협의가 이루어지고 그런 협의가 확대될수록 사회 내에서 요구를 표출expression하고 표명articulation 하는 더욱더 많은 중간 연결 고리와 전달 벨트가 필요해진다는 것은 자명하다. 그런데 이런 연결 고리가 정당이라는 형태와 성격을 가질 것이라고는 아무도 예상하지 않았을 뿐만 아니라 대체로 파악되지도 못하고 있었다. 다시 말하자면, 이 모든 전개 과정은 실제 경험에 대한 정신적 혼돈 상태에서 발생했다. 즉 어떤 기획이나 아이디어에 의해서 발생한 것이 아니라 현실과 사실의 압박으로부터 발생한 것이다.

토크빌은 민주적 조건 아래 최초의 현대 정당이 출현해 작동하고 있는 미국의 현실을 보고 돌아와서 "정당은 자유 정부에 내재해 있는 해악이다."라고 논평했다.[81] 이런 말은 워싱턴의 주장과 크게 다르지 않았다. 토크빌은 귀족 정당과 민주정당의 차이를 간파했지만, 정작 그가 강조한 것은 '큰' 정당과 '작은' 정당은 (양적으로가 아니라) 질적으로 구분된다는 점이었다. 그에 따르면, '큰' 정당은 원리와 개념에 기초하고 '작은' 정당은 '위험한 파벌'과 다를 바 없다.[82] 토크빌은 정당에 대해서는 큰 관심을 기울이지 않았을 뿐더러 정당이 파벌이 되어서는 안 된다고 한 점에서는 모든 선행자들의 견해와 흡사했다.[83] 브라이스는 1888년에 『아메리카 공화국』American Commonwealth에서 미국의 정당 머신machines* 이 어떻게 작동하는가에 대해 폭넓게 서술하고 있다. 그러나 그의 이론적 기여는 (1921년) 다음과 같은 그의 주장에서 더 이상 나아가지 못했다. "정당은 불가피하다. 규모가 크고 자유로운 나라치고 정당이 없는 나라는 없었다. 대의제 정부가 정당 없이 작동할 수 있는 방법은 누구도 보여 주지 못했다."[84]

제1차 세계대전 때까지 정당이라는 주제를 깊이 연구한 주요 인물은 모이세이 오스트로고르스키[85]와 로베르트 미헬스[86] 두 사람이었다. 이

---

* 19세기부터 20세기 초반까지 미국 지방 정치를 무대로 이권을 제공하고 그 대가로 지지표를 얻는 활동을 주로 했던 비공식 정치조직을 '(정치) 머신'이라고 하며, 이를 통한 정치를 머신 정치라 한다. 정치 머신은 비민주적인 조직이었지만 최소한 유권자의 요구에 반응하고자 했으며, 부패했지만 거대 이익집단들의 요구를 통제하는 기능을 수행하기도 했다.

들은 견해가 상당히 다르기는 하지만 정당이 어떻게 (하나의 하위 체계로서) 민주주의의 이론과 실재에 들어오게 되는지보다는, 정당의 비민주적·과두제적 성격에 관심을 가졌으며 이를 우려했다. 그들이 주목했던 것은, 정당들에서 **비롯**되거나 정당들을 **기반**으로 한 정치 체계로서의 민주주의가 아니라, 정당 **없는** 민주주의 또는 당내 민주주의였다. 미헬스는 자신의 저작을 '정당의 사회학'이라고 표방했다. 그러나 정당의 사회학을 창시한 인물은 미헬스가 아니라 막스 베버였다.[87] 베버는 정치 일반의 사회적 기반, 그리고 특히 정당의 사회적 기반에 대해 마르크스와 엥겔스보다 훨씬 정교하게 사고했으며, 그 효과에 대한 통찰은 정곡을 찌르는 것이었다. 그렇지만 지금까지 살펴본 전개 과정과 관련해 잘못된 역사적 전망을 제시했다는 책임을 피할 수 없다. 예컨대, 그는 사회학적 맥락에서 "고대와 중세 시대의 정당도 정당이라고 할 수 있다."[88]라고 주장했다. 이 때문에 파벌이나 (교황파와 황제파*와 같은) 과거의 '부분들'parts은 근대 정당과 끊임없이 혼동되어 왔다. 이런 혼동이 지속되는 이유, 그리고 정당은 [현대 정치 혹은 현대 민주주의라고 하는] 새로운 정치적 구성물 속에서 등장하고 다시 그 구성물에 의해 형성된다는 사실을 베버보다 앞선 사상가나 동시대인은 물론이고 베버 자신도 간파하지 못했다.

그러므로 정당이라는 용어가 독자적인 의미를 지니게 되고 긍정적 함의를 얻게 된 것은 정당이 새로운 실체를 지시하게 되었기 때문이라는 점은 거듭 강조할 만하다. 이름이 달라진 것은 사물이 달라졌기 때문

* 황제파(기벨린당Ghibellines)는 중세 말기 로마의 교황과 신성로마제국의 황제가 대립할 때 황제를 지지한 세력을 뜻하고, 교황파(겔프당Guelfs)는 교황을 지지한 세력을 가리킨다.

이다. 하비 맨스필드는 정당이 가진 참신함을 다음과 같이 설득력 있게 지적한다. "정당 정부가 과거에는 존재하지 않았으나 오늘날에는 거의 어느 곳에서든 존재한다는 점에 주목해야 한다." 그러나 그의 다음과 같은 말에는 이의를 제기할 수밖에 없다. "정당과 정당 정부를 구분할 필요가 있다. …… 당파심의 근거는 매우 단순하고 강제적이어서, 정당의 존재 자체가 아니라 정당에 대한 존중이 정당 정부의 주요 특징이 된다."[89] 당파심의 근거가 단순하고 강제적인 것은 사실이다. 그러나 수천 년 동안 당파심의 근거를 만들어 낸 것은 정당이 아니라 '파벌'이었다. 그러므로 우리가 설명해야 하는 것은 **정당**의 존재이지 그것이 존중받을 만한지의 여부가 아니다.

4. 합리화

다음과 같은 질문을 제기할 수도 있다. 정당 이전의 것들은 현재 어떤 의미가 있는가? 왜 그 기원을 살펴봐야 하는가? 답변은 이렇다. 과거는 원초적 지도, 즉 기초 설계이다. 시간이 지나면서 건물은 한 층씩 올라가고 기초는 가려진다. 원래의 설계를 때때로 되돌아보는 이유가 여기에 있다. 특히 세부적인 것들에 너무 매몰되면 근본에 대해 시야를 놓치게 된다. 우리는 정당 체계가 왜 생겨났는지 그리고 그 목적이 무엇인지에 대해 좀처럼 질문하지 않는다. 정당은 필요했기 때문에 생겨났고 또 어떤 목적을 위해 생겨났다. 정당은 여전히 동일한 목적을 수행하고 있는가? 만약 그렇지 않다면, 혹은 다른 목적에 이용되고 있다면 그 이유를 명확하게 밝혀야 한다. 왜냐하면 그 이유는 아직도 불명확하기 때문이다. 우리는 어디로 향하고 있는지는 고사하고, 어디에서 출발했는지도 알지 못한 채 정당 정체라는, 점점 울창해지는 정글을 통과하는 여행을 하고 있다.

약 150년 동안 정당은 이론의 문제보다 실천의 문제로서 발전해 왔다. 이 때문에 무엇보다도 그 이론적 의미가 실종되는 경향이 나타난다. 나는 다음 세 가지 전제에 기초해 그 의미를 다시 포착하고 오늘날 정당의 존재이유를 (비록 골격만일지라도) 재구성할 것을 제안한다.

1. 정당은 파벌이 아니다.
2 정당은 **전체의 부분**이다.
3. 정당은 **의사 표출의 전달 통로**이다.

1. 정당은 파벌이 아니다. 즉 어떤 정당이 파벌과 다를 바 없다면 그것은 정당이 아니라 파벌이다. 정당과 파벌의 차이는 대부분의 언어 속에서 그리고 일상적인 용법에서 여전히 감지된다.[90] 정당은 종종 비난받고 있기는 하나 해악으로 정의되지는 **않는다.** 파벌은 적어도 통상적인 어법에서는 늘 나쁜 것이며, 해악**이다.** 정당은 필수적인 존재이다. 파벌은 필수적인 존재가 아니라 그저 존재할 뿐이다. 분명, 파벌이라는 말은 일반적으로 사적 갈등, 즉 자기중심적이고 공익을 경시하는 행위의 표현일 뿐이라는 원래의 함의가 꼭 따라다닌다. 버크의 말을 빌리면, 파벌 싸움은 지위와 이득을 둘러싼 비열하고 이기심으로 가득 찬 투쟁일 뿐이다.[91]

정당 구성원이 확실히 이타주의자인 것은 아니며, 정당의 존재가 이기적이고 부도덕한 동기를 제거한 것도 아니다. 권력을 추구하는 정치가의 충동은 여전히 변하지 않고 있다. 파벌과 다른 점이 있다면 그런 충동에 가해지는 절차와 제약이다. 설령 정당 구성원이 편협한 자기 이익을 추구하고자 할지라도, 정당 체계가 행동을 제약하게 되면 그는 그런 동기를 버려야 한다. 따라서 정당은 단순히 경쟁자의 사적 이익을 목표로 한 수단이 아니라 집합 이익을 위한 수단이라는 점에서 파벌과 다르다. 정당은 국민과 정부를 연결시키는 반면 파벌은 그런 기능을 하지 않는다. 정당은 체계의 역량을 향상시키지만 파벌은 그렇지 않다. 간단히 말해, 정당은 ([전체의] 목적에 기여하고 역할을 하는) **기능적** 기관이지만 파벌은 그렇지 않다.[92] 이런 차이가 생기는 궁극적인 이유는, 정당은 전체의 목적에 기여하고자 하는 '전체의 부분'인 반면, 파벌은 '자신을 위한 부분'일 따름이기 때문이다. 물론 정당도 **역기능적일** 때가 있다. 이 때문에 정당 역시 강한 비판을 받고 있다. 그러나 그런 비판은 (기능적으로 정당화되지 않는) 파벌에 대한 비판과는 다른 것이다.[93]

정당은 파벌이 아니지만, 파벌이 정당보다 훨씬 오래전부터 존재했다는 사실, 그리고 파벌의 존립 근거가 단순하고 강력하다는 사실을 잊어서는 안 된다. 이는 정당이 파벌과 유사한 것으로 퇴락할 수 있다는 점에 대한 경고이다. 이런 의미에서 파벌주의는 정당 체계 내에 항상 존재하는 유혹이자 언제든 가능한 퇴락의 모습이다. 이는 정당 체계가 왜 실패하고 붕괴하게 되는지를 설명해 준다. 또한 파벌주의에 대한 혐오라는 아주 오래된 주제가 정당에 대한 불신, 심지어 거부라는 모습으로 시시때때로 부활하는 이유를 설명해 준다.[94] 이는 정당 없는 직접민주주의에 대한 요구가 반복되는 것을 정당화하기도 한다.[95] 현실에서 정당과 파벌의 구분이 모호해지고 있지만, 바로 그렇기 때문에 이 둘의 구분을 개념적으로 확고하게 유지할 필요가 있다. 정당들이 파벌처럼 행동하게 될수록, 우리의 비판은 정당의 개념보다는 정당이 파벌로 퇴락하는 문제를 향한다는 점을 인식해야 한다.

2. 정당은 전체의 부분이다. 의미론적으로 말하면 '정당'은 부분이라는 의미를 가지며, 또 그런 뜻을 전달하고자 한다. 이런 연계성 때문에 우리는 부분과 전체 간의 미묘한 연결에 관심을 기울이게 된다. 전체는 하나의 단일체 또는 유기체, 즉 부분들로 구성되지 않은 것이라고 생각될 수 있다. 그러나 이는 우리가 부분들(그리고 정당들)에 관심을 가질 이유가 없다는 뜻일 뿐이다. 우리가 (정당들인) 부분들에 관심을 갖는다면 그것은 **다원주의적 전체**pluralistic whole를 고려하고 있다는 것을 의미한다. 어떤 정체를 다원적 전체로 인식한다면, 복수의 **부분들**로 이루어진 전체, 즉 여러 부분들의 상호작용으로 생겨난 전체가 필요해진다. 이는 전체는 단 **하나**의 부분과 같은 것으로 볼 수 없다는 말이다. 이 경우, 부분은 부분이 아니며, 전체는 전체가 아니다.

부분과 정당 간의 연관성을 무시하는 것이 잘못이라면, 정당을 전체와 관련이 없는 부분으로 이해하는 것도 매우 잘못된 생각이다. 정당이 전체를 위해 통치할 수 없는 '부분'이라면, 즉 일반 이익의 관점에서 통치하지 않는다면, 그것은 파벌과 다를 바 없다. 정당이 비록 한 부분만을 대표하더라도, 전체와 무관하게 부분적으로 접근해서는 안 된다.

'전체에 봉사한다'는 말은 모호하다. 그러나 그런 명제가 의미가 있거나 의미 있게 구체화된다면 그것을 일반화할 수 있는 가능성은 확대될 수 있다. 물론 일반 이익, 공공 이익, 공공선, 그리고 유사한 규범적 상징들 역시 객관적인 기준은 없다.[96] 하지만 그런 것들이 그저 수사修辭적 표현에 지나지 않는다거나 정치인들이 만들어 낸 거창한 구상이라고 결론 내려서는 안 된다.[97] 그런 기준들이 상대적이고 주관적이라고 해서 아무 의미도 없는 것은 아니다.[98] 수많은 공중과 수많은 공익이 존재한다는 점을 감안한다 하더라도, 공중은 특수 이익집단과 구분될 수 있고 공익은 사적 이익과 구별될 수 있으며, 실제로도 언제든 특수 이익과 사적 이익들의 반대에 부딪히는 게 현실이다. 일반 이익에 관해서는 항상 논란이 되고 있는데, 특히 우리는 어떤 공중의 일반 이익이 **더 중요한지**를 둘러싸고 논쟁하기 때문이다. 그러나 어떤 것은 공중의 집합적 복리를 극대화하지 **않는다는** 사실, 즉 어떤 것은 일반 이익(이것을 어떻게 정의하든지)이 **아니라는** 사실은 언제나 분명히 알 수 있다. 모든 문제는 한 사람은 아닐지라도 소수에게 혜택을 주고 다수에게 손해를 끼치는 것으로 해결되기 때문이다. 집합적 이익은 저절로 생기는 것이 아니다. 하지만 집합적 불이익이나 손실은 늘 아주 가까이에 있다. 공동 번영, 공공 이익, 이와 유사한 의무론적deontological 상징은, 그것이 사람들의 행위에 전혀 동기를 부여하지 않는다는 사실, 현실성이 없다는 사실이 드러날 때에만 기각될 수 있다. 한편 부조화 속의 조화, 즉 통합과 분리의 균형은 다음과 같은 명제가 얼마나 효과적인가에 달려 있다는 점에 유념해야 한다. 즉 승리한 '부분'은 모든 부분에 공정해야 하며, 자신만을 위해서가 아니라 모두를 위해 통치해야 한다.

3. 정당은 의사 표출의 전달 통로channels이다. 즉 정당은 가장 중요한 대표/대의representation의 수단이다. 즉 정당은 국민의 요구를 **표출**함으로써 국민을 **대표**하는 도구 또는 대행 기관이다.[99] (19세기와 20세기 전반기 동안) 정당이 발달함에 따라, 정당은 권력자의 의지를 국민에게 전달하기 위해서가 아니라 점차 국민의 의지를 권력자에게 전달하기 위해

발달해 왔다. 그렇다고 **모든** 정당이 **항상** 의사 표출과 대의의 기능을 하는 것은 아니다. 내가 말하고 있는 바는, (복수형으로) 부분들로서의 정당만이 대의 정부와 반응 정부를 실행하는 데 있어 자신의 존재 이유와 더불어 (다른 무엇보다도) 대체 불가능한 역할을 발견했다는 점이다. 이런 과정이 대체로 자연발생적이거나 무계획적으로 진행되었다는 점을 유의해야 한다. 정당은 정치가 민주화되는 과정에서 의사 표출의 수단이 된 것이다. 그와 동시에 정당이 피통치자의 요구를 표출·전달·이행하는 통로를 제공하면서부터 책임 정부가 '반응' 정부로 변모했다. 파벌에서 정당으로, 책임 정부에서 반응 정부로, 의회 정당에서 선거 정당으로 한 단계씩 점진적이고 연속적으로 진전함에 따라 정당의 근본적인 기능, 기능적 역할, 체계상의 위치(요컨대, 정당의 **목적**)가 확립되었다.

나는 정당을 ① 대의기관representative agencies과 ② 의사 표출의 수단이라고 말해 왔다. 마찬가지로 정당의 주요 활동은 대의 기능과 의사 표출 기능에 있다고 말할 수 있다.[100] 그러나 나는 의사 표출 기능을 강조하고자 한다.

대의라는 개념은 정당과 관련해, 두 가지 주요 난관에 부딪치게 된다. 첫째, 이 개념은 기술적으로 수없이 많은 정교화 과정을 거쳐 왔다는 점이다. 이 때문에 이 개념은 너무 엄격해져서 정당과 관련된 복잡함을 제대로 담아내지 못하게 되었다. ('대의'를 다소 느슨하게 표현해) '대의의 역량' 없이는 의사의 표출이 불가능한 반면, 정당이 (당원이 아닌) 유권자를 대표한다고 말할 수 있는가는 논쟁적인 문제이다. 둘째로 좀 더 중요한 것은, 대의는 정당 없이도 상상할 수 있고 또 [실현] 가능하다는 것이다. 사실 대의에 관한 이론을 정당에 적용하는 것은 그렇게 적합하지 않다.[101] 이 두 가지 점에서, 대의 기능을 정당의 중요하고 특별한 기능으로 내세울 수 없다.

또한 '항의voice 기능'을 이야기하면서, 정당을 항의의 전달 통로voice channels로 이해하자는 제안이 있을 수 있다. 이는 이 개념에 대한 앨버트 허시먼의 뛰어난 분석에서 비롯된 것이다.[102] 그런데 '항의'는 우리의 목적에 비해 그 의미가 너무 광범위하다. 그 말은 시위, 폭동 그리고 목소리를 내는 또 다른 방법을 가리킬 수 있기 때문이다. 따라서 정당은 '항의를 위한' 무수하고 다양한 수단과 방법 가운데 하나로 이해될 수 있다.

정당은 무엇보다도 의사 표출 기능을 수행하는 의사 표출 수단이다. 이 점에서 정당은 의사소통 수단으로 보는 것이 가장 적합하다는 이야기가 나온다. 그러나 내가 말하는 의사 표출 기능이란 문자 그대로 "정당이 요구와 불만을 상향적으로 전달한다."라는 것만이 아니라, 그 이상의 의미가 있다. 정당이 (의사 표출의 도구로서) '정보를 전달하는' 일만 한다면, 정당의 시대는 지나갔다고 할 수 있다. 그럴 경우 정당은 여론 조사나 설문 조사로 대체되거나, 시민들은 [정당을 통하지 않고] (이미 기술적으로 가능해졌듯이 자동 처리되는) 컴퓨터 앞에 앉아서 자신의 정치적 선호도와 견해를 입력하면 될 것이다. 그러나 정당은 어떤 여론조사나 기계도 할 수 없는 무언가를 제공한다. 즉 정당은 여론의 압력에 뒷받침된 요구를 전달한다. 정당은 그런 요구들에 반응하지 않으면 안 된다고 느껴 그 요구들을 전달하기 위해 전력을 다한다. 내가 말하는 의사 표출이란 바로 이런 요건을 갖는 것이다. V. O. 키가 말하듯이, "정당은 대중의 선호를 공공 정책으로 전환하기 위한 기본적인 제도이다."[103] 키와 견해가 다른 샤츠슈나이더 또한 유사한 맥락에서 "다수 지배의 이념을 사실fact로 전환할 수 있는 유일한 조직체는 정당이다."라고 단언했다.[104] 내가 보기에는 두 사람 모두 정당의 의사 표출 기능을 염두에 두고 있다. 달리 말해, 내가 말하는 의사 표출 기능은 그들이 염두에 둔 것에 이름을 붙인 것으로, 내가 발견할 수 있었던 최선의 약칭略稱이다.

나의 주장이 전체 양상의 절반만 조명하고 있다는 반박도 있을 수 있다. 정당은 의사를 **표출**만 하는 것이 아니라 **전달**도 한다. 지그문트 노이만의 표현을 따르면, 정당은 "혼란스러운 공중의 의지를 조직한다."[105] 정당은 그것을 모으고, 선별하고, 결국 편향적으로 만들어 왜곡한다. 실제로 그렇다. 정당은 여론을 표출시키고 반영하는 것 이상으로 여론을 형성하고 심지어 조작한다고 강하게 반박할 수도 있다. '이상으로'라는 표현을 제외한다면, 이 점도 마찬가지로 인정할 수 있다. 나 역시 정당도 여론을 형성하고 조작한다는 점을 인정한다. 다만 동전의 양면인 표출과 조작을 동등하게 취급할 수는 없다고 본다. 정당이 쌍방향의 의사소통 통로라 하더라도, 정당이 상향식 전달 통로로서 기능하는 것과 **같은 비중으로** 하향식 전달 통로로 기능한다고 결론 내릴 수는 없다. 그럴 경우에는 조작만 있을 뿐이다. 정당이 (복수의) 부분들인 한, 정당 체계는 위로부터의 조작보다 아래로부터의 표출에 훨씬 더 치중한다. 사람들은 자신만의 의견이 없던가, [있다 해도] 여론을 주도하는 사람들에 의해 형성된 의견을 가질 수 있다. 그러나 이런 환경은 다중심적이고 교차적인 조작의 효과가, 단일 중심적이고 스스로 강화하는 유형의 조작과 얼마나 다른지를 보여 주며, 그리하여 정당 다원주의가 힘을 잃었을 때 진정한 조작 혹은 '억압적 조작'이 시작된다는 것을 말해 줄 수 있다.

우리가 정확성과 측정 가능성을 추구할수록, **용어의 가치를 따지는** 일을 소홀히 하게 되고 용어 선택의 부정확성이 커진다는 것은 고통스러운 역설이 아닐 수 없다. 따라서 기본fundamental에서 시작하는 것, 혹은 기본으로 돌아가는 것이 무엇보다 필요하다. 정당 체계가, 피통치자의 의견을 표출하지 않으면 안 되는 '부분들'의 다원적 체계라고 말한다면, 많은 의미가 생략되는 것이 사실이다. 그러나 이런 전제는, 앞으로 우리가 논의할 많은 사항들을 파악할 수 있는 관점을 제공할 것이다.

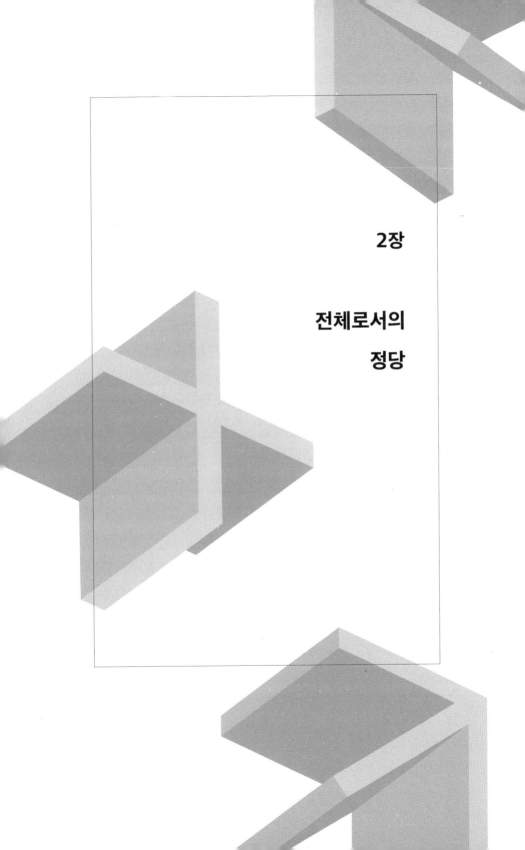

2장

전체로서의

정당

1. 무당인가 일당인가

지금까지 정당은 정당들, 즉 **복수의 정당**을 의미했다. 즉 정당은 복수로 존재한다는 것을 전제로 했다. 단일 정당 국가는 제1차 세계대전 후에야 실현되었기 때문에, 그전까지는 '일당 체계'one-party system라는 표현은 형용모순으로 여겨졌다. 그것은 '손발 없는' 네발짐승이라고 말하는 것과 같았다. 분명 네발짐승을 잡아서 네 다리를 잘라 낼 수는 있다. 그러나 그것이 걸을 수 있겠는가? 그것은 여전히 네발짐승인가? 정당 다원주의의 원리에 따르면, 정당이 한 부분이 아니라면 그것은 가짜 정당 pseudo-party이고, 또 전체가 단 하나의 정당과 일치한다면 그것은 가짜 전체pseudo-whole이다. 이렇게 보면 말도 안 되겠지만, 실제로 우리는 **독특한** 특징을 가진 일당의 성격과 만나게 된다. 이른바 '일당 체계'라고 불리는 사례가 엄연히 존재하는 것이다. 그런데 그것은 다원주의 정당 체계와 어떤 공통점이 있는가? 즉 정당이 전체의 '부분'이 되는 체계, 또 전체가 하나 이상의 부분들 간의 상호작용의 산물이 되는 그런 체계와 어떤 공통점이 있는가?

앞으로 보는 바와 같이, 확실히 단일 정당에는 여러 종류가 있다. 잠시 일당제 개념을 살펴보자. **엄격한 의미**에서 단일 정당제는, 우선 그 원조들, 즉 소비에트, 나치즘, 파시즘과 같은, 1920~40년대 일당제 국가의 첫 번째 물결에서 찾아볼 수 있다.[1] 그렇기는 해도, 단일 정당은 분명 전체보다 **작기** 때문에, 단일 정당을 전체와 동일시하는 주장에 대해서는 충분한 검토가 필요하다(실제로 단일 정당은 종종 구성원이 제한된 엘리트 정당, 즉 전체를 선도하는 전위 정당이다). 그러나 정당이 복수로 존재한다는 의미에서 본다면 단일 정당은 '부분'이 아니다. 차원의 문제를 별도로 하면, 단일 정당은 전체가 부분들의 경쟁적 상호작용으로부터 비롯된다는 관념을 단호히 거부한다는 점에서 전체주의 또는 전체성의 특성을 드러낸다. 단일 정당 **내에서는** 그 어떤 종류의 공식적인 분파도 금지한다. 그런 분파는 이단이자, 금지된 일탈이다. 그 예로 공산주의와 나치즘 그리고 (정도는 덜 하지만) 파시즘은, 만장일치의 원칙과 반대파에 대한 혐오에 기초한 유일 신념 체계의 존재 혹은 부활을 보여 준다.[2]

다른 한편, 전체가 항상 부분보다 **크다** 하더라도, 전체가 오직 하나의 정당으로 대표된다면 그것은 더 이상 공평한 전체, 즉 부분들을 넘어선 전체가 될 수 없다. 다원주의적 전체가 다면적이라면, 단원주의적 전체 monistic whole는 일면적이다. 상대편이 없는 부분은 가짜 부분일 뿐만 아니라 (복수의) 부분들을 포함하지 않은 전체는 **진짜** 전체real whole로서의 완결성을 결여하게 된다. 그것은 다른 측면들을 배제하고 특정 측면을 취하므로 '편파적인' 전체이다.

이런 식의 설명이, 정당 다원주의의 원리가 정당 단원주의 원리에 적합하지 않다는 사실을 손상하는 것은 아니다. 그렇다면 일당제의 원리란 무엇인가? 이 문제를 탐색하기 위해 이렇게 질문해 보면 도움이 될 것 같다. 왜 **무당제**no parties가 아니라 **일당제**one party인가? 확실히, 일당제의 목적은 '많은 정당들'을 제거하는 것이므로, 그 둘의 차이를 판단하는 것은 쉽지 않다. 모든 '부분'을 일체 금지한다는 점은 마찬가지이기 때문이다.

그런데 무당제에는 두 가지 경우가 있다. ① **무정당**partyless, 대체로는 정당이 등장하기 전의 국가(사우디아라비아, 예멘, 요르단, 아프가니스탄, 네팔), ② **반정당**antiparty 국가, 즉 이미 존재하던 정당을 억압하고, 반정당의 입장을 취하거나 반정당주의를 표방하는 체제가 그것이다.[3] 첫 번째 경우는 별로 중요하지 않다. 왜냐하면 정당이 없는 국가는 근대화를 거부하거나 근대화로부터 벗어난 전통적인 정치체이기 때문이다. 한편, 무정당 국가는 대부분 저개발 또는 개발도상국으로, 종종 비상 상황에서 예외적인 지위를 주장하는 군부 체제인 경우가 많다.[4] 새뮤얼 헌팅턴이 지적하듯이, "무정당 국가는 전통 사회 같은 자연 상태이다. 그러나 사회가 근대화됨에 따라 무정당 국가는 점차 반정당주의적 국가가 된다."[5] 여기서 덧붙일 점은 사회가 근대화되고 발전할수록 반정당주의는 일당제로 대체된다는 것인데, 이는 일당제가 반정당주의보다 훨씬 강하고 효과적이라는 사실이 판명되었기 때문이다. 달리 말하면, 일당제 국가는 정치적으로 발전된 사회에서 정당 다원주의가 실패했을 때 나타나는 최종 해결책이다. 내가 하고 싶은 질문은 왜 이런 사례가 나타났는가 하는 것이다.

　두 차례의 세계대전 사이에 등장했던 대표적인 일당제 국가들을 역사적 관점에서 주목해 보면, 무엇보다 일당제가 최후의 방책으로 생겨난 것이지 결코 우연히 출현한 것이 아님을 알 수 있다. 일당제는 단지 이탈리아나 독일에서처럼 정당 다원주의의 실패와 결함에 대한 반작용으로 생겨난 것도 아니며, 러시아의 알렉산드르 케렌스키* 경우처럼

---

* 제정 러시아 시기 정치가이자 멘셰비키 영수로 1917년 2월 혁명을 이끌었고 러시아 공화국 임시정부의 2대 총리를 맡았다. 10월 볼셰비키 혁명 이후 프랑스로 망명했다.

출발 때부터 유약하고 불안정한 상태에서 생겨난 것도 아니다. 관념적으로 말하자면, 단일 정당은 공간이 없으면, 즉 점유를 필요로 하는 정당 공간ᵃ party space : Parteiraum의 존재를 누군가 감지하지 못하면 생겨날 수 없다. 실제로 보면, 기구instrument가 복잡할수록 그것을 만드는 데 더 많은 시간이 필요하다. 확실히 여러 정당들 가운데 하나의 정당(그래서 득표에 열심인 자발적 결사체)은 다른 모든 정당을 몰아내는 (그리하여 전면적 지배를 추구하는) 정당보다는 단순한 기구이다. [단일 정당이 전면적 지배에 성공하기 위해서는] 먼저 (여럿이 있는 속에서) 정당들을 경험하면서 뭔가를 배워야 했고, 그런 다음 새로운 환경이 출현해야만 했다.

정당 다원주의가 등장하게 된 주요 환경은 참정권의 확대였다. 반면 일당제를 등장시킨 결정적인 선행조건은 **정치화된 사회**politicised society의 출현이었다. 정치체의 정치적 발전과 **사회**의 정치적 발전을 굳이 구별하자면, 후자는 대다수 사람들이 정치적으로 자각하고 의식적으로 활성화되는 것을 의미한다. 결과적으로, 정치화된 사회는 정치 체계의 작동에 참여하는 동시에, 정치 체계의 좀 더 효과적인 수행이 요구되는 사회이다.[6] 정당이 허용되지 않거나 감독을 받는 곳에서조차 사회가 정치화되면 더 이상 대중을 무관한 실체로서 주변화하거나 무시할 수 없다는 인식이 점차 확대된다. 이런 사실을 인식하는 것 자체가 중요한 전환점이 된다. 밖에 있던 대중이 안에 있게 된다. 아니 안으로 들어오게 해야 한다. '대중'을 영원히 밖에 머물게 할 수도 없을 뿐 아니라, 그들을 참여시키는 것이 더 이익이 될 것이다. 대중의 증오가 위험한 것이라면, 대중의 무관심은 허망하다. (복수의) 정당들을 억압할 수는 있지만, 정치화를 통해 제기된 문제는 여전히 남는다. 장기적으로 정당 없는 정치체는 정치화된 사회에 대처할 수 없다.

단일 정당이 출현해 뿌리를 내리게 되었을 때, 서구 민주주의는 ①
(완전한 보통선거권은 아니지만) 선거권이 크게 확대되고 ② 대중정당을
축으로 구조를 갖추게 된 정당 체계가 출현하는, 일정한 발전 단계에 도
달했었다.[7] 이 두 가지 사실은 밀접하게 연관된다. 왜냐하면 정당은 참
정권 확대에 힘입어 조직적 힘을 얻고 공고해지기 때문이다. 대중이 정
치에 진입하게 되면서 당연히 새로운 문제, 즉 **의사 전달**의 문제가 생겨
났다. 정당 체계가 구조화되었다는 것은, 정당이 의사 전달 기능을 수행
할 수 있고 또 실제로 수행하는 공고화 단계에 도달했음을 말한다. 안정
된 수로 체계system of canalisation가 필요한 이유는 부분적으로는 대중의
특성 때문이지만, 기본적으로는 대중의 규모가 엄청나다는 단순한 사
실에서 비롯된다. 즉 참여자의 수가 많을수록 교통 체계traffic system를 조
절할 필요도 그만큼 커지기 마련이다.

보통선거권의 도입과 더불어, 정당 체계는 새로운 속성을 갖게 된다.
정치화된 사회가 상대적으로 소수 엘리트의 사회로 남게 되면, 정당 체
계는 유동적인 상태에 머무른다. 그러나 사회가 전체적으로 정치화되
면 정당 체계가 어떻게 구조화되느냐에 따라 사회를 국가로, 또 국가를
사회로 연결하는 교통 규칙이 확립된다. 이때 정당은 의사 전달 기관이
되고, 정당 체계는 사회의 **정치적 수로** 체계가 된다.

이제 왜 단일 정당 국가가 그 순간에 실현되었는지, 그리고 왜 '다당
체계'에 대한 가장 실현 가능하고 지속성 있는 대안이 (무정당제든 반정
당제든 정당의 부재가 아니라) '일당제'가 되었는지 쉽게 이해할 수 있을
것이다. 어떤 정당도 사회를 자신의 영향력이나 통제 밖에 내버려 두지
않으며, 어떤 근대화된 체제도 이런 불안정하고 비생산적인 해결책을
장기적으로 유지할 수 없다. 탈전통사회는 자유로워질 수도 있고 속박

될 수도 있다. 그러나 근대화될수록 그 자체에 맡겨 두기 어려우며, 그 상태로 멈춰 있기를 기대하기도 어렵다. 좋든 싫든, 정치화된 사회에서 무정당제라는 해결책은 오래 가지 못한다. **의사 표출**의 통로로서 정당은 단명할 수도 있지만, **전달 통로**로서의 정당은 오래 지속된다. 단일 정당도 그 형태가 어떠하든 전달 기관임이 분명하다. 전달 기관으로서의 정당은 부분으로서의 정당들이 경쟁자 없는 정당으로 건너가는 다리 역할을 한다.

일당제가 존재하는 이유는 현대사회가 의사 전달 통로 없이 유지될 수 없기 때문이다. 그러나 이 사실이 단일 정당 국가가 정치화된 사회를 이어받거나 촉진한다는 것은 전혀 아니다. 오히려 단일 정당 국가는 다원적 정치체보다 훨씬 정치화된 사회를 필요로 한다. 단일 정당은 유일성을 주장하고, 이 때문에 자기 정당화나 자기 확신과 관련된 문제가 제기되었을 때 예민하게 반응한다. 단일 정당 국가가 혁명적 상황에서 혁명적 수단에 의해 생겨났든 그렇지 않든 그것은 단순히 '새로운' 체제가 아니라, 예외적이고 '특수한' 체제로 간주된다. 그러므로 단원주의 정체monistic polities는 시간이 지남에 따라 자연스럽게 정당성을 획득하지는 않는다. 그것은 다원적 체계보다 더 많은 것을 더 신속하게 더 잘할 수 있다는 사실을 보여 주어야 한다. 행동으로 입증할 수 없다면, 모든 것을 말로 입증해야 할 것이다. 어떤 경우든 [단일 정당은] 사회를 동원해야 하고 설득해야 하며, (무조건적이지는 않더라도) 신뢰할 수 있는 헌신을 필요로 한다. 이를 위해서는 이른바 강력한 '관개 체계'system of irri-gation가 필요한데, 그때 사회를 동원하는 자연발생적 기구가 바로 단일 정당이다. 그런데 근대사회는 의사 전달만 필요로 하는 것이 아니다. 일당제 논리는 그 이상으로 진전된다. 즉 사회를 '하나로 연결해야' 할 필요가 있다. 일당제 국가가 다당 체계 이후에 출현해, 다원주의적 정체가 실패한 곳에서 성공하려면 오로지 강제적 통제와 독점적 교화indoctrination를 통해서만 가능하다.

2. 당-국가 체계

이제 다음과 같은 문제들을 논의해 보자. 단일 정당은 어떤 의미에서 '정당'이며, 또 그렇게 불려야 하는가? 일당제 국가를 '정당 체계'라고 말할 수 있는가?

베버는 (비록 아주 느슨하게 표현하긴 했지만) 다음과 같이 지적한 바 있다. 교황파Guelfs는 정치 시장에서 자유경쟁을 통해 기능하기를 멈추면서 곧 정당이 아니게 되었다.[8] 이런 점은 무엇보다 나치당에 대한 지그문트 노이만의 언급에서 잘 드러난다. 그에 따르면, "그 같은 독재적인 조직을 '정당'이라고 부르는 것은 잘못이며, 종종 의도적인 오해에서 비롯된 것이다. 왜냐하면 "의견의 자유로운 형성과 표현을 가로막는 독재 정당의 독점은 정당 체계 명제와 정면으로 배치되기 때문이다."[9] 이런 주장의 논리적 설득력을 반박하기란 분명 어렵다. 그러나 이런 주장을 독일 나치에 적용하는 것에 대해서는 반론이 없지만 개발도상 지역에 적용하는 데는 반론이 있다.[10]

앞서 제기했던 첫 번째 질문과 관련해서, [단일 정당도 정당일 수 있다는] 이 주장은 온당하다고 확신할 수 있다. '경쟁자 없는 정당'과 '부분으로서의 정당'을 용어상 구분하는 것은 개념을 명료하게 하는 이점이 있다. 그러나 우리는 분명 대안적인 명칭을 갖고 있지 않으며, 그런 상황에서는 전문가들이 보편적으로 받아들이고 있는 용법을 따를 수밖에 없을 것이다. 그뿐만 아니라 앞서 살펴보았듯이 복수의 정당과 단일 정당은 유전적으로 일정한 연관성이 있다. 특히 정당 다원주의에서 일당제로 이행할 때 실제로, 그리고 근본적으로 변화하는 것은 **체계**의 성격이다. 물론 단일 정당은 이전에 가지고 있던 기법과 조직 구조를 모두 이어 받는다. 권력을 장악한 일당one party은 다른 정당들을 제거하지만 조직 무기로서의 정당은 그대로 유지한다. 그러므로 [체계와 조직이라는] 두 가지 원리를 명확하게 구분한다면, '일당'이라는 말을 사용하는 것도 어느 정도 일리가 있다.[11]

그러나 '일당 체계'라고 말할 때는 사정이 매우 다르다. 왜냐하면 사실 이 용어는 수많은 심각한 오해를 낳는 잘못된 명칭이기 때문이다. 어떻게 하나의 정당이 단독으로 **체계**를 만들어 낼 수 있는가? 그것은 무엇의 체계인가? 확실히 그것은 정당들의 체계가 아니다. 그러므로 일당은 정당 체계를 형성할 수 없다.

'체계'라는 용어가 중요한 이유는 그것이 중요한 분석 도구를 제공해 주기 때문이다. 사실 체계라는 용어는 분과 학문에 따라 그 기술적 세련화 정도가 매우 다르다.[12] 각 분과 학문 내에서 엄격하고 엄정한 의미로 쓰이는 경우도 있고, 느슨하고 약하게 쓰이기도 한다.[13] 특히, 체계 분석의 모든 요건을 따르지 않고서도 정당 체계에 대해 말할 수 있다.[14] 그런데 (과학적 탐구를 위해) 최소한 다음 요건을 지키지 않으면 체계 개념은 무의미해진다. ① 체계는 그 구성 요소들을 따로 떼어놓았을 때는 드러나지 않는 속성을 갖는다. ② 체계는 그것을 구성하는 요소들 간의 유형화된 상호작용으로부터 생겨나고, 그것에 의해 구성되며, 따라서 그런 상호작용이 체계의 경계 또는 적어도 한계를 규정한다.[15] 그런데 이른바 일당 체계one-party system는 분명 이런 요건들 중 어떤 것도 충족하지 못한다. 첫 번째 요건과 관련해서는, 단위(단일 정당)에 대한 서술이 체계에 대한 서술과 일치한다. 두 번째 요건과 관련해서는, 유형화된 상호작용은 정당의 경계 안에서가 아니라 그 경계를 넘어서 일어난다.

따라서 정당들은 그것이 (복수의) 부분일 경우에만 '체계'를 형성한다. 정당 체계는 정당들 간 경쟁으로부터 생겨나는 **상호작용의 체계**이다. 즉 체계는 정당들이 다른 정당과 맺는 관계를 나타내며, 각 정당이 다른 정당들과 (수학적 의미에서) 어떤 함수관계에 있는지, 다른 정당에 대해 어떻게 경쟁하고 어떻게 반응하는지와 관련된다.

단일 정당은 '정당들의 체계'system of parties를 낳을 수 없지만, 각 정당은 그 자체로서 하나의 소우주이자 실제로 정치 체계의 축소판이라는 의미에서 (내부에서 혹은 별개로 연구할 수 있는) 하나의 '체계'로 인식될 수 있다는 것, 그것이 바로 혼동이 발생하는 주요 근원인 것 같다. 그러나 이런 경우 정당 연구의 대상은 정당 체계가 아니라 **체계로서의 정당** party-as-a-system이다. 이렇게 표현하면 큰 차이가 없어 보이지만, 이 둘을 혼동하면 우리는 **단위 비약의 오류**unit jump fallacy라는 중대한 실수를 범하게 된다. 그렇게 하면 어떤 분석의 수준을 다른 분석의 수준으로, 즉 정당의 분석 단위를 체계의 분석 단위로 잘못 이해하는 오류를 저지르는 것이다.

이리하여 우리는 정확한 질문에 이르게 된다. 하나의 정당이 단독으로 체계(정당 체계)를 형성하지 못한다면, 체계는 어디에 있는가? 이제 문제는 단일 정당은 어느 **체계 단위**에 속하는가가 된다. 단일 정당이 다른 정당들과 상호작용하지 않는다는 사실을 고려하면 그것이 갖는, 경계가 있고 패턴이 있으며 자기 유지적인 상호 의존의 영역은 어디에 있는가? 그것이 어떤 점에서 체계인지에 대해서는 **당-국가 체계**party-state system라는 용어를 사용하는 저자들이 적절하게 제시해 주고 있다. 그 명칭은 대개 공산주의 국가에 적용되지만,[16] 나치즘과 이탈리아의 파시즘, 그리고 그와 유사한 다른 형태에도 마찬가지로 적용된다. 추상적인 언어로 말하자면, 부분들로서의 정당들은 바로 이런 이유로 국가와 동일시될 수 없지만, 전체로서의 정당은 스스로를 (개념상) 국가와 동일시할 수 있다는 것이다. 두 개의 전체는 일치하지 않는다면 공존할 수 없다. 이런 의미에서 단일 정당은 국가의 복제물이라고 말할 수 있다.[17] 정당이 국가를 흡수하든 거꾸로 국가가 정당을 흡수하든 당-국가 체계는 어니스트 바커가 지칭한 바와 같이 '일원주의 체계'system of unitarism이다.[18]

이런 단순화가 과잉 단순화로 이어지지 않도록 몇 가지 요건을 정해야 한다. 아무리 전체주의적인 국가라 하더라도 "일원적 통일을 완전하게 실현하지는 못한다."[19] 당-국가 체계에서 정부의 관직은 대체로 당내 직책의 부산물이다. 그렇다고 모든 정부 관직을 정식 당원들이 독차지한다는 의미는 아니다. 첫째, 그것은 무엇보다도 단일 정당의 가입 조건이 제한적인가에 달려 있다. 둘째, 관료제적 실적주의는 당내 경력 체계와 잘 병존할 수 있다. 당이 관료제를 통제하고 있는 한, 이런 해법은 확실히 효율적이다. 셋째, 당은 기술적 직무 수행을 위해 기술적 재능을 가진 인력을 기용해야 한다. 여기서 정당 정치인과 기술 지식 계급technical intelligentsia* 간의 관계를 정립해야 하는 매우 까다로운 문제가 등장

---

* 1920년대 스탈린이 5개년 계획을 실시하며 당 기구와 위원회가 비대화되고 이에 따라 전문 기술인이 중용되었다. 이들은 급격히 성장해 하나의 특권 계급이 되었고, 그로 인해 당 관료와의 대립이 격화되었다.

하게 되며, 그 결과 거대한 단일 조직은 균열이 발생할 위험에 노출된다. 넷째, 무엇보다 중요한 사실은 기타 이오네스쿠가 지칭하듯이 기관 국가apparat-state에는 여러 개의 '기관'이 존재하는데, 이 기관들의 관계를 조율하는 방식은 무수히 많고 변화무쌍해 복잡한 문제(특히, 정치경찰 및 군대와 당 기관의 관계를 어떻게 정립할 것인가 하는 문제)가 발생하게 된다.[20]

대체로 당과 국가의 융합은 결코 완벽하지 못하며, 그 방식과 정도도 각양각색이다. 또한 내가, 정당이 하나만 있는 곳에 반드시 당-국가 체계가 존재한다고 주장하는 것이 아니라는 점을 이해해야 한다. 내가 말하려는 바는 오히려 당-국가 체계가 존재하게 되거나, 어떤 의미 있는 체계도 존재하지 않거나 둘 중 하나일 것이라는 점이다. 또한 구조화되고 분화된 정체에 적용되는 개념을, 흩어져 있고 미발달된 정체에 적용할 수는 없다는 것이다. 이런 조건들을 염두에 두었을 때, 요점은 당과 국가는 (국민 전체와 대면해) 서로를 지지하고 상호 강화하는 두 개의 기관이라는 점이다. 국가가 당에 봉사하든, 역으로 당이 국가에 봉사하든, 그리고 양자 간의 상호작용에서 어느 쪽이 우세하고 그 방향이 어떠하든, (공고화된) 일당 정체는 그것이 당-국가 체계라는 바로 그 사실 때문에 정당 체계를 갖지 못한다. 그리고 그 함의는 실로 광범위하다.

(복수의) 정당들이 서로 상호작용을 하는 동안, 각 정당들은 자체의 체계, 즉 독립된 하위 체계를 작동시켜 나간다. 좀 더 기술적으로 말하면, 정당 간 상호작용은 **하위 체계 자율성**subsystem autonomy을 촉진하는 동시에 그것의 결과이다. 반대로 당-국가 체계의 특징은 하위 체계 자율성을 허용하지 않는다는 것이다. 독립된 하위 체계를 허용하지 않으며, 하위 체계의 자율성을 제어하는 것이 단일 정당제의 존립 근거이다. 그렇다면 왜 무정당제가 아니라 일당제인가? 정당 다원주의

를 거부한다면, 그 대안은 (다른 유형의 하위 집단 자율성을 장려한다는 점에서) 정당을 없애는 것이지 하나의 정당으로 흡수하는 것이 아니지 않을까?

하위 체계 자율성 개념은 매우 중요한데도,[21] 때로는 너무 협소하게 때로는 너무 광범하게 정의되고 있다. 이 두 가지 용법은 명확하게 구분해야 한다. 엄격한 의미로 사용할 때는 **하위 체계** 자율성으로, 광범한 의미로 사용할 때는 **하위 집단** 자율성sub-group autonomy으로 지칭하면 쉽게 구분할 수 있으리라 생각한다. 느슨하고 폭넓게 개념을 사용하면 이점이 많다.[22] 우선 해당 분석 집단이 체계냐 아니냐 하는 곤란한 쟁점을 비켜 갈 수 있다. 또한 체계 수준의 문제를 중요하지 않은 문제로 간주할 수 있을 뿐만 아니라, 그 실체가 **내부의** 체계(체계로서의 정당)인지 **외부의** 체계(정당 간 체계)인지를 명확하게 하지 않아도 된다. 예컨대 사법부나 관료제, 군대는 어떤 측면에서 체계인가? 그것은 사법부, 관료제, 군대라는 각 단위를 이야기하는 것인가, 아니면 단위 내 체계를 이야기하는 것인가? 하위 체계 대신 하위 집단이라는 용어를 사용하면 이런 질문들 때문에 곤란해 할 필요가 없다. 뿐만 아니라 하위 집단 일반을 준거로 삼을 경우 자율성의 의미가 매우 다를 수 있다는 점을 염두에 두어야 한다. 군대가 고도로 자율적인 하위 집단이 된다면 십중팔구 민간 정부의 자율성은 불안하거나 위태로워진다. 마찬가지로 관료제가 고도로 자율적인 하위 집단이 된다면, 필경 관료제가 지배하게 될 것이다. 다른 한편, 사법부의 독립은 오랫동안 추구하고 싸워서 획득한 것이다. 이 하위 집단의 자율성은 시민권적 자유의 초석을 나타내고, 독단적 통치가 제약받고 있음을 보여 주기 때문이다.

따라서 모든 하위 집단 자율성이 '기능적'이라거나 그런 자율성이 자유-독립 그리고 다두제poliarchy* 및 다원주의의 정도를 나타낸다고 말할 수 없다. 대신 좁은 의미로 말할 수는 있다. (정당 하위 체계, 노동조합 하위 체계, 압력 집단 하위 체계의 경우처럼) **하위 체계 자율성** 개념을 제한적으로 사용한다면, 즉 그 단위가 명백히 하나의 체계일 때에만 하위 체계 자율성은 다두제를 나타내는, 그리고 국가로부터 사회가 얼마나 자유로운지를 나타내는 훌륭한 지표가 된다. 특히, 국가에 대한 사회의 힘은 대체로 정당 하위 체계의 자율성에 달려 있다고 볼 수 있다. 그 이유는 다른 하위 집단의 자율성이 국가**로부터** 사회를 자유롭게 하지만, 사회는 자유자재로 국가에 영향을 미치지 못하기 때문이다.

[국가라는] '권력의 집'house of power[23] 안에서, 정당 체계가 하위 체계의 독립성을 제한할 수 있다는 점에 주목하면 문제의 실체를 한층 더 깊게 들여다볼 수 있다. 왜냐하면 민간 기업이 그렇듯이, 정당 다원주의는 정당이 자발적 조직이며, 시민의 자유로운 의지를 통해 조직된다는 원리를 바탕으로 작동하기 때문이다. 또한 가입이 강제적이지 않으며, 시민들은 기존의 여러 조직들 가운데 자유롭게 선택할 수 있을 뿐만 아니라, 새로운 정치조직을 자발적으로 설립할 수도 있다(물론 진입 비용을 치러야 한다). 이런 의미에서, 정당 체계는 독립적이면서 동시에 **개방된** 하위 체계이다. 이와 반대로 당-국가 체계에서 정당은 자발적 조직이 아니며, 하위 체계 자율성이 결여되어 있어 **폐쇄적인** 체계가 된다. 단일 정당에 가입하는 것이 제한적이든 그렇지 않든, 정치조직을 자발적으

---

* '다두제'는 로버트 달이 펴낸 저작의 제목이기도 하다. 그는 이 저작에서 민주주의는 경험적으로 달성할 수 없는 이상(ideal)이며 현재 실행되고 있는 민주주의를 다두제라고 지칭했다. 이 개념을 통해 그는 민주주의를 절차적인 것으로 정의하며 '경쟁'과 '참여'를 핵심 내용으로 파악했다.

로 설립할 수 없으며, 다른 정치조직을 선택할 수도 없다.

분명, 정당이 독립적인 하위 체계로서 작동할 수 있느냐 없느냐는 결정적인 차이를 만들어 낸다. 그러므로 정당의 상호작용과 그런 상호작용의 '체계'를 갖는 정치 체계만을 정당 체계라고 불러야 한다는 주장은 용어를 가지고 트집 잡는 것이 아니다. 이는, 중심이 하나뿐인 정체들 mono-centric polities에서는 체계와 유사한 속성이 당-국가의 상호작용에서 존재한다는 사실, 그리하여 그런 체계에는 하위 체계 자율성이 없다는 사실에 주목하게 한다. '일당 체계'라는 것은 존재하지 않으며, 그렇게 불러서도 안 된다. 왜냐하면 이 경우 실제로 지시하는 대상은 '국가 체계'state system이기 때문이다. '국가 체계'에서는 정당이라는 수로party canalisation가 사회의 목적에 봉사하는 것이 아니라 국가의 목적에 봉사한다. 정당 체계는 이견을 인정하고 반대를 제도화하지만, 당-국가 체계는 이견을 거부하고 반대를 탄압한다. 복수의 정당은 의사 표출의 도구이지만, 일당제에서 정당은 의사 추출extraction의 도구이다. 우리는 사회가 정당 체계를 형성한다고 말할 수 있지만, 사회가 당-국가 체계를 형성한다고 말할 수는 없다. 그와 반대로, 당-국가 체계가 사회를 형성하며, 한 체계의 논리는 모든 점에서 다른 체계의 논리에 상반된다.

정당이라는 단어와 관련해서, 우리는 어휘의 부족 때문에 제약을 받는다. 그런데 그 용어를 비非부분non-part, 즉 [스스로] 전체가 되고자 하는 부분에 적용할 때는 별 문제가 없다. 그러나 체계라는 용어의 경우, 어휘의 부족이 그것의 오용을 정당화하지 않는다. 체계라는 말을 잘못 사용하면 중요한 분석 도구를 쓸모없게 만들 뿐만 아니라, 상이한 사실에는 상이한 명칭을 붙여야 한다는 황금률을 불가피하게 위반하게 된다.

3. 일당 다원주의

지난 수십 년 동안 우리는 정당이 하나만 존재해도 민주주의가 가능한가 라는 문제에 대해 논쟁을 벌여 왔다.[24] 1950년대까지만 해도 이 문제는 흑백 논리로 다루어졌지만, 1960년대와 1970년대에 접어들면서는 점 차 정도의 문제로 논의되기 시작했다. 예전에는 이 질문에 대한 답변이 명확히 부정적이었지만, 요즘에는 긍정적으로 바뀌고 있다. 이런 변화 에는 많은 이유가 있는데, 우선 대상이 바뀌었다. 우리는 이전보다 더 넓 고 다양한 세계를 목도하게 된 것이다. 그 결과 많은 연구자들이 이제는 '일당제'를 매우 느슨한 의미로 정의하고 있는데, 이를테면 **다른 정당들 에 대한** 일당의 패권hegemony, 지배dominance, 우위predominance 등이 포함 된다.

어떤 구체적인 증거가 인정을 받으려면 마땅히 분류 문제에 대한 논 의가 먼저 이루어져야 한다.[25] 어떤 사례들을 두고 누군가는 일당제의 사례로 인용하고, 또 다른 연구자는 그것들을 같은 범주로 보지 않거나 심지어 일당제로 분류할 수 없다고 주장한다면, 서로 엉뚱한 이야기를 하고 있는 것이다. 이럴 경우 우리는 '선결문제 요구의 오류'petitio princi-pii, 즉 정의 그 자체로 증명하거나, 이 경우에 있어서는 잘못된 분류의 사례를 가지고 증명하는 오류에 빠지기 쉽다. 그러나 하나의 정당 이외 에 어느 정당도 법적으로 허용되지 않거나 실제로 존재하지 않는 정치 체계만을 대상으로 삼는다 하더라도 우리는 여전히 이론적 문제에 직 면할 수 있다. 이런 명백한 상황에서 중요한 지점은 확실히 '당내 정치 과정'에 있다.

통상적으로 중심이 하나뿐인 정체에서는 당내 분파가 금지된다. 즉 그런 분파의 제도화나 공식화는 허용되지 않는다. 그러나 어느 **입장**이든 **반대 입장**(즉 대항 입장)을 야기하는 것이 정치의 변증법이자 생명체의 변증법이다. 그래서 정당 규약에 관계없이, 대규모 집단은 소규모 집단들로 분열되고 정당 내의 비공식적 과정은 의견 충돌, 경쟁, 조정, 다툼으로 일관되기 마련이다.[26] 단일 정당이 일반 구성원ranks(당원) 혹은 하위 단위의 조직과 어떤 공식화된 반대를 관용하거나 심지어 허용하는 경우('일당 다원주의'one-party pluralism라 하는 것이 적절하겠다.)는 아주 드물다. 그러나 논의를 이런 특수한 경우에 한정할 필요는 없다.[27] 어떤 하위 단위 조직도 존재하지 않고 반대에 대한 불관용이나 두려움이 심각한 경우에도, 사람들은 서로 다투고 좀 더 큰 몫을 차지하기 위해 치열하게 싸우기 때문이다. 개인 간 갈등 또는 집단 간 갈등은 아주 흔한 일이며, 모든 정치 체계에 엄연히 존재한다는 사실 때문에, 우리는 정당 내 갈등과 이견이 정당 간 경쟁을 대체할 수 있을까 하는 문제에 직면하게 된다.

일당 다원주의를 말하는 학자들은 확실히 이 문제에 대해 긍정적으로 답변하는 경향이 있는데, 특히 '일당 민주주의'one-party democracy를 말할 때 그렇다. 이와 관련해 뒤베르제는 다음과 같이 정식화한다. "파벌들이 단일 정당 내부에서 자유롭게 활동하는 만큼 …… 다원주의가 당내에서 활성화되며, 파벌은 정당과 동일한 역할을 수행할 수 있다. …… 그러므로 단일 정당은 일종의 정치 민주주의와 병존이 가능하다고 볼 수 있다."[28] 25년이 지나도록 이 정식은 조금도 변하지 않았고 추가된 것도 없다. 여기서 우리는 어떤 단어를 두고 다투려는 것이 아니므로 다원주의라는 용어는 제쳐 두고, "파벌이 정당과 동일한 역할을 수행할 수 있다."라는 구절에 초점을 맞춰 보자. 질문은 다음과 같다. 당내 하위 분파를 사실상 허용하는 단일 정당과, 둘 이상의 정당을 가진 체계 간에 는, 어느 정도 기능적으로 등가성이 있다는 명제를 입증할 만큼 충분한 유사성이 있는가?

어느 연구자가 명쾌하게 지적했듯이, 우선 주의할 점은 "가장 극단적 인 형태의 전제정에서조차 독재자의 의사에 부합하기만 한다면, 강한 경쟁이 존재할 수 있다."라는 것이다. 그러나 경쟁competition과 '경쟁 적'competitive이라는 용어의 의미를 확장하기 위해 "궁궐 복도와 정당 위 원회실에서 이루어지는 음모까지 포함하게 되면 분석 도구의 날카로움 이 무뎌질 수도 있다."[29] 이 점에 대해서는 좀 더 자세하게 살펴볼 필요 가 있다. 단일 정당 내 지도자들 간의 경쟁은 권력 보유자들끼리 권력을 놓고 **직접** 대결하는 투쟁이다. 여기서 주된 문제는 지도자와 지도자의 관계, 즉 통치자들 간의 대면 투쟁이다. 이런 직접 투쟁은 선거 경쟁과 정당화라는 검증을 통과할 필요가 없기 때문에 발생한다. 한편, 정당 체 계에서 정당 내 경쟁은 동전의 한 면일 뿐이며, 다른 쪽 면은 물론 정당 간 경쟁이다. 그리고 추종자 없는 정당을 장악하는 것은 의미가 없으므 로, 동전의 양면 가운데 가장 중요한 것은 정당 간 경쟁이다. 따라서 정 당 다원주의의 핵심은 정당 지도자들이 **간접적으로** 대결하는 것이다. 그들은 유권자를 고려하여 경쟁하며, 그것은 폭넓게 영향을 미친다.

당-국가 체계에서는 국가와 정당이 서로를 강화하고 중첩되는 반면, 다원주의 체계에서는 국가와 정당이 서로 분기되고 분리되어 있다. 이 는, 단일주의 체계에서는 정당의 전망이 곧 국가의 전망이라는 것을 의 미한다. 국가와 정당은 모두 '통치자'의 위치에 있으며, 국가의 관점이 정당의 관점을 흡수한다. 반면, 정당 다원주의의 경우 정당은 피통치자 와 통치자의 중간에 위치하며, '피통치자'의 위치에서 고려되어 입안된 정책이 곧 국가정책이 되는 경향이 있다. 각기 자체의 역학에 의해, 일당적 정치체에서 권력은 독재적이 되고, 다원적 정당 체계는 민주적이 된다. 둘 이상의 정당이 경쟁할 때, 정당은 피통치자에 반응할 때만, 그리고 그들의 일원이 될 때만 집권할 수 있다. 반면 단일 정당은 영구적으로 통치하므로 누가 정당을 장악하느냐가 중요해진다.

대체로 보아, 정당 내 경쟁이 어떻게, 왜 정당 간 경쟁으로 대체되거나 정당 간 경쟁으로 흡수될 수 있는지를 보여 주는 논의는 아직까지 없다. 정당 내 이견은 '기능적'functional 경쟁보다는 '사적'private 경쟁을 표출하고 유발한다. 정치에는 언제나 경쟁과 갈등이 존재한다는 주장은, 그것이 어떻게 진행되는지와 상관없이, 정치 공학의 전체 의미를 놓친다. 갈등이 어떤 채널을 갖는지[즉 어떻게 표출, 매개, 대표, 소통되는지]는 정말 중요하다. 사실 이 과정이 모든 차이를 만들어 낸다. 이는 역사적으로, 정치가들의 내집단in-group 갈등(당내 경쟁의 앞선 형태이자, 그것의 등가물)이 늘, 그리고 오직 [역사적 의미의] '파벌'을 만들어 냈다는 사실에서 증명된다. 이처럼 파벌의 다원성은 정치 생활political life이 생겨난 이래 계속 존재해 왔으나, 민주적 다원주의는 상대적으로 소수 국가에서 상대적으로 짧은 기간 동안만 존재해 왔다. 특히 파벌주의 및 집단 갈등과 같은 것이 민주주의 발전에 기여했다는 증거는 수 세기 동안의 역사를 살펴봐도 찾을 수 없다.

좀 더 기술적으로 보자면, 뒤베르제의 명제는 단위의 차이를 설명하지 못했고, 그 결과 '단위 비약'의 오류를 범했다. 일원적 정체는 오직 하나의 단위, 즉 '체계로서의 정당'만을 갖는다. 반면 다원주의 정체에는 두 개의 단위가 있는데, 각각의 정당이 하나의 단위를 형성하고, 이 정당들이 모여 정당 간 체계가 된다. 즉 일원적 정체에서는 (내부) 선거 경쟁 과정이 하나만 존재하지만, 다원적 정체에서는 (내부와 외부라는) 두 개의 선거 경쟁 과정이 존재한다. 그러면 그것의 **대체물**이 어디 있는가? 설령 단일 정당 내부에서 이루어지는 것을 경쟁이라고 유의미하게 부를 수 있다 하더라도, 하나의 정당 체계를 구성하고 있는 각 정당들의 내부에서도 같은 일은 일어난다. 그러므로 단일 정당은 자신이 결여하고 있는 것을 당 내부의 어떤 것으로 대신하지 못한다. 단일 정당에 없는 것은, 다두제를 '민주정치'로 만드는 것, 즉 선거 경쟁과 자유선거다.

최근까지 정당 간 경쟁은 제대로 다뤄지지 못했다. 한편에서는 정당들(특히 양당 체계)이 [유권자들에게] '진정한' 선택의 기회를 제공해 주지 못하고, 정당 간의 경쟁적 행위가 결국에는 무기력한 상호 담합으로 귀결되고, 사람들의 관심을 근본적인 것에서 사소한 것으로 돌린다고 본다. 요컨대, 경쟁이 독점을 조장하기도 한다는 것이다.[30] 다른 한편에서는 (특히 극단적 다당 체계에서) 정당들이 인위적으로 쟁점을 만들어 내어 비현실적이고 거창한 선택을 제안함으로써 갈등과 분열을 부추기고 있다는 것이다. 이런 관점에서 보면, 경쟁은 시장을 과열시키고, 공약空約을 남발하고, 양극화를 부추기며, 다루기 어렵고 해결할 수 없는 문제를 만들어 낸다. 어떤 경우든, 경쟁의 메커니즘이 가져다주는 공공재나 이익은 이런 이유들 때문에 늘 만족스럽지 못하다.[31] 이런 비판은 상당 부분 일리가 있다. 우리는 경쟁을 장밋빛으로 묘사하려는 것이 아니다. 거듭 말하지만, 우리가 당면한 문제는 (경험적 측정에 앞서) 중요성을 **따져 보는 것**이다. 경쟁의 단점이 장점 못지않게 크거나 그 장점을 상쇄해 버리는가? 지금 이 경우, 정당 간 경쟁의 단점이 그것의 긍정적인 부수 효과 (조지프 슘페터[32]가 윤곽을 그리고, 카를 프리드리히[33]가 실행했으며, 로버트 달[34]이 발전시킨 '민주주의의 경쟁 이론'에 잘 기술되어 있다.)보다 더 중요한가?

"일당제는 정의상 자유민주주의와 충돌하지 않는다."[35]는 주장은 현재 정치학의 지배적인 분위기를 잘 대변한다고 볼 수도 있다.[36] 그러나 유감스럽게도 나는 (다양한 정당들 사이에서의) 정당 간 경쟁이 억압될 때, 그것이 (단일 정당 내의) 당내 갈등으로 대체될 수 있다는 명제를 뒷받침하는 주장은 찾아볼 수 없다. 결국 우리의 관심은 갈등 자체가 아니라 그것의 결과에 있다. 그러므로 이 명제는 정글의 법칙 같은 환경에서 생존을 위해 싸우고 있는 인간들이 집합적 이익을 제공하며 또 제공할 수 있으며, 그래서 [국가라는] '권력의 집'에는 무수히 많은 이타주의자들이 살고 있다고 가정한다. 이런 가정은 특별한 인물들 혹은 집합적으로 말하자면 혁명 1세대에나 적용될 수 있을 것이다. 그러나 이런 상황은 흔하지도 오래 유지되지도 않는다. 어떤 정체도 그런 희망적 사고wishful thinking에 입각해 건설되거나 오래 지속될 수 없다. 만약 예측이라는 것이 논거에 의해 지지되어야 한다면 (그리고 일당 다원주의 개념이 일반적으로 희망적 예측을 의미하는 것이라면) 그 예측은 빈약하다.

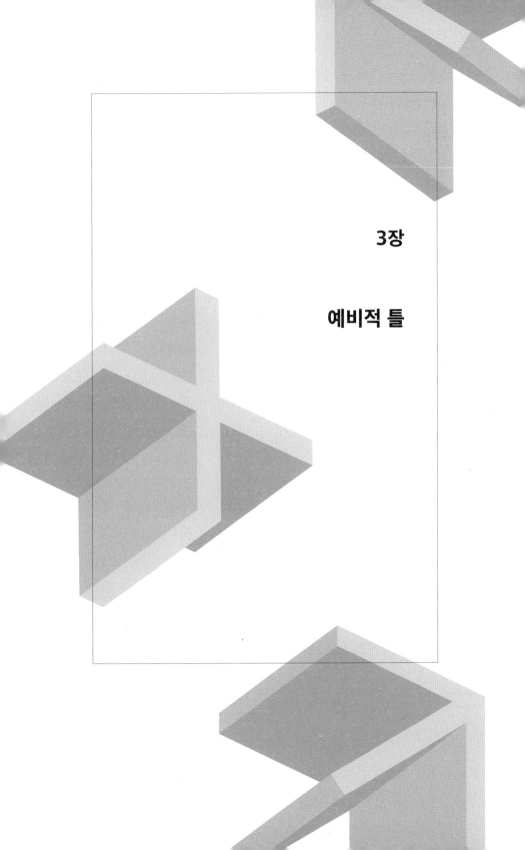

3장

예비적 틀

1. 의사 전달, 의사소통, 의사 표출

지금까지 우리는 정당의 두 가지 기능 또는 체계로서 정당의 주요 역할이라 할 수 있는 의사 표출expression 기능과 의사 전달channelment 기능을 살펴봤다. 그런데 논의를 완성하려면 세 번째, 즉 의사소통communication 기능을 추가해야 한다. 우선, 의사 표출 기능은 의사소통으로 포괄되거나 의사소통 기능의 한 부분으로 간주할 수 있다. 따라서 내가 왜 '의사소통'이 아니라 '의사 표출'이라는 말을 사용하는지, 그리고 그 둘은 어떤 관계인지 설명할 필요가 있다. 둘째로, 의사 전달 기능 역시 의사소통과 관계가 있다고 말할 수 있다. 의사소통이란 모든 것의 필요조건이므로, 이는 부정할 수 없는 사실이다.

　의사소통이 필수 전제 조건이라는 점을 고려할 때, 카를 도이치가 설득력 있게 발전시킨, [정보를 매개로 생명과 기계, 조직 사이에서 이루어지는 소통과 통제를 다루는 학문인] 사이버네틱스적 접근법을 살펴보는 것이 이를 이해하는 하나의 방안이 될 수 있다.[1] 이에 따르면, 정당은 "정체polity를 위해 정치적 의사소통(가치의 권위적 배분과 관련된 의사소통)을 취합하는 기능을 전문적으로 수행하는 의사소통 네트워크"로 이해된다.[2] 게이브리얼 알몬드가 여타 체계 수준의 기능들과 더불어 자세히 설명하고 있는 '정치적 의사소통 기능'을 적용할 수도 있다.[3] 여기서 우리가 염두에 두고 있는 것이 바로 이 개념이다.

지금까지 나는 의사소통 기능에 대한 논의를 미루었는데, 그 이유는 그에 대한 충분한 식별력이 없기 때문이다. 앞으로 살펴보겠지만, 의사 표출 기능은 정당 다원주의, 즉 정당 체계에 속해 있는 정당이 갖는 특징적 요소이다. 또한 의사 전달 기능은 나중의 단계, 즉 정당 정체가 구조적으로 공고화되는 단계에서 나타나며, 정당 체계는 물론 당-국가 체계에도 적용될 수 있는 것으로 보인다.[4] 이 지점에서, 정치적 의사소통 기능을 제대로 분석할 수 있다. 하지만 우리는 역사적으로 발생한 이 세 가지 범주를 순수하게 분석적인 부류에 적용해야 하는 문제를 안고 있음에 주의해야 한다.

포괄성이라는 점에서, 의사소통은 확실히 모든 것을 포괄하는 범주이며, 탁월한 보편적 범주이다. 모든 정치 체계는 예외 없이 정치적 의사소통을 한다고 말할 수 있다. 의사 전달은 그다음으로 포괄적이다. 의사 전달 또한 모든 것을 포괄하는 범주이지만, 그 범위는 의사소통에 미치지 못한다. 정당이 없는 정치체제에서는 유의미한 의사 전달이 일어나지 않기 때문이다. 의사 표출은 세 범주 중에서 포괄 범위가 가장 좁다고 할 수 있다. 의사 표출은 모든 정당 정체에 적용되는 것이 아니라 정당 하위 체계가 자율성을 가진 정체에만 적용되기 때문이다. 요컨대, 모든 정체는 의사소통의 속성을 가지며, 모든 정당 정체는 의사 전달의 속성을 갖는다. 그러나 오직 정당 체계만이 의사 표출의 속성을 갖는다.[5] 그러므로 이 세 가지 기능들 간의 첫 번째 차이는 각기 다른 추상 수준에 속해 있다는 데 있다. 특히 의사소통은 좀 더 일반적인 수준, 의사 표출은 좀 더 구체적인 수준에 속한다. 또한 의사소통은 정당을 넘어서 이루어지는 데 반해, 의사 전달과 의사 표출은 정당의 존재를 전제로 한다. 여기까지는 별 문제가 없다. 그런데 이들 개념을 정치 체계들 사이의 유사성과 차이를 측정하는 데 사용할 때는 논란이 발생한다. 통상적으로, 어떤 범주가 일반적일수록, 즉 추상적일수록 대상들 간의 차이는 없어지고 유사성이 드러난다. 추상의 사다리를 올라갈수록 사소한 유사성이 주요한 차이를 가리게 된다.[6] 바로 여기에서 논란이 생겨난다. 예컨대, 사람과 타조는 다리가 두 개인 동물이라는 점에서 동일하다. 즉 같은 부류에 속한다. 그러나 이런 분류는 유의미한 것일까?

실제로 정당 체계와 당-국가 체계 모두 '의사 전달 기능'을 수행하며, 이런 수로가 갖는 중요한 측면은 두 체계 모두 의사소통의 채널을 제공한다는 사실이라고 말한다면, 올바른 지적이다. 그러나 논의가 이렇게 높은 추상의 수준에 머물러 있으면 표면적이고 피상적인 유사성이 중요한 차이를 압도할 것이다. 의사소통은 쌍방향의 흐름, 즉 아래로부터의 메시지(요구)와 위로부터의 메시지(명령 또는 권위적 배분)로 이루어진다. 문제는, 누가 말하고 누가 듣는가, 그리고 누가 투입 측면input side과 산출 측면output side을 통제하는가이다. 항상 어느 정도 피드백이 이루어지지만, 분명한 것은 정치적 의사소통은 동등한 동료들 사이에서 재미를 위해 대화하는 그런 것이 아니다. 의사소통의 도관導管은 일정한 방향을 가지며, 그 도관의 방향이 의사소통의 순환 방향을 설정한다. 이는 정치적 의사소통의 정의는 **어떤 종류의** 의사소통인가, **즉 누구에게서 누구에게로의** 의사소통인지를 분명히 해야 한다는 뜻이기도 하다. '의사 표출적' 소통을 '권위주의적' 의사소통과 구별하지 못하면 중요한 논점이 흐려진다.

(복수) 정당들의 하위 체계는 의사 표출의 소통을 허용한다. 즉 시민이 국가에 의사를 전달할 수 있다. 이와 반대로 당-국가 체계는 사회에 대해 의사소통하기 위한 목적으로 고안된 의사소통 네트워크를 제공한

다. 정당 체계에서는 의사소통 채널들 가운데 선택을 할 수 있게 하고, 당-국가 체계에서는 선택지 없이 하나의 채널만 제공하는 것은 아니다. 결정적인 요소는, 우리가 이미 알고 있듯이, 하위 체계의 자율성에 있다. 채널을 선택한다는 것은 사슬chains을 선택하는 것과 비슷할 수 있다. 문제는 정치적 의사소통 네트워크가 하위 체계 수준에서, 즉 국가 체계로부터 독립적으로 형성되느냐의 여부에 있다. 만약 그렇다면, 정당 하위 체계는 국가를 통제하는 의사 표출적 의사소통 체계를 제공함으로써 인민을 정부와 연계시킨다. 반대로 당-국가 체계는 시민을 통제하는 권위주의적 의사소통 체계를 만들어 내 정부를 국민에 연계시킨다. 그리하여 정당 체계는 정치 체계 전반에 걸쳐 **의사 표출**expression이 억압repression보다 **우세한** 자유로운(자율적인) 전달 체계로 정의할 수 있다. 반면, 당-국가 체계는 모든 측면에서 **억압**이 의사 표출보다 **우세한** 억압적(독점적) 전달 체계로 정의할 수 있다.

　내가 **의사 표출 기능**을 선호하는 이유는 그것이, 일반화가 특수성을 충분히 포괄하는 추상 수준과 관련이 있기 때문이다. 따라서 내 관점에서 볼 때 '의사소통'은 '의사 표출' 속으로 포섭되어 안착되는 것이지 그 반대가 아니다. 그러나 또 다른 차이에 대해 강조해 둘 필요가 있다. 내가 정의하고 있는 의사 표출 기능은 의사소통의 개념과 부분적으로만 중첩된다는 점이다. 의사 표출 기능은 주로 권력의 흐름과 관계가 있다. 내가 의사 표출의 반대말로 **억압**이라는 말을 사용하고, 이와 비슷한 말로 강제, 탈취, 그리고 좀 더 느슨하게는 명령, 지시, 권위적 배분이라는 말을 사용하는 이유가 여기에 있다. 의사 표출은 메시지의 전달만을 의미하는 것이 아니다. 만약 정부 당국으로 하여금 시민의 감정을 알게 하는 것이 중요하다면, 그것은 여론조사를 제도화함으로써 해결할 수 있을 것이다. 그러나 문제는 시민의 '항의'voices를 보복과 강제의 메커니즘으로 끌어들이는 것이다. 허시만의 비유법에 따르면, 시민의 '항의'는 '이탈'exit이라는 선택지(그만두고 옮겨 갈 직장)가 있어야 한다.[7] 만약 정당 시장party market이 존재하지 않고, 따라서 선택할 수 있는 정당 출구도 없다면 시민의 '항의'는 무기력해지거나 쉽게 잠잠해질 것이다. 그리고 의사소통에만 집중하는 사이에 이 모든 것이 쉽게 흐려지거나 간과된다.

결론적으로, 정당 체계와 당-국가 체계는 모두 사회를 위한 의사 전달 체계를 제공한다는 점에서 근대 정치 체계에 필요한 것처럼 보인다. 그러나 이런 유사점을 제외하면 그 둘은 전혀 달라진다. 만약 논거가 이런 추상 수준 혹은 일반화의 수준에 머문다면, 매우 큰 공백이 생길 것이다.

2. 최소 정의

흥미롭게도 뒤베르제의 대표적인 저작은 "우리가 사용하는 정당이라는 용어는 무엇을 의미하는가?"라는 질문을 제기하지 않는다.[8] 그러나 권력투쟁을 벌이는 정치집단은 늘 존재해 왔다. 예전에는 그런 집단들을 파벌이라고 불렀지만 요즘에는 정당으로 부른다. 정당과 파벌은 어떤 차이가 있는가? 이름만 다를 뿐인가? 규모가 다를 뿐인가? 이런 질문들에 대해, 정당은 단지 규모가 큰 파벌일 뿐이라고 답하지 않으려면, 우리는 정당을 파벌과 구별해 논리적으로 정의할 필요가 있다. 프리드리히는 간결하게 주장한다. "만약 정당을 파벌과 구분해 주는 정의가 존재하지 않는다면, 우리는 그 둘을 사실상 동일한 것으로 간주하든가 아니면 그 둘을 구분하기 위해 새로운 정의를 수립해야 할 것이다."[9] 사실 이것은 버크가 제기한 것이다. 버크가 정당을 정의한 것은 파벌과 영예로운 연계망 사이에 분명한 선을 긋기 위해서였다.[10] 최근 버크에 대한 평가는 별로 좋지 않다. 오늘날 대부분의 연구자들은 그의 정의를 규범적이고(이는 사실이다.) 비현실적이라고(이는 사실과 다르다.) 여긴다. 그런 정교하지 못한 현실주의적인 견해는 샤츠슈나이더의 다음과 같은 말에서도 잘 드러난다. "정당은 무엇보다도 권력을 획득하려는 조직적 시도이다. …… 버크는 이 문제를 모호하게 해 놓았다. …… 그러나 정당들이 '공적 약탈의 응집력'에 의해 결합되어 있다고 해도 똑같이 틀린 말은 아니다."[11] 슘페터도 논조를 같이한다. "정당은 …… 그들 모두가 동의하는 일정한 원리를 바탕으로 공공복리를 증진하고자 하는 사람들의 집단이 …… 아니다. 정당은 정치권력을 획득하기 위한 경쟁적 투쟁에 동참할 것을 제안하는 구성원들의 집단이다."[12]

샤츠슈나이더와 슘페터 모두 자신들의 정의가 버크의 정의와 다르다는 점을 분명히 하고 있지만, 이런 대비가 필요한지는 의문이다. 예를 들어 다음 정의를 살펴보자. "정당은 …… ① 선출직 후보를 지명함으로써 정부 관직의 선출 및 임기에 영향을 미치고, ② 구성원 대다수가 동의하는 원칙과 성향에 따라 정부 정책에 영향을 미치고자 하는 사회 조직이다."[13] 이를 지나치게 확대해석하지 않고, 있는 그대로의 의미를 살펴보면 다음과 같은 점을 간파할 수 있다. ①은 샤츠슈나이더와 슘페터의 견해를 적절하게 결합한 것이며, ②에서는 버크의 영향을 발견할 수 있다. 사실 버크의 견해와 슘페터 견해 간의 관계는 이렇게 해석할 수 있다. 즉 정당을 전체의 부분으로 만들기 위해서는 원리와 메커니즘 모두가 필요하다. 이 문제를 버크가 그랬듯이 고상한 의도에 맡기는 것은 위험하다. 그렇다고 그것을 정당 경쟁의 피드백에만 맡겨 두는 것도 충분하지 않다. 정당을 파벌에 대립하는 것으로 규정하고 정당이 파벌로 퇴락하는 것을 막고자 하는 것이라면, 버크를 넘어서지 않아도 된다. 만약 정당을 민주주의의 도구 혹은 민중 권력의 도구로 전환시키는 메커니즘으로 만들고자 한다면, 슘페터가 중요한 단서를 제공할 것이다. 한편, 만약 버크와 슘페터를 고려하지 않는다면, 샤츠슈나이더의 '현실주의'(그리고 현재 우리에게 만연하고 있는 냉소주의)는 정당을 파벌뿐만 아니라 세계 도처에 있는 잡다한 권력 추구 집단과도 구분할 수 없게 만든다.[14]

이야기를 진전시키기에 앞서 두 가지 질문을 살펴보는 것이 좋겠다. 첫째, 그 정의들은 어떤 목적을 갖는가, 둘째, 그 정의들은 어떤 점에서 중요한가? 정의란 여러 목적에 봉사하며, 그에 따라 그 성격도 달라진다. 단순 정의는 어떤 용어의 의미를 단정 짓고 명료하게 한다. 복합 정의는 훨씬 복잡하다. 왜냐하면 그것은 어떤 개념의 속성이나 성질을 일일이 열거하고, 그런 다음 그 구성 원리를 찾아내야 하기 때문이다. 여기서는 단순 정의만 따르기로 한다. 그렇다 하더라도 정당을 탐구하기 위해서는 그 정의가 지나치게 단순해서는 안 된다. 정의는 단순히, 연구자가 규정한 바를 분명히 말하는 것만이어서는 안 된다. 그것이 지닌 의미가 다른 정의에 비해 어떤 **독특성**을 가지는지를 밝혀내야 한다. 그래서 무엇보다 먼저, 가장 중요한 다음 문제와 대면해야 한다. 즉, 정당은 **무엇과** 다른가? 다양한 정치집단과 단체들은 정말 많다. 따라서 정당에 관한 정의는 비非정당을 배제하는 것이어야 한다. 그러나 말은 쉽지만 그렇게 하기는 어렵다. 정당은 다른 많은 집단들과 경계를 접하고 있다.

대부분의 정의는 사실상 어떤 경계는 수용하고 또 어떤 경계는 무시하는 것이다.

어쨌든, 정의는 얼마나 중요한가? 정의는 정말 중요한가? 뒤베르제는 아무런 정의도 제시하지 않는다. 레온 엡스타인은 뒤베르제에 비해 다소 협소하지만 분량은 그에 필적할 만한 저작을 저술했다. 그러나 그 역시 만족할 만한 정의를 제시하지는 않았다. 그는 "서구 민주주의국가에서 정당이라 불리는 것은 거의 모두 정당으로 볼 수 있다."라고 말하고 있기 때문이다.[15] 그렇지만 그의 정의는 '서구 민주주의국가'라는 단서를 달아야만 효력이 있다. 이런 단서와 조건이 없다면, 즉 포함하는 대상과 배제하는 대상을 명확히 제시하지 않으면, 우리는 곤란한 상황에 빠지게 된다. 사실 엡스타인조차 결론 부분에서 정당에 대해 종합적이면서도 아직은 식별력이 떨어지는 정의를 내리고 있다. "정당은 누구나 인식할 수 있는 상표를 달고 표를 얻기 위해 노력하는 집단이다."[16] 사실 중요한 것은 정의를 내리는 작업이 20년간 홀대를 받다가 오늘날에야 정치학 분야에서 재개되고 있다는 점이다.

적지 않은 부분에서 이런 움직임이 나타나고 있는데, 이는 정치학의 연구 대상이 전 세계로 확장되면서 우리가 아주 불분명한 세계에 직면하게 되었기 때문이다. 그와 동시에 조작적 경로를 많이 거칠수록 (조작화의 경로가 다양하기만 하다면) 우리는 더 정확한 정의를 고안해야 한다. 좀 더 강력한 이유를 추가하자면, 그것은 바로 컴퓨터 혁명이다. 정치학에서 행태주의적 신념이 정의의 방식을 바꾸어 놓았든 말든 상관없이, 개인의 지식과 직관적 이해가, 부적절하거나 잘못된 정의의 모호함을 보완해 준다는 현재의 가정하에서는, 컴퓨터도 도움이 될 수 없고, 자료은행의 구축도 무모한 대규모 사업이 될 뿐이라는 사실은 변하지 않는다. 그러므로 컴퓨터가 이미 제4세대에 진입하고 있다는 것, 학문에 있어 기술 혁신이 수반하는 제약과 요건에 비해 우리가 이미 훨씬 뒤처져 있다는 것을 깨닫게 될수록 정확한 정의가 더욱 중요해질 것이다. 어쨌든, 무엇 때문이든, 정당에 대한 최근 문헌들은 정의를 내리는 문제를 이전보다 의식적으로, 그리고 더욱 상세하게 다루고 있다.[17]

많은 연구자들이 (내용의 개요는 짧게 하면서) 정의에 대해 아주 장황하게 서술한다.[18] 복합 정의는 정의상 서술이 길어질 수밖에 없다. 분류법과 유형론도 '정당'이라는 범주를 그것이 지닌 하나 이상의 속성과 관련해 정의한다는 점을 이해해야 한다. (역사적 유형론에서 특히 그러하다.) 일반적으로 정당은 ① 행위자actors, ② 행위action(혹은 활동activities), ③ 결과(혹은 목적), ④ 영역domain의 측면에서 정의된다.[19] 그러나 정당은 그 기능이나 구조, 혹은 투입-산출의 방식이나 그 밖의 다른 방식의 측면에서도 정의될 수 있다.

혼란을 줄이기 위해 두 가지 제약을 둘 필요가 있다. 첫째, 어떤 연구자들은 정의를 내리는 문제에 누구보다 많은 관심을 갖는데, 이들 가운데 다음과 같은 질문을 던지는 사람들에 주목하는 것이 여기서의 목적에 부합한다. 즉 정당을 **무엇과 구분해야 하는가**, 그리고 어떤 식별 요소에 근거해 구분해야 하는가의 문제이다. 이는 정의가 대답해야 할 유일한 질문이 아니다. 한 예로, 정당은 **무엇과 관련해** 자기 역할을 수행하는가 하는 질문을 제기할 수 있다. 그러나 두 번째 질문은 정당을 [다른 결사와 구별하는] 어떤 특성에 의해 [정당이라고] 정의해 왔음을 전제한다는 점에서 보완적인 질문이다. 그러므로 정의를 내리기 위한 첫 번째 과제는 그 **경계를 정하는** 것이다(물론 이것이 전부는 아니지만).[20] 정당은 파벌과 다를 뿐만 아니라, '정치 운동'과도 다르고 '정치적 결사체'와는 더더욱 다르다. 정치 운동과 정치적 결사체는 정당이 될 수도 있다. 하지만 단순한 운동과 결사체 자체는 아직 정당이 아니다.[21] 다른 한편, 정당은 압력단체나 이익 단체와도 구분되어야 한다. 이런 식의 정의가 전부는 아니다. 우선 "정당은 정부 기관에 대한 통제권을 장악하고 유지하는 것을 목적으로 하는 정치 집단"이라는 정의에 만족해 두기로 하자. 이런 정의에 따르면, 노동조합과 군대(정부군이건 사병이건)도 정당에 포함되고, 교회도 정당으로서 명백한 자격을 갖추게 된다. 어쨌든 컴퓨터가 직관에 대해 민감하지 않다는 이유로, 이런 포괄적인 진술이 직관에 반한다고는 할 수 없다.

두 번째 제약은 특히 경험적 연구에 입각해 설정한 **최소 정의**minimal definitions에 의한 제약이다.[22] 최소 정의는 어떤 실체를 구성하는 데 필수 불가결하지 않은 모든 속성이나 특징을 (다른 특성들과 구별되는 것으로가 아니라) 가변적이고 가설적인 것으로 설정하는 것을 말한다. 즉 최소한의 특성을 벗어난다면 무엇이든 (정의상 '참'으로 단정하지 않고) 검증의 대상이 된다. 이런 규칙은 단순함 그 자체이다. 그럼에도 그런 규칙이 어떻게 작동하는지에 대해서는 깊이 생각해 볼 필요가 있다. 해럴드 라스웰과 에이브러햄 캐플런, 프레드 리그스, 잰다가 제시한 최소 정의는 이런 효과를 탁월하게 설명하고 있다.

라스웰과 캐플런의 고전적 저작인 『정치 연구의 기본 틀』*Framework for Political Enquiry*에는 다음과 같은 구절이 있다. "정당은 포괄적인 쟁점을 공식화하고 선거에 후보를 내는 집단이다." 이들에 따르면, 이런 정의는 이른바 '조직된 집단'으로서의 정당을, 조직되지 않고 활동성이 없는 여론의 단편(조각)들과도 구분한다. 마찬가지로 여기에는 압력 집단은 물론, 폭력을 이용해 정책 결정에 영향을 미치고자 하는 집단들도 제외된다. 정당은 오직 "공식적으로 표를 조직화함으로써 권력을 확보하고 행사해야 하기" 때문이다. 뿐만 아니라 이 정의는 정당을 (포괄적인 이슈를 제시하지 않는) 파벌과도 구분하며, 단일 정당 체계(이들은 이런 식의 용어를 거부한다.)도 마찬가지로 제외한다고 이들은 강조한다.[23]

리그스의 정의에 따르면, 정당은 "의회 의원을 선출하는 선거에 후보를 지명하는 조직"이다.[24] 리그스는 자신의 정의가 (기능적 정의가 아니라) 순전히 구조적 정의임을 강조하는데, 이는 "구조적 기준을 분류의 기초로" 삼은 다음, "가설에 기능적 변수들"을 사용해야 한다는 중요한 방법론적 논점 때문이다. 그는 자신의 정의가 "정당의 범주에 무엇을 포함하고 무엇을 제외해야 할지를 결정하는 방식에만 집중한 탓에" 정당의 가장 중요한 특징을 제대로 제시하지 못했음을 인정한다. 얼핏 보면, 그 정의는 단일 정당 또는 적어도 전체주의 정당을 배제하고 있는 것처럼 보인다. 그러나 리그스는 이 정당들이 배제된 것은 의도한 것이 아니라, (사람들이 원한다면) "후보들은 '경쟁'해야 한다."는 구절을 넣음으로써 결과적으로 그렇게 된 것이라고 지적한다.[25] 리그스가 라스웰 및 캐플런과는 달리 '포괄적 이슈'를 빼놓았다는 점은 주목할 만한데, 아마도 그것(포괄적 이슈)은 구조적 기준이 아니기 때문인 듯하다. 그러나 그 결과, 라스웰과 캐플런이 중요하게 생각했던 정당과 파벌 간의 구별이 약해졌다.[26] 한편, 집단은 조직을 수반한다는 그들의 가정은 별 이의 없이 받아들여지고 있는데, 리그스는 '집단'을 '조직'으로 대체함으로써 이를 명확하게 했다. 그렇지만 양측을 비교했을 때, 가장 흥미로운 지점은 '선거'라는 용어에서 나타난다. 리그스의 견해를 바탕으로 보면, 라스웰과 캐플런은 단일 정당을 제외하고자 했으나 두 사람의 정의는 그러기 위한 기준을 제시하지 못했다. 반대로, 라스웰과 캐플런은 (리그

스가 단일 정당이 포함되어 있다고 명시했음에도 불구하고) 리그스의 정의에
단일 정당이 포함되지 않았다고 독해한 듯하다.[27]

재다의 정의에 따르면, 정당은 "자신들이 승인한 대표를 공직에 보내
는 것을 목표로 하는 조직"이다.[28] 재다의 정의에서 새로운 점은 선거를
더 이상 결정적인 구분 기준으로 삼고 있지 않다는 데 있다. 재다는 자
신의 정식화formulation가 선거 과정(라스웰 및 캐플런과 마찬가지로 정당 간
경쟁을 함의하는 것으로 이해한다.)을 통해 공직을 차지하는 경우나 '직접
적인 지명'을 통해(즉 어떤 선거 경쟁도 거치지 않고) 공직을 차지하는 경
우를 모두 포함하도록 설계된 것이라고 설명한다. 재다의 논리는 다음
과 같이 해석될 수 있다. 만약 복수 정당 체계의 정당과 일당제의 정당
을 모두 정의에 포함시키고자 한다면, 선거라는 단서는 의미를 불명확
하거나 모호하게 만들 수 있다. 그러므로 재다의 정의는 앞의 정의들이
갖는 모호함을 없애 주는 장점이 있다고 할 수 있다. 다른 한편, 선거라
는 단서를 제외함으로써 우리는 그것이 갖는 강력하고 복합적인 구별
력을 잃게 된다. 그러므로 재다의 정의는 거의 준-최소 정의라고 할 수
있다. 그의 정의를 따르게 되면, 정당은 압력 집단과 구분되지 않으며,
심지어 군대와 종교 조직과도 구분되지 않는다.[29]

분명, 앞에서 거론한 연구자들은 모두 최소 정의 전략을 추구한다. 최
소 정의는 이전의 **정의**에서 **속성**으로 취급한 특성들을 **가설적 또는 가
변적 속성**으로 이해하며, 가급적 많은 특성 또는 속성을 제외한다. 간결
한 정의, 그리고 경험적으로 확인한 것과 정의상의 그것을 명확히 구분
하는 것은 상당한 이점이 있다.[30] 하지만 규칙은, 그 규칙을 적용하는 것
보다 항상 단순하기 마련이다. 이상의 학자들은 의견이 서로 다를 뿐만
아니라 각각의 정의에는 명백히 약점이 있다. 지금까지의 논의를 종합

해 다음과 같이 정당을 정의해 보도록 하자.

정당은 선거에서 공식적 명칭official label으로 포착되는 정치집단이자, 자신의 후보를 공직에 앉힐 수 있다.[31]

이 정의에는, 생략하면 반드시 정의 자체를 모호하게 만들어 버리는, 선거라는 식별 기준이 포함되어 있다. 단일 정당도 분명히 이 정의에 포함된다. 그 이유는 두 가지다. 첫째, 단일 정당을 '상대 정당이 있는 정당'과 분리해서 비교해 보면, 독재 정당도 다원주의적 환경에서 기능할 수 있으므로 그 두 부류를 이질적인 것으로 간주할 필요는 없다. 일당제와 정당 다원주의는 정당 단위의 수준이 아니라 체계 단위의 수준에서 구분된다. 그리고 여기서 정의하는 것은 체계가 아니라 정당이다. 둘째, 단일 정당 또한 (겉으로만 그렇든 혹은 더 깊은 이유가 있든) 투표장에서 주민에게 '의사를 전달'한다. 사실 일당제에서는 선거가 자유롭지 않다. 뿐만 아니라 선거가 위조될 수도 있고, 투표함에 미리 표를 채우는 수법으로 부정선거가 이루어지기도 하며, 선거 결과를 조작하기도 한다. 그러나 부자유선거도 선거이다. 여기서도 선거는 중요하기 때문이다. 즉 그 실체가 어떠하든 선거를 실시하는 것 자체가 단일 정당을 선거 의례(또는 정당화, 조작, 강요, 부정행위 등 그것을 뭐라 부르든 간에)를 따르지 않는 여타의 정치 집단과 구분하기 때문이다.[32]

다른 한편, 자유선거는 "선거를 통해 공직을 차지할 수 있다"는 문장을 필요로 하는 것 같다. 이런 단서를 넣는 명백한 이유는 이름뿐인 정당을 배제(정말 필요하다.)하기 위함이다.[33] 또한 이 문장은 파벌도 선거에서 후보를 내세울 수 있지만 당선되는 것은 [파벌이 아니라] 정당이라는 점에서 정당을 파벌과 같은 하위 집단과 구분한다. 그러나 나의 진정한 의도는 [정당을 정의하는 데 있어서] 조직적 요건을 없애는 데 있다. 조직적 요건은 쓸데없이 과잉된 요건이거나 '조직'을 제대로 포착하지 못하게 만든다. 그 대신에 (자발적이고 선거 때마다 활동하며, 조직 기반이 없더라도) 후보들을 당선시킬 수 있을 만큼 효과적으로 결집력을 발휘하는 집단이라는 요건으로 대체해도 충분하다. 그리고 이 경우 결집력은 '공식적인 명칭을 통해 확인되는'이라는 자격 조건에 암시되어 있다. 최소 정의의 구도에서는 이런 단서(자격 조건)가 불필요하다. 그러나 같은 이유로, 자격 요건을 지나치게 단순화하면 자유선거와 부자유선거 모두가 의도하고 있는 바를 구체적으로 기술하지 못하게 된다. 그렇다면 정의를 다음과 같이 축약해 볼 수 있겠다. **정당은 선거에 후보를 내세우고, 선거를 통해 공직을 차지하고자 하는 정치 집단이다.**

최소 정의는 대상을 판별하기에 충분할 때 그 목적을 달성한다. 그러나 그 목적을 넘어서면 그것은 충분한 정의가 아니다. 즉 다른 목적은 달성할 수 없다. 최소 정의는 주어진 범주에 무엇이 포함되며, 무엇이 배제되는지를 가려냄으로써 불분명함을 제거하기 위해서만 필요할 뿐이다. 그러므로 정당에 대한 최소 정의는 설명력도 예측력도 갖지 않는다. 최소 정의가, 가장 중요한 바를 나타내는지는 확실하지 않지만, 그것이 정의한 실체의 중요성과 근거를 전해 주지 않는다는 것은 분명하다. 후자의 목적을 위해 하나의 틀, 즉 개념 도식이 필요한데, 이 문제를 살펴보고 나서 몇 가지 최종 논평을 하겠다.

3. 개관

지금까지는 무엇이 정당이 **아닌가**를 확실하게 밝히지 않으면 그리고 정당의 본질적인 **존재 이유**를 명확히 밝히지 않으면, 정당과 정당 체계에 관한 이론을 구축할 수 없다는 점을 이야기했다. 정당과 정당 체계는 그저 존재하기 때문에 존재한다고, 즉 자기 영속을 위해서만 존재한다고 할 수도 있다. 그러나 (초사실적인 분위기에 휩싸여) 정당은 무엇을 위해 존재하는지를 따지지 않은 채 정당에 대한 [관련 없는 인과성을 무리하게 확장해 이해하려는] 파킨슨Parkinson의 법칙을 가정해서는 안 된다. 그러므로 우리는 근본에서 출발해야 한다. 즉 정당이 왜 생겨났고 그 이름 하에 생겨난 것이 무엇인가 하는 질문에서 출발할 필요가 있다.

알다시피 정당은 새로운 사물에 붙여진 새로운 명칭이다. 그 명칭이 새로운 것은 그 사물이 새로운 것이기 때문이다. 이 용어는 16세기까지는 정치적 의미로 사용되지 않았다. 이 명칭이 확립된 것은 볼링브로크 이후이다. 대체로 18세기까지만 해도 정당은 사람들로부터 상당한 의구심의 대상이었다. 정당과 파벌은 개념적으로 혼재해 있었을 뿐만 아니라 실제로도 구분하기 어려웠기 때문이다. 파벌과 정당의 구별이 명확해지고 정당이 자유 정부의 정당하고 필수적인 도구로 인정받게 된 것은 19세기에 들어서면서부터였다. 생각건대, 정당 시대의 근거를 어떻게 볼 것인가에는 여러 가지가 있다. 그러나 인류의 정치적 성쇠를 관통해 반복해서 제기된 근본적인 주제가 있다. 사적 존재private existence와 공적 공존public coexistence, 무정부와 질서, 차이와 조화 등을 조정하는 문제가 그것이다. 최초의 단위가 개인이든, 1차 집단이든 2차 집단이든 아니면 민족 공동체이든 각 수준에서 궁극적인 문제는 좀 더 작은 단위가 좀 더 큰 단위와 어떻게 관계를 맺고 통합되는가 하는 것이다. 정당이 생겨났을 때, 즉 정치적 분화와 차이가 제도화되었을 때, 문제는 한층 더 절실해지고 분명해졌다. 즉 어떻게 부분들이 전체를 위협하지 않게 하고, 어떻게 부분이 전체의 이익에 도움이 되도록 만들 수 있을까.

'부분-전체'라는 틀은 정당 다원주의의 원리를 아주 명백하게 드러 낸다. 즉 정당이 부분이라면, 전체는 단 하나의 정당에 의해 대표되거나 구성될 수 없다는 것이다. 그렇다고 각 정당이 전체와 무관한 부분으로 서, 즉 자기 자신을 위한 부분으로서 행동해야 한다는 것은 아니라도 말 이다. 그리고 역으로 부분-전체의 틀은 단일 정당 또는 당-국가 체계의 원리에도 똑같이 적용되는데, 이는 다음과 같다. 만약 정당이 부분이기 만 하다면, 그것은 '나쁜' 정당'bad' party이다. 만약 전체가 그 좋은 부분 과 병존하지 않는다면 그것은 '가짜' 전체'false' whole이다.

또한 부분-전체의 틀은 정당 체계의 실험이 얼마나 유약하고 불확실 할 수 있는지를 이해할 수 있게 해준다. 정당은 두 가지 측면에서 궤도 를 벗어날 수 있다. 첫째, 지나친 당파심이나 파벌주의의 위협을 받게 되는 경로이다. 이 경우에는 부분이 전체를 압도한다. 반대로, 정당이 독점이나 일원주의의 위협을 받게 되는 경로이다. 이 경우에는 전체가 부분들을 압도한다. 그러나 시간이 지남에 따라 정당 체계의 경로는 (전 체가 흩어지는) 분열의 상황과 (부분들이 전체에 흡수되는) 만장일치의 상 황 사이에서 진퇴유곡에 직면한다. 정당은 당파심과 공정한 통치, 당에 대한 충성과 국가에 대한 충성, 정당 이익과 일반 이익 사이에서 어떻게 든 균형을 이룰 때만 무사히 유지된다.

나아가 부분-전체 틀은 정당은 무엇을 위한 것인가, 즉 정당의 일차 적 목적 및 기능이 무엇인가 하는 문제를 말끔히 해결해 준다. 정당이 (복수의) '부분들'일 때, 정당은 의사 표출 기능을 수행한다. 즉 전체로 서의 공중의 요구를 당국에 효과적으로 전달하는 일차적 목적을 수행 한다. 이럴 경우 정당 다원주의 체계의 역학하에서는 억압적 정당은 실현될 수 없기 때문이다. 반대로 '좋은 정당'good party이 '참된 전체'real whole를 대표할 때, 단일 정당 제도가 동일한 목적을 어떻게 실행할 수 있을지는 미심쩍은 일이다. 모든 경우에 독점적인 정당은 '부분'(상대방이 없는 정당)이 원하는 바를 '전체'(전체로서의 공중public)로부터 얻어 내려 할 것이다. 간단히 말해, 부분으로서의 정당들은 다원주의적 전체를 움직이는 수단이다. 그런 정당들은 다양성을 전제로 하며 이견을 제도화한다. 그러나 부분이 아닌 정당은 다양성의 원리를 부정하고, 이견의 억압을 제도화한다.

당연히 지금까지의 내용은 고도로 추상적인 것이며, 기본적인 지도를 작성한 것에 지나지 않는다. 바로 그렇기 때문에, 그리고 이 수준에서는 정당 체계와 당-국가 체계의 대립이 분명하게 나타난다. 근본 원리의 측면에서는 이것이 정당이냐 아니냐 하는 **양자택일의 문제**이다. 그러나 경험적 증거에서는 **정도**의 문제가 된다. 지금까지는 목표탑py-lons, 즉 중추hinges에 초점을 맞추어 왔다. 그러나 이제는 이것들을 연결하는 관절joints을 탐구해야 할 것이다.

이론적으로 출발점은 크게 중요하지 않다. 중추에서 관절로 가든, 거꾸로 관절에서 중추로 가든, 연구의 절차적 순서는 별로 중요하지 않다. 두 요소를 모두 조사하면, 결국 절차상의 두 경로는 서로 만나게 된다. 그러나 실제로 연구를 수행할 때는 기본 원칙에서 출발하느냐, 자료에서 출발하느냐에 따라 차이가 발생한다. 지난 20년 동안 정당 연구의 발전은 뒤베르제의 선구적인 일반 이론의 자극 덕분임에도 불구하고, 뒤베르제의 뒤를 이은 후속 연구가 별로 없다는 것은 놀라운 일이다. 즉 [정당에 관한] 포괄적인 이론을 구축하려는 시도는 거의 없었다. 물론 정당에 관한 문헌의 목록은 엄청나게 많다.[34] 그러나 우리는 정당에 대해 더 많이 알게 될수록 엄청나게 많은 맥락에 직면하게 되고 그것들을 묶어 내는 일이 점점 어려워 보인다. 이는 우리가 고려해야 할 경험적 증거가 너무 많아서 그런 것 같지는 않다. 이유가 무엇이든, 그림자가 색채를 흐리게 만들고, 사소한 것과 이차적인 것이 일차적인 것보다 우위에 있다는 사실은 여전하다. 추론을 통해, 즉 경험적 증거들로부터 출발해 여러 단서들을 묶는 작업은 아직은 어려워 보인다. 따라서 이론을 구축하는 작업은 거꾸로, 즉 근본적인 것에서 구체적인 것으로 진행될 수 있으리라 생각한다. 적어도, 처음의 은유로 돌아가서, 현재 연구는 중추에서 시작해 관절에 도달할 수 있다는 가정을 바탕으로 한다.

이제 3장을 마무리할 때이다. 이 장에서 대략적으로 서술한 예비적 틀은 분명 완성도가 떨어지며 논증도 부족하다는 점을 인정한다. 왜냐하면 지금까지 논증에 대한 부담이 논리의 힘을 제약했으며, 논리가 증거를 대체할 수는 없기 때문이다. 우리의 예비적 틀이 경험적 주장을 실제로 진척시킬 수 있는지, 그리고 증거가 잘 들어맞는지도 여전히 확인해야 한다. 그럼에도 불구하고, 논리에는 쉽게 무시할 수 없는 힘이 있다. 합리적 논거는 인간의 행동에 영향을 미치고, 인간은 사물의 '논리'에 반응한다. 정치에 대한 경험적 연구가 논리적 미진함을 허용하는 것이 되어서는 안 된다.

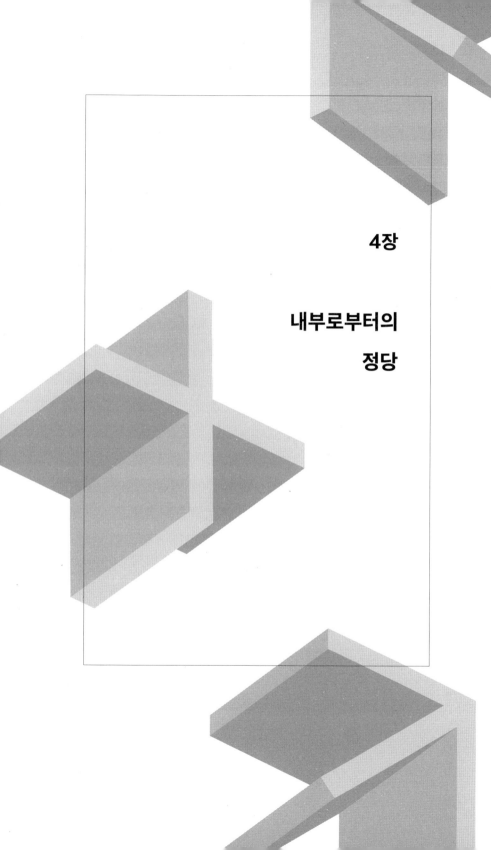

4장

내부로부터의
정당

1. 정파, 파벌, 정당

정당을 연구하는 것은 정당이 의미 있는 분석 단위이기 때문이다. 그러나 우리는 정당 체계도 연구한다는 점에서 단위로서의 정당을 넘어선다. 뿐만 아니라 단위로서의 정당 아래로 내려가 정당의 하위 단위sub-unit도 연구한다. 정당이 주요 분석 단위인 것은 사실이지만 그 하위 단위가 정당으로 어떻게 편입되고 변모하는지를 탐구하지 않으면 분석은 불완전해진다. 새뮤얼 엘더스벨드가 잘 지적하고 있듯이, 정당은 그 자체로 "정치 체계의 축소판이다. 그것은 권위 구조를 갖는다. …… 그리고 대의 과정representative process과 선거 체계를 가지며, 지도자를 육성하고 목표를 정하며 체계 내부의 갈등을 해결하는 하위 과정이 이루어진다. 무엇보다도 정당은 의사 결정의 체계이다."[1] 앞서도 말했듯이, 정당의 내부를 연구하는 데에는 정치 체계를 연구하는 것만큼이나 많은 방법이 있다. 그 가운데 두 가지가 가장 많은 주목을 받아 왔다. 하나는 당내 민주주의에 대한 것이고, 다른 하나는 조직 중심의 접근 방법이다.

전자는 미헬스의 '과두제의 철칙'iron law of oligarchy으로까지 거슬러 올라가며, '당내 과정'에 초점을 맞춘다.[2] 정치체제를 민주적으로 운영하지 않는 전체주의 정당이나 권위주의 정당은 당내 민주주의의 실행을 기대하기 어려움에도 불구하고 오늘날의 단일 정당들은 종종 자신들이 당내 민주주의를 하고 있다고 주장한다. 그러므로 우선 당의 양태가 민주적인지, 그리고 그것이 민주주의의 내용에 부합하는지를 판단해야 한다. '민주주의'를 평가하는 기준은 다양하므로 미헬스가 제기한 문제는 끝없는 논쟁거리로 남게 될 것이다. 그러나 당내 과정이 정말로 민주적인지 아닌지는 여기서 나의 관심사가 아니다.

조직 중심의 접근 방법은 좀 더 최근에 나타난 것이다. 이는 뒤베르제로부터 시작되었으며, 그는 정당을 조직 이론의 일반 영역으로 끌어들여 연구했다. 조직 구조에 대한 연구는 분명 민주주의라는 주제와 관련이 있다. 민주적 과정은 어떤 구조를 필요로 하지만, 또 어떤 구조는 필요로 하지 않기 때문이다. 그러나 다른 한편으로, 조직 이론은 민주주의가 아니라 조직의 문제에 관심을 갖는다. 즉 구조가 민주적인지, 그리고 실제 과정이 과두제적인지 유사pseudo 민주적인지는 관심의 대상이 아니라는 말이다. 조직 중심의 접근법은 그 자체로 관심 있는 다른 주제들이 있다. 그런 주제들을 여기서 탐구하려는 것도 아니다.[3]

내가 정당 **하위 단위**에 대해 말하는 이유는 연구의 초점이 **인접 단위** next unit(즉 정당이라는 단위 바로 아래에 있는 주요하면서 가장 유의미한 수준에 있는 단위)에 있기 때문이다. 조직의 (공식적·비공식적) 배열이 어떠하든, 정당은 경쟁적 집단군을 형성하는 개인들의 집합체이다. 내부에서 보면, 정당은 하위 단위들의 느슨한 연립체이기도 하다. 다른 극단에 위치한 전체주의 정당에서도 종종 격렬하게 집단 투쟁을 하는 비공식 집단이 존재하기 마련이다. 내가 특별히 관심을 갖는 것은 이런 [하위 단위들로의] 분화와 그들 간의 상호작용이다. 그러므로 단위로서의 '정당'이 어떻게 하위 단위들에 의해 접합 또는 해체되는가 하는 것, 이것이 내가 다루고자 하는 주제라 할 수 있다. 앞에서 지적했듯이, 정당의 내부는 그 자체가 하나의 체계이다. 그러므로 지금 우리는 체계로서의 정당, 즉 정당 하위 단위들이 부분을 이루어 형성된 체계에 초점을 맞추고 있다고 말할 수 있겠다.

우리 연구 방법이 갖는 첫 번째 어려움은 정당 하위 단위를 가리키는 용어가 확립되지 않았다는 데 있다. 이탈리아에서는 그것을 '경향'correnti이라 부르고, 독일에서는 일반적으로 계파Richtung 내지 [당내 좌익, 우익이라고 부르듯이] 날개Flügel[翼]라고 말하며, 프랑스와 영국에서도 느슨하고 은유적인 표현을 사용한다. 다른 한편, 미국의 정치학자들은 (내가 보기에는 썩 적합한 것 같지는 않지만) '파벌'이라 부르기로 합의했다. 역사적으로 파벌은 정당이 아닌 것을 지칭했지만, 현재는 파벌을 정당의 본질적 요소로 여기고 있다. 통상적으로 파벌은 가치가 개입된 용어이지만, 정치학에서 우리는 그것이 가치중립적이라고 말한다. 하지만 정치학이 가치중립적인 문제를 적절하게 다루고 있는지는 분명하지 않다.[4] 그리고 역사적 함의를 제거하는 데 그럴 만한 이유가 있는지, 그렇게 하는 것이 현명한지는 더더욱 의심스럽다. 물론 우리는 언제나 낡은 용어에 새로운 의미를 부여한다. 그리고 낡아빠진 단어와 그것의 함의에 새로운 생명을 불어넣을수록 언어는 더욱 풍부해진다. 그래서 문제는 파벌의 고전적 의미가 더 이상 쓸모없는 것인가의 여부에 있다. 물론 그렇게 보이지 않는다.

우선, 신생국가를 탐구하는 사람들은 '파벌'이라는 용어의 전통적인 측면과 연계시켜 불가피하게 그 용어를 사용하고 있다. 헌팅턴은 다음과 같은 집단을 언급하며 파벌주의에 대해 말한다.

지속성도 없고 구조도 없다. 이런 집단은 전형적으로 개인적 야망이 투영된 것이다. …… 한국에는 42개의 정당이 존재하고, 베트남에는 29개, 파키스탄에는 18개 정당이 존재한다는 보도는 전적으로 사실이 아니다. 그런 집단은 사실상 파벌로서, 18세기 영국과 미국 정치에서 유행하던 정치 도당, 비밀결사, 파벌, 족벌 집단과 흡사하다.[5]

이런 집단은 (대다수의 아프리카 국가를 포함한) 제3세계 국가들은 물론이고 대부분의 남미 국가에도 적용될 수 있다. 남미 정치를 서술할 때 자주 등장하는 단어 하나가 있다면 그것은 [인물을 중심으로 한 집단을 가리키는] 인물 중심주의personalismo이다. 이것은 로마 시대부터 마키아벨리를 거쳐 토크빌에 이르기까지 내려오고 있는, 파벌과 같은 뜻을 잘 담고 있는 스페인어이다. 따라서 우선 구시대 또는 구식의 파벌이 오늘날 많은 나라에서 여전히 건재하다는 사실은 확실하다. 둘째, 선진국 정치체제로 눈을 돌려보면, 새롭고 광범위한 단위인 정당이 파벌을 대신하게 되었다고 해서(이에 대해서는 이미 말했다.), 파벌이 **정당의 부분**, 즉 정당의 하위 단위로서 살아남지 못한다거나 부활할 가능성이 없다는 것을 의미하지는 않는다. 내가 일관되게 주장하고 있듯이, 서구의 정당 정체에서도 전통적인 형태의 파벌은 실재로 대체되지 않았으며, 그 의미도 퇴색되지 않았다.

따라서 나는 파벌에 대한 현재의 '특수한' 정치학적 용법에 대해 적어도 세 가지 불만을 갖고 있다. 첫째, 정당 하위 단위 일반을 나타내는 광범하고 중립적인 용어가 필요한 것이라면 파벌은 나쁜 선택이며, 매우 부적절하다. 파벌은 그 나라의 구체적인 경험의 소산이므로 대부분의 나라에서 그 단어에는 어떤 가치 평가가 뿌리 깊게 스며들어 있기 때문이다. 이런 이유로 일반 대중들은 정치란 본래 더럽고 사악한 것이라고 생각하게 된다. 나의 두 번째 불만은, 과학의 용어는 모호함을 만들어 내거나 증폭시켜서는 안 된다는 원칙이 있는데, '특수한'이라는 의미는 이 원칙에 반한다는 점이다. 예컨대 V. O. 키나 리처드 로즈[6]가 말하는 파벌은 헌팅턴이 말하는 파벌과는 분명 다르다. 그 결과 우리는 정치학에 비교 방법상의 혼란과 모호함을 초래했으며, 국지적인 기준과 전 세계적인 기준을 뒤섞고 있다. 세 번째 불만은 역사적 함의를 무시하는 것과 관련이 있다. 역사적 함의를 무시하게 되면, 마치 개개인의 야망을 반영할 뿐인 집단들이 만들어 내는 위험과 비용, 파벌의 폐해가 근대 이후 완전히 일소된 것처럼 생각하게 함으로써, 과거에 대해 가져야 할 관심과 중요한 교훈을 잘 보지 못하게 한다. 그렇게 되면, 우리는 정치학이 관심을 갖는 (전부는 아니지만) 많은 것을 놓치게 된다. 요컨대 우리에게는 (아직 발견되지 않았지만) 광범위하고 중립적인 호칭이 필요하다. 지금까지 우리는 불필요한 모호함을 불러일으켰으며, 정작 우리에게 필요한 명료함은 약화시키거나 잃어버렸다.

지금까지는 특정 유형의 정치집단을 가리키기 위해 내가 '파벌'이라는 용어를 계속 사용하고 있는 이유를 제시했지만 여전히 정당 하위 단위 전체를 지시하는 또 다른 용어는 필요해 보인다. 일례로, '세포핵'nucleus이라는 용어가 그런 목적에 부합할지 모르겠다. 그런데 당 세포는 일반적으로 풀뿌리, 즉 최소 단위, 지방 단위로 이해된다. 당 세포를 준거로 삼으면, 당내 과정을 맨 아래로부터 위로, 그리고 전국 곳곳에 걸쳐 주변적인 차원에서 연구하게 된다. 반면, 나는 정당의 '주요' 하위 단위에 초점을 둔다. 여기서 '주요'하다는 것은, 단위로서의 정당 아래로 내려갈 때 가장 먼저 만나게 된다는 점에서, 그리고 당 중앙의 내부 및 주위에서 세포와 같은 더 낮은 단위들을 모아 낸다는 점에서 그렇다. 달리 말해, 세포를 분석 수준으로 삼으면 정당의 적극적 활동가와 참여자를 포함하게 되지만, 나의 관심은 좀 더 높은 수준, 즉 정당 상층부에 있다.

이 모든 것을 고려해 나는 **정파**fraction라는 용어를 사용하기로 했다. 이런 용어 선택에는 분명 몇 가지 문제가 뒤따른다. 첫째, '정파'는 마르크스주의, 특히 레닌주의 전통에서는 특별한 의미를 갖는다. 둘째, 독일어 프락치온Fraktion은 원내 정당을 의미한다(사실 이 용어의 기원은 1848년 프랑크푸르트 의회로 거슬러 올라가므로 마르크스주의가 출현하기 전에 사용된 것이다). 그럼에도 불구하고 나는 이보다 나은 용어를 발견할 수 없었고, 이 용어를 사용하는 것이 결점보다 장점이 더 많다고 생각한다. 새로운 일반 용어를 도입함으로써 얻는 첫 번째 이점은 파벌이라는 용어를 다시금 그 본래의 의미에서 명확하게 사용할 수 있다는 것이다. 둘째, '정파'라는 용어는 '파벌'보다 (적어도 전자의 용어가 후자에 비해 역사가 짧고 뚜렷한 선례도 없다는 점에서) 확실히 중립적이고 비당파적이다. 그뿐 아니라 여러 사람들이 이미 정파주의fractionism와 정파 분열fraction-alisation이라는 말을 사용하고 있으므로 정파라는 말에 쉽게 익숙해질 수 있다. 이처럼 '정파'라는 단어를 사용하게 되면 정파 분열의 지표는 굳이 정당 체계에 국한할 필요가 없고,[7] 정당 체계 **및** 당내 정파들의 체계에도 똑같이 적용할 수 있다.

중요한 문제가 아직 남아 있다. 정당의 내부를 충분히 탐색하기 위해서는 좀 더 명확한 분석틀이 필요하다는 점이다. 로즈는 파벌과 계파tendency를 구분해야 한다고 주장한다. 그의 정의에 따르면, 파벌은 "자의식적으로 조직된 집단이며, 그 결과 응집력과 규율을 가진" 반면, 계파는 "정치가들의 안정된 집단이라기보다는 일단의 안정된 태도attitudes이다."[8] 이런 구분은 가치가 있지만, 조직 변수는 적절한 구분점이 될 수 없다. 그에 따르면 계파가 의식적으로 조직화를 하면 파벌이 되고, 역으로 응집력 있게 조직된 정치 집단이 없다면 파벌주의도 있을 수 없는 것이 된다. 하지만 내가 보기에 개인 중심으로도 파벌주의는 전적으로 가능하며, 계파 또한 로즈가 정의한, '안정된 일단의 태도'라는 본질을 잃지 않으면서도 조직화될 수 있다. 그래서 나는 좀 더 경계가 명확하고 더 가시적인 정당 하위 단위와 반대되는 것으로, 좀 더 느슨한 정당 하위 단위를 가리키기 위해 **계파**라는 단어를 그대로 쓰고자 한다. 이를테면 당내 좌파 성향의 계파와 우파 성향의 계파처럼 말이다.

우리는 활용할 수 있는 어휘를 가능한 한 넓게 검토했지만 여전히 좀 더 분석적으로 나눌 필요가 있다. 정파에는 많은 종류가 있다. 즉 정당 하위 단위의 세계는 매우 다양한 세계이다. 이런 다양성은 매우 중요한데, 서로 다른 하위 단위들이 서로 다른 단위들을 만들어 내기 때문이다. 좀 더 분명히 말하자면, 서로 다른 종류의 정파들은 ① 응집력의 정도, 역으로 정당 분열의 정도에 영향을 미칠 뿐만 아니라, ② 당내 상호작용과 역학의 방식과 수단에도 영향을 미친다. 이 두 가지 점에서 정파의 성격이 정당의 성격에 나타난다고 말하는 것은 매우 중요하다. 이념이나 조직 구조가 유사한 정당들(예컨대 가톨릭 정당 또는 사회주의정당)도 당내 정파의 성격이 다르므로 나라마다 그 성격이 다를 수 있다. 그러나 여기서 우리가 관심을 갖는 것은 그간 전혀 탐색되지 않은 분야이다. 흄은 파벌들의 성격을 면밀하게 검토했다. 반면에 우리는 파벌은 모두 유사하며, 적어도 그 차이를 세밀하게 파고들 필요가 없다는 가정하에 논의를 전개한다. 마찬가지로 모든 정파는 그저 정파일 뿐이다. 그게 끝이다. 뒤집어 말해, 우리가 정당들마다 달리 갖고 있는 자율적 구조를 제대로 파악하지 못한다면, 그것은 중요한 변수를 빠뜨리는 일이 되므로 결국 정치에 대한 우리의 이해는 불구가 될 것이다.

2. 분석 도식

지금까지 우리는 세 용어, 즉 (일반적이며 보편적인 범주인) **정파**, (특정 권력 집단인) **파벌**, (유형화된 일단의 태도인) **계파**를 사용했다. 이 세 범주를 당내 하위 단위의 스펙트럼상에 놓고 보면 순수한 파벌과 순수한 계파는 양쪽 끝에 위치한다. 순수한 파벌들로 구성된 정당은 고도로 분열되어 있거나, 적어도 내부 분열이 현저하게 드러나기 마련이다. 반대쪽 끝에 있는, 계파들로만 구성된 정당은 내부 분열이 덜 가시적이거나 두드러지지 않으며, 그리하여 (우리의 정의에 따르면) 정파주의가 거의 없는 정당이다.

두 가지 추가적인 가능성에 대해서도 고려할 필요가 있다. 첫째는 '[정파, 파벌, 계파 등] **어디에도 속하지 않은 열성 당파들**'non-aligned partisans이다. 이들은 "선거에서 자신의 정당이 전체적으로 지지를 받는 쟁점 위치에 자리를 잡고 어떤 파벌이나 계파보다도 당 강령을 따르는" 독립적인 성원들이다.[9] 둘째는 '**원자화된 정당**'atomised party으로, 지도자별로 파편화되어 있고, 각 지도자(일반적으로 의회 의원)를 중심으로 구성된 아주 작은 집단이다. 정파는 종종 '사인화'personalized되어 있는데, 이 경우는 원자화된 사인화의 상황이라고 볼 수 있다. 이 두 유형(어느 집단과도 연계되어 있지 않은 열성 당파나 원자화된 정당)은 우리의 논의 대상을 벗어난다. 즉 이 둘은 당내 하위 단위라는 분석 수준에서 별로 중요하지 않다. 순전히 '독자파들'로 구성된 정당이나 완전히 '원자화된' 정당은 이런 특징 이상의 어떤 정파적 함의를 갖지 않는다.

물론, 대부분의 정당들은 (하위 단위 수준에서 보면) 확실히 파벌, 계파, 독자파, 원자화된 집단의 서로 다른 특징이 조합된 혼합물이다. 그러므로 이런 관점에서 보면, 이들 잔여적 집단도 고려해야 한다. 왜냐하면 이들의 존재가 그 혼합물의 혼합 비율과 혼합 요소들의 상대적 비중을 바꿔 놓기 때문이다. 더욱이 어느 집단과도 연계되지 않는 열성 당파들과 원자화된 정당은 지지자 집단이 될 수도 있고, 실제로 게임에서 가장 중요한 카드가 되기도 한다. 이들이 당내 다수파와 소수파 사이에서 균형추 역할을 할 수 있기 때문이다.

앞에서 제시한 예비적 분석틀에 기초하여, 당내 하위 단위의 구조를 다음 네 가지 차원에서 분석할 수 있다. ① 조직 차원, ② 동기motivation 차원, ③ 이념 차원, ④ 좌-우 차원. 이 네 가지 차원은 분명 중첩되고 연결되어 있다. 그렇지만 어떤 식으로 중첩되고 연결되어 있는지는 명확하지 않다. 우리는 이 네 차원들 간의 상관관계와 상호 의존성을 확인해 줄 훌륭한 연구를 기다려야겠지만, 가능한 범위 내에서 분석적인 도식을 따라가 보는 것도 좋겠다.

1. **조직 차원**을 첫째로 꼽는 이유는 많다. 우선, 정당은 조직화되어 있으나 파벌은 그렇지 않다는 가정하에, 과거에는 조직이라는 기준으로 정당과 파벌을 구분했다.[10] 오늘날에는 정당 하위 단위도 강력하게 조직될 수 있고, 정당이 그 하위 단위보다 덜 조직되어 있을 수도 있다고 본다.[11] 이런 식으로 가정을 수정하면 아무래도 조직 변수가 더욱 중요해진다. 정파는 정당 단위로부터 최대의 자율성을 가진 하위 집단에서부터 최소의 자율성을 가진 하위 집단을 모두 아우른다. 이것은 분석의 수준으로서 정당과 당내 하위 단위 중 어느 수준이 적절한가에 대한

지표를 제공한다. 그리고 하위 단위들이 자신들만의 충성 네트워크가 작동하고, 별도의 회의를 열고, 스스로 재원을 마련하며, 자체의 언론과 대변인을 갖고, 그리고 무엇보다 당에 대해 준¤주권 집단으로서 관계를 맺고 있는지, 그리고 그런 정도에 따라 큰 차이가 생긴다. 마지막으로, 조직 변수는 당내 정파 분열을 측정하는 가장 확고한 지표를 제공한다는 점에서 무엇보다 중요하다. 다른 한편, 조직 차원은 독자적인 메커니즘에 의해 변화한다는 것을 인정해야 한다. 그 주된 이유는 "조직이 [상대의] 조직화를 유도하는" 전염 효과 때문이다. 몇몇 정파가 조직되면 조직되지 않은 기존의 다른 정파들이 효과적으로 경쟁할 수 없기 때문에 이들을 따라 조직되지 않을 수 없다. 그렇지만 정파가 조직된다고 해서 애초 다른 차원들에 의해 부여받았던 성격을 잃어버려야만 하는 것은 아니다.

2. **동기 차원**은 '파벌주의'를 좀 더 직접적으로 탐구한다. 흄은 이해관계에 따른 파벌과 원리에 따른 파벌의 구분을 동기 차원으로 끌어들였다. 두 세기가 넘도록 우리는 거기서 더 나아가지 못했다. 흄이 말하는 이해관계는 이점advantage이나 '효용', '편리'convenience, '기회주의', '편의'expediency 등으로 바꾸어 쓸 수도 있다. 그러나 '이해관계'라는 표현이 훨씬 명확하다. 그러므로 나는 흄의 용어를 따르기로 하면서, 이해관계에 따른 파벌에는 두 가지가 있는 것으로 이해한다. 하나는 노골적인 **권력 파벌**power factions이고, 다른 하나는 **이권 파벌**spoils factions이다. 전자는 권력을 위한 권력을 추구하며, 후자는 권력보다는 부수입에 관심을 갖는다. 흄이 말하는 '원리에 따른 파벌'은 (비록 좀 더 진지하기는 하나) 비슷한 문제를 드러낸다. 오늘날 원리라는 용어는 이념이나 이념적 신조와 쉽게 연결된다. 그러므로 내가 말하는 원리에 따른 정파에는 두

가지가 있는 것으로 이해해야 한다. 하나는 **이념 집단**ideological group이고, 다른 하나는 순수한 가치를 지향하는 **이상 집단**idea group 또는 의견 집단opinion group이다. 후자가 지향하는 가치와 이상은 이념 집단의 여타 특성들을 공유하지 않는다. 어떤 측면에서, 이런 구분은 불필요하다. 그러나 다른 측면에서 보면, 그런 구분은 이념[을 엄격하게 따르는] 정당과 여론[에 따라 의견을 조정하는] 정당의 구분(유럽의 문헌들은 오랫동안 이런 구분을 유지해 왔다.)만큼이나 중요하다.

노골적인 권력 집단과 이권 집단은 일반적으로는 '파벌'(그것도 아주 대단한 파벌)을 가리킨다. 반면, 의견 집단이나 이념 집단은 이해관계에 관심이 없다. 그들의 주요 관심은 가치와 이상을 증진(하고 그에 상응하는 정책으로 이어지도록)하는 데 있다. 원리에 따른 정파의 극단적인 형태는 가치 및 그들이 목표로 삼는 메시지를 증명하려는 입증 집단witness group이다. 이해관계에 따른 파벌은 즉각적이고 분명한 보상에 따라 움직이는 반면, 원리에 따른 정파는 무엇보다도 [가치나 이상의 증진을 목적으로 하는] **촉진 집단**promotional group이다.

동기 차원에서 발생하는 주요 어려움은 위장camouflage이다. 이익에 따른 파벌도 자신이 그렇다고, 즉 지위나 이득을 얻기 위해 책략을 꾸미는 권력 집단 또는 이권 집단이라고 공언하지는 않는다. 대신 효율성을 위해서 그런다고 하거나 기술적 현실주의의 기치를 내세운다. 또한 이념적 외관으로 위장하기도 한다. 다른 한편, 이념은 권력 추구 집단을 그 행위자들 스스로에게 정당한 것으로 인식시킨다는 점에서, 그리고 관찰자들이 쉽게 알아차릴 수 없다는 점에서 매우 효과적인 위장이 된다. 참된 동기를 모호하게 만드는 방법은 많다. 그래서 위장은 술책의 차원을 갖는다. 첫 번째 지표는 정파가 [이권이나 권력의] 수혜자clientele

를 기반으로 하느냐의 여부이다. 이익에 의한 파벌에게는 이권이 매우 중요하다. 이권은 권력을 부여해 주고, 수혜자를 추종자로 끌어들이기 때문이다. 그러므로 이익에 의한 파벌은 **후견 집단**이 되는 경향이 있다. 즉 후원-수혜의 작동 양식과 네트워크를 가지게 된다.[12] 이와는 반대로, 원리에 의한 정파는 얼핏 봐도 수혜자의 기반이 없다는 것을 알 수 있다. 즉 스스로를 유지하고 충원하는 힘은 무엇보다도 지적 호소나 신념을 바꾸도록 권유하는 것에서 나온다. 그러나 이것은 우선적인 지표일 뿐, 결정적인 지표는 아니다. 예컨대 후원-수혜 구조의 존재 여부는 집단이 권력을 갖고 있느냐 아니냐에 달려 있다. 또한 광범한 문화양식과도 관련이 있다. 동기 차원을 탐구하기 위해서는 수많은 지표, 장기간에 걸친 관찰, 그리고 평가 방법이 필요하다.

3. **이념 차원**은 확실히 동기 차원과 중첩되는 부분이 있다. 이념은 다른 어떤 차원보다도 강력한 동기 부여의 원동력이다. 모든 동기가 이념과 관계있는 것은 아니다. 동기 스펙트럼과 이념 스펙트럼은 구분해야 한다. 동기 스펙트럼에는 이해관계에 대한 완전한 무관심([원리에 대한 헌신을 증명하려는] 입증 정파witness fraction)에서부터 순전한 이기심(이권 파벌)까지 존재한다. 이념 스펙트럼은 이념적 맹목성과 미래지향적 원리를 한쪽 끝으로 하며, 반대쪽 끝에는 순전한 실리주의와 실용주의 pragmatism가 자리한다.[13] 두 스펙트럼을 이런 식으로 해석하면, 두 차원이 별개임을 알 수 있다. 이념적 정파는 대개 입증 집단이 되지만 이권 집단이 될 수도 있다. 마찬가지로 실용적 정파도 이해관계에 따라 움직일 수 있고, 이해관계에 완전히 무관심할 수도 있다(이를테면 정치적 정직함을 입증하려 할 수도 있고 업무 능력의 유능함을 입증하려고 할 수도 있다).

확실히 앞에서 지적한 내용은 몇 가지 흥미로운 문제를 제기한다. 이미 지적했듯이, 이념은 (오늘날의 세계에서) 매우 유용하고 효과적인 위장이 되고 있다. 우리는 이념적인 동시에 이권을 추구하는 정파를 자주 발견하게 된다. 인과적 요소는 무엇인지, 그리고 그런 정파들이 이념에 따라 움직이기보다 이익 추구를 좀 더 지향하는 편인지, 혹은 그 반대인지의 여부는 경험적으로 연구할 문제이다. 이념이 정당화를 위한 연막에 지나지 않는지의 여부에 대해서는 오직 연구를 통해서만 밝혀낼 수 있다. 이런 복잡함을 감안하면, 이념-실용주의 차원을 [이해관계에 대한] 무관심-이기심 차원과 분리하는 것이 중요하다는 것을 알 수 있다. 그렇게 하지 않으면 겉모습에 속기 쉬울 뿐만 아니라, 하위 단위 요소들은 복잡하게 얽혀 있는데도 그것들 간의 상응 관계를 [예컨대, 이념적 정파는 이권을 추구하지 않는다는 식의] 1 대 1 관계로 미리 상정하기 쉽다.

또 다른 이유에서도 이념 차원은 분명하게 나타나며, 그렇기 때문에 특별하게 구분되어야만 한다. 이념에 대해 말할 때, 혹은 반대로 실용주의에 대해 말할 때, 그것이 함축하는 것은 당연히 동기 차원에 있는 것이 아니라 문화적인 차원에 있다. 즉 이념 차원은 문화적 요인을 가리킨다는 점에서, 다시 말해 주어진 문화적 환경에서 정치의 전반적 기질 temper을 나타낸다는 점에서 다른 차원들과 구분된다.

4. **좌-우 차원**을 마지막에 둔 것은 내가 가장 신뢰하지 않기 때문이다. 우리가 좌와 우를 구별하여 기준으로 삼을 수밖에 없는 데는 매우 중요한 이유가 있다. 일반 대중은 물론이고 엘리트가 정치를 인지하는 가장 쉽고 지속적인 방식이기 때문이다. 그리고 또 다른 이유가 있다. 좌-우 차원의 기준은 계파와 [어느 계파나 파벌에도 속하지 않는] 열성 당파, 원자화된 상태를 어렵지 않게 판별할 수 있게 해준다. 사실 우리가 의미하는 바의 '계파'는 좌-우 차원에서 가장 적절하게 나타난다.

그러나 아직도 문제가 있다. 좌-우를 분석할 때, 우리는 곧 그것이 절망적일 만큼 다차원적이라는 사실을 이내 발견하게 된다. 보통 사람들이 정치에 대해 갖고 있는 '지표', 말하자면 모호한 기준들이 마구 섞여 결국 엄청난 단순화를 초래하는 것들 말이다.[14] 그리하여 연구자는 좌-우 차원을 **수사학**rethoric에 속하는 것으로 간주하고 **과학**, 즉 정치학에서 제외하려는 유혹을 받을 수도 있다. 그러나 이는 너무 과도한 해법이 될 것이다. 먼저 좌-우 스펙트럼을 고려하지 않고도 분석할 수 있는 것이 얼마나 많은지를 알아야 좌-우 스펙트럼을 가장 잘 다룰 수 있다는 것이 좌-우 차원의 접근이 가정하는 바이다. 또한 정치를 좌-우로 해석해서 뭉뚱그려 놓은 많은 것들을 동기 차원과 이념 차원으로 재배치할 수 있다는 것을 가정한다. 무엇보다도 이는 좌-우로 분류된 꾸러미들이 얼마나 복합적인지에 대해 경각심을 갖게 한다. 따라서 좌-우 차원을 동기나 이념 차원으로 재배치해 보면, 관련 사례가 종종 얼마나 부정확하고 혼란스러운 것인지 드러나게 된다. 그리고 마침내 우리는 잘 정돈된, 감정이 개입되지 않으며 좀 더 객관적인 좌-우 개념을 구성할 수 있을 것이다. 그리하여 정치에 대해 보통 사람들이 가진 지표를, 전문가들이 믿고 사용할 수 있는 지표로 전환할 수 있을 것이다.

어찌되었든 좌-우 차원을 마지막에 고려함으로써 가질 수 있는 첫 번째 이점은 그것을 **잔여적으로** 사용할 수 있다는 것이다. 즉 유일하게 확실한 것, 인식perception의 차원을 나타내는 데 사용할 수 있다는 점이다. [객관적 이념이나 동기를 기준으로 한 좌와 우가 아닌 주관적으로] '인식된 것으로서 좌-우'라는 항목 아래, 정당이나 정당 하위 단위를 좌파, 중도, 우파로 구별하는 것은 유용하고 적절하다. 좌-우 차원이 유용한 것은 그것이 이미 기성품처럼 만들어져 있으며, 또 간단하게 배열할 수 있기 때문이다(공간적 또는 평가에 의한 배열일지라도). 그리고 우리가 정당과 정당 하위 단위를 그렇게 인식할 수 있다는 점에서 적절하다. 그러므로 '인식된'이라는 단서를 붙이면 좌-우 판별을 액면 가치대로 안전하게 받아들일 수 있다. 또 좌-우 차원은 설명할 수 있는 것 이상을 설명하려 하지 않는다는 장점이 있다.

좌-우 차원을 잔여적으로 사용할 때 따르는 두 번째 이점은 이 차원을 독립적으로 다루면서도 그것을 다른 차원들과 연결시켜 다양하게 설명할 수 있다는 점이다. '우파'도 순수하게 이념적 동기를 가진 집단이 될 수 있듯이, '좌파' 또한 순전히 권력을 추구하고 이권을 지향하는 동기에서 움직일 수 있다(이런 평가는 오랫동안 금기시되어 왔음에도 불구하고 그렇다). 나아가 좌파도 고도로 실용주의적일 수 있고, 우파가 대단히 이념적일 수도 있다. 물론 이런 경우가 드물기는 하지만, 그럼에도 [그렇지 않다고] 선험적으로 규정하거나 정의할 수는 없다.

알다시피, 지금까지의 분석 도식은 어디까지나 시험적이고 미완성된 것이며, 불완전하다. 이를 좀 더 분석적으로 뒷받침할 만한 준거들 가운데 게임이론과 연립 이론이 시사하는 바가 (비록 느슨하기는 하지만) 가장 유망해 보인다. 이와 관련해 개인 중심적personalistic 또는 **인물 중심의 정파**personalist fraction[15]와 연맹형confederative 또는 **연립형 정파**coalitional fraction를 먼저 구별할 필요가 있다. 전자는 확고한 보스 한 명에게 봉사하거나 추종하는 정파이고, 후자는 한 명의 대장이 아닌 여러 영관급 장수들로 이루어진 동맹형 집단alliance-type group이다. 또한 정파들을 역할과 역할 수행에 따라 **지지자 집단**, **거부권 집단**veto groups, **정책 집단** 등으로 구분할 수도 있다. 지지자 집단은 승자 편을 열렬히 지지함으로써 보상에 만족해 시류에 편승하며, 거부권 집단은 방해하는 것을 주요 목적과 전략으로 삼으며, 정책 집단은 집권을 하고 정책을 실현하고자 한다. 연립 이론이 지적하듯이, 이런 유형들은 매우 유동적일 수 있다. 왜냐하면 승자 연립(정책 집단)이 패배해 방해 연립의 역할을 할 수 있듯이, 방해 연립(거부권 집단)은 승자 연립이 될 방도를 찾기도 하기 때문이다.[16] 다른 한편, 이런 유형들이 고착되어 오랫동안 지속될 수 있다. 이렇게 구분하는 목적은 당내 [하위 단위들의] 역할, 그들의 유동성과 분화의 정도를 확인하기 위해서다.

끝으로, 전략과 전술 같은 고전적 구분이 정치 일반은 물론 정파에도 적용될 수 있다. 잰다는 정당 하위 단위를 전략적인 것 혹은 **전술적인** 것으로 규정한다.[17] 말할 것도 없이 이와 관련된 변수에는 각 정파의 **규모**size(정당, 의회, 내각 등 각 기구 내에서 차지하고 있는 득표 및 자리의 비율로 표현된다.)와 **지속 기간**duration이 있다. 안타깝게도 지속 기간은 파악하기 어려운데, 정파는 이름을 바꾸기도 하고, 이름은 그대로 두면서 (합병과 분화를 통해) 다양한 집단들과 재결합할 수도 있기 때문이다. 그러므로 중요한 것은 실질적인 안정성과 연속성이다. 이 지표는 (잘 알려져 있다 해도) 대체로 인상적으로 판단할 문제이다. 폭넓은 비교를 위해, 안정성-지속 가능성을 느슨하게 상·중·하(변하기 쉬운 일시적 정파 유형)로 구분해 보자. 시간적 연속성이 곧 높은 안정성을 의미한다면 더할 나위 없이 좋을 것이다. 그러나 시간의 흐름에 따라 가변적이라면, 조직화의 정도, 이념적 응집성의 정도, 동기의 유형, 그리고 무엇보다 측정 단위가 갖는 의미, 즉 호칭의 영속성을 검토하는 것이 현명할 것이다.

이 절에서 개관한 주요 항목과 그에 따른 유형을 요약하면 〈표 2〉와 같다.

이 표는 학자들이 모든 항목을 각각 독립적으로 점검할 수 있다는 점

표 2.

당내 정파의 분류 항목과 유형(목록)*

	조직화됨
구조	조직화되지 않음
	어중간함**
	이권-권력 추구 집단
동기	이념 선전 집단
	양 측면을 가짐(+), 어느 쪽도 아님(−)**
	이념적
태도	실용주의적
	양 측면을 가짐(+), 어느 쪽도 아님(−)**
	좌
	중도
좌-우 포지셔닝	우
	모호**
	인물 중심
구성적 특징	연립형
	혼합형**
	정책
	지지
역할	거부
	유동적 및 기타(−)

* 다른 식의 표기가 없을 경우 + 기호를 사용.
** 알 수 없거나 확인이 불가능할 경우 의문부호를 사용.

에서 장점을 갖는다. 정파가 전략적이냐 전술적이냐, 미래지향적이냐 현실 지향적이냐 등등의 항목을 추가할 수도 있다. 하지만 엄밀하지 못한 범주들을 포함시켜 목록이 많아지면 정보에 근거하기보다 막연한 느낌으로 판단할 위험이 있다. 또한 명백한 사실을 굳이 기술하지 않도록 (최대, 중간, 최소 정파와 같이 표기될 수 있는) 규모는 포함하지 않았다. 다른 한편 안정성과 지속성, 각 정파의 상대적 중요성도 포함하지 않았다. 이 항목들은 평가와 수치 입력의 문제를 제기하기 때문이다. 물론 이것들이 중요한 항목임에는 틀림없다. 각각의 항목에 특별히 강도intensity나 우세성prevalence을 나타내고 싶다면, 두 개(또는 세 개까지)의 플러스 기호로 표기할 수 있다. 마이너스 기호가 너무 많으면(나라의 수보다 정파의 수가 많으면) 그 도식은 빈약해질 것이다. 한편, 의문부호가 너무 많으면 우리가 가진 정보가 빈약하다는 것을 알 수 있다. 물론 이 표는 일정한 시점에서 각 정파의 특성을 보여 주는 첫 번째 작업 도구를 제공할 뿐이다. 그렇지만 이를 반복적으로 확인하면, 정지 장면이 연쇄적으로 이어지면서 흥미롭고 역동적인 정보를 (특히 동기, 좌-우 포지셔닝, 역할의 차원을 따라) 제시해 줄 것이다. 나아가 충분히 많은 수의 나라를 검토하면, 유의미하고도 잘 유형화된 항목군을 포함한 표를 작성할 수 있을 것이다. 예컨대 우리는 좌-우 스펙트럼의 양극과 조직화 정도 사이의 강한 상관관계, 인물 중심형 파벌과 불안정한 포지셔닝 사이의 강한 상관관계, 중도주의centrism와 정책적 역할 사이의 강한 상관관계, 그 밖의 항목 사이의 강한 상관관계를 발견할 수도 있다. 그러나 결론을 내리기는 아직 이르다.

3. 미국 남부의 정치 : 정당 없는 '파벌'?

대부분의 나라에서 당내에 하위 집단들이 존재하고, 이들이 의미 있는 역할을 하며, 정당의 운영 규칙에도 영향을 미칠 것이라는 가정은 그저 가정에만 머물고 있는 것 같다. 왜냐하면 미국의 이른바 일당 주州들과 이탈리아, 일본 단 세 나라의 사례에서만 정당 하위 단위에 대한 연구가 진행되어 왔기 때문이다.[18] 확실히 남미의 정당에 관한 문헌들은 끊임 없이 파벌주의, 인물 중심주의 등을 이야기하고 있다. 그러나 이들 문헌은 대중 정치가 등장하기 전[정당들이 독립적인 단위로 역할하기 전]의 정당들을 다루고 있다는 점에서 우리의 논의와는 별 관련이 없다. 그와 달리 미국, 이탈리아, 일본에서는 '정당이 하나의 독립된 단위로서' 의미 있는 존재가 됐다는 점에서 정당은 공고화 단계에 진입했다. 그렇지만 이 세 나라에 대한 연구는 정당의 하위 집단들이 정상적으로 발생한 것이라는 가정하에서 진행된 것도 아니고, 정당의 하위 단위가 중요한 분석 수준이기 때문에 수행된 것도 아니다. 오히려 이 세 나라 사례들은 (정치적 기형의 사례는 아닐지라도) 병리적 유형을 나타낸다는 가정하에서 연구된 것이다. 다른 한편, [세 사례에 대해] 같은 질문들을 제기하거나, 이들 사례 가운데 적어도 두 사례를 나란히 비교해 보거나, 일반적인 개념 틀로 접근하려는 시도는 없었다. 또한 각 사례의 연구 결과를 비교해 보려는 시도도 없었다.

물론 나라별로 엄격한 역사적 맥락에서 문제를 다루는 것이 나름 타당한 이유가 없는 것은 아니다. 미국의 '파벌주의'(미국 학자들은 이 개념을 사용하고 싶어 한다.)에 대한 연구는 정당 체계가 발육 부진 상황에 있었기 때문에 이루어졌다. (키가 파벌주의에 대해 고전적 저작을 저술한 이래)

남부 정치라고 알려진 것과 관련해 문제의 핵심은 이런 것이었다. 정권 교체가 이루어지지 않는다면, 즉 동일한 정당이 영속적으로 집권한다면 그것은 어찌된 일일까? 한편 이탈리아에 있어서 문제의 핵심은 다음과 같다. 6~7개의 정당(실제로는 그보다 많은 수의 정당)으로 구조화된 체계가 당내 하위 단위 수준에서 복제되고 재현된다면 이는 어떻게 된 일이며, 또 그렇게 해서 만들어진 당내 다수 집단들multiplicities은 어떤 사태를 맞게 될까? 이탈리아에서 (그들이 완곡하게 표현해 부르는) '계파'currents에 대한 연구는 계파가 당파성의 비대화hypertrophy에 기여하고 있는 것에 주목한다. 일본의 당내 하위 구조를 연구한 여러 문헌들은 '다多파벌 상황'multifactionalism에 주목한다. 물론 이를 깊게 고찰하거나 파고드는 연구는 거의 없다.

적어도 나라 간 비교 연구와 이론 구축이라는 목적을 이루고자 한다면 이보다 훨씬 더 까다로운 경험적 증거들과 씨름해야 할 텐데, 그런 일에 나서는 경우는 거의 볼 수 없다. 그럼에도 불구하고, 혹은 전혀 다른 체계에 대해 상이한 질문을 제기하는 것이 매우 위험한 모험이 될지라도, 수렴적인 지점에 초점을 맞춰 논의를 발전시켜 보려고 한다. 이를 위해서는 먼저 미국 사례에 대한 연구 결과를 이론적 맥락에서 재평가할 필요가 있다.

'일당 민주주의'의 범주를 어떻게 평가하든,[19] 미국을 그런 범주로 취급해 온 것은 기이한 일이다. (양도 불가능한 시민권을 보호하는 입헌적 지배로 이해되는) '민주주의'라는 측면에서 미국의 경우를 보면, 주권은 [연방이 갖고 있지] 주州들이 갖고 있는 것은 아니다. 연방헌법, 대법원, 대통령이 주도하는 통치 패턴으로부터 [주들이] 어느 정도 벗어나 있다는 것은 중요한 일이며 좀 더 구체적인 사안으로 보면 여러 어려움을 만들어 낸다. 그러나 이것이 (미국 민주주의의 원칙과 근본 원리라는 측면에서) 각각의 주들이 예속적이거나 제한적인 자율성을 가질 뿐이라는 사실에서 비롯되는 것은 아니다. 플로리다, 루이지애나, 미시시피 또는 미국의 여타 일당 주들이 멕시코와 탄자니아와 같은 의미를 갖는 것은 아니다.[20] 우리는 다시 '단위 비약의 오류'와 마주치게 된다. 하위 국가, 즉 연방 국가를 구성하는 주들을 주권국가와 동등한 수준에 놓는 것 말이다. 그러므로 첫 번째 지적할 사항은 미국 남부 정치는 민주주의의 수립이나 붕괴와는 아무런 관련이 없다는 점이다.[21]

미국의 주 가운데 절반이나 되는 수가 어떤 의미에서 '일당 주'로 불릴 수 있는가라는 질문이 바로 제기될 것이다. 키와 그 이후의 문헌들은 대부분 이 문제를 제대로 설명하지 못하고 있다. 한편, 몇 가지 불만이 있음에도 불구하고[22] (공화당이 우세한 버몬트 주를 포함하는) [민주당 지지가] 견고한 남부Solid South는 오랫동안 일당 지역으로 불리어 왔고 지금도 그렇다. 다른 한편, "남부에는 사실상 정당이 없다"는 것이 키의 주요 논점이다.[23] 이 두 입장은 원칙적으로 모순된다.[24] 남부는 일당 상황인가 아니면 무당 상황인가?[25] 아마 어느 한쪽을 택하기는 어려울 것이다. 그렇다면 대답은 어느 쪽도 아닐 것, 즉 둘 다 아닐 것이다. 문제의 복잡함(더 나은 말로는 복합성)은 **이원화된 정당 체계**two-tier party system(주 차원의 정당 체계와 전국 차원의 정당 체계)가 연방제 구조에서 비롯된다는 사실로부터 생겨난다. 주와 전국 수준 각각은 그 자체로는 불완전하며 서로의 수준을 반영한다. 예컨대 '민주주의'와 관련해 주가 가진 관할권은 [연방에 의존한다는 점에서] 전적으로 종속적이다(그래서 불완전함의 대표적 사례라는 것이다). 요컨대, 이원화된 정당 체계는 거의 모든 곳에(즉 주 수준에서도) 두 개의 정당이 존재하는 결과를 낳는다. 비록 이른바 일당 주들에서 소수당은 자신의 존재와 성격을 전국 차원의 체계에 의존하고 있으며, 그렇게 함으로써 정당으로서의 유효성relevance을 주로 대통령 선거 과정에서 그리고 중앙의 연방 정부로부터 흘러나오는 혜택의 분배를 통해 획득하게 되지만 말이다. 그래서 혹자는 양당 존립 체계(이는 양당 체계[26]와 결코 같은 것이 아니다.)는 전국 수준에서 양당 체계가(비록 외생적이고 불완전한 조건에서 일어난 일일지라도) 겹쳐졌기 때문에 미국 전역에서 지속적인 패턴으로 이어졌다고 말할지 모르겠다.

이상의 내용에서 볼 때 미국 학자들이 미국의 '일당' 지역에 대해 말할 때, 일당이라는 그 명칭이 부적절하고 잘못된 것이라 할 수 있다. 그들이 실제로 묘사하고 있는 것은 (정당의 수로 분류했을 때) 정당이 두 개라도 양당 체계의 **역학**을 만들어 내지 못하는 상황일 뿐이다. 즉 두 정당이 정권을 교체할 만큼 충분히 경쟁적이지 못한 것이다. 이는 일당제적인 패턴과는 전적으로 다른 유형의 이야기다. 나중에 자세히 살펴보겠지만 그것은 **일당 우위** 정당 체계에 해당한다.[27] 이것은 양당 **구도**에서 가능한 정상적인 결과의 하나이다. 핵심은 미국에서 이야기되는 이른바 일당제라는 것은 잘못된 분류이며, 이 사실은 국가 간 비교를 통해 반드시 재조명해야 한다는 것이다.

만약 정치의 과학이 존재하기를 바란다면, 우리는 이중의 척도를 가진 어휘(국내용과 범세계용)를 사용하면 안 된다. 아무리 [정치학이] '침울한 과학'dismal science이라 불린다 할지라도, 서로 다른 사실을 같은 범주에 포함시키는 것은 터무니없고 반과학적인 일이다. 이는 동일 범주의 동물을 아리송하게 이해해 서로 다른 것으로 만드는 것과 같은 식이다. 분명, 사례연구는 대상을 가까이에서 보므로 확대되어 나타나는 반면, 비교 연구는 거리를 두고 관찰하므로 축소되어 보인다. 가깝고 구체적인 것에서, 멀리 있고 추상적인 것으로 전환할 때 항상 필요한 것이 바로 (우리의 어휘로 표현될 수 없는) 불가피하고 직관적인 조정이다. 그러나 올바른 분류라면 개별 국가에 대한 전문적인 연구의 성과와 국가 간 비교 연구 성과를 모두 담을 수 있어야 한다. 그런데 우리가 다루는 사례에서 이는 문제가 되지 않는다. 왜냐하면 미국 유형에 적용하기 위한 범주가 이미 국제 수준[학계]에서 제시되고 있기 때문이다. 그것은 바로 일당 우위 체계를 말하는데, 이는 동일한 정당이 장기간 과반수를 획득하는 정당 체계로 정의된다. 남부를 '일당제'로 보는 오류가 수십 년 동안 지속되었다는 사실은 놀라울 정도의 편협함을 보여 준다. 이제 이 문제를 철저히 살펴보자.

슐레진저의 기준(용어가 아니라)을 따르면, 미합중국의 주들은 1870~1950년 동안 두 가지 기본적인 유형을 보여 주는데, ① 양당 경합(9개 주) 또는 주기적 경합(12개 주), ② 일당 우위(27개 주)가 그것이다.[28]

이 두 유형은 확실히 다소 혼합되어 있다. 첫 번째 유형의 21개 주에서는 정권 교체가 반복될 정도의 경쟁 및 이른바 확실한 경쟁이 존재한다(소수당이 경쟁 정당으로서 실질적이고 지속적으로 집권당을 위협할 능력이 있는 경우).[29] 여기서 슐레진저가 말하는 경쟁적이라는 것의 측정 기준은 소수당이 주기적으로 승리하는 것, 최소한 연속해서 2번 승리할 수 있는 능력을 갖는 것을 가리킨다. 두 번째 유형인 일당 우위의 유형에는 어느 정도 경쟁적인near-competitive 16개 주와 덜 경쟁적인subcompetitive 11개 주(전통적으로 민주당을 지지하는 남부의 주들과 오클라호마, 버몬트)가 있다. 전자의 경우, 소수당이 가끔 단독으로 승리하기도 하는데, 이는 자력으로가 아니라 유력 정당이 포기한 덕분이다. 후자에서는 소수당이 한 번도 주지사에 당선된 적이 없으며, 모든 선거에서 늘 득표율이 부진하다.[30] 확실히 이런 분포는 시간이 흐름에 따라, 기준이 바뀜에 따라 변하기 마련이다. 그래서 오스틴 래니와 윌무어 켄들은 1914년에서 1952년 사이에 26개의 양당 주와 22개의 일당 주 및 '변형된' 일당 주들이 있었음을 발견하게 된다.[31] 그러나 이런 차이는 나의 논지에서 별로 중요하지 않다.[32] 앞서도 말했듯이, 미국에서 주 차원의 정당 체계 중 절반가량은, 대체로 양당 구도는 갖고 있으나 양당 체계에 상응하는 역학을 보여 주지 못했다. 적어도 1960년대까지는 그랬다. 결국 일당 우위 체계는 22~27개 주에 이르는 것으로 추정할 수 있다.

이 추정치는 물론 도전 받을 수 있다. 예컨대 미시시피나 사우스캐롤라이나에서 치러진 선거는 대부분 전혀 경쟁적이지 않았다. 그러므로 이 두 개의 주는 (스위스의 몇몇 주들cantons과 더불어) 로저 지로드가 말하는 '나 홀로 정당'lonely party에 속한다고 할 수 있다.[33] 또한 미네소타와 네브래스카는 주 의원의 경우, 정당에 속하지 않은 무소속 후보를 선출한다. 따라서 이 두 개 주를 '정당 없는 정치'의 진정한 사례라고 할 수 있다.[34] 이처럼 복잡한 상황을 고려한다 해도, 일당 우위 체계 전반에서 가장 문제가 되는 것은 11개 주가 모든 기준에서 잠재적 경쟁성의 수준에도 미치지 못한다는 점이다. 이들은 명백히 **덜 경쟁적**이다. 이것은 세계적으로 아주 독특한 사례이다. 따라서 미국 남부의 정치는 별도로 각별한 고찰이 필요하며, 하위 단위 수준에서 살펴볼 필요가 있다. 이들 주에서는 (미국적 의미에서의) '파벌'이 정당보다 중요한 것 같다.

키는 주마다 파벌주의의 형태가 매우 다양하게 흩어져 있다고 보았지만, 그의 설명으로부터 뚜렷한 두 개의 패턴을 확인할 수 있다. 하나는 다多파벌 상황이고(플로리다가 단적인 사례이다), 다른 하나는 양대 파벌 상황이다(조지아, 루이지애나, 노스캐롤라이나, 테네시, 버지니아). 양대 파벌 상황에서는 파벌 간에 균형을 이룰 때도 있고(두 파벌이 너무 비대칭적이지 않은 경우) 불균형 상태(버지니아, 노스캐롤라이나, 테네시의 경우처럼 강하고 응집적인 다수파 파벌과 상대적으로 약한 소수파 파벌이 대립하는 경우)일 때도 있다.[35] 이런 결론은 흥미로운 질문들을 제기한다.

흔히 "정당의 응집성은 정당 간 경쟁의 정도와 직접적인 함수관계 있다."[36]라고 주장되고 있다. 정당 간 경쟁이 약할수록 당내 정파주의가 득세한다는 것이다. 이 가설은 다음과 같이 좀 더 폭넓은 맥락에서 재정식화할 수 있다. "정당은 득표에 몰두하는 상황에서 하나의 응집적이고 의미 있는 분석 단위가 된다." 바꿔 말하면, (후보를 지명하거나 공천할 때가 아닌) 선거 경쟁에 나설 때 정당은 분할 불가능한 하나의 단위로 고려할 수 있는 최적의 관점을 제공한다는 것이다. 그렇지만 (어떤 근거에서건) 정당이 선거에서 패배할 수 없는 안정 상황이라고 스스로 판단하게 되면, 하나의 통합된 단위로서 정당은 하위 단위로 분열되는 경향을 피할 수 없다. 이런 상황에서는 정파들이 실질적인 단위가 된다. 그리고 정당 간 경쟁이 덜 경쟁적일수록 정파 분열은 심해진다.

이 같은 결론을 남부의 11개 주에 적용해 검증해 보면, 다음과 같은 사실을 발견할 수 있다. ① 어느 정도 경쟁적인 주들은 양대 파벌화의 경향이 있다. ② 덜 경쟁적인 주들은 다多파벌화의 경향을 띤다. ①번 가설은 실제 사례로 입증된다. 어느 정도 경쟁적인 남부의 주, 노스캐롤라이나와 테네시 또한 양대 파벌화의 양상을 띤다.[37] ②번 가설은 적합성이 다소 떨어진다. 덜 경쟁적인 주의 다수는 다파벌의 양상을 띠지만(앨라배마, 아칸소, 플로리다, 미시시피, 사우스캐롤라이나, 텍사스), 세 개 주(조지아, 루이지애나, 버지니아)는 양대 파벌화의 양상을 띤다. 키의 설명에 따르면, 버지니아에서는 반대당으로서 공화당의 존재가 민주당 파벌로 하여금 긴밀하게 결집될 수 있도록 하며, 조지아와 루이지애나의 경우에는 ([당내 경선이나 후보 단일화가 불법이며, 출마 의사가 있는 사람은 누구나 명부에 이름을 올려야 하는] 루이지애나의 후보자 명부 제도 때문에) '인물'이 중요한 역할을 한다.[38] 이런 고찰은 (키의 평가에 따르면) 분명 노스캐롤라이나와 테네시만큼 어느 정도 경쟁적인 버지니아의 경우, 경쟁의 정도competitiveness라는 다른 척도가 적합할 수 있음을 시사한다. 다른 두 개의 예외적인 주의 경우, 인물 중심의 논의는 정파 분류의 중요성(앞 절에서 개관한 바 있다.)과 선거제도(루이지애나의 경우 결선 투표 시 후보들 사이의 표 연계ticket linkage)에 대해서도 설명할 필요가 있음을 지적한다. 대체로 처음의 거대 가설[정당의 응집성은 정당 간 경쟁의 정도와 직접적인 함수관계 있다]과 위 두 개의 하위 가설[① 어느 정도 경쟁적인 주들은 양대 파벌화의 경향이 있다, ② 덜 경쟁적인 주들은 다파벌화의 경향을 띤다.]은 기각된 것이 아니며, 몇 가지 조건을 추가해 보완한다면 잘 확증될 수도 있다. 그러나 이탈리아의 경우에는 적용되기 어려워 보인다. 대부분의 기준에서 보면 이탈리아의 정당 체계는 충분히 경쟁적이다. 또한 이탈리아 정당 체계는 고도로 구조화되어 있는데, 이 때문에 많은 사람들은 이탈리아 정당이 응집력이 강하다고 본다. 그럼에도 불구하고 이탈리아 정당 체계는 '다파벌화 상황', 내 표현에 따르자면 고도의 당내 정파주의라는 특징을 갖는다.

우리가 아직 잘 알지 못하는 단계에서 정당 체계의 경쟁성 및 하위 단위의 분열 간의 관계를 재차 이야기하려는 것은 무의미한 일이다. 경고해 둘 것은 미국 남부 정치 연구자들 자신이, 지나친 자의적 재단의 희생자라는 사실이다. 이에 대한 해결책으로 다음을 제안하고자 한다. 첫째, 우리의 일반화는 그것이 적용되는(또는 적용되지 않는) 정당 체계 유형에 한정해야 한다. 엄격하지 않은 범주 설정이 주된 약점의 하나일 수 있다는 뜻이다. 둘째, 선거제도는 (많은 측면에서) 중요하지만 무시되어 온 변수이다. 예컨대, 단순다수제일 때와 비례대표제일 때 [정당 간] 경쟁의 정도는 차이가 없는가?(또는 차이가 없는 것으로 인식되는가?) 세 번째 가능성은 이념 또한 관계가 있다는 것이다. 실용적 정치에 적용되는 일반화가 이념 정치에는 적용되지 않거나 그 반대일 수 있다. 마지막으로, 확실히 '조건 분석'condition analysis을 개선할 필요가 있다. 왜냐하면 우리가 일반화에서 실패한 것이, 그간 진술되지 않았으며 여태까지 확인되지 않은 조건들과 적잖은 관련이 있으리라는 강한 의구심 때문이다. 이런 조건들 가운데에서도, [헌법을 통해 연방과 주 사이의 관계를 제도화했던 미국의 헌법 제정 과정이 낳은 경로 의존적 효과를 의미하는] 입헌적 경로는 너무나도 자주 간과되고 있다.

제기되는 또 다른 일련의 의문은, 양대 파벌 상황이 양당 체계의 조야한 대체물인지, 마찬가지로 다파벌 상황은 다당 체계의 대체물인지, 그리고 어떤 의미에서 그러한가와 관계가 있다. 답변은 질문이 제기되는 상황에 따라 다르다. 만일 일당제라면(그리고 더 나쁘게는 일당 민주주의라고 본다면), 질문 자체가 틀린 것이다. 그러면 미국 남부에는 "실제로 정당이 없다"는 키의 주장은 옳은가? 나는 감히, 그렇기도 하고 아니기도 하다고 말하겠다. '그렇다는 것'은 그가 핵심을 파악했기 때문이다. '그렇지 않다는 것'은 미국 남부는 사실 '정당 없는 정치'의 사례가 아니며 오히려 (비교 연구의 관점에서 보면) 정당 체계가 저발전된 사례이기 때문이다. 이런 발육 부진의 정당 체계는 역사적 조건에서 비롯된 것이지만 미국 정당정치의 [앞에서 말한, 주 차원의 정당 체계와 연방 차원의 정당 체계가 겹쳐 있는] 이원화된 구조의 산물이기도 하다. 이런 이원화된 구조는 한쪽 수준에서의 결핍이 다른 쪽 수준에서 보완될 수(어떤 점에서는 투영될 수) 있도록 한다. 따라서 미국 남부에는 정당이 없다는 말은 문제가되는 단위가 당내 하위 단위일 때만 맞는 말이다. 이런 관점에서 보면, 키와 그 뒤를 잇는 많은 문헌의 결론이 안전하게 일반화될 수 있으리라생각한다. 키에 따르면, ('혼돈스럽고' '비연속적인' 파벌 난립과 같은 의미의) '정치적 탈조직화'는 가진 자에게는 유리하고 못 가진 자에게는 불리하다. 또 그것은 "유권자를 혼란스럽게 하고", 특히 정부를 "개인의압력에 휘둘리게 하며 정실주의favouritism에 기울어지게 만듦으로써" 결국 "실행 계획을 지속적으로 수행할 힘을 잃게 만든다."[39] 만일 (오스트로고르스키의 노선을 따르는) 정당 비판가들과 정당 없는 직접민주주의를옹호하는 자들이 정말 자신들의 논지를 입증하고자 한다면, 그들은 이런 키의 발견과 결론을 고려해야만 할 것이다.

전반적으로 볼 때, 미국의 사례는 정당 없는 정파의 문제와 관련된 것이 아니라 오히려 정당 너머의above 정파와 관련이 있다. 마찬가지로 그것[미국 남부 정치]은 일당제의 변형이 아니라 일당 우위 체계의 주요 형태임을 입증한다. 이 두 가지 수정은 미국의 사례가 아직은 비교 연구와이론 연구에 기초해 제대로 탐색되지 않았음을 시사한다. 비교 연구를수행할 때 미국의 경험에 내재해 있는 위험 혹은 한계는, 공화당과 민주당이 서구의 대중정당에서는 보기 드물게도, 정식 당원들이 없는 정당이라는 사실, 그래서 정당의 공직 후보를 지명하는 일이, 폐쇄적이고 밖에서는 보이지 않는 당내 문제가 아니라 종종 본 선거의 첫 번째 단계라는 사실에서 비롯된다.[40] (많은 측면에서) 예비선거는 실제 선거이며 이는 매우 독특한 제도이므로 비교 연구를 할 때 조심해서 다루어야 한다.다른 한편, 흔히 말하듯이 예비선거제는 국가 간 비교가 불가능하다고 보기도 어렵다. 미국 남부 정치의 사례는 (내가 보여 주려고 시도해 왔던 것처럼) 비교 연구에서 중요한 검증의 장을 제공한다고 보는 것이 적절한 관점일 것이다. 다음으로, 이탈리아와 일본의 파벌주의 양상도 비교 연구의 대상이 될 수 있는지, 즉 서로 동떨어진 경험에서 비롯된 논거의 느슨한 결론들을 어떻게든 묶어 낼 수 있는지 검토해 보자.

4. 이탈리아와 일본 : 당내 정파

이탈리아의 상황은 당파성 정치가 비대하게 발달한 극단적 사례이다. 나의 분류법에 따르면, 정당 수준에서 이탈리아는 극단적이고extreme[정당의 수가 많고] 양극화된polarised[정당 간 이념적 거리가 큰] 다당 체계에 속한다.[41] 1940년대 말 이래로 이탈리아 정치를 연구하던 학자들은 '유효' 정당의 수를 6개 내지 7개로 계산하고 이들 간의 상호작용에 대해 설명해 왔다.[42] 1950년대 말부터는 당내 정파주의의 확대에 대해 설명해 왔다.[43] 1970년대 초에는 전체 정당 스펙트럼 아래에 (정파와 파벌에 해당하는) 25개에 이르는 '계파'가 활발하게 존재하던 시절이 있었다.[44] 그러나 문제가 지나치게 복잡해지지 않도록 여기서는 적절하고 흥미로운 두 사례, 기독민주당DC과 다수당인 이탈리아사회당PSI에 대해 논의하기로 한다.

　기독민주당은 이탈리아의 지배 정당인 탓에 당연히 가장 큰 주목을 받아 왔다. 1971년 말 기독민주당은 9개의 '계파'로 구성되어 있었는데, 그중 유효한 계파는 8개였다. 이들은 모두 각종 이권을 나눠 가졌고 공식적으로 조직되었으며, 대부분은 일상적 사안에 대해 독립적이고 서로 다른 관점을 표방했다.[45] 말하자면 기독민주당의 내부 정파들은 독립된 주권체에 가까웠으며, 대체로 구성원들(상부에서 평당원에 이르기까지 정당을 가르고 있다.)은 자신이 속한 정파에 우선적으로 충성한다. 또 이들은 더 큰 몫을 얻기 위해 냉혹한 책략을 꾸미는 데 많은 시간과 재능을 쏟는다.

다수당인 이탈리아사회당 내에서 정파의 발달 과정은 여러 가지 측면에서 상당히 흥미롭다.[46] 1961년 당시의 탁월한 사회당 지도자 피에트로 넨니*는 당 대회에서 다음과 같이 선언했다. "지난 4년 동안 정파주의가 처음에는 (베니스 대회에서 나폴리 대회까지) 은밀하게 존재했는데, 그 후로는 공공연하게 모습을 드러내면서 당내의 병폐가 되고 있다. 나폴리 대회 때부터 나타난 가장 인상적이면서도 끔찍한 사실은 계파들이 가진 경직성인데, 이런 경직성이 계파를 정파로 탈바꿈시켰다."[47] 넨니의 말은 전조가 되었다. 10년 후인 1971년, 이탈리아사회당은 정파 간 경쟁이라는 측면에서 기독민주당 못지않을 정도였으며, 그들로부터 배울 것이 없을 정도가 되었다. 1971년에 사회당은 4~5개 정파로 철저히 분열되었다. 게다가 당시에는 사회주의 계열의 두 정당이 존재했다. 이 두 정당은 같은 당(이념적으로는 하나의 당이었지만 그 내부적으로는 네 개의 정파가 있었다. 둘은 체제 내 개혁파였고, 다른 둘은 강경 좌파였다.)에서 분리되어 생겨났다는 사실을 감안하면, 전체 사회주의 계열은 (당

* 이탈리아의 언론인이자 정치가로, 1921년 사회당에 입당했다. 제2차 세계대전 후 기독민주당의 데 가스페리 연립 내각에서 부총리직을 맡고 1946년 외무장관에 임명되었다. 1947년 사회당이 분열하자 사회당 좌파를 이끌고 공산당과 동맹을 맺었다. 1956년 소련의 헝가리 침공 때 공산당에서 이탈했다. 1963년에는 사회당을 이끌고 기독민주당과 연립했다. 1969년 중도파와 좌파의 동맹이 깨지자 사회당 총재직을 사임했다.

내 하위 단위 수준에서 보면) 기독교 종파만큼이나 분열되어 있었다.

사회당의 발전은 다음과 같은 이유에서 특히 흥미롭다. 우선 사람들은 기독민주당 같은 범계급적 종교 정당이 사회당의 강령에 비해 [내부적으로] 더 이질적이며, 당내 분열에 맞닥뜨리기 쉬우리라 예상했다. 또한 기독민주당이 1948년 이래 끊임없는 권력의 유혹으로 말미암아 '부패'한 반면, 사회당은 정부가 당을 식민화하려는 정책을 비난하고 노동자계급의 '순수성'을 기치로 해 기독민주당과 오랫동안 싸워 왔다. 그럼에도 사회당이 겨우 1963년에야 정부 권력에 접근할 수 있었다는 사실은 매우 흥미롭다.

이런 상황을 어떻게 설명할 수 있을까? 이론적으로 혹은 논리적으로 이런 상황은 예상할 수 없는 것이었으며, 실제로 그런 상황이 나타났을 때 대부분의 연구자들은 놀라지 않을 수 없었다. 양당 체계의 경우 당내 하위 단위 수준에서만 수용할 수 있는 다양성과 차이를, 다당 체계에서는 정당 수준에서 받아들일 수 있도록 충분한 여지가 허용된다는 주장은 합리적인 것처럼 보인다. 이에 따르면, 정당의 수가 많을수록 각 정당의 동질성은 커지고 당내 정파주의의 필요는 줄어들 것이라는 논리로 이어진다. 역으로, 정당의 수가 적을수록 당내 이질성이 커지고, 그결과 당내 하위 단위의 정파주의도 늘어나게 될 것이다. [그러나] 이탈리아의 상황을 고려할 때, 이러한 합리화는 연구자들이 왜 이탈리아라는 솥에서 무엇이 끓고 있는지를 제때 포착하지 못하게 했는지를 설명해 줄 뿐이다.

비록 애초부터 설득력이 훨씬 떨어지기는 하지만 또 다른 가정이 있다.

미국의 정당들과는 반대로 유럽에서는 파벌 문제가 해결된 것처럼 보인다.

그 이유는 다음과 같다. ① 유럽의 대중정당들은 조직이 좀 더 현대적이고 위계적이다. ② 각 당의 강령은 [내부적으로] 매우 동질적이다. ③ 유럽 정치 체계는 제도적으로, 고도로 중앙 집중화되어 있다.[48]

무엇보다도 이 가정은 [미국이라는] 단일국가를 기준으로 한 척도에 의존할 때 비교 연구의 관점이 어떻게 왜곡되거나 부적절해질 수 있는지를 잘 보여 준다. 좀 더 설득력 있고 적용 범위가 넓은 세 번째 가정은 규모의 원리에 관한 것이다. 이 가정에서는 정당이 하위 수준에서 분할되는 것은 대중정당의 당원 숫자가 증가할 때 발생하는 불가피한 결과라고 설명한다. 즉 정당이 커질수록 통제하기 어려워지며, 그래서 관리하기 쉬운 소규모 단위, 즉 비공식적 단위로 재조직할 필요성이 커진다는 것이다.[49] 규모가 늘 중요하다는 사실은 부인할 수 없지만, 분기점으로 작용하는 규모의 크기를 설정하기 어렵다는 점에서 결국 규모는 매우 실망스러운 변수가 되고 만다. 또한 이 주장은 너무 추상적이며, 그것만으로는 설명 원리로서 불충분해 보인다. 우선, 규모가 같다고 해서 동일한 정파주의의 양상을 나타내는 것은 아니다. 더욱이 규모가 비대한 정당의 내부 분열이 왜 다른 형태가 아닌 정파의 형태를 띠는지는 분명하지 않다. 이를테면, 왜 '위계적 다층 구조'stratarchy가 아니라 분산적 구조의 정파 형태로 배열되는가?

위의 가정들을 일일이 확인하는 대신, 가까이 있는 증거를 먼저 살펴보자. 이미 알다시피, 미국 남부 정치의 사례에 적용되는 설명은 적어도 이탈리아의 사례에 대해서는 별 설득력을 갖지 못한다. 이탈리아의 정당 체계는 대체로 잘 구조화되어 있고, 군소 정당의 경우 규모는 작아도 유령 정당이 아니며, 선거도 충분히 경쟁적이다. 선거의 경쟁성과 관련해, 다음과 같은 사실을 상기해 보자. 1975년 선거에서 이탈리아공산당은 전체 투표의 33퍼센트 이상을 득표했다. 반면, 집권을 지향하는 다수파 민주정당들은 줄곧 빈약한 득표율을 기록했다. 이탈리아 선거전에서는 어느 정당이 이기느냐가 별로 중요하지 않다고 말할 수 없다. 이탈리아의 정당들은 경쟁성이 강할 뿐만 아니라 그들에게 경쟁은 정당의 생존이 걸려 있는 매우 중대한 측면이다.

이탈리아의 정파주의를 미국의 경험에 비추어 설명할 수 없다면 그와 좀 더 유사한 일본의 사례로 눈을 돌려야 할 것이다.[50] 실제로 '파벌정치'와 관련해 이탈리아와 일본의 유사성은 아주 인상적이다. 이 두 나라 사례는 마치 쌍둥이처럼 유사하다. 일본의 두 주요 정당인 자민당과 사회당은 모두 당내 하위 단위들의 '연맹' 또는 '연립'으로 묘사된다. 이탈리아 연구자들 대다수가 동일한 용어를 사용하고 있다. 스칼라피노와 마스미는 다음과 같은 질문을 던진다. "자민당은 하나의 정당인가 아니면 정당들의 연맹체인가?" 그리고 일본 정치의 특징은 "파벌이 정당보다 구조적으로 우위"에 있다고 답변한다.[51] 이와 놀라울 만큼 유사한 맥락에서, 당시 의회 의원이었던 이탈리아의 한 정치학자는 다음과 같은 질문을 제기했다. 기독민주당은 "계파들을 **가진**with 정당인가 아니면 계파들의of 정당"인가?[52]

좀 더 면밀하게 검토해 보면, 상이한 현상들에 동일한 설명을 적용할 수 있을 것 같다. 예컨대, 선거 정당에 초점을 맞추어 보면, 이탈리아의 정파주의는 일본 만큼은 아니었다. 선거 때가 되면 이탈리아 정당들은 정당으로서 움직인다. 즉 선거 정당은 응집적이며, 후보들의 당선은 어느 정당 후보로 나오느냐에 달려 있으며, 후보들은 이 사실을 잘 알고 있다.[53] 그리하여 적어도 당선이라는 목적을 추구하는 데 있어, 이탈리아에서 정당은 실질적인 단위이다. 이와는 대조적으로, 일본의 선거에서는 정당의 지역 지부들이 겨루는 것이 아니라 사실상 지역의 정파 집단들끼리 겨룬다. 두 경우 모두(전부가 아니라 대부분이라고 말하는 것이 안전하겠다.) 정당 후보들은 서로 격렬하게 싸운다. 그러나 일본에서는 후보들의 당 외곽 조직들(정식 당원들은 아니지만 스스로 정당 소속인처럼 활동한다.)이 선거 정당과 별도로 측면에서 (독립적으로) 싸우는 반면, 이탈리아에서는 후보들이 중앙당 지부를 통해 선거를 치르며, 선거가 없을 때는 당 지부를 장악하기 위해 다툰다.

한편, 초점을 선거 정당(득표를 추구하는 단위)에서 정책 결정 정당으로 옮기면, 특히 정파들이 당권을 장악하기 위해 투쟁하는 방식에 초점을 맞춰 살펴보면, 설명이 완전히 뒤바뀔 수 있다. 즉 이탈리아 기독민주당은 일본 자민당보다 훨씬 더 분열이 심한 것으로 나타난다. 일본에서는 정당 노선을 넘어서는 경우가 없다. 반면 이탈리아의 정파는 당의 정책에 영향을 미치고, 심지어 다른 당의 정파와 공공연하게 동조해 자기 당에 위협을 가하기도 한다. 이런 점은 지난 10년 동안 기독민주당 내 좌파가 보여 준 행동에서 잘 드러난다. 이 시기에 이들은 사회당 내 정파의 지원을 받아 당내의 다른 세력보다 더 큰 영향력을 행사했다. 마찬가지로 사회당은 넨니의 좌파를 분리시키고 기독민주당 내 좌파 정파로부터 간접적인 지원을 받아 그를 몰아냈다. 이것이 이탈리아 정치가 두 수준(정당 수준과 당내 하위 단위 수준)에서 진행되고 있음을 의미하는 것은 아니다. 또한 몇 가지 주요 측면에서 집권을 위한 정당 간 연립이 정당을 가로지르는 정파 연합보다 덜 중요하다는 것을 뜻하지도 않는다.[54] 이런 주장은 너무 멀리 나아간 것일 수도 있다. 왜냐하면 무엇보다도 초당적 정파 연합이 충분히 성숙된 것도 아니고, 완전한 협정에 이른 연합도 아니기 때문이다. 그런 정파 연합은 암묵적 이해를 바탕으로 형성된 것이며, 실제로 연합이 효과적일수록 파벌은 더 은밀하게 그리고 더 간접적으로, 외적으로 강화된다. 따라서 연립 게임은 두 수준 각각에서 동일한 비중을 가질 수 없다. 그러나 이탈리아에서 나타나고 있는 초당적 파벌 내 연합이 전체 연립 게임의 일부인 것은 분명하다.

그러므로 이 모든 것을 감안할 때, 이탈리아와 일본의 정파주의 양상은 비록 차이가 있기는 하나 놀랄 만큼 비슷해 보이며, 따라서 두 나라는 (당내 하위 단위 수준에서 보면) 비교하기에 더 없이 훌륭한 접점을 제공한다. 이 두 나라에서는 미국의 양상과는 놀랄 만큼 대조적으로, 정파라는 견고하게 확립된 하위 체계가 당내에서 작동하고 있다. 그러나 정당이라는 단위는 결코 위축되거나 유효성을 상실하지 않을 것이기 때문에 [정당/정파 가운데] 어떤 단위 혹은 수준이 더 중요하든 간에 정파는 정당을 대체할 수 없다.

이탈리아와 일본의 주요 차이는 체계 수준에 있다. 정파가 지나치게 발달했다는 점은 유사하지만, 정당 체계가 다르면 그 결과는 다를 수 있다. 이탈리아의 정당 체계는 연립 정부를 필요로 한다. 또한 이념의 전체 스펙트럼이 넓게 퍼져 있기 때문에, 집권 연립은 매우 이질적이며, 그 결과 비효율적이고 비효과적인 정부를 형성하게 된다. 반면, 일본은 지난 20년 동안 자민당 단독 정부로 이루어진 일당 우위 체계를 유지했다. 이런 체계상의 차이 때문에, 이탈리아의 정파들은 정당의 경계를 뛰어넘어 활동하는 반면 일본의 정파들은 자신의 정당 안에서 활동한다. 그런데 두 경우 모두 집권 기간이 짧다. 그러나 정부의 효율성 면에서는 이탈리아에 비해 일본은 [정파로 인한] 문제가 크지 않다. 그 이유는 무엇보다도 이탈리아의 정파 게임은 주로 집권당과 반대당 사이의 역할 구분의 경계를 넘나드는 데 반해 일본의 경우 (일당 우위 체계가 유지되는 한) 난립해 있는 정파들도 그렇게까지는 하지 않기 때문이다.

이 모든 점을 고려해도, 이탈리아와 일본에서 정파가 발달한 이유가 무엇인가라는 인과적 질문에 대답하는 데, 두 나라를 비교하는 것은 별 도움이 안 된다. 현재 일본의 정당 체계는 과거에 별개로 존재했던 정당들[민주당과 자유당]이 1955년에 [자민당으로] '통합'fusion하면서 생겨났다. 게다가 더욱 중요한 사실은 예전 일본 정치의 원형적 단위들이 오늘날의 당내 정파가 되었다는 것이다. 그리하여 오늘날 일본 정당 체계의 기원은 이중으로 구성된 중층 체계, 또는 2단계 연립 과정으로 묘사될 수 있는데, 이는 (연립했음에도 불구하고) 게임의 실질적인 주인공들[즉 당내 정파]로 여전히 남아 있다는 사실에서 비롯된다. 이와는 반대로, 현재 이탈리아의 모습은 '분열'fission 과정에서 비롯된 것이다. 이탈리아 정파의 발생적 특징은 정당이 먼저 출현한 다음, 나중에 당내 정파가 생겨나서 공고화되었다는 점이다. 이렇게 볼 때, 두 사례 가운데 이탈리아가 훨씬 복잡한 양상을 띤다. 또한 한쪽의 경험이 다른 한쪽의 발전 과정을 설명하는 인과적 요인을 제시해 주지도 않는다.

이용 가능한 증거를 좀 더 많은 나라에서 수집·분석할 수 있다면, 좀 더 광범하고 세밀한 비교 연구를 통해 몇 가지 단서를 이끌어 낼 수 있을 것이다. 그러나 당분간은 실패를 인정할 수밖에 없다. 즉 우리가 설명한 세 사례(미국, 이탈리아, 일본)는, 내가 찾아낼 수 있는 한도 내에서, 정파 및 파벌 문제의 특이하고 다소 극단적인 양상을 설명하기 위한 공통적이고 근본적인 '심층적 근거'를 제시해 주지 않는다. 그래서 각 사례에 고유한 역사적 설명, 즉 현재에 대한 과거의 영향이라는 통상적인 설명만 가능한 것처럼 보인다. 그러나 어떻게 현재가 과거에 아무런 영향을 미치지 않을 수 있는가? 역사가 적절하게 설명하고 있고 또 설명할 수 있는 바를 잘 보면, 거기에는 여전히 과학적(방식) 설명을 추구할 수 있는 길이 있다. 그래서 내가 제안하고 싶은 것은 우리가 **응용과학**, 좀 더 구체적으로 내가 정치공학이라 부르는 것으로 시선을 돌리자는 것이다.[55]

어떤 응용과학의 접근 방법이든, 의학에 비유하면 좀 더 분명하게 이해할 수 있을 것 같다. 의사는 수많은 질병과 기능장애의 원인을 알지 못하지만 그것을 치료한다. 가장 안전한 치료법은 물론 질병의 원인을 제거하는 것이지만, 발병의 경로를 재구성해 그것을 따라갈 필요는 없다. 두통이 생기면 그 원인이 무엇이든 우리는 아스피린을 복용한다. 맹장염에 걸리면 그 원인에 상관없이 맹장 수술을 한다. 이런 관점(즉 실제로는 응용과학의 관점)에서 보면, 우리는 궁극적인 인과적 요인들을 무시하고서도 지금의 우리가 **어떻게**, 그리고 **어디**에 성공적으로 개입할 수 있는가에 집중할 수 있다. 그렇게 한다 해도, 우리는 그저 매개 요인 혹은 표면적인 인과 요인만을 발견하는 것에 그칠 수 있다. 그러나 현실적으로나 이론적으로나 이것은 무시할 수 없는 성취이다. 이 지점에서 나는 **기회 구조**structure of opportunities로 돌아갈 것을 제안한다. 즉, 기회 구조란 보상과 박탈, 수혜와 제재(정당인들은 이 속에서 살아가고 활동한다.)의 전체적인 맥락을 말한다.

5. 기회 구조

기회 구조는 우선 정당 체계의 형성에서 중요하다. 방금 살펴보았듯이,

일본의 '선거 정당'은 이탈리아의 선거 정당보다 훨씬 분열되어 있다. 선거제도와 자금 충당 방식을 살펴보면 이는 놀랄 일도 아니다. 일본의 선거제도는 소선거구제도 아니고 비례대표명부제도 아니다. 일본은 1947년 이래 소규모의 선거구에서 3~5명을 선출하는 중대선거구제를 채택하고 있다.•[56] 반면에 이탈리아의 하원 선거는 비례성이 매우 높은 비례대표명부제(선거구의 규모가 매우 크다.)를 실시하고 있다. 이 제도에서 유권자는 자신이 선호하는 정당과 (해당 정당의 후보자 명부에 있는) 후보자들에게 [3명에서 4명까지] 동시에 투표할 수 있다. 그러므로 정당에 대한 투표가 후보자 개인에 대한 투표보다 우선할 수밖에 없고, 후보 개인의 선호도를 높이려는 명부상에서의 싸움에 몰두하느라 정당 투표를 위험에 빠뜨리는 법이 없다.[57] 물론 일본에서도 선거에서의 득표 경쟁이 후보들의 방계 조직을 통해 전개되듯이, 이탈리아에서도 높은 선호도를 위한 경쟁이 후보의 방계 조직을 통해 전개된다. 그러나 우리는 여기서 두 번째 요소인 자원 요인resource factor, 구체적으로 말해 정치자금 변수를 만나게 된다.

일본의 자민당은 잇따른 합병에 의해 생겨났지만, 자원 할당과 관련해서는 '합병'되지 않았다. 자금은 합병된, 전체로서의 정당이 아니라 여전히 원래의 구성단위[파벌]로 들어간다. 일본 사회당의 경우는 훨씬 더 그렇다. 사회당은 주로 노동조합의 후원을 받고 있는데, 이 노동조합은 기업 및 공장 수준에 기반을 두고 있어 고도로 분열, 탈집중화되어 있다. 요컨대 일본의 정치자금은 대부분 일본 사회구조의 일반적 패턴

• 현재 중의원(하원)은 1994년 선거제도 개혁으로 도입된 소선거구·비례대표 병립제를 채택하고 있다. 참의원(상원)은 중·대선거구제와 전국 단위 명부 비례대표제를 채택하고 있다.

과 동일한 경로를 따라 흐른다. 사회구조란 가족 관계, 직업 관계, 조직적 '인맥'(간케이)에 기초하고 있으며, 그로 인해 매우 강력하게 구획된 전체를 창출한다.[58]

이탈리아의 경우는 전혀 다르다. 이탈리아 정당은 파시즘 이전과 이후의 단절이 일본 정당의 전쟁 전과 후의 단절보다 훨씬 더 컸다. 이유가 무엇이든, 이탈리아는 주로 정당이 정치자금을 수령하고 모금한다. 물론 정치자금의 일부는 직접 정파로 들어가지만,[59] 후보들이 외곽 조직을 꾸릴 수 있을 정도는 아니다. 그렇다고 이탈리아의 선거제도가 이런 종류의 정치 자금 투자 방식을 정당화하는 것은 아니다.

어쨌든 내가 관심을 가지고 있는 주제는, 기회 구조가 정당 체계를 어떻게 형성시키는가가 아니라, 그것이 당내 하위 단위에서 나타나는 정치과정을 어떻게 형성시키는가 하는 것이다. 우선 기회 구조와 자원 기반 사이의 관계를 분명히 해두어야 한다. 기회와 자원은 그 자체로, 변수들의 커다란 군집clusters을 가리키는 매우 폭넓은 범주임에도 불구하고, 나는 첫 번째 군집을 하나의 '기회 변수', 즉 당내 선거 체계로 환원할 것을 제안한다. 나아가 이 절의 제목이 '기회 구조'이듯이, 자원(구체적으로는 정치자금)을 기회에 종속시킬 것이며, 그 같은 자원이 비록 규모는 알려지지 않았으나 이미 주어진 것으로 가정할 것이다. [자원(정치자금)을 기회(당내 선거 체계)의 종속변수로 다루는] 이 첫 번째 환원적 설명에 대해서는 이 절 전체에 걸쳐 설명할 것이지만, 왜 자원을 기회에 종속시켜야 하는지는 지금 이야기해야겠다.

정치가 발전함에 따라 정치를 하는 일은 전문화된 대규모 기관을 기반으로 (비용을 들여) 움직이는 (유급의) 전업직이 된다. 일견, 정치자금('부패' 자금이 아니라 단순히 정치 활동 비용에 들어가는 자금)이 과거보다 오늘날 더 큰 영향력을 발휘하고 있는 것처럼 보인다. 하지만 소란을 일으키는 정치 기업가political entrepreneurs 및 기업enterprises에는 많은 자원이 투자되지만 정작 중요한 정치적 사업을 추진하는 데는 소량의 자금만 투입된다. 정치자금에 대해서는 비밀에 붙여져 왔지만, 서구 세계의 모든 이익집단에 대한 연구로부터 도출된 한 가지 확고한 결론이 있다. 즉 경제 권력과 금융 권력은 싫든 좋든 정치체제에 협조해야 한다는 것이다. 다시 말해, 정치자금은 '주어진' 상수다. (의회, 관료, 정당처럼) 영향력이 행사되는 현장sites이 있고, 그 현장에 대한 '접근'access이 추구되지 않을 수 없기 때문이다. 간단히 말해, 자금은 기존의 기회 구조를 확대하고 그럼으로써 영향력을 행사한다. 그러나 자금이 기회 구조를 현재와 같은 모습으로 만든 것은 아니다. 좀 더 면밀히 살펴보면, 대중 정치와 민주주의의 성장은 돈의 힘을 증대시키는 것이 아니라 약화시킨다는 것을 알 수 있다. 부연하자면, 오늘날 서구의 정치가들 가운데 부를 얻기 위한 수단으로 정치를 이용하는 사람은 거의 없다. 정치가들은 이익보다는 권력에 의해 추동되며, 부가 권력이 아니라는 것, 좀 더 정확히 말해 자신의 권력이 자신의 부에 달려 있는 것이 아니라는 사실을 명확히 알고 있다. 나아가 정치가가 필요로 하는 자금은 종종 (그에게) 큰 희생을 요구하지 않는다. 왜냐하면 화폐가 전前 산업사회 때의 희소성을 상실했기 때문이다. 이제는 권력자가 자금을 찾는 것이 아니라 자금이 권력자를 찾는다.

논점으로 돌아오면, 정당의 재정은 현재 정당 체계의 모습을 설명하지 못할뿐더러 나라마다 왜 그 양상이 다른지도 설명하지 못한다. 정치자금이 정당 단위가 아니라 정당의 하부 단위로 흘러 들어가는 유일한 이유는 다음과 같이 생각할 수 있다. 정당 하부 단위에 대한 투자는 정당 단위에 대한 투자보다 수익성이 높다. 만약 정파가 정당의 통제하에 있다면 회계 감사를 피해 자금을 획득하기 어렵다. 그러므로 문제의 핵심은 어떻게 해서 정당이 당내 정파에 대한 통제권을 상실 혹은 장악하느냐에 달려 있다.[60] 이 문제를 파악하기 위해서는 기회 구조, 구체적으로는 당내 선거제도로 논점을 돌려야 한다. 선거제도가 미치는 영향에 대해서는 이미 뒤베르제가 강력하게 진술한 바 있다. 이미 잘 알려져 있듯이, 그가 제시한 '법칙'의 요점은 소선구제에서는 정당의 수가 감소하고 비례대표제에서는 정당의 수가 증가한다는 것이다. 뒤베르제의 법칙은 여러 측면에서 도전을 받아왔다.[61] 그의 법칙이 지금 상태로는 정당 체계와 유권자 일반의 차원에 적용될 수 없다는 것을 감안하더라도, 그것을 [당내라고 하는] 훨씬 더 단순하고 훨씬 덜 '혼란스러운' 영역에서 활동하는 소수의 유권자(이를테면 당원)에게는 적용할 수 있는가를 질문해 봤어야 했는데, 그런 사람은 지금껏 아무도 없었다. 그런 질문이 제기되지 않은 이유는 아마도 정당 수준의 정치와 당내 하위 단위 수준의 정치 간의 차이에 대해 우리가 큰 관심을 기울이지 않았기 때문일 것이다.

(정당 간 선거 경쟁에 의해 표출되는 바와 같이) 정당 수준의 **정치는 가시적이다**visible. 당내 하위 단위 수준에서 **정치는 비가시적**invisible**이다**(물론 상대적으로 그렇다는 말이다). 따라서 겉으로 드러나는 가시적인 공적 행동을 할 때 정치인들을 제약하는 수많은 요인들이, 그들의 당내 행동에는 영향을 미치지 않는다.

우선, 정치의 가시적 영역은 비록 정도의 차이는 있지만, 과잉 공약으로 특징지어진다. 이 때문에 정치가들은 체면과 일관성을 잃지 않아야 하는, 곡예와 같은 심각한 문제에 직면한다. 나아가 가시적 정치는 예상되는 유권자들의 반응에 큰 영향을 받는다. 그러나 비가시적 정치는 이런 점에 신경을 쓰지 않고 이루어질 수 있다. 둘째, 가시적 정치에서는 법적 제약의 영향을 크게 받지만 정치가 비가시적이 될 때 그 영향은 사라진다. 정당들은 규칙 작성자와 규칙 적용 대상이 대체로 일치하는 상황에서 스스로 규약을 제정하기 때문에, 이해관계가 있는 정당들의 이해를 넘어서 규약이 적용되는 경우는 거의 없다. 만약 한 나라의 헌법이 "정당을 허용하지 않는다."라고 규정한다면 그 조항은 무시할 수 없다. 그러나 개별 정당의 당헌·당규에서 "정파를 금지한다."라고 규정하면 그 조항은 별 효력이 없는 공허한 말이 될 수도 있다. 셋째, [목표에 맞게 수단을 선택한다는] 합리성 가정은 대중 정치, 즉 가시적 정치에는 잘 적용되지 않는다. 그러나 정치인들이 비가시적 정치 게임을 수행할 때 그들이 '합리적', 혹은 충분히 합리적이라고 가정하는 것은 비현실적이지 않다.

당내 정치는 두 가지 측면에서 가시적 정치에 비해 **순수 정치**pure politics이다. 당내 정치는 단순하고 진심이라는 점에서 순수하다. 당내 정치가 단순한 이유는 많은 외적 요인과 교란 변수들을 제외할 수 있기 때문이다. 그런 순수한 정치는 좀 더 적은 수의 변수로 이루어져 있으며, 또 적은 수의 변수로 설명될 수 있다. 또한 그것[당내 정치]은 마키아벨리가 정치를 묘사했던 것("정치는 오직 정치일 뿐")과 같은 의미에서 진정한 정치genuine politics다. 그리고 이런 전제들은 다음과 같은 결론으로 이어진다. 즉 정파주의를 낳는 기회 구조는 (조직 구조와 [당내] 선거제도라는) 두 개의 변수로, 그리고 궁극적으로는 [당내] 선거제도로 환원될 수 있다.

당헌·당규에는 대체로 세 가지 요소, 즉 금지 조항, 조직 구조, 선거제도가 포함된다. 금지 조항은 상호 묵인하에 암묵적으로 넘어가는 경우가 많아 그 효과가 매우 불투명하다. 조직 구조는 확고한 요소이긴 하지만, 그것은 레닌이 즐겨 말했던 '민주집중제'와 같은 극단적인 경우에만 정파주의를 효과적으로 다룰 수 있다. 공산당식의 조직은 사실상 **수직적이고 중앙 집중적인** 구조를 띠고 있다. 그 비결은 수평적 의사소통을 단절하고, 수직적, 특히 하향식 소통 라인만 갖도록 하는 것이다. 어떤 민주정당도 그렇게까지 할 수 없었고, 또 그렇게 하려 하지도 않았다.[62] 다른 한편, 정파의 확산을 저지하기 위한 다른 조직적 차원의 해법을 발견하기란 쉽지 않다. 마지막으로 선거제도를 분석해 보자. 얼핏 보면 선거제도는 큰 문제가 되지 않는 것처럼 보인다. 그러나 비가시적 정치가 가시적 정치보다 더 적은 변수들로 이루어져 있다면, 동일한 변수가 정당 수준과 당내 하위 단위 수준에서 반드시 동일한 의미를 갖는 것은 아님을 의미하며, 실제로도 그렇다. 선거와 선거제도의 경우 특히 그렇다.

우선 투표가 무엇을 의미하는지, 그리고 민주주의 정치체제에서 보통 시민들이 선거를 어떻게 인식하고 있는지를 살펴보자. 통상적이고 일상적인 상황에서 보통 시민들은 투표에 많은 시간과 주의를 기울이지 않는다. 그렇다고 그들을 비난할 수는 없다. 왜냐하면 보통의 투표자는 **선출**을 위한 투표만 하지 **결정**을 위한 투표는 할 수 없기 때문이다. 그들의 투표 선택은 자신을 위해 또는 자신을 대신해 실제로 결정을 내릴 사람에게 표를 던질 뿐이다. 그리고 그 표가 전체에서 차지하는 비중은 극히 미미하다. 그러므로 투표 행위와 투표 방식은 보통 시민에게는 별로 중요하지 않은 일이다. 만약 그가 찍은 후보가 당선되고 그가 지지한 정당이 성공을 해도 그가 느끼는 만족감은 상징적인 만족일 뿐이다. 물론 그는 정치로부터 물질적 이득을 기대하기도 한다. 그러나 매우 순진한 투표자만이 정치가 곧바로 자기 개인의 '주머니를 채워 주리라' 기대할 것이다. 한편, 그의 투표가 무위로 돌아가고 그가 지지한 정당이 저조한 성과를 거두더라도 보통 시민에게는 비극이 아니며 일상생활에도 별 영향을 미치지 않는다.

그러나 정치 활동을 생업으로 삼고 있는 열성 당파 내지 당 활동가의 경우라면 사정이 크게 달라진다. 우선 그는 두 종류의 투표, 즉 선출 투표와 결정 투표를 모두 자유롭게 할 수 있다. 결정 투표는 정책을 실제로 결정짓는 투표이다. 나아가 선출 투표와 결정 투표는 서로를 강화할 수 있고, 서로 상쇄 효과를 가질 수도 있다. 둘째, 정당 생활에서 투표는 매우 빈번하게 이루어진다. 좀 더 자세히 말하면, 투표 환경(여기에는 투표가 가진 미래의 교환가치를 둘러싼 거래가 포함된다.)은 고위급 정치인들의 일상생활에서 매우 중요하다. 셋째, 마지막으로 이들에게 이런 반복적인 투표 과정이 가져다주는 만족은 단순히 상징적인 것이 아니다. 승자에게 그것은 매우 실질적이다. 일반 시민들의 투표와는 달리, 이런 실제적 차이들은, 정치를 직업으로 하는 사람에게 선거제도(투표 방식과 득표 계산 방식)는 그의 **경력 체계**career system의 일부임을 보여 준다. 그의 경력은 무엇보다도 그가 얼마나 많은 표를 모으고 통제하느냐에 달려 있다. 득표가 그의 권력 순위를 결정한다. 순위가 높을수록 그는 더 많은 시장 가치와 의사 결정 가치를 갖게 된다. 그리고 이 모두가 승자에게는 매우 구체적이고 즉각적인 보상으로 귀결된다.

그러므로 [당직과 공직 후보자를 결정하는] 당내 선거제도야말로 직업 정치인에게는 **공직에 이르는 길** 또는 성공을 향한 길이라고 주장해도 전혀 과언이 아니다. 결국 표의 계산 및 평가 방식이 '승자'를 결정한다. 우선 선거제도 변수가 다른 곳에서보다 당내 사안에 훨씬 강력한 영향을 미치기 때문이다. 이는 선거제도가 정당의 '살아 있는 헌법'living constitution 중에서도 가장 활력 있는 요소임을 의미한다. 투표 때가 되어서

막상 상황이 급해지면 모든 행위자가 규칙을 정하는 데 사활적으로 관심을 기울인다. 이 모두는 (열성 당파가 이미 알고 있듯이) 선거제도가 사실상 기회 구조의 중심임을 보여 준다. 선거제도는 잘 활용하면 엄청난 보상을 가져다주지만 잘못 다루거나 무시하면 뼈아픈 손실을 가져다주기 때문이다.

이를 정리하면 다음과 같다. 정당이 중요한 경우라면, 즉 정당에서의 경력 체계를 통해 정치적 경력을 획득해야 한다면 (어느 나라든 모든 민주적 정당에서) 결정적 변수는 당내 선거제도이다. 그리고 [당직 내지 공직에 있는] 현직자의 관점에서는 선거 공학이야말로 기회 구조의 중심 요소이기 때문에 그렇다. 이와 관련해 두 가지 예측 혹은 기대가 가능하다. ① 정당 엘리트의 행동은 선거제도를 최대한 활용하는 전략을 반영할 것이다. ② 선거제도가 변화함에 따라 득표 극대화를 위한 보상 전술 또한 변화할 것이다.

선거제도가 정당의 수에 미치는 영향(또는 무영향)에 관해 이미 알려진 바를 참고로 하여, 당내 하위 단위 수준에서의 분석을 다음과 같이 수정할 수 있다. 즉 선거제도 자체는 정당의 수가 2개인 나라와 10개인 나라의 차이를 설명하지 못한다. 특히 정당 수 증감의 **충분조건**이 될 수 없다. 그러나 정파 수 증감에 있어서는 하나의a 충분조건은 된다. 지금 내가 필요충분조건이라고 말하지 않는다는 점을 강조해야겠다. 그렇다고 유일한the 충분조건이라는 것은 아니다. 다른 인과적 요인도 똑같이 중요할 수 있기 때문이다. 실제로 이념 역시 충분조건이 될 수 있다. 정치인이 정당에서의 경력 체계를 우회할 수 없을 때 당내 선거제도가 결정적인 변수가 된다는 점에 대해서는 이미 지적한 바 있다. 정당의 구조화 수준이 낮은 정치체제에서는 다른 인과적 설명이 필요하다. 여기서 명백한 사례는 미국의 '파벌주의'인데, 미국에서는 당내 엘리트 코스보다 예비선거를 훨씬 더 중시하기 때문이다.[63] 나의 일반 가설을 좀 더 완전한 형태로 다시 말하면 다음과 같다. 선거제도는 그 자체로 당내 정파주의의 충분 요인이지만, 유일한 혹은 필수적인 인과 요인이 아니다. 간단히 말해, 뒤베르제의 법칙은 정당에는 맞지 않으며, 정파에 적합하다고 할 수 있다. 그러나 거기에는 특별한 재정식화가 필요하다. 이와 관련해 두 개의 가설을 설정해 보기로 하자.

가설 1. 승자 독식형 선거제도(단순 다수제)는 정파의 수를 억제하거나 감소시킬 것이다. 즉 합병을 유지시키거나 조장할 것이다. 이념 차원에서 작동한다면 거대 정파가 생겨날 가능성이 크다. 반면, 비非이념(실용주의) 차원에서 움직인다면 다수파와 소수파 사이에서 이원적[양당제와 같은] 상호작용이 일어날 가능성이 크다.

가설 2. 고도의 비례대표제(이하 '순수 비례대표제')는 고도의 정파주의를 낳을 것이다. 즉 분열을 촉진하거나 만들어 낼 것이다. 이념적 차원에서 정파들이 움직이든, 실용주의적 차원에서 정파들이 움직이든 관계없이 거대 정파는 어려울 것이고, 중간 규모와 소규모 정파들의 상호 작용이 생겨날 가능성이 크다.

가설 1과 가설 2는 적어도 지금의 논의 단계에서는 대체로 자명하다. 이 두 가설은 [단순다수제와 순수 비례대표제하에서의] 극단적 사례들을 상정하고 있으므로 설득력이 크다. 그러나 실제 세계에서 선거제도는 대체로 단순다수제와 순수 비례대표제 사이 어딘가에 놓여 있다. 이 가운데 우리가 주목해야 하는 가능한 사례의 수는 얼마나 될까? 이 질문은 단순한 수사가 아니다. 그 가능태의 수는 엄청나게 늘어날 수 있다.[64] 그렇지만 우리가 [위장이나 전략적 은폐의 필요가 적고, 그래서 외양과 실재 사이의 거리가 가까운] 순수 정치를 논의하고 있다는 점을 상기하면, 그리고 구체적으로는 마키아벨리가 정치가의, 현실적으로 냉정한 지혜를 묘사함으로써 불멸의 생명을 부여한 일종의 '진정한 정치'를 논의하고 있다는 점을 상기하면, 그렇게까지 세밀하게 탐색할 필요는 없다. 마키아벨리의 조언에 따르면, 우리는 다음과 같은 말로 이 문제를 마무리할 수도 있다. 승자 독식이 아닌 선거제도에서는 (당내 하위 단위의 정글 속에서) 모두가 무력화될 수도 있고 [당내 하위 단위들의] 책략에 의해 서로가 허를 찔릴 수 있다. 그러나 그렇게 하면 문제를 지나치게 단순화해 버릴 수 있다. 그러므로 나는 다수파 프리미엄majority premium과 봉쇄 조항clause of exclusion이라는 두 개의 중간 제도를 상정하고자 한다. 이 두 제도의 뛰어남은 그 잔인함 때문에, 즉 확실한 효과성 때문에 더욱 두드러진다.

다수파 프리미엄은 가장 많이 득표한 정파에 자리를 더 주는, 프리미엄을 부여하는 제도이다. 그러나 당내 문제에 있어 이 제도적 장치에는 중대한 약점이 있다. 즉 프리미엄 제도는 그 효과를 상쇄시키고자 하는 대항 동맹을 촉진한다. 즉 다수파 프리미엄의 목적은 정파의 확산을 억제하고 그럼으로써 정파의 수를 줄이려는 것인데, 그런 취지는 하룻밤 사이에 이루어진 정파 간 동맹에 의해 무위로 돌아갈 수 있다. 이런 동맹은 당 대회에서 선거가 끝나자마자 곧바로 해산될 것이기에 당내 파편화는 결국 그대로 남게 된다. 이 제도가 조정된 연합 전략을 촉진하는 이유도 쉽게 이해할 수 있다. 그것은 연립에 의해 획득한 총 득표수가 프리미엄보다 크면 사실상 승자가 불이익을 받기 때문이다. 예컨대,

51%를 득표한 다수파가 65%의 의석을 부여받는다면[과반수 득표 정파가 모든 자리를 차지하는 것이 아니라 전체 자리의 35%는 소수 정파들의 몫으로 돌아간다면], 자리의 70%는 프리미엄을 소수파에게 부여하게 된다. 다른 한편, 정파들은 자신들의 세력을 추정할 수 있으며, 그 정보는 거의 완벽하다. 그러므로 프리미엄을 활용해 모든 참가자들이 살아남고 적절한 대우를 받을 수 있도록 고려하고 계산하면서 연립을 실행하는 것은 그리 어려운 일이 아니다. 물론 이런 장치를 더욱 엄격하게 만들 수도 있다. 예컨대 명부에서 상대적 다수를 차지한 정파에 의석의 3분의 2를 주고, 남은 3분의 1을 2위 정파에 주는 방법도 있다.[65] 그러나 이런 제약을 부과하면 어떤 이유에서건 [승자 프리미엄이 없는 순수] 단순다수제가 선호될 것이다. 그리하여 다수파 프리미엄 제도에 관련해 어떤 가설(예측)도 보장되지 않게 될 것이다.

배제 조항 또는 봉쇄 조항은 일정한 문턱threshold을 설정하고, 그것을 넘어섰을 때 적법한 대표로 인정하는 제도이다. 다수파 프리미엄이 거대 정파의 형성을 조장하고 규모가 큰 정파에 이익을 주는 것을 목적으로 한다면, 배제 조항은 소규모 정파를 배제하는 것을 목적으로 한다. 이런 차이에도 불구하고, 프리미엄 제도가 허점이 있는 것처럼 봉쇄 조항도 그런 경우가 있다. 우선 다수파 프리미엄 장치에서는, [소수 정파들이] 선거 동맹을 만들어 승자 동맹이 최소 프리미엄만을 갖게 하는 문제가 있다. 봉쇄 기준선을 설정하는 장치의 문제는, 소규모 정파들이 그 문턱을 넘기 위해 하룻밤 사이에 세력을 규합하는 경우에 발생한다. 그러나 이처럼 두 제도가 유사한 문제를 갖는다고 보면 오해를 낳기 쉽다. 우선, 치러야 하는 대가가 전혀 다르다. 프리미엄 조항에서 패자가 치러야 하는 대가(그리고 오판에 대한 대가)는 과소 대표under-representation이다.

배제 조항하에서 그것은 무無대표[대표하지 못하는 것]non-representation(소멸에 가까운 상태)이다. 그리고 이로부터 여타 차이들이 생겨난다.

배제 조항은 두 부류의 정파를 만들어 낸다. 하나는 기준선에 미치지 못하는 작은 정파들이고, 다른 하나는 기준선의 위협을 받지 않을 만큼 큰 정파이다. 이 두 정파가 처한 상황은 전혀 다르다. 작은 정파들은 자신을 구해 줄 동맹 정파를 찾아야만 살아남을 수 있다. 기준선을 여유 있게 통과한 정파는 그럴 필요가 없다. 이들은 소규모 정파를 구해 줄 수도 있지만 협상은 이들에게 유리한 상황에서 이루어진다. 소규모 정파들이 대가를 치르지 않거나 요구 수준을 낮추지 않으면, 큰 정파들로서는 이들을 구해 줄 '합당한' 이유가 없다. 결국 작은 정파들은 어떤 이득도 없다. 그들의 규모는 아무런 도움이 되지 못한다. 물론 당내 정파 분열이 심각하게 진행된다면 아마도 그런 불평등한 동맹이 강요되지 않을지도 모른다. 작은 정파들이 세력을 결집해 기준선을 통과할 수 있기 때문이다. 그러나 이는 일어날 수 있는 수많은 정파 분열 상황의 하나일 뿐이다. 이 차이는 또 다른 차이도 만들어 낸다. 당내 정파 분열의 수준이 높고 이념 동기가 강한 경우를 생각해 보자. 이런 상황에서 동맹 게임은 이념적 셈법, 즉 이념적으로 얼마나 가깝거나 일치하는가를 고려해야 한다. 다수파 프리미엄 제도의 경우에서처럼 과잉 대표 또는 과소 대표가 문제가 될 경우, 상호 이익이라는 미명하에 [적과도 동맹을 맺을 수 있다는 점에서] 부정한 동맹unholy alliance이 조장될 수도 있다. 그러나 이념상의 적을 제거하는 것이 중요한 문제일 경우 부정한 동맹은 어리석은 결과를 낳는다. 배제의 문턱threshold of exclusion을 15퍼센트로 하고, 8개 정파가 있으며, 각각의 득표율이 [이념적 스펙트럼상] 왼쪽에서 오른쪽으로 4, 8, 22, 20, 30, 6, 5, 5인 경우를 상정해 보자. 산술적으로 보면 왼쪽의 두 소규모 정파와 오른쪽의 소규모 정파들이 동맹을 맺을 수 있다. 그러나 이념 요소를 고려하면 이런 동맹은 당내 하위 단위 수준에서조차 이루어지기 쉽지 않다. 오히려 오른쪽의 세 정파가 최소 승리를 위해 연립해 기준선을 넘어서려고 할 가능성이 크다. 그래서 나는 이런 경우에는 마키아벨리식의 경고를 따르지 않고, 과감히 다음과 같은 가설을 제시할 것이다.

가설 3. 배제 조항을 넣어 비례대표제를 수정하면, 정파 하위 체계에서는 중간 규모의 정파가 형성되어 안정이 이루어질 것이며, 그 규모는 기준선 통과에 충분한 정도가 될 것이다. 한편, 기준선이 20퍼센트 수준 아래로 떨어지면 배제 조항은 효과를 발휘하기 어려울 것이다.[66]

내가 제시한 세 가지 가설은 정파주의의 억제 또는 축소와 관련된 것이므로 정파의 수에 있어서 실제로 차이를 낳는가라는 문제가 제기될 수 있다. 나는 정당의 수와 관련해 동일한 질문을 제기할 경우에 야기되는 논쟁을 피하면서,[67] 다만 다음과 같은 점을 지적하고자 한다. 즉 [승자 동맹의 형성을 방해하려는] '거부권 게임'veto game을 위해서는 다多정파 상황을 필요로 하는 반면, 양대 정파 상황의 경우는 일반적으로 [한 정파에 의한] 단일 지도 체계로 이어지기 쉽고, 결국 지도부의 교체를 촉진한다. 이런 차이는 결코 사소한 것이 아니다. 특히 거부권 게임은 시작되자마자 상황을 극단적으로 몰고 가는 경향이 있음을 고려하면 더욱 그렇다. (물리적으로는 어느 극단적 지점에 이르러서야만 정지하게 되어 있는) 당내 분열 과정을 저지하는 것이 바람직한가를 고민하는 것은 온당한 일이다. 그렇다면 이제 당내 정파주의가 그 자체로 어느 정도까지 확대될 수 있을까라는 문제는 흥미로운 질문이 아닐 수 없다.

정파주의가 자연적 한계점에 이를 것이라는 가설은 [승패의 합계가 항상 일정한] 불변합 게임constant-sum game을 전제로 한다. 그러나 실제로 그 게임은 [승패의 합계가 게임의 결과에 따라 달라지는] 가변합variable sum이 되기 쉽다. 나눌 수 있는 몫이 집행부의 자리에 한정되어 있다면, 늘어날 가능성은 있지만 상한선이 존재한다고 볼 수 있다.[68] 그렇지만 정당이 '식민화하고' 있는 여러 영역에는 더 큰 몫(자리)이 있다. 그리고 정당이 장악하고자 하는 이런 식민화 과정에는 한계가 없으며 또는 정복을 위해 숨어 있는 자리를 만들어 내는 풍부한 인간의 상상력에도 한계가 없기 때문에 그 게임의 합은 가변적이다. 물론 분배의 기준을 비례적으로 만들 수는 있다. 즉 이권을 정파의 규모와 힘(여기에는 위치 값position value도 포함된다.)에 비례해 분배하는 것이다. 그러나 그 한도를 일인당 분배의 기준으로 하면 이 역시 기각된다. 즉 이권은 정파의 비율과 규모로 분배될 수도 있고 일인당 얼마(이 경우에는 정파당 얼마)로 분배할 수도 있다. 즉, 사실상 [정파가 갖는] 힘의 크기와 상관없이, 모든 정파가 이권에 접근할 수 있다. 식욕은 먹을수록 증가한다. 그러므로 새로운 몫을 끊임없이 차지하거나 만들어 내야 한다. 그 과정이 탄력성을 갖게 되면 정파의 난립과 탐욕의 한계는 예상할 수 없게 된다.

여기에서 문제가 생겨난다. 우리는 적절한 해결책을 발견했는가? 정파주의는 기회 구조에 반응하며, 기회 구조로 인해 발생한다는 나의 설명에는 확실히 근본적이고 내재적인 한계가 있다. 정의상 그것은 흄이 말한 '원리에 따른 파벌'에는 적용되지 않는다. 그것은 이상 집단에도 적용되지 않으며, 이념적 정파에는 더더욱 적용되지 않는다. 이런 집단은 이해관계에 의해 동기가 부여되지 않기 때문에 유인 자극제와 억제제에 대해 대체로 무감각하다. 다른 한편, 이런 공백은 정파 중에서도 원리에 입각한 **순수한** 정파가 있음을 나타낸다. 순수성은 매우 중요하다. 궁극적으로 모든 '비非순수성'도 (가설 1에서 암묵적으로 제시했듯이) 내 접근법이 갖고 있는 이런 기준하에서 설명될 수 있기 때문이다. 따라서 기회 구조 분석이 실제 증거와 부합하는 정도는, 원리와 이념이 위장인 정도, 또는 원리와 이념이 이해관계의 추구와 고도로 섞여 있는 정도를 보여 주는 좋은 지표가 된다. 이와 관련해 우리의 접근이 소집단 실험의 조건으로부터 그다지 떨어져 있지 않다는 점을 지적해 두고 싶다. 정당 지도부는 하나의 소집단이다. 그들은 대체로 충분히 안정적이다. 그러므로 선거제도가 상이한 다른 시점에서도 당의 핵심 지도자들의 면면이 같다는 사실은 자연스러운 일이다. 이런 사실은 이 장에서 제시한 가설들이 비록 불완전하지만 충분히 검증될 수 있음을 시사한다. 그렇다 하더라도 내 설명 방식이 가진 한계를 명확히 해 둘 필요가 있다. 그런 한계를 인정하고 검증하는 한 가지 방식을 가설 4에서 제시한다.

가설 4. 이념 정파의 수는 정당의 수와 반비례 관계에 있는 반면, 이해관계에 따른 정파의 수는 정당의 수와 아무런 관계가 없다.

이 가설의 근거는 다음과 같다. 원리에 의한 정파(특히 이념에 의한 정파)는 (순수하게 이념에 기초하고 있다면) 물질적 보상이나 결핍에 대체로 둔감하므로 그 정파의 수는 기존의 이념 스펙트럼 안에 있을 것이며 비교적 변함이 없을 것이다. 그러므로 정당들이 그 정파들을 충분히 수용할 수 있다면, 정파의 분열은 정당의 분열과 일치하는 경향을 띨 것이다. 정파가 더 이상 분할되지 않으면 각 정파는 하나의 정당이 된다. 반대로 수많은 이념 정파들 간의 차이가 크고 정당의 수가 적을수록, 정당은 더 많은 정파로 분열될 것이다. 앞의 경우가 존재하지 않는다면, 위 가설의 두 번째 부분을 적용할 수 있다. 이는 다음과 같이 추론할 수 있다. 극단적 다당 체계의 양상이 당내 하위 단위 수준의 극단적 정파 분열에 의해 뒷받침되고 있는 경우 정파들의 이념성이 갖는 신뢰성은 정파의 수가 증가함에 따라 감소한다. 예컨대, 이탈리아에서는 한때 25개 정파가 8개의 정당에 통합되어 있었다. 이들을 뒷받침할 만큼 많은 이념이 존재한다고 믿기 어려우며 그것을 증명하기는 더욱 어렵다. 나아가 실제 분포 상태를 자세히 살펴보면, 두 정당[기독민주당과 사회당] 안에 정파가 14개나 존재했다. 이 두 정당은 모두 1964년 이후에 집권한 적이 있는데, 그중 기독민주당에는 9개, 사회당에는 5개의 정파가 있었다. 흥미롭게도, (이해관계에 따른 정파에 해당하는 가설의 규칙에 의해 예측되었듯이) 사회당 내 정파는 이권에 가까워질수록 수가 늘었다.

적어도 다음과 같은 결론을 제시할 수 있을 것 같다. 즉 정파라고 해서 모두 '신념'에 바탕을 두고 있는 것은 아니다. 그들이 그렇게 주장한다 해도 신뢰할 수는 없다. 그렇다고 문제의 정파 모두가 '부패'하며, 따라서 그들을 '이해관계에 따른 정파'로 다시 분류해야 한다는 결론을 의미하는 것은 아니다. 가설 4를 발전시켜 가설 5로 바꾸면 이런 문제점을 피할 수 있다.

가설 5. 기회 구조가 소규모 정파에게 보상을 가져다준다면, 이념 정파냐 아니냐에 관계없이 정파주의의 정도는 높아질 것이다.

이 가설에는 어떤 악의도 없다. 가설의 근거는 다음과 같다. 이념 정파의 수가 일정하다면, 소규모 정파에게도 보상을 가져다주는 기회 구조는 '이해관계에 따른 정파'를 증가시키거나 새로 만들어 낼 것이다. 다른 한편, 이념에 따른 정파주의가 존재하지 않는 경우에도 그 규칙(즉 가설이 가정하고 있는 유인 체계)은 마찬가지로 잘 적용될 것이다. 앞으로 지적하겠지만, 이렇게 되면 우리는 가설 2에 매우 가까워진다. 차이는 주로 일반화 정도에 있다. 즉 가설 2는 (비례대표제에서의) 기회 구조를 제한적으로 명시하고 있지만, 가설 5는 유인 체계에 대한 최종적이고 구체적인 설명을 열어 두고 있다.

그럼에도 원리에 따른 정파와, 이해관계에 따른 정파를 구분할 필요가 있다. 이 둘은 이론적으로는 명확하게 구분되지만, 그것을 어떻게 조작화operationalisation할 것인가의 문제는 여전히 남아 있다. 특히 원리의 측면과 이해관계의 측면이 섞여 있는 경우, **똑같이** 50 대 50인지 또는 이해관계가 원리보다 **많은지** 아니면 그 반대인지가 문제가 된다. (이념처럼 정의하기 어려운 경우) 단도직입적으로 '어느 정도인가'를 묻는 것, 즉 측정치를 요구하는 것은 지나치게 야심찬 질문이 될 것이다. 그렇지만 [어느 원리가 지배적인가 하는] **우세성**에 만족한다면 여러 가지 지표의 도움을 얻어, 지금까지 언급한 [겉으로 드러나는] 징후들 이상으로 탐구해 나갈 수 있을 것이다.

첫 번째 지표는 변덕성 지수index of fickleness라 부를 수 있다. 우리는 시간이 지남에 따라 한 정파의 지도자가 소속 정당 내부의 이념적 스펙트럼상에서 몇 번이나 위치를 바꾸었는지 계산할 수 있다. 분명, 정치가는 원리를 바꿀 수 있으며, 그렇게 함으로써 훨씬 더 현명해지기도 한다. 그러나 그런 변화가 얼마나 자주, 얼마나 일관성을 가지고 이루어졌는가? 우에서 좌로 그리고 좌에서 우로 매우 능수능란하게 움직이는 경우 이념이나 원리보다 전술적 고려가 우선임을 알 수 있다. 이는 각 정파의 구성원들에게도 적용할 수 있다. 이때 당내 하위 단위 집단의 장기 지속성longevity(단기 가변성friability과 반대 개념)이라는 지표를 얻을 수 있다. 나아가 전략과 전술을 잘 구분해 그것을 적절한 쟁점 선택에 장기적으로 적용하면 의미 있는 결과가 나올 것이다.[69] 끝으로, 각 정파의 확산 범위를 살펴볼 필요가 있다. 전국적인 정파도 있고 또 몇 개의 거점(기본적으로 정파의 보스가 거주하는 곳)을 중심으로 집중되어 있는 정파도 있다. 이때 단일 지역의 정파는 이념적 성격을 훨씬 덜 갖는다고 볼 수 있다. 단일 지표에 의존한 발견은 반박되기 쉽지만, 수많은 지표들이 같은 결론을 가리킨다면 그에 합당한 증거를 찾는 일은 어렵지 않을 것이다.

다시 정리해 보자. 첫째, 나는 하나의 인과론만으로 설명하는 것이 아니다. 나의 주장은 이해관계에 따른 정파 또는 이해관계가 깊이 침투한 정파에 적용된다. 분명한 것은 적어도 또 다른 인과 요인(원리와 이념)을 전제하고 있다는 점이다. 따라서 내가 제기하는 질문은 다음과 같다. 정당의 난립 혹은 당내 정파 분열은 정치의 이념화 과정과 어느 정도 관련이 있는가? 정치 공학의 영향을 별로 받지 않고 살아남은 오래된 것(고전적인 파벌)들이 얼마나 있는가?

둘째, 나는 정파를 발생론적 측면에서 논의하지 않는다. 즉 정파주의를 야기하는 궁극적 원인이나 심층적인 결정 요인을 찾으려 하거나 그것을 제거하려는 것이 아니다. 심층적인 결정 요인은 정치에 대한 사회학적 이해와 탐구를 통해서만 발견할 수 있다는 것은 흔한 주장이다. 그러나 당내 정파주의와 관련해 사회경제적 접근 방법은 당내 하위 단위세계에서 나타나는 구조와 배열이 어떤 사회적 기원이나 경제적 환경 내지 배경적 조건에 의해 설명되는지와 관련해 그 어떤 타당하고 유의미한 상관관계를 밝혀내지 못했다.[70] 정당 내 정치가 [외부 환경이나 조건의 영향을 크게 받지 않는] '순수한' 정치에 가깝다는 견해를 받아들인다면 이는 그리 놀랄 일이 아니다.[71] 어쨌든 여기서는 (미리 전제했듯이) 이 문제를 현실 적용의 관점에서, 정확하게는 정치공학적 관점에서 접근하고 있다. 이런 접근법이 우리에게 근사치의, 표면적 인과관계만 보여주는지도 모른다. 그러나 이는 계란이 먼저냐 닭이 먼저냐 하는 식의 악순환을 피하게 해 준다. 즉 "어떤 매개변수가 예견된 행동 반응을 낳는지의 여부"를 명확히 검증할 수 있게 한다.

셋째, 나는 당내 선거(인사 선발) 제도에 관심을 좁혀서 기회 구조를 분석하고 있지만, 이렇게 문제를 좁혀서 보는 것은 충분히 효과적이다. 상응하는 조건을 잘 확대해 가면 더 큰 보상을 기대할 수도 있다. 내가 제시하는 변수는 강력한데, 여기에 전제되어 있는 가정은 다음과 같다. 가시적 정치와 비가시적 정치는 전혀 다르며, 따라서 정당 수준과 당내 하위 단위 수준을 분리해 분석한다면 우리의 이해는 높은 성과를 거둘 수 있다. 당내 정치가 가시적 정치[즉 정당]의 수준에서 작용하는 요인들에 의해 좌우되거나 복잡해지지 않는다는 주장은 내 목적(세계 각국의 정당 비교 연구에 적합하고, 쉽게 인식할 수 있으며 신뢰할 만한 변수를 찾아내는 것)에 맞게 편의적으로 만들어진 것이라는 의심을 받을 수도 있다. 그런 비난이 사실일지라도 이는 의도한 것이 아님을 밝혀야겠다. 우리가 다루는 문제가 데이터베이스에 의해 규정되어야 하고, 그것에 한정되어야 한다는 견해에 동의하지 않는다.

6. 정당에서 파벌로

출발점으로 다시 돌아가 보자. 우리는 정당 이전의 파벌에서 출발해 긴 여정을 거쳐 당내 정파와 파벌의 문제에 이르렀다. 이 시점에서 문제의 중요성을 평가해 보는 것이 좋겠다. 당내 정파주의에 대한 평가는 (적어도, 당내 정파주의 현상이 좀 더 뚜렷하고 연구가 잘 된 미국과 일본, 이탈리아 등 세 나라의 경우에 대해서는) 대체로 매우 비판적이다. 특히 (연구자가) 참여 관찰자일 경우 비판의 정도는 더 심하다. 미국의 파벌 정치에 대한 키의 평가는 매우 가혹하다. 일본과 이탈리아에 대한 논평자들의 경우도 마찬가지이다. 행위자들, 즉 정치인들도 내부의 싸움이 너무 격심하다는 비난에 종종 수긍하고 있다. 이는 일본과 이탈리아의 주요 정당들이 당내 구성원들로부터, 개혁을 통해 파벌의 해악을 줄이라는 압박을 강하게 받고 있다는 사실에서 확인할 수 있다.[72] 그러나 이 문제를 "지극히 당연한 일"로 보는 연구자들도 심심찮게 발견할 수 있다. 그러나 그런 분노와 묵인, 즉 두 맹목 사이에 하나의 길이 있다.

역사를 살펴보면, 파벌은 정치에 대한 절망(적어도 '공화주의' 정치에서는)에서 등장했다. 따라서 우리가 정치에 대해 좋은 삶을 살 수 있는 조건을 제공하기를 요구하면 할수록, 그것을 가로막는 (그리고 계속 반복되어 온) [파벌이라는] 장애물에 직면하는 일이 적어진다고 보는 것은 어색한 일이다. 서두에서도 말했듯이, 정당은 파벌과 상호 대체할 수 있는 관계에 있으며, 정확히 파벌과 다른 정도만큼이 정당의 특징이 된다. 내 식으로 바꿔 말하면, 정당을 파벌과 다르게 만드는 제약 요인은 정당 간 경쟁의 가시성에 달려 있다. 그러나 [정당들 사이가 아닌 정당 내부적으로 보면] 정당은 몇 개의 하위 단위로 이루어졌으며, 그 하위 단위는 대체로 비가시적이다. 그렇지만 서구 문명이 인간에 대한 인간의 독단적 지배를 막고자 하면서 어느 정도 만족스러운 입헌적 해결책을 만들어 내는 데 성공했듯이, [당내] 정치공학 또한 정치의 어두운 측면에서 생겨나는 문제들을 다룰 수 있으리라 나는 믿는다. 그러기 위해서는 한 가지 중요한 조건이 필요하다. 이는 하나의 관심사, 즉 파벌의 소멸과 부활의 끝없는 순환의 문제에 대한 예리한 분석을 유지하는 것이다.

확실히 정당은 일괴암monolith과 같은 완전한 통일체일 수도 없고 그렇게 되어서도 안 된다. 정파주의는 긍정적 가치를 가질 수도 있다. 그러나 이에 대한 옹호는 (그것이 타당한 이유를 갖는다면) 잘 정당화되어야 한다. 정파주의가 당내 '민주주의'의 활력과 진정성을 입증해 준다는 뜻은 아니다.[73] 민주주의라는 단어를 그렇게 확장하고 남용한다면 민주주의의 미래는 어두워질 것이다. 당내 민주주의는 기층 당원들이 당 엘리트와 어떻게 관계를 맺는지에 달려 있다. 따라서 [파벌주의를 당내 민주주의와 동일시하는] 말 한마디의 마법으로, 파벌주의가 만들어 내는 냉혹한 현실을 치료했다고 할 수는 없다. 그 말 한마디가 다라면 말이다.

민주주의라는 수사를 남용하지만 않는다면, (적어도 이탈리아 사례에서는) 타당해 보이는 한 가지 정당화 이론이 존재한다. 요지는 다음과 같다. 정체된 무변화의 정당 체계가 판에 박힌 연립 정부로 이어지는 경우, 변화는 정당의 경계를 가로지르는 당내 하위 단위와 파벌 간의 동학에 의해서만 추구되거나 일어날 수 있다.[74] 다른 한편, 이 주장은 그것이 가진 설득력을 손상시키지 않고 다음과 같이 뒤집어 말할 수 있다. 이탈리아의 내각은 연립 상대들 사이의 이념적 불화나 거리에 의해서도 마비되지만, 당내 파벌들에 의한 거부권 게임으로 말미암아 각 정당이 내부로부터 마비되는 사태 또한 상황을 악화시킨다. 이 문제는 증거들이 '파벌로서의' 거부권 게임을 증명하는 것인지 '정파로서의' 혁신적 역동성을 증명하는 것인지에 달려 있다. 이에 관한 엄밀한 검토는 미뤄 두고 앞에서 말했던 논점으로 돌아가 보자. 정당의 하위 세계under-world가 모두 비슷하며, 동일한 하나의 요소로 구성되어 있다는 가정에 머물러 있는 한 우리가 이해하고 논의할 수 있는 여지는 별로 없다. 그래서 우리가 첫 번째로 해야 할 일은 정파들의 다채로운 성격을 그들의 '고유한'connatural 행동 양식과 관련해 규명하는 것이다.

마치 빙산처럼, 수면 위로 떠올라 있는 것은 정치의 극히 일부분일 뿐이다. 내가 든 사례는 가려진 많은 부분과 몇 개 안 되는 극소수의 빙산에 기초하고 있다. 물론 내 주장이 과장된 것일 수도 있다. 내 일반화는 극단적 사례, 무엇보다 이탈리아의 경험에서 도출된 것이기 때문이다. 다른 한편, 남미의 정치가 대체로 파벌 정치라는 점은 잘 알려져 있다. 그리고 대부분의 신생국가들도 마찬가지라고 볼 만한 근거들이 있다. 다른 빙산들이 떠오르거나 발견되면 우리는 생각지도 않은 많은 나라에서 파벌이, 지금까지 우리가 어렴풋이 알고 있었던 것 이상으로 유의미하다는 사실을 발견할 수도 있다.[75] 뒤베르제가 정당 연구를 시작했을 때, 그는 [『정당론』(1951)] 서문의 첫 문장에서 '근본적인 모순'과 어느 정도의 악순환을 인정했다. 즉 정당에 관한 일반 이론은 예비 정보를 필요로 하는데, 이 예비 정보는 "일반 이론이 존재하지 않으면" 얻을 수 없다는 점이다.[76] 당내 하위 단위 수준에 대한 분석도 같은 악순환에 직면할 수밖에 없고, 힘들지만 이를 헤쳐 나가야 하는 운명 앞에 우리는 서있다.

제2부

정당 체계

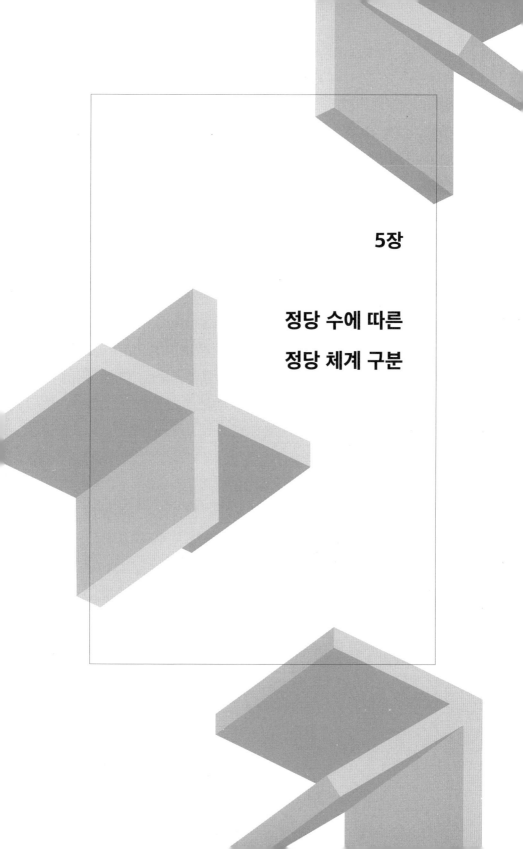

5장

정당 수에 따른
정당 체계 구분

1. 문제 제기

적어도 명목상으로라도 일정한 정당 배열을 갖추고 있는 나라는 100개 국이 넘는다.[1] 정당 배열의 다양성은 그 수만큼이나 인상적이다. 그렇다면 이렇게 복잡하고 다양한 배열을 어떻게 정리할 수 있을까? 오랫동안 정당 체계는 정당의 수를 세는 방식(정당이 하나인지 둘인지, 셋 이상인지)으로 분류되어 왔다. 지금은 일당, 양당, 다당 체계 등과 같은 구분이 매우 부적절하다는 데에 거의 모두가 동의하고 있다. 그리고 "주요 정당major parties의 수를 가지고 정당 체계를 판정하게 되면 …… 밝혀내는 것보다 감추는 것이 더 많다."[2]는 말까지 들린다.

정당의 수를 기준으로 계산하는 것에 대한 대안으로는 수적 기준을 완전히 배제하는 방식이 있다. 이는 "양당 체계, 다당 체계 등과 같은 전통적인 구분법이 충분히 의미 있는 통찰을 가져다주지 못한다."는 가정에 기초하고 있다. 이에 조지프 라팔롬바라와 마이런 와이너는 경쟁적 정당 체계를 다음과 같이 네 가지 유형으로 구분할 것을 제안한다. ① 패권적 이념 정당 체계, ② 패권적 실용주의 정당 체계, ③ 정권 교체 있는 이념적 정당 체계, ④ 정권 교체 있는 실용주의 정당 체계.[3] 이런 구분은 시사해 주는 바가 크긴 하지만 너무 포괄적이다. 또 하나의 대안은 각종 자료(특히 선거 결과)에 기초해 정당 체계를 몇 개의 묶음으로 범주화하는 방법인데, 이는 장 블롱델이 제안한 것이다.[4] 세 번째 대안은 아예 정당 체계를 분류할 필요가 있는지, 즉 정당 체계를 분류하는 것이 의미 있는 일인지 자체에 의문을 제기하는 것이다. 이는, 우리가 살고 있는 세상은 연속적이므로 우리에게 필요한 것은 분열, 파편화, 선형적 분산linear dispersion 등을 나타내는 지수일 뿐이라고 주장한다. 이런 제안들에 대해서는 앞으로 적절한 곳에서 다시 논의할 것이다.[5] 여기서는 거의 모든 연구자가 각자 자신의 도식을 제시하고 있다는 점만 지적해 두기로 한다.[6] 지금까지 정당 체계의 분류법과 유형은 지나치게 많아서 "용어들의 혼란과 남용이 당연한 것처럼 보인다."[7]

그 결과 우리는 악순환 속으로 빠져든다. 한편으로 우리는 풍요의 홍수에 빠져 익사할 지경이다. 다른 한편 바로 이 같은 풍요는, 정당 체계라는 우주의 지도를 그릴 필요가 절실하며, 또 점점 더 커지고 있음을 보여 준다. 그러나 그러다 보면 '풍요와 혼란'을 한층 가중시켜야 할지도 모른다. 해악을 줄이려면 원점으로 돌아가서 사례를 검토해야 할 수도 있다. 처음부터 뭔가 근본적으로 잘못되었는가? 아니면 어디선가 길을 잃은 것일까? 사실 이 문제에 있어 우리의 입장은 명확하지 않다. 정당의 수가 크게 중요하지 않다는 뜻인가? 아니면 우리의 분류가 정당의 수를 제대로 판별하지 못한다는 것인가?

첫 번째 질문에 대해, 정당의 수는 중요하다고 답하고 싶다. 정당의 수는 대략적이기는 하나, 정치 체계의 중요한 특징을 곧바로 드러낸다. 정당의 수는 정치권력의 파편화, 분열, 집중의 정도를 나타낸다. 마찬가지로 정당 수를 알기만 해도, [정당들 간에] 발생할 수 있는 '상호작용의 흐름'의 수를 의식하게 된다. 군나르 쇠블롬이 지적하듯이, 정당의 수가 둘이면 상호작용의 흐름은 하나뿐이다. 정당의 수가 셋이면 흐름의 수는 셋, 정당의 수가 넷이면 여섯, 정당의 수가 다섯이면 열, 여섯이면 흐름의 수가 열다섯, 일곱이면 흐름의 수가 스물한 개가 된다.[8] 이런 가능한 상호작용의 흐름은 선거, 의회, 정부 등 여러 수준에서 일어나므로 (발언권을 가진) 정당의 수가 많을수록 체계는 복잡해진다. 이를테면, 유권자가 정당들의 강령을 한 쌍씩 비교할 경우, 정당이 8개일 때 28번을 비교해야 하고, 9개일 경우 36번, 10개일 때 45번을 비교해야 한다. 나아가 특히 정당의 경쟁 전술과 대립 전술도 정당의 수와 관련이 있다. 그리고 다시 정당의 수는, 연립 정부가 형성되는 방식 및 이 정부가 정책을 수행하는 방식에 중요한 함의를 갖는다.

대체로 정당의 수가 중요한가가 문제인 것은 아니다. 진짜 문제는 정당의 수를 분류의 기준으로 삼을 때 중요한 본질을 파악할 수 있는가 하는 것이다. 지금까지 대답은 분명 '그렇지 않다'였다. 그리고 [그 전에 정당의 수를 어떻게 셀 것인가 하는] 예비적인 이유도 분명히 있다. 계산 규칙이 없으면 어떤 계산식도 작동될 수 없기 때문이다. [정당의 수를 세는] 계산이라는 수단을 활용하려면 [정당의 수를] 세는 방법을 알아야 한다. 그러나 우리는 언제 1이 1이고, 언제 2가 2인지(즉 어떤 체계가 양당 체계인지 아닌지)도 결정할 수 없다. 여기서 바로 우리는 '무한'으로 도약해 버린다. 즉 계산 자체를 포기하는 것이다. 언제 2가 2인지를 밝히지 못하므로 자포자기하여, 그리고 그저 3개 이상이라는 말로 나머지 경우를 모두 포함시켜 버린다. 그러므로 정당의 수를 중심으로 한 접근 방법이 좌절을 겪게 된다 해도 크게 놀랄 일은 아니다. [정당 체계를 일당, 양당, 다당 체계라는] 세 가지로 구분하는 것은 불충분할 뿐 아니라 사례들을 그에 맞게 제대로 분류하지도 못한다.

솔직히 말하자면, 정당의 수를 분류 기준으로 활용하는 방법을 배우기도 전에 그것을 기각해 버리고 있는 것이 요즘 학문의 현실이다. 그런데 나는, 이런 기준을 활용하기 위해 다시 한 번 시도할 만한 충분한 이유가 있다고 믿는다. 우선, 정당의 수는 '자연적인' 절단점'natural' cutting points을 제공하며, 현실 세계에서 사용되는 정치용어이자 고도로 가시적인 요소이다. 따라서 우리가 어떤 지수를 사용하는가와 상관없이, 정치인과 유권자들은 정당의 수가 많고 적음에 대해, 즉 정당의 수가 늘어야 하는지 줄어야 하는지를 둘러싸고 끊임없이 경쟁하고 논쟁한다. 다른 한편, 정당은 우리가 가진 모든 척도의 응집물이라는 점을 잊어서는 안 된다. 결국 각 정당이 선거에서 획득하는 득표수와 의석수야말로 가장 안전한 최선의 통계자료이다.

이상의 내용에 비추어 우선 계산 규칙부터 살펴보고, 이 규칙의 도움을 받아 정당의 수를 기준으로 분류할 때의 이점을 탐색하고자 한다. 앞으로 보게 되겠지만, 수적 기준은 효과적으로 사용될 수 있다. 다른 한편, 수적 기준을 효과적으로 사용하기 위해서는 보조적인 변수의 도움을 받아야 한다는 점도 밝혀질 것이다. 처음에는 그리고 당분간은 수적 기준이, 유일한 변수는 아니지만, 일차적 변수라고 말해도 좋다. 다만 [정당의 수를 세는] 순수하고 단순한 계산만으로는 해결하지 못하는 지점에 다다르게 된다.

2. 계산 규칙

간단히 말해, 문제는 어떤 정당이 **유효**relevant한가라는 것이다. 모든 정당을 액면 가치 그대로 계산할 수는 없다. 또한 당세strength of a party의 크기에 따라 순위를 계산하는 것으로도 문제를 해결할 수 없다. 물론 정당의 수는 **당세의 크기**와 관련이 있다. 그러나 문제는 남는다. 얼마나 강력해야 그 정당이 유효하다고 말할 수 있는가? 또한 얼마나 약할 때 무효하다고 볼 수 있는가? 더 나은 해결책이 없기 때문에, 우리는 일반적으로 [수를 셀 때] 어떤 정당을 계산에서 제외하는 기준선을 설정한다. 그러나 이런 방법도 문제를 해결하지는 못한다. 어느 정도를 득표해야 유효 정당이 될 수 있는지를 평가할 수 있는 절대적 기준이란 없기 때문이다. (통상적으로 설정하듯이) 기준선이 5%일 경우 실제로는 중요한 정당이 제외될 수 있다.[9] 그러나 기준선을 낮출수록 유효하지 않은 정당이 포함될 가능성이 커진다. 확실히 정당의 유효성은 권력의 상대적 배분 상황뿐만 아니라, [이념적으로 어디쯤 위치해 있는가를 의미하는] 정당의 위치 값(좌-우 차원)과 특히 관련이 있다. 예컨대 득표율이 10%를 넘는 정당이라도 득표율이 3%밖에 되지 않는 정당보다 덜 중요할 수 있다. 일반적인 사례는 아니지만, 이탈리아 공화당은 이런 경우를 잘 보여 준다. 이탈리아 공화당은 25년간 평균 득표율이 2% 내외에 그쳤음에도, 확실히 유효성을 가졌다. 왜냐하면 이 시기 동안 정부의 과반수 유지(다수파 구성)를 몇 번이나 반전시킨 적이 있기 때문이다.

문제를 해결하려면 무엇보다 먼저 어떤 정당을 계산에 넣을 것인지 뺄 것인지에 대한 일관된 규칙을 정해야 한다. 사실상 우리에게 필요한 것은 규모가 더 작은 정당을 배제할 기준이 아니라, 유·무의미한 정당을 판별할 기준을 확립하는 것이다. 그러나 정당의 규모는 당세를 통해 측정되므로 우선 이 개념부터 살펴보자.

당세, 즉 정당의 힘은 무엇보다도 선거에서의 영향력을 말한다. 다른 요인들도 있겠지만, 수數라는 기준으로 논의를 진행하는 한, [선거에서의 힘이라는] 이 척도가 근거를 제공한다. 그런데 득표율은 의석으로 전환되므로, 우리는 의석수를 통해 의회 정당의 힘을 파악한다. 불필요하게 복잡해지는 일을 피하기 위해 '의석수에 의한 힘'을 기준으로 삼기로 하자. 정당의 힘이란 결국은 선거가 끝난 후 실제로 계산된 의석수이다. 단순화를 위해(또한 비교를 가능하게 만들기 위해서도), 상원과 하원의 과반수 세력이 다르지 않다면, 하원의 의석수를 살펴보는 것으로도 충분한 경우가 많다. 그러므로 우선 "하원에서의 의석 점유율로 정당의 힘"을 측정해도 무방하다.

다음 단계는, 집권 도구로서의 정당에 초점을 맞추는 것이다. 양당 체계의 경우 이런 초점의 이동은 거의 중요한 의미를 갖지 않는다. 하지만 정당의 수가 많을수록 각 정당의 **집권 잠재력** 또는 연립 잠재력에 대해 탐구할 것이 많아진다. 다당 체계라는 균형 상태에 실제로 영향을 미치는 것은, 집권에 필요한 과반을 확보하는 데 있어 각 당이 연립 파트너로서 [다른 당들에 의해] 얼마나 중요하게 평가받는가의 정도이다. 작은 정당도 연립을 위한 협상 잠재력이 강할 수 있다. 반대로 규모가 커도 연립 협상력을 갖지 못할 수 있다. 그러므로 여기서 문제는 정당의 힘만 가지고 각 정당의 **연립 잠재력**을 실제로 측정할 수 있는가이다. 분명히 그렇지 않다. 왜냐하면 이런 기준을 따르면 수적으로 과반을 형성할 수 있는 조합만을 고려하게 되지만 우리의 관심은 **실현 가능한 연립**이며, 연립은 이념적으로 일치하거나 서로 허용할 수 있을 때만 가능하기 때문이다.[10] 그러므로 다당 체계 상황에서 [유효 정당의 수를 셀 때] 어떤 정당을 계산에 포함시킬지의 여부를 결정하는 규칙은 다음과 같다.

규칙 1. (실현 가능한 과반수 연립을 형성하는 데 필요한 존재로 간주되지 않으며 소용되지 않는다는 의미에서) 오랫동안 불필요했던 소수당은 **유효**

성이 없는 것으로 판단해 계산에서 제외한다. 이와 반대로, 아무리 작은 정당이라 해도 장기적으로 그리고 어떤 시점에서 가능한 집권 과반수 조합들 가운데 최소한 하나라도 결정할 수 있는 위치에 있다면, 계산에 포함해야 한다.

이런 규칙에는 일정한 한계가 있다. 이 규칙은 집권을 추구하는 정당, 그리고 다른 연립 파트너가 이념적으로 인정할 수 있는 정당들에만 적용된다. 이 규칙은 (반체제 정당처럼) 규모는 비교적 크지만 늘 반대당인 정당들을 배제할 수 있다. 그러므로 우리의 비유효성 기준은 (특수한 상황에서는) '유효성 기준'을 통해 보완될 필요가 있다. 문제를 다음과 같이 재구성할 수 있다. 연립 잠재력을 고려하지 않는다면 어느 정도 규모나 크기가 되어야 유효 정당이라 할 수 있는가? 예를 들어, 이탈리아공산당과 프랑스공산당은 전체 표의 4분의 1, 많을 때는 3분의 1까지 얻었지만, 지난 25년 동안 집권 연립을 형성할 가능성은 거의 없었다. 그렇다고 이들 정당을 무시할 수는 없다. 이에 우리는 반대당 성향을 가진 정당들의 위협력, 좀 더 정확하게는 **협박 잠재력**[11]에 기초해 보완한 두 번째 계산 규칙을 제시한다.

규칙 2. 한 정당의 존재나 출현 자체가 정당 경쟁의 전술에 영향을 미칠 때, 특히 집권을 추구하는 정당들 간 경쟁의 '방향'을 바꿀 때(왼쪽으로든 오른쪽으로든, 혹은 두 방향 모두로든, 구심적 경쟁에서 원심적 경쟁으로 전환을 결정지을 때) 그 정당은 유효성을 갖는다.

요컨대 ① **연립을 형성할 가능성도 없고** ② **협박의 가능성도 없는** 정당은 무시할 수 있다. 역으로, 연립을 형성하려는 진영에서 집권의 유효성을 가지고 있는 정당, 혹은 반대 진영에서 경쟁의 유효성을 가진 정당은 모두 계산에 넣어야 한다.

이 규칙들은 너무 복잡해서 어느 경우든 조작화하기 어려워 보일 수 있다. 조작화의 근거에 대해서는 나중에 논의하기로 하자. [12] 지금은 먼저 두 기준 모두 사후적인 것임을 지적해 두고자 한다. 왜냐하면 두 기준들은 예측하는 데 아무런 도움이 되지 않기 때문이다. 규칙 1에서 '실현 가능한 연립', 즉 연립 잠재력을 가진 정당이란 실제로 어느 시점에 사실상 연립 정부에 참여한 적이 있는 정당, 또는 정권의 획득·유지에 필요한 지지를 정부에 제공한 적이 있는 정당을 의미한다. 그러므로 대부분의 경우 이 규칙은 쉽게 적용할 수 있다. 규칙을 적용하는 데 필요한 매우 단순한 정보를 우리가 자유롭게 다룰 수 있다면 말이다.

규칙 2의 경우, 경쟁의 방향을 판단하기 쉽지 않다는 문제가 제기될 수 있다. 이론적으로는 그럴 수 있다(이는 마지막에 살펴보도록 하자). 그러나 실제로는 협박 정당blackmail party 개념은 주로 반체제 정당과 결부되어 있다. 그리고 어떤 정당의 유효성과 반체제적 성격은 드러나지 않은 수많은 지표를 통해 확인할 수 있다. 앤서니 다운스가 제시한 협박 정당 개념을 나의 규칙에서 중요하게 다루고 있는 이유는 정당 간 경쟁이 나의 전체 논지에서 중심적인 것이기 때문이다. 그럼에도 불구하고, 협박 정당은 일반적으로 반체제 정당인 경우가 많으므로(그렇지 않다면 아마도 규칙 1에 따라 이해할 수 있을 것이다.) 그것에 대한 평가 내지 판단은 의회라는 장에서 이루어질 수 있다. 즉 선거 정당의 협박 능력은 입법 과정에서 정당이 갖는 거부권 행사 가능성, 혹은 거부권 권력veto power에 상응한다. 어떤 협박 정당을 계산에 넣어야 할지 말지 의문이 든다면, 이런 기준에서 검토할 수 있다.

대체로 나의 규칙이 갖는 어려움이 두 가지 사실에서 비롯된다는 점을 인정한다. 하나는 연구자들이 연구 대상 국가에 대해 충분한 지식 없이도 비교 정치 연구를 쉽게 할 수 있다고 생각한다는 것이고, 다른 하나는 나의 규칙이, 좀처럼 체계적으로 수집되기 어려운 자료를 필요로 한다는 사실이다. 유감스럽게도 첫 번째 문제에 대해서는 아무런 처방도 갖고 있지 않다. 두 번째 어려움에 대해서는 이렇게 말할 수 있겠다. 만약 누군가 나의 규칙이 진술하기는 쉬우나 적용하기 어렵다고 말한다면 그것은 필요한 정보를 갖고 있지 못하기 때문이고, 계속해서 필요한 정보를 찾으려 해야 할 것이다. 덧붙이자면 나의 규칙이 요구하는 정보는 오늘날 사회과학자들이 주저 없이 신뢰하는 많은 자료에 비해 얻기 어려운 것이 사실이다. 게다가 (앞으로 살펴보겠지만) 동일한 사실을 두고 더 나은 측정 수단을 적용하고 있다고 주장할 수도 없다. 예컨대, '위치 값'을 통해 '유효' 정당의 수를 더 잘 셀 수 있다고 말하는 것이 아니다. 우리는 더 좋은 측정 방법을 적용하고자 했지만, 그보다 더 나은 방법이 있을 수 있음을 안다.[13]

이상의 논의를 통해 우리는 언제 3은 3이고, 4는 4이며, 5는 5인지를 알게 되었다. 즉 우리는 여러 **사례들**cases을 분류할 수 있다. 이제 다음 질문은 "정당의 수라는 기준으로 새로운 **부류들**classes도 발견해 낼 수 있는가?"이다. 지금까지는 규칙에 따라 계산하는 데 관심을 기울여 왔다면, 이제는 현명한 계산법이 무엇인가라는 새로운 문제가 제기된다. 일반적으로 정당의 수가 적으면 덜 분열되어 있고, 정당의 수가 많으면 좀 더 크게 분열되어 있음을 알 수 있다. 하지만 정당을 계산할 때 우리는 당세 또한 고려할 수 있다. 다음과 같은 독특한 상황을 생각해 보자. 하나의 정당이 단독으로 오랫동안 의석의 절대 다수를 차지해 왔다면, 다른 나머지 정당들 모두를 합친 것보다 이 정당이 '더 중요'하므로 현명한 계산법은 이를 일당 우위 체계로 분류하는 것이다. 이렇게 [일당 우위 체계라는 범주를 추가해] 분류하는 것의 이점은 (일당제, 양당 체계, 다당 체계라는) 3개 범주보다 4개의 범주로 볼 수 있을 뿐만 아니라 [정당 체계의] 파편화 개념을 좀 더 명확하게 파악할 수 있다는 것이다. 물론 일당 우위 체계는 (인도의 경우처럼) 반대당들이 지나치게 분열된 것의 결과일 수 있다. 그러나 인도 정당 체계의 가장 뚜렷한 특징을 국민회의의 단독 지배에서 찾게 되면, '파편화'의 정의가 분명해진다. 정당의 수는 많지만 그중 어느 정당도 과반을 차지하지 못할 경우에만 그 정당 체계가 파편화되어 있다고 말할 수 있다.

현명한 계산법으로 분류할 수 있는 범주가 또 하나 있다. 경쟁적 정당 체계에서 비경쟁적 정당 체계로 시선을 돌려보면, (예컨대 폴란드나 멕시코처럼) 비경쟁적 정당 체계인데도 하나 이상의 정당이 존재하는 정체들을 발견할 수 있다. 이런 곳에는 순전히 허울일 뿐이라고 치부할 수 없는 '부차적인 정당들'secondary parties이 있다. 반면, 이 부차적이고 주변적인 정당들은 크게 중요하지 않다. 이들은 위성 정당으로서만 존재하도록 인정받고 허용된다. 이런 정당 체계를 나는 패권 체계라고 부를 것이다. 현명한 계산법을 사용하면, 즉 패권 정당을 먼저 계산하고 주변의 위성 정당들은 별도로 계산하면 이런 체계들을 발견할 수 있다.

이 지점에서 '정당의 수'라는 기준은 그 가능성이 다한 것 같다. 이제 곧바로, 정당 체계를 제한적(온건한) 다당 체계limited (moderate) pluralism와 극단적(양극화된) 다당 체계extreme (polarised) pluralism로 구분해 보자. 이런 범주들은 정당의 수라는 기준만으로는 판별할 수 없다. 이제부터 정당의 수는 부차적인 변수가 되고, 이념 변수가 더 중요해진다.

3. 2차원 지도 작성하기

분류론classification이란, 상호 배타적인 부류를 근거로 각 사례들을 정리order하는 것을 말하고, 이때 부류란 분류를 위해 선택된 원리나 기준에 따라 정립된 것을 가리킨다. 이에 비해, 유형론typology은 한층 복잡하다. 그것은 속성의 복합체들을 정리하는 작업, 즉 하나 이상의 기준에 따라 정리하는 작업이다.[14] 이런 구분에 따르면, 지금까지 우리가 논의한 것은 유형론에 관한 것이 아니라 분류론에 관한 것이다. 다시 말해 우리가 규명한 것은 정당 체계의 **유형**에 대한 것이 아니라 여러 **부류**를 확인하는 데 있었다. 그리고 정당 수의 기준을 제대로 확립한다면, 그 부류를 다음과 같이 7개로 나타낼 수 있다.

1. 일당
2. 패권 정당
3. 우위 정당
4. 양당
5. 제한적 다당
6. 극단적 다당
7. 원자화된 정당들

전통적인 삼분법에 비추어볼 때 두 가지 혁신적인 점이 드러난다. 첫째, 서로 조화되지 않는 각양각색의 이질적인 현상들을 뭉뚱그려 하나로 묶은 전통적인 '일당제군##'을 세 개의 범주로 나누어, 일당제로 잘못 규명되어 온 수많은 정치체제를 패권 정당제 혹은 일당 우위 정당 체계로 재분류할 수 있게 되었다. 둘째, 정당이 세 개 이상이면 무조건 다당 체계로 묶어서 분류하는 것은 그간의 계산 규칙이 빈곤하다는 사실을 증명할 뿐이라는 전제하에, 전통적인 '다당 체계군'을 [두 개의 범주로] 나누었다.

마지막 범주인 '원자화된' 유형에 대해서는 약간의 설명이 필요하다. 이 유형은 잔여적 부류로, 더 이상 정당의 수를 계산할 필요가 없는 지점, 즉 넘어야 할 기준으로서, 정당의 수가 10개, 20개, 그 이상이든 의미가 없어지는 지점을 가리킨다. 원자화된 정당 체계는 경제학에서 말하는 원자화된 경쟁과 같은 방식으로 정의할 수 있다. 즉 "다른 회사들에 뚜렷한 영향을 미치는 회사가 하나도 없는 상황"이라고 할 수 있다.[15] 여기서 중요한 점은 정당의 수라는 기준은 정당 체계가 구조적으로 공고화된 단계에 들어섰을 때만 적용된다는 사실이다.[16]

전반적으로 분석이 개선되었음에도 불구하고, 첫 번째 부류[일당]는 확실히 부적절하다. 정당이 하나일지라도, 정당의 수를 기준으로 해서는 일당 정체들polities 사이의 다양성과 차이를 완전히 파악할 수 없다. 더 나쁜 것은 제한적 다당 체계와 극단적 다당 체계를 구분하는 방식도 명확하지 않다는 사실이다. 이런 구분은 정당의 수가 3~4개인 제한적 다당 체계와, 정당의 수가 6~8개인 극단적 다당 체계는 전혀 다르게 상호작용을 한다는 상식적인 가정을 바탕으로 한다. 그러나 우리의 계산 규칙으로도, 그 어떤 현명한 계산법으로도 이 두 유형은 사실상 분류할 수 없다. 왜냐하면 여러 정당들로 파편화되어 있는 상황(정당이 5개 이상인 경우를 그런 상황이라고 해두자)에는 복합적인 인과 요인이 있으며, 그런 인과 요인을 고려해야만 상황을 제대로 파악할 수 있기 때문이다. 요컨대 정당 체계의 파편화는 [이념적 거리는 좁으나 문화적으로는 서로 단절되어 있는 것을 뜻하는] **분절**segmentation 상황을 반영할 수도 있고 [정당들 사이의 이념적 거리가 먼] **양극화**polarisation 상황(이념 거리의 양극화)을 반영할 수도 있다. 이처럼 정당의 수를 세는 것은, 그것으로 감지할 수 없는 것이 있지만, 그럼에도 반드시 필요하다. 이는 우리가 반드시 분류론에서 유형론으로 옮겨가야 한다는 것과, 수적 기준은 이념이라는 기준과 함께 사용되어야 한다는 점을 보여 준다.

앞서 말한 '이념 대 실용'의 스펙트럼을 다시 생각해 보자.[17] 여기서 이념이라는 단어의 의미는 그 반대말인 실용과 대비해 이해할 때 분명해진다. 그러나 현재 맥락에서 우리가 생각하고 있는 이 단어의 함의는 좀 더 분석적이다. 여기에서 이념은 두 가지 의미로 사용된다. 하나는 **이념 거리**로, 어떤 정치체제에서 전개되고 있는 이념 스펙트럼의 전체 폭을 말한다. 다른 하나는 **이념 강도**ideological intensity로, 특정한 이념 환경의 열기 또는 정서를 말한다. 좀 더 정확하게 말하면, 이념 **거리**는 일당 이외의 정당 체계를 이해하는 데 필요하고, 이념 **강도**는 일당의 정체를 이해하는 데 반드시 필요하다.

연구가 마무리될 때쯤이면 완성된 분류 체계가 모습을 드러내겠지만, 우선 앞서 말한 논의를 고려해 2차원의, 예비적 지도를 작성해 보기로 하자. 이것을 수정된 분류라고 부를 수도 있을 텐데, 이는 정당 수에 따른 분류가 해결하지 못한 문제, 즉 '분절'을 어떻게 처리할 것인가 하는 문제를 해결하기 위한 것이다.[18] 그 해결 방법은 이념 변수를 사용하여, 분절된 정체를 검토하는 것이다. 어떤 정체가 파편화되긴 했으나 양극화되지 않았으면 (이념적으로) **온건한** 다당 체계에 속한다. 반면에 파편화되어 있으면서 양극화되어 있다면 확실히 (이념적으로) **양극화된** 다당 체계에 속한다. '수정된 분류'가 정당 수에 의한 분류와 다른 점은 제한

표 3.

다당 체계의 패턴, 부류, 유형

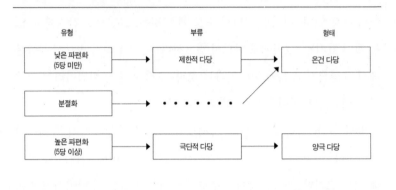

적 다당 체계 및 극단적 다당 체계와 관련해서뿐이다. 이 두 유형은 내가 온건한 다당 체계 또는 양극화된 다당 체계라고 부르는 유형으로 대체된다. 이들 유형 간의 예상되는 상응 관계는 〈표 3〉에 잘 나타나 있다.

물론 정당 지도가 이렇게 애를 써서 작성할 만큼 가치가 있는지 의문을 제기할 수도 있다. 즉 이 수정된 분류가 과연 어떤 통찰을 보여 줄 것인가 하는 의문이다. 예컨대, 정당 수라는 기준도 (매우 불완전하기는 하지만) 정치권력의 **분포**를 나타내는 지표를 제공하지 않느냐고 반론할수 있다. 그런데 권력의 분포를 정확히 측정하는 것은 매우 까다로운 일이다. 그래서 그림을 그려보는 것이 권력의 **분산**dispersion(분절화된 분산이든 양극화된 분산이든)을 잘 나타낼 수 있는 방법이라고 말하고 싶다.

우선, 일당제의 경우는 분명하다. 즉 (정확히 말하자면 다른 정당의 존재가 허용되지 않는다는 의미에서) 오직 하나의 정당만이 정치권력을 독점한다. 그런데 하나의 정당이 그 밖의 다른 모든 정당보다 '더 크게 평가되는' 경우가 있다. 여기에는 매우 다른 두 가지 형태가 있다. 하나는 패권

그림 4.

각국의 정당 체계에 따른 권력 분산

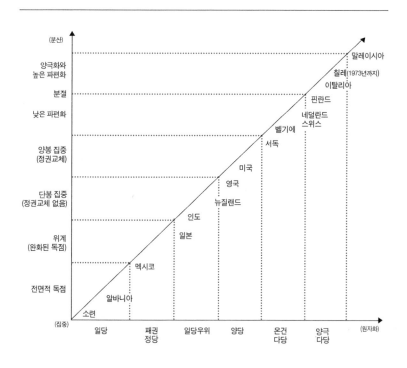

정당제인데, 이 경우 다른 정당은 '위성 정당' 또는 적어도 부차적인 정당으로서만 존재가 허용된다. 즉 어느 정당도 권력을 가진 정당의 패권에 도전할 수 없다. 다른 하나는 [우위 정당이 있는] 일당 우위 체계로, 어느 한 정당이 계속 선거에서 승리하고, 정권 교체 없이 단독으로 집권하는 경우다. 양당 체계는 두 당의 세력 분포를 나타내는 데 어려움이 없다. 두 정당은 과반을 차지하기 위해 경쟁하는데, 두 정당 모두 과반 획득의 가능성을 갖고 있다. 이와는 달리 다당 체계의 경우에는 정당의 세

력 분포에 따라 문제가 복잡해진다. ① 어느 정당도 과반에 접근하거나 적어도 과반을 유지하기 어렵다. ② 각 정당이 연립의 필요성(또는 불필요성)에 따라 그리고 ③ 최종적으로 위협(협박) 잠재력에 따라 상대적 영향력의 등급이 매겨진다.

앞서 말한 권력 구조는 다음과 같이 6가지 형태로 구분할 수 있다. ① **독점**monopoly, ② **위계**hierarchy(또는 느슨한 독점), ③ **단봉적 집중**unimodal concentration(정권 교체가 일어나지 않는 일당 우위), ④ **동등한 집중**even concentration(그리고/혹은 양봉적 집중), ⑤ **낮은 파편화** 그리고/혹은 **이념 양극화 없는 분절**, ⑥ **양극화된 높은 파편화**. 이러한 권력 배열과 그에 상응하는 정당 체계를 여러 정치 체계와 관련하여 배치한 것을 도식화하면 〈그림 4〉와 같다.

지금까지 주장한 대로 정당의 수는 중요하다. 그러나 그것이 무엇과 관련하여 중요한지는 아직 설명하지 않았다. 정당 체계를 정당 수를 기준으로 분류하면, 정당 체계는 그 **구도**에 기초하여 분류된다. 그러나 정당 체계의 구도는 그것이 정당 체계의 **역학**(정당 체계가 작동하는 방식)에 영향을 미칠 때에만 흥미를 끈다. 달리 말하면, 정당 체계의 구도는 그것이 **역학적 성향**을 내포할 경우에만 흥미를 끈다. 이를테면, 정당 체계, 나아가서는 전체 정치 체계가 가진 일련의 기능적 속성을 고려할 경우에만 정당 체계의 구도가 중요성을 가진다. 이하에서는 정당 체계의 구도와 역학을 구분하고 그 둘의 관계를 탐구해 나갈 것이다. 다시 말하면, 지금까지는 정당 체계의 부류와 유형을 구분해 왔는데, 이제는 이를 근거로 하여 (구도를 의미하는) **부류**와 (속성을 의미하는) **유형**이 어떤 관계에 있는지를 탐구해 나갈 것이다.

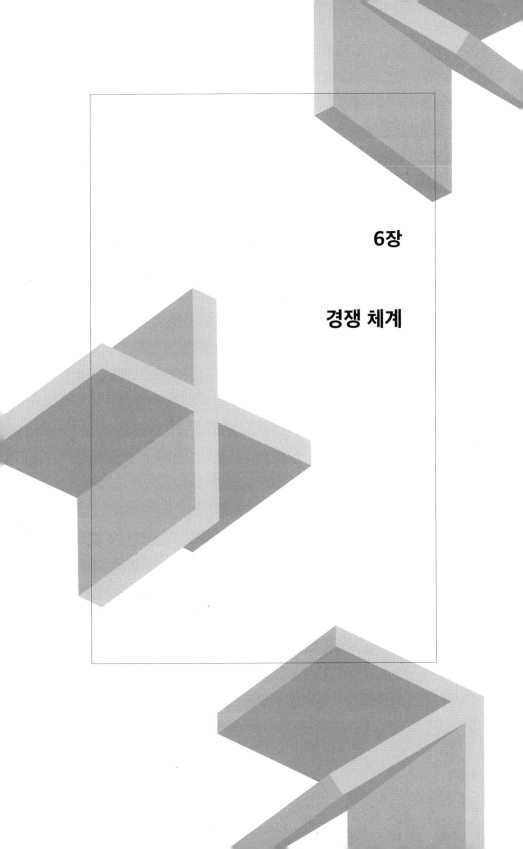

6장

경쟁 체계

1. 양극화된 다당 체계

정당 체계의 유형에 대한 우리의 이해는 매우 불균등하다uneven. [두 개의 축을 가진] '이극 체계'bipolar system라 할 수 있는 양당 체계, 그리고 이와 유사하게 이원론적dualistic 논리에 입각한 체계인, 즉 내가 온건한 다당 체계라고 부르는 유형에 대해서는 대체로 상당한 연구가 이루어져 왔다. 반면 극단적 유형은 별로 관심을 받지 못했다. 거기에는 두 가지 이유가 있다. 첫 번째 이유는 정당 체계를 연구하는 데 이원론이라는 눈 가리개를 사용했기 때문이다. 양당 체계 모델에서 추론한 논리로 모든 정당 체계를 설명하려는 경향이 있었던 것이다. 뒤베르제는 이런 이원론을 정치학의 '자연법칙'이라고 말한 바 있다.

> 항상 그런 것은 아니지만 모든 정당은 대체로 [좌-우라는] 이원성의 경향을 띤다. …… 이는 정치에 중간centre이 존재하지 않는다고 말하는 것과 다름 없다. 즉 중간 정당은 있을지 모르나 중간으로 수렴하는 경향은 존재하지 않는다. …… 정당들을 이원적으로 분기시키는 중간은 있을지 모르나 진정한 의미에서의 중간 정당은 존재할 수 없다.[1]

이와 반대로, 나는 중간 정당이 존재하지 않을 때 중간으로 향하는 경향이 발생할 가능성이 높다고 주장할 것이다. 여기서는 다음과 같은 점만 지적해 두고자 한다. 뒤베르제는 이원론의 눈가리개로 말미암아 놀랄 만큼 잘못된 선입관을 가졌다. 독일과 이탈리아를 뚜렷한 양당 체계로의 경향을 보여 주는 유럽의 대표적인 두 나라로 간주한 것이다. 이런 오류는 그 후 역사의 전개 과정에서 충분히 입증되었다.[2]

두 번째 이유는 우리가 이미 잘 알고 있는 것인데, 정당의 수를 세는 방법을 알지 못하면 극단적 다당 체계 같은 사례를 구분해 낼 수 없다는 것이다. 지금까지는 정당이 세 개 이상이면 모두 '다당 체계'로 분류해 왔다. 그러나 정당의 수를 세는 방법을 체계화한다면 좀 더 잘 정리할 수 있을 것이다.

[정당이 몇 개일 때부터 극단적 다당 체계로 볼 수 있는가라는] 조작적 경계가 필요한데 일단은 그 경계를 5개와 6개 사이로 정하도록 하자.[3] 다시 이야기하지만, 이 정당들은 반드시 유효 정당이어야 한다. 즉 '연립정부를 형성하는 데 필요'하지 않은 정당 혹은 정당 간 경쟁의 전술에 영향을 미칠 '위협 능력'이 없는 정당은 포함하지 않는다. 물론 그 언저리에 있는 소규모 정당을 계산에 넣을 것인가에 대해서는 여전히 논쟁의 여지가 있다. 또 경계선상에 있어 분류하기 힘든 사례도 있다. 물론 이런 문제들이 엄청나게 심각한 것은 아니다. 우선, 5개와 6개라는 숫자가 아주 특별한 의미를 갖는 것은 아니다. 그것은 그저 임의로 설정한 숫자일 뿐이다. 현실에서는 기준점을 좀 더 느슨하게 설정할 수 있고 또 그래야 한다. 정당의 수가 5개 이상일 때 정당들 간 상호작용은 5개 이하일 때와 다른 역학을 만들어 낸다는 식으로 말이다.[4] 요컨대, 경계선은 꼭 5개(또는 6개)가 아니라 대략 5개(또는 6개) 언저리에 있다.[5] 다음으로, 두 번째 단계에서 우리가 적용하게 될 통제 변수는 이념 거리다. 그러므로 [5개냐 6개냐 하는] 계산상의 차이가 분류에 혼란을 야기할 수도

있으나 유형론을 세우는 데는 영향을 미치지 않는다.

다음 절에서는 실제로 극단적 다당 체계 또는 양극화된 다당 체계에 속하는 나라들에 대해 논의하고자 한다. 미리 밝혀 두자면, 이 절의 분석은 1920년대 독일 바이마르공화국, 프랑스 제4공화국, 1973년 9월까지의 칠레, 현재 이탈리아의 경험을 바탕으로 한다. 지금까지 정당 체계에 대해서는 명확하게 규명되지 않았는데 이에 대한 예비적인 작업은 정당 체계의 특성과 체계로서의 속성을 **임상적 방법으로**in vitro 분석하는 것이다. 이하에서는 이런 특성들을 중요도의 순서가 아니라 가시성의 순서에 기초해 살펴보고자 한다.

1. 양극화된 다당 체계의 첫 번째 특성은 유효한 **반체제 정당들**의 존재에 있다. 중요한 사실은 이 정당 체계에는 공산주의 정당이나 파시스트 정당뿐만 아니라 그 외 여러 형태의 반체제 정당이 있다는 것이다. 그런데 반체제 정당의 개념은 논란이 되어 왔고 상당한 오해도 있어, 재평가되어야 할 점이 많다.

우선 '반체제'에 대한 광의의 느슨한 정의와 엄격한 협의의 정의를 구분할 필요가 있다. '반대하는 태도'anti-attitude의 정도와 강도는 시간이 흐름에 따라 달라지기 마련이다. 더욱이 반체제 정당이라고 해서 모두 같은 반체제의 의미를 갖는 것은 아니다. 즉 반대라는 것은 [체제로부터 배제되어 있다는 의미의] '소외감'alienation과 전면적 거부에서부터 '저항'에 이르는 넓은 범위의 다양한 태도를 포괄한다. 확실히 소외감과 저항은 단순히 정도가 다른 것이 아니라 종류가 다른 것이다.[6] 하지만 다수 유권자들이 이런 정서나 태도를 모두 갖고 있기 때문에 이런 식의 구분은 경험적 근거로 쉽게 사용할 수가 없다. 정당 활동가는 소외감을 느낄 수 있지만, 유권자들은 항의자가 될 수 있다. 또한 정당 지도부는 이

넘적 동기로 움직이지만, 일반 당원들은 단순히 빵이 부족해서 행동할 수도 있다. 한편, 정치 체계 수준에서 보면 소외감의 결과와 저항의 결과는 별로 다르지 않다. 반체제적 태도가 어디서 비롯된 것이든 정부가 일상적으로 겪는 어려움은 동일하다.

그런데 '반체제'를 광의로 이해하는 데는 적어도 두 가지 이유가 있다. 하나는 시간이 흐름에 따라 의미가 달라진다는 것, 다른 하나는 본질적으로 다양하다는 것이다. 이런 차이와 다양함에도 불구하고 [광의의 '반체제'는 체제의] **정당성을 잠식하는 효과**를 갖는다는 점에서 최소 공통분모를 갖는다. 즉 모든 거부 정당에서 저항 정당에 이르기까지(그리고 반의회주의 정당에서부터 푸자드당Poujade*이나 '보통 사람을 위한 전선'FUQ**에 이르기까지) 체제에 의문을 제기하고 그 지지 기반을 잠식하는 속성을 공유한다. 따라서 어떤 정당이 자신이 반대하는 **체제의 정당성을 잠식**한다면 그 정당은 '반체제' 정당으로 정의할 수 있다. 확실히 저항 정당은 반짝 정당flash parties일 수 있다. 또한 적대적이거나 적대적 이념을 표방하는 정당보다 반체제 성향이 약하고 지속성이 떨어진다. 이런 차이에도 불구하고, 모든 정치 체계는 늘 어느 시점에선가 '정당성의 위기'에 마주친다. 저항적 태도나 반작용이 지속되는 한, ([이념을 상징하는] 깃발을 바꾸든 말든 상관없이) 이념적 적대감을 가진 세력이 결집되면 그 정체는 지지의 결핍에 직면하게 된다.

* 1950년대의 프랑스 우익 저항 정당으로, 제2차 세계대전 시 프랑스 장군 푸자드가 결성했다. 1956년 총선에서 52명(총의석 592명)의 당선자를 냈으나, 1958년 총선거에서는 단 1명의 당선자도 내지 못했다.
** 제2차 세계대전 직후 이탈리아에서 작가 굴리엘모 잔니니의 주도로 결성된 우파 성향의 포퓰리즘 정당.

한편, 이념적 반대당과 저항적 반대당 간의 차이에 대해 설명해야 하는데, 이러한 차이는 특정 시점에서가 아니라 시간의 경과에 따라 고려하는 것이 적절하다. 이는 [반체제라는] 광의의 정의에는 좀 더 협의의 의미가 포함되어 있다는 말과 같다. 무엇보다도 반체제 정당은 (만약 그럴 수 있다면) 단순히 정권을 바꾸는 것이 아니라 통치 체제 자체를 바꾸려 한다는 것이다. 반체제 정당은 쟁점이나 사안에 반대하는 것이 아니라 '원리에 반대'한다(쟁점은 너무 사소해서 협상의 방법으로 해결할 수 있다는 점에서). 신념 체계에 주목하면 반체제 야당이라는 개념의 핵심을 끌어 낼 수 있다. 즉 반체제 정당은 자신이 활동하고 있는 기존 정치 질서와 가치를 공유하지 않는다. 엄격한 정의에 따르면, 반체제 정당은 [체제 밖의] **외생적 이념**extraneous ideology을 표방하는데, 이때 정체는 최대의 이념 거리에 직면하게 된다.

이상의 논의가 시사하는 것은, '반체제'가 결코 '혁명적'이라는 말과 같은 것이 아니며 등가물도 아니라는 사실이다. 만약 어떤 정당이 실제로 혁명을 준비하고 혁명 활동을 하고 있다면 혁명 정당이라 부를 수 있을 것이다. 그런 정당은 분명 반체제 정당이지만, 그 반대는 성립하지 않는다. 반체제 정당은 의미론의 차원에서나 실제 실천론의 기준에서나 반드시 혁명적일 필요는 없다. 그 둘의 차이는 종종 모호한데, '혁명적'이라는 말은 (단기적으로는 거의 실행되지 않는) 장기적인 목표에, 특히 구호에 불과한 목표에 사용할 수 있기 때문이다. 그렇지만 이 '구호에 불과한' 성격은 앞에서 말한 '정당성 잠식 효과'와 관계가 있으므로 반체제 정당과 혁명 정당을 명확하게 구분할 필요가 있다.

전술과 전략의 차이도 나의 개념에서는 별로 중요하지 않다는 점을 밝혀 둬야겠다. 특히 나는 반체제와 '체제 밖'을 동일시하지 않는다.[7] 반체제 정당은 체제 밖에서 활동하는 것 못지않게 체계 내부에서 활동할 수도 있다. 즉 [기존 체제에 대해] 노골적인 방해 활동만 하는 것이 아니라 부드럽게 침투하기도 한다. 오늘날 서구의 주요 공산당들은 체계 내에서, 체계의 규칙 대부분을 지키며 활동하고 있는데 이러한 사실이 나의 판단 기준(그들이 정당성 잠식 효과를 추구하는지, 또 실제로 그런 효과를 갖는지)에 영향을 미치는 것은 아니다.[8] 이러한 관점이 이른바 서구 공산주의의 [체제 내] 통합을 가장 잘 평가하고 측정할 수 있다. 이에 대해서는 앞으로 살펴볼 것이다.

2. 양극화된 다당 체계의 두 번째 특징은 **좌우 양 끝에 두 대칭 야당**bilateral oppositions이 존재한다는 점이다. 야당이 한쪽 방향에만 있을 때, 즉 모든 야당이 정부에 대항해 한쪽 측면에 몰려 있으면 이들 정당의 수가 아무리 많아도 서로 결집해 대안 정부를 결성할 수 있다. 그러나 양극화된 정체에서는 서로 배타적인 두 개의 야당이 존재해 서로 협력할 수가 없다. 실제로 두 야당 간의 거리는 각 정당과 집권 정당 간 거리보다 멀다. 그러므로 양극화된 체계에서는 건설적 공존이 불가능한 두 개의 **대항 야당**counter-oppositions이 존재하게 된다.

이상의 두 가지 특징은 양극화된 다당 체계의 가장 뚜렷한 특징이며, 따라서 [어떤 정당 체계가] 이 범주에 속하는지 아닌지를 구분할 수 있다. 만약 정당의 수가 5개를 넘고, 그 정치 체계에 반대하는 정당들을 포함해 복수의 대항 야당들이 양 측면에 포진하고 있다면, 이 유형은 야당이 한쪽 측면에 몰려 있거나 반체제 유효 정당이 존재하지 않는 다당 체계와 전혀 다를 것이다. 실제로 이런 특징들은 너무나 쉽게 파악할 수 있는데도 그동안 주목받지 않았다는 사실이 놀라운 일이다. 사실상 이것은 우리가 이원론이라는 눈가리개로 말미암아 많은 대가를 치러 왔음을 보여 주는 증거다. 양극화된 정당 체계에는 그 밖에도 중요한 특징들이 많지만, 그것들은 앞에서 이야기한 두 가지 특징에 비해 그다지 중요하지 않다. 지금 우리는 일종의 중층적 분석을 하고 있는데, 다른 특징들은 위의 두 특징이 만들어 낸 결과이거나 파생물로서 설명할 수 있다.

3. 우리의 관심이, 한쪽 방향에 몰려 있던 야당들에서 양쪽 방향에 존재하는 야당들로 옮겨 가게 되면 세 번째 특징에 주목하게 될 것이다. 양극화된 다당 체계의 중간 영역에 하나의 정당(이탈리아) 또는 여러 정당(프랑스, 독일 바이마르공화국)이 위치해 있다는 사실이다. 중간이 통일되어 있느냐 분열되어 있느냐에 따라 어느 정도 차이가 있겠지만, 우리가 다루고 있는 사례들은 모두 본질적인 속성을 공유했거나, (아직 분열되기 전이라면) 공유하고 있다. 즉 좌-우 차원을 따라 **그 체계의 중간이** [비어 있지 않고 중간 정당들에 의해] **점유되어 있는 것이다.** 이때 우리는 양자 간 상호작용이 아니라 적어도 삼각의 상호작용을 만나게 된다. 이 체계는 경쟁의 역학이 좌와 우 양쪽을 대면해야 하는 중간에 전적으로 달려 있다는 점에서 [이극 체제와 달리] 다극multipolar 체계다. 온건한 다당 체계는 중간을 기초로 하고 있지 않기 때문에 그 역학 관계가 이극적 bipolar인 반면, 양극화된 다당 체계의 역학은 다극적이며, 그래서 이원론 모델로는 설명할 수 없다.

중간을 기반으로 하는 체계를 이야기할 때 중요한 것은 **중간에 위치하고 있다는 것일 뿐,** 교의나 이념, 견해가 중도적이라는 뜻이 아니라는 점에 유의해야 한다.[9] 중간 위치를 물리적으로 점유한다는 것은 그 자체로 대단히 중요하다. 왜냐하면 정치 체계에서 중간 영역은 (경쟁이 전개되는 차원을 기준으로 볼 때) **경쟁에서 비켜나 있는 것**을 의미하기 때문이다. 달리 말하면, 중간 정당(또는 정당군)의 존재 자체가 '중간 지향성'centrality, 즉 정치 체계의 구심적 추동력을 억제한다. 정확히 말하면 구심적 추동력은 온건화를 지향하는 힘이다. 이 유형이, 중앙으로부터 멀어지는 혹은 원심적인 힘 때문에 결국 과도하고 극단적인 정치로 귀결되는 것은 이 때문이다.

중간 정당의 존재는 정책 수행 능력과 관련해서도 흥미로운 문제를 많이 제기한다. 몇 년 전에 나는, 중간(중도)이란 기본적으로 반작용에 의해 구성되고, 그 때문에 중간 정당들은 선도적 또는 선동적 정당들보다 훨씬 수동적이 되는 경향이 있다고 제안한 바 있다. 그래서 나는 중간 위치의 '현상 유지적 소극성'immobilism을 강조했다. 나는 아직도 이런 진단을 믿고 있지만, (중간 정당들이 수시로 변하는) 최근 칠레와 같은 사례는 좀 더 적극적인 해석이 필요한데 내 의견은 이렇다. 중간 정당들은 현상에 만족하는 수동성 경향이 있기는 하지만 여전히 평형을 유지하는 힘, '매개 역할'을 수행하는 힘이 있다. 매개 또는 중개는 이런 현상 유지적 소극성과 동일한 것이 아니다. 이 점을 인정하면 다음 사실도 덧붙여야겠다. 정당이 중간에 위치한다는 것은 외견상 매개 역할을 부여 받은 것이다. 다른 역할을 하게 되면, 설사 성과가 있다 하더라도 그것을 누리지는 못한 채, 정당의 위치 설정에서 부메랑 효과를 갖게 되기 때문이다. 중간 정당이 좌·우에 있는 정당들을 앞지르려고 하면 무엇보다도 점차 분위기가 고양되어 극단화로 치닫는 데 기여하게 된다.

4. 어떤 정치 체계가 좌-우 양편에 반체제 대칭 정당이 존재하고, (중앙이 물리적으로 점령되어 있다는 바로 그 사실로 인해) 정당들 간의 구심적 경쟁이 가로막혀 있다면, 이는 결국 양극화된 체계로 귀결된다. 이 네 번째 특성인 **양극화**를 자세하게 종합적으로 재검토해 보자. 이탈리아와 칠레의 경우에는 대체로 좌파 쪽에 '견인력'pull이 있었다. 바이마르

공화국의 경우 1930년대에는 우파 쪽의 견인력이 더 강했다. 프랑스 제 4공화국에서는 좌우 양쪽에 견인력이 고르게 분산되었다. 하지만 어떤 경우든 정치적 여론의 스펙트럼은 매우 양극화되어 있었다. 양 측면의 축은 말 그대로 **두 갈래로 벌어져** 있으며, 두 축 간의 거리는 그 사이에 온갖 여론이 망라되어 있을 만큼 최대한으로 벌어졌다.[10] 이런 경우에는, 양 극단 사이의 균열이 매우 깊어 합의의 정도가 낮으며, 정치 체계의 정당성도 광범위하게 의심 받게 된다. 간단히 말해, (이념적 근접성과는 정반대되는 의미로) **이념 거리감**이 형성될 때 양극화가 일어난다.

양극화되어 있다는 바로 그 사실 때문에 이 체계는 확실히 중앙을 중심 축으로 삼고 있다centre based. 그렇지 않다면, 점유 공간을 제공할 만큼 충분히 넓은 중간 지대가 존재하지 않을 것이다. 그렇다고 중앙의 위치로 옮겨 가는 것이 득이 되는 것도 아닐 것이다. 중간 정당들은 극단주의의 공포를 악용할 것이기 때문이다. 그럼에도 불구하고 우리가 여기서 악순환에 처해 있다는 사실을 간과해서는 안 된다. 장기적으로 볼 때, 중도적 포지셔닝은 양극화의 결과이자 원인이다. 중간 지대가 점유되어 있다는 그 사실 때문에 그 체계는 원심적 추동력이 생겨나 구심적 경쟁을 저해하기 때문이다.

5. 양극화된 다당 체계의 다섯 번째 특징에 대해서는 이미 다룬 것이나 다름없다. 양극화된 다당 체계에서는 **구심적 추동력보다 원심적 추동력**이 우세해지기 쉽다. 이런 체계의 특징은 중앙이 약해져 양 극단의 한쪽(또는 양쪽 모두)으로 표가 지속적으로 **빠져 나간다**는 것이다.[11] 아마 중앙에서 유권자가 대량 **빠져나가는** 것을 제어할 수 있을지 모르나, 원심적 긴장은 그런 추세가 결정적으로 역전되는 것을 저지할 것이다. 바이마르공화국과 칠레 사례는 이런 효과를 웅변적으로 보여 주며, 프

랑스 제4공화국도 이런 원심적 추세를 보여 준다. 1947년 10월까지 공산당이 전후 다양한 여러 정부에 참여했는데, 다른 쪽 극단에서 이에 대항하는 움직임이 선거의 장에 출현하지 않았다. 그러나 1951년에 이르러 드골파(프랑스국민연합RPF)의 반동이 전국을 휩쓸었다. 공산당과 드골파 두 극단 사이에는 네 개의 '입헌 정당'이 있었다. 1946년 선거에서 이 정당들은 자그마치 전체 투표의 73.5%를 득표했는데 이때는 51.0%를 얻는 데 그쳤다. 그중 가장 큰 손실을 입은 것은 중간 영역의 양대 주축 정당 가운데 하나인 기독민주당으로 득표율이 28.1%에서 12.5%로 급락했다. 다음 선거인 1956년 선거(프랑스 제4공화국의 마지막 선거) 결과를 보면 원심적 경향이 한층 심화된 것으로 나타났다. 이번에는 드골파 대신 (비록 부분적이긴 하지만) 어느 모로 보나 반체제 성향의 우익 푸자드당이 급격히 부상했다.

이탈리아도 비록 완만하긴 하지만 원심적인 추세를 보였다. 기독민주당은 1948년에는 50%에 가까운 표를 얻었지만, 그 이후로는 평균 40%에 못 미쳤다. 더욱 중요한 것은, 1948년에 이탈리아 중도 연립 정당들(기독민주당, 사회민주당, 공화당, 자유당)의 총 득표율이 62%였는데, 1953년에는 이미 50% 아래로 떨어졌다는 사실이다. 중도 좌파 그룹, 즉 '좌파로의 개방'opening to the left 실험의 운명도 다를 바 없었다. 1963년에 새로 형성된 중도 좌파의 다수당은 총투표의 60%를 득표했으나, 1968년 선거에서는 56%로 떨어졌고, 1974년에는 사회당이 사회민주당과는 더 이상 중도 좌파 동맹을 함께할 수 없다고 선언하면서 과반수가 무너졌다. 그러는 동안 양 극단에 있는 정당들이 기세를 올리기 시작했다. 1946년에서 1972년 사이에 이탈리아공산당의 득표율은 19%에서 27%로 꾸준히 상승했다. 1972년 선거에서 네오파시스트 정당인 이탈리아 사회운동당MSI은 평균 5%에서 약 9%로, 거의 두 배 가까이 득표했다. 이 모델의 예측력을 확고하게 입증하는 최근 증거로 1975년 6월 지방선거를 들 수 있다. 이 선거에서 공산당은 5% 오른 33.4%를 득표해 서구 민주주의에서 공산당으로서는 유례없는 최고 득표율을 기록한 반면, 기독민주당의 득표율은 35.3%로 급락했다. 자유당은 거의 자취를 감추다시피 했고(2.5%), 극우 네오파시스트 정당은 6.4%를 얻어 평균 득표율을 상회하며 명맥을 유지했다. 이렇게 원심화가 최고조에 이르게 된 것처럼 보인다.[12]

6. 양극화된 다당 체계의 여섯 번째 특징은 그것이 갖는 고유한 **이념적 양식**ideological patterning이다. 이념 공간이 넓어지면, 그 정체에는 정책뿐만 아니라, 좀 더 중요하게는 원칙과 근본 원리를 달리하는 여러 정당이 존재하게 된다. 그래서 우리는 이념이 갖는 좀 더 실질적인 의미에 다가서게 된다. 앞서 지적했듯이, '이념'은 다음 두 가지 의미를 갖는다. 하나는 정치에 대한 고도의 감정적 몰두를 의미하고, 다른 하나는 특정한 심성mentality이나 사고방식forma mentis을 의미한다. 일원론적 정체에서는 첫 번째 요소, 즉 '이념적 열기'ideological heating를 강조하나, 다원주의 체계에서는 두 번째 요소인 '심성'을 강조하는데, 이때 이념은 정치를 인식하고 지각하는 방식으로 이해되며, 그래서 정치 문제에 관심을 갖는, 매우 교조적이고 원칙적이며 고차원적인 방식으로 정의된다. 사실상 그 자체가 하나의 사고방식인 이런 **이념적 접근 방법**은 (단순한 정치 문화가 아니라) 문화 그 자체의 뿌리에서 생겨나며, 경험적·실용적 심성에 반대되는 전형적인 합리주의 심성을 반영한다.[13] 그렇다고 합리주의 문화가 존재한다고 반드시 교조주의를 수반한다는 뜻은 아니다. 다만 합리주의 문화는 이념적 정치를 배양하는 최적의 토양을 제공하는

반면, 경험주의 문화는 이념적 접근 방법을 뿌리내리기 어렵게 한다는 것이다.

어쨌든, 양극화된 체계에서는 '진정한 신봉자들'의 정당과 '냉정한 신봉자들'의 정당이 공존한다. 즉 정당들마다 이념적 온도는 매우 다를 수 있다. 그리하여 모든 정당은 이념 논쟁을 벌이면서 서로 싸우고, 심성의 차원에서 서로 경쟁한다는 공통점을 갖는다. 그러므로 양극화된 정체가 본질적으로 갖는 특정의 이념적 양식을 **이념적 열광**ideological fever과 혼동해서는 안 된다. 한 정체의 이념적 열기가 식을 수는 있지만, 이념적 열정이 완화된다고 해서 이념적 심성이 저절로 실용주의 심성으로 바뀌는 것은 아니다.

물론 어떤 정체가 이념적 성격을 갖는 것은 그 사회가 이념화되어 있기 때문이다. 팡글로스 박사Pangloss*조차 그런 것쯤은 이미 알고 있었을 것이다. 그렇지만 정치사회학이 팡글로스 시대를 넘어서려면, 정당 체계의 구성적 특징 바로 그 자체가 그 사회의 이념적 양식을 지지하고 뒷받침해 주고 있다는 사실에 마땅히 주의를 기울여야 한다. 객관적인 사회경제적 균열cleavage만으로는 더 이상 이념적 구획화compartmentalisation를 정당화할 수 없다. 교리denominational 정당, 마르크스주의 정당, 민족주의 정당은 호소력을 가질 수 있고 자신의 이념적 신조에 따라 사회의 모양을 형성해 갈 수 있다. 정당 체계가 원자화 단계를 지나 어느 정도 정착되면, 정당들은 정치사회 안에 자리를 잡고 '자연스럽게' 정치사회의 의사 전달channelment 체계가 된다. 몇몇 정당들이 확고하게 자리를 잡게

• 볼테르의 소설 『캉디드』(*Candide*)에서 캉디드의 스승으로 등장하는 인물로 이상주의자이다. Panglossian은 '근거 없이 낙천적인 사람'을 의미한다.

되면, 체계는 이념적 유형의 통로를 수로화canalisation하는 데 있어서 기득권을 확보하게 된다. 여기에는 두 가지 이유가 있다. 첫째, 수많은 정당들이 자신만의 고유한 존재로 인식되고 정당화된다면, 서로가 가진 특징을 실용적으로 무시하는 일은 불가능해진다. 둘째, 극단적 다당 체계 상황에서 정당들 대부분은 추종자들이 교의에 충실한 '신봉자'일 경우에만 생존이 보장되는 작은 집단이라는 점이다. 이럴 경우 규모가 큰 정당(들)도 규모가 작은 정당을 따라 하는 전염의 법칙이 나타난다.

이 두 번째 이유는 추론상 논란의 여지가 있을 수 있다. 소규모 정당들이 이념적 의사 전달 경로에 관심을 갖는 이유는 분명하지만, 오토 키르히하이머가 지적한 것처럼, 가장 규모가 큰 정당 혹은 양대 정당이 왜 '포괄적'catch-all 전술을 따르지 않아야 하는지가 분명하게 해결된 것은 아니다.[14] 포괄 정당catch-all party* 개념은 양당 체계, 3당 체계, 일당 우위 체계에서 비롯된 것이지만, 다당 정체polyparty polities에도 얼마든지 확대 적용할 수 있다. 이를테면 이탈리아 기독민주당이 포괄 정당이라 할 수 있다. 그런데 또 어떻게 보면 그렇기도 하고 그렇지 않기도 하다. 우선, 기독민주당의 강령은 데 가스페리**가 지도자로 있던 1950년대 초반이 그 이후보다 더 실용주의적이었다.[15] 더욱이 지난 15년간 당의 방

* 오토 키르히하이머가 사용한 개념으로, 특정 계층의 이익과 이데올로기적 순수성을 강조했던 유럽 정당들이 선거에서 승리하기 위해 여러 계층과 집단의 유권자에게 지지를 호소하는 새로운 경향을 띠게 되었는데, 이런 정당 유형을 가리킨다.
** 제2차 세계대전 후 이탈리아의 초대 총리(1945~53년)를 지냈으며 전후 이탈리아 재건에 기여했다. 1919년 이탈리아 인민당을 창당한 인물들 가운데 하나였으며, 제2차 세계대전 중 이를 계승한 기독민주당 창당에 참여했다. 1944년 기독민주당의 당수가 되었다.

향을 좌우했던 기독민주당 좌파는 아주 분명하게 이념 게임을 수행했다.[16] 마찬가지로, 중도 좌파 연립이 오랫동안 주장해 온 '불가역성' 원칙은 실용주의적 관점에서 보면 불합리하게 들린다. 마지막으로, 1974년 이혼법에 관한 국민투표에서 기독민주당이 적극적으로 참여한 것도 포괄적 전술로 해석하기 어렵다. 요컨대, 지역적 (국가별) 기준을 비교적이고 공통적인 기준으로 대체한다면, 양극화된 정체의 이념적 양식이 포괄적 게임 전술을 얼마나 제한하고 있는지를 쉽게 감지할 수 있게된다.

7. 양극화된 다당 체계의 일곱 번째 특징은 **무책임한 야당**의 존재이다. 이 특징은 중앙을 중심축으로 하는 정체에서 일어나는 정권 교체의 특이한 역학과 밀접한 관련이 있다. 한편으로, 중간 정당(또는 중간을 장악한 정당)이 정부 구성에서 배제되는 경우는 드물다. 중간(중도)이 중심축이라서, 어떤 과반수 정권이 집권하든 그 주축이 되므로 영구적으로 집권하기 때문이다. 다른 한편으로, 극단적 정당들, 즉 반체제 정당들은 정의상 거의 집권의 기회로부터 배제되어 있다. 그 정당들은 정상적인 상황에서는 집권할 가능성이 없다. 그러므로 이런 조건에서는 [여야 정당들이 번갈아 집권하는] **대안 연립**alternative coalitions이 존재할 수 없다. 즉 진자가 움직이듯이 한쪽 정당군에서 다른 쪽 정당군으로 정권이 이동하는 일은 일어나지 않는다. 그 대신 **주변적 정권 교체**peripheral turnover**만 일어난다**(이때 주변적이란, 정부에 참여할 기회가 중도 좌파와 중도 우파 정당에만 주어진다는 것을 의미한다). 달리 말해, 대안 연립이 이루어지려면 **모든 유효 정당이 집권 지향적이고 집권 가능 정당으로 인정되는 체계가 먼저 존재해야 한다. 반면, 주변적 정권 교체는 영구 집권 정당들이 자신들 주변에 있는 이웃 정당 가운데 상대만 바꿀 때 일어난다.

집권 기회가 특정 세력에게 국한되어 있다는 것은, 왜 양극화된 다당 체계에서 책임 있는 중요한 반대당이 존재하지 않는지, 왜 부분적 책임만 가지고 있거나semi-responsible 전적으로 무책임한 반대당만 존재하는지를 설명해 준다. 야당은 시민들에게 '반응'respond해야만 한다고 생각할 때, 즉 스스로가 약속한 공약을 이행해야 한다고 생각할 때 책임 있게 행동하게 되며, 반대로 집권이 어렵다고 생각할수록 무책임해진다. 그런데 양극화된 정체에서 중도 정당들을 가능한 동맹의 범위에서 배제하는 것이 이데올로기적 제약에 의해 강제될 여지는 몹시 크다. 더욱이 중도 좌파 정당들과 중도 우파 정당들은 집권당으로서 부차적인 책임만 분담하려 한다. 결국 정부의 불안정 및 연립의 유동성, 연립 정부 내에서 잦은 분쟁은 누가 무엇에 책임이 있는가라는 인식을 모호하게 만든다.

이 모든 점을 고려할 때, 양극화된 정체에서는 집권을 추구하는 정당조차 책임 있는 야당의 역할을 수행할 동기를 갖지 못한다. 그런 정당들은 **부분적 책임만** 감당할 수 있을 뿐이다. 반체제 정당은 (만약 존재한다면) **무책임해진다.** 반체제 정당은, 기존 정치 체계를 받아들이지 않으며, 실현될 수 없는 공약을 내걸고 있는 만년 야당이다. 그리하여 양극화된 다당 체계에서 중간 공간의 주변에 위치한 정당들은 부분적으로만 책임지는 반대당이 되고, 체제에 반대하는 극단적 정당들은 무책임한 반대당이 된다. 무책임한 야당의 역할에서 여덟 번째 특성을 살펴볼 수 있다.[17]

8. 양극화된 다당 체계의 이 마지막 특징은 내가 **공약 남발의 정치**politics of outbidding 또는 과잉 공약의 정치라고 부르는 양상이다. 공약 남발의 정치는 이른바 '경쟁의 정치'와는 매우 다르다. 경쟁의 정치는 경쟁

성, 즉 [정당들 간에] 이념적으로 가까운 정도만이 아니라 **경쟁의 규칙**을 구성 요소로 한다. '경쟁의 정치'라는 개념은 경제학에서 가져온 것이다. 유추의 방법을 사용할 때는 그 과정에서 길을 잃지 않도록 유의해야 한다. 경제적 경쟁은 두 가지 조건에서 가능하다. 첫째, 시장은 독점적 지배를 받지 않아야 한다. 둘째, 상품은 설명된 그대로여야 한다(이것은 첫 번째 조건 못지않게 중요하다). 경제 영역에서 이 두 번째 조건은 법적 규제를 통해 충족된다. 만약 사기 행위가 처벌받지 않는다면, 또 생산자가 어떤 상품을 다른 상품으로 쉽게 바꿔 팔아넘길 수 있다면(예컨대, 유리를 다이아몬드로, 노란 페인트를 금으로, 물을 약으로) 경쟁 시장은 금세 무너진다.

[경제적 경쟁만큼] 그 정도로 엄격하지는 않지만, 정치적 경쟁에도 비슷한 조건이 적용된다. 경쟁적 정치는 두 개 이상의 정당이 존재해야 하며(그렇지 않으면 정치 시장은 경쟁 시장으로 기능할 수 없다.) 최소한의 공정한 경쟁(및 상호 신뢰)이 있어야 한다. 물론 정치적 경쟁은 그렇게 엄격하지 않다. 정치적 속임수는 경제적 속임수보다 간파하기도 어렵고 통제하기도 어렵다. 그런데 책임 있는 야당과 무책임한 야당은, 전자는 정치적 경쟁이 공정하고 후자는 불공정하다는 점에서 구별된다. 어떤 정당이 늘 하늘을 향해 약속을 해놓고 그 약속에 책임지지 않는다면 이런 행위는 분명 공정 경쟁으로 보기 어렵다. 이런 상황에서 '경쟁적 정치'라는 말을 사용한다면 이는 부적절한 단어 선택이자 사실을 오해하는 것이다. 사실 정치적 게임은 끊임없이 확대되는 불공정 경쟁 속에서 치러진다. 공약 남발의 정치는 (또 한 번 경제학 용어를 빌리면) **인플레이션 불균형**과 아주 비슷한 상태가 된다. 즉 경쟁자들은 "서로 더 강력한 호소와 약속으로 유권자들의 지지를 얻으려고 애쓰게 된다." 이리하여 유

용한 공급을 제공하겠다는 [공약] 경쟁은 증가하는 반면 실제 그런 공급은 증가하지 않는다.[18]

이상이 극단적으로 양극화된 다당 체계의 증상들이다. 지금 맥락에서 그 증상의 원인에 대해 불완전한 설명을 덧붙이는 것은 적절하지 않을 것이다. 요점은 다음 두 가지다. 첫째, 전통적인 다당제 범주는 근본적으로 상이한 두 가지 경우가 섞여 있다. 둘째, 정당이 3개 이상인 체계들이 하나의 묶음으로 함께 취급될 수 없다. 그럼에도 불구하고, 양극화된 정체가 존립할 수 있는 가능성을 살펴보는 것은 중요하다. 이런 형태의 다당 체계가 정치체의 건강을 위해서는 분명 바람직한 상황은 아니라고 할 수 있다. 원심적 추진력, 무책임한 야당, 불공정 경쟁 등을 특징으로 하는 정치 체계는 생존 가능한 체계가 아니다. 무절제하고 이념적인 정치는 완전한 마비 상태에 빠지거나 결국에는 실패하게 될 허황한 개혁안만 남발하는 상황에 이르게 된다. 그렇다고 양극화된 정체가 무력해지고 궁극적으로 자기 파멸로 이어질 수밖에 없다는 뜻은 아니다. 그렇지만 이 체계는 폭발적인 위기 혹은 외부의 위기에 효과적으로 대처하지 못한다.

양극화된 정체의 생존 가능성을 고려하다 보면 반체제 정당에 대해서도 다시 생각해 보게 된다. 문제는 반체제 정당들을 기존 정치 질서 안으로 흡수할 만큼 이 체계가 충분히 오랫동안 살아남을 수 있을 것인가이다. 분명 역사가들은 혁명 정당도 결국 처음에 가졌던 추동력을 잃고, 자신들이 전복하려 했던 체제를 전복하지 못하고 순응하게 된다는 사실을 발견하게 될 것이다. 그러나 정치학자들은 생존해 있는 행위자들에게 (그리고 정치 체계에) '장기간'은 너무 긴 시간이라는 사실을 발견해야 할 것이다. 마르크스주의적 사회주의 정당들이 체제 내로 통합되는 데는 약 반세기가 걸렸다(많은 나라에서 공산당의 체제 내 통합이 공산당의 손실 없이 이루어진 것도 아니다). 한편 사회주의 정당들이 머뭇거리는 동안, 두 차례 대전 사이의 시기에 이탈리아, 독일, 스페인에서는 민주주의가 붕괴되었다. 더구나 공산주의를 수용하는 것은 또 다른 종류의 문제이다. 19세기와 20세기 초 노동자계급의 상태를 돌아보면, 혁명적 사회주의는 실로 '절망의 정치'였다. 그러나 오늘날 공산당의 존재는 프랑스나 이탈리아, 심지어 핀란드에서조차 절망적 상황이 아니라 복지 국가적 상황을 반영한다. 다른 한편, 사회주의는 국제적으로는 상당히 느슨하며, 국내적으로는 종종 국가 기구에 적대적인 행태를 특징으로 하는 매우 자발적인 운동이었다. 반면, 공산주의는 실체를 가진 '종주국가'[소련]를 등에 업고, 엄청난 규모의 조직망으로 확고하게 무장한, 강력하게 전열을 갖춘 운동으로서 경쟁의 장에 들어갔다.[19]

사회주의와 공산주의 간의 유사성을 엄격하게 검토하는 것이 어렵다면, 대신 서구 주요 국가들에서 공산당의 이른바 체제 내 통합이 어떤 특수한 조건에서 이루어졌는지를 따져 보자.

공산주의의 체제 내 '통합'이라는 주제는 여러 가지 관점에서 설명되어 왔다. 그중에서 가장 대담한 견해는 유럽의 주요 공산당들이 이미 '적극적으로 체제 내에 통합'되어 있다는 것인데, 이는 서구 공산당들이 진정한 개량주의 정당이며, (적어도 이탈리아에서는) 입헌주의 정체를 유지하기 위한 실질적 보루라는 점에서 그렇다는 것이다. 후자의 주장에 대해서는 역사가 곧 밝혀 줄 것이다. 우선 일반적인 주장, 즉 서구 공산당들이 부르주아 연립 정부에 참여했지만 그로 말미암아 실제로 어떤 심각한 결과가 발생하지는 않았다는 일반적인 주장에 대해 살펴보자.

1930년대 말의 칠레와 제2차 세계대전 직후의 많은 유럽 국가들

(1946년에서 1948년까지의 칠레도 포함)에서는 공산당까지 모두 참여하는 '국민전선'national front 연합이 형성되었다. 좀 더 중요한 사실은 1960년대 후반 이래 3개국, 즉 핀란드(1966~71년), 칠레(1970~73년), 아이슬란드(1971~74년)에서 공산당들이 서구형 연립 정부에 참여했다는 것이다. 그러나 아이슬란드는 유권자 수가 10만 명 정도밖에 되지 않는 등 여러 면에서 적절한 사례는 아니다. 칠레의 공산당은 의회 내에서 비교적 세력이 약했고(상원의원 50명 중 6명, 하원의원 150명 중 22명), 아옌데는 의회에서 과반을 차지하지 못했으며 그의 실험은 군부 쿠데타에 의해 무참히 저지되었다. 그래서 우리에게 남은 적절한 사례는 핀란드 하나뿐이다. 그런데 핀란드공산당은 지금까지 세 차례 연립 정부에 참여했는데, 그것은 (의회에서의 정치적 셈법에 따라 [다수파 구성을 위해] 필요로 하게 된 파트너로서가 아니라) 대체로 소비에트의 압력에 의해 양보한 결과였다. 1971년에 핀란드공산당이 맡은 주요 직책은 법무부 장관 정도였다. 내무부 장관이나 국방부 장관처럼 지배적인 지위는 공산당에게 결코 주어지지 않았다. 한편, 핀란드공산당은 정부에 참여한 이후 득표율이 심각하게 떨어졌다. 핀란드공산당이 1971년에서 1975년까지 어느 연립 정부에도 참여하지 못한 데는 어쩌면 이런 이유도 있겠지만, 중요한 것은 당내 '자유주의'파와 스탈린주의파 간의 격렬한 갈등 때문이다.

따라서 현존하는 증거는 문제의 핵심을 파악하는 데 큰 도움이 되지 않는다. 왜냐하면 문제는 ① 공산당이 참여한 연립 정부와 ② 공산당이 통제하는 연립 정부, 즉 공산당이 하나 이상의 중요한 각료 자리를 차지하고 있는 연립 정부 간의 결정적인 차이에 달려 있기 때문이다. 그리고 중요한 사실은 중앙정부에서 주도권을 가지거나 지배적인 위치에 있는 공산당이 임기가 끝난 후 자유롭고 다원적인 경쟁을 통해 치른 선거의 결과에 승복한 사례가 없다는 것이다. 반면 그 반대 사례들은 전 세계에서 넘쳐 난다.

[체제 내로의] '적극적 통합'과 '소극적 통합' 간의 차이도 엄청나다. 이런 차이는 이탈리아공산당의 사례를 보면 쉽게 알 수 있다.[20] 이탈리아공산당이 적극적인 체제 내 통합을 통해 '건설적' 야당이 되었다고 주장하는 사람도 있다. 따라서 논리적으로 보면 이탈리아공산당은 여느 통상적인 충성스러운 야당처럼 행동한 것이 된다.[21] 이런 해석은 "1948년부터 1968년까지 이탈리아에서 만들어진 법률의 약 4분의 3이 공산당의 동의를 받았으며", 그 뒤 어떤 법안도 이탈리아공산당과 사전에 협상을 하지 않거나 공산당의 허가 없이 제출된 적조차 없다는 사실을 확고한 증거[22]로 내세운다.[23] 그러나 이런 법안들 대부분이 매우 사소한 것들이고 중대한 사안은 매우 드물었다는 것 또한 분명한 사실이다.[24] 즉 **결정**보다 **비결정**non-decisions이 압도적인 비중을 차지하는 한 적극적 통합은 곧 '소극적 통합'으로 보이게 된다. 이러한 관점에서 냉정하게 해석하면, 이탈리아의 정부와 의회는 이탈리아공산당의 거부권 때문에 점차 마비되었으며, 어떤 결정을 법제화하더라도 부수적인 비용이 감당하기 어려울 만큼 높아졌다고 볼 수 있다.

여기서 이 문제를 자세하게 설명할 수는 없으므로 요점만 말해 보자. 이탈리아가 정치적으로 왜 '서유럽의 환자'가 되었는가라는 질문을 받는다면, '적극적 통합' 가설은 무너질 것이다. 흔히 말하듯이 이탈리아 정치의 퇴보가 기독민주당이 거의 30년 동안 모든 연립 정부를 지배한 탓이라고 답변한다면, 왜 기독민주당이 그동안 실각하지 않았는가라는 문제에 직면하지 않을 수 없다. 이 문제는 다시 양극화된 다당 체계의 속성, 즉 무엇보다도 기독민주당이 권력을 장악하고 계속 집권할 수 있었던 것은 반체제 정당이 존재하기 때문이라는 사실로 되돌아간다. 요컨대, 그 희망적인 해석은 이탈리아 정체의 전체적인 상황을 설명하지 못함으로써 우리를 좌절시키고 만다. 체계적으로 말하면, 그런 해석은 설명력이 전혀 없다.

이제 적극적 통합과 소극적 통합의 차이가 명확해졌다. 또한 냉정한 해석이 더 설득력이 크다는 것도 확인되었으므로 앞으로의 전망을 살펴보기로 하자. (반체제 정당에 대한 우리의 정의에 비추어 볼 때) 결정적인 시험대는 **정당성 상실**de-legitimisation 과정과 그 반대 과정인 **정당성 회복**re-legitimisation 과정에 있다. 나는 이탈리아에서 1970년대까지는 정당성 상실 과정이 정당성 회복 과정에 비해 확실히 우세했다고 생각한다.[25] 그러나 지금은 그 추세가 역전되었다고 누군가 주장할 수도 있다. 그렇지만 우리가 **가시적 정치**와 **비가시적 정치**의 차이, 그리고 양자 간의 상호작용을 검토하지 않으면, 이는 곧 다룰 수 없는 문제가 되고 만다.

첫째, 흥미로울 것도 없지만, 정치과정의 커다란 단면은 우리 눈에 잘 보이지 않는다. 그것은 너무 미세한데다가 우리 눈으로 모든 것을 탐지할 수는 없기 때문이다. 둘째, 비가시적 정치는 의도적으로 은폐되어 있으며, 불쾌하고 타락한 부분(정치자금, 이권, 고객, 지저분한 거래)으로 이루어져 있다. 이는 확실히 비가시적 정치를 구성하는 중요한 요소이지만, 그것들 사이의 정도 차이는 우리가 고려하고 있는 변수들과는 별 연관성이 없다. 그래서 우리는 가시적 정치와 비가시적 정치를 나누는 세 번째 방식이 필요하다. 이에 따르면, 가시적 정치는 대중매체를 위한 말과 약속에, 비가시적 정치는 귓속말로 전달되는 말과 거래에 해당한다. 이런 구분이 우리 논의와 관련해 의미를 갖는다.

경험상, 이념적 성향이 약할수록 야당은 덜 무책임하다. 또한 공약을 남발하지 않을수록 수사rhetoric와 실행 가능성 간의 그리고 이미지 선전과 실제 정책 간의 (상대적) 거리도 가깝고, 전환 가능성이 높아진다. 반대로 어떤 정체가 공약 남발, 무책임한 야당, 이념적인 목표 설정 등의 경향이 강할수록 실제 정책으로의 전환이 어려워지며, 가시적 정치(공개적으로 이루어지는 것)와 비가시적 정치(비밀리에 이루어지는 것) 간의 간극도 넓어진다.

가시적 정치와 비가시적 정치를 구분하면, 우선 모든 서구의 정체가 '실제로는' 더 이상 이념적이지 않다는 잘못된 주장을 바로잡는 데 도움이 된다.[26] 그 대신에 나는 (이념적 폭이 넓을 때) 실용적인 협상은 비가시성의 장막 아래에서만 실현될 수 있는 반면, 가시적 정치 게임은 반드시 이념적으로 계속 진행되며, 사실 과장될 수밖에 없게 된다고 말하고 싶다. 둘째, 비가시적 정치와 가시적 정치의 전환 불가능성은 양극화 정치의 특징인데, 이는 왜 내가 의회 정당이나 권력 엘리트들이 아니라 득표 추구 정당에 주목하는지를 설명해 준다. 양극화된 다당제의 원심적 경향을 선거 수준에서 그리고 선거 정당에 대해서만 다루려는 것이 내가 이 수준에서 원심력을 측정할 수 있는 도구를 갖고 있어서는 아니다. 비가시적이거나 가시성이 극히 낮은 수준에서의 측정 방법이 단지 인상적인 추론에 그칠 것이기 때문도 아니다. 그보다는 가시적 정치와 비가시적 정치가 분리되어 있을 때 결국 악순환에 빠져들기 때문이다. 즉 지도자들은 자신이 쳐놓은 이념의 그물에 갇혀 결국에는 자신이 퍼뜨린 이미지 선전의 포로가 되고 만다. 바로 이 지점에서 우리는 앞에서 제기한 당면 문제로 되돌아가게 된다.

"반체제 정당은 어떻게 체계에 통합되는가" 하는 문제는 (최종 분석에서는) 상호 **정당성 회복** 과정이, 그 전의 **정당성 상실** 과정을 대체하느냐 못하느냐에 달려 있다. 내가 '상호'reciprocal라고 말하는 이유는, 통합은 양 진영 모두 정당성 회복 정책을 추진한다는 것을 전제로 하기 때문이다(한쪽에서만 추구한다면 그 결과는 통합이 아닌 흡수이다). 정확히 말하면 질문은 다음과 같다. "수십 년 동안의 상호작용인 '정당성 상실'이 얼마나 빨리, 어느 수준에서 정당성 회복으로 대체될 수 있을까?" 지식인들이나 엘리트들은 대중에 비해 태도를 비교적 쉽게 바꾸는 경향이 있다. 그래서 가시적 정치와 비가시적 정치를 구분해서 보면, 비가시적인 영역에서만 일어나는 정당성 회복은 반체제 성향 유권자들의 기대를 변화시키지 않을 것이다.[27] 여기서 문제는 엘리트들이 실제로 정당성 회복을 대중과 대중매체 수준으로까지 추진하겠느냐 하는 것이다. 그리고 대중 수준에서 **상호** 정당성 회복이 이루어지는 속도와 정도를 탐지하고 측정하는 조사는 잘 이루어지고 있다. 그러나 최근의 조사 설계는 상상력도 부족하며 중요한 사안에 대한 조사가 거의 이루어지지 않고 있는 실정이다. 그래서 양극화된 정체의 생존 가능성은 제대로 평가할 수 없다. 양극화된 정체가 '외적으로' 허약하고 외부로부터 위기(예컨대 바이마르에서는 인플레이션, 프랑스에서는 알제리 사태)에 노출되리라는 것은 의심의 여지가 없으며 실제로 거듭되고 있다. 그러나 반체제 정당이나 반체제적 태도가 자신의 '내적' 허약함을 극복할 것이라는 희망적 사고에 의탁하는 것은 (지금까지도) 여전히 무모한 위험을 안고 있다. 현재 우리가 확실하게 알고 있는 것은, 많은 표를 얻을수록 **권력**도 커진다는 단순한 사실뿐이다. 이것이 내가 원심력을 측정하면서 발견한 것이며, 그만큼 분명한 사실이다.

요컨대 공산당 역시 사회당과 같은 경로를 따를 것이라고 예측하는 경향이 있는데, 이런 식으로 유추하면 중대한 차이를 간과하게 된다. 우선, 정당의 형태를 만드는 것은 그 자체의 역사, 즉 정당의 지도자와 간부의 사회화 과정이다. 나아가 특히 공산당의 체제 내 통합 또는 체제와의 융합을 말하려면 그것이 발생하는 수준을 살펴봐야 한다. 우리가 확실하게 알고 있는 것은, 한 정체가 모든 수준(선거 수준, 의회 수준, 정당 지도부 수준)에서 원심적이라면 그 운명은 정해져 있다는 것이다. 즉 그 정체는 순식간에 자연폭발로 마감하게 될 것이다. 바이마르공화국은 마지막 3년 동안에 그리고 칠레는 아옌데 집권기에 이런 일이 발생했다. 이것은 선거 경쟁에서 원심적 전술이 줄어들거나 종국적으로 다른 장에서 그것에 대응해 상쇄될 때만 양극화된 다당 체계가 존속할 수 있다는 말과 같다. 이탈리아가 확실히 그런 경우에 해당된다. 이탈리아가 양극화된 다당 체계의 최장 기록을 보유하게 된 것은 공산당 지도자들과 부르주아 정당 지도자들이 비가시적 수준에서만 구심적으로 수렴했기 때문이다. 이 점을 빼고 서술해 온 양극화된 다당 체계의 체계적 특징은 아직도 그대로 유지될 수 있다.

2. 사례 검증하기

이상의 논의를 통해 양극화된 다당 체계의 전반적인 속성과 그 가능성에 대해 살펴보았다. 분석을 구체화하기 위해 몇몇 나라에 대해서는 대충 언급하고 지나간 반면, 어떤 하나의 유형에 대해서는 진지하게 다루었다. 이는 어떤 구체적인 체계도 양극화된 다당 체계의 **모든** 특징을 (적어도 동일한 정도로) 보여 준다고 생각해서는 안 되기 때문이다. 여기서는 우선 "나의 유형은 어떤 종류의 '유형'에 속하는가"가 문제가 된다. 그 유형은 이념형인가 원형인가, 순수한 유형인가 극단적 유형인가, 극과 극으로 대비되는polar 유형인가 아니면 그 밖의 다른 유형인가? 유형들의 유형론(특히 이념형 개념)은 방법론적으로 모호하므로, 여기서는 단순하게 ① 극과 극으로 대비되는 유형, 또는 순수형pure types, ② 경험형empirical types 또는 [경험으로부터 뽑아 낸] 추출형extracted types으로 구분해 논의하기로 하자.[28]

극과 극으로 대비되는 유형은 스펙트럼상에서 또는 배열 순서상으로 두 극단에 위치하고 있는 유형이다. 이 유형은 실제 사례들이 변화하는 범위의 바깥쪽 경계를 표시할 뿐만 아니라 스펙트럼상에서 설정되는 차원을 명확하게 규정한다. 한편, 순수형은 하나의 기준, 파라미터, 모델을 제시하므로 구체적인 개별 사례들은 그 기준에서 얼마나 멀고 가까운지를 통해 비교할 수 있다. 극단형과 순수형은 경험적으로 발생할 확률이나 빈도가 아니라 논리적 가능성을 기반으로 설정된다는 점에서 매우 유사하다. 또한 극단형-순수형은 본질적으로 발견적인heuristic 구성물이라고 말할 수도 있다. 반대로, 경험형 또는 추출형은 경험적 발생의 빈도나 가능성에 맞도록 구성되며, 발견적 기능보다 사례를 묶는 기능을 한다. 물론 경험형도 단어 자체의 의미만 보면 '이념형적'이며, 순수형만큼이나 추상적일 수 있다. 그 차이는, 경험형은 발생률이나 평균치를 기초로, 형태상의 증거 혹은 개별 사례들의 증거로부터 '추출되는' 경향이 있다는 점이다. 특히 극과 극으로 대비되는 유형은 (대립물로서) 이분법적으로 해석되는 반면, 경험형은 서로 구별되는 수많은 가까운 사례들을 나타낸다.

이제 예비 질문에 분명하게 답할 수 있게 되었다. 즉 양극화된 다당 체계는 극과 극으로 대비되는 유형이자(이거나) 순수형이다. 이렇게 성격을 규정한다 해도 이 유형의 중요성이 줄어드는 것은 아니다. 사실 경험형은 극과 극으로 대비되는 유형의 관념화를 전제로 하며, 또 그것의 도움을 받는다. 현실의 구체적인 사회들은 퇴니에스가 확립한 게마인샤프트Gemeinschaft-게젤샤프트Gesellschaft의 이분법으로 더 잘 분석되고 이해되어 왔다. 베버의 이념형Idealtypen은 다소 모호할지도 모르지만 우리는 끊임없이 베버로 되돌아간다. 또한 기계적 연대와 유기적 연대를 대립시켜 설명한 뒤르켐의 경우도 마찬가지다. 그런데 정당 연구는 한쪽 끝(전체주의 극단)에만 경계가 있는 '무한한' 스펙트럼을 다루어야 한다는 데 불리한 점이 있다.[29] 정당 체계는 일당제에서부터 정당이 무수히 많은 체계까지 가능하다는 생각은 이론적 포착 능력이 부족하다는 사실을 드러낼 따름이다. 분말화된 또는 원자화된 체계에는 정당의 수가 매우 많은 것이 사실이다. 정당의 수가 매우 많은 것은, 그런 정당들이 정당 이전의 상태이거나 맹아 단계의 (그리고 이런 의미에서 유효하지 않은irrelevant 정당이기 때문이다). 그러나 구조화된 정당 체계에서는 가능한 유효 정당의 수에 일정한 한계가 있다. 나의 유형론이 [일정한 수를 기준으로 한] 종착지로서의 성격을 갖기 때문에 여기서 한계점이란 정확히 말해 정당 수가 더 이상 늘 수 없는 한계를 갖는다는 것을 뜻한다. 그러므로 이 장에서 전개한, 경쟁 체계 분석은 양극형에서 출발한다는 점을 분명하게 이해해야 한다. 이어서 세 가지 추출형 혹은 경험형을 분석할 것이다. 이런 방법론적 전제를 바탕으로 구체적인 사례들을 분류하고 검증해 보자.

　나의 계산 규칙에 따르면, [정당 체계가] '파편화된' 나라의 목록은 다음과 같다. 이 목록은 전체를 망라한 것은 아니지만 포괄적이다. 이들 나라는 극단적/양극화된 다당 체계의 범주에 속하거나 그것에 가까운 유형이다.

칠레(1961~73년)	5~7
덴마크(1947~71년)	4~5
핀란드(1951~72년)	6
프랑스(제4공화국)	6
프랑스(제5공화국)	4~5
이스라엘(1949~73년)	5~7
이탈리아(1948~72년)	6~7
네덜란드(1967년까지)	5
노르웨이(1945~69년)	5
스위스(1947~71년)	5
바이마르공화국(1920~33년)	5~6

정당의 수가 5~6개인 경우가 가장 많다는 사실이 금방 눈에 띈다. 즉 온건한 다당 체계와 극단적 다당 체계 사이의 경계선 주변에 수많은 사례가 존재하고 있는 것이다. 이런 결과가 특별히 문제가 되는 것은 아니다. 왜냐하면 스펙트럼 양 극단에서는 수적 기준도 이념이라는 변수의 도움 없이는 소용없다는 것을 우리는 처음부터[30] 알고 있기 때문이다. 이 통제 변수를 도입하기에 앞서 네덜란드와 덴마크 사례를 살펴보자. 이 두 사례는 상당히 흥미로우며 그 장점에 대해 평가할 만한 가치가 있다(〈표 5〉와 〈표 6〉).

의회에 의석을 가진 모든 정당을 계산하면, 덴마크에는 1973년에 10개 정당이 있었다.[31] 네덜란드에는 1971년에 무려 15개 정당이 있었는데, 유권자 수가 약 800만 명이라는 사실을 감안하면 실로 놀라운 숫자

표 5.

네덜란드의 선거 결과(1946~72년)

	1946	1948	1952	1956	1959	1963	1967	1971	1972
공산당	10.6	7.7	6.1	4.8	2.4	2.8	3.6	3.9	4.5
평화사회당(PSP)	-	-	-	-	1.8	3.0	2.9	1.4	1.5
민주66당	-	-	-	-	-	-	4.5	6.8	4.2
노동당(PvdA)*	28.3	25.6	29.0	32.7	30.4	28.0	23.6	24.6	27.4
민주사회70당	-	-	-	-	-	-	-	5.3	4.1
급진당(PPR)	-	-	-	-	-	-	-	1.8	4.8
가톨릭인민당(KVP)*	30.8	31.0	28.7	31.7	31.6	31.9	26.5	21.9	17.7
반혁명당(ARP)*	12.9	13.2	11.3	9.9	9.4	8.7	9.9	8.6	8.8
기독교역사연합(CHU)*	7.8	9.2	8.9	8.4	8.1	8.6	8.1	6.3	4.8
정치개혁당(SGP)	2.1	2.4	2.4	2.3	2.2	2.3	2.0	2.4	2.2
자유민주당(VVD)*	6.4	7.9	8.8	8.8	12.2	10.3	10.7	10.3	14.4
농민당(푸자드 유형)	-	-	-	-	-	2.1	4.8	1.1	1.9
기타	1.0	2.9	4.7	1.5	1.9	2.3	3.4	5.6	3.7

* 전체 시기 동안 유효 정당

이다.[32] 하지만 나는 (1947~71년 사이에) 덴마크는 실제 정당이 4~5개인 체계였다고 지적한 바 있다.[33] 마찬가지로, 1967년까지 네덜란드의 정당 체계는 대형 정당 2개(사회당, 가톨릭당), 개신교 정당 2개(반혁명당, 기독교역사연합Christian Historical Union), 성장 일로에 있던 보수정당 1개(자유당)로 구성된 5당 체계였다.[34] 그러나 오늘날에는 이런 상황이 들어맞는다고 할 수 없다. 최근 두 나라의 정당 체계는 '해빙'de-freezing 과정이 진행 중이다.

표 6.

덴마크의 선거 결과(1945~75년)

	1945	1947	1950	1953	1953	1957	1960	1964	1966	1968	1971	1973	1975
덴마크공산당	12.4	6.7	4.6	4.7	4.3	3.1	1.1	1.2	0.8	1.0	1.4	3.6	4.2
좌파사회당	-	-	-	-	-	-	-	-	-	2.0	1.6	1.5	2.1
사회인민당	-	-	-	-	-	-	6.1	5.8	10.9	6.1	9.1	6.0	4.9
사회민주당*	32.8	40.0	36.9	40.4	41.3	39.4	42.1	41.9	38.2	34.2	37.3	25.7	30.0
중도 사회민주당	-	-	-	-	-	-	-	-	-	-	-	7.8	2.2
급진자유당*	8.2	6.9	8.2	8.6	7.8	7.8	5.8	5.3	7.3	15.0	14.4	11.2	7.1
정의 (단일조세)당	1.9	4.5	8.2	5.6	3.5	5.3	2.2	1.3	0.7	0.7	1.7	2.9	1.8
자유민주당 (Venstre)*	23.4	27.6	21.3	22.0	23.0	25.1	21.1	20.8	19.3	18.6	15.6	12.3	23.3
보수당*	18.2	12.4	17.8	17.3	16.8	16.6	17.9	20.1	18.7	20.4	16.7	9.1	5.5
기독교 인민당	-	-	-	-	-	-	-	-	-	-	2.0	4.0	5.3
독립당	-	-	-	-	2.7	2.3	3.3	2.5	1.6	0.5	-	-	-
진보당 (푸자드 유형)	-	-	-	-	-	-	-	-	-	-	-	15.9	13.6
기타	3.1	1.9	0.3	1.4	0.6	0.4	0.4	1.1	2.5	1.5	0.2	-	-

* 전체 시기 동안 유효 정당

이런 해빙 현상이 네덜란드에서는 [덴마크에 비해] 덜 분명한데, 지난 10년 동안의 추세를 보면 대체로 단명한 정당들이 성쇠를 거듭하면서 정당 체계가 분열했기 때문이다. 의회 의석 150석 가운데 농민당은 1967년에 7석으로 정점에 올랐다가 1972년에 3석으로 줄어들었다. 민주66당은 1971년에 11석을 차지했지만 1972년에는 6석으로 줄었다. 민주사회70당 역시 1972년에 6석으로 떨어졌다. 그리고 이전의 [무정부주의 세력인] '프로보'Provo와 '카부터스'Kabouters는 전국 의회 선거에서 의석을 얻지 못하고 소멸했다. 급진당만이 1971~72년에 선전했다. 다른 신생 정당들도 선전했지만 이후로 쇠퇴했다. 전통적 정당인 자유당은 결과가 훨씬 좋았다. 최근 1974년 3월의 지방선거에서 자유당은 여전히 약진했고 사회당은 원래 세력을 회복했다. 반면에 민주66당은 몰락했고, 민주사회70당의 쇠락도 뚜렷하다.

이런 네덜란드의 상황을 보면, [정당의] 분류와 변화의 관계에 논쟁의 여지가 있음이 분명하게 드러난다. 정당 체계를 정당의 수에 따라 분류하면 파편화의 정도를 파악할 수 있다. 그러나 이것이 전부라면, 사실 '부류'classes는 필요 없을 것이다. 사례들을 이 부류에서 저 부류로 옮겨 놓을 수는 있지만, 그럼에도 불구하고 분류는 영속성과 경계를 부여한다. 영속성과 경계를 부여하는 것이 인정받지 못한다면, 현실 세계에 맞게 끊임없이 순위를 다시 매기고 좀 더 예민한 지표들을 개발해야 할 것이다. 한편, 네덜란드의 포물선은 정당 구도가 시간이 흐르면서 놀라울 정도로 탄력성을 가지고 있음을 확인해 준다. 그리하여 네덜란드의 정당 수가 몇 개인지를 끊임없이 계산하고 다시 계산하는 것은 외관상으로 드러나는 역학을 지나치게 강조하는 일이 될 것이다(혹은 그렇게 해 왔던 것 같다).[35] 그러므로 네덜란드의 포물선은, 분류는 지도를 그리는 장치일 뿐 아니라, 제대로 이루어지기만 한다면 체계의 속성을 포착할 수 있다는 주장을 지지하는 것처럼 보인다. 물론 정당의 행동이 변한다는 바로 그 사실 때문에 정당 구도가 안정된 상태를 유지할 수도 있다. 네덜란드의 경우, 새로 생겨난 반짝 정당들은 신세대층(대부분의 서구 국가에서 이들은 많은 기성 정당들을 급진적으로 만들고 있다.)으로부터 걸맞은 지지를 받지 못했다. 그러나 립셋과 로칸이 지적한 서구 정당 체계의 동결freezing은, 정당들이 변하지 않는다는 것을 의미하지는 않는다.

반면에 덴마크 사례는 1973년 선거에서 유례없는 격변과 거대한 변화가 일어났다는 점에서 흥미롭다. 1971년에 2%의 봉쇄 조항threshold을 넘어 의회에 진출한 정당은 단 5개였다. 그런데 1973년에는 다시 5개 정당이 더 의회에 진출했는데, 이들은 총투표의 3분의 1을 차지했다. 특히 선거일 직전에 가까스로 결성된 두 개의 신생 정당이 총투표의 4분의 1가량을 득표했다. 1973년의 이변은 모든 점에서 유례가 없었다. 정당 간 표의 이동을 보면 60%의 투표자가 지지 정당을 바꾼 셈이 된다. 그러나 1975년 선거에서는 중요한 한 가지만 빼고 거의 예전 상태로 되돌아갔다. 진보당이 강세를 유지한 것이다. 그 밖에 새로 나타나거나 다시 나타나고 있는 현상은 사회민주당과 자유민주당을 중심으로 한 양 블록 체제이다. 이전과 다른 점은 (네덜란드의 경우와 마찬가지로) 더욱 강력한 급진화인데, 최근 두 정당(진보당뿐 아니라 기독인민당도)이 세력을 유지하고 있는 데서 알 수 있다. 어쨌든 덴마크를 극단적 다당 체계로 재분류하면, '덴마크도 양극화된 다당 체계로 변하고 있는가'가 문제가 된다. 당연히 두 현상이 동시에 일어날 필요는 없다. 다른 한편, 핀란드의 경우처럼 정당의 수를 기준으로 보면 극단적 다당 체계이지만 여전히 준-양극화된 정당 체계를 유지할 수도 있다. (정도는 덜 하지만) 노르웨이의 경우에도 비슷한 문제가 제기된다. 1973년 선거에서 노르웨이 노동당은 득표율 35%, 점유 의석수 40%로 25년 만에 최악의 패배를 겪었다. 그래서 노르웨이에서는 일당 우위 체계가 마감될 것처럼 보였다.[36] 나아가 1973년 선거에서는 의회에 확실히 유효한 제6의 정치 단위가 전면에 부각되었다. 1969년 선거에서 의석을 얻지 못한 공산당과 사회인민당에 노동당의 좌익 분파가 결합해 생겨난 사회주의선거동맹Socialist Election Alliance이 그 장본인이다. 결국, 노르웨이에서도 (조세와 공적 개입의 대폭 축소를 주장하는) 신생 저항 정당 안데르스 랑게 당Anders Lange's party이 5%를 득표했다.[37]

네덜란드의 경험에서 배웠듯이 단 한 번의 선거만으로 다시 분류를 하고 결론을 이끌어 내는 것은 성급한 일이다. 그러나 우리가 거론한 나라들을 예비적으로 검토해 보기만 해도, 동결된 정당 체계가 심각한 도전을 받고 있음이 드러난다. 북유럽 국가들은 아마도 좀 더 일반적인 추세의 전조일 뿐이기 때문이다. 그렇다 하더라도 당분간은 분류 과정에서 나타나는 경계선상의 나라들이 양극화된 다당 체계 유형에 속하는지 여부를 결정하는 것이 중요하다.

통제 변수인 이념 거리를 곧바로 적용해 보자. 이 기준에서 보면 스위스는 분명 온건한 다당 체계에 속한다는 것을 금세 알 수 있다. 이보다 정도는 덜 하지만 네덜란드도 마찬가지다. 이 두 나라에서 정당의 파편화는 양극화가 아니라 분절 양상을 띤다. 특히 스위스는 전체 연구 대상 국가 중에서 가장 탈정치화된depoliticised 나라로 나타난다. 아마도 스위스 정치의 무게중심이 여전히 주canton에 있기 때문일 것이다. 전국 수준에서 보면, 스위스의 정당 체계는 극도로 느슨하고 분권화되어 있다. 중앙 연방의 '행정관'은 정치적 사안을 주변부에 맡겨 논의하고 결정한다.[38] 덴마크와 노르웨이 두 나라는 준-양극화semi-polarization 단계에 가까워지고 있는 것처럼 보이나 그렇다고 말하기는 이르다. 1975년까지는 유효한 반체제 정당도, 원심적 경쟁도 없었기 때문이다. 덴마크의 극좌(공산당, 좌파 사회당, 사회인민당)는 득표율이 12%를 넘은 적이 없다. 1973년 선거에서 '사회주의선거동맹'이라는 이름으로 등장한 노르웨이의 극좌는 10%를 득표해 16석(공산당 1석, 사회인민당 9석, 노동당 좌익 분파 6석)을 획득했다. 이상의 내용을 고려해 전체적으로 보면 스위스, 네덜란드, 덴마크, 노르웨이는 양극화 유형에 속하지 않는다. 정당의 수를 기준으로 볼 때 분명하지 않은 모호한 사례도 이념 기준을 적용하면 명확해진다. 이 통제 지표는 스위스에 대한 모든 의혹을 해소하며, 다른 세 나라는 양극화가 시작되고 있다는 점을 보여 준다.

특별히 주의해서 예비 고찰을 해야 하는 나라로 이스라엘이 있다. 이스라엘은 가장 난해한 사례다. 이스라엘이 존재할 수 있는 모든 복잡한 형태의 축소판이라는 사실을 차치하더라도 그렇다. 표면적으로 이스라엘의 정당 체계는 아직까지도 매우 유동적이다(즉 끊임없이 분열하고, 당명을 변경하고, 재결합이 이루어지고 있다). 다른 한편, 정당 이름을 무시하고 세 개의 주요 범주(좌파, 중도 우파, 종교 정당)로 묶어 선거 결과를 합산해 보면, 1949~73년 시기 동안 정당 체계가 놀랄 만큼 안정되어 있음을 알 수 있다. 좌파는 1973년 선거 전까지 50% 선에서 상하 변동 폭 2%를 유지해 왔다. 좌파의 주요 구성원은 지배적 위치의 노동자 정당인 마파이당Mapai*(지금은 아보다Avodah), 그리고 마르크스적 사회주의에 가까운 마팜Mapam이다. (우파 정당인 헤루트Herut가 주축을 이루고 있는) 중도 우익 정당군은 다소 불안정하지만 (1973년 이전) 득표율이 25% 언저리를 오르내렸다. 종교 정당들의 득표율이 안정적이라는 것도 놀라운 일인데, 특히 투표자 수가 (1949년 44만 명에서 1973년에는 150만 명으로) 세 배 이상 늘어났다는 점을 고려하면 더욱 그렇다.

• 1930년에 이스라엘 좌익 세력들이 결성한 사회민주주의 정당. 1960년대 중반까지 가장 영향력이 컸던 정치 세력으로 오늘날 노동당의 전신.

표 7.

이스라엘의 선거 결과 합산(1949~73년)

	1949	1951	1955	1959	1961	1965	1969	1973
마팜								
마파이(1968년 이래로 아보다)								
노동통일당 (Achdut HaAvodah,1955~61)	50.4	49.8	47.6	51.3	48.8	51.2	46.2	39.9
노동자리스트(Rafi, 1965)[1]								
얼라인먼트 당 - 마라(Maarah) 연합 (1969, 1973)[2]								
합동아랍리스트 (Affiliated Arab Lists)								
독립자유당(Independent Liberals, 1965년부터)[3]	–	–	–	–	–	3.8	3.2	3.6
진보당(Progressive Party, 1959년까지)								
일반시온주의당(General Zionists, 1959년까지)								
자유당(Liberal Party, 1961)[4]								
주(州)리스트 (State List, 1969)[5]	20.8	26.0	27.2	24.2	27.4	21.3	26.0	30.2
자유중앙당 (Free Center, 1969)[6]								
헤루트(Freedom Party: Herut, 1949~61)[7]								
가할(Gahal) 연합(1965, 1969)								
리쿠드(1973)[8]								
국가종교당[9]								
정통종교당(1961년 이래)	12.2	11.9	13.8	13.6	15.4	14.0	14.7	12.5
정통노동자당 (Poalei Agudat, 1961년 이래)								

토라전선 (Torrah Front, 1959년까지)[10]								
공산당[11]	3.5	4.0	2.8	2.8	4.2	3.4	3.9	4.8
기타	13.1	8.3	8.1	8.1	4.2	6.3	6.0	9.3

[1] 마파이는 벤구리온에서 분리된 정당 / [2] 마팜, 마파이, 노동통일당, 노동자리스트 / [3] 가할당에도 리쿠드당에도 참여하지 않는 중간 정당. 진보당의 후신 / [4] 진보당과 일반시온주의당의 합병에 의한 정당 / [5] 노동자리스트는 벤구리온에서 두 번째 분리된 정당 / [6] 헤루트에서 분리된 분파 / [7] 헤루트와 자유당의 블록 / [8] 가할, 자유중앙당, 주리스트당 / [9] 1951년 이래 현재는 마프달. 종교 표의 3분의 1을 획득하고 있음. 노동계급 일파인 Ha Poel HaMizFachi를 포함 / [10] 1949년에 토라당은 모든 종교 정당을 포섭함. 그 후 세 번의 선거에서는 두 정통당인 정통종교당과 정통노동자당도 포섭 / [11] 1965년 이래로 두 개의 정당으로 분열. 하나는 친이스라엘계의 마키당(1973년에는 모케드당). 다른 하나는 친아랍계의 새로운 공산당인 라 카흐당.

그러나 정당들을 이렇게 [세 그룹으로] 묶어 버리면 문제를 지나치게 단순화하게 된다. 위 선거 결과는, 극도로 파편화되어 있고, 증식과 분할의 소지가 있는 정당들을 하나로 묶어 놓은 결과이다. 이 정당들은 고도로 이질적일 뿐만 아니라 (각기 강력한 후원-지지 관계로 굳게 결속되어 있는) 정당 하위 단위 수준에서 고도의 정파 분열을 보여 준다. 종교 정당 진영을 살펴보자. 같은 종교 내에서도 주요 종교 정당(국가종교당 Mizrahi)은 대부분의 연립 정부에 참여했다(그리고 1973년 선거 이후에는 연립의 상대로서 얼라인먼트당Alignment과 리쿠드당Likud으로부터 가장 끈질긴 구애를 받았다). 반면, 반反시온주의 전통을 가진 정통종교당Agudat Israel 은 1952년 이래 연립 정부에 참여하는 것을 거부했다(심지어 1967년 6일 전쟁*을 시작한 거국 중립 정부에도 참여하지 않았다). 이런 이스라엘을

• 이스라엘군과 아랍군 사이에 벌어진 제3차 중동전쟁. 이스라엘의 기습 공격으로 6일 만에 끝나서 6일 전쟁이라 부른다. 이 전쟁으로 이스라엘은 이집트 시나이 반도, 시리아 골란고원, 요르단 서안(西岸) 지구, 레바논 남부로 영토를 확장했다.

두고, 네덜란드의 정당 파편화 및 다종교성과 스위스의 다민족성이 결합되어 있는 사례라고 말할 수도 있다. 그러나 이는 외견상의 추정일 뿐이다. 네덜란드의 개신교 정당과 가톨릭 정당은 좌-우 스펙트럼으로 설명할 수 있지만, 이스라엘의 종교 정당들은 다른 요소로 환원할 수 없는 다차원성의 드문 사례 가운데 하나이다. 그들의 가장 중요한 목적은 종교의 지배 영역을 확대하는 것이기 때문이다. 이스라엘 정치에서 종교가 모순된 역할 혹은 적어도 모호한 역할을 수행한다는 점을 덧붙여 두자. 한편으로 유대인은 2천 년에 걸친 디아스포라 기간 동안 종교를 기반으로 하여 정체성을 유지해 왔다. 다른 한편, 참된 종교 정당의 존재는 근대화라는 신생국가의 지향과 충돌하며, 적어도 잠재적으로는 이스라엘 사회를 분할하는 최고의 균열이 될 것이다.[39]

다민족성이라는 측면에서 보면, 이스라엘은 실제로 스위스보다 훨씬 다민족적이라는 사실을 금방 알 수 있다. 물론 스위스는 3개 언어를 사용하는 반면, 이스라엘은 (아랍어도 사용되지만) 히브리어를 공용어로 채택하고 있다. 그럼에도 지금까지 스위스의 '민족들'nations은 유대인의 '부족들'tribes보다 훨씬 더 조화롭게 살고 있다. 그것은 당연하게도 이스라엘이 이주자들이 만든 신생국가이기 때문이다. 그러나 이스라엘의 융합 정책은 기대만큼 효과를 거두지 못했다. 이스라엘 인구는 두 개의 주요 인종·문화 집단으로 구성되어 있다. 하나는 (원래 독일계인) 아슈케나짐Ashkenazim으로 유럽, 러시아, 미국 출신의 유대인으로 구성되어 있다. 다른 하나는 (스페인계인) 세파르딤Sephardim으로 대부분 지중해 연안국가와 이란, 이라크 출신의 **동방인들**과 혼합되어 있다. 이처럼 이들 '부족'은 서로 다른 문화에 속할 뿐 아니라 서로 다른 역사적 시간대에 속해 있다. 그들은 말하자면 비동시성을 갖는 부족들이다. 따라서 그들은 아직도 융합되지 않고 있다. 어쨌든 세파르딤과 동방의 하위문화는 서구화 문화에 반대 또는 적어도 대립하면서 통합되고 있다.[40]

이런 상황에서 이스라엘 사회가 균열되지 않고 정당 체계가 고도로 파편화되어 있지 않다면 그것이야말로 매우 놀라운 일일 것이다. 의심의 여지없이, 이스라엘의 정당 체계는 극단적 다당 체계에 속한다. 그러나 이 유형의 속성은 나타나지 않는다. 즉 양극화로 발전할 긴장과 조건은 충분한데 양극화되어 있지는 않다. 그러나 동전에는 이면이 있다. 즉 이스라엘은 생존을 위해 싸우고 있으며, 외부의 위협에 노출되어 있는, 포위된 작은 나라이다. 이런 점에서 이스라엘은 핀란드와 유사하다. 다만 핀란드 사람들은 소련과 잠정적 타협이 확립되었다고 생각하는 반면, 이스라엘 사람들은 여전히, 점점 더 자신들이 공격받기 쉽다고 생각한다는 점을 제외하면 말이다. 그래서 [이스라엘에서] 연대와 단결은 필수적인 것이 된다. 이것으로, 이스라엘이 분열되어 있음에도 불구하고 '온건한'(즉 양극화되지 않거나 어느 정도만 양극화된) 유형의 정체를 유지하고 있는 이유를 충분히 설명할 수 있다. 그런데 이스라엘에는 그보다 더 독특한 점이 있다.

정당의 수가 정당 체계의 역학 관계에 영향을 준다는 주장은 내생적 정치 게임, 즉 국내문제에서 국제적 자율성을 충분히 갖고 있는 경우를 가정한다. 그런데 이스라엘은 그렇게 볼 수 없으며, 따라서 내가 말하는 '역학적 경향'을 적용하기 어렵다. 이스라엘은 어느 유형에도 속하지 않는 것이 사실이다. 이스라엘의 정체는 양극화되어 있지는 않지만, 그렇다고 온건한 정체의 특징이라 할 수 있는 [양대 주축 정당이 번갈아 연립 정부를 주도하는] 대안 연립을 보여 주는 것도 아니며, 일당 우위 체계도 아니다(마파이는 득표율이 40%를 넘어선 적이 없다). 그러므로 이스라엘 유형에서 가장 흥미로운 점은 정당의 수가 그렇게 많은데도 좌파 축에 대립하는 중간축이 존재하지 않는다는 점이다.[41] 현재 독립자유당이 유일하게 중간 위치에 있다고 볼 수 있으나 총 득표율이 5%밖에 안 되어 중간축으로 보기는 어렵다. [중간축이 없는] 이런 기이한 현상에 대한 한 가지 설명은 이스라엘 정당 체계에서 (비록 잠재적이긴 하지만) 진정한 스위처switchers(좌파 연립에서 우파 연립으로 옮겨 감으로써 '중간 정당의 역할'을 하는 정당)는 종교 정당(특히 국가종교당)이라는 것이다. 그러나 이것은 충분한 설명은 되지 못한다.

　1973년까지 이스라엘의 선거 결과에는 아무런 뚜렷한 경향도 나타나지 않았다. 당명 변경이나 전술 변화에도 불구하고 이스라엘의 정치 체계는 특유의 균형 상태로 동결된 것이다. 제4차 중동전쟁인 키푸르 전쟁*의 충격으로 분절로의 힘이 약화되고 연합의 분위기가 강화되었다. 그렇지만 10월 전쟁[키푸르 전쟁]이 몰고 온 경악과 기만의 와중에 1973년 12월 치러진 선거에서 가장 중요한 점은 골다 메이어 총리가 주도하는 얼라인먼트 당의 쇠락이 아니라 리쿠드 야당 블록의 득표율이 28%에서 30.2%로, 조금밖에 늘지 않았다는 사실이다. 그래도 혹자는 이렇게 말할지 모르겠다. 1973년 선거 결과 상당한 규모의 통합된 야당이 출현했고, 그래서 대안 연립을 기반으로 하는 체계로 변화되고 있다고 말이다. 그러나 그런 추세가 지속되려면 새로운, 심지어 매우 충격적인 사건이 나타나기를 기다려야 할 것 같다. 키푸르 전쟁조차 이스라엘을 먼 과거 및 가까운 과거 모두로부터 해방시켜 주지 못했다. 이스

---

* 1973년 10월 6일부터 26일까지 약 20일간 일어났던 이스라엘과 아랍 연합군 간의 전쟁. 라마단 전쟁 또는 10월 전쟁으로 불리기도 하는 제4차 중동 전쟁.

라엘의 역설은 ① 아득한 옛날의 기억에 뿌리를 두고 있으며, ② 1948년에 정식 수립되기 전에 이미 설립된 신생국이라는 점에 있다. 1920년대 이래 영국에 의한 위임 통치 시기에 이스라엘의 미래를 결정했던 것은 세계 시온주의 기구WZO와 팔레스타인 유대인 기구JAP였다. 마파이당이 이스라엘의 지배 정당이 된 것은 과거 시온주의 기구에서 지배적 위치를 차지하고 있기 때문이다. 디아스포라 시절에 세계 각지에서 팔레스타인으로 들어온 자금과 인력 자원이 정치적 반대 집단에게 차별적이고 선별적으로 분배된 것도 이상한 일은 아니다.[42] 그러므로 이스라엘 사례를 이해하는 주요 열쇠는 우선 새로운 나라를 만들고, 그 후 정체의 자율적 작동에 영향을 미친 외부의 힘에 있다. 이스라엘 사례가 매우 이해하기 어려운 이유는 이스라엘의 **내부 요인**만으로는 설명이 안 되기 때문이다. 이 신생국가의 형태는 역사적·외적으로 교차하는 압력들이 매우 복잡하게 수렴되면서 만들어졌다. 이 신생국가가 탄생했을 때부터 [각 정당의] '분배 비율'은 이미 할당되어 있었다. (선거 결과의 안정성에서 확인할 수 있듯이) 매우 정교한 할당 메커니즘이 정당 체계를 확고하게 유지시켜 주고 있다. 나아가 이스라엘은 그 어느 때보다도 외부의 자원과 지원에 의존하고 있다. 또한 내부에서 여전히 지속되고 있는 디아스포라뿐만 아니라 종교-세속 간 문화투쟁의 씨앗을 억제하는 것도 바로 외부의 위협이다. 그렇다면, 이스라엘을 자족적인 정체에서 발전하는 유형의 하나로 분류하려는 것은 무의미한 일이다. 이스라엘은 그 자체로 이해해야 하는 매우 독특한 사례이다.[43]

이제 우리에게는 여섯 개의 사례, 즉 양극화된 정체로 검토해야 할 여섯 나라가 남았다. 이들 나라는 '순수형'과 얼마나 닮았는가의 정도에 따라 배열할 수 있다. 먼저 바이마르공화국, 이탈리아, 프랑스(특히 제4

표 8.

바이마르공화국 시기 선거 결과(독일제국의회)

	1919	1920	1924 5월	1924 12월	1928	1930	1932 7월	1932 11월	1933
독립사회당	7.6	18.0	–	–	–	–	–	–	–
공산당	–	2.0	12.6	9.0	10.6	13.1	14.6	16.9	12.3
사회민주당[1]	37.9	21.6	20.5	26.0	29.8	24.5	21.6	20.4	18.3
민주당[2]	18.6	8.4	5.7	6.3	4.9	3.8	1.0	1.0	0.9
중앙당(가톨릭)	19.7	13.6	13.4	13.6	12.1	11.8	12.5	11.9	11.2
인민당[3]	4.4	14.0	9.2	10.1	8.7	4.5	1.2	1.9	1.1
국가인민당[4]	10.3	15.1	19.5	20.5	14.2	7.0	5.9	8.8	8.0
국가사회주의당[5]	–	–	6.6	3.0	2.6	18.3	37.4	33.1	43.9
기타	1.5	7.3	12.1	11.5	17.1	17.0	.5.8	6.0	4.3

[1] SDP / [2] DDP / [3] DVP / [4] DNVP / [5] Nazi

공화국)가 앞쪽에 온다. 칠레는 그 특이함 때문에 네 번째 순서가 된다.
핀란드는 순수형과 가까운 정도가 가장 낮아서 그다음에 온다. 스페인
(1931~36년)*은 추가 사례로만 포함되는데, 스페인의 실험은 혼란스
럽고 너무 짧았다는 사실에 유의하자.

바이마르공화국의 경험(〈표 8〉)에서는 두 가지 중요한 특징이 나타
난다. 첫째, 전 기간 동안 각 정당의 득표율은 변동이 유달리 심했다. 가
톨릭중앙당CZ만 유일하게 예외였다. 둘째, 1919~20년에는 좌파 정당

• 왕정을 폐지하고 최초로 공화국이 수립한 해부터, 프랑코의 쿠데타로 스
페인 내전이 일어나기 전까지의 시기.

표 9.

이탈리아의 하원 선거 결과(1946~72년) 및 지방선거 결과(1975년)

	1946	1948	1953	1958	1963	1968	1972	1975
공산당(PCI)	18.9	31.0	22.6	22.7	25.3	26.9	27.2	30.4
사회당	27.0		12.7	14.2	13.8	14.5	9.6	9.8
사회민주당	-	7.1	4.5	4.5	6.1		5.1	3.8
공화당	4.4	2.5	1.6	1.4	1.4	2.0	2.9	3.0
기독민주당(DC)	35.2	48.5	40.1	42.4	38.3	39.1	38.3	38.3
자유당	6.8	3.8	3.0	3.5	7.0	5.8	3.9	1.9
군주당	2.8	2.8	6.9	4.8	1.8	1.3	-	-
네오파시스트당(MSI)	-	2.0	5.8	4.8	5.1	4.5	8.7	5.3
기타	11.2	2.3	2.8	1.7	1.2	5.9	3.8	7.5

1975년 지방선거를 추가한 것은 전국 선거와 매우 대비되고, 1975년 선거가 시사하는 바가 크기 때문이다.

이 압도적이었다가 1932~33년에는 우파 정당이 급부상했다. 전 기간에 걸쳐 중간 정당의 세력이 약화되는 경향이 매우 뚜렷했다. 중도 좌파 성향의 민주당DDP과 그 반대편에 있는 중도 우파 성향의 인민당DVP은 쇠락했고, 결국에는 두 정당 모두 소멸했다.[44]

이탈리아(〈표 9〉)에 대해서는 이미 자세하게 논의한 바 있다.[45] 여기서는 두 가지 점만 짚고 넘어가자. 첫째, 바이마르공화국과는 대조적으로 이탈리아의 선거 결과에서 추세는 일정한 반면, 변동 폭은 매우 작았다. 1975년까지 이탈리아는 [변동의] 속도가 느렸으나 경로에는 변화가 없었다. 둘째, 이탈리아는 (앞으로 살펴보겠지만) 바이마르공화국이나 프랑스, 특히 칠레에 비해 중간 정당이 훨씬 일관되게 존재한다는 점이다.

표 10.

프랑스의 하원 선거 결과(1945~75년)

	제4공화국					제5공화국					
	1945	1946	1946	1951	1956	1958	1962	1967	1968	1973	
						1.8	2.3	2.2	3.9	3.3	좌파 사회당 및 극좌파
공산당	26.1	26.2	28.6	25.9	25.9	18.9	21.8	22.5	20.0	21.4	공산당
사회당	23.8	21.1	17.9	14.5	15.0	15.5	12.5				사회당
								19.0^1	16.5^1	19.0^1	급진당/중도 좌파
급진당(과 민주사회주의 저항 연합 UDSR)	11.1	11.5	14.0	10.0	13.5	8.3	7.8				
기독민주당 (MRP)	24.9	28.1	26.3	12.5	11.1	11.7	9.1				
								12.6^3	10.3^4	12.4^5	기독민주당
보수당	13.3	12.8	11.2	14.0	14.6	13.9^2	7.7^2				보수당
						6.2^6	5.9^6	3.7^6	4.1^6	6.9^6	보수당
드골파 (1951년에는 프랑스 국민연합)	-	-	1.6	21.7	4.3	17.5^7	31.9^7	37.7^8	43.6^9	30.1^{10}	친드골파 보수당
푸자드당	-	-	-	-	12.3						드골파
기타	0.8	0.3	0.4	1.4	3.3	6.2	1.0	2.3	1.6	6.9	기타

[1] 민주당-사회당 좌파 연맹 / [2] 국민독립중앙당(앙투안 피네, 폴 레노) / [3] 민주중앙당(장 르카뉘에) / [4] 중앙당(르카뉘에), 진보당, 민주당(자크 뒤아멜), 국민독립중앙당(중앙당-PDM으로 통합) / [5] 사회민주개혁당 / [6] 독립공화당(지스카르 데스탱, 레이몽 마르슬랭) / [7] 신공화연맹(UNR) / [8] 제5공화당(UNR 후신) 및 독립공화당 일파 / [9] 공화국민주연합(UDR, 제5공화당 후신) / [10] UDR 및 드골당 소수파(7에서 10까지는 드골당 당명을 사용).

통합되고 두드러진 중간 정당의 존재가 체계의 결속과 안정성을 나타내는 지표라면, 이탈리아의 기독민주당은 거의 30년 동안, 양극화된 체계 가운데서 가장 성공적인 '피드백'을 나타내 왔으며, 지금도 그렇다고 할 수 있다.

프랑스(〈표 10〉)의 사례에서 흥미로운 문제는, 제4공화국과 제5공화국을 분리시키는 헌법이라는 매개변수, 특히 의원 중심제에서 대통령 중심제로의 전환이라는 변수를 통해 변화를 얼마나 잘 설명할 수 있을까 하는 것이다. 이와 관련해 유의해야 할 또 다른 문제는 결선 투표제의 도입으로 정체가 선거 분포에 덜 민감해졌다는 점이다. 결선 투표제가 과격파(특히 공산당)로 하여금 늘 과소 대표되도록 만들기 때문이다.[46] 그렇다고 선거 결과가 보여 주는 것이 정확하지 않다는 뜻은 아니다. 다만 헌정 차원의 변화와 선거 단위의 끊임없는 이합집산으로 말미암아 1945~73년 전 기간을 비교하기란 매우 어렵다.[47]

문제는 특히 드골파에서 비롯된다. 내 분석에서 드골주의는 반체제 운동으로 간주된다. 왜냐하면 내가 제시한 (정당들의 순서를 배열하는) 좌-우 공간 개념은 사회경제적 정책 입장이 아니라 '헌정 차원'의 정책 입장을 기반으로 하기 때문이다. 드골은 제4공화국을 확고하게 반대하여 그것을 작동 불가능한 의회 체제로 규정하고, 그 정당성을 부정했다. 물론 드골의 반대와 상관없이 1953년 6월에 프랑스국민연합RPF*은 체계에 편입되어 라니엘** 연립 정부에 참여했고, 1954년에는 인도차이

---

* 1947년 드골이 결성한 대중 정치 운동 조직.
** 약 8년에 걸친 인도차이나전쟁(1946년 12월-1954년 8월) 당시 프랑스 총리를 지냈다.

나전쟁*의 종식을 위해 성립된 망데스 프랑스 거국 연립 정부에도 다시 참여했다(심지어 공산당도 이 연립 정부를 지지했다). 드골은 1953년 5월에 이미 국민연합 의원들을 자신에 대한 충성으로부터 해방시켜 주었다.** 그리고 국민연합은 유럽방위공동체EDC*** 및 (제4공화국과 손잡은) 친유럽 '제3세력'을 무력화할 명백한 의도를 가지고 라니엘, 메이어, 망데스-프랑스 연립에 참여했다. 그러므로 드골파가 드골을 배신했다고 말할 수 있으며, 사실상 체계에 편입되었던 것은 1955년 2월에 (사회공화당RS이라는 새로운 이름으로) 포르 내각에 참여했을 때뿐이라고 말하는 것도 타당하다. 어쨌든 내가 지금까지 줄곧 강조한 것은, 나의 논지가 선거 정당과 선거 결과에 의지하고 있다는 점이고, 다른 하나는 선거 정당(가시적 정당)과 원내 정당(때로는 비가시적 정당)의 구분이 매우 중요하다는 점이다. 만약 그렇다면 '드골파의 혼란한 행보'는 나의 주장을 강화시킨다. 내가 이해하는 바로, 드골주의는 제4공화국 기간 동안 선거 정당으로서 정체성을 가지고 유효 정당의 역할을 수행해 왔다(유권자들도 드골이 생각했던 대로 이를 선거 정당으로 여겼다). 그래서 국민연합 의원들이 의회에서 점차 자신들의 전통적인 관행과 충성으로 되돌아갔다고 해서(처음 1952년에 사회공화행동파ARS가 탈당했다가 나중에 1955년에 사회공화당으로 복귀했다.) 드골 지지자들의 표가 반체제적 성격을 띠었다는 사실이 달라지는 것은 아니다. 이런 사실은 1956년 선거 결과를

• 1946년 프랑스령 인도차이나의 독립을 둘러싸고 베트남민주공화국 군대와 프랑스 군대 사이에 벌어진 전쟁.

•• 드골은 1953년 국민연합을 해체하고 정계에서 은퇴했다.

••• 제2차 세계대전 후 서유럽의 안전을 보장하기 위하여, 1952년에 발족한 공동 방위 기구.

표 11.

칠레의 하원 선거 결과(1945~73년)

	공산당 (PCCh)	사회당 (PS)	혁신당 (PR)	기독민주당 (PDC)	자유당 (PL)	보수당 (PCU)
1945	10.3	12.8	20.0	2.6	18.0	23.6
1949	-	9.3	21.7	3.9	18.0	22.7
1953	-	14.1	13.3	2.8	11.0	10.1
1957	-	10.7	21.5	9.4	15.4	13.8
	PCCh	PS	PDC	PR	PL	PCU
1961	11.8	11.1	15.9	22.2	16.6	14.8
1965	12.8	10.6	43.6	13.7	7.5	5.3
	PS	PCCh	PR	PDC	PN	
1969	15.1	16.6	13.4	31.1	20.9	
	PS				Rad.	
	MAPU	PCCh			Dem.	
	Izq. Chr.	API	PR	PDC	Izq. Rad.	PN
1973. 3	18.7	16.7	3.3	33.3	1.3	22.7
	1.3	1.3			0.7	
	0.7					

1969년까지는 R. H. McDonald, Party Systems and Elections in Latin America, Markham, 1971. p. 134. 1973 년 인민통일전선(PS, MAPU, PCCh, API)이 42%를 득표했고(하원 6석 증가, 상원 2석 증가), 야당(CODE)은 56.2%를 얻었다. 1973년의 득표율은 의석 배분을 기준으로 계산한 것이다. 1949년, 1953년, 1957년의 선거 결과는 매우 불완전 하나(1953년 선거에서는 무려 48.7%가 잔여 표로 처리되었다.) 종단 비교 목적을 위해 맥도널드의 계산법을 따랐다 (1953년 선거에서는 불온하고 단명한 이바녜스가 과반수를 차지하게 만들었다). 1949~57년에 주요 정당이면서 계산되 지 않은 정당은 농민노동당(PAL)과 사회인민당(PSP)이다.

비고: PS(사회당), MAPU(인민일치행동운동, PDC에서 분열), Izq. Chr(기독교당 좌파), PCCh(칠레공산당), API(인민 독립행동), PR(급진당), PDC(기독민주당, 1957년 이래, National Falange 후신), Izq. Rad(급진당 좌파), Rad. Dem. (급진민주당), PN(국민당; PL와 PCU 통합), PL(자유당), PCU(보수당)

보면 확실히 알 수 있는데, RPF-ARS-URAS-RS 의원들의 득표율이 21.7%에서 4.3%로, 그야말로 '초토화'되었다.

이런 조건에서, 제4공화국과 제5공화국을 비교하기 어렵게 만드는 주요 이유는 드골파가 제4공화국하에서는 반체제적이었지만 새로운 체제, 즉 제5공화국을 구현해 냈다는 사실이다(적어도 1974년 대통령 선거 때까지는 그랬다). 그러나 우리가 검토하고 있는 사례는 제4공화국이다. 그리고 이 점에 관해서 〈표 10〉은 1951년에는 매우 뚜렷한 원심적 경향이 있었음을, 1956년에는 양극화 패턴이 공고해졌음을 보여 준다. 사실 제4공화국은 식민지들의 독립이라는 외적 위기의 충격과 군부의 위협으로 붕괴되었다. 그럼에도 불구하고 1951년과 1956년에, 저항적이고 소외된 야당들의 총 득표율이 각각 48%와 42.5%에 달했다. 이는 정당성의 위기가 광범위하게 오래 이어졌음을 웅변적으로 보여 준다.

칠레는 프랑스와 같은 문제에 직면했지만 그 정도는 훨씬 더 컸다(선거 결과는 〈표 11〉에 나타나 있다). 같은 문제란, "헌정 요인으로 [정당 체계를] 얼마나 설명할 수 있을까?" 하는 것이다. 아옌데가 대통령이 된 것은 선거에서 과반을 차지해서가 아니라 헌법적 관례 때문이었다.[48] 또한 보통선거를 통한 대통령 선거는 [정당 간] 동맹을 만들어 내는데, 양극화된 체계에서 이런 동맹은 중간 정당 그룹 내에서 강력한 간장을 유발하고, 이념적으로 좌-우 차원을 따라 곡예를 타듯이 비약을 하게 된다. 따라서 급진당PR은 1964년 대통령 선거운동이 시작될 때 보수 세력(즉 기독민주당 혹은 PDC의 우파)과 같은 편에 섰다(이 선거에서 에두아르도 프레이가 대통령으로 당선되었다). 그러나 1970년에는 아옌데를 지지했고, 아옌데 정부에 참여했는가 하면, 1973년에는 반反아옌데동맹CODE에 가담했다. 이처럼 급진당과 기독민주당은 이 시기 내내 끊임없이 서로 위치를 바꾸면서 상대의 허를 찔렀다. 이런 책략이 전혀 새로운 것이 아니라는 점에 유의할 필요가 있다. 대표적으로 1946년 급진당의 가브리엘 곤살레스 비델라가 대통령에 당선되었던 사례를 들 수 있다. 비델라의 당선은 마르크스주의 좌파에서부터 자유당까지 두루 포괄하는 반反신성동맹이 만들어 낸 결과였다. 중간 위치는 '매개 역할'을 할 것으로 기대되었지만 급진당도, 후일의 기독민주당도 그런 역할을 제대로 수행하지 못했다. 칠레 정체를 결속시켜 온 중간 위치는 사실 대통령이었다. 1938년 이래 우파 세력에 의해 선출된 대통령은 1958년 아르투로 알레산드리 단 한 명뿐이며, 좌파 세력에 의해 선출된 대통령도 1970년 아옌데 한 명뿐이다. 두 경우 모두 이들이 당선된 것은 다른 집단들의 계산 착오 덕분이었다. 차이가 있다면 알레산드리는 중간으로 이동할 수 있었지만, 아옌데는 그럴 수 없었다는 것이다. 그러므로 아옌데가 집권하는 동안 칠레 정체는 '중간이 비어 있는' 상태가 지속되었다. 양극화된 체계에서 이런 공백은 정권의 붕괴를 알리는 서곡이다.

이런 상황에서 한 가지 의문이 제기된다. 즉 칠레식의 양극화된 다당 체계에 실제로 중간(정당)이 있었는지, 또는 그 중간 정당이 실제로 좌에서 우로, 우에서 좌로 이동하는 '변환기'transit 역할을 했는가 하는 것이다. 분명, 중간이라는 개념이 순전히 상대적이고, 중간 바깥쪽에 위치한 정당의 존재에(특히 좌·우파 정당들에 더) 의존하는 것이라면, 칠레는 물론이고 어떤 양극화된 다당 체계에서든 정의상 중간이 존재한다. 하지만 그 개념이 상대적이라고 해서 그것의 실질적 내용을 가늠할 수 없는 것은 아니다. 이 후자의 관점에서 보면 칠레의 경험에서 주요한 교훈을 얻게 된다. 즉 대통령 직선제가 양극화·원심성과 결합하면 중간축의 공고화를 방해한다는 것이다. 그리하여 가장 허약하고 방어력이 없는,

내재적으로 유약한 체계를 낳게 된다. 칠레는 정당을 구조화하는 과정에서 중간으로의 피드백을 안정화하고 공고화할 수 없었기 때문에 위험에 노출된 것이다.

도표에 나오지 않은 변수는 군부인데, 이에 대해서는 군이 너무 자세히 살펴볼 필요는 없다고 본다. (1931년 이래) 군부는 정치에 개입하지 않는다는 전통이 군부를 헌법 수호자로서 배후에 머물러 있게 하는 확고한 이미지를 만들어 냈다. 의회가 아옌데를 대통령으로 선출할 수 있었던 데도* 이런 이미지가 심리적으로 영향을 미쳤을 것이다. 다른 한편, 이후 이 헌법 수호자의 존재는 아옌데 정부의 업무 수행에 큰 영향을 미쳤다. 그렇다고 이는 아옌데의 합법적 법률주의가 외부로부터 강제된 것이라는 뜻은 결코 아니다. 오히려 [체게바라의 영향을 받은 좌파 혁명운동인] 혁명좌파운동MIR과 아옌데의 정당이 그에게 불가능한 요구를 했다는 데 주목해야 한다. 그러나 핵심은 칠레의 경험을 가지고 마르크스주의 국가로의 '입헌적 경로'를 일반화할 수는 없다는 점이다. 그것이 어떻게 끝났든지 간에 그 실험의 모든 과정은 군부의 '방해'를 받았는데, 서로 대립되는 상황 해석에 따라 [아옌데와 반아옌데] 양측 모두 군부에 도움을 청해 군을 헌법의 중재자, 의뢰인, 또는 구원자로 삼았던 것이다.[49]

위와 같은 매개변수들의 존재에도 불구하고, 선거 결과는 그 자체로 많은 사실을 드러낸다. 〈표 11〉은 네 시기로 세분했는데 이는 각 시기에 나타난 균형 상태의 차이를 보여 주기 위해서다. 그리고 급진당과 기

• 1970년 선거에서 2위와의 득표율 차이는 2%였다. 어느 쪽도 과반 득표를 하지 못했을 경우 헌법은 의회가 상위 1, 2위 후보 중 한 사람을 대통령으로 선출하도록 되어 있었는데, 이때 의회가 아옌데의 손을 들어주었다.

독민주당 간에, 공산당과 사회당 간에 이념 위치가 바뀌었다는 것을 대략적으로나마 나타내기 위해서다. 또한 이 표를 보면 [아옌데의] 실험이 끝날 무렵, 이념 스펙트럼이 상당히 넓게 확대되었음을 알 수 있다. 사회당은 아옌데가 승리하기 직전에, 카를로스 알타미라노의 지도하에 공산당의 왼쪽으로 확연하게 이동했다(공산당은 소련에는 충성을 맹세했지만 카스트로의 매력에는 무신경했다). 뿐만 아니라 공산당 또한 왼쪽에서 인민일치행동운동MAPU과 기독교 정당 좌파(이 둘은 기독민주당에서 분리된 과격파들이다.)의 견제를 받았다. 사실 이들 그룹(그리고 급진당에서 분리된 좌파 집단 인민독립행동API)은 선거에서 득표율이 저조했지만 내각의 자리를 차지한, 명실상부한 유효 정당이었다. 혁명좌파운동은 선거 정당의 역할을 수행하지 않았음에도 훨씬 더 유효한 정당이었다. 나중에 등장한 극우 성향의 준군사 조직 '조국과 자유'Patria y Libertad도 마찬가지로 설명할 수 있다.

〈표 11〉의 시기별 구분으로 돌아가 보자. 1945~61년 시기는 그렇게 중요하지 않은데, 그 이유는 다음 세 가지다. ① 1948년에서 1958년까지는 공산당이 비합법 정당이었다. ② 1952년에는 기묘한 반反정당적 성격의 이바녜스가 과반을 차지하며 급부상했다. ③ 1959년까지 사회당은 두 개의 대규모 정당(사회당PS과 인민사회당PSP)으로 분열되어 있었다. 이상의 이유로 정당 체계의 내부 동력이 제대로 나타날 수 없었다. 그런데 1938년의 인민전선 이래로 성숙해 오던 전제 조건들이 1961년이 되면서 매우 빠른 속도로 활성화되었다. 최초의 충격은 1961년에 기독민주당PDC이 성장해 급진당에 위협이 되었으며, 1965년에는 1938년 이래 이 정당 체계의 주축 정당이었던 급진당을 누르고 압도적인 승리를 거두었다는 사실이다. 1965년에 전체 스펙트럼이 좌파 쪽으로 대

폭 기울어졌던 것 또한 분명하다. 프레이 대통령은 '자유 속의 혁명'을 제창하면서 급진당이 도달했던 것 이상으로 개혁을 추진해 나갔다. 뿐만 아니라 우파 정당의 득표율은 31%에서 13%로 가파르게 떨어졌다. 구조적으로 말하자면, 월등히 뛰어난 중도 좌파 정당(기독민주당)의 출현은 양극화된 다당 체계에서 있을 법한 가장 건전한 정당 분포를 의미한다. 그러나 1969년 선거는 이런 정당 분포가 일시적인 것이었음을 보여 주었다. 1969년까지는 정당 체계의 견인력이 압도적으로 원심적이었음이 분명하다. 좌파 계열은 득표율이 32%까지 올라갔고 우파 계열(지금은 국민당으로 결집)은 21%를 획득했다. 좌파든 우파든 이런 성과는 기독민주당의 꿈이 짧게 끝나 버렸기 때문에 가능했다. 1973년 선거는 이전에 중간 지역으로 간주되던 지역을 양극화가 모두 파괴했음을 확인해 주었다. 급진당은 고작 3%를 득표했고, 기독민주당은 반아옌데 전선의 지도자로서 약간의 힘을 획득했다(그러나 급진당이 잃은 표를 흡수하지는 못했다).

이처럼 정치 세력들의 급격한 변동이 연속되는 현상을 정당 체계가 공고화되지 않은 탓으로 돌릴 수는 없다. 칠레는 남미의 주요 국가들 중에서 입헌정치와 자유선거에 관해서는 가장 성적이 훌륭하며, 가장 고도로 구조화된 정당 체계를 갖고 있었다. 1930년대부터 오랫동안 칠레는 프랑스 제3공화국 및 제4공화국에 가장 잘 비견되는 나라였다. 그런데 1960년대 들어서 칠레는 이탈리아를 더 닮아 갔다. 첫째, 두 나라는 유사한 강령과 지적 영감을 가진 좌파 성향의 중간 정당인 기독민주당을 주축 정당으로 했다. 둘째, 칠레의 공산당은 팔미로 톨리아티*의 '사

• 이탈리아공산당 서기장으로서 40년간 당을 이끌어 유럽 최대의 공산당

표 12.

핀란드의 선거 결과(1945~75년)

	1945	1948	1951	1954	1958	1962	1966	1970	1972	1975
공산당	23.5	20.0	27.6	21.6	23.2	22.0	21.2	16.6	17.0	19.0
사회민주당	25.0	26.3	26.5	26.2	23.2	19.5	27.2	23.4	25.8	25.0
농촌당[1]	–	–	–	–	–	–	–	10.5	9.2	3.6
중앙당	21.4	24.2	23.3	24.1	23.0	23.0	21.2	17.1	16.4	17.7
자유인민당	–	–	5.6	7.9	5.9	5.9	6.5	6.0	5.2	4.4
스웨덴당	7.9	7.7	7.6	7.0	6.4	6.4	6.0	5.7	5.3	4.7
국민연합[2]	15.0	17.0	14.6	12.8	15.3	15.1	13.8	18.0	17.6	18.4
기타	7.2	4.8	0.8	0.4	2.7	8.1	4.1	2.7	3.5	7.2

[1] 농민당, [2] 보수당

회주의로 가는 이탈리아식 경로'로부터 아무것도 배울 것이 없었다. 칠레 공산당과 이탈리아공산당 모두 오래전부터 선거를 통해 정권을 획득한다는 원칙을 고수했고, 그에 따라 사회당과 행동을 통일하고 중간계급을 흡수하는 전략을 지켜 왔다. 셋째, 칠레 사회당은 이탈리아 사회주의를 끊임없이 괴롭혀 온 극단적 관점의 '최대 강령주의'를 표방했다. 서유럽 국가에서는 사회주의가 다양한 영혼들로 쪼개지고 분열되었지만, 칠레와 이탈리아의 전통적인 사회주의정당들은 사회민주주의로 '퇴락하는' 경향을 보이지 않았다.

으로 만들었다. 전후 데가스페리 정부에서 부총리를 역임했으며, 스탈린주의와 결별하고 합법적인 방식의 이탈리아식 사회주의의 길을 표방했다.

1973년 칠레에서 쿠데타가 일어나게 된 이유를 둘러싸고 오랫동안 많은 논쟁이 있었다. 지금까지의 분석에 따르면, 중요한 이유 중 하나는 정치 체계가 작동 불가능한 단계에 도달했기 때문이라는 것이다. 탈중심적 양극화가 가속화되었다는 한 가지 근거만으로도, 민주적 통치의 모든 조건이 급속히 위축되고 있었음은 쉽게 예상할 수 있다.[50] 그리고 이렇게 명백한 사실을 행위자는 물론 관찰자도 보지 못했다는 것은 불길한 징조를 드러낸다.[51] 칠레의 사례는 그 자체로도 비극이지만 정치 분석의 대실패를 보여 준다.[52] (정치학자들도 포함해) 우리가 살고 있는 현실은 우리의 정치적 지성, 즉 정치에서의 불가능한 일과 불가피한 일을 이해하고 통제할 수 있는 우리의 능력을 훨씬 넘어서는 것 같다.

칠레가 양극화된 다당 체계의 동학을 제어하지 못했다면, 핀란드(〈표 12〉)는 양극화된 다당 체계의 역학을 성공적으로 상쇄시키는 방법을 보여 주는 가장 좋은 사례이다. 핀란드는 서유럽에서 세 번째로 큰 공산주의 정당을 갖고 있다. 소련에 대한 국제정치적 자율성도 낮다. 그럼에도 불구하고, 공산당을 집권 파트너로 삼음으로써 양극화를 억제한 가장 성공적인 사례로 꼽힌다.[53] 〈표 12〉를 자세히 살펴보면 아직 원심적 긴장이 작동하고 있음을 알 수 있다. 공산당은 1970년과 1972년에 많은 표를 잃었다. 사회민주당은 (1962년에는 득표율이 떨어졌지만 그 후로) 평균 득표율인 4분의 1 수준을 회복했다. 한편, 신생 저항 정당인 농촌당이 일시적으로 출현했고, 중도 성향의 중앙당은 약화되었으며, 보수정당은 상승세를 타고 있다. 이런 현상은 모두 모델이 예측한 그대로이다. 핀란드는 순수형과는 거리가 먼 사례라고 할 수 있다. 그러나 핀란드는, 그 정치 체계가 준-양극화라는 거미줄을 따라 작동하고 있다는 점에서 아주 흥미로운 사례로 꼽힌다.[54]

표 13.

스페인 공화국 : 좌파 계열과 우파 계열의 의석수(1931~36년)

	제헌의회 1931~33	1대 입법부 1933~36	2대 입법부 1936
극좌[1]	-	1	68
사회당[2]	114	61	50
부르주아 좌파[3]	162	38	162
중도[4]	126	129	40
중도 우파	10	95	-
우파[5]	43	105	116
극우[6]	17	40	22
기타	3	5	5
합계	474	474	463

Juan Linz, "The Party System in Spain". in Lipset & Rokkan eds., *Party Systems and Voter Alignments*, Fress Press, 1967, pp. 260-263, 표 22. 제헌의회 의석수는 린츠가 추가한 것.
[1] 공산당, 마르크스주의당, [2] POSE, [3] 공화당, 공화연맹, [4] 급진당, [5] 1931년 헌법 반대파, [6] 왕당파

　　〈표 13〉은 스페인에 관한 것인데, 이 표는 후안 린츠가 지적하듯이 "1933년 선거는 스페인이 양극화된 원심적 다당 체계의 한 사례"임을 보여 준다.[55] 그렇지만 스페인 공화국을 그런 사례로 꼽는 또 다른 이유는, 스페인이 그리 머지않아 1930년대에 경험했던 유형 또는 경로로 복귀할 수도 있기 때문이다.

　　정당의 영향력 추세를 나타내는 방식은 여러 가지가 있다. 안전한 방법은 1년 단위로 회귀선을 구하는 것이다. 이 방법에 따르면, 한 정당의 연간 변화 비율을 선거 지속 기간으로 곱하기만 해도 누적 추세를 알 수

표 14.

양극화된 정체 7개국 선거 결과 및 선형 추세(회귀 계수)

	바이마르	이탈리아	프랑스		칠레	핀란드	스페인
			제4공화국	제5공화국			
극좌[1]	+2.93	+1.31	-0.22	+0.78	+3.11	+0.53	+7.3
중도 좌파[2]	-2.50	-0.84	-1.49	-1.34	+3.85	-0.18	-8.9
중도[3]	-3.65	-0.34	-3.32	-3.29	--	-0.47	-7.3
중도 우파[4]	-1.15	+0.01	+0.67	+3.65	-2.82	+0.28	-
극우[5]	+6.56	+0.51	+4.04	-	-	-	+8.1
좌파	-1.06	+0.33	-1.70	- 0.56	+6.96	+0.21	+1.5
중도	-3.65	-0.34	-3.32	-3.29		-0.47	-7.3
우파	+4.71	+0.48	+4.49	+3.65	-2.82	+0.28	+8.6
극단주의[6]	+6.16	+1.85	+3.82	+0.78	+3.11	+0.53	+15.9

[1] 극좌. [2] 중도 좌파. [3] 중도. [4] 중도 우파. [5] 극우. [6] 극좌와 극우의 계수 합계

있다.[56] 그런데 〈표 14〉와 그것을 기초로 작성한 〈그림 15〉에서 〈그림 20〉까지는 다른 기법을 사용했다. 〈표 14〉는 회귀 계수를 계산한 것이다. 좀 더 정확하게 말하면, 우리가 탐구하고 있는 정체를 세 가지, 즉 ① 표 상단에 있는 극좌, 중도 좌파, 중도 우파, 극우 정당, ② 표 중간에 있는 좌파, 중도파, 우파 정당, ③ 표 하단에 있는 양 극단의 계수의 합계로 구분해 각 정체의 선형적 추세를 계산한 것이다.

측정치는 각 나라의 선거 결과를 기초로 한 것이다. 그 수치는 〈표 8〉에서 〈표 13〉까지에 잘 나타나 있으며, 동일한 기간(1973년까지)을 다루고 있다. 그것을 설명하면 다음과 같다. 우선 분포상 중간 시점의 연도는

그림 15.

바이마르공화국의 추세

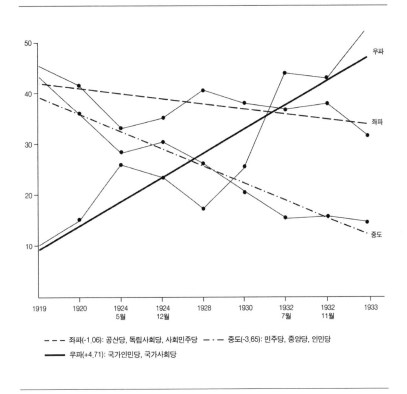

- - - 좌파(-1.06): 공산당, 독립사회당, 사회민주당   - · - 중도(-3.65): 민주당, 중앙당, 인민당
── 우파(+4.71): 국가인민당, 국가사회당

0의 값을 갖는다(바이마르공화국은 1928년, 이탈리아는 1958년, 프랑스 제5
공화국은 1967년, 칠레는 1957년, 핀란드는 1958년). 이에 기초한 〈표 14〉
의 측정치는 각 합계의 각 계수를 나타낸다. 이 수치는 총 투표수와 관
련해서 평균 증가량 또는 평균 감소량(평균 비율이 아니다.)으로 이해해
야 한다.[57] 프랑스 제4공화국만 이 계산법을 따르지 않았다. 한 해에 세
차례나 선거를 치른 적이 있어서 선거 실시 간격이 일정하다는 가정이

이탈리아의 추세

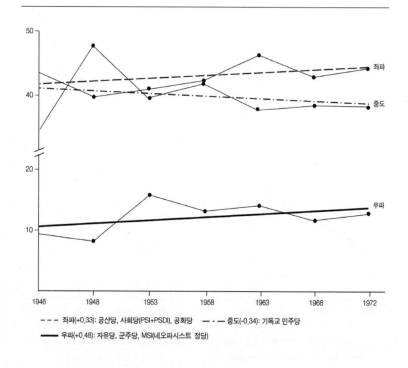

성립되지 않기 때문이다. 따라서 프랑스 제4공화국의 경우 (비교를 가능
하게 하기 위해 회귀 계수의 표면 값을 채택했지만) 시간은 연속적인 변수로
고려했다. 측정치의 결함, 특히 합계치가 불가피하게 자의적일 수 있다
는 점에 대해 계속 이야기할 필요는 없다. 물론 단일 국가별로 정당별 계
수를 계산할 수 있고, 또 그때마다 합계치를 계산할 수도 있다.[58] 그러나
비교라는 목적을 위해서는 비교 가능성에 세심한 주의를 기울여야 한다.
이와 같이 각 도표들에 나타난 자료는 칠레와 프랑스를 제외하고는 좌파

이탈리아 : 좌경 원심력

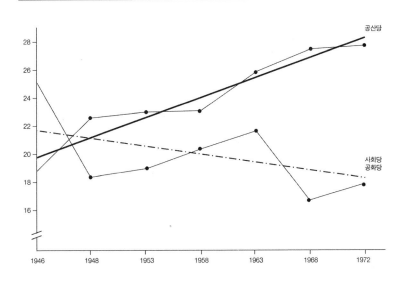

-중도-우파 3분법에 맞춰 프로크루스테스의 침대처럼 [획일적으로] 처리한 것이다.[59]

세 나라에 대해서는 약간의 설명이 필요하다. 첫째, 이탈리아에 대해서는 세 개의 도표를 제시했는데, 이는 합계치가 다를 때 양상이 다르게 나타나는 정도를 보여 주기 위해서다. 〈그림 16a〉에서는 뚜렷한 추세가 나타나지 않는다. 그러나 좌파 그룹을 따로 떼어서 보면 (〈그림 16b〉), 공산당이 약진한 부분이 여타 좌파 정당들이 상실한 부분임을 금세 감지할 수 있다. 마찬가지로 우파 계열을 따로 떼어 보면 (〈그림 16c〉), 온건 우파 정당들의 손실분을 극우파가 획득했음을 알

그림 16c.

이탈리아 : 우경 원심력

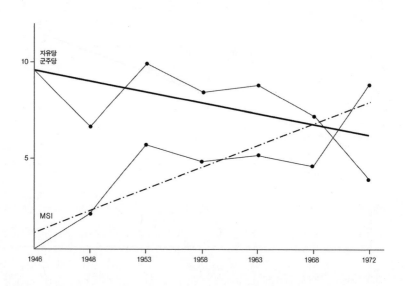

수 있다.

둘째, 프랑스는 3분 도식으로 합계치를 내기 어렵다. 특히 제4공화국에서 제5공화국으로 이행하면서 드골파가 반체제 세력에서 새로운 체제의 중심 세력으로 전환했기 때문이다. 그래서 제5공화국에는 더 이상 극우파가 없게 된다(이에 대해서는 마지막 절에서 논의할 것이다). 그래서 〈그림 17a〉와 〈그림 17b〉는 5개의 합계치, 즉 〈표 14〉의 첫 번째 계수군을 따른다. 그리고 명료하게 보여 주기 위해 그림을 두 개(선거 결과와 추세)로 나누었다.

셋째는 핀란드인데, 두 가지를 주목할 만하다. 하나는 세 정당군의 선

그림 17a. 프랑스의 선거 결과(1945~73년)

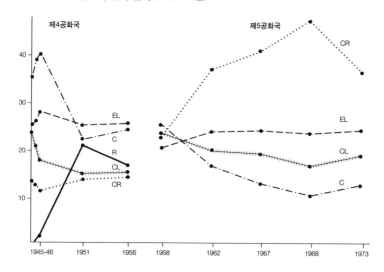

그림 17b. 프랑스의 추세(1945~73년)

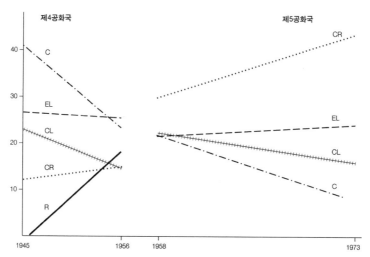

제4공화국: EL(극좌): 공산당, CL(중도 좌파): 사회당, C(중도): 기독민주당(Mrp), 급진당, CR(중도 우파): 보수당,
R(극우): 드골파, 푸자드당
제5공화국: EL: 공산당, 좌파사회당(Psu), CL: 사회당, 좌파급진당, C: 기독민주당(Mrp), 보수당(Reynaud, Pinay,
Monnerville), CR: 드골파, 친드골파, 보수당(Ri)
* 〈그림 17a〉와 〈그림 17b〉에서 제4공화국의 경우 시간 차원은 연속적이다. 선거는 제5공화국과 동일한 공간으로 처
리하고 있다. 계수는 〈표 14〉의 것이다.

그림 18.

칠레의 추세

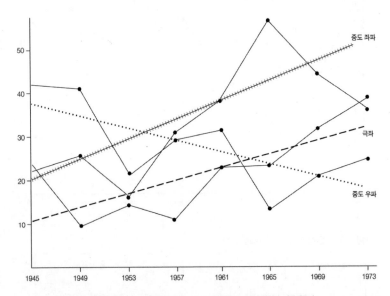

- — 극좌 계열(+3.11): 공산당, 사회당,사회기독당, 농민당 ┼┼┼┼ 중도 좌파(+3.85): 혁신당, 기독민주당
- •••••• 중도 우파(-2.82): 자유당, 보수당, 국민당

극좌(+3.11): 공산당, 사회당, 인민일치행동운동(MAPU), API
중도 좌파(+3.85): 급진당, 기독민주당
중도 우파(-2.82): 자유당, 보수당, PN

거 결과에서 간격이 거의 일정하다는 점이다. 이는 이탈리아와 대비된
다. 이탈리아에서 좌파와 중도는 매우 가깝고 우파는 중도와 멀리 떨어
져 있다. 다른 하나는 중간 정당군은 직선보다 포물선으로 나타내는 것
이 훨씬 더 적합하다는 것이다.

　그림들이 시각적으로 웅변하고 있는 것은(모든 웅변이 그렇듯이) 어느

그림 19.

핀란드의 추세

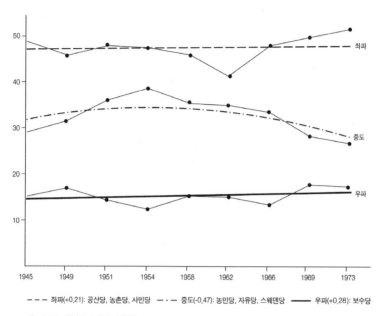

- - - 좌파(+0.21): 공산당, 농촌당, 사민당   — · — 중도(-0.47): 농민당, 자유당, 스웨덴당   ━━ 우파(+0.28): 보수당

좌(+0.21): 공산당, 농촌당, 사민당
중간(-0.47): 중앙당, 자유당, 스웨덴당
우(+0.28): 보수당.
(중간 정당군의 포물선에도 불구하고, 계수는 계산된 대로, 즉 각의 계수로 놔두었다.)

정도 왜곡을 포함한다. 그러나 이런 왜곡들은 정당별 선거 결과를 재검
토하면서 시정할 수 있다. 실제로 중요한 문제는 이념 스펙트럼의 양극
단에 위치한 정당들이 중간에 위치한 정당들과의 관계에서 어떻게 행
동하는가이다. 정말로 중요한 것은 (〈표 14〉 하단에 제시되어 있는) 원심
력 측정치, 즉 양극단 계수의 합계치다. 바로 여기에 단서가 있다.

그림 20.

스페인(1931~36년, 선거 분포 종합)

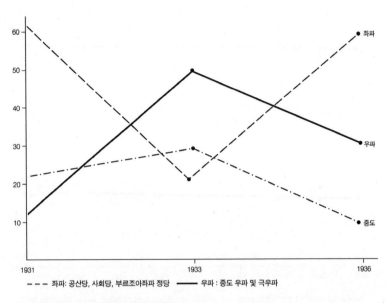

계수는 계산했지만 그림에서는 이용하지 않았다.

양극화된 정당 체계에 해당하는 사례를 충분히 찾기 위해서는 장기적 관점에서 시계열적으로 파악할 때에만 가능하다는 반론이 제기될 수 있다. 결국 우리가 다루고 있는 것은 스펙트럼의 '극단'이므로 이는 당연한 반론이다. 더욱이 사례의 수도 반드시 그 중요도와 관계가 있다. 유럽 대륙의 네 주요 국가(바이마르공화국, 스페인, 프랑스, 이탈리아)는 모두 지난 50년 동안 극단적이고 양극화된 다당 체계를 경험했다. 한편, 칠레는 남미에서 인구가 가장 많은 나라들 가운데 속하지는 않지만, 정당 체계의 민주적 전통과 구조적 공고화라는 측면에서 가장 중요한 나라였다.

이로써 중대한 문제가 하나 남게 된다. 우리가 앞에서 유형화한 체계의 모든 특성을, 선거 결과가 충분히 입증하는가 하는 문제 말이다. 이 문제는 우선 선거 자료에 대한 해석이 상투적인가 아니면 이론 지향적인가에 달려 있다. 그간 우리가 '비가시적' 정치에 비해 '가시적' 정치의 중요성을 과소평가해 왔다는 나의 원론적 입장은 여전하다.[60] 얄궂게도 우리는 어둠 속에서 길을 찾아다닐수록 햇빛의 존재를 잊어버리거나 햇빛에 무감각해진다. 이런 기형화는 실용주의적인 정체나 이념적 색체가 아주 약한 정체의 환경에서는 정당화될 수 있다. 특히 양당 체계는 그 무대 뒤를 샅샅이 캐지 않는 이상 그렇게 흥미로울 일이 없다. 그러나 이념적 정체를 만나게 되면 사정이 달라진다. 여기서는 말이 무기가 된다. 점점 증폭하는 말들이 양극화된 체계의 경로를 결정하는 데 주요한 역할을 한다. 사회가 이념적 신조에 의해 길들여지면, 비가시적 정치가 가시적 정치를 중화시키는 요인이 된다. 그러나 이런 경우에도 가시적 영역에서 이루어진 약속이 비가시적인 행동의 범위와 조건을 결정한다.

3. 온건한 다당 체계와 분절된 사회

제한적이고 온건한 다당 체계는 한편으로는 양당 체계와 구분되고, 다른 한편으로는 극단적이고 양극화된 다당 체계와도 구분된다. 이 부류에는 유효 정당이 기본적으로 3~5개 존재한다. 그래서 나는 이 부류를 극단적 다당 체계와 구분해 '제한적' 다당 체계limited pluralism라고 부른다.

서구의 나라들로 사례를 한정해 보면, 이 부류에 속하는 나라는 다음

표 21.
노르웨이의 선거 결과와 의석 점유율(1945~73년)

	1945		1949		1953		1957	
	득표	의석	득표	의석	득표	의석	득표	의석
공산당	11.9	7.3	5.8	–	5.1	2.0	3.4	0.7
사회주의 선거 동맹[1]	–	–	–	–	–	–	–	–
사회인민당	–	–	–	–	–	–	–	–
노동당*	41.01	50.7	45.7	56.7	46.7	51.3	48.3	52.0
자유당 좌파(Venstre)*	3.87	13.2	12.4	14.0	10.0	10.0	9.6	10.0
기독인민당*	9	5.3	8.4	6.0	10.5	9.3	10.2	8.0
농민-중도당*(1959년 까지)	8.0	6.6	4.9	8.0	8.8	9.3	8.6	10.0
보수당*	17.0	16.6	15.9	15.3	18.4	18.0	16.8	19.3
안데르스 랑게당 (1973년)[2]	–	–	–	–	–	–	–	–
기타	0.3	–	6.8	–	0.5	–	3.1	–
	1961		1965		1969		1973	
	득표	의석	득표	의석	득표	의석	득표	의석
공산당	2.9	–	1.4	–	1.0	–	–	–
사회주의 선거 동맹[1]	–	–	–	–	–	–	11.2	10.3
사회인민당	2.4	1.3	6.0	1.3	3.4	–	–	–
노동당*	46.8	49.3	43.2	45.3	46.5	49.4	35.3	40.0
자유당 좌파(Venstre)*	7.2	9.3	10.2	12.0	9.4	8.7	2.3	1.3
기독인민당*	9.3	10.0	7.8	8.7	7.8	9.3	11.9	12.9
농민-중도당*(1959년 까지)	6.8	10.7	9.4	12.0	9.0	13.3	11.0	13.5
보수당*	19.3	19.3	20.2	20.7	18.8	19.3	17.2	18.7
안데르스 랑게당 (1973년)[2]	–	–	–	–	–	–	5.0	2.7
기타	5.3	–	1.8	–	4.0	–	6.1	–

* 유효 정당: [1] 공산당·사회인민당·노동당 분파 간 연합 / [2] 저항 정당 ; 선거 결과와 의석수는 백분율이다. 의석수는 1969년까지는 150석이었다가 1973년에 155석으로 늘어났다. 선거제도가 1952년에 동트 방식(d'Hont)에서 생라그 방식(Sainet-Lague)으로 바뀌면서 노동당의 과잉 대표가 줄어들었다. 의회는 사실상 단원제이다.*

과 같다. 서독·벨기에·아일랜드(3당 구도), 스웨덴·아이슬란드·룩셈부르크(4당 구도), 덴마크(1950년대까지는 4당 구도, 1960년대에는 4~5당 구도), 스위스·네덜란드·노르웨이(5당 구도). 그런데 이런 구도는 고정된 것이 아니다. 두루 알다시피, 덴마크와 노르웨이의 정당 체계는 현재 5당 규모를 넘어서고 있다. 네덜란드는 과거의 전통적인 구도로 되돌아갈 가능성이 있다. 한편, 스웨덴은 1971년에 단원제로 바뀌고 비례성이 높은 선거제도를 통해 4당 체계에서 5당 체계로 옮겨 가고 있는 것은 당연해 보인다. 그렇지만 방금 언급한 구도들은 25년 동안 지속되거나 지배적이었다(주목해야 할 점은 이들 나라의 정당 구도가 1960년대 양상으로 복원되고 있다는 것이다). 그래서 제한적 다당 체계 부류에 속하는 나라는 10개국이다.

이 목록에 대해 완전히 납득하지 못한다면, 그 이유는 소수당의 유효성/비유효성에 대한 의견이 달라서가 아니라, 해당 나라들이 실제로 유사한 체계 속성을 공유하고 있느냐에 대한 의문 때문이다. 의혹의 대상이 되는 나라는 세 나라이다. 마지막에 살펴볼 벨기에, 스칸디나비아반도의 스웨덴과 노르웨이가 여기에 해당한다. 스웨덴과 노르웨이에서는 모두 (잠시 집권하지 못한 적이 있지만) 사회민주당이 오랫동안 집권했다. 이 두 나라를 다당 체계 국가라고 말하기는 어렵다. 문제는 노르웨이와 스웨덴을 일당 우위 체계에 속한다고 볼 수 있는가이다. 〈표 21〉과 〈표 22〉는 각각 두 나라의 득표율과 의석 점유율을 나타낸 것이다.

〈표 21〉이 보여 주듯이, 노르웨이 노동당은 1961년까지는 과반 의

• 비례대표제에서 득표율에 따라 의석을 배분하는 방식으로 동트 방식은 큰 정당에 유리하고 생라그 방식은 군소 정당에 유리하다.

표 22.

스웨덴의 선거 결과와 의석 점유율(1948~73년)

	1948		1952		1956		1958		1960	
	득표	의석	득표	의석	득표	의석	득표	의석	득표	의석
공산당	6.3	3.5	4.3	2.2	5.0	2.6	3.4	2.2	4.5	2.2
사회민주당	46.1	48.7	46.11	47.8	44.6	45.9	46.2	48.0	47.8	49.1
농민-중도당 (1957년까지)	12.4	13.0	0.7	11.3	9.4	8.2	12.7	13.9	13.6	14.7
인민당-자유당	22.8	24.8	24.4	25.2	23.8	25.1	18.2	16.4	17.5	17.2
보수당	12.3	10.0	14.4	13.4	17.1	18.2	19.5	19.5	16.5	16.8
기타	0.1	-	0.1	-	0.1	-	-	-	0.1	-

	1964		1968		1970		1973	
	득표	의석	득표	의석	득표	의석	득표	의석
공산당	5.2	3.4	3.0	1.3	4.8	4.9	5.3	5.4
사회민주당	47.3	48.5	50.1	53.7	45.3	46.6	43.6	44.6
농민-중도당 (1957년까지)	13.2	14.2	15.7	15.8	19.9	20.3	25.2	25.7
인민당-자유당	17.0	18.0	14.5	13.7	16.2	16.6	9.4	9.7
보수당	13.7	13.7	12.9	12.4	11.5	11.6	14.3	14.6
기타	3.6	-	4.1	-	2.3	-	2.2	-

1948년부터 1968년까지의 선거 결과와 의석수는 하원의 것이다. 1970년 이후는 단원제이다.

석을 차지했다. 1961년과 1969년에는 아슬아슬하게 과반 의석에 못 미쳤지만, 1973년에 이르기까지 1965년 선거에서 명백하게 패배한 적은 단 한 번뿐이었다. 더욱이 노르웨이 노동당이 1935년에 단독 집권을 시작했다는 점(1940년 독일 침공 때까지)을 상기할 필요가 있다. 그러므로 1940~45년 동안 런던에 있던 [망명정부] 거국 연립 정부를 제외하면 노동당의 단독정부 유지 기록은 1935년부터 1965년까지(1963년 4주간의 기묘한 단절을 제외하고는) 이어졌다. 그 후로 노동당은 1971년에 집권했다가 다시 정권을 잃었으며, 1973년에는 외부의 사회주의선거동맹의 지원을 받아 소수파 정부를 구성했다.[61] 그렇지만 1961년 이래 노동당의 압도적 우위는 점차 쇠락했다. 1961년에 의회에서 절대 다수 지위 확보 여부는 단 2석을 가진 사회인민당에 달려 있었다.[62] 1969~73년에는 비非사회주의 연립과 노동당이 번갈아 집권했다. 1973년 선거에서 노동당은 정권을 되찾았지만, 사회주의선거동맹의 지원이 절대적으로 필요했으며, 그 결과 노동당의 우세는 약화되기 시작했다.[63]

스웨덴[64]을 살펴보면 흥미로운 사실이 눈에 띈다(〈표 22〉). 스웨덴에서는 사회민주당이 우세했던 기간이 노르웨이보다 길지만(1932년부터 우세 정당이 되었다), 대체로 소수파 정부였다는 점이다. 소수파 정부가 유지될 수 있었던 이유는 사회민주당이 계속 상원의 과반 의석을 점유했기 때문이다. 상원에서 과반 의석을 차지한다는 것은 재정 문제에서 실질적인 절대 다수의 정권임을 의미한다. 또한 스웨덴의 기록은 노르웨이에 비해 연속성이 약하다. 노르웨이 노동당은 정권을 뺏긴 적은 있으나 (망명 시절을 제외하면) 연립 정부로 집권해 본 적이 없다. 반면 스웨덴 사회민주당은 1936~39년까지 그리고 1951~57년까지 농민당과 연립을 형성했다.[65] 더욱이 1958년에 단독정부를 형성했을 때도 과반 의석을 유지하기 위해 5석을 가진 공산당의 도움이 필요했다. 이런 경향은 (1968년을 제외하고) 점점 강해지고 있다. 실제로 1970년과 1973년 의회에서 사회민주당은 절대적으로 공산당 의석에 의지했다(1970년 사회민주당 163석, 비사회주의 연립 170석, 1973년 의회에서는 사회민주당

156석, 비사회주의 연립 175석).[66]

　노르웨이와 스웨덴을 일당 우위 체계로 분류하면 우리의 목록이 불명확해질 수 있다는 문제가 생긴다. 조작적 정의에 의하면 일당 우위 체계는 51%의 기준을 넘어야 하는데, 이런 기준을 소수파 정부의 원리와 실제를 고려해 완화하면, 스웨덴과 노르웨이를 일당 우위 체계로 볼 수 있다.[67] 그리고 [온건 다당 체계라는] 이 분류는 사실상 나의 선택이다. 왜냐하면 '단독 집권'은 변별성이 크고 포괄적인 체계적 특징일 뿐만 아니라 이런 범주 설정은 긴 안목에서 보면 상당한 이점을 가져다준다. 노르웨이와 스웨덴은 (1920년대와 1930년대에 격심한 정치 갈등이 있었고 양극화가 재발하는 조짐이 나타나기는 했지만) 제1차 세계대전 이래 오랜 기간 동안 대체로 두 개의 블록이 줄곧 대안 연립을 주도해 온 온건한 다당 체계에 해당한다. 약 30년 동안 우위 정당이 선진적인 사회복지 정책에 기초해 정체polity를 모니터링하고 온건화 및 안정화시켜 왔다. 이런 유형도 이제 한계점에 도달하고 있는 것 같다. 노르웨이와 스웨덴은 양극화의 경로로 돌아가는 것을 감수하면서 원심적 기반 위에서(즉 극좌에 더욱 더 의존해) 일당 우위 체계를 추구하느냐, 아니면 구심적 경쟁을 복원시켜 대안 연립을 추구하는 이극 체계로 되돌아가느냐 하는 딜레마에 처해 있다.

　앞 절에서 논의한 핀란드, 덴마크와 지금 다룬 노르웨이, 스웨덴 등 스칸디나비아반도 나라들은 일반적으로 안정적인 다당 체계의 특성을 공유하는 동질적인 범주로 여겨 왔는데, 위의 분석을 보면 그러한 피상적인 이미지가 산산이 무너지고 만다. 이들 나라는 모두 다당 체계가 잘 '작동되고' 있다는 점에서는 공통적이지만, 그 기반과 역학에서는 상이한 점이 많다. 핀란드는 공산당과 때때로 선린 관계 속에서 연립 정부를 유지하고 있음에도 불구하고 기본적으로 중간(중도)에 의존하므로 정권이 불안정하다. 노르웨이와 스웨덴은 오랫동안 단일 정권 일당 우위 체계를 유지해 온 반면, 덴마크와 핀란드는 대조적으로, 오랫동안 이극의 두 블록으로 구성된 연립 체계를 유지해 왔다.[68]

제한적 다당 체계에 속하는 나라를 서독, 벨기에, 아일랜드, 아이슬란드, 룩셈부르크, 덴마크, 스위스, 네덜란드로 축소하면, 초점은 이 유형의 역학mechanics으로 이동한다. 확실히 온건한 다당 체계는 체계의 속성이 양당 체계와도 다르고 양극화된 다당 체계와도 다르기 때문에 별개의 체계로 인식할 필요가 있다.

양당 체계와 비교할 때 온건한 다당 체계의 두드러진 특징은 연립 정부이다. 그 특징은 다음과 같다. 우선 유효 정당의 수가 적어도 세 개 이상이다. 둘째, 어느 정당도 절대 다수를 차지하지 못한다. 셋째, 다수당이나 우위 정당이 권력을 분점할 수밖에 없는 상황에서 단독으로 소수파 정부를 구성하는 것은 불합리한 것으로 간주된다. 그러므로 단일 정당에 의한 소수파 정부가 성립된다면, 그것은 계산을 잘못한 결과이든가(필요하다면 인기 없는 정책을 포기하는 것과 같은) 정밀한 계산에 기초한 결정일 수 있다. 이도 저도 아니라면 그것은 위장된 연립 정부이거나 과도기적 관리형 정부이다. 어쨌든 단일 정당에 의한 소수파 정부는 (제한적 다당 체계나 온건한 다당 체계의 상황에서는) 비록 단명하지는 않더라도 '유약한' 정부이다.[69]

암묵적이긴 하지만 일반적으로 서독은 스웨덴과는 좀 다른 형태로 간주된다. 그러나 선거 결과를 보면, 그 차이를 설명하기 어려운 부분이 있다. 1953년에서 1972년까지 기독민주당(기독민주연합CDU과 기독사회당CSU)의 독일 연방의회Bundestag 의석 점유율은 49.9%(1953년),

54.3%(1957년), 48.5%(1961년), 49.4%(1965년), 48.8%(1969년), 45.4%(1972년)였다. 사실 이는 스웨덴 사회민주당보다 나은 기록이다. 그럼에도 불구하고, 기독민주연합이 과반을 달성하지 못하자 연립 정부가 성립되었다. 1961년에는 기독민주연합과 자유민주당FDP이 연립 정부를 수립했고, 1966~69년에는 기독민주연합과 사회민주당의 '대연정'이 성사되었으며, 이후에는 사회민주당과 자유민주당이 연립 정부를 구성했다. 스웨덴과 비교하면 다음과 같은 점에 주목해야 한다. 기독민주당은 1969년 선거에서도 연방의회에서 상대적 다수를 유지했다 (48.8%, 사회민주당은 45.2%). 1972년에는 아슬아슬한 차이로 상대적 다수 자리를 내주었다(45.4%, 사회민주당 46.4%).[70] 그렇다면 스웨덴은 왜 독일과 다르게 움직이는가? 가장 훌륭한 대답은, 독일의 역학이 이 극적이라는 것, 즉 두 나라의 체계가 다르다는 것이다.

그래서 온건한 다당 체계의 공식은 [양당 체계처럼 제1, 2당이 단독으로 번갈아 집권하는] 대안 정부가 아닌 [두 주축 정당이 과반 연립을 만들어 번갈아 집권하는] **대안 연립**의 전망 내에서 연립하여 집권하는 것이다(그렇다고 실제로 연립 세력의 교체가 일어나야 한다는 것은 아니다). 이런 주요한 차이를 제외하면, 여타 대부분의 측면에서 온건한 다당 체계의 메커니즘은 양당 체계를 닮아 가거나 모방하는 경향이 있다(물론 온건한 다당 체계의 메커니즘이 훨씬 복잡하다). 특히 온건한 다당 체계의 구조는 여전히 이극적이다. 다만, 우리는 두 개의 대안적 집권 정당[즉 번갈아 정권을 교체하는 두 정당]이 아니라 두 극에 존재하는 두 개의 대안 연립[즉 좌우 양편에서 교대로 연립 정부가 형성되는 것]을 발견할 수 있다. 그러나 이러한 차이가 있다고 해서 경쟁이 구심적으로 전개된다는 것, 그로 인해 온건한 다당 체계의 메커니즘이 **온건한 정치**에 기여한다는 사실을 무시하는 것은 아니다.

온건한 다당 체계의 특징은 양당 체계에 비하면 그리 인상적이지 않지만, 양극화된 다당 체계와 비교하면 그 특징이 뚜렷하다. 첫째, 온건한 다당 체계에서는 유효하고(또는) 규모가 큰 반체제 정당이 존재하지 않는다.[71] 둘째, 온건한 다당 체계에서는 양 측면에 반체제 야당이 존재하지 않는다. 긍정적으로 말하자면, 온건한 다당 체계에서는 모든 정당이 집권을 지향한다. 즉 연립[정부]의 파트너가 될 수 있다. 정권에 참여하지 못한 정당들이 모두 모여 야당 연립을 형성할 수 있다. 이는 야당들이 '일면적'unilateral, 즉 모두가 좌파나 우파 중 어느 한쪽으로 몰려 있음을 의미한다. 따라서 기본적으로, 온건한 다당 체계는 **양극화되어 있지 않다**. 다시 말해 같은 기준으로 온건한 다당 체계와 양극화된 다당 체계를 비교하면, 각 정당들이 이념적으로 흩어져 있는 분포가 결정적으로 확연히 다르다는 것을 알 수 있다.

이상의 내용을 종합하면, 온건한 다당 체계의 특징은 다음과 같다. ① 유효 정당들 간의 이념 거리가 비교적 좁다. ② 연립이 이극으로 배열되어 있다. ③ 경쟁이 구심적이다.[72]

온건한 다당 체계에서 생겨나는 많은 결과를 일일이 규명하는 일은 시간만 낭비하는 여분의 작업이 될 것이다. 양극화된 다당 체계에서 플러스 기호로 표시된 것을 온건한 다당 체계에서는 그저 마이너스 기호로 바꾸기만 하면 된다. 대신에 온건한 다당 체계의 특징은 통제 지표로 이용할 수도 있다는 점은 상기할 필요가 있다. 즉 정당 체계에서 파편화의 증대가 이념 거리의 증대와 상응 관계가 있는지를 통제하는 데 이용할 수도 있다. 정당 수가 신뢰할 만한 지표가 될 수 있는가 하는 문제는 3당 이상의 정당 체계에 반체제 정당과 양극의 반대당이 존재하는지 여부를 확인함으로써 즉시 점검할 수 있다. 반체제 정당과 양 진영의 반대당이 존재하지 않는다면, 그 체계는 분명 온건한 다당 체계의 사례에 해당한다. 이 같은 점을 다음과 같이 일반화할 수도 있다. 정당의 수가 늘어나더라도 모든 정당이 '동일한 부류'에 속해 있다면, 즉 정치 체계의 정당성을 인정하고 그 규칙을 따른다면, 정당 체계의 파편화[정당 수의 증가]를 이념의 양극화 탓으로 볼 수 없다. 정당 체계의 파편화는 사회가 다차원적으로 배열되어 있는 **분절된** 다민족 또는 다종교 사회에서 일어난다. 반대로, 정당의 수가 임계 수준을 넘고, 반체제 정당들 및 양극의 반대당이 없을 때, 정당의 수가 5개 이상이면 양극화의 역학이 나타날 수 없는 정도로 가까운[온건한] 이념 거리가 존재한다고 안전하게 가정할 수 있다.

온건한 다당 체계가 독특한 유형이냐, 또 그에 해당하는 사례들을 판별해 낼 수 있느냐고 묻는다면, 나는 그렇다고 답할 것이다. 그런데 온건한 다당 체계의 유형 안에서 '분절된' 하위 집단을 분리하여 구분하는 것이 유용한가라는 질문을 할 수 있다. 분절된 '협의'제 민주주의con-sociational democracy에 관한 문헌들이 궁극적으로 제기하는 문제는 이런 특징을 갖고 있는 모든 나라를 하나의 범주로 묶어서는 안 된다는 것이다.[73]

발 로윈에 따르면, **분절된** 다당 체계에 속하는 나라로 특히 네덜란드, 벨기에, 룩셈부르크, 스위스, 오스트리아, 레바논을 꼽을 수 있다. 그런데 이 목록은 (전부는 아니더라도) 대부분 다민족·다종교·다차원 사회로 쉽게 확장할 수 있다. 이스라엘은 확실히 이 목록에 적격이고 인도도 제법 그럴 만한 후보에 속한다. 그뿐만 아니라 분절이라는 기준에서 볼 때 벨기에를 포함한다면 캐나다도 제외하기 어렵다. 결국 이렇게 하다 보면, 분절된 사회와 '문화적으로 이질적인' 사회를 구별하는 것이 어렵다는 사실을 금세 알게 된다. 그러나 설령 네덜란드, 스위스, 이스라엘, 인도, 벨기에, 캐나다, 오스트리아를 같은 목록에 넣는 것에 동의하더라도 이는 우리가 실제로 상상할 수 있는 모든 경쟁 체제를 끌어 모은 것에 불과하다. 로원, 레이파트, 렘브루흐의 기준을 가지고 무엇을 어떻게 분류하더라도, 그것으로는 정당 체계를 분류하지 못한다. 분명히 해두자면, 정당 체계의 분류는 그들이 하려는 것도 아니었다. 그래서 우리는 내가 처음에 제기한 질문으로 되돌아간다. 즉 분절된 정체를 나의 유형론 안에서 별개의 하위 그룹으로 둘 수 있는가 하는 것이다. 물론, 이 문제는 내가 제시한 모든 유형과 관계가 있지만, 온건한 다당 체계 사례와 관련해 가장 잘 논의할 수 있다. 왜냐하면 양극화된 정체에서는 다차원성과 분절화가 강한 이념적 긴장에 의해 상쇄될 수 있는 반면, 양극화되지 않은 체계에서는 다차원성과 분절화가 뚜렷하게 나타나기 때문이다.

개념 정의부터 시작해 보자. 로원의 표현에 따르면, 분절된 다원주의란 "사회운동, 교육 및 의사소통 체계, 자발적 결사체, 정당 등이 종교적·이념적 균열을 따라 조직된 경우"를 일컫는다. 따라서 분절된 다원주의는 "다양성을 인정한다는 점에서는 다원주의적이고 …… 다양성이 제도화되는 과정에서는 '분절된다.'"[74] 이런 개념은 사회의 상태를 먼저 고려하고 정체polity의 상태는 사회로부터 파생되는 것으로 보고 있음을 금방 알 수 있다. 달리 말하면, 분절된 다원주의란 기본적으로 사회문화적 다양성의 구조적 구성물이다. 이제 나는 정치사회학에 해당하는 문제에 이르게 되었다.[75] 그러나 먼저 정치 구조, 특히 정당 구조를 규명하지 않으면, 다음과 같은 중대한 질문을 놓치기 쉽다. 즉 **사회경제적 구조가 유사하더라도 정당 체계가 다르게 되는 것은 무엇 때문**

일까? 로윈이 분절된 사회로 보고 있는 사례를 살펴보자. 오스트리아는 확실히 양당 구도를 갖고 있으며, 최근에는 양당 체계의 역학을 보여 준다.[76] 벨기에는 명백히 약 80년 동안 3당 구도(와 역학)를 유지해 왔다. 반면 스위스와 네덜란드는 다당 체계이다. 그러므로 이들 나라의 '분절화'는 여러 의미를 가진 하나의 단어이거나 아니면 정당 체계에까지 반드시 영향을 미치는 것은 아닌, 그저 하나의 구조일 것이다.

두 가지 주의할 점을 덧붙여야겠다. [이들을 협의 민주주의라고 하는 독립된 유형으로 보는] 협의체주의적 분석은 그것을 지나치게 확장하지 않거나 희석시키지 않을 경우에만 효력을 갖는다. 첫째, 협의 민주주의에 관한 최근 저술들은 대부분 예전에 협상, 실용적 타협, 조정, 점진적 의사 결정과 같은 말을 사용하던 자리에 새로운 유행어를 도입하고 있을 뿐이다. 이런 용어를 사용하는 것만큼 분석 도구의 예리함을 무뎌지게 만드는 것도 없다. 이와도 관련된 것이지만, 둘째, '분절화'는 '문화적 이질성'보다 협소하고 좀 더 정확한 개념이며 또 그래야만 한다. 이런 조건에서만 분절 개념이 다민족 국가나 다종교 국가로 불리는 모든 나라에 부적절하게 적용되거나 과도하게 확대 적용되는 것을 피할 수 있다. 특히 분절은 기본적으로 사회의 특수한 상태를 나타내는 사회문화적 구성체이므로 '분화'differentiated와 혼동하지 말아야 그 구성체가 유용하고 유의미해진다. 텔컷 파슨스는 이 둘의 차이를 잘 지적하고 있다. 그에 따르면, 분화된 두 개의 하위 체계는 동일한 일을 수행하지 않는다. 즉 그것들은 서로 다르지만 보완적인 기능을 한다. 반면, "두 개의 하위 체계가 본질적으로 동일한 기능을 수행하면서 구조적으로 고유한 단위일 때, 이를 분절로 볼 수 있다."[77] 디 팔마 또한 좀 더 엄밀한 분절 개념을 제시한다. 그에 따르면, 협의체주의 관행이 존재하는 사회는 산업화 이전의 공동체적 균열을 특징으로 하는데, 이로 인해 산업화 이전의 다양성을 반영하는 정당들이 잔존하여 산업적 균열과 이념상의 균열이 침투하지 못하도록 제한한다.[78]

이상에서 보듯이, 분절 사회를 고려하는 것은 지금까지 개관한 유형론을 적용하는 것이지 그것을 수정하려는 것이 아니다. 한편 분절 사회 개념에서 배울 교훈도 많은데, 특히 레이파트의 분석에서 배울 점이 많다. 그는 분절된 사회에서는 리더십 그리고 엘리트의 태도와 지향점이 결정적으로 중요하다는 점을 강조한다. 정당 구도의 **역학적 성향**을 강조하는 내 의도를 오해하지 않도록 다음과 같은 설명이 필요할 것 같다. '협의 민주주의'가 "체계 내의 분열 경향에 대응할 목적으로 엘리트 수준에서 계획적으로 이루어진 포괄적 협력"의 결과라면,[79] 그리고 특히 네덜란드가 '분열 경향'에 대처하기 위해 엘리트들이 만든 체계라면, 5~6개의 정당이 중대한 구도critical format라는 나의 주장은 강한 설득력을 갖는다. 네덜란드의 온건한 다당 체계가 레이파트가 진술한 조건에 기대고 있다면,[80] 나의 준거 틀 안에서 정당 구도의 역학적 성향은 사실상 확고해진다. 왜냐하면 한 나라는 정당 구도가 위험에 처하게 되면(또 그렇기 때문에) 협의체주의적 관행에 의지하기 때문이다.

결론을 내리기에 앞서 여기서 제시한 나라들의 목록을 살펴보자. 서독에 대해서는 이미 논의했다. 네덜란드와 덴마크에 대해서도 검토했다. 스위스와 아이슬란드도 간략하게 언급했다. 아일랜드와 룩셈부르크는 온건한 제한적 다당 체계로 분류하기 어렵다. 마지막으로 남은 벨기에도 이 그룹에 포함시킬 수 없다.

적어도 70년 동안, 즉 1965년까지는 벨기에의 정당 체계를 분류하는 데 별 문제가 없었다. 〈표 23〉에서 보듯이, 벨기에는 지속성이 강한 명

표 23.

벨기에의 하원 선거 결과(1894~1974년)

	가톨릭당	사회당	자유당	플랑드르 민족당	프랑스어권 정당들	기타[1]
1894	51.6	17.4	28.5			1.3
1896~98	50.7	23.6	22.2			1.6
1900	48.5	20.5	24.3			1.7
1902~04	49.8	20.6	25.3			2.1
1906~08	48.6	21.5	26.7			1.9
1912	51.0	22.0	25.1			0.3
1919	36.0	36.6	17.6	2.6		6.5
1921	37.0	34.8	18.8	3.0		7.4
1925	36.1	39.3	14.6	3.9		5.9
1929	35.4	36.0	16.6	6.3		5.7
1932	38.6	37.1	14.3	5.9		4.1
1936	27.7	32.1	12.4	7.1		20.8
1939	32.7	30.2	17.2	8.3		11.6
1946	42.5	32.4	9.6	-		15.4
1949	43.6	29.8	15.3	2.1		9.4
1950	47.7	35.5	12.1	-		4.8
1954	41.1	38.5	13.1	2.2		5.1
1958	46.5	37.0	12.0	2.0		2.6
1961	41.5	36.7	11.1	3.5		6.0
1965	34.5	28.3	21.6	6.8	2.4	6.4
1968	31.8	28.0	20.9	9.8	6.0	5.5
1971	30.0	27.3	15.1	11.1	13.0	3.5
1974	32.3	26.7	15.2	10.2	11.0	4.6

Keith Hill, "Belgium", in R. Rose ed., *Electoral Behaivor*, Free Press. 1974. p. 101. 1971년과 1974년 자료는 Keesing's Archives. [1] 1936년 공산당 6.1%, 렉시스트당(Rexist) 11.5%; 1946년 공산당 12.7%(그 이후로 이 두 정당의 득표율은 3~4% 수준으로 하락했다).

확한 3당 체계이다. 1894년부터 1914년 제1차 세계대전 발발 때까지는 가톨릭당이 제1당을 유지했고, 그 뒤를 이어 자유당이 제2당을 차지했다. 사회당은 근소한 차로 제3당을 유지했다(사회당은 처음부터 입헌주의를 수용하는 체제 내 정당이었다). 1919년부터는 자유당이 제3당이 되었다. 그런데 전간기[양차 대전 사이] 동안(1919~39년)에는 가톨릭당과 사회당이 각각 평균 득표율 36% 내외로 팽팽한 균형을 유지했다. 1946년 이후부터는 가톨릭당(1945년에 기독사회당으로 개칭)이 다시 제1당이 되었다. 득표율의 진폭이 심하긴 했지만 말이다. ― 1950년에 절대다수 의석을 획득(1958년에 다시 획득할 뻔)했고, 1971년에는 30퍼센트까지 하락했다. 자유당은 1950년부터 1965년까지 12% 수준을 유지했으며, 1965~1968년에 크게 약진했다. 현재[1970년대]는 전간기 때의 평균과 비슷한 16% 수준으로 되돌아갔다.

그런데 1965년부터는 양상이 한층 복잡해진다. 네덜란드어를 사용하는 플랑드르 세력은 이미 1939년에 등장했지만, 민족 분열과 언어 위기가 정치 지형을 뒤흔든 것은 1960년대 후반에 와서였다. 1971년과 1974년에는 플랑드르 민족당이 상당한 규모로 성장했을 뿐만 아니라 프랑스어 세력(왈론 지역과 브뤼셀)의 대응도 만만치 않았다. 그렇다면 3당 구도에서 5당 구도로 전환되고 있는 것인가? 나아가 언어-민족의 위기와, 그것에서 비롯된 분리주의적 긴장에 직면하고 있는 벨기에를 온건한 다당 체계 유형에 속한다고 주장할 수 있는가? 온건한 다당 체계라는 말은 비꼬는 것처럼 들릴 수도 있다. 그렇지만 가톨릭당, 사회당, 자유당 등 3당은 과거와 마찬가지로 현재에도 여전히 정권을 잡기 위해 서로 경쟁하고 있다. 1919년부터 현재까지 벨기에는 양당이 번갈아 연립을 하며 집권해 왔다. 〈표 24〉는 제2차 세계대전 이후의 양상을

표 24.

벨기에의 연립 정부(1946~74년)

입법부	하원 다수	구성	다수/소수	지속 (대략 개월)
1946~49	34.2	사회당	소수	0.5
	54.0	사회당+자유당+보수당	다수	4
	54.0	사회당+자유당+보수당	다수	7.5
	80.0	사회당+가톨릭당	다수	29
1949	63.2	가톨릭당+자유당	다수	10
1950~54	51.0	가톨릭당	다수	2
	51.0	가톨릭당	다수	16
	51.0	가톨릭당	다수	27
1954~58	52.4	사회당+자유당	다수	51
1958~61	49.1	가톨릭당	다수 근접	4
	59.0	가톨릭당+자유당	다수	30
1961~65	84.9	가톨릭당+사회당	다수	51
1965~68	66.5	가톨릭당+사회당	다수	8
	58.9	가톨릭당+자유당	다수	23
1968~71	59.8	가톨릭당+사회당	다수	41
1971~74	57.3	가톨릭당+사회당	다수	10
	74.0	가톨릭당+사회당+자유당	다수	12
1974~	47.5	가톨릭당+자유당	소수	

상세하게 보여 준다. 이 표는 벨기에에 대해서뿐 아니라 (양당 체계 그리고 [양극화된 다당 체계에서 보듯] 중간(중도)에 기반을 둔 정체의 주변적 정권 교체와 대비하여) 3~5당 체계의 특징을 나타낸다는 점에서도 흥미롭다.

〈표 24〉에서 드러나듯이, 온건한 다당 체계의 전형적인 역학에서 소수파 정부는 관리내각 또는 단명 정부(1946년과 1958년에 모두 합쳐서 네 달 반이었다.)로만 허용된다. 1950~54년의 벨기에 경우처럼 단독 정당 정부는 (상하원 중 적어도 하나에서) 과반 의석을 유지해야만 존재할 수 있다. 그렇지 않으면, 연립 정부 파트너를 교체하는 것이 통상적인 규칙이다. 3개 정당이 존재할 때, 3개의 대안 연립이 가능한데, 실제로 가톨릭당-사회당, 가톨릭당-자유당, 사회당-자유당 연립으로 번갈아 정권이 교체되었다. 이와 관련해 주목할 사항은 유일한 3당 대연정(1973년)이 개헌 요구로 말미암아 촉발되었다는 것과 단명으로 끝났다는 사실이다. 또한 공산당이 합류한 1946년의 3당 연립(11개월 보름 동안 유지되었다.)은 전후戰後의 분위기를 반영한 것으로, 이는 당시 유럽 대부분에서 공통적으로 나타난 현상이었다.

이런 사실을 바탕으로, 벨기에의 정체polity가 현 상태를 지속할 것이라거나 지속할 수 있다고 예측하는 것은 아니다. 1974년에 이루어진 자유당-가톨릭당의 소수파 연립은 사실상 보수 진영의 다소 절망적인 저항을 보여 주는 변칙적 사례이다. 스웨덴 사회민주당이 살얼음판 같은 우위를 지키려고 집착하고 있는 것과 마찬가지로 벨기에의 전통적인 정당들은 자신들이 오랫동안 따라 온 체계의 규칙에 매달리고 있다. 지금까지 언어 갈등으로 (그리고 플라망어 인구가 증가함에 따라 불가피하게 이들이 우세해지면서) 전통적인 세 정당이 양당 구도로 재편되었고, 비례대표제를 기반으로, 그때까지 나뉘어 있지 않았던 기존 정치 구조를 두 영역(혹은 그 이상)으로 분할하려는 분열적 움직임이 대두하게 되었다. 이런 구도가 계속 유지될지, 혹은 결국 연방제라는 해법을 선택할지, 3당 구도가 무너지고 매우 분열적인 정당 체계가 형성될지는 예측하기 어렵다. 그럼에도 불구하고 정치학자의 관점에서 볼 수 있는 가장 중요한 사실은, 사회가 점점 구획화되고compartmentalised 그에 따라 긴장 또한 증가했음에도 벨기에의 정당 체계가 지금까지 용케 지속되어 왔다는 점이다.[81] 덧붙이고 싶은 말은, 정체polity가 사회에 '온건화의 압력'을 가한다는 것은 확고한 사실이라는 점이다. 오늘날 벨기에의 엘리트들은 네덜란드보다 협의[민주주의]를 위해 더 많은 노력을 기울이고 있는 것으로 생각된다.[82]

4. 양당 체계

양당 체계는 지금까지 가장 잘 알려진 범주다. 그 이유는 양당 체계가 비교적 단순한 체계라는 점, 양당 체계를 실행하는 나라들이 중요한 국가라는 점, 그리고 그런 나라들이 전형적인 사례를 대표한다는 점이다. 그러나 우리는 곧 단순한 질문에 부딪히게 된다. 현재 양당 체계를 실시하는 나라가 몇이나 있는가? 아서 뱅크스와 로버트 텍스터에 따르면, 조사 대상 115개국 가운데 11개국이 양당 체계를 실시하고 있다.[83] 그러나 이 수치는 확실히 과장된 것이다. 왜냐하면 콜롬비아의 양당 체계는 어떤 하나의 정당 체계로 간주하기 어려운데, 이런 나라도 포함되어 있기 때문이다.[84] 로버트 달은 8개국으로 줄이는데, 여기에는 파나마, 필리핀, 우루과이도 포함되어 있다.[85] 블롱델은 (다양한 단서를 붙이고 있지만) 양당 체계를 실시하는 나라를 21개국으로 본다.[86] 이처럼 전문가들은 서로 다른 목록을 내놓고 있다. 일반적으로 영국, 미국, 뉴질랜드, 오스트레일리아, 캐나다가 '고전적' 양당 체계로 간주된다. 최근 양당 체계를 도입한 오스트리아를 포함시키면 6개국이 된다. 그러나 오스트리아는 1966년까지 '대연정'을 실시했기 때문에 아직 양당 체계가 확립되었다고 볼 수는 없다. 한편, 오스트레일리아에는 3개의 유효 정당이 있으며, 캐나다는 오스트레일리아보다 좀 더 변칙적인 경우로 보인다. 엄격한 기준(이를테면 충분한 지속 기간 등)을 적용하면 영국, 미국, 뉴질랜드 세 나라만 남는다. 그리고 영국과 미국의 양당 체계는 서로 다른 점이 많기 때문에 두 나라를 같은 범주로 분류하는 것은 합당하지 않다는 주장도 제기되고 있다. 바로 이 주장이 최후의 일격이다.[87]

가장 잘 알려진 정당 체계 유형임에도 불구하고 그에 해당하는 사례가 실제로는 몇 안 된다는 것은 일견 역설처럼 느껴진다. 이런 역설이 발생하는 것은 (늘 그렇듯이 여기서도) 서로 다른 두 문제를 한꺼번에 해결하려 하기 때문이다. 하나는, 한 나라가 양당 체계 부류에 속하는지를 결정하는 문제다. 이 문제는 계산 규칙에 달려 있다. 또 다른 문제는 어떤 체계가 양당 체계 유형type인지 아닌지를 결정하는 것이다.

첫 번째 질문, 즉 언제 제3당(들)을 계산에서 제외할 것인가라는 질문은 쉽게 답변할 수 있다. 즉 제3당이 존재하더라도 두 다수당의 단독 집권을 막지 못할 경우, 즉 연립의 대상이 되지 못할 때, 양당 체계 구도라할 수 있다.[88] 이런 답변은 양당 체계 구도는 득표율이 아니라 의석수를 기준으로 평가해야 한다는 사실을 의미한다. 그렇게 '해야 하는' 것은 의회에서 그들이 갖는 힘[의석수]을 바탕으로 정부가 구성되고 운영되기 때문이다. 또 다른 이유가 있는데, 우리가 다루고 있는 정체들은 거의 전부 소선거구제를 채택하고 있다는 점이다(오스트리아만 비례대표제를 실시하고 있다). 잘 알려진 대로 소선거구제에서는 상대적 다수파가 절대적 다수파로 바뀔 수 있고, 심지어 선거에서 다수 득표를 했어도 의회에서는 소수파로 떨어질 수 있다.[89]

그러나 양당 체계 유형을 특징짓는 **속성**이 무엇인가 하는 질문을 제기하면 문제는 한층 복잡해진다. 한 정당이 단독으로 집권하는 것이 양당 체계의 주요 특성이라고 한다면, 그때 말하는 집권은 '단독 집권'을 말하는 것이며 '무기한 집권'을 의미하는 것이 아니라는 단서가 필요하다. 동일 정당이 항상 집권한다면, 그것은 양당 체계가 아니라 일당 우위 체계이다. 즉 양당 체계 역학의 주요 특징은 정권 교체다. 제3당이 장기간 그리고 전국 수준에서 양대 정당의 정권 교체에 영향을 미치지 못한다면, 그것은 '3당' 체계가 아니라 '양당' 체계라고 누군가 말할지도 모르겠다. 그러나 변이 사례를 피하기 위해, '번갈아 집권하는 것'과 '단독 집권'이라는 두 조항 모두 경직적으로 적용할 수는 없다.

우선 **정권 교체**alternation라는 말은 실제로 정권 교체가 일어나는 것을 뜻하는 것이 아니라 그럴 **가능성**을 의미하는 것으로 느슨하게 이해해야 한다. 즉, 정권 교체는 두 다수당 간의 득표 차이가 근소하다는 것을 의미한다. 또한 야당이 여당을 물리치고 집권할 수 있다는 믿음을 충분히 가지고 있음을 의미한다. 달리 말하면, 정권 교체 개념은 서서히 경쟁성 개념으로 바뀌게 된다. 이와 달리 좀 더 엄격한 해석에 따르면, 지금까지 양당 체계가 가장 오랫동안 지속적으로 유지되고 있는 미국도 완전한 양당 체계로 보기 어려워진다. 왜냐하면 1861년 이래 장기간 미국은 일당 우위를 주기적으로 반복해 왔기 때문이다. 대통령 선거를 보면, 링컨(1861년)에서 프랭클린 루스벨트에 이르기까지 공화당은 14차레 승리했으나 민주당은 5차례 집권했을 뿐이다. 그 후로 1933년에서 1953년까지는 민주당이 대통령직을 차지했다. 아이젠하워가 두 번 (1952년, 1956년) 승리한 것은 초당적 후보로 출마했기 때문이며, 1933 년부터 (닉슨이 당선된) 1968년 이전까지 공화당은 대선에서 패배했다. 의회에서는 양상이 좀 달랐다. 그러나 20세기 초부터 대공황 때까지 미 국 국민의 대다수가 1910~14년을 제외하고는 공화당을 지지했다. 1932년부터 [1970년대 중반인] 지금까지는 대다수 국민이 민주당을 지 지했다. 두 번의 예외가 1942년과 1946년 선거였다. 1950년과 1952 년 선거에서는 양당이 팽팽하게 대립했다. 그러므로 일반화해서 말하 면, 20세기 미국에서 연방 수준의 선거는 일정한 양상이 '그대로 유지' (혹은 일탈과 회복의 반복)되어 왔다고 할 수 있다. 유권자 재정렬realign- ment이 의회 선거와 대통령 선거에 영향을 미쳤던 것은 단 한 차례, 즉 1929년 대공황과 루스벨트의 뉴딜 때였다.[90]

정권 교체라는 점에서, 오스트레일리아의 상황은 더 나쁘다. 1946년 부터 1972년까지 10번의 선거에서 노동당이 확실한 승리를 거둔 것은 단 한 번뿐이며(1946년), 접전을 치렀던 적이 한 번 있었다(1961년). 이 렇게 오스트레일리아 노동당은 23년간 야당으로 있다가 1972년에야 집권했다(정권 교체가 자주 있었던 것이 아니다).[91] 뉴질랜드의 경우 노동 당은 선거에서 잇달아 일곱 차례 패배한 끝에 마침내 1957년 정권 교체 에 성공했다. 좀 더 자세히 보면, 뉴질랜드 노동당은 10차례의 선거 가 운데 첫 번째 선거(1946년)와 다섯 번째 선거(1957년)에서 승리했지만, 오스트레일리아 노동당처럼 1972년까지 기다려야 했다. 반면, 국민당 은 단 한 차례를 제외하고는 20년 동안 집권했다. 캐나다의 사례도 논란 의 여지가 있다. 따라서 우리는 양당 체계가 잘 실행되어 온 사례는 단한 나라, 영국뿐이라는 결론을 내릴 수밖에 없다. 영국은 1945년 이래 시계추처럼 정권 교체가 이루어졌다(1945년, 1950년에 노동당; 1951년, 1955년, 1959년 보수당; 1964년, 1966년 노동당; 1970년 보수당; 1974년 2월 과 10월 노동당).

단독 집권이라는 조건을 살펴보자. 이 문제는 훨씬 유연하게 해석할 필요가 있다. 즉 두 정당 **모두** 스스로의 힘으로 과반을 획득해 단독으로 집권할 수 있는 위치에 있어야 한다는 요건을 매우 관대하게 해석해야 한다. 이는 오스트레일리아의 사례에서 특히 문제가 된다. 오스트레일 리아는 노동당을 한 축으로 하고 자유당과 농촌당의 연맹을 다른 한 축 으로 해 정권 교체가 이루어진다. 얼핏 보면 3당 구도이므로, 오스트레 일리아를 벨기에, 서독과 함께 3당 체계로 재분류하면 문제가 간단히 해결될 것 같다.[92] 그러나 이 세 나라를 함께 묶으면, 이들 나라마다 역 학이 서로 다르다는 사실을 곧 감지할 수 있다. 우선 독일인들은 양당 체계의 논리로는 도저히 생각할 수 없는 일을 해냈다. 그들은 1965년에 양대 정당 간의 대연정을 성사시킨 것이다. 게다가 그리고 더 중요한 것 은, 독일과 벨기에의 자유당은 연립 상대를 자유롭게 바꿀 수 있으며, 실제로 그렇게 한다는 사실이다.[93] 오스트레일리아에서는 이런 일이 일 어나지 않는다. 특히 자유당과 농촌당의 연맹은 영구적이어서, 한 선거 구 내에서 양당은 서로 경쟁하지 않는다. 말하자면 두 정당은 공생 관계 에 있다. 확실히 오스트레일리아에서는 양당 체계 규칙이 작동하는 반 면, 독일과 벨기에는 그렇지 않다.[94] 그러므로 '단독 집권'이라는 단서 를 다음과 같이 완화하는 것이 합리적이다. 여기서 '2'가 연립이 아니라 합병을 전제한다면, [1대 1만이 아니라] 1대 2 간에도 이루어질 수 있 다.[95]

이처럼 양당 체계의 규칙에 따라 작동하는 체계의 조건을 완화하면 다음과 같다. ① 두 정당이 과반 의석을 차지하기 위해 경쟁하고 있다. ② 두 정당 중 하나가 실제로 과반 의석을 차지하는 데 성공한다. ③ 과반 의석을 얻은 정당이 기꺼이 단독 집권을 떠맡는다. ④ 정권 교체 또는 교대의 가능성이 확실히 있다.

학자들마다 양당 체계 국가의 목록이 서로 다른 이유를 이제 이해할 수 있다. 양당 **구도**format와 관련해서, 정권 교체라는 요건은 중요하지 않다. 그 요건을 강조하면 (우루과이와 심지어 필리핀처럼) 단 하나의 정당이 야권 세력을 대표하는 일당 우위 체계도 그 목록에 포함된다. 게다가 어느 한 정당이 단독으로 집권할 수 있음에도 그렇게 하지 않는 것도 상관없게 된다(그래서 1946년 이래의 오스트리아가 목록에 들어갈 수 있는 것이다). 다른 한편, 구도와 관련해서 보면, 오스트레일리아는 [양당 체계 목록에서] 제외해야 하며, 캐나다도 제외할 수 있다. 그러나 양당 체계의 **역학**에서 보면, 양당성twopartiness이라는 본질적 속성은 3당 구도에도 적용할 수 있다. 그리하여 만약 단독 정당 정부의 조건이 두 편의 정당들 중 한쪽(또 다른 쪽은 두 정당이 하나로 연합한 경우)에만 적용될 수 있다는 데 우리가 동의한다면, 오스트레일리아는 다시 목록에 포함된다. 또한 단독 정당 정부가 반드시 다수파 정부일 필요가 없다면, 캐나다도 포함할 수 있다.

그런데 마지막 사례인 캐나다에 대해서는 추가 설명이 필요하다. 1958년 선거에서 보수당은 총 득표율 53.6%를 기록하며, 33.6%로 떨어진 자유당을 누르고 압도적으로 승리했다. 그럼에도 불구하고 가장 강력한 정당은 분명 자유당이었다. 자유당은 11차례 선거(1945~74년)에서 8번이나 승리했다. 그러나 캐나다 정당 체계의 특이한 점은 두 소수당이 주기적으로 소생하여 오랫동안 존속해 왔다는 것이다. 하나는 자유당의 왼쪽에 있는 협동연방연합CCF, (1962년 이래) 현재는 신민주당NPD이고, 다른 하나는 사회신용당Social Credit party이다. 두 제3당의 존재를 다음과 같이 간략하게 설명할 수 있다. "양당 체계는 영국계 출신 비율이 가장 낮은 지역에서 가장 취약하다."[96] 그리고 캐나다 정당 체계의 이런 변칙성은 양대 다수당이 하원에서 과반을 획득하는 것을 두 소수당이 종종 성공적으로 방해하고 있다는 사실에 있다.[97] 이와 같이 캐나다는 **다수당**에 의한 단독 정당 정부의 요건을 갖추지 못하고 있다. (1917년에 딱 한 번 있었던 짧은 연립의 경험이 깊은 상처를 남긴 이후) 종종 **소수파** 단독 정당 정부가 성립되었다. 그러나 무엇보다도 이런 유형은 양당제의 체계 논리가 효력이 있음을 보여 준다. 어떤 이는 (입헌적 '관습'의 측면에서) 캐나다인들이 영국인들보다 더 영국적이라고 말하기도 한다.[98]

양당 체계로 간주되고 있는 나라들을 구도와 역학을 기준으로 순위를 매길 수 있다. 앞서 말한 두 가지 기준을 모두 충족하는지, 하나만 충족하는지, 또 어느 정도 충족하는지에 따라서 말이다. 제2차 세계대전 이후 영국은 '완벽한' 양당 체계라는 평판에 부응한다고 할 수 있다. 영국은 자유당을 비롯한 여러 제3당들이 출현했음에도 불구하고, 양당 체계의 구도 및 양당 체계의 모든 속성을 보여 주고 있기 때문이다. 영국 자유당이 부상하여 위협적인 존재가 되고 있는 것은 분명하다. 1974년 2월 선거에서 자유당은 하원에서 14석을 회득했다. 좀 더 중요한 사실은 [양당 사이에서] 자유당이 결정권을 갖고 있다는 점이었다.[99] 그런데 자유당은 보수당과의 연립을 받아들이지 않았고, 의석수에서 간신히 다수를 차지한 노동당도 1974년 10월 소수파 정부를 구성했다. 영국은

(스코틀랜드와 웨일스에서 민족주의가 부상하면서) 확실히 새로운 딜레마에 봉착하고 있다. 즉 캐나다에서처럼 소수당에 의한 단독 정당 정부(1974년 2월 선거와 10월 선거에서 주요 정당 모두 40%를 득표하지 못했다.)의 길을 갈 것인가 아니면 연립에 의지해야 하느냐 하는 딜레마에 처한 것이다. 후자의 길을 따르게 되면, 영국은 1945~74년까지 유지했던 '완벽한' 양당 체계는 물론이고 아예 양당 체계라고도 부를 수 없게 될 것이다. 만약 스코틀랜드와 웨일스에서 득세한, 분리를 주장하는 세력이 비례대표제를 모색한다면 더욱 그럴 가능성이 크다.[100]

영국 다음으로 미국과 뉴질랜드가 두 번째에 위치한다. 이 두 나라는 양당 체계의 구도는 명확하게 갖추었지만,[101] 진자 운동 같은 움직임은 명확하게 나타나지 않고 있다. 세 번째로는 캐나다를 꼽을 수 있다. 캐나다는 구도로는 [양당 체계로 보기에] 불충분하지만 역학으로는 충분하다. 네 번째로는 오스트레일리아인데, 이 나라는 구도에도 문제가 있고 정권 교체라는 면에서도 불충분하다. 마지막은 1945년에서 1966년까지의 오스트리아다. 오스트리아는 완벽한 양당 체계 구도를 갖추었으나 20년 동안 대연정과 비례대표제를 실시했다. 이는 양당 체계의 '정신'을 부정하는 것이다.[102]

최근 많은 연구자들이 앞서 말한 복잡함을 피할 수 있는 지름길을 발견해 냈다. 1과 $\frac{1}{2}$ 정당 체계, 양당 체계, 2와 $\frac{1}{2}$ 정당 체계로 세분화한 것이다. 이에 따르면, 일본은 1과 $\frac{1}{2}$ 정당 체계가 될 것이고,[103] 오스트레일리아는 1과 $\frac{1}{2}+\frac{1}{2}$ 정당 체계가 된다(미국도 남부 민주당과 북부 민주당을 분리하면 이 범주에 들어갈 수 있다). 서독은 2와 $\frac{1}{2}$ 정당 체계가 되고,[104] 캐나다는 아마도 2와 $\frac{1}{2}+\frac{1}{2}$ 정당 체계가 될 것이다. 또한 일본은 일당제, 양당 체계, 다당 체계로 분류할 수 있다.[105] $\frac{1}{2}$을 도입하면 서독은 영국처럼 될 것이다(그러나 이는 잘못된 것이다). 최근에는 오스트레일리아를 '안정된 4당 체계'[106]로 규정하기도 한다. (제임스 맥그리거 번스는 덴마크나 미국도 4당 체계로 규정한다.) 캐나다의 경우, 2와 $\frac{1}{2}+\frac{1}{2}$ 정당 체계라는 표현은 마치 다당 체계로 들린다(그러나 1935~57년 시기는 '일당 우위 체계'의 하나였다고도 한다). 이런 실제 사례가 보여 주듯이, 분수를 사용하면 계산 규칙의 부실에서 비롯된 혼란을, 줄이는 것이 아니라 오히려 가중시킨다. $\frac{1}{2}$ 정당을 갖고 놀거나 정당을 정파들로 나눠 보면 다음과 같은 문제의 본질을 놓치게 된다. 즉 이른바 양당 체계는 독립적인 것으로 인식할 만한 가치가 있는가, 다시 말해 양당 체계만의 **속성**이 있는가 하는 문제 말이다. 이런 속성들은 인상적인 평가를 받고 있는 '$\frac{1}{2}$ 정당'의 존재 여부와는 전혀 상관없다.

최근 연구자들이 양당 체계를 다루는 (혹은 잘못 다루는) 데 두 가지 오류가 내포되어 있다. 하나는 우리가 정당의 유효성relevance 문제와 대면할 능력과(이나) 의지가 없다는 점이다. 다른 하나는 우리가 종종 선거구 수준, 전국 수준, 체계 수준을 혼동한다는 점이다. 양당 체계를 "선거에서 두 정당의 후보만 경쟁하는 것으로 이해한다면, 영국은 확실히 양당 체계인 적이 없다."[107] 그렇다. 이런 기준을 따르면, 영국은 물론이고 일반적으로 양당 체계로 인정되고 있는 거의 대부분의 나라들도 양당 체계가 아니다. 그 대신 콜롬비아, 우루과이, 이란, 필리핀이 거의 완벽한 양당 체계이거나 과거에 그랬던 나라가 될 것이다. 어쨌든 중요한 것은 우리가 선거구 수준에서 탐색·측정하고 있는 것은 정당 간 경쟁성이라는 사실이다.[108] 경쟁성의 구조와 정도가 여러 측면에서 상당히 중요하다는 사실을 부정하는 사람은 없다. 그러나 일반적으로 양당 체계를 일당 우위 체계나 다당 체계와 아주 다른 것으로 만드는 요인은 선거구에서 경쟁 양상이 단독 후보, 2파전, 3파전인지 여부 그리고 경쟁이 얼마나 접전이었는가에서 비롯된다는 견해에 대해 나는 동의하지 않는다. 좀 더 정확히 말하면, 현직 의원이 당선되는 조건은 선거구마다 다르고, 전체적으로는 양당 체계를 가진 정체들 사이에서도 매우 다르다.[109] 그러나 이런 차이는 내가 분석을 통해 구별한 체계의 속성에는 영향을 미치지 않는다.

나는 내가 양당 체계를 정의하면서 제시한 네 가지 조건이 아주 관대하다는 사실을 처음부터 인정했다. 그리고 그 네 가지 조건들을 가능한 한 유연하게 적용해 왔다. 그렇지만 그렇게 하더라도 양당 체계가 드물다는 것이 밝혀졌다. 통시적 관점에서 보면 더 분명해진다. 지금까지는 오스트리아가 이 범주에 새로 진입한 유일한 나라이지만, 1966년에 시작된 양당 체계가 지속되고 뿌리 내릴 것이라고 말하기는 다소 이르다. 이와 관련해 상기해 둘 점이 있는데, 영국에서 양당 체계가 오래 지속되었다는 것은 대체로 하나의 신화라는 점이다. 영국에서 전국 규모의 정당 체계가 성립된 것은 1885년 이후로 봐야 한다.[110] 1885년에서 1910년 사이(이때 주요 정당은 보수당과 자유당이었다.)에 여덟 차례 총선이 있었는데 그중 실질적인 단독 정당 정부가 구성되지 못한 것이 여섯 차례나 된다. 보수당은 자유연합당(Liberal Unionists, 체임벌린을 중심으로 자유당을 탈당한 분파들)의 지지가 필요했고, 자유당은 아일랜드국민당에 의지했다. 두 대전 사이 기간(1918~35년)에는 노동당이 제2당이 되었고, 자유당은 유효한 제3당으로 존속했다. 이 시기의 특징은 불안정과 연립 정부였다. 그러므로 영국이 양당 체계의 고전적 규칙을 유지한 것은 지난 [제2차 세계대전 이후] 30여 년뿐임을 알 수 있다.

이런 사례가 드문 것은 양당 체계가 '어렵다'는 점을 말해 준다. 그러나 양당 체계야말로 모범적인 사례이자 최적의 해법이라는 견해가 대체로 지배적이다. 또한 양당 체계가 정체 전반에 유익한 결과를 가져다준다는 주장도 일반적이었다(최근에는 이에 대한 불만이 제기되고 있긴 하다). 좀 더 정확히 말하면 양당 체계는 항상 '작동'하는 반면, 정당이 많아질수록 '잘 작동하지 않고', 결국 체계는 존속할 수 없다는 것이다. 이런 이야기가 전혀 근거 없는 것은 아니지만, 어쩌다가 양당 체계가 작동하게 된 나라를 들어 이를 증명할 수는 없다. 확실히 양당 체계를 운영하는 나라들은 드물다. 따라서 양당보다 많은 정당 체계가 이렇게 많은 것은 바로 양당 체계라는 해결책은 오래가지 못했거나 작동하지 않는 것으로 판명되었기 때문이라고 주장할 수도 있다. 그렇다면 현재 양당 체계는 전반적으로 실패하고 있으며 양당 체계를 향후 모색한다고 해도 실패할 것이라는 결론에 도달할 수도 있다.

양당 체계에 대한 설명은 대체로 다운스가 공식화한 정당 경쟁 모델을 따른다. 문제는 단순하다. 양당 체계는 어떤 조건에서 다운스 모델의 예측대로 작동하는가? 다운스 모델은 양당 체계에서는 정당들이 구심적인 방향으로 경쟁할 것이라고, 즉 각 정당들이 각종 균열을 부드럽게 다루면서 책임 있고 온건하게 정치 게임을 수행할 것이라고 예측한다. 이렇게 하는 것은 구심적 경쟁이 이익이 되기 때문이다. 왜 이익이 되는가? 아마 부동층 유권자들의 성향이 온건하기 때문일 것이다. 즉 이들은 두 정당 사이, 여론 스펙트럼의 중간 어딘가에 위치해 있을 것이다. 만약 부동층 유권자의 대다수가 분명한 정당 정체성을 갖지 않는 극단주의자라면, 다시 말해 언제든지 극좌에서 극우로, 혹은 그 반대로 이동할 준비가 되어 있다면, 구심적 경쟁은 [정당들에게] 더 이상 이익이 되지 않을 것이다. 요컨대, 양당 체계는 여론의 폭이 좁고, 분포가 단봉형

單峰形일 때 '작동한다.'

그렇다고 양당 체계가 합의consensus를 전제로 하는 것은 아니다. 왜냐하면 양당 체계의 구심적 역학이 합의를 **창출**할 것이기 때문이다. 좀 더 소박하게 말하자면, 양당 체계의 경쟁적 역학이 갈등을 최소화하는 경향이 있기 때문에 합의로 이어지게 된다고 말할 수 있다. 이런 점을 가장 잘 보여 주는 거시적 사례가 미국이다. 미국 사회는 갈등의 잠재성이 매우 크지만, 양당 체계의 수준에서 드러나지 않는다. 산업화된 사회 가운데 노동자계급 정당이 없는 유일한 나라가 미국인데, 이는 대체로 독특한 역사적 상황 탓이기도 하지만 미국 양당 체계의 성격 때문이기도 하다.[111] 또한 미국의 정당 체계가 갈등을 최소화하는 정도는 투표 불참자의 비율이 높다는 사실뿐만 아니라 이들이 특히 하위 계층이라는 사실에서도 분명하게 드러난다. 정치가 투표 불참 계층에게 주목했더라면(실제로는 그러지 않았다.) 등록 요건이 이들의 투표 참여에 장애가 되기 어려웠을 것이다.[112]

이 모든 것에는 체계의 논리가 있다. 양당 체계는 실제로 정권 교체가 일어나지 않더라도 그럴 수 있다는 기대를 조건으로 한다. 그렇다면 양당이 힘에서 거의 대등하다는 사실을 '자연스러운 일'이나 우연으로 볼 수는 없다. 분명 양당의 균형과 흔들림은 정당 경쟁의 전술에 의해 이루어지거나 유지된다. 양당 체계에서 정당들은 가능한 한 많은 집단과 이익, 요구들을 묶어 냄으로써 거의 동등한 경쟁적 균형을 유지하는 총괄 기관이어야 **한다**. 그러므로 양당 체계에서 당연히 (문화적 동질성, 기본적인 문제들에 대한 합의 등) 일련의 유리한 조건이 존재해야 한다고 생각해서는 안 된다. 양당 체계 국가가 발전한 역사를 살펴보면, 그런 유리한 조건은 양당 체계가 육성하고 형성시켜 온 것임을 알 수 있다.

그러나 어느 시점이든, 여론의 폭이 좁을수록 양당 체계가 순조롭게 작동한다는 것은 분명하다. 반대로 이념 거리가 떨어질수록 양당 구도는 제대로 작동하지 않는다. 그러므로 양당 체계가 항상 잘 작동한다고 주장하는 것은 잘못이다. 오히려 양당 체계는 그것이 잘 작동할 때에만, 즉 이념 폭이 좁고 고도의 합의에 기초하여 성립된 정치사회를 전제로 하거나, 그런 정치사회를 만들어 냈을 때에만 최적의 해법이 된다. 따라서 양당 구도가 다운스 모델의 주장대로 실행되지 않는다면 언제든 3당 이상의 정당 체계나 다른 유형의 정당 체계가 나타날 것으로 예상할 수 있다.[113]

5. 일당 우위 체계

반복을 무릅쓰고 말하면, 내가 말하는 **일당 우위** 체계는 많은 연구자들이 말하는 **지배 정당제**과 일치하지 않으며, 실제로 공통점이 조금도 없다. 지배 정당 범주는 뒤베르제와 알몬드가 거의 동일한 시기에 제시한 것이다. 뒤베르제는 프랑스 급진당, 스칸디나비아 국가의 사회민주당, 인도의 국민회의를 사례로 들고 있다.[114] 조지 블랭크스텐은 아마도 알몬드의 용어법을 따른 것이겠지만, '비非독재 지배 정당'dominant non-dic-tatorial party이라는 명칭을 사용하며, 이 범주에 해당하는 명백한 사례로 미국 남부의 주들과 멕시코를 그리고 그에 근접하는 사례로 우루과이와 파라과이를 제시한다.[115] 이 목록의 길이는 해를 거듭할수록 늘어나고 있어 혼란이 가중되고 있다.[116]

어떤 정당을 '지배 정당'으로 규정하는 기준에 대한 조작적 정의를

표 25.

지배 정당 국가(선거 결과, %)

국가	제1당	제2당	격차(% 포인트)
이란(1971)[1]	86	13	73
멕시코(1970)	83	14	69
필리핀(1969)[1]	82	14	68
볼리비아(1966)*[1]	80	19	61
파라과이(1968)	71	22	49
엘살바도르(1970)	60	27	33
인도(1967)	41	9	32
칠레(1965)*[1]	44	14	38
일본(1969)	49	21	28
노르웨이(1969)	46	20	26
프랑스(1968)*[1, 2, 3]	46	21	25
스웨덴(1970)	45	20	25
이스라엘(1969)	46	22	24
남아프리카공화국(1966)*	59	37	22
덴마크(1971)	37	17	20
튀르키예(1969)	46	27	19
한국(1967)	51	33	18
아일랜드(1965)	48	34	14
이탈리아(1972)	39	27	12
아이슬란드(1971)	37	26	11
우루과이(1966)	49	40	9

* Keesing's의 수치. [1] 득표율로 환산한 의석수, [2] 결선투표, [3] 선거 결과의 기복이 심해서 시사하는 바가 없음. * 표를 표기하지 않은 것의 출처는 다음 저작에 의한 것이다. State Department Annual Reports ("World Strength of the Communist Party Organisation"). Keesing's Archives보다 이 보고서가 즐겨 사용되고 있는데, 이 보고서가 Keesing's Archives보다 득표율을 일관성 있게 제시하고 있기 때문이다. 자료마다 수치가 서로 다르다. 하지만 그런 불일치는 우리의 목적에서는 사소한 것이다. 최근 선거를 선택하지 않은 경우도 있는데 이는 이전 선거 결과가 대표성을 더 잘 보여 주기 때문이다.

내리기 쉽지 않지만, 일반적인 견해는 충분히 분명하다. 즉 '지배적'이란 어떤 정체에서 한 정당의 세력이 다른 정당들을 압도할 만큼 매우 강한 상태를 말한다.[117] 그렇다면 이런 일반적 기준에 부합하는 나라의 목록을 작성해 보자. 강한 정당이 여타 정당들에 비해 약 10% 포인트 정도 득표율이 높을 경우 지배 정당의 자격을 충분히 갖는다고 가정하자. 지배 정당과 제2 정당 간의 차이가 이 정도인 나라는 대략 20개국인데, 이들을 차이가 큰 순서대로 살펴보면 〈표 25〉와 같다.

위에서 설정한 기준에서 보면 1960년대 말과 1970년대 초에 상당수의 나라들에서 지배 정당이 존재했다.[118] 그러나 얼핏 보아도 이 20개 나라가 같은 부류에 속하지 않는다는 것을 충분히 알 수 있다. 그래서 이 목록을 깔끔하게 정리하고 싶어질 것이다. 그리고 원칙적으로 그렇게 해야 할 합당한 이유가 있다. 선거 결과 대안 연립이나 대안 정부가 성립될 경우, 그 선거 결과는 (직관적으로) 신뢰할 만하지만, 한 정당이 지배 정당이 된다면 그 선거 결과는 액면 그대로 받아들이기 어렵다. 〈표 25〉에서는 이란, 멕시코, 필리핀, 볼리비아, 파라과이 등이 높은 순위에 올라 있다. 즉 이들 나라에 초지배 정당hyper-dominant party이 존재한다. 이것이 과연 진정한 투표 결과인가? 선거는 얼마나 자유로운가? 투표함에 투표용지가 미리 채워져 있었던 것은 아닐까? 불행하게도 이런 미심쩍은 나라들을 연구하는 사람들은 대부분 이 문제를 중요하게 생각하지 않거나 지나치게 소심하게 다룬다. 부정선거를 밝혀내기란 정말 어렵다. 물론 기초적인 정보는 획득하기도 쉽고 해석하기도 쉽다. 즉 개표가 제대로 감독은 되고 있는지 혹은 어떻게든 감독이 가능한 상황인지 여부 말이다. 그러나 이런 기본적인 정보조차 분명하게 밝혀지는 경우는 드물며, 이 때문에 우리는 타당성에 대해 강한 의심을 거듭 갖게

된다.[119]

그럼에도 불구하고 〈표 25〉의 사례들을 살펴보면, 엘살바도르 아래로는 의문의 여지가 없다. 설사 의문이 있더라도(예컨대, 한국) 우리 논지의 본질에 영향을 주지 않으므로 그대로 두어도 무방하다. 그러나 가장 의미 있는 주요 사례들만 추려서 목록을 줄이려는 사람도 있을 것이다. 그렇다면 다음 13개 나라로 정리할 수 있다. 인도, 칠레(1973년까지), 일본, 노르웨이, 프랑스(제5공화국), 스웨덴, 이스라엘, 덴마크, 튀르키예, 아일랜드, 이탈리아, 아이슬란드, 우루과이(1973년까지)가 여기에 해당한다. 하지만 이렇게 줄이더라도 이들을 하나로 묶기에는 이상한 점이 많다. 〈표 25〉는 제1당과 여타 정당들 간의 격차가 얼마나 되는가를 기준으로 작성된 것이어서 어떤 절단점도 제시하지 않기 때문이다. 그래서 한 차례의 '정상' 선거normal election가 아니라 여러 차례 선거 결과의 평균치를 기초로 표를 작성해야 한다는 주장도 제기할 수 있다. 그러나 선거 결과의 기복이 심할 경우 평균치는 매우 잘못된 결론을 낳을 수 있다. 칠레와 프랑스는 물론 인도, 튀르키예, 아일랜드도 그런 경우에 해당한다.[120] 어쨌든 내가 시도한 평균치도 절단점을 제시하지는 못한다. 즉 만약 이 범주('지배' 혹은 지배 정당)가 중요하다면, 그것은 20개국 혹은 13개국이 어떤 공통점을 갖고 있는지를 말해 줄 수 있어야 한다. 문제는 "지배 정당의 존재는 우리가 논의해 온 정당 체계나 정치 체계를 어떤 (공통된) 방식으로 특징짓는가"이다.

이 질문에 대한 해답은 내가 아는 한 (지금까지도 그래 왔듯이) 찾기 어려울 것이다. 현재로서는 지배 정당이라는 범주 자체가 그에 해당하는 나라들의 체계 속성을 혼란스럽게 만들 따름이다. 그 이유는 명백하다. 지배 정당이라는 범주는 (개별) **정당**과 정당 **체계**를 혼동하고 있기 때문이다. 대부분의 사람들에게는 그저 단어의 변환에 불과하다. 사실 그들이 초점을 맞추고 있는 것은 다수당인데 그때 그들은 체계라는 단어로 빠진다. 그렇게 하여 다수당에서 체계의 성격을 추론해 내는 잘못을 저지른다. 이탈리아의 기독민주당이나 이스라엘의 마파이, 덴마크의 사회민주당은 분명 지배 정당이다. 그러나 이탈리아, 이스라엘, 덴마크가 지배 정당 '체계'인 것은 아니다. 요컨대, 지배 정당이라는 개념은 정당 체계의 어떤 **부류**class도 **유형**type도 확립해 주지 않는다. 어떤 정당을 '지배적인' 정당이라고 말하는 것은 적절하다. 그러나 그렇다고 그것이 범주로서의 자격을 가졌음을 의미하는 것은 아니다. 문제는 지배 정당이라는 개념이 다른 준거들과 더불어 분류 범주로 사용될 수 있는가, 구체적으로 말하자면, 일당 우위 체계의 정의에 속하는가이다.

앞서 미국 내 이른바 일당 주州 사례를 논의하면서, 일당 **우위 체계**의 **유형**을 살펴본 적이 있다.[121] 이제 '우위'라는 말을 사용하는 이유가 자명해진다. 즉, '지배'는 내용을 채울 수 있는 중립적 용어가 아니며 심히 오용되어 왔기 때문이다. 그러나 ('지배'에 비해 그렇게 의미가 강하지 않은) '우위'라는 단어는 우리가 다루고 있는 정당 체계의 유형에 가장 적합한 용어라고 생각한다. 그리고 이것은 '우위'를 '패권'hegemony과 대비해서 사용하는 또 다른 이유이기도 하다.

일당 우위 체계와 관련하여 가장 먼저 지적할 점은, 이 체계가 분명 다당 체계에 속한다는 사실이다. 이 체계에서는 우위 정당 이외에도 여타 정당들의 존재가 허용되며, 이들은 우위 정당에 대한 (유효한 경쟁자는 꼭 아닐지라도) 합법적이고 정당한 경쟁자로서 존재한다. 즉 군소 정당들은 우위 정당과 대결하는 진정으로 독립적인 경쟁자이다. 그러므로 일당 우위 체계에서는 정당이 둘 이상 존재하지만 사실상 정권 교체는 일어나지 않는다. 단지 공교롭게도 동일 정당이 장기간 의회에서 **과반 의석**(반드시 과반 득표인 것은 아니다.)을 차지하는 것을 말할 뿐이다.

확실히 일당 우위 체계의 결정적인 조건은 승리의 확실성이다. 선거 통계에 대한 비판과 검토는 나중으로 미루고 우선 이 조건에 대해 살펴보자. 선거를 치를 때마다 동일한 정당이 독점적 우위로 권력을 차지한다고 해서 이를 명백한 불공정 선거운동이나 부정선거 탓으로만 돌릴 수는 없다. 달리 말해, 공정한 경쟁이 이루어지는 상황에서도 우위 정당이 과반 의석을 차지할 수 있다고 합리적으로 추정할 수 있다면, 우리는 선거 부정의 가능성을 따지지 않을 수 있다.[122] 따라서 다음과 같은 정의가 가능하다. 한 주요 정당이 일관되게 다수 투표자의 지지(과반 의석)를 얻는다면, 이 정당 체계는 일당 우위 체계로 볼 수 있다. 우위 정당은 어느 때든 우위를 잃을 수 있다. 그럴 경우 곧 원래 상태로 회복되거나 체계의 성격이 달라진다(즉 일당 우위 체계가 중단될 것이다).

앞의 정의는 장점도 있고 약점도 있는데, 장점은 정의를 약화시키고, 약점은 그 정의를 강화한다. 그 정의는 [과반이라는] 기준점은 지나치게 엄격하고 [장기 집권이라는] 지속 기간에 대해서는 너무 모호하다. 이 정의에 따르면, 과반에는 가깝지만 50%에 약간 미치지 못하는 다수당은, 일당 우위 체계의 자격이 되는, '우위'의 충분조건이 못된다. 이는 조작적 조건에서만 타당하다. 그러나 동시에 그것은 정확한 기준점과 측정치에 관한 한 (모두 그런 것은 아니지만) 대부분의 조작적 정의가 갖는 약점이기도 하다.[123] 나는 기준점을 50%로 설정했는데, 이는 입헌 정부가 일반적으로 과반의 원리에 기초하여 작동한다고 가정한 것이다. 그러나 사실, 노르웨이, 스웨덴, 덴마크에서 입헌적 '관행'은 이와 좀 다르며, 이들 나라에서 소수파 정부가 장기간 보여 준 성과가 이를 잘 보여 준다.[124] 이런 상황에서 내가 선택할 수 있는 방안은 조작의 엄밀함을 희생시키는 것이다.[125] 따라서 '50% 이상의 다수'라는 단서를 다음과 같이 완화할 수 있다. 즉 일반적으로, 주요 정당이 과반 의석을 획득할 경우 일당 우위 체계로 본다(다만 명백히 제1당이 과반 의석을 차지하지 않아도 집권할 수 있도록 규정하고 있는 나라들은 예외로 한다).[126] 이런 경우에는 소수파 단독 정당 정부가 지속성과 효과성을 가질 수 있는 선까지로 기준점을 낮출 수 있다.

정의를 수정하는 이 첫 번째 방법은 '지나친 엄밀성'이라는 문제를 해결하기 위한 것이라고 볼 수 있다. 그러나 그렇게 하면 지나치게 부정확해진다는 문제가 남는다. 즉 한 정당이 얼마나 오랫동안 우위를 유지해야 일당 우위 체계라고 말할 수 있는가라는 문제다. 이 문제에 대해서는 적어도 네 번 연속 의회에서 다수를 차지하는 것이라고 답변할 수 있다. 이런 답변은 상당히 많은 양당 체계의 지위를 위태롭게 할 수도 있다. 그러나 이는 별로 문제가 되지 않는다. 어쨌든 유형론은 변화에 민감할수록 그리고 그 범주의 사례를 구속하지 않을수록 (정태적 가치는 물론이고) 동태적 가치를 더 많이 갖게 된다. 하지만 이렇게 할 경우 문제가 되는 것은 자의성이다. 왜 세 번이나 다섯 번이 아니고 네 번인가? 이때가 바로 지배 정당이라는 개념(좀 더 정확히 말하면 제1당과 2당 간의 세력 격차)을 적극적으로 활용할 수 있는 지점이다.

〈표 25〉로 돌아가 지배의 정의에 적합한 '지배 정당'을 가진 주요 국가들로 인도, 칠레, 일본, 노르웨이, 스웨덴, 프랑스, 이스라엘, 덴마크, 튀르키예, 아일랜드, 이탈리아, 아이슬란드, 우루과이를 들 수 있다. 물론 이제는 기준이 달라진다. 즉 지배 정당이 50% 선을 얼마나 넘느냐 혹은 모자라느냐가 기준이 된다. 〈표 26〉은 추가 정보를 담고 있다. 해

표 26.

지배 정당 및 일당 우위 체계(제1당과 제2당의 하원 의석 점유율)

	제1당	제2당	50% 초과/미달	정당 간격 (%포인트)	연립 유무	일당 우위 시기
인도(1967) 인도(1971)	55 69	8 5	+ 5 +19	47 64	무	1952년 이래
일본(1969)	59	19	+ 9	40	무	1955년 이래
우루과이(1966)	51	42	+ 1	9	무	1868~1959 (1959~1966 단절)
튀르키예(1950) 튀르키예(1969)	84 56	14 32	+34 + 6	70 24	군부 강제	1950~60 및 1965~73
노르웨이(1957) 노르웨이(1969)	52 49	19 19	+ 2 - 1	33 30	드물게	(1960년 쿠데타로 단절) 1935~65(당시 단절)
스웨덴(1968) 스웨덴(1970)	54 47	17 20	+ 4 - 3	37 27	드물게	1932년부터 (1951~57 단절)
아일랜드(1957) 아일랜드(1965)	53 50	27 32	+ 3 0	26 17	무	1932~73(1948~57 단절)
프랑스(1967) 프랑스(1968) 프랑스(1973)	41 60 37	25 12 18	- 9 +10 -13	16 48 19	유	1968~73
칠레(1965) 칠레(1969)	55 37	13 23	+ 5 -13	42 14	유	--
이스라엘(1965) 이스라엘(1969)	37 42	22 18	-13 - 8	15 14	유 유	-- --
덴마크(1971)	40	18	-10	22		
이탈리아(1972)	42	28	- 8	14	유	--
아이슬란드(1971)	37	28	-13	9	유	--

〈표 25〉와 같이 다음 보고서에 의존한다. State Department Reports or Keesing's Archives. 프랑스는 결선투표제, 인도는 소선거구제, 다른 나라들은 비례대표제(일본과 아일랜드는 중대 선거구)를 각각 채택하고 있다. 노르웨이와 스웨덴은 전쟁 시기는 계산하지 않았나. 튀르키예는 군부 개입으로 방해를 받았다. 그렇지 않았더라면 1950~73년 시기는 십중팔구 (어떤 연립도 없는) 일당 우위 체계가 지속되었을 것이다.

당 국가가 연립 정부(물론 지배 정당을 포함하는)를 구성한 적이 있는지, 단독 정당 정부(일당 우위 정부)가 (있었다면) 얼마나 지속되었는지에 관한 정보가 추가되어 있다. 이제 일당 우위 체계의 정의에 따라 제1, 2당의 의석 점유율이 제시되고 있다는 점을 주목해야 한다. 그래서 두 표(⟨표 25⟩와 ⟨표 26⟩)를 비교하면 득표율이 어떻게 의석수로 전환되는지, 즉 선거제도가 어떤 영향을 미치는지를 알 수 있다.

⟨표 26⟩은 한 가지 측면을 크게 부각시키고 있다. 즉 이 표는 '지배 정당'군은 하나의 집단이 아니라는 점을 명백하게 보여 준다. 인도, 일본, 우루과이, 튀르키예는 현재 일당 우위 체계이거나 과거에 확실히 그랬던 나라이다.[127] 노르웨이와 스웨덴은 경계선상에 있지만 시계열적으로 보면 일당 우위 체계의 사례에 속한다. 아일랜드는 지속성이라는 측면에서는 두 스칸디나비아반도 국가보다 짧지만(1933~48년과 1957~73년 중간에 단절기기 있었음에도 총 10년 동안 일당 우위 체계를 유지했다.) 과반 문턱에 근접하거나 이를 넘어섰다는 점에서 두 나라보다 더 적합한 사례이다.[128]

프랑스 제5공화국은 ⟨표 26⟩에 세 번 등장하는데, 이는 상반된 견인력이 지속되고 공존하고 있음을 시사한다. 즉 드골 헌법이 부여하는 제약에 저항하는, 제4공화국의 전통적인 투표 분포의 존재를 보여 준다. '드골파'라는 이름에는 일반적으로 다양한 동맹 세력들이 포함된다는 점을 고려하면, 드골파가 단독으로 국민의회에서 압도적 다수를 차지한 것은 1968년(파리 5월 '혁명' 후) 한 차례뿐이었다. 1958년에 [드골 지지자들이 1958년 선거 두 달 전에 창당한] 신공화연맹UNR은 겨우 40%를 획득했다. 1962년에 드골파는 56.6%를 획득하여 과반을 넘었지만, 이는 지스카르 데스탱*이 이끄는 독립공화당 덕분이었다(독자적인 명부로

33석을 얻었다). 1973년에 드골파의 득표율은 1958년 수준으로 떨어졌다. 이로써 제5공화국 헌법 하에서 치러진 다섯 차례 선거(1958~73년)는 시간 간격이 충분했지만 일당 우위 체계의 특징이 나타나지 않았다(그러나 1974년의 대통령 선거에서는 전혀 다른 양상을 보여 준다).

한편 칠레, 이스라엘, 덴마크, 이탈리아, 아이슬란드는 명백히 일당 우위 체계의 자격을 갖추지 못하고 있다. 이들 나라의 지배 정당은 다른 정당들과 연립해야만 집권할 수 있었고, 연립의 상대도 바뀌었다. 게다가 정권은 대체로 단명했다. 또한 잘 알려져 있듯이 덴마크는 온건한 다당 체계의 성격을 띠는 반면, 칠레와 이탈리아는 양극화된 다당 체계였다. 이상으로 볼 때 지배 정당이라는 개념은 하나의 부류나 유형이 아님을 충분히 확인할 수 있다.

여전히 한 가지 문제가 남는다. 즉 제1당과 제2당 간의 격차를 백분율로 표현하는 척도가 일당 우위 체계를 정의하는 데 유의미한가 하는 것이다. 그러나 이 문제에 대해 〈표 26〉은 말해 주는 것이 없다. [제1당과 제2당 간의] 간격이라는 척도는 유권자가 상당히 안정되어 있을 때에만 의미가 있다고 볼 수 있다(칠레, 프랑스, 튀르키예의 경우에는 유권자가 안정되어 있지 않았고 지금도 그러하다). 유권자가 안정되어 있을 때, 제1당과 제2당의 격차가 큰 것은 노르웨이와 스웨덴의 사례, 그리고 일반적으로 과반에 반드시 의지할 필요가 없는 일당 우위 체계의 경우를 설명하는 데 큰 도움을 준다. 나아가 유권자가 안정되어 있으면서 격차가 클 경우에는 일당 우위 체계가 확실히 지속될 것임을 예측할 수 있다. 이런 단서들은 시간이라는 요건을 이해하는 데 도움을 준다.

• 1974년에서 1981년까지 제23대 프랑스의 대통령을 지낸 중도 우파 정치인.

우위 정당이 일당 우위 체계를 수립하는 데는 어느 정도의 시간이 필요할까? 현 단계의 논의에서는 다음과 같은 기준이면 충분할 것이다. ① 유권자가 안정되어 있고, ② 과반수의 문턱을 명백히 넘어서고(넘어서거나), ③ 제2당과의 격차가 크다면, 세 번 연속 과반수를 유지하는 것이 충분한 지표가 될 수 있다. 반대로 이 세 조건 중 하나라도 충족하지 못하면 좀 더 오랜 시간이 지속되어야 일당 우위 체계가 구축되었다고 판단할 수 있을 것이다. 이럴 경우 확실히 지속 기간 요건은 상당히 느슨해진다. 그러나 그럴 수밖에 없다. (양당 체계와 마찬가지로) 일당 우위 체계는 언제든지 다른 체계로 바뀔 수 있다. 물론 다른 정당 체계가 잘 변하지 않는다는 뜻은 아니다. 다만 일당 우위 체계와 양당 체계는 나름의 취약성을 공유하고 있다는 뜻이다. 즉 선거 결과에서 작은 차이가 생기거나 선거제도가 조금만 달라져도 정당 체계의 성격이 쉽게 바뀔 수 있다.[129] 다른 한편, 장기적인 측면에서 보는 관점과 특정 시점에서 보는 관점은 다를 수 있다. 어떤 나라가 현 시점에서는 일당 우위 체계로 기능하지 않지만 전반적으로 일당 우위의 체계적 성격을 나타낸다고 말하더라도 모순되는 것은 아니다.

한 가지 명확하게 해둘 점이 있는데, 이 점이 사족이 될지도 모르지만 그렇다고 아주 필요 없는 것은 아니다. 일당 우위 체계는 하나의 **유형**이지 부류가 아니다. 여기서 기준은 정당의 수가 아니라 정당들 간의 특정한 권력 분포라는 점을 생각해야 한다는 뜻이다. 따라서 일당 우위 체계는 (미국의 남부 주들처럼) 양당 구도에서 나올 수도 있고 (인도의 국민회의처럼) 고도로 분절된 구도에서 나올 수도 있다.[130] 일당 우위 체계를 상당 기간 동안 (사실상) 권력 교체가 일어나지 않는 양당 체계의 변형으로 보는 경우도 있지만, 이는 하나의 스펙트럼을 설정하기 위한 방편일 뿐이다.[131] 그게 아니라면 일당 우위 체계가 다당 체계의 변형이 될 수도 있음을 유념해야 한다.

일당 우위 체계는 경쟁적 정당 체계 영역의 경계선에 위치해 있다(그래서 일당 우위 체계를 일당제로 잘못 분류하는 경우도 있다). 그러므로 비경쟁적 체계를 살펴보기에 앞서, 일당 우위 체계는 정당 **다원주의**[다원주의 정당 체계]의 한 유형이라는 점을 강조할 필요가 있다. 즉 (비록 실제로 정권 교체가 일어나지는 않지만) 정권 교체의 가능성을 배제하지 않으며, 정치 체계가 개방적이어서 집권당의 우위에 효과적으로 반대할 수 있는 기회를 충분히 제공한다. 인도, 일본, 우루과이, 노르웨이, 스웨덴에서는 야당이 존재하고 있으며(과거에도 존재했다), 우위 정당은 (유리한 위치에 있긴 하나) 권력을 차지하기 위해 경쟁해야 한다(과거에도 그러 했다).[132] 노르웨이, 스웨덴, 아일랜드는 경쟁이 너무 치열해서 일당 우위 체계가 종결될지도 모를 지경이다.[133] 마찬가지로 일본도 우위 정당인 자민당이 (꾸준히 지지 기반을 잃고 있어) 흔들리고 있는 추세이다.[134] 자민당이 과반 의석을 차지하지 못하면 일본은 양극화된 체계로 분류되기 쉽다. 1972년 당시 일본에는 유효 정당이 5개가 있었는데, 각 정당의 득표율은 자민당 46.9%, 사회당 21.9%, 공산당 10.5%, 공명당(불교 정당으로 당명은 '깨끗한 정치를 위한 정당'을 의미한다.) 8.5%, 사회민주당 7.0%였다. 민주사회당은 사실상 자민당에 아주 가깝다. 반면 사회당은 과격화되는 경향이 있다. 공명당이 중간 지대의 주요 축이 되기를 기대하기는 어려우므로, 일당 우위 체계 이후에는 두 진영으로 나뉘어 양극화될 가능성이 크다.

한편, 새로운 일당 우위 체계 국가들도 보이는데, 파키스탄과 방글라데시를 들 수 있다(방글라데시에 대해 사람들은 큰 의문부호를 제기하는데, 이

나라는 처음부터 징후가 별로 분명하지 않았다). 분리 독립하기 전인 1970년에 치러진 최초의 보통선거에서 두 정당이 여타 정당들을 압도적인 차이로 따돌렸다. 하나는 동파키스탄에 기반을 둔 아와미연맹Awami League(당수 셰이크 무지부르 라만)이고, 다른 하나는 서파키스탄에 기반을 둔 인민당(당수 줄피카르 알리 부토)이었다. 1972년 방글라데시가 분리 독립한 이후 파키스탄에서는 59%를 득표한 인민당이 다수당이 되었고, 방글라데시에서는 아와미연맹이 석권했다. 과거 파키스탄에서 선거는 정상적인 상태에서 경쟁적이고 제법 자유롭게 치러졌으므로 파키스탄은 앞으로도 인도의 양상을 닮아 갈 것으로 보인다.[135] 한편, 방글라데시는 처음부터 정상적인 상황에서 멀어져 갔다. 라만 대통령은 1975년 8월 [15일] 피살될 무렵까지 분명 독재정치로 향하고 있었다. 따라서 현 단계로서는 이 나라가 어디로 나아갈지, 이 나라 국민이 어떻게 살아 나갈지는 아무도 모른다. 지금까지 나는 북아일랜드에 대해서도 이야기하지 못했다. 의회가 발달되어 있기는 하지만 독립국가가 아니기 때문이다. 그러나 북아일랜드가 평화를 되찾고 독립을 이룬다면 일당 우위 체계가 될 공산이 크다. 왜냐하면 [영국으로부터의 독립이 아니라 연합을 지지하는] 연합당Unionists이 1921년 최초의 선거에서부터 1969년 선거에 이르기까지 승리를 독차지했기 때문이다.[136]

결론적으로, 일당 우위 체계는 상대적으로 높은 변동률을 보이고 있다는 사실이 이 체계가 경쟁 체계임을 확증해 준다. 즉 모든 정당이 출발선에서 동등한 기회를 가지고 있음을 전제로 하고 있다는 것이다. 기회의 평등은 확실히 항상 상대적이다. 왜냐하면 실제로는 어느 정당도 출발선에서 평등하지 않기 때문이다. 뿐만 아니라 기회의 평등은 자원의 평등과는 다르다. 일당 우위 체계에서는 집권당과 야당 사이에 자원의 불균형이 그 어떤 다당 체계보다도 크게 마련이다. 이런 작은 차이를 고려한다 해도, 일당 우위 체계하의 정당들은 패권적 정당 체계의 군소 정당들이 경험해 보지 못한 기회의 평등을 누리고 있다는 사실은 분명하다.

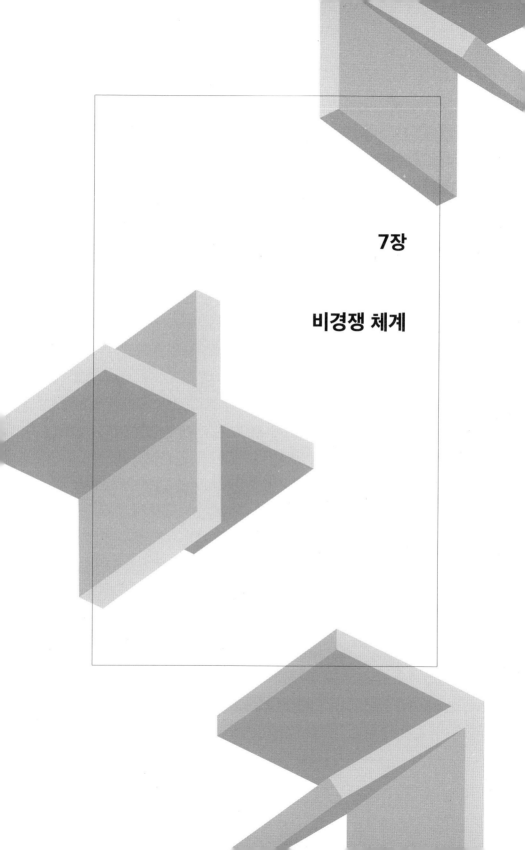

7장

비경쟁 체계

1. 경쟁은 어디서 끝나는가?

앞 장에서는 경쟁 체계들을 살펴보았는데, 이제 비경쟁 체계를 살펴보도록 하자. 경쟁은 [경쟁 체계와 비경쟁 체계를] 구분하는 주요 경계선을 제공한다는 점에서, 익숙한 개념임에도 불구하고 설명해 둘 가치가 있다. 대체로 선거 때 각 선거구에서 둘 이상의 공직 후보가 경합을 해 (전체는 아닐지라도) 대부분의 의석이 결정될 때 그 정체polity는 경쟁의 규칙을 따른다고 볼 수 있다. 탐구를 위한 출발 단계에서는 (과잉 경쟁이나 과소 경쟁과 대비되는) '최적optimal 경쟁'에 주목한다.[1] 과잉 경쟁은 시장을 과열시켜 불공정한 경쟁을 초래할 수도 있다.[2] 그러나 이때, "경쟁이 의미를 갖기 위한 최소한의 경쟁은 어느 정도일까" 하는 문제가 제기된다.

일당 우위 체계와 관련하여 지적했듯이, 소규모 정당은 대규모 정당에 대해 진정으로 독립적인 경쟁자가 되어야 한다. 의석을 놓고 경쟁을 벌일 때, 즉 우위 정당의 후보를 두려워하지 않고 '동등한 권리'를 가지고 맞설 때, 그 결과에 관계없이 경쟁이 유의미해지며, '진정으로 독립적인 경쟁자'로서의 의미도 분명해진다. 그러나 의석을 둘러싼 경쟁이 없다고 해서 그 체계가 반드시 비경쟁적인 것은 아니다. 준-경쟁적 sub-competitive일 수도 있는 것이다. 준경쟁 상황과 비경쟁 상황을 구분하는 것은 별 의미가 없는 것처럼 보일 수 있지만 양자의 차이는 매우 중요하다.

준-경쟁 상황이란 상대 후보와 대결해 봐야 소용이 없다는 이유만으로 아무도 후보로 나서지 않는 경우를 말한다. 그렇다 해도 그 안전한 후보는 여전히 경쟁의 규칙에 노출되어 있다. 즉, 그 후보에 대한 대항 후보는 언제든 나타날 수 있으며, 유권자들을 화나게 하거나 소홀히 하면 안전한 선거구는 더 이상 안전하지 못하게 될 수도 있다. 민주당 세력이 강고한 미국 남부에서 현재 이런 일이 일어나고 있다. 그러므로 어떤 후보가 다른 후보와 경쟁하지 않고 승리했다는 이유만으로 이를 비경쟁 상황이라고 할 수는 없다. 선거에서 경쟁이 허용되지 않는 경우만 비경쟁 체계라고 할 수 있다. 물론 중요한 것은 법률 규정이 아닌 실제 상황에 근거해 판단하는 것이다. 경쟁자와 반대자 들이 평등한 권리를 박탈당하고, 방해와 위협을 받으며, 자유롭게 의견을 말했다는 이유로 결국 처벌을 받는다면 법 규정에 상관없이 경쟁은 끝나고 비경쟁 상태가 시작된다.

위 내용은 우리가 실제로 두 가지 개념을 사용하고 있다는 것을 보여준다. ① 경쟁competition과 ② 경쟁성competitiveness이 그것이다. 경쟁은 하나의 구조 또는 게임의 규칙을 말하고, 경쟁성은 게임의 특정 상태를 말한다. 따라서 경쟁에는 '비非경쟁성'이 포함된다. 예컨대 일당 우위 체계는 경쟁의 규칙을 따르지만 경쟁성이 낮고 심지어 경쟁성이 거의 없는 경우도 있다. 이와 반대로, 선거에서 두 개 이상의 정당이 접전을 벌여 근소한 차이로 승패가 갈릴 경우 이때의 경쟁을 두고 '경쟁적[즉 경쟁성이 높은]'이라고 말한다. 또한 선거 경쟁이 어떤 제약을 받지 않으며 치열하게 전개될 경우에도 이 정체를 경쟁적이라고 말할 수 있다. 그러나 후자의 경우에 사용된 개념은 [경쟁성이 아니라] 경쟁이다. 선거가 치열하게 전개된다는 것은 확실히 경쟁의 규칙이 제대로 작동하고 있다는 뜻이다. 그러나 주요 정당들의 힘이 거의 균형에 가깝다는 의미에서, 특정 체계가 얼마나 경쟁적인지를 보여 주는 것은 선거 결과뿐이다.

두 개념의 차이를 정확히 말하자면 다음과 같다. 경쟁은 경쟁성을 하나의 가능성으로 내포하고 있으므로, **잠재적 경쟁성**과 같은 것이며, 그렇게 정의할 수 있다. 반대로, 경쟁성은 (구조로서의) 경쟁을 전제로 하며, 선거 결과, 즉 그 유효성effectiveness을 바탕으로 측정된다.[3] 그러므로 경쟁성은 경쟁이 가지고 있는 여러 속성 또는 특성의 하나이다.

경쟁 개념과 경쟁성 개념을 혼동하면 큰 혼란이 야기되므로 이 둘을 명확하게 구분하는 것이 중요하다. 애덤 쉐보르스키와 존 스프라그는 경쟁을, 시민[의 선호와 요구]을 '드러내'는, 즉 정당들의 '동원 노력'으로 개념화하고 측정할 것을 제안했는데, 이 제안은 이를 잘 보여 준다. 이 제안에 따르면, "체계 수준에서 경쟁에 대한 경험적 해석은 정당 투표자가 문을 두드리는 것"이다. 이는 경쟁을 부드럽게 표현한 것이다. 그러나 이런 식으로 측정하게 되면, 시민들이 위협에 의해 강제로 투표소에 끌려가, 이미 정해진 후보에게 공개적으로 투표를 한다고 해도, 이 체계는 최고의 경쟁, 사실상 완벽한 경쟁이 이루어지고 있는 것이 된다. 쉐보르스키와 스프라그의 제안은 이런 결론에 매우 가까운데, 그들의 결론에 따르면, "미국 정당 체계의 경쟁성은 베네수엘라와 소련의 중간 어디쯤에 있기" 때문이다.[4] 따라서 쉐보르스키와 스프라그가 일당제에도 경쟁이 있으며, 소련이 세계에서 가장 경쟁적인 체계 중 하나라고 단언한 것은 이해할 만하다. 이들은 이런 주장이 '완전하게 타당하다는' 점을 보여 주려고 고심하면서도, 시장이 없는 상황이나 독점 상황에서 어떻게 경쟁이 존재할 수 있는지를 설명하려고 애쓴 흔적은 보이지 않는다. 이런 실수는 너무 심각한 것이라, 일련의 오류로 말미암아 두 연구자가 완전히 다른 길로 들어서게 됐다고밖에 이해할 수 없다. 첫 번째 오류는 그들이 경쟁성을 의미할 때 경쟁을 말하고 있다는 것이다. 그런데 그들은 막상 측정을 시작하자 경쟁성을 또 잘못 개념화하여, 제3의 매우 다른 것, 즉 동원mobilisation을 측정하고 만 것이다. 동원 면에서는 확실히 소련은 매우 높은 순위에 있다. 하지만 동원은 경쟁이나 경쟁성과는 아무 관련이 없다.

(내가 말하는) 경쟁성은 경쟁의 상태 또는 속성이다. 이는 경쟁과 경쟁성이 밀접하게 연관되어 있음을 의미하지만, 경쟁성이 경쟁의 주요 속성 또는 중심 속성인가의 여부는 아직 해결되지 않았다. 현재의 연구는 경쟁성(선거 결과의 차이가 얼마나 작은지, 그리고/혹은 정당 간 상호 추월 빈도)과 특정 정책 결과(이를테면 복지 지출) 사이에 상관관계가 있는가와 같은 문제를 다룬다.[5] 이런 연구 결과로는 인과관계를 판단할 수 없다. 다른 변수들을 통제하는 것이 매우 어렵기 때문이다. 그렇지만 현재 연구하고 있는 문제들이 협소하다는 점은 지적해 둘 필요가 있다. 경쟁성이 높으면 복지 지출이 늘어난다고 가정해 보자. 마찬가지로, 경쟁성이 높아 "복지 지출이 늘어나면 결국 재정이 파탄나지 않을까"로 문제가 확대될 수도 있다. 또 다른 가설도 가능하다. 경쟁성이 높으면 정당 후견주의clientelism와 [정당이 특정 지역이나 집단에 속한 유권자의 비위를 맞춰 일방적인 지지를 조직하는] 식민화colonization가 조장될 수 있으며, 선동적인 과잉 공약이 경쟁적으로 남발되어 인플레이션 불균형이 초래될 수도 있다. 어쨌든 요점은, 경쟁의 속성 혹은 변수로서 경쟁성이 갖는 적실성에 대해 현재의 연구가 아무런 단서도 제공하지 못한다는 것이다.

단순하고 솔직하게 생각해 보자. 경쟁, 즉 경쟁적 시장구조는 소비자

(경제적 소비자와 정치적 소비자)를 보호하고 이익을 가져다주는 수단으로서 중요하다. 그래서 핵심 질문은 이런 것이다. [소비자를] 보호하는, 경쟁의 요소 또는 요인은 어떤 것인가? 경쟁성인가? 나는 그렇게 생각하지 않는다. 적어도 정치의 영역에서, 경쟁 구조가 갖는 본질적인 보호적 이익은 '예상 반응'anticipated reactions의 원리, 즉 소비자가 반응할 것이라는 혹은 반응할 수 있다는 예상에서 비롯된다. 이런 메커니즘(경쟁적 구조의 보복 가능성)은 선전, 선거운동, 유세, 동원에 의해 저지되거나 왜곡될 수 있지만, 그 메커니즘 자체는 이런 매개변수들과 독립적으로 존재한다. 그러므로 시장조건만 갖추고 있으면, [소비자 또는 유권자가] 문을 두드리지 않아도 그 정체는 경쟁적일 수 있다. 물론 [시장에 들어가려면] '진입 비용'이 필요하므로 결국에는 독점이 될 수도 있다. 그러나 '시장이 **있는** 독점'과 '시장이 **없는** 독점'은 크게 다르다. 적어도 정치에서는 그렇다.

'적어도 정치에서'라는 단서는, 경제 시장과 정치 시장, 경제 소비자와 정치 소비자 간에 중요한 차이가 있다는 사실을 상기시킨다. 우선, 경제 시장은 훨씬 더 민감하고, 경제 소비자는 자신의 효용을 평가하고 지키는 데 훨씬 유리한 위치에 있다. 그렇다고 해서 경쟁이 정치학자가 새로 발명해야 하는 이론적 구성물이라는 이야기가 아니다. 차이에도 불구하고, 경제 영역에서든 정치 영역에서든 경쟁 구조가 대중을 보호한다는 기본적인 사실은 변하지 않는다. 그러나 이런 차이는 대중에게 이익을 제공하는 맥락 혹은 메커니즘의 조합이 [경제 영역과 정치 영역에서] 서로 다르다는 것을 의미한다. 따라서 경쟁성은 정치적 경쟁에서보다 경제적 경쟁에서 더 중요한 의미를 지니며, 더 확실한 이득을 가져다준다. 마찬가지로 경제학자는, 한 [정치] 기업의 행동이 다른 기업의 행동에 영향을 미치고 또 그 기업의 행동에 의해 영향을 받는 그런 선거 시장이 존재할 때만 정당 체계가 경쟁적이라고 말할 것이다. 반면에 정치학자는 분명 이런 조건들을 완화할 것이다. 또한 정치학자들은 한 정당이 다른 정당에 실제로 영향을 미치지 않더라도 두 정당이 공존하는 것, 혹은 또 다른 정당이 나타날 가능성이 있는 것으로 충분하다는 것, 그리고 그런 가능성은 정치가들의 실제 행동에 영향을 미치고 있다고 말할 것이다. 경제학자들조차, 시장 진입이 자유로우면 기존의 기업은 신규 기업의 의지를 꺾기 위해 최대한 가격을 낮추려 한다는 점을 인정할 것이다(독점 시장에서도 마찬가지다). 이런 사실들은 문서로 입증하거나 측정을 통해 확인하는 것보다 직관적으로 이해하는 것이 더 쉽다. 그러나 측정할 수 있는 것(경쟁성)에 집중하느라 경쟁 구조의 잠재력이 얼마나 많은 것들을 성취했는지를 놓쳐서는 안 된다.

　"정당이 단 하나만 존재할지라도 그 정당은 인기 없는 입장을 취하지 않을 것인데, 안 그러면 정치적 기업가들이 시장에 진입할 빌미를 제공할 것이기 때문이다."라는 브라이언 배리의 주장은 기존의 '일당제' 개념이 갖는 모호함에 주의하려는 것이다. 일당이라는 말은 시장이 없다는 것을 뜻하기 때문에, 이 주장은 모순적이며 경험적으로 오류다. 그러나 배리는, 규모가 다른 두 정당이 존재하는 경우 "어떤 지점에서 유권자의 관성이 깨질 수 있기 때문에 규모가 큰 정당도 경쟁적으로 행동"할 충분한 이유가 있다고 지적하는데, 이는 매우 옳은 지적이다. 그러므로 "사실상의 무투표나 일당 지배가, 개방적인 보통선거 또는 정당별 지지가 균등하게 배분되는 경우와 비교해 뚜렷하게 다른 결과를 낳는 것은 아니다."[6] 그리고 이쯤에서, (원리상 또는 일반적으로 제기되는) 불평과 요청으로 들어가는 것이 좋겠다. 우선, 우리가 조야한 조작주의operationalism에 빠져 (그러지 않았더라면) '가능한 것'을 놓치고, 그 결과 대안들을 제대로 인식하지 못한다는 것이다. 그로 인해 관점의 상실과 오해가 심각해질 수 있다. 이때 우리에게 필요한 것(요청되는 것)이 내가 **잠재성 분석**이라고 부르는 것, 즉 **대안들의 맥락**context of the alternatives에서 이해하는 것, 예상 반응의 원리와 현실을 이해하는 것이다.

이런 관점에서 보면, 결정적인 요소는 실제의 경쟁이 아니며, 높은 경쟁성은 더더욱 아니다. 결정적인 요소는 경쟁이 가능한가의 여부이다. 그래서 새로운 경쟁자가 시장에 진입할지도 모른다는 인식 그리고 많은 대중이 충성의 대상을 바꿔 버릴지도 모른다는 경각심이 정책에 영향을 미친다면 그 체계는 (구조적으로) 경쟁적이다. 확실히, 이 광범한 스펙트럼 위의 많은 지점들에서 경쟁의 구조와 실제 경쟁성 간의 균형은 최적이 아니며, 균형이 있다고 말하기에 적절하지 않다. 덧붙이자면, 비경쟁적 스펙트럼에서도 다르지 않다. 경쟁 체계들 사이에도 많은 차이가 있듯이 비경쟁 정체들 간에도 마찬가지로 많은 차이가 있다.

허시만의 분석틀[7]에 따르면, 경쟁 구조에서 유권자는 항의voice(자신의 의사를 밝히는 것)와 이탈exit(지지 정당을 바꾸는 것) 두 가지 선택지를 **모두** 가지고 있어야 하며, 특히 구속받지 않는 자유로운 이탈은 최소한의 필수 조건이다. 반대로 비경쟁 구조에서는 두 선택지 모두 허용하지 않거나 기껏해야 **하나만** 허용한다. 전체주의적 독점 상황에서는, 항의도 이탈도 허용하지 않는다. 그러나 또 다른 경우, 이탈 혹은 부분 이탈(한 정당에 대한 지지를 철회하지만 다른 정당도 지지하지 않는 것)이 비용이 들지 않는 선택지가 될 수 있다. 혹은 항의를 위한 충분한 공간을 제공함으로써 이탈을 대신할 수도 있다. 다음 절에서는 이런 차이를 분류해 보자.

2. 일당제

경쟁적 정당 체계 영역을 분석할 때 극단적 사례에서 시작했으므로 비경쟁적 영역에 대한 분석도 똑같이 극단적 사례에서 시작하는 것이 좋겠다.

　나의 분류에서는 일당제라고 할 때 애매함의 여지가 전혀 없다.[8] 일당제란 말 그대로 단 하나의 정당만이 존재하며 허용되는 것을 의미한다. 이는 그런 정당은 법률상으로나 사실상으로나 정당 다원주의를 일체 거부하기 때문이다.[9] 이처럼 엄격하게 정의하더라도 일당제에는 무수히 많은 사례가 있다. 1962년에서 1968년 사이에 치른 여러 차례 선거에서 동일한 정당이 의회 의석 전체를 차지한 나라는 대략 33개이다. 여기에는 알바니아, 불가리아, 중국, 체코슬로바키아, 동독, 헝가리, 라이베리아, 북베트남, 포르투갈, 루마니아, 소련, 스페인, 튀니지, 아랍에미리트, 유고슬라비아 등이 포함된다.[10] 뒤에서 살펴보겠지만, 의회의 구성만 유일한 지표인 것은 아니다. 여기에는 선거제도도 관련이 있다. 그러나 일당제 부류에 얼마나 다양한 성격의 나라들이 포함되어 있는지를 보여 주기 위해서는 앞에서 나열한 국가들의 목록으로도 충분하다. 중국과 튀니지, 포르투갈(1974년까지)과 소련, 스페인과 알바니아는 모두 일당제 국가라고 할 수 있거나 과거에 그랬다고 할 수 있다. 하지만 그 점을 제외한 대부분의 측면에서는 결코 같다고 볼 수 없다. 특히 일당제 국가는 대략 억압적이고 침투적pervasive이며, 비관용적이고 추출적extractive이다. 바꿔 말하면 일당제 정체라 할지라도 나라마다 억압(강압적 통제)의 강도가 다른 것이다. 일당제 정체를 강제 또는 억압의 강도순으로 구분하면 세 가지 유형으로 나눌 수 있다.

1. 전체주의 일당제

2. 권위주의 일당제

3. 실용주의 일당제

앞의 두 하위 유형은 여러 연구 문헌에서 제법 잘 정립된 유형으로, 이 둘의 차이는 오래전부터 '독재'라는 이름 아래 분석되어 왔다.[11] 정당 연구가 본격화되었을 때, 이는 전체주의 독재[12]나 권위주의 독재[13]라는 용어에 대해 이미 논의되어 온 것에서 크게 나아가지 못했다. 기존 문헌에서는 이것이 분명하지 않으므로 처음부터 분명하게 해둘 것이 하나 있다. 전체주의 일당제는 양극화된 다당 체계와 마찬가지로 정당 스펙트럼의 한쪽 극단에 위치한다. 그래서 앞에서 주장한 것처럼 일당제는 경험적 유형이 **아니라** 극단형polar type 또는 순수형pure type으로 이해해야 한다.

그 외에는 시민의 삶 전반에 대한 침투, 동원, 독점적 통제의 정도가 전체주의 일당제에서 가장 높다는 점을 기억하는 것으로 충분하다. 정의상 전체주의 정당은 강력한 이념 정당이다. 또한 정의상 전체주의 정당은 강한 정당이다. 그 강력함을 보여 주는 훌륭한 지표가 '당원 자격에 부여되는 특권적 지위'이다. 정당이 강할수록 당원을 더욱 제한하고, 당원을 축출하거나 주기적으로 대규모 숙청하는 경향도 그만큼 커진다.[14] 이와 대조적으로 권위주의 체제는 강력한 이념이 존재하지 않으며 전체주의에 비견할 만한 동원력도 가지지 않는다. 또한 통제도 대개 정상적인 권력 기구(사법기관을 포함)를 넘어 확장되지 않는다.

앞의 두 유형은 상당수 연구 문헌에 의해 뒷받침되고 있지만, 내가 '실용주의 일당제'라고 말하는 세 번째 유형은 개념이 확립되어 있지 않다. 라팔롬바라와 와이너가 자신들의 분류에 따라 세 번째 유형으로 이른바 '다원주의 일당제'를 제시했지만 말이다.[15] 나는 그 제안을 받아들이긴 하지만 두 가지 사항을 수정하고자 한다. 첫째, 그 명칭에 반대한다.[16] '다원주의'라는 말을 남용해서는 안 되기도 하지만, 이 경우에는 다원주의를 엄밀한 일당제가 아닌 패권 정당hegemonic party 정체를 가리키는 말로 사용해야 한다. 두 번째 수정할 사항은 내용에 관한 것이다. 라팔롬바라와 와이너의 분류에서는 기묘한 비대칭이 보인다. 즉 경쟁 체계는 이념-실용주의 차원을 따라 분류되고 있는데, 비경쟁 영역으로 들어가면 이 차원이 사라진다. 그러나 이념-실용주의 차원은 전체 스펙트럼에 잘 들어맞는다는 것이 내 생각이다.[17] 물론 정당이 하나밖에 없는 경우에는 정당들 간의 이념 거리에 대해 이야기하는 것은 의미가 없다. 그러나 정당 하나하나를 살펴보면 '이념 강도'가 서로 다르거나 비非이념적(실용주의) 접근을 택하는 정도도 정당마다 차이가 있다. 그러므로 후자의 의미에서 보면 이념-실용주의 기준은 비경쟁적 일당제에도 적용할 수 있을 뿐만 아니라, 사실 불가결한 기준이다. 일당제에서는 정당의 수 같은 기준은 별 효용이 없다. '1'이라는 숫자는 단지 고도로 집중된 독점적 권력의 존재를 나타내는 숫자일 뿐이기 때문이다. 그러므로 일당제는 다른 기준을 적용해야 여러 종류로 분류하고 분석할 수 있다. 그리고 이를 위해 이념-실용주의 기준을 채택하면, 우리가 선택한 실용주의라는 명칭을 전면에 내세울 수 있게 된다.

나는 세 번째 유형을 실용주의 일당제라고 부름으로써 사실상 나의 기본 가정, 즉 일당제 국가의 추출-억압 능력을 결정(및 측정)하는 가장 강력하고 유일한 요인은 이념이라는 것을 분명하게 하고자 한다. 좀 더 정확하게 말하면, 실용주의 일당제 정체는 이념적 심성mentality에서 실용주의적 심성으로 연결되는 연속선상의 한쪽 끝을 나타내는 반면, 전체주의 정체와 권위주의 정체는 이념의 강도가 다른 것이다.[18] 다음과 같이 말할 수도 있다. 전체주의와 권위주의는 이념 척도상의 다른 지점에 위치하는데, 이 이념 척도의 가장 낮은 지점이 실용주의다.

이념-실용주의 기준은 완전히 새로운 생각이 아니다. 알몬드의 분류에서는 이념적(절대 가치 지향적) 정당 유형과 실용주의적(교섭 지향적) 정당 유형을 대비하고 있다. 그러나 이런 구분은 현실에 잘 적용되지 않는다.[19] 다른 한편, 이념-실용주의 구분은 '교의에 기초한' 정당과 '교의에 기초하지 않은' 정당으로 구분한 전통적 분류법을 개선한 것인데, 이런 구분은 너무 무기력해 보인다.[20] 전통적인 구분을 따르면, (닐 맥도널드가 주장하듯이) 종교 정당은 교의를 갖고 있지 않다고 말할 수도 있고, (내가 주장하듯이) 모든 정당은 '교의'를 가짐으로써 특정 상황의 필요나 경쟁자의 도전에 대응한다고 이야기할 수도 있다. 예를 들어 루스벨트의 뉴딜과 케네디의 페어딜Fair Deal이 미국 민주당의 교의가 되었다는 주장도 전적으로 말이 된다. 이처럼 서로 다른 해석이 가능하다는 점에서도 알 수 있듯이, '교의에 근거를 둔다'거나 '교의가 없다'는 표현은 분화의 층을 너무 피상적으로 이해하는 것이다. 반면, 이념과 실용주의를 대립시키면, 결국 우리는 멘탈리티, 즉 양자가 달라지는 깊은 근원에 눈을 돌리게 된다.

이념-실용주의 구분을 정당 스펙트럼 전체에 적용하면, 일당제에 대한 신선한 통찰을 얻게 된다. 우리는 일반적으로 어떤 식으로든 이념적 정당화가 없다면 일당제는 실현될 수 없다고 가정한다.[21] '실용주의 일당제'는 의사 전달 요소channeling element에 주의를 환기시키면서 이런 견해에 도전한다.[22] 이런 부류에 해당하는 사례가 실제로 존재한다면, 일당제는 특정 이념의 뒷받침 없이도 생겨날 수 있고 존속할 수 있다는 사실이 입증된다. 이념이라는 개념을 희석해 무의미하게 만들 것이 아니라, 순수하고 단순한 사익의 토대 위에서 일당제가 존재할 수 있다는 사실을 봐야 한다. 린츠는 스페인에 대해 다음과 같이 질문을 제기한다. "스페인의 정치 체계는 [전체주의 일당제와] 동일한 것인가 다른 것인가?"[23] 나의 삼분법에 비추어 보면, 1939년[스페인 내전(1936~39년)에서 프랑코에 의해 스페인 민주공화국이 전복된 해] 이후 스페인은 권위주의 일당제였다가 점차 실용주의 일당제로 변모했다. 한편 포르투갈은 1974년 4월까지[군부 정치가 마감되고 대의 민주주의가 실행되는 시점]는 실용주의 일당제의 명백한 사례였다. 라이베리아는 [자유Liberty의 어원을 갖는] 나라 이름을 생각하면 아이러니하게도, 최초이자 가장 오래된 일당 체제의 또 다른 사례다.[24] 그리고 튀니지의 네오데스투르당Neo-Destour이야말로 실용주의 일당제의 사례로 적격이다.[25]

이념-실용주의 구분에도 확실히 약점은 있다. 실용주의는 감정이 가라앉은 상태, 즉 이념적 열기가 낮은 상태일 뿐이라며 공박할 수도 있다. 아니면 방향을 바꿔서 비판할 수 있다. 즉 우리는 정치 공동체의 구성원들이 동일한 이념을 공유할 때는 실용주의라 하고, 서로 다른 신조를 가지고 있을 때는 이념이라 한다고 말이다. 첫 번째 접근에서는 감정affect의 강도가 변수이며, 정치 온도를 나타내는 척도에서 실용주의와 이념은 각각 양 극단에 위치한다. 두 번째 관점에서는 합의consensus가 변수인데, 실용주의-이념이라는 양분법은 단지 합의적 정치 문화와 갈등적 정치 문화의 차이, 즉 동질적 신념 체계와 이질적 신념 체계의 차이를 표현할 뿐이다.

두 주장 모두 미묘하면서도 약간의 진리를 포함하고 있다. 비록 이념 정치의 경험이, 궁극적으로 이념은 [다른 것으로] 환원될 수 없다고 강변하지만 말이다.[26] 어쨌든 중요한 것은, 두 주장 모두, 특히 두 번째 주장은 유전학적인 설명을 취하고 있으며 따라서 장기적으로 적용된다고 보는 것이 타당하다. 동태적 역학도 중요하지만 변화를 과도하게 강조하게 되면, 결정도 사건도 어느 한 시점에서 이루어진다는 사실을 간과하게 된다. 그러므로 각 시점에서 이념적으로 문제를 해결하는 것과 실용주의적으로 문제를 해결하는 것 사이의 차이를 고려해야 할 뿐만 아니라 이런 차이 자체가 매우 중요한 의미를 갖는다는 점도 생각해야 한다. 이를테면, 이념이 당의 응집력과 높은 상관관계가 있다는 것은 분명한 사실이다. 마찬가지로 이념적 강제는 (좋건 나쁘건) '노골적인 강제'와는 현저히 다르다. 나아가 현재 논의에서 가장 중요한 것은 다음과 같은 사실이다. 즉 실용주의 정당은 새로운 인간 사회 건설을 목표로 하는 목표 지향적 정당이 아니기 때문에 '자연스러운 발전'을 지향한다. 반면 정당이 이념적일수록 미래의 부름이 지시하는 '강요된 발전'을 따른다.[27]

전체적으로 보면, 이념-실용주의 기준에 따른 구분이 개념으로서는 강점이 있지만 경험적인 측면에서는 약점이 있다. 이런 약점 때문에 보완적인 기준과 지표가 필요하다. 이러한 기준과 지표들 가운데 나는 하위 집단 및 하위 체계의 자율성 정도를 선택하고자 한다.[28] 사실, 이런 경로를 따라가면 다루기 쉬운 하위 집단과 각종 지표들을 만나게 된다. 이를테면, 언론은 하위 집단의 하나로 볼 수 있다. 그리고 정치 당국으로부터 언론의 독립성을 '언론 자유'의 점수로 측정할 수 있다. 테일러와 허드슨이 계산한 지수에 따르면, 언론이 가장 자유롭지 않은 나라는 가장 낮은 점수를 받은 알바니아다(-3.50). 내가 대략 꼽은 나라를 순서대로 나열하면, 루마니아, 동독, 소련, 쿠바, 불가리아, 폴란드, 체코슬로바키아(-2.50), 헝가리(-1.57), 포르투갈(-1.42), 스페인(-1.02), 파키스탄(-0.01), 유고슬라비아(0.08), 인도(0.98), 칠레(1.19), 멕시코(1.46), 튀르키예(1.66) 순이다. 반면, 언론이 가장 자유로운 나라는 최고점을 받은 노르웨이와 스위스이다(3.06).[29] 여기에는 몇 가지 이상한 점들이 있다. 체코슬로바키아와 헝가리 간의 격차, 유고슬라비아의 순위, 그리고 우리의 직관과 달리 인도와 칠레의 점수가 낮다는 점 등이다. 당분간 우리가 개념적으로 잘해 내지 못한다면 경험적으로도 더 잘해 내지 못할 것이다. 그러나 다른 시도를 하다 보면 좀 더 신뢰할 수 있고 유익한 측정치를 얻게 될 것임이 틀림없다.[30]

독재의 유형, 이념 기준, 하위 집단 및 하위 체계의 독립성, 이 세 가지를 한데 아우르게 되면 전체주의 일당제, 권위주의 일당제, 실용주의 일당제 각각의 특성을 다음 같이 정리할 수 있다(이 특성에 따라 일당제는 세 유형으로 구분된다).

전체주의 일당제의 특징은 [구성원의 삶에 대한] 전면적인 포괄, 전면적인 침투와 정치화를 시도한다는 것이다. 전체주의 체제는 '새로운 인간'을 형성하는 목표를 추구하든 그렇지 않든, 하위 체계뿐만 아니라 모든 종류의 하위 집단의 자율성을 파괴하는 경향이 있다. 전체주의는 궁극적으로는 사생활까지도 침범한다.[31] "사적 생활의 영역이 존속하는 경우도 있지만, 이는 [당국이] 너그럽게 봐 줘서 그런 것이다."[32] 국가가 통제하는 생활 영역과 사적 생활 영역 사이에는 어떤 구분 선도 그을 수 없다. 즉 개인과 사생활이 존중받지 못하는 곳, 즉 비서구 사회에서는 전체주의 체제가 생겨나기 쉽다. 그렇지만 어떤 사회가 정치에 의해 형성되었을 때만 그 사회를 전체주의라고 부를 수 있다. 즉 전체주의 개념을 공동체형 사회 또는 문화에 의해 형성된 사회에 적용하면 오용하게 된다.

한편 권위주의 일당제는 사회 전체에 침투할 권력도 야망도 없는 통제 체계를 일컫는다. 이 유형의 특징은 '총체주의'totalism가 아니라 '배제주의'exclusionarism, 즉 의견을 밖으로 표출하는 집단의 정치 활동을 제한하는 데 있다.[33] 권위주의 일당제는 동원에 의지할 때에도, 동원 노력은 그리 철저하지 못하다. 동원 노력은 지도자의 카리스마에 달려 있으며, 대체로 겉으로 보이는 효과, 이를테면 군중 시위, 군중 집회, 투표 강제 등에 만족한다. 권위주의 체제에서 중국의 '문화대혁명' 같은 것은 상상도 할 수 없다. 한편, 배제 정책의 부수 효과 중 하나는 수많은 하위 집단이 조심스럽게 정치를 멀리한다는 것이다. 그러면 이들 하위 집단은 주로 자기 일에만 관심을 갖게 된다.

실용주의 일당제에는 이념적 정당화가 없다. 그래서 다른 두 유형에 비해 강제력을 행사할 가능성이 낮다. 즉 실용주의 일당제는 배제 정책보다는 오히려 흡수 정책을 추진하고 장려한다. 또한 실용주의 일당제에는 이념적 응집성도 없다. 이런 측면에서 보면, 실용주의 일당제에서는 요구를 표출하는 집단과의 관계가 파괴적이기보다 그들의 요구를 흡수하는 경향이 있다. 더욱이 내부적으로 이념적 응집성이 낮기 때문에 실용주의 일당제는 정당 조직이 매우 느슨하고 다원적이다.[34]

세 형태의 일당제를 식별하는 데 필요한 다양한 요소들을 이념-강압 coercion 기준에 따라 선별하면 다음과 같다. ① 전체주의 일당제는 이념화의 정도가 강하다. 또한 강압, 추출, 동원의 강도가 높고, 강요된 (정치)발전을 추구한다. ② 권위주의 일당제는 이념 강도가 전체주의 일당제보다 약하고, 추출력과 동원력도 낮으며, 배제주의 정책을 추구하는 통제 체제이다. ③ 실용주의 일당제는 앞에서 거론한 모든 특성이 약하

표 27.

일당제 국가의 유형 및 기준에 따른 특성

기준	전체주의 일당제	권위주의 일당제	실용주의 일당제
이념	강하고 총체적	약하고 비총체적	유효하지 않거나 매우 약함
강제력·추출·동원	높음	중간	낮음
요구 집단에 대한 정책	파괴적	배제적	흡수적
하위 집단의 독립성	없음	비정치적 집단에 한정됨	허용 또는 관대
자의성	비구속적 및 예측 불가	예측 가능한 한도 내	구속적

며, (배제적·억압적 정책에 대비되는) 포용적·흡수적 정책을 추진하며, 자연스러운 발전을 지향한다. 두 번째 기준(요구 집단 및 중간 집단과의 관계)에서 보면, 전체주의 일당제는 총체적이며, 따라서 하위 체계와 하위 집단의 자율성을 무자비하게 억압한다. 권위주의 일당제는 하위 체계를 방해하지만 일부 하위 집단에 대해서는 사실상 자율성을 허용한다. 실용주의 일당제는 하위 집단의 자율성에 매우 개방적이며, 일부 주변적인 하위 체계(예컨대 압력 집단 하위 체계)에 대해서도 자율성의 여지를 허용한다. 이들 체제를 독재의 성격과 관련해서 보면, 다음과 같이 말할 수 있다. 전체주의 독재자(또는 독재 과두제)는 그 어떤 구속도 받지 않으며 예측 불가능하다. 권위주의 독재자도 구속받지는 않지만, 그의 독단적 행위는 예측 가능한 범위 내에서 이루어진다. 실용주의 독재자는 일단의 여러 세력들에 구속되어 있으며, 이들과 협상해야 한다. 끝으로 의사 전달(과 연결) 기능의 측면에서 보면, 전체주의 일당제는 억압을 통

해 의사 전달을 하고, 권위주의 일당제는 배제를 통해, 실용주의 일당제는 흡수(또는 흡수하려는 시도)를 통해 의사 전달이 이루어진다.

위의 요소들을 요약하면 〈표 27〉과 같다. 이 표를 세로로 읽어 내려가면 알 수 있듯이, 각각의 기준 또는 변수 그 자체만으로는 세 유형을 명확히 구분하지 못한다. 그럼에도 독특한 징후와 [여러 요소들의] 조합에서 당-국가 체제의 각 유형 또는 각 하위 유형의 특징이 잘 나타난다. 다른 한편, 이 표를 가로로 읽어 보면, 세 가지 유형(전체주의, 권위주의, 실용주의)이 이념-실용주의 연속선을 따라 배열되어 있음을 알 수 있다(강제력이 큰 것부터 작은 순으로). 세 가지 하위 유형은 서로 혼합되기도 하고 다른 유형으로 변형되는 것으로 상정된다.

장기적으로 보면, 어떤 정체든 다음과 같은 질문을 피할 수 없다. 바뀌었는가? 그대로인가? 경쟁 체계의 경우에는 이 질문에 쉽게 답변할 수 있다. 경쟁 체계에는 변화 메커니즘이 내재되어 있고, 선거 결과만으로도 변화가 가능하기 때문이다. 이와 달리, 비경쟁적인 정체의 경우에는 답변하기가 곤란하다. 왜냐하면 그것의 메커니즘은 자율적 변화를 상정하지 않으며, 구조 또한 환경의 변화에 의한 압력에 대체로 둔감하기 때문이다. 분류 문제에 직면할 경우, 즉 구체적인 체계가 어떤 부류에서 다른 부류로 이동했는지 여부를 결정해야 할 때 이런 어려움은 더욱 심해진다. 스탈린 치하의 소련이 전체주의 체계였다는 것을 부정하는 사람은 거의 없다. 그러나 지금도 그럴까? 요즘에는 소련을 권위주의 체계로 재분류해야 한다고 제안하는 사람도 있다.[35] 그러나 다음 세 가지를 주의해야 한다. 첫째, 소련을 권위주의로 재분류한다면, 이전에 권위주의 체제로 분류되었던 다른 체제들은 어떻게 할 것인가? 분류 도식에 관한 기준은 비교를 위한 것이어야 한다. 즉 기준이 상대적이어야 한다. 소비에트 체계(및 정당)를 재분류한 결과 소련과 [프랑코 치하의] 스페인 체계(및 정당)를 동일시한다면 혼란만 가중될 뿐이다. 두 번째로 주의할 사항은 분류의 본질과 관련된 것이다. 강도의 차원을 따라 다양한 변형태가 존재한다 해도 재분류해야 하는 것은 아니라는 점에 유념해야 한다. 형태가 달라도 같은 부류에 속하기 때문이다. 마지막으로, 정당을 중심으로 한 분류는 정당 이외의 다른 구조들에 영향을 미치는 변이들까지 포괄하라고 요구할 수는 없다. 환경이 어떻게 변화하든, 문제는 그것이 정당 배열에 영향을 미치는가 하는 것에 있다. 예컨대, 일인 독재가 집단 독재로 전환하는 경우, 이는 독재 정치를 분류하는 데는 매우 중요할지 모르나, 정당과 관련해서는 별로 중요하지 않다.

어쨌든 분류가 명확하지 않으면 재분류도 어려워진다. 일당제를 전체주의와 권위주의로 구분하는 전통적인 이분법에 비해 내가 제시한 삼분법의 장점 중 하나는 체계 변화에 더 민감하다는 점이다. 하지만 삼분법도 둘 이상의 변형에 대해서는 설명할 수 없다. 이런 문제는 나의 분류를 패권 정당제로 확대하면 개선될 것이다. 그럼에도 불구하고 우리는 두 개의 모순적인 요건에 직면할 수밖에 없다. ① 부류의 수가 다양한 변화를 포괄할 수 있을 만큼 충분해야 한다는 것과, ② 각 부류에 해당하는 사례의 수가 충분해야 한다는 것이 그것이다. 우리는 이 두 가지 요구 사이의 균형을 잘 유지해야 한다. 즉 어떤 분류가 변화에 지나치게 민감할 것이라고 기대해서도 안 되고, 오랫동안 어떤 부류에 속해 왔다고 해서 앞으로도 그 정체가 변하지 않을 것이라고 생각해서도 안 된다.

내가 강조하고 싶은 것은 일당제 국가의 강압적·추출적 특성이다. 왜냐하면 최근의 많은 지적 결과물(작품)은, 그것이 가진 미덕과 상관없이, 일당제 정권이 분명 사람들에게 상처를 주고 권력을 남용한다는 느낌을 전혀 혹은 거의 전해 주지 않기 때문이다. 그러나 일당제를 좀 더 온전하게 이해하려면 분명 다른 각도에서도 접근할 필요가 있다. 일당제 국가는 ① 목표, ② 성과 및 전반적인 정책, ③ 기원과 인과관계, ④ 사회적 기반이나 배경 등과 관련해 분석할 수 있다.

후견민주주의tutelary democracy, 교도 민주주의guided democracy,* 교육독재pedagogic dictatorship 등은 일반적으로 많은 일당제 국가의 목표(적어도 공인된 목표)와 관련된 개념이다. 목표를 기준으로 삼게 되면, 살얼음판 위에서 스케이트를 타는 것처럼 위태롭다. 약속은 실제 행동이 아니며, 속임수는 정치의 상수 가운데 하나이기 때문이다. 그럼에도 불구하고, 입에 발린 말이라도 헐뜯는 말보다 낫고 목표를 공언하는 것 역시 중요하며, 현대의 독재자들은 앞선 일부 독재자들이 그랬던 것처럼 자비로운 독재자가 될 수도 있다. 정책과(이나) 성과를 기준으로 삼으면, 일당제의 성격은 복잡한 차원(들)을 따라 수많은 방식으로 규정할 수 있다. 즉 혁명적-진보적 일당제인가 보수적-반동적 일당제인가, 발전-근대화 지향형 일당제인가 수구적·전통적 일당제인가, 배타적-파괴적 일당제인가 포용적-흡수적 일당제인가 등으로 구분할 수 있다. 우리가 종종 근대화 독재나 개발독재라고 말하는 것은 이 기준에 따른 것이다. 당-국가 체제의 기원에 대한 내 주장은 이미 밝힌 바 있다.[36] 그러나 인과적 설명은 이 문제를 훨씬 깊이 파고들고 있다(또한 최근 크게 주목받고 있다). 그중 하나로, 정치발전 과정에서 발생하는 '위기'에 초점을 맞추는 접근법이 있는데, 이는 일당제의 등장을 잘못된 상황의 연속과 과도

---

* 1959-66년까지 수카르노 정부하의 인도네시아 정치 체계를 가리킨다. 공식적으로는 민주 정부이지만 사실상은 권위주의(독재) 정부다.

한 가속화가 야기한 위기 과부하의 부산물로 설명한다.[37] 그러나 대부분의 접근법은, 사회적 조건 및 경제 구조와 관련해 일당제의 등장을 설명하는 경향이 있다는 점에서, 사회경제적 성격이 좀 더 강하다. 이런 맥락에서 헌팅턴은 다음과 같이 주장한다. "성공한 일당제의 기원은 사회를 양분시키는 데 있다. 성공적인 일당은 한 사회 세력의 지도자가 다른 사회 세력을 지배하기 위한 수단이다."[38] 인과 관계를 탐구하는 과정에서 생길 수 있는 문제는, 가까운 인과관계에서 먼 인과관계로 나아갈수록 관련성이 느슨해지고 모호해진다는 점이다.[39] 네 번째로, 독재의 사회학이 있다. 여기서는 일당제 국가의 성과와 특성을 권력자의 계급 또는 직업적 배경과 연관시킨다. 이 기준에 따라 정치 독재, 군사 독재, 관료(또는 기관) 독재로 구분할 수도 있다. 그리고 프롤레타리아독재, 부르주아 독재, 기술 관료(또는 관리형) 독재 등으로 구분할 수도 있다. 여기서 주의할 사항이 있는데, [권력층의] 사회적 배경은 실제 행동을 설명해 주는 유력한 단서가 아니라는 점이다.[40]

마지막으로 '혁명적 일당제'라는 명칭에 대해 이야기하고 싶다. 어떤 기준에서 이 표현을 사용하고 있는지 분명하지 않을 때가 종종 있다. '혁명적'이라는 말은 목표, 즉 사회의 최종적·전면적 변혁을 가리킬 수도 있고, 정책, 즉 적을 물리적 혹은 여타 방식으로 제거하는 것을 가리킬 수도 있다. 또한 정당이 혁명적 수단으로 권력을 장악했다는(또는 권력을 장악하기 전에 혁명적이었다는) 사실을 지칭하기도 한다. 이 말을 사용하는 사람이 의도하는 의미가 그것과 반대되는 말을 통해 분명해질 때는 문제가 없다. 혁명이 반혁명이나 복고와 대치되는 말이라면, 이때 혁명은 거대한 역사적 추세를 언급하는 것이다. 혁명이 질서 및 합법성과 대립되는 말이라면, 이때 혁명은 인생관 또는 적어도 가치관을 가리킨다. 혁명적 방식이 보수적 또는 온건한 방식과 대치되는 것이라면, 이 때는 정책과 행동의 방식을 말한다. 그러나 이 용어는 흔히 포괄적이고 혼란스러운 의미로 사용되거나 ('혁명적'이라는 말을 '배타적'이라는 말의 반대말로 사용하는 경우처럼) 대칭적이지 않은 용어로 쌍을 이루어 사용하기도 한다.[41] 모든 유행어의 운명이 그랬던 것처럼 '혁명 정당'이라는 말도 오늘날에는 정치학 연구보다는 수사학에 더 어울린다.

3. 패권 정당

단일 정당 부류에 정당이 단 하나만 존재한다면, 그외에도 **하나의 정당**이 **중심**에 있으면서 그 주변에 2차 정당, 사실상 부차적인 소규모 정당들이 다양하게 배열되어 있는 경우를 볼 수 있다. 이런 경우 우리는 종속적인 정당을 꼭두각시 정당으로 보고 무시하던가 아니면 완전히 반대로 정당 다원주의의 탄생으로 해석해야 한다. 물론 부차적인 정당들이 동독의 경우처럼 완전히 가짜, 즉 속이 텅 빈 껍데기일 수도 있다.[42] 그럴 경우에는 그 정당들은 유효 정당이 아니므로 계산에 포함해서는 안 된다. 그런데 주변에 있는 종속 정당들이 몇 가지 내용적인 측면에서 유효성을 가지는 경우가 있다. 이런 경우를 일당 우위 체계, 즉 다원주의적 준-경쟁 상태라고 부를 수는 없지만, 특수한 형태인 것은 분명하다. 나는 그것을 패권 정당제라고 부를 것이다.

'패권 정당'이라는 명칭은 폴란드에 적용하기 위해 고안된 용어로, 예지 비아트르의 저작에서 빌려온 것이다.[43] 그런데 지금까지는 패권 정당을 정당 분류에서 하나의 **유형**으로 포함하지 않았다. 이 명칭을 사용하게 된 것은 어떤 원대한 이유가 있어서라기보다 단지 이보다 더 나은 용어가 없었기 때문이다. '지배 정당'이라는 표현에는 아주 다른 세 가지 사례가 포함되어 있으며 (이제는 어찌할 도리 없이) 뒤섞여 있다. ① (앞에서 정의한 바 있는) '우위 정당',[44] ② (지금 막 정의하려고 하는) '패권 정당', ③ 정당 체계의 유형과 상관없이 다른 정당들에 비해 압도적으로 앞서 있는 다수당. 이 가운데 '지배 정당'을 세 번째 의미로 사용하는 것이 가장 합리적이긴 하지만, 유형 분류를 위한 명칭으로는 적절하지 않다. 그러므로 의미가 훼손되지 않아서 우리가 사용할 수 있는 용어로는 우위 정당과 패권 정당이 남는다. 모든 것을 감안할 때 패권 정당이 우위 정당보다 위계적 통제의 정도가 더 강하다는 인상을 준다.[45]

패권 정당 유형에 대해 설명하면 다음과 같다. 패권 정당은 공식적으로도 실제로도 권력 경쟁이 허용되지 않는다. 다른 정당들의 존재는 허용되지만 어디까지나 부차적인 정당으로서만 그렇다. 이들 정당은 패권 정당에 적대적이거나 동등한 위치에서 경쟁하는 것이 용납되지 않기 때문이다. 권력 교체의 가능성은 상상도 할 수 없으므로, 정권 교체는 실제로 일어나지도 않으며 일어날 **수도 없다**. 이는 좋든 싫든 패권 정당이 권력을 계속 장악한다는 것을 의미한다. 우위 정당은 책임 정부로서의 요건을 따라야 하지만, 패권 정당은 반응성responsiveness이 없어도 아무런 실질적인 제재를 받지 않는다. 패권 정당은 정책의 내용이 어떠하든 지배적 위치가 도전받지 않는다.

비아트르는 '패권 정당'이라는 이름을 현재의 폴란드에 적용하여 다음과 같이 주장한다. 폴란드의 비공산주의 정당(통일농민당과 민주당) 및 3개 가톨릭 계열 정치 집단은 "모든 수준에서 정치적·행정적 직책을 나눠 갖고 있으며 …… 여론 형성에도 영향을 미친다. …… 그러나 패권 정당의 지위를 무너뜨릴 엄두는 내지 못한다."[46] 이들 정당은 정권 교체는 물론 경쟁도 제대로 하지 못한다.[47] 이런 유형을 '협력에 기초한 다당 체계'라고 해석하는 폴란드 학자 자크셰프스키의 주장을 나는 받아들일 수 없다.[48] 폴란드 정당 체계의 실제 작동을 보면 알 수 있듯이, 패권 정당제는 분명 다당 체계가 아니다. 그것은 기껏해야 **두 차원으로 이원화된 체계**two-level system일 뿐이다. 이원화된 체계란 한 정당이 관용을 베풀어 예속적인 정치집단에게 권력의 일부를 할당하는 체계이다.[49] 이런 체계가 다양한 모습으로 만들어질 수 있는 이유에 대해서는 곧 살펴볼 것이다. 그 이유가 어떻든 패권 정당이 겉으로 보기에 경쟁 정치를 허용하는 것 같지만 실제로는 그렇지 않다는 사실은 변하지 않는다. 패권 정당은 공개적 논쟁과 이의 제기를 허용하지 않으며, 로버트 달이 말한 '경쟁적 과두제'competitive oligarchy[50]에 가까워지지도 않는다. **야당**은 결코 집권당이 될 수 없으며, 야당의 반대는 어디까지나 허용된 범위 내에서의 반대일 뿐이다.

일당제를 세 개의 주요 하위 유형으로 나누었듯이, 패권 정당 정체도 추출·억압 능력의 정도가 다르기 때문에 그와 유사한 방식으로 세분화할 수 있다. 물론 '전체주의적 패권 정당'이라는 것은 존재할 수 없다. 이 말은 형용모순이다. 하지만 정도의 차이는 있지만 '권위주의적' 패권 정당은 존재할 수 있다. 권위주의적 변이가 늘어날수록 이념적 변이도 늘어날 것이라는 가정 아래, 패권 정당은 다음과 같은 하위 유형으로 나눌 수 있다.

1. 이념적 패권 정당
2. 실용주의적 패권 정당

폴란드는 확실히 첫 번째 유형에 속한다. 이 경우 주변 정당들은 사실 '위성 정당'이다. 이때 문제는, 허가받은 정당들에게 기본적인 의사 결정권을 어느 정도 나눠 주느냐이다. 주요 공직 몇 개를 나눈다고 해서 그것이 꼭 권력의 공유를 의미하는 것은 아니다. 설령 위성 정당들이 행정, 의회, 정부의 관직을 맡는다 해도 그들은 충분한 권리를 행사할 수 없다. 패권 정당에 대한 열등한 지위는 이들 정당이 독립적인 행동을 하지 못하도록 심각하게 제약한다. 그러나 비록 이들 정당이 실제로 권력을 전혀 나눠 갖지 못했음에도, 폴란드의 패권 정당제는 이른바 모조된 다당 체계simulated pluralism, 즉 모조된 정당 시장을 만들어 낼 수는 있다.[51]

왜 정당 시장을 '모조'하는가? 한 가지 가능한 답은, 이는 반대자들을 달래기 위해 고안된 정치 체계의 심리적 배출 수단이자 안전밸브일 뿐만 아니라 엘리트에게 정보의 흐름을 알게 해주는 수단이라는 것이다. 이때 얻을 수 있는 정보는 어쨌든 일반적으로 일당[패권 정당]이 수집하는 것보다 더 많다.[52] 이런 의미에서 보면 패권 정당은 '의사 표출'을 어느 정도 허용한다고 주장할 수 있다. 그러나 (나의 정의에 따르면) 의사 표출 기능은 각종 요구들이 정책 집행 메커니즘에 의해 뒷받침됨으로써 충족된다는 점을 상정한다.[53] 그러므로 나는 오히려 패권 정당제는 정보 수집의 양과 질의 측면에서 정치적 소통의 기능을 강화시키는 체계라고 생각한다. 패권 정당은 더 많은 것을 알고 있고 더 많은 것을 듣고 있다. 그러나 요구들이 충족되는가는 다른 문제이다. 어떤 정보를 갖게 되든, 패권 정당은 자신의 의지를 관철할 수 있다.

이런 유보 조항들이 있기는 하지만 패권 정당은 엄밀한 의미에서의 일당제와 분리해 볼 필요가 있다. 이념적·권위주의적 패권 정당제에서조차 이원화된 패권 구조는 여타 정치집단의 독립성을 인정하며, 그럼으로써 정치적 단위의 네트워크를 확대하는 길을 열어 준다. 모조된 정당 시장의 역할과 유효성을 가장 높이 평가할 수 있는 것은 바로 이런 측면에서라고 나는 믿는다. 특히 모조된 정당 시장은 이념적 패권 정당에서 실용주의 패권 정당으로 이행할 때 훨씬 눈부신 결실을 낳는다.

폴란드가 이념적 패권 정당의 원형이라면, 멕시코는 현재까지 나타난 가장 분명하고 가장 잘 확립된 실용주의 패권 정당의 사례로 꼽힌다. 지난 20년 동안 멕시코는 권위주의 체제에서 민주주의 체제로 자연스럽게 이행한 사례를 찾는 학자들이 즐겨 찾는 대상이었다. 심지어 '민주주의 일당제'one-party democracy[54]는 물론 '다원주의 일당제'라는 발상을 지지해 주는 사례가 바로 멕시코이다. 그러나 이와는 반대로, 내가 보기에 멕시코 사례는 무엇보다도 정당 정체에 관한 현존하는 유형론의 빈곤과 오류를 입증하는 것 같다. 지금까지 온갖 종류의 개념상·해석상·예측상의 오류는 그 유명한 멕시코 제도혁명당PRI을 적절하게 분류해 내지 못한 우리의 무능력에서 비롯된다.

멕시코의 제도혁명당은 1938년 이래 현재의 구조를 운용하고 또 형성해 왔다.[55] 제도혁명당의 전신은 국민혁명당PNR(1929~37년)이다. 국민혁명당은 1938년에 해산하여 멕시코혁명당PRM이라는 이름으로 재건했다가, 1946년에 제도혁명당으로 다시 당명을 변경했다. 혁명이라는 표현을 계속 사용하는 데서도 알 수 있듯이 혁명적 신화를 보여 주려고 하지만 제도혁명당은 분명 실용주의 정당이며, 포용적이고 흡수적인 성격을 띠고 있어 혼합형 정당에 가깝다. 또한 지금부터 보여 주려는 것은, 제도혁명당은 부차적인 정당들이 주변으로 둘러싸고 있는 일당 중심제의 유일한 주인공이라는 점이다.

〈표 28〉은 두 가지 사실을 보여 준다. 우선 제도혁명당은 지속적으로

표 28.

멕시코 하원 선거 결과(1958~73년)

	1958 의석수	1961 의석수	1964 의석수	1967 의석수	1970			1973		
					의석수	의석 점유율 (%)	득표율 (%)	의석수	의석 점유율 (%)	득표율 (%)
PRI	153	172	175	177	178	83.6	83.3	188	81.8	70.5
PAN	6	5	20	20	20	9.4	14.1	25	10.8	14.4
PPS	1	1	10	10	10	4.7	1.4	10	4.4	3.5
PARM	1	0	5	5	5	2.3	0.8	7	3.0	1.8
	161	178	210	212	213	100.0		230	100.0	

R. H. McDonald, *Party Systems and Elections in Latin America*, cit., p. 243. 1958년에서 1967년까지. *World Strength of the Communist Party Organization*, cit., 1970년 및 1973년.

압도적인 강세를 유지하고 있다는 점이다. 둘째, 군소 정당들의 의회 진출 비율이 거의 고정되어 있다는 점이다. 이들 가운데 국민행동당PAN은 1939년 창당 이래 아직도 남아 있는 유일한 정당이며, 제도혁명당의 오른편에 위치한다. 사회인민당PPS은 극좌에 있다. 그리고 멕시코진정혁명당PARM이 있다. 〈표 28〉의 득표와 의석 간 비율은 (요점을 파악하는 데 충분한) 최근 두 차례 선거만을 나타낸 것인데, 이는 1963년에 소선거구제가 개편되었기 때문이다(각 소수 정당은 득표율에 따라 최대 20석까지 얻을 수 있게 되었다). 그래서 멕시코 체계는 1963년의 선거제도 개혁으로 (1964년부터 1970년까지의 의석수 분포에서 나타나듯이) 외견상 자유화된 것처럼 보인다. 그러나 생각해 보면, 군소 정당에 배정된 '최대 20석'(1973년에 25석으로 상향되었다.)이라는 상한선은 '야당'의 2차적인 역할을 동결시키는 확고한 장벽이나 다름없었다. 국민행동당은 1964년에 이미 20석을 획득했으므로 선거제도 개정으로 사실상 불리해진 것이다. 이 정당은 1970년 선거에서 14%를 득표했지만 할당된 의석 점유율은 9.4%였다. 이 비율은 1973년에도 크게 변하지 않았다. 반대로 다른 두 정당은 득표율보다 많은 의석을 획득했지만, 이들의 영향력도 미미했다. 제도혁명당이 의회에서 제법 관대한 태도를 취할 수 있는 것은 의회가 상대적으로 중요하지 않기 때문이라는 점을 덧붙여 두고 싶다.[56] 멕시코는 마치 로마제국의 독재자가 그랬듯이 사실상 대통령이 전권을 가지고 통치한다. 한 연구자가 지적하듯이, "멕시코 사람들은 6년마다 독재자를 물러나게 함으로써 개인 독재를 피하고 있다."[57] 그러므로 정말로 유의미한 수치는 대통령 선거 결과이다. 1958년, 1964년, 1970년에 제도혁명당 대통령 후보는 각각 총투표의 90.04%, 89%, 85.8%를 득표했다.

대통령 이하의 수준에서 대통령 권력의 직접적인 소산인 다른 모든 중요한 결정은 제도혁명당의 7인 중앙위원회에서 내려진다. 그리고 게임의 규칙은 아주 명확하다. 제도혁명당은 어떻게 해서든 이긴다. 제도혁명당이 큰 차이로 승리하지 못할 것 같은 조짐이 약간이라도 보이면, 투표함에 부정 투표지를 채우거나 투표함을 바꿔치기 한다.[58] 다른 한편, "의견이 다른 집단을 자기편으로 끌어들이는 데 실패하면, 바로 탄압을 하게 된다."[59] 국민행동당은 위협적인 존재가 아니다. 사실상 우파 반대당인 국민행동당은 좌파 성향인 제도혁명당의 혁명적 이미지를 부각시키는 데 도움을 준다. 한편, 제도혁명당보다 왼쪽에 있는 단체들이 위협이 되면, 국내 치안을 구실로 언제든지 탄압을 하고(적어도 과거에 그렇게 했다는 증거는 충분하다.) 이들의 선거 결과가 실제보다 낮게 나오도록 만반의 태세를 갖추고 있다.

나의 짧은 설명이 오해되지 않도록, 멕시코 유형이 패권 정당제의 정의에 부합한다는 것을 보여 주고 싶었을 뿐이라는 점을 밝혀야겠다. 따라서 나는 자유롭고 정말로 경쟁적인 선거가 제도혁명당을 몰아낼 수 있다고 제안할 생각이 전혀 없다. 사실 그 반대일 가능성을 증명하는 증거가 압도적으로 많다. 중요한 것은 완전하고 자유로운 반대를 허용하면 제도혁명당이 패배할 것이라는 점이 아니다. 요점은 패권 정당제가 제도혁명당을 하나로 묶어 주고 있으며, 경쟁 체계로 이행하면 제도혁명당의 통합이 위기에 처할 것이라는 점이다. 경쟁 체계로 이행할 경우, 당의 분열과 이탈을 막기 위해 패권적 방식이 가하던 처벌이 사라질 것이기 때문이다. 멕시코를 민주주의로 간주한다면 기껏해야 '유사' 민주주의 또는 [소수의 사람들에게만 허용되는] '내밀한'esoteric 민주주의 정도일 것이다.[60] 내가 '기껏해야'라고 말하는 것은, 멕시코가 아직 유사 일당 우위 체계조차 아니며, 부차적인 정당들을 (그렇게 존재하는 한에서만) 허용하는 명백한 패권 정당 사례이기 때문이다. 그렇지만 멕시코 사례만 놓고 본다면 적어도 두 가지 점에서 칭찬할 만하다. 하나는 독창성이고, 다른 하나는 어려운 실험을 능숙하게 성공적으로 관리해 내는 능력이다.

지금 살펴본 폴란드와 멕시코 사례는 아주 흥미로운 잠재력을 갖고 있어서 재미있는 추측을 해볼 수 있다. 폴란드는 공산주의 세계에서 보면 시험 사례test case이다. 소련이 헝가리와 체코슬로바키아를 침공한 후로는, 이 두 나라가 만약 독자적인 경로를 추구할 수 있었다면 어느 지점에 도달했을까를 생각해 보는 것이 무의미해졌다.* 1968년 이후 그

---

* 헝가리는 1956년에, 체코슬로바키아는 1968년에 각각 자유화 운동이 일

리고 가까운 미래에 공산주의 체제가 완화된다 해도 최소한 동유럽에서는 분명 패권 정당제의 경계를 벗어나지 않을 것이다. 서구의 관찰자들은 당연히 유고슬라비아식 사회주의의 경로에 주목하고 있다. 그러나 유고슬라비아가 누리고 있는 독특한 국제적 자율성을 논외로 하면, 그런 시도의 허약함을 인정하지 않을 수 없다. 물론 유고슬라비아 체계는 "특수 이익의 정당성과 사회조직의 자율성이라는 두 개의 중요한 정치 원리를 조건 없이" 받아들이고 있는 현재 유일한 체계이다.[61] 그러나 비교적 탈정치화된 공산당(공산주의자동맹), 준-시장quasi-market, 준-산업자주관리라는 세 가지 요인의 조합이 (제도화된 안전한 메커니즘에 의해서가 아니라) 티토의 개인 독재 지배를 통해 위태로운 균형을 유지하고 있다.[62] 유고슬라비아는 아직 쓰라린 시련의 시기를 맞이하지 않았다. 그렇다고 폴란드가 동유럽의, 좀 더 일반적으로는 자유화된 공산주의 세계의 미래라고 말하려는 것은 아니다. 내가 말하고 싶은 것은, 주권 제한이라는 소련의 교리하에서는 폴란드식 패권 정당제가 좀 더 그럴듯하고 검증된 선택지라는 점, 그리고 이런 관점에서 폴란드가 지닌 중요성과 잠재적 가능성을 평가해야 한다는 것이다.

실용주의 패권 정당의 유형을 살펴보면, 1973년 현재 포르투갈, 파라과이, 한국 세 나라가 그와 유사한 범주에 속한다고 볼 수 있다. 그중 가장 흥미로운 사례가 포르투갈이다. 살라자르*는 반대 세력에 어느 정도 의사 표현을 허용하는 정책을 시작했다. 그의 후계자인 카에타누**

어났으나 소련의 침공으로 무산되었다.

* 포르투갈의 정치인으로 36년간(1932-1968년) 총리로 재임하며 독재 체제를 구축했다.

** 살라자르의 추종자로 1970년 살라자르가 사망하면서 총리에 올랐다.

도 1969년과 1973년 선거에서 같은 시도를 했다. 1974년 정권이 타도되기 전까지 포르투갈은 법적으로 국가인민행동당 하나만 존재할 수 있었다. 선거 전 한 달 동안만 무소속 후보들의 선거운동과 반대 세력의 후보자 명부 등록이 허용되었다. 그러나 반대 세력은 정당의 지위를 갖고 있지 않았으므로 선거 후에는 해산되었다. 한편 4년에 한 번 이루어지는 이 한 달 동안의 논전은 폴란드나 유고슬라비아가 지금까지 해왔거나 할 수 있었던 것보다 훨씬 효과적이었으며 체제에 충격을 주었다. 그럼에도 불구하고 카에타누는 살라자르만큼 이런 메커니즘을 잘 유지하지 못했다. 1969년 선거에서 반대 세력의 후보들이 반정부 캠페인을 벌이며 12%를 득표했지만, 소선거구제 탓에 1석도 얻지 못했다. 그다음 1973년 10월 선거에서 반대 세력은 살라자르 정권하에서 채택했었던 전술로 전환했다. 즉, 선거운동을 하다가 기권하거나, 선거 보이콧을 권유했다. 1973년의 반反카에타누 선거운동은 민주주의 기준에서 보면 자유롭다고 할 수는 없으나(예컨대 식민지 문제에 대한 언급은 금기시되었다.) 동유럽의 기준에 비하면 자유로운 편이었다. 대담한 비판과 거침없는 요구 사항들이 제기되었으며, 언론도 반대 세력의 선거운동에 대해 간략하게나마 보도했다. 카에타누 정권이 반대파 후보의 출마를 간절히 바랐다는 것은 의심의 여지가 없는데, 이는 [중도에서] 사퇴한 후보에게 5년간 공민권을 박탈하는 형벌을 가했다는 데에서도 잘 알 수 있다. 포르투갈에서 명백하게 배울 수 있는 교훈이 있다면, 온건한 독재는 패권적 유형을 확립할 수 없다는 점이다. 발언이 허용되면 반대 세력은 동등한 지위를 요구하고 [선거 참여는 허용되나 공정한 경쟁은 불가능하다는 의미에서] 이원화된 체계의 규칙과 제한을 거부한다. 따라서 패권 정당제는 억압적인 강력한 독재가 느슨해지는 경우에만 받아들여진다고 할 수 있다.

레이몽 아롱의 표현을 빌리면, 일당제의 한쪽 끝에 있는 전체주의에 대해서는 "하나의 독점적 정당은 얼마나 거대한 단일 구조를 만들어 낼 수 있을까?"라는 질문이 제기된다. 일당제의 또 다른 끝에 있는 패권 정당제에 대해서는 "비경쟁 체계가 얼마나 비독점적일 수 있을까" 하는 질문이 제기된다.[63] 지금까지의 분석에 따르면, 두 번째 질문에 대한 답변은 그다지 고무적이지 않다. 멕시코를 제외하고 우리는 몇몇 후보만 있을 뿐 실제 사례는 없다. 그러나 패권 정당제가 일종의 환영幻影과 같은 현상이라고 단언하는 것은 근시안적이라고 나는 믿는다.

우선 첫째로는 다음과 같은 사실을 명심해야 한다. 패권적 유형의 발달은 의식적으로 촉진된다. 그리고 (학자들은 물론이고) 독점 가능성이 최소화된 정체의 건설자polity builder조차 패권적 정당 체계를 어떻게 만들 수 있는지에 대해 명확하고 뚜렷한 관념을 아직 자각하지 못했다. 둘째, 동태적으로 이해하고 예측하기 위해서는 패권 정당제와 같은 범주가 매우 중요한데, 이런 유형은 특정 정체에 대해 '⋯⋯로 이행하고 있는', 혹은 적어도 '⋯⋯로 향해 가고 있는' 등의 위치를 부여할 수 있기 때문이다. 셋째, 곳곳에 존재하는 군부 후견 체제 그리고/혹은 민군 이원 체제도 주의 깊게 살펴볼 필요가 있다. 이런 경우에는 패권 정당제가 이상적인 해결책처럼 보이기도 한다.[64] 끝으로, 기만적인 일당 우위 체계에 대해서도 살펴볼 필요가 있다. 이 체계에서는 효과적인 경쟁을 사실상 방해하거나 부정선거를 통해 승리를 유지한다. 좀 더 정확히 말해, '공식적인' 경쟁 규칙이 시행되고 있음에도 특정 정당이 늘 우위를 점한다면 이런 경우는 패권 정당제로 분류하는 편이 좋을 것이다.

마지막은 분석 단위인 정당이다. 정당이 얼마나 유용한가를 알아내기 위해 나는 지금까지 이 분석 단위를 엄격하게 고수해 왔다. 이에 반대하는 많은 모호한 이야기에도 불구하고, 사회 다원주의societal pluralism는, 이념적이고 매우 강압적이며 응집력이 높은 단일 정당에, 영향을 주기보다는 그것의 영향을 받는다. 다른 한편, (앞에서도 지적했듯이) 하위 집단은 강제력이 약할수록 자율성이 커진다. 다시 말해, 억압이 약해지면 자연스럽게 사회 다원주의의 영향력이 커진다. 그래서 우리가 실용주의 정체를 살펴볼 때 맞닥뜨리게 되는 것은, 정당들의 배열 구조와 사회적 요구 표출의 양식이 상호작용하고 상호 침투한다는 것이다. 하위 집단의 자율성과 하위 체계의 독립성이 의회 의석이나 정부 내 관직(이것은 여전히 독점 정당이 차지하고 있다.)에 반영되는 것은 아니지만, 독점 정당의 성격과 정책에는 상당한 영향을 미치게 된다. 이렇게 되면 더 이상 이 정당은 단독으로도 충분한, 설득력 있는 분석 단위로 볼 수 없게 된다.

이상과 같이 패권 정당의 기준이 완화되면, 다음 같은 구체적인 질문이 제기된다. 실용주의 일당제와 실용주의 패권 정당제의 구분은 여전히 유용한가? 나는, 부분적으로는 그렇고 부분적으로는 그렇지 않다고 생각한다. 스페인(1975년까지는 일당제였다.)과 멕시코(패권 정당제)를 살펴보자. 두 나라 모두에서 사회적 힘과 압박은 수용되고 작용한다. 그럼에도 불구하고, 스페인이 패권 정당제로 전환되었다 하더라도 멕시코와 같은 정치 체계가 되지는 않았을 것이다. (포르투갈 사례가 보여 주듯이) 이런 추측은 비현실적이지만, [실용주의 일당제와 실용주의 패권 정당제의] 구분이 갖는 장기적 가치를 보여 준다. 또한 이런 구분은 앞에서 제기한 문제(즉 독점 체제가 어떻게 비독점적 체제가 될 수 있을까)를 정확히 보여 준다. 우리가 갖고 있는 증거를 통해 보면, 독점이 갖는 탄력성은 실용주의 단일 정당이 패권적 경로를 따라 스스로를 재구축할 여력이나 능력이 없을 때 종언을 고하게 되는 것으로 보인다.

세계 대부분의 나라 그리고 세계 인구의 대략 3분의 2 정도가 오늘날 일당제하에 있는 것으로 추정된다.[65] 이처럼 방대한 규모에 비추어볼 때, 이 장에서 고찰한 두 가지 주요 유형과 다섯 가지 하위 유형을 고려한 분석틀은 나름대로 의미가 있다. 문제는 구체적 사례가 부족한 것이 아니라, 대부분의 사례가 너무나 유동적이어서 확신을 갖고 분류하기 힘들다는 것이다.

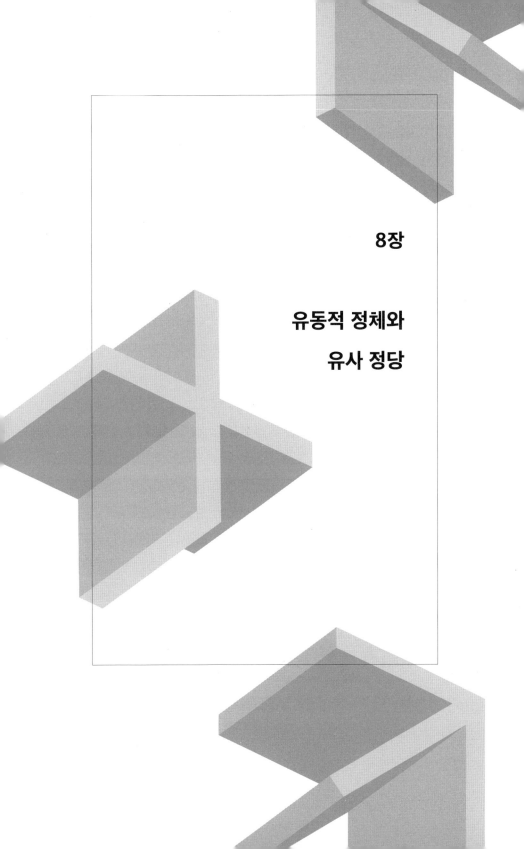

8장

유동적 정체와
유사 정당

1. 방법론상의 유의 사항

지금까지 논의한 유형 분류를 세계 모든 나라에 적용할 수는 없다. 이 책의 유형 분류는, 최근에 독립국가의 지위를 획득한 '신생' 국가들은 배제하지 않지만, 무에서 출발한 신국가들(대부분 아프리카 국가들의 사례에서처럼)을 포괄하는 시늉을 하지 않는다. 그래서 기존 국가와 신생국가로 구분하는 것이 아니라 '정형화된'formed 국가와 [정형화되지 못한] '무정형'formless 국가로 구분한다. 내가 말하는 '정형화된 국가'란 현대적 정치 체계[1]를 의미한다. 좀 더 일반적으로 (남미처럼) 적절한 역사적 기록이나 (인도처럼) 독립 이전부터 통합된 정체성을 가졌던 정치 체계를 의미한다. '무정형 국가'는 정치과정이 고도로 미분화되고 분산된 정체들, 특히 유동적 상태에 있으며, 고도로 불안정하고, 성장의 초기 단계에 있는 정체를 가리킨다.

　'정형화'와 '무정형'이라는 말은, 의도한 바와 같이, 놀랄 만큼 느슨한 개념이다. 내 용법에서는 '정형화'가 '구조화'structured보다 포괄적이다. 이를테면 남미 국가들은 분화가 이루어져 있고 상호작용이 안정되어 있다는 점에서 확실히 '정형화'되어 있다. 하지만 남미 국가의 하위 체계 가운데 하나인 정당 체계는 오래 지속되지 못하고 중간중간 단절을 겪었기에 구조적 공고화가 진척되지 못했다.[2] 한편, 내가 말하는 **구조적 공고화**structural consolidation는 통상적으로 사용되는 **제도화**institutionalisation의 의미에 가깝지만, 헌팅턴의 [제도화] 개념보다 좁은 의미이며 또 그것과는 다르다.³ 헌팅턴에 따르면, "조직이나 절차의 적응성이 강할수록 제도화 수준이 높아지고, 적응성이 약할수록 제도화의 수준은 낮아진다."⁴ 반면 나의 구조적 공고화 개념은 구조의 점성viscosity과 탄력성 그리고 현상 유지적 영향을 강조한다.⁵ 구체적으로 말하면, 특히 정당 체계는 견고하게 확립된 대중정당을 포함하고 있을 때 구조화된다. 달리 말하면, (실질적) 대중정당은 구조화된 정당 체계를 나타내는 훌륭한 지표이다.⁶ 그리고 내가 '구조적 공고화'라는 표현을 고집하는 것은 '제도화'라는 표현보다 단순하고 덜 야심적인 개념이기 때문이다(정말이지 나는 제도화 개념에 얽매이고 싶지 않다). 어쨌든 중요한 점은, 나의 논의에서 무정형적인 정체를 의도적으로 무시해 왔다는 것이다. 이제 그 이유를 설명해야겠다.

첫째, 제3세계를 이해하기 위한 정교한 개념 틀은 풍부한 반면, 서구 세계를 위한 개념 틀은 빈약한 탓에 그 사이에 현저한 불균형이 존재한다. 균형을 맞추기 위해서라도 우선 서구의 혹은 서구 유형의 경험을 다시 고찰할 필요가 있다고 생각한다. 둘째, 가장 중요한 것으로, '미발달된 맹아기의 국가'를 별도로 다루는 것은 방법론적으로 매우 바람직하다. '정형화된 국가'와 '무정형 국가'로 구분하는 것은 상대적인 것이라고 해서 둘 사이의 천문학적인 거리나 이질성을 무시하려는 것은 아니다. 그러므로 적어도, 유동적인 정체volatile polities를 정형화된 정체의 전반적인 맥락 안에 포함시킬 때는 이와 관련된 비교의 문제들을 명확하게 염두에 두고 진행해야 한다. 이와 관련해서는 우선 다음 두 가지 문제에 주의할 필요가 있다. ① 분류상의 오류와 ② 유럽식 모델의 모사를 어떻게 피할 것인가.

알몬드의 『개발도상국의 정치』*The Politics of the Developing Areas*는 여전히 아프리카 및 아시아의 신생국에 대한 가장 영향력 있는 독보적 연구이므로, 이 선구적인 연구에 존재하는 유형론상의 오류를 지적한다 해도 알몬드와 동료 연구자들의 사고가 갖고 있는 중요한 가치가 손상되는 것은 아니다. 알몬드는 1960년에 정당 체계를 다섯 가지 유형, ① 전체주의 정당제, ② 권위주의 정당제, ③ 비권위주의 지배 정당제dominant non-authoritarian party, ④ 경쟁적 양당 체계, ⑤ 경쟁적 다당 체계로 분류했다.[7] 앞의 두 유형과 뒤의 두 유형은 전통적인 분류와 동일하므로 별도로 논의할 필요가 없다. 새로운 유형은 세 번째의 **비권위주의 지배 정당제**이다. 알몬드에 따르면, 이 유형은 "통상적으로 식민지에서 독립하는 과정에서 민족주의 운동을 유효한 수단으로 사용한 정치 체계에서 발견된다."[8] 이 범주는 완전히 새로운 기준에 의한 것이어서, 다른 기준에 따라 분류했을 때 이 범주가 어디에 해당하는지 의문이 제기된다. 비권위주의적 일당 지배 유형에 대한 설득력 있는 한 가지 설명은, 비록 암묵적이기는 하지만, 신생국가를 위해 임시적이고 잔여적인 범주로 의도된 것으로 보는 것이다. 비권위주의적 지배 정당제는 그것이 출현할 때, 즉 어떻게 시작되었는가로 확인되기 때문에 잠정적이며, 나머지 범주들과 별로 관련이 없기 때문에 잔여적이다. 하지만 비권위주의 지배 정당제가 정당 체계 유형 분류의 중심[다섯 개 유형 가운데 ③번]에 있다는 점에서 이런 해석은 타당하지 않다. 비권위주의 지배 정당제는 결코 신생국가를 위한 임시 범주가 아니라 상시 존재하며 여러 사례를 포괄하는 '꾸러미' 유형이라 할 수 있다. 그러나 이 점은 두 가지 이유에서 반박할 수 있다. 첫째, 그것의 적용 범위의 한계가 애매하다는 것이다. 그로 인해 결과적으로 적용 범위가 (일본에서부터 1957~60년 가나에 이르기까지) 엄청나게 확장될 수 있다. 둘째는, 비권위주의 지배 정당제라는 용어와 그것의 정당 체계 스펙트럼상의 위치를 일치시키는 문제이다. 어떤 정당에 비권위주의 지배 정당제라는 이름을 붙여서 스펙트럼 중간에 위치시킬 경우 그 정당이 일당제와 양당 체계를 잇는 가교라는 인상을 주게 되는데, 알몬드의 이 책은 정의상 두 방향 가운데 어느 쪽으로도 움직일 수 있는, 유동적인 정체 같은 인상을 강화한다. 이는 유동적인 정체에서 도출한 불분명한 증거들을 '정형화된 정체'로 확장할 수 있는 것처럼 보이게 만든다. 그렇게 하면 전체 구성이 취약해진다. '완성된'finished 국가를 '무정형 국가'에 적용하면 오류가 발생하듯이 거꾸로 무정형 국가로부터 완성된 국가를 추론하는 것은 오류를 낳게 된다.

첫 번째 **유의할 점은**, 유동적인 정체의 문제는 공고화된 서구의 정체나 서구식 정체를 위해 고안된 범주들 사이에 새로운 범주를 하나 끼워 넣는 식으로는 해결할 수 없다는 점이다. 정형화된 국가와 무정형 국가, '건설된 국가'와 '건설 중인 국가'를 동일한 기준으로 분류해서는 안 된다. 그래서 잠정적이고 잔여적인 부류나 유형이 필요하다. 어떤 부류의 **잔여적** 성격은 유형론적으로, 즉 위치를 설정해 나타낼 수 있으며, 이 문제는 간단한 장치를 통해 해결할 수 있다. 반면에 어떤 범주의 **잠정적**인 성격은 좀 더 복잡한 문제를 제기하는데, 이에 대해서는 앞으로 살펴보게 될 것이다.

그러나 유형을 분류하는 데서 오류를 피했더라도 용어 선택에서 오류를 범하는 경우가 있다(용어를 선택할 때 그것과 결부되어 있는 속성과 특성에 대해 이야기하는 것이다). 용어 선택의 문제는 특히 아프리카 지역 연구와 관련이 있는데(중동 및 남아시아보다 아프리카 지역을 연구한 문헌들에서 좀 더 집약적으로 드러난다), 이는 『열대 아프리카의 정당과 민족 통합

』•이라는 책에 잘 나타나 있다.⁹ 제임스 콜먼과 카를 로스버그는 이 책 서문에서 특수한 부류나 유형이 아닌 '일반적 경향'을 강조하면서 아프리카의 일당제 국가와 '일당 지배' 국가를 ① 실용주의-다원주의 유형과 ② 혁명적-중앙집권 유형으로 구분했다. 물론 이러한 구분은 유연하고 조심스러운 접근법이다. 그러나 그들이 작성한 표에 나열된 속성들을 유심히 살펴보면, '이념'이 가장 중요하고 우선적인 구분 변수임을 알 수 있다. 또한 혁명적-중앙집권적 경향은 '고도의/전반적인 독점과 융합'의 특징을 갖는 '일괴암적' 조직의 측면을 보여 줄 뿐이라는 것도 알 수 있다.¹⁰ 이것은 첫 번째 사례일 뿐이다. 아프리카의 정당들에 관한 문헌을 계속 추적하다 보면 '전체주의적'¹¹이라고 선언하면서 '동원 체계'¹²에 동화된 아프리카 일당제들도 발견할 수 있고, 수많은 '대중정당들'¹³과도 마주치게 된다. 내가 보기에, 이 모든 경우에 우리는 유럽을 모델로 하여 모사된 모습을 마주치게 되는데, 이는 갓 태어난 아기에게 서구의 성인 복장을 입혀 놓은 꼴이다.

지금까지는 이념을 매우 중요한 요인으로 여긴 경우를 살펴봤는데 계속해서 이념을 정당제 분류에서 주요한 요인으로 삼을 수 있는지에 대해 강한 의구심이 든다. 이념이 모든 유형의 토양에 뿌리를 내리는 것은 아니다. 그리고 이념 요인이 아프리카의 맥락에서 경험적 적실성을 갖는다는 증거는 극히 적지만, 이념이라고 말하는 것들은 대부분 정치적 수사일 뿐이며, 서구 대중에게 보여 주기 위한 이미지라는 것이 분명하다.¹⁴ 마찬가지로 미발달된 맹아적 정체들을 전체주의, 동원 체계 등

• James Smoot Coleman, Carl Gustav Roseberg, *Political Parties and National Integration in Tropical Africa*(University of California Press, 1964).

으로 단언할 때, 나는 우리가 균형 감각을 잃어버렸다는 느낌을 받는다. 소련을 전체주의의 정상에서 밀어내고 그 자리에 아프리카 국가를 올려놓는다면, 분명 그 학문에 뭔가 문제가 생긴 것이 틀림없다.

(여기서 정의된) 신생국가란 이전에 국가로서의 전통을 갖지 않은 나라이다.[15] 이런 나라를 국가라고 부르는 것은 법적으로는 타당하다. 그러나 국가로서의 성격을 제대로 갖추지 못하고 있는 것도 엄연한 사실이다.[16] 심지어 이들 신생국가는 낭만주의자들에 의해 발명되고, 나폴레옹이 유럽을 석권함으로써 각성되고 창조된, 근대적 의미에서의 '국민(민족)국가'nations가 아니다.[17] 다른 한편, 신생국가가 통치하고자 하는 사회는 '국민(민족) 사회'national societies보다 훨씬 더 깊고 미세하게 구조화되어 있다. 이런 사회는 혈연관계와 원초적 유대를 기반으로 하고, 전통과 주술과 종교가 깊이 스며들어 있으며, 지리적으로 구획된, 원초적 귀속 집단들로 이루어진 '세포 사회'cellular societies 또는 모자이크 사회다.[18] 국민(민족)을 기초로 한 사회와 국민(민족)을 기초로 하지 않은 세포형 사회는 마치 저지대의 베네룩스 3국과 고지대의 스위스만큼이나 다르다. 그러므로 이들 신생국가가 사회에 '침투할' 때 가공할 [구체제/구사회로의] 복원력resilience에 직면하는 것은 너무나 분명하다. [신생국가에서는] 정치가 근대화와 국가 건설의 과제를 맡게 된다. 그러나 [이들 국가는] 정치, 정확히 말해 국가의 정치politics of statehood를 아직 배우지 못했다. 이런 어려움 때문에, 미래의 어떤 형태로 이행 중인 신생국가의 정당들과 관련해 분명한 것 하나는 목표와 역량, 말과 행동 사이에 엄청난 괴리가 있다는 것이다.

아프리카의 단일 정당들을 살펴보면, 그들의 야망은 분명 크고 포괄적인데 그들의 수단은 그렇지 않다. 서구의 경우, 일당제는 다른 유형의 정당제 가운데 가장 늦게, 그리고 충분한 이유가 있을 때 출현했으며, 진정한 일당제 국가는 조직의 분화 및 전문화라는 진일보한 단계를 전제로 한다는 점을 상기할 필요가 있다. 그래서 많은 아프리카 국가에서는 일당제가 [국가 형성과 동시에] 곧바로 출현했고, 정당과 정치가 맞붙어 있어서 우리는 그림자와 실물을 혼동하기가 쉽다. 보통의 단순한 일당제에서, 일당제의 궁극적 완성형인 전체주의 일당제로 나아갈수록 이런 의혹은 더욱 짙어진다. 문제는 간단하다. 첫째, 어떻게 초보자가 전체주의적 융합 기술은 물론이고 전체주의적 침투 기술을 터득하여 그 수단을 활용할 수 있겠는가? 둘째, 그리고 이와 비슷한 근거로, 급조된 정당은 '동원 체계'가 될 수 없다고 생각한다. '동원 체계'는 체제가 급격한 개조 과정에 있을 때 사용되는 개념으로, 필립 셀즈닉이 볼셰비키 사례를 언급하면서 창안한 것이다.[19] 이런 역사적 연원에 비추어 볼 때, 동원 체계는 전체주의 체제의 중요한 일부이다. 한편, 만약 우리가 실제로 의미하는 것이 동원 체계가 아니라 단순한 '동원', 즉 동원력이라면, 우리가 의도한 것 이상의 의미로 말하지 않아야 한다.[20] 셋째, 신생국가의 정당이 어떤 유의미한 의미의 '대중정당'이 될 수 있는지도 의심스럽다. 지극히 단순하고 밋밋하게 말하면, 대중정당은 모든 사람에게 열려 있는, 또는 많은 사람들의 지지를 받는 정당, 즉 '거대'big 정당이다. 대중정당이라는 이 개념은 정당에 대한 개인화된personalised 인식에서 추상적인 인식으로의 전환을 나타낸다는 점에서 이론적으로 유익한 가치를 갖는다. 이는 결국 대중정당이 대중의 '추상화 능력'을 전제로 한다는 것을 의미한다. 아프리카와 제3세계 대부분에서 이른바 대중정당이 이런 경우에 해당하는가? 그렇지 않다면, 우리는 오해의 소지가 있는 동음이의어를 붙들고 있었다고 말할 수 있겠다.

이 문제에 대해서는 증거를 면밀히 조사한 다음 다시 살펴보기로 하자. 여기서는 주의할 점을 다음과 같이 정리하기로 한다. 변동이 심한 정체에 다가갈수록 ① **분류**를 위해서도, ② **예측**을 위해서도 잔여 범주와 잠정적인 범주가 필요하다.

2. 아프리카의 미로

1974년 초 현재 아프리카 대륙에는 식민지 영토나 속국으로 남아 있는 지역을 포함해 55개국이 있다. 그중 비백인 독립 국가는 41개국으로, 북아프리카에는 아랍계인 이집트, 리비아, 튀니지, 알제리, 모로코 등 다섯 나라뿐이다. 이집트는 1921년에 독립해 신생국가로 보기 어렵다. 신생국가라고 할 수 있는 나라는 거의 대부분 사하라사막 남쪽에 있는 나라들로, 좀 더 정확하게는 1957~64년 사이에 식민 지배로부터 독립한 흑인 국가들이다. 그중에서 가나(옛 골드코스트)가 1957년 3월에 최초로 독립했다. 1964년에 이르기까지 열대 아프리카의 모든 나라가 그 뒤를 따라 독립했다(그 후에 독립한 나라는 고려하지 않아도 좋다).[21]

대다수의 관찰자들에게 가장 흥미를 끄는 점은 이들 신생국가는 탄생과 함께 일당 지배가 급속하게 부상했다는 사실이다. 1958년에 독립한 가나와 기니, 1960년에 독립한 말리에서 전체주의 정당 또는 지배적 대중정당이 전면에 부상했다. 구체적으로 보면, 콰메 은크루마가 이끄는 가나의 전통인민당CPP은 이미 1960년에 단일 정당이 되었다. 아메드 세쿠 투레가 이끄는 기니민주당PDG은 아프리카에서 아마도 가장 무자비하고 효과적인 정당으로 꼽힌다. 말리에서는 모디보 케이타가 이

<u>끄</u>는 수단인의 연맹이 결성되었다.[22] 탄자니아(옛 탕가니카와 잔지바르 지방)는 1964년이 되어서야 현재의 모습을 갖추었기 때문에 뒤늦게 이 목록에 포함했다. 그러나 탄자니아 아프리카 민족연맹과 그 지도자 줄리어스 니에레레는 곧 세간의 주목을 받았으며 현재까지 아프리카의 일당 체제들 가운데 가장 많은 지지를 받고 가장 개방적인 체제로 남아 있다.[23] 이처럼 1964년 현재 아프리카 독립국가 중에서 적어도 3분의 2가 일당 지배 체제의 일종임을 알 수 있다. 그러나 이때 이미 사태는 급진전되기 시작했다.

아프리카의 주요 흑인 신생국가 중에서 탄자니아가 마지막으로 독립했을 때 '앞서 독립한' 많은 신생국가들은 바야흐로 권력이 교체되고 있었다. 즉 1965년을 전후하여 몇몇 나라에서 문민 통치(와 그에 상응하는 정당 실험)가 군부 통치에 자리를 넘겨주기 시작한 것이다.[24] 1960년대 후반 이후에 일어난 변화의 흐름을 종합하여 표로 정리해 보았다.

〈표 29〉는 그 자체로 많은 것을 보여 준다. 민간 정부의 평균 지속 기간은 약 5년이며, 10년이 넘는 나라는 하나도 없다. 사하라 이남의 14개국은 모두 최초의 쿠데타가 1960년에서 1971년 사이에 일어났다. 북아프리카의 경우 알제리와 수단에서는 사태가 훨씬 나빴으며, 리비아는 18년 동안 정당이 존재하지 않는 전통적 군주제가 변함없이 지속되었다. 백인이 통치하는 남아프리카공화국과 로디지아[현재 짐바브웨], 여전히 남아 있는 식민지(1975년 말에 독립한 포르투갈령을 포함), 정당이 없는 전통적인 국가(모로코와 1974년까지의 에티오피아), 이집트(1921년에 독립했고 이미 1952년에 쿠데타가 발생했다.)를 제외하고, 인구 500만 명이 넘는 아프리카 국가 중에서 변함없이 체제를 유지하고 있는 나라는 탄자니아(1300만), 케냐(1100만), 우간다(1000만), 말라가시(구 마다

표 29.

아프리카 국가에서 발생한 쿠데타(1975년 이전의 독립국가)

국가	독립 연도	쿠데타 이전 지배 정당/일당제	쿠데타 이전 다당 체계	군부 집권
콩고(킨샤사)	1960		x	1960/1965
콩고(브라자빌)	1960		x	1963/1968
다호메이	1960	x		1963/65/67/69/72
토고	1960		x	1963/1967
부룬디	1962	x		1966/1966
중앙아프리카공화국	1960	x		1966
오트볼타[구 부르키나파소]	1960	x		1966
나이지리아	1960		x	1966/66/75
가나	1957	x		1966/72
우간다	1962	x		1966/71
시에라리온	1961		x	1967/68
말리	1960	x		1968
소말리아	1960		x	1969
레소토	1966	x		1970
르완다	1962	x		1973
니제르	1960	x		1974
차드	1960	x		1975
수단	1956		x	1958/64/69
알제리	1962	x		1965
리비아	1951	-	-	1969
에티오피아	-	-	-	1974

가스카르, 650만), 카메룬(570만) 5개국뿐이다. 반면에 쿠데타가 일어난 나이지리아 한 나라만 해도 인구가 거의 5900만 명에 달하는데, 이는 프랑스의 옛 식민지 전체 인구를 합한 것보다 많은 숫자다.

　이 표는 또한, 군부의 권력 찬탈이 다당 체계 못지않게 단일 정당제(견고하고 매우 안정적인 것으로 알려져 있음에도 불구하고)에서 일어났음을 보여 준다. 물론 쿠데타를 획책한 것과 실패한 사례까지 고려하면, 군부 개입의 가능성은 두 개 이상 정당이 있는 유형에서 다소 높다.[25] 하지만 "일반적으로 신생국가에서 군부의 권력 장악은 민주적 제도를 수립하려는 노력이 무산된 후 발생했으며, 군부는 단일 대중정당의 권위주의 체제를 대체하지 않는 경향이 있다."[26]는 주장을 입증하는 증거는 없다. 표의 다당 체계 칸에는 시에라리온, 소말리아, 나이지리아가 속하는 것으로 나타나 있는데, 앞의 두 나라는 적어도 군부가 집권하기 전까지는 꽤 잘 운영되고 있다. 특히 시에라리온은 옛 식민지들 가운데 가장 오래되고 강력한 민주적 전통을 지니고 있었다. 그런데 1967년 자유롭고 공정하게 치러진 선거에서 여당이 패배해 야당에게 정권을 내주게 되자 곧바로 [시에라리온의 수도인] 프리타운에서 쿠데타가 발생했다. 더 중요한 것은 서구의 일당제 국가들과 대비해 보면 그 차이가 매우 뚜렷하다는 점이다. 공산주의 국가들을 논외로 하면, 히틀러와 무솔리니는 세계대전에 의해서야 전복되었고, 프랑코는 죽기 전까지 집권했으며, 살라자르 체제는 그가 죽은 뒤에도 지속되어 1974년까지 존속되었다. 이와 대조적으로, 가나에서 은크루마의 통치(와 카리스마)는 (모든 야당을 해산시킨 1960년부터 1966년까지) 6년밖에 가지 못했으며, 비록전체주의 정당은 아니지만 그의 이른바 단일체monolithic 정당은 저항도 하지 못하고 하룻밤 사이에 와해되었다. 그와 비슷한 말리의 강력한 체제도 마찬가지로 취약함을 드러냈다.

이런 사태들을 보면, 약간의 예외는 있지만 '검은 아프리카'는 항해 중인 정치학자에게는 케이프 혼Cape Horn*과 같은 것이라고 말할 수 있다. 1950년대 말과 1960년대 초의 문헌을 보면 하나같이 사실이 아니라는 것을 알 수 있다. 1961년 저술에서 이매뉴얼 월러스틴은 "일당제는 종종 자유주의 국가를 향해 내딛는 중요한 걸음이지 자유주의 국가로부터 벗어나는 첫걸음이 아니다."라고 과감하게 주장했다.[27] 당시에 쓰인 글들은 대부분 같은 맥락에 있었다. 그런 희망적인 예측에 부합할 만한 나라는 탄자니아뿐이었다(탄자니아는 실용주의 패권 정당의 유망한 후보이기도 하지만, 현재는 이념적 기반을 추구하고 있다). 월러스틴의 저작은 1961년에 출간되었기 때문에 1963년에 독립한 케냐에 대해 다룰 수 없었다. 그러나 비록 1965년 케냐에서 정당의 연계망이 사라지고, 1969년에는 자유주의의 실험이 끝났지만, 케냐는 자유주의적 잠재력에 대한 그의 쌍방향 소통 모델에 가장 적합했을 것이다.

추측과는 달리, 세칭 국민 형성nation building의 조물주라는 대중정당은 단명했거나 기대만큼 오래가지 못했다. 클레멘트 무어에 따르면, 1961년에 명백한 대중정당 체제였던 나라는 가나, 기니, 코트디부아르, 말리, 니아살랜드(말라위), 세네갈, 탕가니카(탄자니아), 튀니지 등이다.[28] 그러나 코트디부아르 민주당PDCI은 이미 1960년대 초에 약화되었고, 말라위와 (레오폴드 생고르 치하의) 세네갈도 비슷한 상황에 있었

• 태평양과 대서양 사이에 있는 칠레 티에라 푸에고 제도에 속한다. 남미 최남단이자 지구상에서도 최남단인 이곳에서는 바닥까지 내려가도 그곳을 지나면 무엇이 나타날지 알 수 없다는 점에서, 미지에 대한 흥분감을 갖게 한다는 의미로 사용된 것 같다.

다. 가나와 그 뒤를 이어 말리에서도 쿠데타가 일어났기 때문에 남은 나라는 기니(아프리카의 가장 적나라한 독재 정치의 사례), 탄자니아, 튀니지뿐이다. 튀니지도, 네오데스투르당이 아프리카의 기준에서 보면 오래된 정당이라는 점에서(1934년에 창당하여 독립 이전인 1954년부터 집권) 우리의 논지에는 들어맞지 않으므로 제외할 수 있다. 어쨌든 해당되는 나라의 수는 상당히 줄어든다. 문제의 정당들은 정말 '대중 지향적' 정당이라고 부를 만할지라도 대부분 순간적으로 생겼다가 금세 사라지는 대중정당이다. 그런 정당들이 **대중정당**으로서의 자격을 갖는다고 할 수 있을까? 중요한 점은 무어가 작성한 목록이 현존하는 일당제의 목록과 그대로 일치한다는 점이다. 여기서 내가 주장하고 싶은 것은, 다당 체계에서 일당제로 이행하는 과정에서 대중정당 개념은 기만적인 것이 되고 의미를 잃게 된다는 사실이다. 대중정당 개념이 기만적이 되는 이유는, 독점 체계에 대한 대중의 '지지'를 가정하지만 그에 대해 입증할 수 없는 증거만 제시할 뿐이기 때문이다. 대중정당 개념이 그 의미를 상실하는 것은 그 개념이 주로 단일 정당의 조직적 확산을 가리키는 것으로 협소해졌기 때문이다. 그러면 요점은 그 정당이 (전 지역에 걸쳐) 기존의 지역 권력자들과 명망가들을 자신의 네트워크로 얼마나 넓고 깊게 대체하는가를 확인하는 것이 되고 만다. 그렇다면 경쟁적 체계의 성숙한 발전 단계에서 도출되고 이런 단계에 맞는 [대중정당이라는] 복잡한 개념을 이 문제에 연관시키는 것은 불필요하고 혼란스러운 일이다.

지금까지 나는 이념, 전체주의·동원 체계, 대중정당 등, 유럽식 모델에서 이식된 개념들에 대해 살펴보았다. 또 다른 방법은 신생국가에서 출현하고 있는 정당에 맞게 새로운 범주를 만들어 내는 것이다. 원칙적으로는 이런 접근이 올바른 것이지만, 사실 쉬운 길은 아니다. 데이비드 앱터는 근대화 연구에서 가장 창의적이고 권위 있는 학자로 정평이 나 있다. 그는 '대의 정당'parties of representation 및 '연대 정당'parties of solidarity 개념을 제시하고는 이 두 개념을 구분함으로써 요지를 잘 보여 주고 있다. 대의 정당은 "서구 국가의 자발적 결사체와 흡사하게 행동"하며 다원주의적 '조정 체계'reconciliation system를 명확히 한다. 반면 연대 정당은 다른 정당들을 제거하여 독점적 융합 체계를 추구한다(예컨대 인도네시아의 USDEK,* 기니, 가나, 말리).[29] 이 두 개념은 명확하게 구별된다. 그러나 연대 정당은 그 자체로는 설득력이 약한 개념이다. (앱터가 이 개념을 뒤르켐이라는 저명한 학자로부터 끌어왔다는 사실과 그의 개념이 훨씬 더 강한 가정을 갖는 사실을 제외하면) 이 개념은 프랑스 문헌들에서 사용되는 '통합'당parti unifié(유일당parti unique과 대조되는)을 연상시킨다.[30] 연대 정당 개념이 설득력이 약한 이유 중 하나는 너무 온화하게 들린다는 것이다. 독재라는 용어는 남미 전역에 걸쳐 흔히 사용되고 있는 반면에 아프리카에서는 거의 저주에 가까운 말이 되고 있다. 비록 은크루마(혹은 투레)와 독재자 간의 차이를 감지하기는 어렵지만 말이다. 그러나 내가 보기에 주된 어려움은, [대의 정당과 연대 정당이라는] 이 두 유형이 유의미한 짝으로 비교될 수 있는가 하는 문제에 있다. 대의 정당에 기초한 체계가 어떤 결함을 가지고 있든, 다원주의적 경쟁이 계속되는 한 그런 체계 속의 정당들은 의사 표출(나는 이 용어를 더 선호한다.)의 수단 혹은 대의의

* 1959년 인도네시아 수카르노 대통령이 제시한 5대 국가 방침, 즉 ① 1945년 기본헌법(Undang-Undang Dasar'45), ② 인도네시아식 사회주의(Socialisme Indonesia), ③ 교도민주주의(Demokrasp terpimpin), ④ 조정 경제(Ekonimie terpimpin), ⑤ 인도네시아식 독자성(Kepriabadian Indonesia)의 첫 글자를 따온 것.

수단을 계속 사용할 것임을 우리는 알고 있다. 하지만 장기적으로 볼 때 이른바 연대 정당이 자신들이 의도하는 대로 계속 존재할 것인지를 우리가 어떻게 알겠는가? 두 유형은 다음 같은 점에서 차이가 있다. 즉 대의 정당의 다원적 체계는 그 체계를 (대의 체계로서) 유지시키는 메커니즘이 내재해 있는 반면, 연대 정당은 오늘의 연대가 내일의 연대로 지속될 것임을 보장해 주는 메커니즘이 내재되어 있지 않다. [자기 조절적 조직의 구조를 다루는] 사이버네틱스의 용어로 말해, 대의 정당은 자기 교정 피드백을 특징으로 하는 '자기 억제' 체계를 의미한다면 연대 정당은 오히려 '자기 악화' 체계를 나타낸다.

이처럼 새롭고 적절한 범주를 창안하는 데는 시간도 많이 걸리고 심사숙고해야 한다. 또한 오늘날의 일반적 수준보다 높은 방법론적 인식이 요구된다. 그렇다면 (달력상의 동시성이 아닌) 역사적 동시성에 초점을 맞추는 것이 안전한 경로가 된다. 즉 우리는 서구 정당 발전의 시작과 최초 단계에서 적합한 범주들을 찾아야 한다. 이런 접근은 (그렇게 두드러진 것은 아니지만) 여전히 일종의 서구 중심주의로 보일 수 있다. 그러나 그렇게 하는 것이 초점만 잘 잡는다면 제3세계의 정체를 건설했던 사람들보다는 서유럽의 영향을 덜 받는 일이 될 것이다. 어쨌든 신생국가에게 정당의 상징, 관리기술, 정렬은 수입품을 가공한 것이다.

정치학자들이 아프리카 연구를 막 시작했을 때 그들은 언제, 어떤 조건에서 정치집단이 정당이 되고 그 뒤로 여러 종류의 정당들이 생겨났는지에 대해 거의 생각하지 못했다. 그들이 관찰한 것은 확실히 유아기의 정당이었다. 그럼에도 그들은 이런 신생아가 생명력은 있는지, 장기적으로 필요한 존재인지에 대한 문제의식이 없었다. 사물이 일단 만들어지면 곧 모방될 수 있다는 것은 사실이다. 그러나 이는 정치적 인공물이 아니라 기술의 경우에 해당되는 말이다. 어쨌든 정당의 유아기에서부터 관찰을 시작한다면, 우선 다음과 같은 문제를 꼼꼼하게 살펴볼 필요가 있다. 무엇이, 어느 정도, 표면 아래 얼마나 깊이까지 모방될 수 있는가? 지금까지 이런 문제들은 검토되지 않았다. 뿐만 아니라 대부분의 관찰자들은, 정당(특히 단일 정당)이 아프리카 정치에서 가장 중요하고 중심적인 지위를 이미 차지했거나 앞으로 그렇게 될 것이며, 정당의 네트워크가 바로 그들이 새롭게 구축하고자 했던 사회를 이끌어 갈 구조물이 될 운명이라고 성급하게 가정했다.

역사적 경각심을 가진 학자들에게 이런 가정은 직관적으로 받아들일 수 없는 것이다. 단일 정당 국가 체계의 원리를 논의하면서 나는 이런 체계는 정치적으로 각성된 사회, 실제로는 정치화된 사회를 전제로 한다고 지적한 바 있다.[31] 게다가 정치화는 읽고 쓸 수 있는 능력의 확대를 전제로 한다. (1차 집단과 원시적 충성심을 기반으로 하는) 세포형·모자이크형 사회이자, 거의 기아 상태에 직면한 최저 수준 이하의 경제는, 정당이라는 수로와 동원에 대한 투자에 엄청난 장애물일 뿐만 아니라 그에 의존하지 않게 하는 두드러진 원인이기도 하다. 직관 혹은 좀 더 직관적인 추측은, 아프리카 같은 환경에서 정당은 권력을 장악하고 정권을 확립하는 초기 국면에서 '기능적인', 정말로 기능적인 필요물일 뿐이라는 것이다. 정당이 우선시되는 일은 식민 통치가 종결되고 자치 정부로 이행하는 진공 상태에서 발생한다. 정당이 이런 역할을 완수하여 '새로운 계급'이 지배계급으로 확고하게 자리를 잡아 갈수록, 우리는 정당이라는 제도가 정말 필요해지는가, 정당이 왜 가장 중요하고 중심적인 지위를 차지해야 하는가를 자문해야 한다.[32]

이제 (아직 결정적인 것은 아니지만) 지금까지 축적된 일련의 증거들을 가지고 이런 질문들을 살펴볼 수 있다. 실제로 많은 나라에서 정당은 설립 단계에서 이미 조직이 약화되거나(알제리, 케냐, 코트디부아르) 쿠데타에 의해 와해되었다(1974년까지 말리, 나이지리아, 소말리아, 수단, 우간다, 니제르). 또 어떤 나라들에서는 쿠데타로 집권한 통치자가 (자신들이 해산시킨 정당은 아니지만) 단일 정당을 다시 허용했다. 예컨대 브라자빌 콩고, 킨샤사 콩고(자이르), 부룬디, 중앙아프리카공화국, 시에라리온, 토고에서는 현재 일당제를 허용하고 있다. 그러나 이런 정당들은 더 이상 중심적인 위치에 있지 않으며, 군부 후견 통치의 도구일 뿐이다. 이집트의 나세르는 세 차례에 걸쳐 정당과 유사한 정치조직을 재건하려고 시도했는데(1954년의 해방결사Liberation Rally, 1959년의 국민연합National Union, 1962~63년의 사회주의연합Socialist Union) 이는 군부의 비호를 받는 정당의 주변적 지위를 잘 보여 준다.[33] 이제 탄자니아, 기니, 튀니지가 남았다. 탄자니아와 기니에서 일당제가 얼마나 오래 효과적으로 유지될지는 '창당의 주역들'에 의해 좌우된다. [탄자니아의 초대 대통령] 줄리어스 니에레레 이후의 탄자니아와 [기니의 초대 대통령] 아메드 세쿠 투레 이후의 기니가 현재 상태로 유지될지는 알 수 없다. 추측컨대 (이미 40년의 전통을 지닌) 튀니지의 네오데스투르당만 [튀니지의 초대 대통령] 하비브 부르기바 이후에도 지속될 수 있는, 아프리카에서 유일하게 공고화된 단일 정당이다.[34]

증거가 여전히 부족하지만, 이는 향후 전망에 대한 냉정한 평가를 암시한다. 일당제와 관련해 사하라 남쪽 지역에서, 단일 정당이 자율적이고 조직된 네트워크로서 그 존재의 이유를 상당 부분 잃었거나 잃고 있는 것 같다. 새로운 문민 지도자 혹은 군부 지도자가 통치하는 사회에서는 정당이 의사 전달 및 연결의 역할을 할 필요가 없다. 게다가 정치가 활성화되고 정당 네트워크가 유지되면 결국에는 대항 엘리트가 생겨나고 달갑지 않은 하위 집단의 자율성이 확대된다. 이는 일당제 국가와 무정당 국가의 차이가 현실에서는 이론적으로 생각하는 것보다 훨씬 작을 것이라는 이야기다. 한편 다당 체계와 관련해서는 다음과 같이 추측할 수 있다(여기서는 다당 체계를 일당제가 아닌 것으로 느슨하게 이해해야 한다). 이 유형은, 어디에서든 자발적인 발전이 허용된다면 통상적인 방식, 즉 느슨하게 연결된 명망가들의 정당, 후견인들의 정당, 피후견인들의 정당처럼 원자화된 군집 형태로 발전할 것이다. 그리고 이 지점에서 나는 앞에서 역사적 동시성에 대해 밝혔던 견해와, 정당 발전의 초기 단계 또는 대중정당 이전 단계를 위해 개발된 범주들을 사용하자는 제안으로 다시 돌아가게 된다.

아프리카 국가들 사이의 엄청난 다양성을 인정하더라도, 내가 보기에 (그것이 단일 정당이든 아니든) 대다수 아프리카 정당들의 통상적인 작동은 이미 멕시코와 남미의 가부장주의 패턴에 매우 가까운 것 같다. 만약 그렇다면, 아프리카의 정당은 우리에게 익숙한 '피후견인' 모델 또는 '정치 머신' 모델을 생각하면 잘 이해할 수 있다.[35] 이때 아프리카는 정당이 발육 단계에 있다는 것, 이 단계에서는 정당과 (고전적 의미에서의) 파벌의 차이가 아직 미미하다는 점 또한 상기해야 한다.[36] '정치의 발전'이 발전의 정치에 선행하며, 아프리카는 아직도 정치 발전이라는 난제에 직면해 있다는 허버트 스피로의 주장은 핵심을 정확히 파악하고 있다.[37]

3. 특별 범주의 설정

이제 유동적인 정체에서 제기되는 비교 가능성(좀 더 분명히 말하자면 지역 간 비교 가능성)의 문제로 돌아가 보자. 앞에서 설명했듯이, 신생국가들을 올바르게 비교하려면 ① 잔여적인 유형 및 범주와 ② 잠정적인 유형 및 범주가 필요하다. 지금까지 대부분의 연구자들은 새로 등장하고 있는 유동적 정체들을 다룰 때, 여타 유형들 사이에 새로운 범주들을 도입하는 방식을 시도해 왔는데, 그런 범주들이 잔여적 성격을 띠지 않는 것은 바로 이 때문이다. 어떤 범주가 잔여적인지 아닌지는 그 위치로 알 수 있다. 잔여적 범주는 다른 범주들 사이에 끼어 있는 것이 아니라 다른 범주들과 나란히 위치한다. 그렇지만 잔여적 범주라고 해서 반드시 잠정적 범주인 것은 아니다.

유동적 정체를 살펴볼 때 사용하는 특성과 부류가 잔여적일 뿐 아니라 잠정적이어야 한다고 주장하는 이유는, 지속 기간이 짧고 초기인 경우 장기적이고 일상적인 것routine을 견디지 못하는 특성이 있기 때문이다. 건국 초기 단계는 일시적인 비상 상황 또는 예외 상황에 해당한다. 일반적으로 비상 상황의 특성은 정상 상황 또는 정상화된 상황의 특성과 다르다. 마르크스는 1870~71년 파리코뮌이 제공한 증거를 바탕으로, 국가 없는 직접민주주의의 이상을 지지했다. 그는 직접 참여의 **강도**와 **지속 기간**이 반비례 관계에 있다는 사실, 즉 참여 강도가 강할수록 지속 기간은 짧아진다는 사실을 분명히 간과했다. 그 후에 일어난 이른바 공산주의적 민주주의의 경험은 그의 오류가 얼마나 중대했는지를 입증해 주었다. 아프리카 정당들을 다룬 현재의 문헌들도 대부분 비슷한 실수를 범하고 있는 것 같다. 그래서 대중적 혹은 동원적 **모멘텀**을 정당의 대중적 혹은 동원적 **성격**으로 잘못 이해해 왔다. 그리고 마르크스가 지속 기간이 길면 열정이 약해진다는 사실을 간과한 데는 충분한 이유가 있었지만, 정치학자들의 경우는 마땅히 더 잘 알고 있어야 했다.

우리는 한 범주의 일시적 유효성, 즉 잠정적 성격을 어떻게 나타낼 수 있을까? 첫 번째 방안은 일반적으로 많이 하듯이 유사quasi나 준semi 같은 접두사를 붙이는 방법이다. 예컨대 '유사-정당 **체계**',[38] '유사-대중 정당', 그리고 아예 '유사-**정당**'으로 부르는 것만으로도 꽤 많은 모호함을 제거할 수 있다. 물론 늘 '준'이나 '유사'라는 표현을 사용한다면 현학적이기만 할 뿐이겠지만, 우리가 유형 분류에 대해 논의하면서 비교정치학의 길에 수많은 함정이 있다는 사실을 잊기 쉬울 때는 언제든 현학이 필요하다.

이제 우리는 마지막 어려움, 즉 무정형성을 어떻게 파악할 것인가라는 문제에 직면하게 된다. 이 문제는, 형태가 만들어지는 시작 단계에서는 분류가 거의 불가능할 뿐만 아니라 잘못 분류되기 쉽다는 사실과 관계가 있다. 어떤 것을 하나의 유형으로 지정하는 행위는 그것에 한정성, 고정성, 형태성을 부과하는 것이다. 그러므로 유동적 상태에 있는 것을 어떤 부류와 유형으로 설정하는 것은 유익하기보다는 오해를 불러올 수 있다. 이런 난제에 대해 잘 준비된 처방은 없다. 미성숙한 형태를 무정형과 혼동하는 것을 방지하는 한 가지 방안은, 다시 말하지만, '유사' 또는 '준'이라는 접두사를 붙이는 것이다. 그러나 유형 분류를 위해서라면 충분히 느슨하고 유보적인 범주들을 선택하는 편이 낫다.

그래서 유동적 정체를 가장 잘 이해하기 위한 전체 필요조건은 ① 잔여적이고, ② 잠정적이며, ③ 경계가 느슨한 임시적 범주를 설정하는 것이다. 이런 필요조건들은 지난 15년간 개발도상 지역 또는 근대화 과정에 있는 지역을 설명하기 위해 연구자들이 제안한 갖가지 명칭을 평가할 수 있는 기준을 제공해 준다. 이는 알몬드와 콜먼의 1960년 책에서 다시 한 번 확인할 수 있다. 앞에서 나는 알몬드의 '비권위주의 지배 정당제' 유형을 그것의 위치 설정 때문에 반박했었다.[39] 그러나 이 범주를 잔여적인 것으로 다루면 이 표현은 느슨한 임시 범주만이 아니라 그것이 공고화된 결과(일당 우위 체계) 또한 시사하므로 매우 적절해진다. (그리고 이것이 단지 잠정적 유효성을 의도하고 있음을 암시하는 가장 좋은 방법이기도 하다.) '비권위주의 지배 정당제'라는 명칭은 그것과 반대되는 명칭, 즉 '권위주의 지배 정당제'로 보완한다면 장점이 한층 고양될 것이다. 권위주의 지배 정당제라는 명칭은 같은 이유로, 즉 그 느슨함 때문에 그리고 미래의 공고화된 형태(패권 정당제)를 시사한다는 점에서 매력을 가진다. 그리고 여기에 제3의 유형인 '비지배적' 정당 체계를 추가하면 우리는 같은 속도를 일관되게 유지하며 개발도상 지역에 매우 적합한 유형 분류를 완성하게 될 것이다.

알몬드가 정당제 유형을 ① 권위주의 지배 정당제, ② 비권위주의 지배 정당제, ③ 비지배적 정당제로 나눴다면, 콜먼은 같은 책에서 경쟁성의 정도에 따라 ① 경쟁적 정당제, ② 준-경쟁적 정당제, ③ 권위주의 정당제로 구분하는 매우 다른 삼분법을 제시한다.[40] 이는 저개발 지역을 위한 구분 틀이기는 하지만, 세계 모든 지역에 적용할 수 있다고 주장한다는 점에서 [아프리카 같은] 특정 지역에 한정된 것은 아니다. 이 점이 곧 이 틀의 약점을 설명해 준다. 콜먼의 표에서 가장 많은 국가 집단을 구성하고 있는 아프리카에는 첫 번째 부류, 즉 경쟁적 정당제에 속하는 국가가 하나도 없다. 준-경쟁적 정당제에 속하는 사례는 23개국, 세 번째 부류에는 6개국이 있다. 따라서 중요한 의미를 갖는 범주는 '준-경쟁적' 정당 체계이다. 그러나 이 부류에 속하는 나라들은 이 범주가 (경쟁적이지도 않고 권위주의적이지도 않은 '기타'라는 점 말고) 무엇을 의미하는지 아무런 단서도 제공하지 않는다. 어쨌든 콜먼이 집필할 당시는 1959년이었는데, 1966년에 이르면 그의 분류가 가진 모호함이 명백해진다. 왜냐하면 당시 "[아프리카에서] 선거는 어떤 의미에서도 경쟁적이지 않았고, 결과가 사전에 결정되어 있는 장식용 국민투표로 전략한 것이 일반화되어 있었기" 때문이다.[41] 한 가지 덧붙이자면, 알몬드의 핵심 범주인 비권위주의 지배 정당제의 의미는 직관적이고 정의가 가능하지만, 준-경쟁적 정당제는 그렇지 않다. 느슨함이라는 요건은, 이미 명확한 범주들을 혼란스럽게 만듦으로써가 아니라 새로운 범주를 통해 충족되어야 한다.

지금까지는 다당 체계 유형에 대해서는 별로 주목하지 않았다. 루퍼트 에머슨은 1966년이 되기 직전에 쓴 글에서 정당 체계를 분류하면서 '다원주의적이고 경쟁적인' 유형을 포함시켰는데, 이 유형은 두 가지 점에서 흥미롭다. 하나는 탄자니아를 제외한 거의 모든 나라의 선거에서 경쟁이 실종됐다는 점이고, 다른 하나는 자신이 발견한 단 세 나라 사례 (나이지리아, 케냐, 콩고)에 관한 것이다.[42] 당시 나이지리아는 [정체가] 붕괴 직전에 있었고, 콩고는 정당이 전면 금지되어 거의 혼돈 상태나 다름 없었으며, 케냐는 기껏해야 비권위주의 지배 정당제가 간헐적으로 유지되고 있었다.[43] 가장 정확하고 체계적인 통계에 따르면, 현재까지 (총 31개국의) 아프리카 국가 중에서 26개국이 독립 이후 1969년까지 복수의 정당이 합법적으로 동시에 또는 연속해서 존재했다. 그중에서 정당의 수가 가장 많았던 곳은 자이르(콩고 킨샤사)[콩고민주공화국]와 나이지리아로 각각 17개와 14개였으며, 오트볼타가 2개로 가장 적었다.[44]

질문은, 이들 나라 가운데 어느 나라가 특정 시점에서 다당 체계 패턴을 보여 주었는가 하는 것으로 옮겨 간다. 이 질문에 대한 답은 역사의 바퀴가 굴러가는 것을 보면 쉽게 알 수 있다. 1969년경이 되면 앞서 말한 26개국 가운데 (잠비아, 보츠와나, 레소토를 제외한) 23개국에서 복수 정당제가 금지되거나 일당제로 전환되었다. 1970년에 레소토에서 쿠데타가 발발했고, 1973년에는 잠비아에 권위주의 지배 정당제가 들어섰다. 이리하여 비권위주의 지배 정당제 유형에 속하는 보츠와나만 유일하게 복수 정당제를 유지했다.[45] 전체적으로 보면, 26개국 중에서 단 네 나라, 즉 기니, 코트디부아르, 리비아, 말라위(1966년부터)에서만 권위주의 지배 정당제가 1974년까지 일관되게 유지되었다. 이 네 나라를 제외하면 거의 모든 나라에서 혼란이 지속되어, 흐름도flow chart의 도움 없이는 정당과 선거의 짧은 역사를 추적하는 것이 거의 불가능할 정도다.[46]

이 문제를 좀 더 잘 파악하려면 우선 전체적인 윤곽을 살펴볼 필요가 있다. 이와 관련하여 앱터는 다음과 같이 말한다. "근대화 과정에 있는 나라들은 대체로 많은 정당이 난립하든가, 혹은 반대당을 불법화하거나 명목상으로만 허용하는 단일 지배 정당제가 나타난다."[47] 이런 세계적인 양상을 보면, 다당 체계 유형이 온전하게 존재하는 것은 단지 제거해야 할 만큼 강력한 세력이 없기 때문에, 즉 무력한 상황 및 권력의 파편화로 설명할 수 있는 것이 아닌가라는 의심을 갖게 된다. 그렇다면, 이런 다당 체계는 서구인들이 말하는 '경쟁적 다당 체계'와는 의미가 전혀 다르다. 내가 지적했듯이, 정치적 다원주의는 다원주의적 구조의 가치에 대한 믿음이 확고할 때만 역사에 남을 수 있다.[48] 과거의 경험에 비추어, 다당 체계가 국가 건설과 급속한 경제성장의 문제를 해결할 수 없다는 견해들이 있다. 물론 그럴 수 있다. 그러나 일차적이고 명백한 설명은, 제3세계 대부분의 지역에서 다당 체계가 뿌리내리는 데 필요한 일관된 신념이 부족하다는 것이다. 이런 사실을 제대로 고려했더라면 많은 예측이 크게 달라졌을 것이다.

그러므로 [아프리카에서] 경쟁적 다당제는 기만적인deceptive 범주이다. 앞에서 제안했듯이, '비지배적 정당제'라는 표현을 사용함으로써 경쟁 및 다원주의와의 필연적인 연결을 버리면 우리는 좀 더 안전한 기반을 갖게 될 것이다. 또는 '[두 개 이상이라는 의미에서] 복수 정당 체계'라고 말할 수도 있다.[49] 그런데 어느 경우에도, 복수의 정당이 왜 존재하게 되는가에 대한 가정은 없다. 이 유형이 다원주의적 기반을 갖는지의 여부는 앞으로 탐구해야 할 문제이다. 다른 한편, 정당 체계가 구조적으로 공고화되기 전에는 정당의 수는 그다지 설득력 있는 지표가 되지 못한다는 점을 염두에 두어야 한다. 그러므로 유동적인 시기에 있는 복수 정당 체계와 관련해 유일하게 중요한 구분은 ① 상대적으로 소수의 정당이 서로 평형을 유지하고 있는 (즉 어느 쪽도 지배적이지 않은) 유형과 ② 수많은 정당이 난립해 있는 유형으로 나누는 것이다.[50]

복수 정당 체계를 정당이 소수인 유형과 파편화된 유형으로 세분화할 수 있듯이, 일당제 패턴도 나눌 수 있다. 우선, 정치적 다원주의의 정신과 미덕이 인정되지 않는다고 해서 일당제가 반드시 폭압적인 성격을 갖는 것은 아니라는 점을 이해해야 한다. 나아가 숙련과 훈련된 인력이 극심하게 결핍되어 다원주의적 잠재력의 손실을 걱정할 필요도 없는 곳에서는 일당 지배 정당제는 '자연적 독점'에 가까워진다. 이런 전제하에서 두 개의 하위 유형으로 나눌 수 있다. 그중 하나가 혼합형amalgam 단일 정당 또는 '꾸러미형'package 단일 정당인데, 이 유형은 대체로

합병의 결과 생겨나며 여러 세력이 결집된 모양을 가진 '통합당'parti uni-
fié이다. 둘째는 다른 모든 정당을 금지하고 폐쇄적인 경향이 있으며, 일
반적으로 배타적인 정책을 따르는 전형적인 강압적 '유일당'parti unique
이다. 확실히, 유동적인 상태에서 혼합형 단일 정당[통합당]은 곧 강압
적이고 배타적인 단일 정당[유일당]이 될 수 있으며, 그 반대의 경우도
마찬가지다. 예컨대 케냐는 1964년에 혼합형 일당제가 되었으나, [부통
령 자라모기 오딩가가 1966년 집권당인 케냐 아프리카 민족동맹KANU을 탈당
해 케냐 인민연맹KPU을 결성하자 당시 대통령이었던] 조모 케냐타*가 1969
년 오딩가를 체포하고 그의 정당을 금지함으로써 강압적 일당제로 전
환했다. 그러나 분석가들은 특정 시점에서 두 패턴이 얼마나 다른지를
알아야 한다. 또한 단일 정당이 원래 통일된 단일체였던 것에서 비롯된
것인지, 군사 쿠데타 이후 등장한 것인지도 차이가 있다. 그러나 이런
요소들은 변수로 간주될 수 있으며, 나는 이런 문제를 (복잡한 맥락을 다
고려해) 유형론적으로 더 자세히 살펴볼 생각은 없다.

요컨대 이 장에서 나는 유동성과 공고화의 차이, 즉 (상대적) 무정형
성과 결정화結晶化된 정형성의 차이를 설명하고자 했다. 이런 구분을 통
해 유동적인 정체에는 특별한 개념적 틀이 필요하다는 것을 알 수 있다.
우리에게 필요한 것은 전환될 수 없고 빈틈없는 두 개의 개념 틀이 아니
다. 그래서 나는 〈표 30〉에서 보듯이 서로 연결된 두 개의 틀을 제안한
다. 분명 나는 "(부주의 때문이든 의도적이든) 혼란을 주거나 오해의 소지

* 1921년 케냐에서 최초로 일어난 반(反)백인 정부 운동에 가담했으며,
1947년 케냐 아프리카연맹 의장으로 선출, 1963년 임시정부를 구성하고
독립과 함께 총리로 임명되고, 1년 뒤 새 헌법 개정안에 따라 케냐의 초대
대통령(1964-78년)이 됐다.

표 30.

유동성에서 결정화까지(상응 관계)

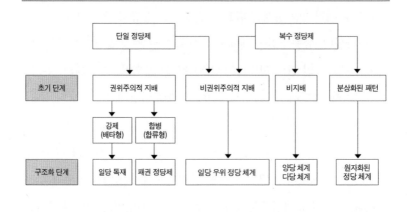

가 있는 용어를 선택하는 것은 …… 변명의 여지가 없기 때문에"[51] 표현에 신중을 기해 왔다. 그러나 의미론적 고민은 전환 가능성, 즉 유동적 패턴이 구조화된 패턴과 어떻게 연결될 수 있는지에 대한 문제와 관련이 있다.

물론 〈표 30〉에 표시된 관계는 잠정적인 것이며, 다른 모든 조건이 같다는 가정하에서만, 즉 초기의 패턴이 외부 변수의 개입 없이 '자연스럽게' 발전할 수 있다고 가정할 때만 적용될 수 있다. 이 표는 시간 순서대로, 즉 두 개의 단계 또는 국면에 따라 배열되어 있다. 그러나 표 안의 범주들은 추상화가 낮아지는 방향으로, 즉 모두를 포괄하는 고도로 추상적인 수준에서부터, 덜 추상적이고 더 구체적인 수준으로 배열되어 있다. 따라서 다양한 범주들은 서로 연결되어 있으며, 추상의 사다리에 따른 변환의 규칙을 기준으로 서로 전환될 수 있다.[52] '비권위주의 지배 정당제' 유형은 일당제와 다당 체계가 겹치는 지점에 놓여 있다는 점에도 주목한 것이다. 이는 매우 유동적인 초기 상태에서는 둘 사이에 경계선을 그릴 수 없다는 것을 의미한다(그 경계선은 구조화된 단계에서 구조화에 의해 획정된다).

앞에서 아프리카의 미로에 대해 말한 적이 있다. 〈표 31〉은 이런 이미지가 진실에 가깝다는 것을 확인해 준다. 또한 이 표를 보면 우리가 그토록 찾고 있던 아리아드네의 실Ariadne's thread*이 미로를 통과하는 데 꽤 성공했다는 것을 보여 준다. 목록에 있는 39개 나라는 각 범주에 맞게 잘 분포되어 있으며, 불확실한 국가는 극히 소수에 불과하다(라이베리아, 르완다, 탄자니아의 경우로 이들은 납득할 만한 이유가 있다). 정보가 부족하고 판독하기 어렵다는 것 말고 다른 이유가 없다면 그것은 속성이 다른 문제일 수 있다. 어찌되었든, 재분류를 위한 충분하고 적절한 부류들을 제공하는 한, 표에서 각 국가의 위치를 이동해도 이 틀 자체는 손상되지 않는다.

이 표는 제법 복잡함에도 불구하고, 다양한 나라들의 정당 배열이 드러내는 주요 세부 사항들(특히 강제성과 허약함의 정도)은 생략되어 있다.[53] 이 두 변수는 시간이 지남에 따라 크게 달라지기 때문에 이를 추적할 수 있는 방법이 없다. 그래서 나는 오른쪽에서 두 번째 칸(1973~74년의 유형)에서 이 결과를 어느 정도 나타내고자 했다. 이 유형을 설명하면 다음과 같다. ① '일당제 국가'는 어떤 체제가 스스로 일당제 국가라고 공식적으로 선언하는 경우를 말한다. 이때 다른 모든 정당이 금지되는

• 그리스신화에서 테세우스를 미궁에서 빠져 나오게 한 실타래. 어려운 문제를 푸는 실마리라는 뜻이다.

것은 말할 필요도 없다. ② '사실상의 일당제 국가'는 그 패턴이 공식적인 교의에 의해 뒷받침되지 않는 경우를 말하며, 강압의 정도가 낮다는 것을 의미한다. ③ '권위주의 지배 정당제'는 느슨하고 변화가 심한 일당제 형태를 말한다. 따라서 원칙상 여타 모든 정당이 불법화되지는 않지만, 자진해서 해산 혹은 소멸되거나 사실상 활동이 정지된다. 따라서 나는 다른 정당들이 강압적으로 금지되었는지, 자연적으로 위축되었는지의 여부를 명시하고 있다. 설명이 없다는 것은 상대적으로 높은 수준의 개방성과 유연성을 의미한다. ④ '후견적 또는 민군의 이원적 군부 통치'는 정권이 부분적으로 민간에 이양되었음에도 군부가 결정적인 역할을 하는 것을 의미한다. 물론 후견적인 군부 통치는 위장에 가깝지만 민군 이원 체제는 군과 민간이 모두 실재한다는 것을 의미한다. 그러나 둘 사이의 구분이 아주 명확한 것은 아니다. 그래서 나는 무엇보다도 행정부 수반이 군부냐 아니냐를 판단의 지표로 삼았다. ⑤ 마지막으로 '비권위주의 지배 정당제'는 아주 명확하다. 이는 유동성이 높은 일당 우위 체계와 동일하기 때문이다.

정당이 있었던 31개 아프리카 흑인 국가에 대한 최근 연구는 제도화 개념의 타당성을 입증하고 있는데, 이 연구에 따르면 17개국이 정체가 '비교적 제도화'되었고 그중 14개국은 정당 체계가 (1972년 현재) '예전 그대로'라는 증거를 제시했다. 14개 나라를 제도화 수준이 높은 나라부터 순서대로 살펴보면, 라이베리아, 코트디부아르, 탄자니아, 보츠와나, 가봉, 모리타니, 말라위, 르완다, 세네갈, 감비아, 니제르, 잠비아, 기니, 카메룬 순이다. 그러나 〈표 31〉은 기존의 증거와 추론에 의문을 제기한다. 앞서 말한 14개국 중 10개 나라만 1972년 현재 변하지 않은 채로 남아 있다. 가봉, 말라위, 세네갈, 카메룬은 1960년대에 격렬하고

표 31.

아프리카 독립국 : 39개국 정치 유형의 연속

국가	독립 연도	복수 정당		비권위주의 지배 정당	권위주의 지배 정당	
		소수	다수		무력으로	합병으로
에티오피아		-			-	
라이베리아	1860	-		1860-(?)	1860-(?)	
이집트	1921	-		1921-52	-	
리비아	1951	-			-	
모로코	1956	1956-63		1963-	-	
수단	1956	1956-58 1964-69		-	-	
가나	1957	-		1957-60/70	1960-66	
기니	1958	-			-	
카메룬	1960/61	1961-66		-	1958-	1966-
중앙아프리카공화국	1960	-		1960-61	1962-66	
차드	1960	-		1960-61	1962-	
콩고 (브라자빌)	1960	1960-62		-	1963-68	
콩고 (킨샤사)	1960		1960-65	-	1968-	
다호메이	1960	-		1960-63	1964-	
가봉	1960	1964-67		1960-64/67	1968-	
코트비부아르	1960	-		-		1960-
마다가스카르	1960	-		1960-72	-	
말리	1960	-		-		1960-68
모리타니	1960	-		-	1960-	
니제르	1960	-		-	1960-	
나이지리아	1960		1960-66	-	-	
세네갈	1960	-		1960-66	1967-	
소말리아	1960	1960-69		-	-	
토고	1960	1960-67		-	-	
튀니지	1960	-		-	1960-	
오트볼타	1960	-		1970-	1960-66	
시에라리온	1961		1961-67	-	-	
알제리	1962	-		-	1962-95	
부룬디	1962	-		1962-66	1966-	
르완다	1962	-		1962-68	1969-(?)	

우간다	1962	1962-65		1965-69	1969-71	
잠비아	1962	1962-68		1968-72	-	
케냐	1963	-		1963-69	1969-	
말라위	1964		-	1964-66	1966-	
탄자니아	1964		-	1964-(?)		1964-(?)
감비아	1965	1965-66		1966-	-	
보츠와나	1966		-	1966-72	-	
레소토	1966	1966-70		-	1970-	
스와질란드 [에스와티니]	1968		-	1968-	-	

국가	군부 통치		1973~74년경의 유형	인구 (백만)
	직접형	후견형		
에티오피아	1974-		무정당. 1974년에 쿠데타	25.000
라이베리아	-		사실상 일당제 국가	1.200
이집트		1952-	민군 이원 통치, 정당은 퇴화	30.000
리비아	1969-		군부 통치, 무정당	1.700
모로코	-		부차적인 정당 (의회 밖에 존재)	13.000
수단	1958-64 1969-		군부 통치, 무정당	15.700
가나	1966-70 1972-		군부 통치	8.500
기니	-		일당제	4.000
카메룬	-		일당제	5.700
중앙아프리카공화국		1966-	군부 통치, 일당제	1.500
차드	-		권위주의 지배(다른 정당 금지), 1975년에 쿠데타	3.700
콩고 (브라자빌)	1969	1970-	군부 후견 통치, 일당제 (다른 정당 금지)	0.950
콩고 (킨샤사)	1965	1967-	군부 후견 통치, 일당제 (다른 정당 금지)	21.600
다호메이	-		군부 직접 통치, 일당제 재건	2.700
가봉	-		일당제	0.500
코트비부아르	-		사실상 일당제	4.300
마다가스카르	1972-		군부 통치	6.500
말리	1968-		군부 통치, 무정당	1.200
모리타니	-		일당제	1.200
니제르	1974-		일당제(1974년에 무정당)	4.000
나이지리아	1966-		군부 통치, 무정당	59.000
세네갈	-		일당제	3.800

소말리아	1969-		군부 통치, 무정당	2,800
토고	1967-69	1969-	군부 통치, 일당제	2,000
튀니지	-		권위주의 지배	4,500
오트볼타	1966-70	1970-	민군 이원 통치, 비권위주의적 지배	5,400
시에라리온	1967-68	1969-	민군 이원 통치, 일당제	2,600
알제리	1965-		군부 통치	12,000
부룬디		1966-	권위주의 지배(타 정당 금지)	3,500
르완다	1973-		무정당	3,600
우간다	1971		군부 직접 통치, 무정당	9,800
잠비아	-		권위주의 지배	4,300
케냐	-		권위주의 지배	11,000
말라위	-		일당제	4,500
탄자니아	-		사실상 일당제, 권위주의 지배	13,000
감비아	-		비권위주의 지배	0.350
보츠와나	-		비권위주의 지배	0.600
레소토	-		권위주의 지배	1,000
스와질란드 [에스와티니]	-		비권위주의 지배	0.400

Black Africa: A Comparative Handbook; Keesing's Contemporary Archives; World Strength of the communist Party Organizations.

매우 중요한 변화를 겪었다. 1970년 이전에 이미 쿠데타에 의해 정당이 폐지된 세 나라(말리, 소말리아, 중앙아프리카공화국)에다가 르완다(1973 년 쿠데타)와 니제르(1974년 쿠데타)를 추가하면, 제도화되었다는 17개 국 가운데 9개국에서 정당이 '비정상적으로 폐지되었거나' 비정상적으로 전환되었다는 점이 새롭게 발견된다. 그러므로 "그 패턴이 제도화 개념의 타당성을 강력하게 지지해 준다."는 주장은 매우 의심스럽다.[54] 분명히 이 주장의 약점은 '예전 그대로인' 범주에 있는데, 비권위주의 정 체가 강제로 권위주의 정체로 변형되었는지의 여부와 관계없이 하나의 패턴을 제도화와 같은 것으로 간주한다면, 이 범주는 거의 무의미해진다.

4. 부메랑 효과

모리슨과 동료 학자들은 자신들의 저작에서, 아프리카의 정치 체계와 정당에 대한 심층적인 연구가 거의 이루어지지 않았다고 지적하며 다음과 같이 말한다. "사례연구 자료는 풍부하지만, 이론적 내용, 개념의 정교함, 검증 가능한 명제들은 부족하다."[55] 이런 우울한 평가는 내 분석의 각도에서 보면 다음과 같이 고쳐서 말할 수 있다. 제3세계를 연구하는 전문가들은 유동적 정체를 비교정치학의 전체적 맥락 안에 잘못 적용함으로써 자신들의 연구는 물론 정치학 전체의 기반을 약화시켰다. 동전에는 양면이 있는데 '무정형적인' 국가들을 잘못 비교했을 때 '정형화된' 국가에 대한 연구에 미치는 피해에 이제 주목해야 한다.

오랫동안 서구의 관찰자들은 자신들에게 익숙한 렌즈를 통해, 즉 이국적인 것을 이국적으로 보이지 않게 하는 렌즈를 통해 외부 세계를 바라보며 전 세계를 여행해 왔다. [자신들의 세계관을] 투사해 [다른 세계를] 이해하는 것의 순진함, 무분별한 외삽extrapolation이 서구 중심주의의 논리적 결함이라는 사실은 이제 잘 알려져 있다. 그러나 이런 오류는 이국적인 것을 익숙한 것에 동화시키고 이국적인 것을 통해 익숙한 것을 인식하게 되면 더 악화되고 배가될 뿐이다. 서구 중심주의를 비현실적인 탈서구 중심주의로 대체할 때, 즉 과거에 우리가 외국으로 수출했던 결함을 국내로 다시 들여올 때, 얻는 것은 없으며, 궁극적으로 손실만 있을 뿐이다. 여기서 우리는 동일한 오류를 역으로 확대하는데, 즉 그것은 전도된 외삽이다. 그래서 비서구 지역에 대한 연구는 서구 지역 연구에 일종의 **부메랑효과**를 가져왔다.

부메랑효과를 낳는 심리적 과정을 설명하기 위해 행정부–입법부–사법부라는 서구의 고전적 삼권 분립 도식을 예로 들어 보자. 개발도상 지역을 연구할 때 우리는 이 도식을 기각해야 하는가 확장해야 하는가? 알몬드는 이 도식에서 구조적 요소를 버리고 기능적 측면에서 도식을 확장한다. 그 결과 도출된 '산출output 기능'이 규칙의 집행, 규칙의 형성, 규칙의 판단이다.[56] 올바른 방법이라고 생각한다. 알몬드의 도식은 확실히 어느 정도 서구에 한정되어 있으며, 수많은 원시적 혹은 분산된 정체는 그만큼 분화되어 있지도 않다. 그렇다고 해서 알몬드가 설정한 것 이상으로 기능적 범주를 확대해야 하는 것은 아니다. 또한 비교 연구자가 다시 서구로 눈을 돌릴 때 구조적 함의 또는 구조적 속성을 무시해서는 안 된다. 사실 서구의 조건에서는 구조적 특성들을 기능적 범주에 다시 넣지 않으면 전체 궤도가 구체성을 상실하는 중대한 결과를 낳게 된다. '다원주의'가 좋은 사례다. 삼권 분립의 경우에는 출발을 잘 했기 때문에, 즉 알몬드가 원래 범주들을 **변형**했다는 사실로 인해 피해를 줄일 수 있었다. 그러나 다원주의의 경우, 우리는 단순히 이 범주를 공허한 '보편적' 범주로, 사실상 개념적 본질이 무의미할 정도로 축소된 단순한 단어로 확대 적용하고 말았다. 모두를 포함하고 전 세계적으로 적용하게 되면, 다원주의는 무의미해진다. 부메랑효과라는 관점에서 볼 때 그것이 가져온 결과는, 서구 사회가 자신의 특성을 이해함에 있어서 [다원주의라는] 중요한 초점 하나를 상실했다는 사실이다.

정당 개념을 보자. 토머스 호지킨은 아프리카에 관한 영향력 있는 연구에서 다음과 같이 주장한다. "스스로를 정당으로 간주하고, 일반적으로도 그렇게 여겨지는 모든 정치집단을 우리는 '정당'으로 간주해야 한다."[57] 지금까지는 좋다. 하지만 내가 말하고자 하는 바는, 유동적인 상황, 즉 우리가 실제로 관찰하는 것이 [정당이 아니라] 유사 정당일 때는

'정당'을 정의하지 않은 채 그래서 분명하게 규정되지 않은 채로 내버려 두는 게 좋다는 것이다. 그러나 나의 주장도 일정한 전제하에서만 유효하다. 그렇지 않으면 자칫 그 취지가 다음 같이 잘못 확장되는 경우가 많다. 즉 어딘가에서 어떤 정당들은 정의되지 않은 채 남아 있을 수밖에 없으므로 이 용어는 정의되어서는 안 되고, 어떻게 정의하더라도 정당이라 불리는 것이 고려에서 배제될 수 있기 때문이다. 이 논리를 따르면, 단순한 단어 하나가 '최소 정의'를 대체하고,[58] 전문화된 기관인 정당이 분산적이고 여러 기능을 가진 정당과 동일시되어 혼란을 야기한다. 이런 논리를 일반화하면 할수록, 우리는 이미 구조적 분화가 이루어진 곳인데도 무형태성shapelessness을 가졌다고 반응하고, 형태가 중요한 곳인데도 무정형성을 특징으로 한다고 반응하고, 국가가 거대하고 깊이 침투한 곳인데도 무국가성을 보인다고 반응하게 된다.

전체적으로 볼 때 부메랑효과는 (다른 요인들과 함께) 학문적으로 모호하고 엉성한 개념을 받아들이게 하는 데 강력한 영향을 미친다. 이는 또한 오늘날 분류와 유형론이 비판을 받는 데 기여하고 있다. 마지막으로 그리고 가장 중요한 것은, 부메랑효과가 특히 논쟁의 맥락에서 교묘하게 나타난다는 것이다. 탄자니아가 일당 민주주의가 될 가능성(실제로는 없는데도)을 증명하거나, 비권위주의 지배 유형을 일당제와 양당 체계 사이에 배치해 독점과 다원주의가 서로 전환될 수 있다는 인상을 줄때가 대표적인데, 이를 통해 잘못된 증거를 뒷받침하게 할 수도 있다.[59] 여기서 요점은, 불명확한 것에서 명확한 것을, 즉 유동적 정체로부터 정형화된 정체를 추론하는 것은 '**역추론**'의 오류에 해당하며, 입증의 부담을 감당할 수 없다는 것이다.

결론적으로 말해, 구조적 분화와 공고화에 이르지 못한 정체는 서구적 범주에 편입할 수 없으며, 서구를 분석하기 위한 범주를 제공할 수도 없다. 그렇다고 변동성이 높은 정체는 연구가 불가능하다는 것은 아니며, 중요하지 않다는 것도 아니다. 오히려 정치학자는 기존의 정체보다는 형성 중인 정체로부터 배울 것이 더 많다. 그러나 만약 (서구 모델로부터 추론하여) 혼돈 상태를 미성숙한 상태로 본다든지, 이미 형태가 존재하는 곳에 (역추론을 통해) 형태가 없는 경우를 적용하려고 하거나, 혹은 두 오류가 결합되면 더 이상 진전할 수가 없다.

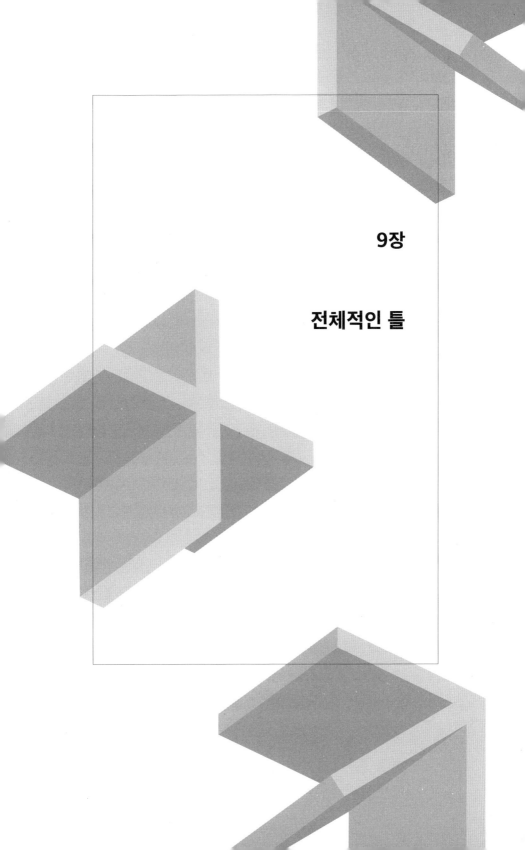

9장

전체적인 틀

1. 체계의 변화, 연속체, 불연속성

연속체continuum를 이야기하는 것이 유행이 되었고, 우리도 정당 체계를 하나의 **연속체**로 이야기하는 경우가 많다. 이런 인식의 배경에는 기존의 유형론에서 파생된 관념들이 현실의 유동성을 간과하고 있으며, 또 무한한 연속의 흐름을 상정해야 서로 얽혀 있는 현실 세계가 파악될 수 있다는 기본 가정이 자리하고 있다. 이런 주장은 타당하다. 다만 그것을 만족시키기 위해서는 다음과 같은 세심한 주의가 필요하다.

첫째, 자연어로서 연속체 개념은 수학적 언어로서 연속체가 의미하는 바와 똑같을 수 없다. 특히 사회과학에서 사용할 때 연속체는 정의상 불연속을 배제한다고 가정할 수 없다. 둘째, 연속체를 분류 체계와 어떻게 연계할 수 있는지도 분명하게 파악하기 어렵다. 정당 체계, 정치 체계, 체제regimes 등의 연속체를 이야기할 때 우리는 대충의 의미로 사용할 뿐이기 때문이다. 실제로 연속체를 논리적으로 조작할 때 우리는 뚜렷하게 다른 두 문제에 직면한다. 하나는 연속체의 양끝을 한정하는 극 개념 polar concepts을 어떻게 결정할지, 더 나아가 연속체를 설정할 때 준거선이 되는 여러 차원(예컨대 합의-강요, 자유-억압, 표현-억제, 포함-배제)을 어떻게 결정할지에 대한 문제다. 다른 하나는 이렇게 정의한 연속체상의 각기 다른 지점에 각 부류 또는 유형을 위치시키는 일이다. 엄격히 말하면, '정당의 연속체'party continuum라는 것은 상정될 수 없다. 우리가 상정할 수 있는 것은, 정당 체계를 대략적으로 위치 지을 수 있는 '개념상의 연속체'뿐이다. 연속체는 두 정당 체계 사이에 존재하는 것이 아니라 마주보고 있는 양쪽 극의 특성 사이에 있다. 그리고 실제로 다양한 정당 체계들 사이에 어떤 종류의 연속성이나 불연속성이 존재하는가 하는 것은 단지 경험적으로만 해결할 수 있는, 경험적인 문제일 뿐이다.

셋째, 다음과 같은 지적은 타당하다. 우리가 불연속성을 강조하는 이유는, 연속체 개념이 자칫 일방향의 진화론적 낙관주의에 의존하고 있는 것은 아닌지 하는 점 때문이다. 각 정당 체계들이 연속체상의 선을 따라 위치해 있고, 그 때문에 [한 유형에서 다른 유형으로] **전환될 수 있다**고 생각하는 경우가 종종 있다. 이런 생각은, 정치 발전에는 '자연스러운' 경로가 있으며, (부자연스럽게도 이 경로를 일탈하지 않는다면) 자유, 정당 다원주의, 민주주의로 발전할 것임을 전제로 한다. 물론 후퇴할 수도 있지만 그것은 그야말로 [일시적인] 후퇴일 뿐이다. 공산주의 체제의 자유화는 (튀르키예와 멕시코의 사례와 함께) 연속체적 접근법을 지지하는 대표적 사례다. 반면 연속체가 양 방향으로의 변화가 모두 가능하다는 가정에 기반을 두고 파시즘, 권위주의, 군부 집정관 체제로의 퇴행이나 공산주의 체제의 출현과 같은 사례를 설명하는 경우는 드물다. 헌팅턴이 잘 지적하고 있듯이, 지금까지 우리는 근대화를 약속하며 퇴보에 눈감는 일방향의 발전 이론을 개발해 왔다.[1] 연속체라는 메타포가 인기를 얻고 있는 것은 (의도와 상관없이) 동일한 단선적 진화론의 또 다른 표현으로 보인다. 단선적 진화론은 '연속론자들'을 낳는데, 이들은 억압의 굴레가 느슨해지면 (뒤이어 자연스럽게) 자유가 실현된다고 생각한다.

이상의 논의에서 분명해졌듯이, 연속체 개념은 방법론적 문제와 실질적인 문제 사이에서 양 다리를 걸치고 있다. 방법론적 문제는, 뒤에서 살펴보겠지만, 현실 세계가 연동되어 있는 것을 어떻게 파악할 수 있을지, 그리고 이런 경로를 따랐을 때 분류의 불연속성을 정도의 연속성(수학적 연속성까지는 아니더라도)으로 어떻게 전환할 수 있는지에 대한 것이다. 실질적인 문제는, 지금 여기서 자세히 다루어 볼 텐데, 체계의 변화에 대한 것이다. 즉 실제로 특정 정치 체계가 어떻게 다른 정치 체계로 **전환하는가**의 문제다. 물론 체계의 변화는 [연속체가 아닌] 다른 관점에서 접근할 수도 있다. 그럼에도 불구하고 어떻게 자료를 현실 세계에 맞게 연속적으로 처리할 것인가가 주된 이론적 문제라면, 우리의 방법론적 틀을 탐조등 삼아 경험적 문제를 탐구해 보는 것은 그 나름대로 가치 있는 일이다.

이런 각도에서 보면, 체계 변화는 두 가지 주요 방식으로 일어난다고 말할 수 있다. 첫째는 연속적 발전, 즉 내적 발전, 내생적 변형, 자연적 이행이고, 둘째는 불연속적 발생, 즉 체계 붕괴를 통해 일어난다. 따라서 질문을 다음과 같이 압축해서 정리할 수 있다. 만약 정치 체계가 '끊임없이 계속 이행'하는 것이라면, 우리는 어느 지점에서 '연속성의 단절'과 만나게 될까? 만약 붕괴(좀 더 정확히 말해 정체의 붕괴)를 적절히 포착할 수 있다면 이는 매우 분명하고도 직설적인 질문이 될 것이다.

붕괴는 근본적이고 갑작스러운 변화나 폭력, 혁명 등을 연상하게 하지만, 이런 용어들이 꼭 같은 뜻이거나 동시에 일어나는 것은 아니다. 예컨대, 입헌적 규칙에 따른 헌법의 변화는 체계의 붕괴가 아니다. 일례로 18세기 초 이후의 영국, 필라델피아 헌법제정회의 이후의 미국, 1809년 이후의 스웨덴, 1848년 이후의 네덜란드는 격심한 변화를 겪었지만, 체계의 붕괴는 일어나지 않았다. 그러므로 이 사례들은 연속적인 정체 안에서의 변화라 할 수 있다. 다른 한편, 권좌에 있는 인물은 교체되지만 권위 구조는 변하지 않은 쿠데타나 궁정 반란도 있을 수 있다. 이 경우도 체계의 붕괴로 볼 수 없다. 정체가 그대로 유지되기 때문이다. 이를테면 페르시아제국, 로마제국, 비잔틴제국, 오토만제국은 군부에 의한 정권 장악과 통치자의 암살이 숱하게 일어났음에도 불구하고 수 세기 동안 정체가 연속적으로 유지되어 왔다. 스탈린의 죽음이 자연사인지 아닌지에 관계없이, 그리고 그의 후계가 무력과 음모에 의해 결정되었다 하더라도 1918년(또는 1920년) 이래로 소련의 정체는 지속되었다. 그리고 어떤 군인이 다른 군인을 몰아내고 권력을 장악한다 해도 여전히 군부독재는 군부독재다. 한편, 내적인 변화의 메커니즘을 넘어, 그리고 그 메커니즘 밖에서 정체의 권위 구조에 근본적인 변화가 일어날 경우 체계가 붕괴되었다고 할 수 있다. 독재가 수립되거나 제거되었을 때, 자유선거에 문제가 생기거나 반대로 회복되었을 때, 종속적인 사법부가 독립적인 사법부로 바뀌거나 그 반대일 때, 복수의 정당이 허용되거나 금지되었을 때 체계가 붕괴되었다고 할 수 있다.

앞서의 사례는 세 가지 점을 시사한다. ① 체계 변동을 가능하게 하는 입헌적 규칙과 절차에 따라 근본적인 변화가 연속적으로 일어날 수 있다. ② 불연속적 발생, 즉 체계 붕괴를 경유한 변화가 있었는가 아닌가는 신뢰할 만한 기준이 되지 못한다. ③ 파괴적이거나 격렬한 변화가 반드시 정체의 붕괴로 이어지는 것은 아니다.[2] 덧붙여 말하자면, 정치 체계의 붕괴는 다음 두 가지 기준에 의해 확인된다. 첫째, 한 정체가 자체적으로 갖고 있는 전환의 규칙에 의해서가 아니라 그런 규칙을 거부하고 위반함으로써 다른 정체로 이행하는 경우다. 둘째는 권력의 축출이나 장악을 통해 기존의 권위 구조(즉 규칙을 제정·적용·판정하는 방식과 수단)가 유지되지 않고 변화하는 경우다. 확실히, 변화의 규칙을 바꾸어

권위 구조 또한 바꾸는 변화, 즉 규칙을 파괴하는 변화는 대체로 혁명 세력이 권력을 장악하며 발생한다. 그러나 오늘날 '혁명'이라는 말은 매우 광범하고 포착하기 어려운 용어가 되고 있다. 붕괴를 정의하는 문제에 들어서게 되면 우리는 먼저 세심한 구분, 예컨대 쿠데타와 혁명, 혁명의 압력과 실제 혁명 등 간의 구분처럼 상당히 많은 구분을 세심하게 해야 한다. 그러나 붕괴 개념을 내가 제안하듯이 인과적 요인과 무관하게, 즉 변화를 특정 양상과 범위를 고려하여 정의하게 되면, 복잡성은 피할 수 있다.

만약 붕괴를, 그리고 그것으로 인한 연속성의 중단을 정의할 수 있다면 [그런 불연속적 이행과 대비해], '연속적 이행'continuous transition도 쉽게 정의할 수 있다. 어떤 정치 체계가 한 유형에서 다른 유형으로 전환하더라도, 그 체계에 내재한 작동 원리나 게임 규칙에 따른 것이라면, 그것은 연속적·자연적·내재적 전환이 된다. 요컨대, 연속적 변화는 자체 변화, 즉 각 정치 구조의 내부 구성 메커니즘으로부터 생겨나고 허용되는 변화를 말한다.

이제 이른바 정당 체계의 연속체로 돌아가 보자. 정당 체계의 연속체가 '연속적'이냐 아니냐 하는 문제는 궁극적으로 사실fact의 문제다. 하지만 어떤 문제도 단순히 사실의 문제인 것만은 아니다. "이것이 붕괴인가 아닌가?"라고 질문할 때 중요한 것은 절단점이다. 예컨대 모든 정치 체계가 '혼합'되어 있다고 말하면, 어떤 분류도 불가능하며, 연속성은 정의상 가정할 수 있을 뿐이다. 일당제, 양당 체계, 다당 체계라는 3분법에 만족하고 있더라도 사정은 이와 크게 다르지 않다. 왜냐하면 현재의 용어법에서는 일당제 부류에는 사실 일당 이외의 여러 정당들이 포함되어 있으므로, 그런 3분법은 분류의 빈곤, 즉 잘못된 분류의 오류에 빠질 수 있다. 다른 한편 좀 더 분석적인 분류를 통해, 지금까지 분리되어 있지 않았던 범주를 분리한다면, 우리의 연속체상에는 연결되어 있는 것들이 마치 연결되어 있지 않은 것처럼 보이게 된다는 사실에 주의해야 한다. 알다시피, 결정적으로 중요한 결절점critical juncture은 패권 정당제와 일당 우위 체계 사이에 있다. 따라서 이런 질문이 제기된다. 이 두 체계는 붕괴를 거치지 않고, 즉 내적 변화에 의해 서로 연속적으로 전환될 수 있을까? 이것이야말로 사실의 문제다. 이 결절점에서 해답은 오로지 실제 증거에 있다.

역사적 기록을 보면 명확한 사실이 나타난다. 불연속을 보여 주는 증거는 엄청나게 많다. 나로서는 한 경쟁 체계가 헌법 질서, 즉 현행 헌법의 협약을 위반하는 일 없이 비경쟁적 질서로 이행하는 일은 도저히 상상할 수 없다. 대체로 이런 종류의 전환은 실제적인 혹은 잠재적인 혁명적 폭력, 쿠데타, 군부 반란 같은 충격에 의해 발생한다. 개중에는 헌법 질서를 위반하지 않은 것처럼 보이는 경우도 있는데, 이는 그런 위반이 **사후에**, 즉 합법적 혹은 유사 합법적으로 권력을 장악한 이후에 일어나기 때문이다. 이는 권력의 장악과 권위 구조의 교체가 시간적으로 동시에 일어날 필요가 없음을 의미할 뿐이다. 히틀러가 헌법을 정지시킨 것은 총리에 지명된 다음이었다. 무솔리니는 좀 더 시간을 두고 점진적으로 진행했으나 1924년 이후 그의 통치하에서 자유선거는 실시되지 않았다. 1948년 체코슬로바키아에서 공산당의 권력 장악도 클레멘트 고트발트*의 합법적인 권력 승계가 먼저 있었다는 점에서 비슷한 경로를

• 체코슬로바키아의 공산당 지도자이자 언론인으로서 국내외에서 반나치 운동에 진력했다. 전쟁 후 1946년 선거에서 공산당이 제1당이 되면서 총리로 취임했다. 이후 1948년 공산당의 쿠데타로 제3공화국이 붕괴되고 체코

따랐다.

경쟁 구조에서 비경쟁 구조로의 전환이 예외 없이 불연속적으로 이루어졌다면, 반대 방향으로의 전환, 즉 비경쟁 구조에서 경쟁 구조로의 이행 과정에서는 그런 규칙이 덜 엄격하게 나타났다. 문제는 어떤 증거가 더 적절해 보이는가에 달려 있다. 한 예로, 군부의 권력 장악을 [헌법 질서의] '잠정적 중단', 즉 '일시적으로 중지'되었을 뿐 헌법을 재수립할 가능성이 열려 있는 과도 군정으로 이해하는 한, 남미의 쿠데타 유형은 중요한 의미를 갖지 않는다(아르헨티나를 생각해 보라).[3] 과도 군정의 경우 자신이 장악하고 있던 정권을, 자신의 권력을 잃지 않고도 넘겨줄 수 있다는 점에서 매우 다르다. 그보다 진짜 문제는, 지금까지 전권을 가지고 있던 정치 엘리트들이 자신이 모든 권력을 박탈당했을 뿐만 아니라 새로운 권력자들의 보복에 직면해 있다고 느낄 때 발생한다.

과도 군정의 경우를 논외로 하면, 그리고 (당연한 일이지만) 유동적 정체로부터 이끌어 낸 잘못된 증거를 폐기하면, 문헌상으로 볼 때 [1975년까지] 일원주의 정체에서 다원주의 정체로 어느 정도 내생적으로 발전한 사례는 멕시코와 튀르키예 단 두 나라뿐이다. 그러나 멕시코는 여전히 패권 정당 정체에서 벗어나지 못했으므로 합당한 사례로 볼 수 없다.[4] 그러므로 이제 우리가 논의할 것은, 1945~46년 튀르키예가 민주주의로 이행한 것이, 일당제가 ① **자력으로 그리고** ② **성공적으로** 경쟁적 정당 체계로 전환될 수 있다는 명제를 충분히 입증할 만큼 자발적이었는가 하는 것이다.

슬로바키아 사회주의 공화국이 수립되었으며, 고트발트는 이때부터 1953년까지 대통령을 역임했다.

튀르키예 근대화의 역사는 1923년 제1차 세계대전의 여파 속에서 케말 아타튀르크가 공화국을 선언하고 공화인민당RPP을 수립하면서 시작되었다. 아타튀르크가 이룬 첫 번째 눈부신 위업은 곧바로 문민정부를 수립한 것이었다. 다시 말해, 공화인민당은 군부의 후견을 받지 않았으며 과거에도 그런 적이 없었다. 또한 아타튀르크는 두 차례(1924년과 특히 1930년)에 걸쳐 반대당의 존재를 허용함으로써 다당 체계를 확립하려고 노력했다. 그러나 두 번의 시도는 모두 실패로 끝나고 말았다. 1924년에 탄생한 공화진보당은 1925년에 해산되었다. 또한 1930년 8월에 아타튀르크의 지원을 받아 탄생한 자유당은 당내에 반동적 인사들이 너무 많은 탓에 1930년 11월에 자진 해산했다. 1938년에 아타튀르크가 사망하자 그의 후계자인 이스메트 이뇌뉘*가 1945년 다당 체계의 도입을 주도했다. 이때의 전환은 '자연발생적'이었는가? 이뇌뉘의 의중을 알지 못해도 이 질문에 답변할 수 있다. 1945년 튀르키예의 상황을 생각해 보자. 당시 스탈린은 유럽을 파죽지세로 진격하고 있었고, 튀르키예는 다르다넬스 해협**을 향한 소련의 오랜 욕구에 직면하게 되었다. 이런 상황에서 튀르키예는 달리 선택의 여지가 없었다. 튀르키예의 국제적 자율성은 위험할 정도로 낮았다. 이뇌뉘가 어떤 생각을 하고 있었던 간에, 서구 민주주의 국가들의 보호가 절실했던 작은 나라 튀르키예로서는 교과서 같은 표준형 민주주의로의 전환이 결정적으로

• 튀르키예의 군인·정치가로 1923년 공화국이 선포되면서 총리가 되어 1937년까지 재임했다. 1938년 아타튀르크 사망 후 대통령 겸 공화인민당의 종신 총재가 되었다. 제2차 세계대전 후에는 민주당 설립을 허용하는 등 튀르키예 민주주의 확립에 주력했다.
•• 흑해와 지중해를 잇는 튀르키예와 그리스 사이의 해협.

표 32.

튀르키예 : 국민의회 의석 점유율과 의석수(1946~73년)

정당	제1공화국				1960년 쿠데타	제2공화국			
	1946	1950	1954	1957		1961	1965	1969	1973
공화인민당 (이뇌뉘)	84.9 (395)	14.2 (69)	5.7 (31)	28.7 (173)		38.4 (173)	31.8 29.8	(134) (143)	41.1 (185)
민주당 (바야르·멘데레스) - 1960년에 금지	13.8 (64)	83.8 (408)	93.0 (503)	69.9 (421)		-	-	-	-
정의당(데미렐) - 1961년에 창립	-	-	-	-		35.1 (158)	53.3 (240)	56.2 (256)	29.6 (149)
기타	1.3 (6)	2.0 (10)	1.3 (7)	1.4 (8)		26.5 (119)	16.9 (76)	11.3 (51)	29.3 (116)
총 의석수	465	487	602	602		450	450	450	450

중요한 요건이었다. 아마도 이뇌뉘는 정당 경쟁과 다원주의가 좋은 것이라고 믿었을 것이다. 그러나 이렇게 추측하는 것이 좀 더 설득력이 있다. 젤랄 바야르와 아드난 멘데레스가 이끄는 민주당이 예상을 뒤엎고 압도적으로 승리함으로써 27년 동안 연속 집권해 온 공화인민당이 권좌에서 물러났을 때, 만약 외부의 압력과 정치적·경제적 지원마저 없었더라면 이뇌뉘는 과거 아타튀르크가 그랬듯이 즉각 일당제로 복귀했을 것이다. 이뇌뉘는 그런 위험을 무릅쓸 수도, 그렇게 할 여력도 없었다. 다시 말하지만, 이는 공화인민당이 가졌던 민주적 목표에 의문을 제기하는 것이 아니다. 다만 튀르키예가 자연발생적으로 민주주의로 전환한, 진정 '설득력 있는' 사례가 아닌 이유를 설명하려는 것일 뿐이다.[5] 또한 그 뒤로 일어난 사건들을 오늘날의 관점에서 회고해 보면, 튀르키

예를 연속적 이행에 준하는 사례로 보기도 어렵다. 4반세기가 지난 지금도 튀르키예는 확실한 민주주의 정체의 가능성을 성취하지 못하고 있다.

경쟁이라는 관점에서 튀르키예의 역사를 봤을 때 가장 주목되는 것은 〈표 32〉에 나타나듯이 선거 결과의 변동 폭이 크다는 점이다. 공화인민당은 발족 당시 의석의 85%를 얻으며 승리로 시작했지만 4년 후에는 의석의 70%를 잃었고, 1954년에는 최저 수준으로 떨어졌다. 그러다가 1957년에는 놀랄 정도로 회복되었다. 1960년 혁명(실제로는 군사 쿠데타) 이후 공화인민당은 (최적의 조건에서) 근소한 차로 상대적 다수당이 되었다. 그 뒤 선거에서 다른 정당들에 크게 뒤처지다가 1973년에 다시 놀라운 득표율로 제1당이 되었다. 이 같은 변동 폭은 〈표 32〉가 의석수를 나타내고 있다는 사실[6] 때문에 증폭되며, 부분적으로는 선거제도의 변화로 설명될 수 있다. 1957년 선거까지는 대선거구제로, 명부에서 승리한 정당이 의석 전체를 가져갔다. 1961년과 1965년 선거는 비례대표제를 채택했으며, 1969년 선거에서는 다수당에 유리하게 개정되었다. 선거제도라는 변수에도 불구하고, 선거 결과만 놓고 보면 1950~73년 사이에 튀르키예는 일당 우위 체계의 분명한 사례가 되었어야 했다(공화인민당은 딱 한 번 '[군부의] 도움을 받아' 복귀했다).[7] 다만 군부는 체계가 '자연스럽게' 즉 자체의 작동 원리에 따라 운영되도록 허용하지 않았다는 점에서 일반적인 일당 우위 체계와 달랐겠지만 말이다.

1960년에 군부는 쿠데타를 일으켜 멘데레스를 제거하고(사형 선고를 받고 교수형에 처해졌다.) 민주당을 금지시켰다.[8] 18개월간의 군사정권이 막을 내린 후 새로운 헌법에 기초하여 제2공화국은 문민정부로 돌아갔다. 그런데 1961년 선거의 경우, 민주당은 이미 자신과 마찬가지로 농촌을 기반으로 하고 전통주의에 호소하는 정의당에서 후계자를 찾아두었다. 그러므로 1961년 선거에서 공화인민당은 절대 다수를 획득하는 데 실패했고, 군부가 다시 문제에 개입했다. 당 지도부는 군 참모총장 회의에 소집되었으며, 카말 귀르셀 장군을 대통령으로 선출해 모든 정당을 아우르는 초당적인 국민연합 정부를 형성하는 데 동의해야 했다. 그 후 쉴레이만 데미렐과 정의당도 정권에 참여할 기회가 주어졌으나 오래 가지 못했고 여러 모로 방해를 받았다. 1971년에 데미렐은 사임할 수밖에 없었으며 약 4년 동안 공직으로 복귀가 허용되지 않았다. 군부가 강제한 계엄령은 1973년 9월까지 29개월간 지속되었다. 1973년 대통령 선거에서 군부는 정의당 후보를 거부하고 자체 후보를 내세우려 했지만, 오랜 줄다리기 끝에 제3의 후보가 선출되었다.

튀르키예가 독점에서 경쟁으로 '자연발생적으로' 이행한 사례인지에 대해서는 의견이 분분하지만, 확실한 것은 튀르키예가 여전히 '과도기'에 있다는 사실이다. 특히 1945년에 체계 붕괴 없이 민주주의로 전환했더라도 1960년에는 결국 붕괴로 끝났다. 그 뒤 튀르키예는 대체로 민군 이원 통치 시대로 들어섰다. 군부는 아타튀르크의 전통을 유지하며 문민 통치를 허용했지만, 당의 '논리'가 아타튀르크 혁명의 '정신'을 벗어날 때는 언제나 간헐적으로 그리고 직접 개입하면서 후견자 역할을 했다. 아타튀르크가 일당제를 수립해 군부를 정치에서 물러나게 했지만, 경쟁 정치의 출현이 군부 후견 체제를 가져왔다는 점은 튀르키예 정치사의 역설이다. 아타튀르크의 탁월한 지도력, [오스만 제국이 성립된] 13세기로까지 거슬러 올라갈 수 있는 국가로서의 전통, "통치 엘리트들의 폭, 그리고 정치적으로 적극적인 시민들의 범위가 점진적이고 꾸준히 확대되어 왔다는" 점[9](이는 모두 바람직한 상황이다.)에서 볼 때 튀르키예의 사례는 충분히 주목받을 만하다. 그러나 튀르키예가 주목받는 더 나은 이유가 있다. 연속성(이 경우에는 근대화 경로의 연속성)은 유지할 수 있고 유지되어야 한다는 가정에서 보면, 튀르키예는 민주주의 실험을 도입하기가 대단히 어려운 나라라는 점이다. 그래서 튀르키예는 1945년 이래, 민주주의의 결점, 즉 인민의 의지에 복종하지 않는 민주주의를 추구한다는, 근본적인 부조화와 여전히 싸우고 있다. 실제로, (지금도 그 의의를 잃지 않은) 1960년의 교훈은 국민의 목소리(특히 종교계의 목소리)가 어느 정도 자유로울 수 있는가의 범위를 군부가 결정한다는 사실이다.

흔히 말하듯이, 역사는 예외적 사건들의 후속편일 뿐이다. 그런데 특이한 점은 우리가 검토하고 있는 사례에서 예외를 찾기 어렵거나 예외가 있다 해도 얼마 안 된다는 사실이다. 튀르키예를 제외하면, 민주주의 체제로 이행할 가능성이 있는 것으로 오랫동안 관찰의 대상이 되어 온 나라는 멕시코, 포르투갈, 스페인,[10] 튀니지[11] 네 나라이다. 포르투갈은 1974년 5월 군부 쿠데타로 경계를 넘어섰다. 즉 연속성이 깨진 것이다. 멕시코는 그 경계의 근처에 있지만 아직 넘지는 않았다. 1974년 여름에도 스페인은 여전히 프랑코가 무대에서 내려오기를 기다리고 있었다.* 튀니지는 아프리카 국가 중에서 가장 유망한 후보다. 어쨌든 머지않아 이들 나라 중 하나가, 어떻게 내생적으로 민주주의로 이행하게 되는지, 즉 독점적 정체가 어떻게 정당 다원주의로 전환 혹은 정당 다원주의를 복원할 수 있는지를 검증할 수 있는 기초가 될 것이다.[12] 그러나 이행이 순조롭게 이루어질지, 새 체제가 이식되는 과정이 잘 통제될지, 아니면

* 1년 뒤인 1975년에 프랑코가 사망하면서 군부독재가 끝났다.

새로운 작동 원리를 가동하자마자 지배자와 게임 규칙 모두가 일소되고 말지는 계속 지켜봐야 할 문제다. 미래에 희망적인 증거가 나올 것으로 기대하더라도 반대 증거 또한 희박하게나마 남아 있게 될 것이다. 더욱이 튀르키예의 경험을 유심히 살펴보면 당혹감을 갖게 된다. 논의의 편의상 튀르키예를 독점 체계에서 경쟁 체계로 내생적·연속적으로 전환한 사례라고 가정하자.[13] 그렇다면 문제는 이런 연속성이 최종 단계에서도 자기 파괴적이지 않을지 여부다. 붕괴를 피하거나, 시간이 지나면서 점차 개선되는 방법이 (설사 가능하다 해도) 꼭 바람직한 해법만은 아니라는 주장도 있을 수 있다. 그렇게 되면 하나의 정체는 상호 배타적인 작동 원리하에서 문제를 풀어 가야만 하기 때문이다.

그렇다 하더라도 역사적 기록은, 정당 정체의 연속체를 따라 가면 우리가 어느 지점에선가 반드시 단절점을 만나고 그리하여 이행의 경계선을 만난다는 결론을 압도적으로 뒷받침한다. 일당제가 패권 정당제로 쉽게 전환될 수는 있지만 그다음 단계가 가장 어렵다. 단일 중심 체계|mono centric system의 이완은 강압적 통제가 약화되면서 일어날 수도 있고, 일당제에서 패권 정당제로의 이행에 따른 것일 수도 있다. 그러나 증거를 보면, 그중 어느 경우도 그것이 다원주의로 도약하는 출발점은 아니라는 것이 드러난다. 패권 정당이 실용주의적 성격을 갖게 될 경우 체계가 느슨해질 수 있는 것은 사실이다. 그렇다 해도 단일 중심 체계의 운명에서 벗어날 수는 없다. 즉 정당과 국가가 "운명을 함께한다"는 사실은 피할 수 없다. 반대로 다원주의 정당 체계와 일당이 유착된다 해도 그 결과는 일당 우위 체계를 넘어서지 않는다. 왜냐하면 일당 우위 체계는 폭력이나 부정적인 수단을 사용하지 않고 패권 정당제나 일당제로 이행된 적이 없기 때문이다. 그러므로 패권 정당제도 일당 우위 체계도

(어느 정도 서로 접근하고 중첩되는) 중간 형태로 볼 수 없다. 단일 중심 체계의 '자유화'는 억압의 완화, 즉 **동일한** 정치 체계 안에서의 변형으로 귀결된다. 반면에 자유로운 정체가 되기 위해서는 **상이한** 체계, 즉 완전히 다른 원리와 메커니즘에 기초한 체계를 수립해야 한다.

그러므로 우리가 실제로 다루고 있는 것은 하나의 동질적인 연속체가 아니라 **이질적인 두 개의 연속체**다. 한편에는 다당 체계, 양당 체계, 일당 우위 체계로 이루어진 연속체이고, 다른 한편에는 패권 정당제와 일당제로 이루어진 연속체다. 첫 번째 연속체는 정당 **체계**를 축으로 하는 정치 체계를 나타내고, 두 번째 연속체는 **정당과 국가**가 일체화된 정치 체계를 나타낸다. 정당 체계[에서 연속체]는 일당 우위 정당 체계에서 종결되고, 당-국가 체계[에서 연속체]는 패권 정당제에서 시작된다. 전자는 경쟁 체계이고, 후자는 경쟁 체계가 아니다. 전자는 다원주의 연속체이고, 후자는 그렇지 않다. 이 두 영역은 정치 행위자의 선한/악한 의지에 의해 분리되는 것이 아니다. 그 의도가 무엇이든, 하나의 경계점이 있고, 이 점을 넘어서면 상반되는 작동 원리에 기초한 또 다른 메커니즘을 만나게 되는 것이다.

누구나 알 수 있듯이, 연속성 대 불연속성 문제가 갖는 개념적 함의와 예측적 함의는 작지 않다. 예컨대 일당제 민주주의를 말하는 사람은 '연속론자'일 가능성이 크다. 반대로 만약 불연속 명제가 입증되면 일당제 민주주의라는 명칭은 부적절한 것이 된다. 뿐만 아니라 독점적 정체의 자유화에 관한 예측에는 연속론자가 생각하는 것보다 훨씬 많은 주의를 기울여야 한다. 나는 연속체라는 개념은 정의상 불연속성을 제외하거나 순수하고 단순한 비유로 사용할 될 때, 오용된다고 생각한다. 체계 변화와 관련해, 연속(혹은 불연속)은 한 정치 체계에서 다른 정치 체계로의 변형(또는 비변형) 규칙에 의해 확립된다. 그런 규칙이나 절차가 존재하지 않을 경우 연속은 단절된다.

2. 지도 작성의 기능과 그 설명력

최근 다수 문헌들은, 일당제 정체가 충분히 느슨해지면 다당 체계에 가까워지고, 반대로 양당 체계 내부에서 권력 교체가 일어나지 않으면 일당제에 가까워진다는 견해를 제시한다. 나는 어느 쪽도 신뢰할 수 없고 입증될 수 없다고 생각한다. 또한 비경쟁적 정치 체계와 경쟁적 정치 체계를 연결하려는 시도는 해당 사례들을 선별하지 못하는 부적절한 분류에 기초를 두고 있다고 생각한다. 따라서 〈표 33〉의 전체적인 도식은 두 부분으로 나뉜다.

이 기본적인 불연속성은 다양한 방법으로 나타낼 수 있다. 표 윗부분에서는 '당-국가 체계'와 '정당 체계'를 대비시키고 있는데, 이는 일당제와 패권 정당제가 하위 체계의 자율성을 결여하고 있으며, 그리하여 (복수) 정당들로 이루어진 체계, 즉 정당들 간의 상호작용에서 비롯된 체계적 특성을 갖는 정당 체계가 아니라는 점을 나타내기 위해서다.[14] 두 체계의 차이를 나타내는 또 다른 방법은, "(복수) 정당의 일차적 기능은 의사 표출"이라는, 내가 앞서 서두에서 밝힌 견해와 관련이 있다.[15] 이에 따르면, 표 아래쪽에 있는 단일 중심주의는 억압 내지 강제력의 가능성을 특징으로 하는 반면, 다원주의(또는 복수 정당 체계)는 의사 표출 능력을 특징으로 한다. 억압은 분명 순수한 물리적 힘으로만 이루어지지 않는다. 그것은 대중 조작을 통해 획득되는 고도의 동원 및 추출 역량을 의미하는 것으로 폭넓게 이해해야 한다. 이런 넓은 의미의 억압 개념에는 정치적 의사소통 기능, 좀 더 정확하게는 하향식 의사소통도 포함된다. 거꾸로 정치 체계가 의사 표출을 허용할수록 아래로부터 행사되는 대중의 압력도 그만큼 허용된다. 이때 표출이라는 개념은 상향식 의사소통의 흐름을 의미한다고 말하는 것과 같다.

내가 불연속성의 문제를 계속 이야기하는 것은 마니교의 [이원론적] 세계관을 받아들여서가 아니다. '강도'intensity가 결정적인 변수이기 때문에, 나로서는 당-국가 체계가 절대 용납될 수 없는 이유는 잘 모르겠다. 나는, 자격을 갖춘 인력이 부족한 상황에서 유사 일당제가 등장할 가능성이 크다고 말한 바 있다. 만약 대안이 혼란스럽고 부패하고 고도로 비효율적인 다당 체계나 원자화된 상태뿐이라면, 실용주의적 일당제(혹은 패권 정당제)가 필요할 뿐 아니라 바람직하다는 점을 수긍할 용의가 있다. 그래서 나의 관심은 용어의 정확성에 있다. 내가 일당제는 정당 **체계**를 대체하는 것이 아니라고 말할 때, 그 어떤 가치판단도 개입되어 있지 않다. 마찬가지로 내가 일당제가 더 이상 **의사 표출** 기구가 아니라는 점을 강조하면서 지적하고 싶었던 것은, 만약 의사 표출 기능이 수행되기를 원한다면 우리는 정당 다원주의가 갖는 결함을 견뎌 낼 각오가 필요하다는 것뿐이다. 이 문제는 명확하게 해둘 필요가 있다.

표에서는 다음 사항을 이해해야 한다. 표의 왼쪽에는 억압의 강도가 큰 것에서 작은 것으로, 오른쪽에는 의사 표출의 강도가 작은 것에서 큰 것으로 범주를 배열하고 있는데, 그 위치는 대략적이다. 내가 말하고 싶은 것은 다만 실용주의 성격이 강한 일당제 구조가 이념 성향이 강한 패권 정당제의 구조에 비해 덜 억압적이거나 좀 더 관용적이라는 점이다. 한편, 의사 표출 능력이 커지면 유권자들에게 제공되는 선택의 수가 늘

표 33.

정당 정체의 유형론

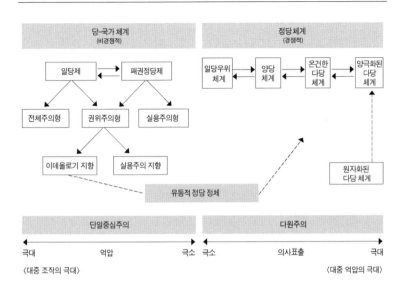

어난다는 사실이, 더 표출적인 체계가 더 민주적인 체계임을 의미하는 것은 아니다. '표출'은 우리가 민주주의를 평가하는 데 사용할 수 있는 여러 지표 중 하나일 뿐이다. 도표에는 대략적인 윤곽은 나타나 있지만, 세부적인 내용은 도표의 공간이 한정되어 충분히 제시하지 못하고 있다. 이런 주의 사항은 원자화된 다당 체계의 위치 설정에도 똑같이 적용된다. 도표상의 위치가 고도의 의사 표출 역량에 상응한다는 의미를 나타내는 것은 아니다. 원자화된 다당 체계는 선거 때마다 당명이 자주 바뀌고 선거가 끝나면 해산하는 '명망가들의 느슨한 연대'와 같은 상황을 말한다. 이런 양상은 정당 체계의 구조적 공고화에 앞선, 발달 국면에서

나타나므로 표의 오른쪽 끝에 두었다. 이는 (시험적이긴 하지만) 원자화된 상황이 시대착오적이라 해도 오래 지속되면 극단적 다당 체계, 양극화된 다당 체계 상황이 되기 쉽다는 점을 제시하기 위해서다.

연속체를 두 부분으로 나누었다고 해서 한쪽은 억압만, 다른 한쪽은 의사 표출만 있는 것이 아니다. 물론 그렇지 않다. '억압'은 강압적 통치 수단이 전체 연속체를 따라 퍼져 있는 상황이라고 정의할 수 있다. 반대로 '의사 표출'은 연속체를 따라, 아래로부터의 압력이 위로부터의 강압을 능가하는 상황을 의미한다. 확실히 어떤 억압의 상황에도 어느 정도 의사 표출이 포함되어 있고, 반대로 어떤 의사 표출의 상황에도 어느 정도의 억압이 존재한다. 사실 내가 지적하고 싶은 것은 동일한 연속체에서 볼 수 있는 기본적인 불연속이다. 한편, 〈표 33〉에서는 양방향으로 늘어난 화살표가 연속성을 나타낸다. 이 화살 표시는 각 영역(단일 중심 또는 다원주의) 내에서는 어떤 체계에서 다른 체계로의 이행이 붕괴를 거치지 않고, 즉 게임 규칙의 변경 없이도 이루어진다는 것을 의미한다. 예컨대 일당 우위 체계에서 양당 체계 또는 다당 체계로 전환하는 것은 (그 반대도 마찬가지로) 순전히 유권자의 선택에 달려 있다.[16] 마찬가지로 일당제에서 패권 정당제로의 이행이나 그 반대의 경우는 순조롭게 이루어질 수 있다. 이런 권력 체계는 재량의 여지가 매우 크다는 기본적 성격 때문에 (공식적 헌법과 상관없이) 단순히 고삐를 조였다 풀었다 하는 문제이기 때문이다.

마지막으로, 이 도표는 '유동적인 정당정치'를 나타내고 있다. 이는 이 유형론이 (정치과정이 고도로 산만하고 불안정하고, 잠정적 성장 단계에 있는) 신생국가에는 적용되지 않는다는 점을 상기시킨다. 이들 신생국가를 제외하는 것은 신중하게 고려한 것이며, 이에 대해서는 충분히 설명

표 34.

단순화한 구조 도식

일당제 패권 정당제 $\Big\}$	단극 체계	단일 정당제
[일당 우위 체계] 양당 체계 온건한 다당 체계 $\Big\}$		
극단적 다당 체계 [원자화된 체계]	이극 체계 다극 체계 $\Big\}$	복수 정당 체계

해 왔다. 유동적 정체를 사각형 안에 넣은 것은, 이 범주가 잔여 범주임을 보여 주기 위해서다.[17] 또한 이 범주를 중간에 위치시킨 것이, 불안정한 정체가 연속체의 불연속성을 이어 준다는 것을 의미하지 않는다는 사실도 분명히 하자. 그것은 다만 유동적 정체가 장차 공고화되면 양 진영 가운데 어느 한쪽으로 움직일 것임을 의미한다.

〈표 33〉에 따르면, 주요 범주는 7개다. 그런데 하위 유형까지 포함하면 10개 범주로 구성된다. ① 전체주의 일당제, ② 권위주의 일당제, ③ 실용주의 일당제, ④ 이념적 패권 정당제, ⑤ 실용주의 패권 정당제, ⑥ 일당 우위 체계, ⑦ 양당 체계, ⑧ 온건한 다당 체계, ⑨ 극단적 다당 체계, ⑩ 원자화된 다당 체계가 그것이다. 사용 목적에 차이는 있겠지만 10개는 번잡하고 불필요하다. 비슷한 범주들을 묶으면 단순화할 수 있다. 그렇게 하여 좀 더 다루기 쉽게 도식을 구성하면 〈표 34〉와 같다.

이 표에서 일당 우위 체계는 괄호 안에 넣어 표시했는데, 어떤 유형의 다원주의에서도 나올 가능성이 있기 때문이다. 마찬가지로 원자화된 체계도 극단적 다당 체계의 전 단계로 볼 수 있어 괄호 안에 표시했다. 이렇게 하면 5개의 주요 범주가 남고, 이를 다시 세 개의 그룹, 즉 단극 체계, 이극 체계, 다극 체계로 줄일 수 있다. (정당의 수가 아니라) **구조적 양태**structural configurations에 초점을 둘 때, 이런 구분은 간단한 대칭을 이룬다는 점에서 추천할 만하다. 또한 양당 체계와 온건한 다당 체계가 구조적으로 유사하다는 점(이들은 모두 이극 체계다), 그리고 주요 구분선은 온건한 다당 체계와 극단적 다당 체계 사이에 있다는 점을 보여 줌으로써 전통적인 오분류를 교정하는 데 도움을 준다.

정당 정체의 유형론이 갖는 유용성에 대해서는 여러 측면에서 평가할 수 있다. 그중 하나는 전체로서의 정치 체계와 관련해 이론상·예측상 유의미한 정보를 얼마나 많이 전달하고 있는지를 검토하는 것이다. 이에 대한 답변은 정당 지도party mapping와 여러 체계적 속성들을 연결시킨 〈표 35〉로 나타낼 수 있다.

〈표 35〉는 정당의 수를 독립변수로 상정하고 있다. 여기에는 많은 이유가 있고, 이미 많은 논의가 이루어졌다. 그러나 현 논의 단계에서는 두 가지 이유가 눈에 띈다. 첫째, 정당의 수는 다른 변수들에 비해 조작이 쉽고 측정하기도 쉬운 변수다.[18] 그리고 확실히, 많은 기술적 이점이 조작 가능한 독립변수를 처리하는 것으로부터 발생한다. 둘째, 정당의 수를 독립변수로 설정하지 않으면 순환론적이거나 결정론적인 설명에 빠지기 쉽다. 이를테면 정당의 수가 많은 것은 다수의 사회적 균열을 반영하기 때문이라고 설명하는 것이다. 대신에 나의 논의에서는, 정당의 수가 나타내는 정당 구조는 사회의 균열을 반영할 수도 있고 그렇지 않을 수도 있고, 이념의 양극화를 고양시킬 수도 약화시킬 수도 있다.

이상의 내용은 이념 요인을 매개변수로 간주하는 이유를 설명하는

표 35.

전체 구도

(1) 지표 정당 수 파편화 정도	(2) 변수 ① 이념 ② 분절화	(3) 분류	(4) 유형	(5) 불변적 속성	(6) 가변적 속성	(7) 대안적 가능성
일당 (파편화 없음)	고 ↓ 저 이념 강도	일당제 패권 정당제	전체주의 일당제 이념적 패권 정당제 권위주의 일당제 실용주의 일당제 실용주의 패권 정당	독점 상의 하달식 의사소통 하위 체계 자율성 없음 (또는 미미)	강제 및 추출 능력의 감퇴	
양당(낮은/ 균등한 파편화)	저 ↓ 고 이념 거리 또는 분절화	양당 체계 (구도)	양당 체계 (역학)	경쟁 하위 체계 자율성 하의 상달식 의사소통 (의사 표출)	정권 교체	양극화된 양당 체계
3~5개 정당		제한 다당 체계	온건 다당 체계		온건한 정치 이극화된 구조: 대안 연립 구심적 경쟁	제한적· 양극화된 다당 체계
5개 정당 초과 (높은 파편화)		극단 다당 체계	양극화된 다당 체계		다극성 : 주변 정당 간의 정권 교체 원심적 경쟁	극단·온건 (또는 준-양극화된) 다당 체계
일당 우위 (매우 불균등한 집중)		구도 관계없음	일당 우위 체계		정권 교체 없음 낮은 수준의 경쟁	

데도 도움을 준다. 〈표 35〉의 처음 두 세로줄에 들어 있는 요소들이 서로 상호작용하는 것은 분명하다. 그래서 이념 그리고/또는 분절화를 독

립변수로 취급할 수도 있다. 그러나 그렇게 하면 조작화가 어렵고, 결정론적이거나 목적론적 설명에 빠져들기 쉬우며, 어느 경우든 이념적 차이를 설명할 수 없게 된다.

그럼에도 불구하고 〈표 35〉의 마지막 세로줄에 진정한 난제가 있다. 내가 '대안적 가능성'이라고 적은 이유는, 두 종류의 가능성, 즉 예외적 혹은 혼합된 형태가 가능하기 때문이다. **예외 사례**, 즉 일탈 사례(각 부류의 구도와 유형의 속성이 상응하지 않는)에 대해서는 분명히 밝혔고 논의한 바 있다.[19] 여기서 방법론적으로 중요한 점은, 규칙성을 가정한다면 우리는 그 규칙에 들어맞지 않는 사례가 나타날 수 있음을 예상해야 한다는 것이다. 그렇다면 규칙이 부정되고 손상된다는 의미인가? 이는 규칙을 어떻게 인식하느냐에 달려 있다. 어떤 규칙이 예외 사례를 포함한다면, 즉 예외 사례를 규칙성에 포함시켜 잘 처리해 나간다면, 적합하지 않은 사례가 있다고 해서 규칙이 손상되지는 않는다. 앞에서 일관되게 밝혔듯이, 정당의 수(파편화)가 여론의 좌-우 폭(이념 거리)에 상응해 변화한다는 가정 아래에서만 **부류와 유형**이 일치한다. 또한 정당은 좌-우 이념의 차원만이 아니라 종교·인종·언어, 그리고 중앙-주변 및 남-북 축을 따라서도 분할된다. 따라서 이념 공간이 좁더라도 그 밖의 차원을 따라 비교적 고도로 파편화될 수 있다.

사실 온건 다당 체계와 극단 다당 체계를 구별하지 않는 한 불일치는 거의 문제 되지 않는다. 따라서 다음과 같은 규칙이 도전받게 된다. "5당 이상의 구도는 (만약 분절을 가리키는 것이 아니라면) 이념 거리를 나타내는 지표가 된다." 규칙에 가까운 쪽으로 기우는 빈도가 많다면 그 규칙은 유효하다고 주장할 수 있다. 규칙보다 예외가 더 많이 나타난다는 것을 알게 되면, 규칙을 뒤집어서 다음과 같이 재정립해야 한다. "5당

이상의 구도는 (이념 거리를 나타내는 경우를 제외하면) 파편화의 지표가 된다." 실천적으로는, 이렇게 재정립한 규칙은 그에 맞게 나의 사례를 다시 말할 수 있다는 점에서 받아들일 수 있다. 그러나 원칙적으로는 오히려 이렇게 말하고 싶다. 예외가 많으면 그것을 포함하는 규칙의 설명력을 약하게 만들지만 더 나은 규칙을 발견할 때까지는 그 자체만으로는 규칙을 뒤집지 않는다. 왜냐하면 규칙이란 그것이 잘못된 것이 아닌 한 예외에 대해 나름의 이론적 논리를 가지고 있기 때문이다.

일탈 사례나 예외 사례는 **혼합 사례**mixed cases와는 다르다. 이 둘의 차이는 얼핏 보기에는 미미한 것 같지만 실은 그렇지 않다. 우선 어떤 체계가 한 유형의 칸에서 다른 유형의 칸으로 **이행 중**에 있을 때 혼합 사례라고 할 수 있다. 이것을 '동태적 혼합'dynamic mix이라고 부를 수도 있다. 이런 명칭은 변화와 역동성을 세심하게 포착해 분류하고 있다는 점에서 탁월하다. 그래서 이 경우에 혼합 사례는 결코 일탈 사례가 아니다. 오히려 문제는 '정태적 혼합'static mix의 경우에 생긴다. 어떤 체계가 두 유형 사이에 멈춰 **그대로 남아 있다면**, 이 경우 혼합 사례는 언제 어디에서 예외 사례와 달라지는가?

이 질문은 분류가 **설명의 목적**뿐 아니라 도표 작성, **지도 작성**이라는 목적에도 도움이 된다는 점에서 좋은 질문이다. 논의를 위해 다음과 같이 가정해 보자. 우선 정당의 수도 이념 요인도 아무런 인과적 연관성이 없다고 하자. 그렇다 하더라도 다양한 종류의 일당제, 양당 체계, 온건한 다당 체계, 양극화된 다당 체계 각각의 속성들은 그대로 유지된다. 마찬가지로 [정당 체계의] 구도가 역학에 영향을 미치지 않는다고 생각한다면, 세로줄 I란과 III란을 무시하고 세로줄 IV란, 즉 유형론에서 시작해도 될 것이다. 이 지적 실험의 끝은 〈표 35〉를 세로줄 VI란부터 거꾸로 읽는 것이 될 것이다. 이럴 때 [정당 체계의 구도와 역학 간의] 인과관계의 벡터는 사라지지만 연관성은 유지된다. 예컨대 만약 대안 정부, 즉 야당이 단독으로 집권하면 우리는 그것이 경쟁 체계, 양당 체계의 구심적 역학, 양당 구도, 좁은 이념 거리(또는 정당 체계에 영향을 미치지 않는 분절화), 그리고 결국 (두 개의 유효 정당으로 귀결되는) 작고 균등한 파편화와 연관되어 있음을 발견한다. [구도와 역학 간에] 인과적 관계가 없어도 도표상에 위치를 설정할 수 있다. 분류가 가진 지도 작성 기능을 생각하면, 혼합 사례는 순수한 사례와 똑같은 목적에 도움이 된다. 즉 이들은 똑같이, 주어진 척도와의 관계에 따라 사물이나 사건의 위치를 정하는 것이다.

혼합 사례는 다른 각도에서도 평가할 수 있다. 어떤 도식이든 그 도식에 포함되는 현상과 꼭 맞아 떨어지지 않는 것이 당연하다. 어떤 사례가 도식에 쉽게 맞아 들어간다면, 십중팔구 그 도식은 추상 수준이 매우 높을 것이다. 반대로, 추상 수준이 낮을수록, 그로 인해 분별력이 높아질수록 수많은 구체적 사례들이 어느 정도, 그리고 어떤 측면에서 하나의 범주에서 벗어날 가능성도 커진다. 그러므로 이런 견지에서 보면, 혼합 사례는 세심하고 판별력 있는 분석 도식의 장점에서 비롯된 것이라 할 수 있다.

우리가 파악하고자 하는 현상들이 엄청나게 다양하고 유동적이라는 사실을 감안하면, 지금까지 살펴본 것은 복잡하다고 말하기도 어려울 것이다. 그 결과 주의할 점은 다음과 같다. 우리는 예외 및 혼합 사례를 평가하기 전에 분류 도식이나 유형화에서 무엇을 구할 것인가를 알고 있어야 한다. 지도를 작성하거나 도식을 만드는 목적과 관련하여 혼합 사례는 순수 사례만큼이나 이점이 있으며 유용하다. 다시 말해, 분류가 복잡하게 얽힌 현실 세계의 미로를 풀고자 할 때(단일 범주 내에서 해결하려고 하든 인접 범주를 가로질러 해결하려고 하든), 이것은 결코 작은 일이 아니다. 혼합 사례가 문제가 되는 것은, 인과관계를 밝혀내려 하거나 사실을 예측하려는 야심을 가지려 할 때뿐이다. 예측과 관련해서, 만약 혼합 사례의 발생 빈도가 순수 사례보다 높으면 분류를 재고해야 한다. 즉 혼합 사례를 중심으로 분류를 다시 개념화해야 한다. 그러나 말하기는 쉬워도 실행하기는 어렵다. 분류는 전체를 관통하는 하나의 가닥으로 이루어져야 한다. 그리고 하나 이상의 유의미한 특징을 아우르는 일관된 기준을 확립해야 하는데, 이는 쉬운 일이 아니다.

이런 모든 사실을 고려할 때 〈표 35〉로 정리한 분석 틀은 꽤 많은 검증을 통과했다고 할 수 있다. 우선, 독립변수(정당의 수에 따른 분류)는 충분히 조작적이며, (상호 배타적이면서도, 전체적으로는 모든 사례를 아우르는 범주들을 만들어 내는) 논리적 요건을 충족한다. 수적 기준은 다른 기준의 도움 없이 독립적이라는 점을 생각하면, 이 기준에 가해지는 제약이나 가정은 거의 없으며, 현실적이고 또 자연스럽다. 그리고 〈표 35〉의 세로줄들을 검토해 보면, 다음과 같은 사실을 알게 된다. 즉 분류의 결과 만들어진 범주들도 "단순히 결정 기준의 논리적 결과로서만이 아니라 경험적 사실의 문제로서도" 상호 배타적이고 충분히 포괄적이어야 한다는 요건을 충족시킨다.[20]

둘째, 외견상 이 틀은 개념 지도를 작성하는 일과 인과성 및 예측성을 가져야 한다는 요구 사이에서 간결한 균형을 제공하는 것으로 보인다. 간결성 그 자체만으로 순수한 축복은 아니기에 균형은 필요하다. 왜냐하면 위치를 잘 잡는 일과 예측력의 증대는 함께 움직이는 것이 아니기 때문이다. 예컨대 이 틀의 예측력은 세 가지 매개변수, 즉 ① 선거제도,

② [정부 형태나 권력분립 등 통치 체제의 특성을 보여 주는] 입헌 구조, ③ 국제적 자율성의 정도를 개입시키면 확실히 더 커지고 정확해질 것이다. 그러나 한편으로 이런 변수들을 덧붙여 세부 사항들이 많아지면 지도를 그리는 데 쓸데없이 복잡해진다. 다른 한편, 두 개의 예측 요소(독립변수이자 주요 매개변수인 이념)만으로 그 도식은 이미 많은 종속변수를 설명하고 있으며, 다양한 추세와 결과를 예측하고 있다.

셋째, 지금 검토 중인 틀은 이해하기 쉽고 구성하기 쉽다는 점에서 장점이 있다. 오늘날의 세계는 빠르게 변하므로 지속적으로 그리고 쉽게 업데이트할 수 있어야 한다. 따라서 **눈으로 매우 쉽게 확인할 수 있으며 기초적인 정보를 바탕으로 한** 틀이라면 꼭 필요한 실제의 필요를 충족할 수 있을 것이다.

마지막 점에 대해서는 설명이 좀 필요하다. 이 책의 후반부에서 전개한 분류가 사회적인 압력과 긴장의 존재에 둔감하다는 비난을 받을 수도 있다. 캐나다와 벨기에가 그런 사례다. 이들 나라는 정당의 수에서는 파편화의 정도가 제한적이지만, 긴장의 정도는 이를테면 스위스나 심지어 네덜란드에 비해 훨씬 크다. 그러나 이는 당연하다. 세계 여러 나라들 중에는 사회구조는 매우 달라도 비슷한 정치 구조를 갖는 경우를 볼 수 있다. 그러므로 그 결과 발생하는 상호작용, 긴장, 마찰의 양태가 나라마다 큰 차이를 보이는 것은 당연하다. (정치에 대한 사회학적 설명 또는 환원론과는 달리) 정치학의 관점에서 보면, 문제는 상부구조가 하부구조에 어떻게 대응하는가이다.[21] 균열은 하늘에서 뚝 떨어진, '주어진 것'givens이 아니다. 균열은 정체를 주조하거나 정체에 반영되는 것일지도 모른다. 그러나 마찬가지로, 정체가 균열을 주조하거나 억제하고 있는 것일 수도 있다. 사회 수준에서 폭발의 가능성이 매우 큼에도 불구하고 정치 구조의 수준에는 그것이 반영되지 않는 미국이 좋은 사례다. 그러므로 이제 질문을 확대하면, 사회경제적 긴장을 줄이거나 조장하는 쪽은 이극 구조인가 다극 구조인가? 나의 견해로는, 이극 체계는 양극화에 덜 노출되며 양극화를 가져올 가능성도 적은 반면, 다극 체계는 양극화를 강화하고 확대하는 경향이 크다. 그러나 이극 체계에서 양극화가 원심적 경향을 계속 유지하면 이 정체는 결국 이극 체계로 남지 못하게 될 것이 분명하다. 그리고 이것이 정치 체계 수준에서 우리가 염두에 두어야 할 사항이다.

이제 요점을 정리해 결론을 내려 보자. 지도 작성이라는 목적과 설명을 위한 목적을 구분해서 보면, 〈표 33〉은 지도 작성을 개관하고 있고 〈표 35〉는 설명력과 예측력을 나타내고 있음을 쉽게 알 수 있다. 두 표 모두 다소 이해하기 어려운 도식이긴 하다. 그래서 〈표 33〉을 내 분석에서 도출한 기본적인 **구조적 형태**로 축약해 놓은 것이 〈표 34〉다. 이제 우리가 할 일은 〈표 35〉도 마찬가지로 단순화하는 것으로, 이른바 (경쟁 체계 모델의) **단순화된 모델**을 만드는 것이다. 이는 〈그림 36〉과 같이 나타낼 수 있다.

우선 주의해야 할 것은 그림의 오른쪽 위 모서리 부분이 공백이라는 점이다. 이런 비대칭이 이 그림의 결함일까? 그렇지는 않은 것 같다. 이 공백은 사실상 '붕괴'를 나타내기 때문이다. 이념 거리가 극대화되어 원심적 경쟁이 일어나면 양당 구도는 파괴되거나 내전 상황으로 치닫게 된다. 그리하여 이 그림은, (양극화가 최고조에 이른 상황에서) 양극화된 다당 체계가 나타날 가능성이 가장 크며, 동시에 이것은 체제의 생존을 유지하기 위한 해결책임을 시사한다. 그 대안은 분명 강력한 일당 우위 체계일 것이다. 그러나 강력한 일당 우위 체계는 낮은 경쟁성에서 비롯

그림 36.

단순화 모델

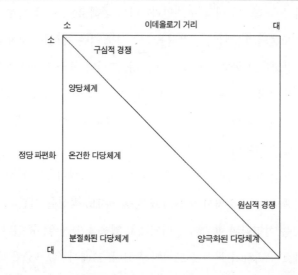

된다. 그리고 경쟁성이 낮을 경우에는 '이념 거리' 변수는 선거 경쟁에서 별 효과를 발휘하지 못한다.

둘째, 이 그림은 내가 강조하는 것이 **경쟁성**이 아니라 경쟁의 **방향**임을 분명히 나타낸다. 대부분의 연구자들은 이런 측면을 간과하고 있으므로, 여기서는 그 중요성을 강조해 둘 필요가 있다. 물론 나도 경쟁성을 고려한다. 일당 우위 체계는 (내가 방금 지적했듯이) 정당 간 경쟁의 정도가 낮다. 마찬가지로 양당 체계의 역학은 높은 경쟁성에 좌우된다. 그런데 이 점을 넘어서면 경쟁성이 체계에 가져오는 결과는 (우리가 알고 있듯이) 분명하지 않다.[22] 경쟁성의 정도는 경쟁자들 간의 차이의 크기에 의해 측정되는데, 과도한 경쟁성은 과소한 경쟁성만큼이나 도움이 안 될 수 있다. 혹은 경쟁성의 차이가, 정치가의 행동이나 정부 업적에 감지할 만한 차이를 만들어 내지 않을 수도 있다. 그리고 내가, '경쟁'을 독립변수 또는 중요한 설명 변수로 해석하려는 다양한 시도를 따를 수 없는 것은 이 때문이다. 비록 이런 시도가 왜 끊임없이 이루어지는지, 그리고 경쟁이 측정 가능한 변수이자 아주 매력적인 변수라는 것을 내가 잘 알고 있음에도 말이다.[23] [경쟁을 독립변수로 삼는 것에 대한] 내 비판의 핵심을 정확히 표현한다면, 우리의 측정 방법은 경쟁의 방향을 식별해 낼 수 없으며, 따라서 정체의 전체적인 수행에 결정적인 영향을 미치는 한 가지 요소[경쟁의 방향]를 간과하고 있다는 점이다.

3. 분류에서 측정으로

나의 개념적 분석에 대해 적어도 세 가지 측면에서 불만이 제기되고 있다. 하나는 부류와 유형은 추상적 개념일 뿐이라는 고전적 반론이다. 둘째는 우리에게 필요한 것은 동태적인 '과정' 개념인데 부류와 유형은 정태적인 '위치' 개념이라는 주장이다. 세 번째이자 중요한 비판은 간단히 말해, 분류의 논리는 측정으로 대체될 수 있다는 주장에서 드러난다. 이런 반박들은 서로 연관되어 있지만 분리해서 하나씩 논의하는 것이 좋겠다.

첫째 문제 제기는 구태의연한 것이기도 하고 설득력도 없다. 모든 과학적 지식은 일반화를 다루고 있으며 모든 일반화는 추상화를 수반한다는 점을 차치하더라도, 이런 반박이 가진 치명적 결함은 대안을 제시하지 못하고 있다는 점이다. 비록 분류라는 것이 현실에서 보이지 않는 것들까지 추적할 수 없으며 임의로 제외한다는 점을 인정한다 해도, 분류 지도가 불필요한 것은 아니다. 자연의 세계도 분명 인간의 세계만큼이나 복잡한 세계다. 과연 식물학자나 동물학자가 분류 체계에 의지하지 않고 자기 분야를 제대로 연구할 수 있을까? 실제로 동물학자와 사회과학자가 다른 점은, 사회과학자가 동물학자에 비해 분류에 훨씬 더 관심과 주의를 기울여야 한다는 사실이다. 둘 다 분류를 필요로 하지만, 사회과학자는 (동물학자들과는 달리) 한 번의 분류에 완전히 만족할 수 없다. 사회과학자의 세계는 몹시 역동적이어서 항상 재분류하고 새로 분류해야만 한다.

나에 대한 두 번째 반론은, 내가 주로 과정 개념이 아니라 위치 개념에 관심을 갖고 있다는 것이다. 이 점은 기꺼이 인정할 수 있지만 단서가 필요하다. 첫째, 위치 개념도 약간의 동태성을 감안하고 있다는 것이다. 구체적 사례들은 한 범주에서 다른 범주로 이동할 수 있고 또 이동하고 있기 때문이다. 그러나 어떤 동태성은 충분한 동태성이 되지 못할 수도 있다. 예컨대 (구조적 배열 같은) 위치 개념을 기초로 한 분석은 국가 건설이 완료된 나라에는 적합하나 국가 건설 과정을 포착하는 데는 부적절하다. 실제로 이는 유동적 정체를 다루는 것과 관련된 내 견해이기도 하다. 유동적인 정체의 맥락에서는 분류가 사실을 오도할 수 있다는 내 경고가, 개발도상 지역을 분석하려면 과정 개념을 폭넓게 고려할 필요가 있다는 견해를 뒷받침하기 때문이다.[24] 그럼에도 불구하고 과정 개념 역시 변하지 않는 일관된 준거 틀을 필요로 한다. 그러므로 위치 개념과 과정 개념의 차이와 각각의 적합성을 인식한 후에는 다음과 같은 방법상의 문제가 남는다. 정태성과 무관하게 또는 정태성을 언급하지 않고 동태성을 파악할 수 있는가? 나는 그럴 수 있다고 생각하지 않는다. 그리고 이에 대해서는 앞선 철학자들로부터 배울 것이 있다.

칸트 이전까지 철학은 대체로 정태적이었다. 칸트 자신은 논리적으로 가장 엄밀한 정리 체계를 구축한 철학자다. 그 후로 동태론이 이어졌다. 낭만주의, 고전 관념론, 실존주의가 등장한 것이다. 피히테, 셸링, 헤겔 그리고 그들의 후예와 함께 우리는 사진에서 영화로, 즉 정태론에서 동태론으로 도약하게 된다. 변증법, 유동성, 지양, 끝없는 변화, 행위 등은 한 세기 동안 유럽 철학의 핵심어가 되었다. 그 결과 이해할 수 없는 혼란이 나타났다. 근본적인 재구성이 필요해졌고, 분석철학이 전면에 대두해 지금까지 진행된 것이 (전부는 아니지만) 대부분 무의미하다고 선언했다. 논리실증주의, 특히 초기 논리실증주의의 반발은 과도하긴 했지만 관념론과 실존주의에 비해 큰 인기를 얻었다. 모든 구분(실제로는 분석 자체)의 변증법적 융합이 금지되고 정태론이 부활했다.

유추는 어디에서 오는가? 내가 보기에는 '낭만적 변증법'의 분위기가 사회과학 안으로 스며들어 온 것 같다. 현재는 이분법과 논리적 양극화를 피하고, 과정과 변화에 집중하라는 권고가 익숙하게 들린다. 사실이는 자유와 강제는 구분할 수 없다거나, 자유와 억압은 분리할 수 없다는 식의 논리다. 헤겔의 변증법이나 이를 계승한 마르크스주의의 변증법을 경험으로 알고 있는 사람이라면 누구나 이것이 어디로 향하는지 알고 있다. '과정 논리'가 변증법적 모호함으로 이어질 위험이 있는 것처럼, 분석적 사고가 느슨해질 때 그것은 혼란스러운(그리고 혼란을 일으키는) 사고와 위험할 정도로 가까워진다. 철학의 사례로부터 배워야 할 점이 하나 있다. 동일한 함정을 어떻게 피할 것인가? 과정 개념, 즉 과정 논리(또는 변증법)에는 나름대로 이점이 있다. 그러나 모든 소가 검게 보이는 헤겔의 어둠 속으로 무모하게 돌진하지 않는다는 조건에서만 그렇다. 현실 세계는 과정(생성becoming)으로 파악될 뿐만 아니라 어느 시점에서는 상태(존재being)로도 파악될 수 있다. 동태성을 중시하더라도 '위치'를 폄하해서는 안 된다. 그리고 분류학taxonomies이 '과정'에 대한 이해를 방해한다고 생각하는 것은 여행을 방해한다고 지구를 탓하는 것만큼이나 터무니없다.

나는 앞의 두 반론에 대해서는 별 인상을 받지 못했지만, 진짜 문제는 다음 질문에 있다. **내용**을 다루는 '질적 과학'과 **양**을 다루는 '양적 과학'은 어떻게 연관되는가? 직설적으로 말해, **종류**의 차이와 **정도**의 차이는 어떤 관계가 있는가? 또 다른 각도에서 이렇게 질문할 수 있겠다. '측정 이전'과 '측정' 사이에 어떤 관계가 있는가? 이런 여정(정말 긴 여정이다.)을 따라 세 개의 단계 혹은 국면으로 나누어 생각하는 것이 효과적이다. 첫째, 개념을 분류의 방법으로 다루는 단계가 있다. 이는 논리적으로는 **양자택일**식의 처리 단계이다. 즉 'A는 B다' 혹은 'A는 B가 아니다'처럼 말이다. 이런 분석 양식을 '분류의 논리'라고 부른다면, 두 번째 단계는 정도에 대한 것으로 '등급화gradation의 논리'[25]라고 할 수 있다. 이 두 번째 단계는 다소 양면적이다. 등급화의 논리에는 '양과 관련된 관용구'가 따라오는 경우가 적지 않은데, 대체로 남용되기 쉬운 관용어일 뿐이다(이를테면 "**모든** 차이는 정도의 차이일 **뿐**"이라는 격언에서도 알 수 있듯이).[26] 이와 동시에, 정도를 논리적으로 처리하면 실제 **측정**, 즉 항목에 수량적 가치를 부과하는 데 도움이 된다. 그러나 이것은 **양적** 과학의 시작일 뿐이다. 그래서 세 번째 단계는 수치에 **수학적** 속성을 부여하는 단계, 즉 측정을 수학의 개념과 이론 아래에 두는 단계다. 이 단계에서 양적 과학은 수학으로 탈바꿈한다. 그 궁극적 이상은 측정된 항목들 간의 함수관계 속에서 일반 법칙을 발견하는 데 있다.

의문의 여지없이, 우리는 이런 실천 강령을 좇아야 할 것이다. 연구자는 분류의 논리에 의해 도출된 이분법적 특성을, 등급화의 논리가 요구하는 연속적 특성으로 전환시킬 기회에 관심을 기울여야 한다. 측정을 많이 할수록 나은 결과를 얻을 수 있음을 부정하는 사람은 없을 것이다. 정치학의 수학화에서 문제가 되는 것은 (그것이 바람직한가 혹은 잠재적 가능성이 있는가의 여부가 아니라) 실제로 사용되고 있는 수학이 우리의 문제의식에 적합한가이다. 그래서 의견이 나뉘는 지점은 계획 자체가 아니라 그것의 실행과 관련된다. 좀 더 정확하게 말하면, 첫 번째 단계, 즉 분류 논리에 의한 양자택일식(이원론적) 처리 방식이, 등급화 논리에 의한 정도의 (연속적) 처리 방식과 어떤 관계가 있는지를 두고 의견이 나뉜다. 쟁점이 서로 연결되는 지점이 바로 여기다.

첫째, 지난 20년 동안, 분류의 논리가, 정치학 방법론이 계량적인 방향으로 전환하는 데 반하는 것은 아니더라도 방해가 된다는 가정하에서 '계통과 차이'per genus et differentiam에 기초한 분석 양식을 배제하는 분위기가 지배적이었다. 둘째, 양적 과학은 질적 과학 **없이도** 진전될 수 있으며, 나아가 (등급화의 논리에 의해 표현된) 양적 과학을 위해서는 분류를 통한 분석 모델을 사실상 폐기하거나 적극적으로 거부할 필요가 있다고 여겨졌다. 내가 보기에 이는 심각한 오해로 보인다. 첫 번째 가정은 우리의 실제 행위와 부합하지 않는다. 이는 잠깐 멈춰 서서 정치학이라는 영역 안에서 질적 과학이 우리 이론의 거의 전체를 포괄하고 있다는 것을 생각해 본다면 명백해진다. (분류의 논리를 배제하라는 분위기를 만들어 냄으로써) 두 번째 가정은 결국 진흙 발을 가진 거인*을 만들게 될 것이다.

내가 개념 형성의 양식(분류 혹은 기타)을 강조하기 때문에 동전의 양면 가운데 경험적 측면보다 이론적 측면을 중시한다는 의심을 받고 있는데, 이런 의심을 피하기 위해 자료를 바탕으로 이 문제를 살펴보기로 하자. 자료, 즉 데이터란 우리의 연구 도구, 즉 과학의 관찰 개념에 의해 인식되고 정밀하게 분석한 '사실'facts이다. 다시 말해, 자료는 **개념의 그릇**conceptual containers에 의해 처리되고 그 안에 담겨 배포되는 정보다. 좀 더 정확하게 말하면, 자료는 탐구자가 형성하고 정의한 개념에 따라 수집·배열된 관찰 결과다. 개념은 사고의 구성단위에 그치는 것이 아니다. 개념(관찰된 개념)은 바로 **자료를 담는 그릇**이기도 하다. 그렇다면 중요한 문제는 다음과 같다. 개념을 타당한 **사실 발견의 그릇**으로 전환시키는 것은 무엇인가?

세부적인 사항에 들어갈 것 없이 우선 다음을 말해 두고 싶다. 자료의 그릇(개념)이 ① **표준화**되고 ② **분별력**이 극대화될수록 과학의 데이터베이스는 그만큼 만족스러워진다. 자료의 그릇이 표준화되지 않으면 정보는 누적되지 않는다. 또한 자료의 그릇이 여기저기 다용도로 사용될 수 있을 만큼 분별력이 없고, 그래서 예상하지 못한 용도까지도 포함하게 된다면 표준화는 실패한다. 어떻게 이 두 가지 중요한 조건을 충족할 수 있을까? 여기에 어려운 점이 있다. 나는 분류 기법 말고는, 이 두 요건을 함께 충족시키는 다른 기법을 알지 못하기 때문이다. 일반적인 부류(개념)가 '계통과 차이'에 따라 상호 분리된 (양자택일의) 부류들로 '분해될' 경우에만 표준화와 예리한 차별화가 나란히 성립된다. 추상의 사다리에서 아래쪽으로 움직일수록 분류의 체계는 더 특수해지고(보다

• 머리는 금, 가슴은 은, 배는 동, 다리는 쇠로 만들어졌지만 정작 중요한 토대인 발은 무너지기 쉬운 흙으로 되어, 보기에는 화려하고 대단한 것 같지만 실제로는 제대로 설 수조차 없이 허약하다는 의미.

많은 속성을 공유하고) 더 많은 분별력을 갖는다.

핵심은 이렇다. 가지치기를 하지 않으면, 다시 말해 유형화와 부류를 구분하지 않으면 연구는 끝없이 소모적인 것이 된다. 이 뼈대는 오래전부터 분류의 논리와 그 결과 생겨난 논리적 엄격함에 의해 제공되어 왔다. 이런 엄격함이 느슨해지고 산만한 점검표checklists로 대체된다면, 각 연구는 물고기 종류마다 다른 각각의 그물을 사용해 고기잡이를 하는 것이 되고 말 것이다. 이것은 연구자 자신에게는 즐거운 일이 될지 모르지만, 과학에는 무질서하고 이질적이며 중복된 연구 결과만 남길 뿐이다. 이런 연구 결과들은 모아 봤자 거의 아무 쓸모가 없다. 게다가 [점검표가 적힌] 장부의 다른 장을 이곳저곳 들춰 본다 해도 별로 더 나아질 것은 없다. 우리에게 남은 것이라고는 구분 능력이 부족한, '잡다한' 자료를 담은 그릇들뿐이기 때문이다. 우리가 가진 표준적인 범주와 변수들을 생각해 보자. 사회 계급, 직업, 산업화, 문자해득력, 근대화, 참여, 동원, 통합 같은 것들 말이다. 분명한 것은 이런 변수들로는 나라별 차이를 가로질러 만국에 공통된 근본적 현상을 측정하지 못하며, 이는 자료 수집 기관의 신뢰성과 별개의 문제라는 사실이다. 요컨대 자료를 담는 그릇의 판별력이 빈약할수록 사실을 **잘못 수집하게 되고 잘못된 정보**가 많아지게 된다.

몇 년 전만 해도 이론은 풍부한데 자료는 빈약하다고들 했다. 오늘날에는 이론은 빈약하고 자료는 잘못되었다고 말할 수 있을 것이다. 자료가 잘못된 정보를 제공하는 것은 앞서 말했듯이 데이터베이스의 상태가 좋지 않기 때문이다. 그러면 이론은 왜 빈약한가? 그 이유를 같은 원인에서 찾을 수 있을까?

경험에서 이론으로 관심을 돌리면, 문제는 다음과 같이 간단하게 표현할 수 있다. 분류의 논리가 우리 지식의 출발점으로서 여전히 필요한가? 또는 이 첫 단계가 다른 단계들을 방해하는가? 그래서 이 단계를 배제해야 하는가? 우리는 이런 딜레마에 정면으로 대응해야 한다. [분류의 논리로는] 양자택일식 처리는 피할 수 없다는 관점을 택할 것인가, 아니면 과감하게 여정을 되돌려 (자료에서 과학으로 되돌아가는) 신베이컨주의적 시각을 받아들일 것인가.[27] 이 역시 딜레마다. 왜냐하면 [측정을 위한] 두 번째 단계에서도 첫 번째 단계[분류의 과학성]가 제대로 토대를 확보했는지의 부담을 감당할 수 없을 것이기 때문이다. 도대체 **무엇**의 정도 또는 양[을 측정한다는 것]인가? 분명히, 우리가 무엇을 측정하는지를 알아야 비로소 측정할 수 있다. (특정 속성과 관련해) 같은 부류에 속하는 사물과 사건들의 경우에만 양이나 정도를 문제 삼을 수 있다. 그 후로는 아무리 질문을 확대해도 문제가 되지 않는다. 분류 과정이 전제되지 않는다면 등급화의 논리는 혼란만 초래할 뿐이다.

　신베이컨주의 시각에서 보듯, 만약 자료가 임시변통식의 개념적 그릇으로 분류되고 처리된 정보와 관찰 결과일 뿐이라면, "자료에서 거꾸로 과학으로 가는" 길은 진흙 위에 진흙을 쌓는 것이나 마찬가지다. 신베이컨주의 인식론이 갖는 터무니없는 순진함은 차치하고라도, 실제로 문제가 되는 것은 ① 연구와 조사 자료가 양적으로 증가하는 것에 비례해 비교 가능성과 유형별 누적의 가능성은 그만큼 점점 줄어든다는 것이다. 또한 ② 통계기관들이 제공하는 값싸고 조잡한 자료들은 절망적일 만큼 판별력이 부족하다. 그러므로 데이터베이스의 상태는, 자료의 질을 **그 원천으로부터** 향상시키는 것이 절실하게 필요하다는 사실을 보여 준다. 컴퓨터를 통해 자료를 정리하는 것도, 절망적일 정도로 애매하고 중복된 범주의 문제에 대한 해결책이 되지 못한다. 그러나 능숙한 신베이컨주의자라 해도 자료를 발견하려는 사람이 그러기 위해 무엇을 어떻게 해야 하는지에 대해서는 아무것도 말해 주지 않는다. 그들은 방대한 자료를 재조작하는 데 만족하고 있는 것 같다. 물론 오늘날에는 강력한 통계 기법이 있기 때문에, 예전 같으면 개념 수준에서 처리했던 것들을 자료 수준에서 처리할 수 있다고 반론할 수 있다. 즉 오류를 검출하고 그 결과로 이론을 구성·재구성할 수 있다는 것이다. 그러나 통계 수준에서는 현재 고려 중인 변수들만 통제할 수 있을 뿐이다. 이를테면 다중 회귀분석은 관찰된 상관관계를 설명할 수 있는 변수들을 발견하지 못한다. 마찬가지로 우리가 컴퓨터에 입력한 지표들만 해당 차원에서 분해되거나 집적된다. 요컨대, 컴퓨터와 통계 기술은 개념 형성의 허술함 때문에 생기는 문제를 보완해 줄 수 없다.[28]

아무튼 내가 보기에, 우리는 연구프로그램을 실행하면서, 마치 욕조에 있던 아기는 버리고 그 대신 더러운 물을 채우고 있는 것 같다. 대조표는 분류표의 어설픈 대체물일 뿐이다. 그리고 미리 분류를 하지 않으면, 등급을 매긴다 한들 보이는 것과는 달리 실제로는 부정확하기 마련이다. 다른 관점에서 보면, 분류의 한계는 이분법을 연속적 특성으로 전환함으로써 언제든지 바로잡을 수 있다. 반면, 분류를 무시하거나 분류를 허술하게 해서 발생한 손상은 그대로 남고 이후 변환 과정에서 확대되기도 한다. 그래서 반복해서 말하지만, 우리의 이해는 항상 반드시 문제가 **무엇인지**에서 시작된다. 만약 그런 문제가 체계적이고 논리적인 과정을 거쳐 정제되지 않으면, 우리는 두 세계의 나쁜 점만 갖게 될 것이다. 즉 질 나쁜 과학은 질 나쁜 양적 과학으로 이어질 것이다. 어떤 푸딩인지는 맛을 봐야 알 것이다. 하지만 푸딩의 종류를 모르면 맛을 봐도 어떤 푸딩인지 알 수가 없다. 이 점에 대해서는 이 책의 제2부에서 길게 살펴보았는데, 몇 가지 특별한 사례가 이를 상기시켜 줄 것이다.

일본, 미국, 서독, 이탈리아를 예로 들어보자. 이들 나라의 정체는 어떤 종류 또는 어떤 유형에 속하는가? 잘 알려져 있듯이, 일본은 ① 일당제로 볼 수도 있고, ② "실제로 단 두 개의 정당만이 의회를 차지하고 있으므로" 양당 체계로 볼 수도 있다. 또한 ③ 여러 정당이 "느슨하게 구조화된 연합들로 이루어진 체계"라는 점에서 다당 체계로 볼 수도 있고, ④ 1.5 정당 체계로 간주할 수도 있다.[29] 마찬가지로 미국도 양당 체계나 주기적 일당 우위 체계로 분류할 수도 있고, 2.5 정당 체계(0.5는 민주당이 강세인 남부에 해당된다.)나 "본질상 4당제"로 분류할 수도 있다.[30] '지배' 정당 체계 같은 유사 부류의 단서를 기준으로 삼으면 훨씬 혼란스러워진다.[31] 뒤베르제에 따르면, (1950년대 초에) 이탈리아와 서독은, "뚜렷한 이원주의적 경향"이 나타났을 뿐만 아니라, 지배 정당이 존재했다는 점(오늘날 독일의 기독민주연합은 지배 정당이 아니다.)에서 매우 유사했다.[32] 돌이켜보자. 두 나라가 한때 어떤 공통점을 가진 적이 있었다고 가정한다면, 이들이 서로 아주 떨어진 길을 걸었다고 생각할 수 있는 사람은 거의 없을 것이다. 그러나 두 나라가 공통점을 가진 적이 정말 있었는가? 또한 많은 문헌들이 다음과 같은 질문을 제기하고 있다. "왜 멕시코의 제도혁명당은 지배적 지위를 유지할 수 있었는데, 튀르키예의 공화인민당은 투표로 권좌에서 물러나야 했는가?"[33] 제도혁명당은 경쟁의 위험으로부터 보호받는 패권 정당인 반면, 공화인민당은 자유로운 선거 시장에서 앞서 승리했다가 패배한 것이라는 사실을 먼저 확인하지 않으면, 즉 두 사례가 서로 다른 부류에 속한다는 점을 먼저 확실하게 하지 않으면, 잘못된 문제의 소용돌이에 휘말리게 된다.

분명히 비교와 이론의 관점에서 볼 때 이 문제는 해결하기가 불가능한 사안이다. 따라서 우리가 이런 상황에 직면해, 한발 물러서서 일반적으로 "단지 분류일 뿐"이라며 자세를 낮춘다 해도, 그것으로는 정당화되기 어렵다. 우선 (카를 프리드리히가 엄밀하고 정확하게 지적하듯이) "유형론의 문제는 관련된 현실의 구조를 구분하는 문제다."[34] 나아가 만약 우리가 제안하려는 일반화를 입증하는 나라와 기각하는 나라를 명확하게 할 수 없다면, 유형을 이해하고 동향을 예측하려는 시도는 실패할 수밖에 없다.

그래서 나는 질적 과학 또는 명목 과학nominal science에 의해 확립된 지침 안에서 양적 연구를 추구할 것을 제안한다. 앞에서 언급한 견해에 따르면 우리는 이제 앞으로 나아갈 수 있는 최적의 위치에 있다. 문제가 무엇인지를 규명했기 때문에, 우리는 무엇을 측정해야 하는지를 알고 있으며, 실제로 측정하고 있는 것이 무엇인지도 식별할 수 있다.

4. 유효성 측정하기

이 장의 2절에서 요약한, 정당 정체의 유형 분류는 주로 수적 기준, 즉 유효 정당의 수에 의거하고 있다. 그것의 한계에 대해서는 앞에서 이야기했지만, 이는 포기할 수 없는 지표다. 정당의 수가 정당 체계의 **파편화 정도**를 나타낸다고 할지라도, 그것은 파편화 정도를 나타내는 지표들 가운데에서는 가장 조잡한 지표다. 그것은 내가 주로 정당의 **규모**(실제로 측정된 규모)보다는 **유효성**relevance에 주목했기 때문이다. 그래서 내 논의에서 규모는 주변적인 요소로 취급했다. 그러나 규모에 대해 살펴보기 전에 우선 '유효성'을 지금까지 했던 것보다 나은 방법으로 조작하고 측정할 수 있는지를 검토해 보자.

정당의 수를 계산하는 규칙은 일반적인 다당 체계의 경우 두 가지 기준을 바탕으로 한다. 하나는 어떤 정당이 연립의 가능성을 갖고 있는가의 여부이고, 다른 하나는 위협의 가능성이 있는가이다.[35] (구체적인 사례들을 부류들에 배치하는 것, 즉 분류라는) 목적을 위해서는, 이런 기준들을 더 명확히 하는 작업이 불필요했고, 그렇게까지 하는 것은 간결성parsimony의 원리에도 배치되는 것이었다. 그러나 측정을 할 때는 느슨하게 해서는 안 된다. 따라서 연립 가능성을 측정하는 경우, **잠재적** 집권 유효성과 **실제적** 집권 유효성이라는 두 가지 기준이 필요하다.

첫 번째 경우에는 집권한 정당, 연립 정부에 참여하는 정당인지, 아니면 **일정 시점**에 의회에서 과반 의석을 확보하려는 정부를 지지하는 정당인지를 측정하게 된다. 여기서는 두 가지 조작상의 문제가 제기된다. 첫째, 어느 시기의 어느 시점인가? 둘째, 구체적으로 어떤 과반수를 말하는가(최소 승리 규모 이상의 과반수인가, 최소 승리 규모의 과반수인가), 그리고/또는 소수파 정부를 어떻게 다룰 것인가? 첫 번째 어려움은, 의회 회기를 시간 단위로 하고 하나의 회기를 하나의 '유효성 상황'occasion of relevance으로 삼음으로써 해결할 수 있다. 두 번째 난점도 극복했다고 (낙관적으로) 가정하면, 각 회기 의회의 정확한 수치를 얻을 수 있을 것이다. 그러나 이는 완전하지도 않고 흥미롭지도 않은 해결책이다. 우리가 관심 있는 것은 체계 수준의 측정치이기 때문이다. 그래서 우리는 평균치를 사용하게 된다. 그러면 문제가 없다. 이는 다음 두 경우, 즉 (체계가 변화되어) 평균치가 완전히 잘못된 것이 되는 경우, 그리고 시간 차원에서 볼 때 불가피하게 과거의 어느 시점을 중심으로 평균을 내게 되므로 우리가 가진 수치가 체계에 '잘못된 정태론'을 덮어씌우는 경우를 제외하고 말이다. 또한 '과반수'를 조작적으로 정의하는 데 필요한 모든 전제 조건을 고려한다면, 측정값의 정확성이라는 것도 주관적 자의성의 결과처럼 보인다. 조작적 인공물이자 잘못된 정확성이라는 것이다. 그러므로 대체로 이런 측정 방법은 추구할 가치가 없다. 지금까지 적용한 기준에 따르면, 시간이 지남에 따라 오래된 정당을 빼고 새로운 정당을 포함할 수 있다. 그 느슨함 때문에, 최신 상황을 따라잡을 수 있는 것이다. 이와는 대조적으로, 외견상 체계 수준의 측정은 평균치를 추구하는 방식을 필요로 하는데, 이는 액면가에 따른 계산에서 얻게 된 변동치는 어떤 것이라도 제거하는 것을 뜻한다. 여기서 우리는 일반적인 방법론 문제에 직면하게 된다는 점을 덧붙이고자 한다. 정체에 부여된 평균치는 해당 체계가 (주어진 일련의 매개변수와 관련해서) 연구의 대상이 되는 기간 동안 변화하지 않는다고 가정한다. 또한 평균치를 사용할 때는 우리가 측정하고 있는 것과 관련해서 '기간'time span의 적절성 및 범위를 생각해야 한다. 요컨대 대부분의 비교 연구는 기록으로 남길 수 있도록 시계열 분석을 활용해야 한다.

정당의 '잠재적' 집권 유효성을 체계 수준에서 측정하는 것은 별 의미가 없지만, '실제적' 집권 유효성과 관련해서는 사정이 달라진다. 후자의 경우에는 매우 정연한 기준을 설정할 수 있다. 어떤 정당이 실제로 집권을 하거나 내각에 참여할 때, 또는 정권 유지에 요구되는 과반 의석을 확보하도록 확실하게 밀어줄 때에만 **집권 유효성**을 가진다고 할 수 있다. 다당 체계의 의회마다 다른 과반 연립(즉 다른 수의 정당들로 구성된 과반)이 구성되므로 여기서는 중요한 의미를 갖는 시간 단위가 의회 회기임에는 의심의 여지가 없다. 그래서 측정의 조작적 기반은 다음과 같다.

첫째, 해당 의회에서 적어도 한 번도 정부에 참여하지 못했거나 (신임

투표에서 정권을) 지지하지 않았던 정당은 계산에서 제외한다. 또 어떤 정당이 집권당을 지지하더라도 그 집권 정당이 이미 집권 유지 선을 넘어서려 하지 않거나 거부할 경우도 계산에서 제외한다. 그렇지만 정부가 어떤 정당이 기권을 한 덕분에 집권할 경우 그 정당은 계산에 포함한다. 둘째, [연립] 정부에 참여하거나 장관직을 갖게 된 모든 정당에는 동일한 비중을 부여한다. 셋째, 정당을 기본 단위로 행동하는 것으로 가정한다. 그러므로 정당의 경계를 가로지르는 경우는 고려하지 않는다. 넷째, 선거 결과가 성립될 수 없는 사정이 생겨서 즉각 다시 선거를 치러야 하지만 않는다면, 각 의회는 지속 기간이 길든 짧든 상관없이 동일한 비중을 갖는다. 의회의 지속 기간은 별 의미가 없으므로 종료 이전의 의회도 고려할 수 있다. 다섯째, 연립 게임의 성격이 변하지 않고 그대로 유지될 경우에는 정당들의 연립 유효성 또는 집권 유효성은 여러 회기를 합하여 평균을 낼 수도 있다. 앞서 말한 조건에 따라 n(의회의 수)을 분자로, C_i(연립 단위)를 분모로 한다. 정부에 참여하는 정당과 집권에 결정적인 지지를 하는 정당(기권을 통해 지지 의사를 밝히는 정당)을 모두 연립 단위로 계산한다. 따라서 측정식은 다음과 같다.

$$\frac{n}{\sum a}$$

가장 단순한 경우는 한 회기 안에서 하나의 연립 정부를 갖는 의회다. 이런 경우에 정부 참여 정당(또는 의회 내에서 정부를 지지하는 정당) 각각에 C=1를 부여한다. 예를 들어 그런 정당이 셋이라면, 그 의회에서 분자는 1이 되고, 분모는 3이 된다. 그런데 대부분의 의회는 한 번 이상 연립 정부를 경험한다. 이 경우 여러 연립 정부에 참여하는 모든 정당에게 C=1의 값을 부여할 수 없다. 왜냐하면 그렇게 하면 다른 현상, 즉 **정권**

의 **불안정**(정부가 붕괴되어 연립 파트너가 바뀌는 빈도)을 추가하게 되어 측정을 왜곡하기 때문이다. 논리적으로, 이 문제는 다음 두 가지 방법 중 하나를 통해 해결할 수 있다. ① 모든 정당에 C의 값 1을 부여하고 [의회가 유지되는 동안 경험하는] 연립 정부의 수를 분자로 한다. ② 분자를 상수로 놔두고(1은 1회 의회) 분모를 연립 정부의 수로 나눈다. 예컨대 연립 정부의 수가 2면 C_i는 0.5가 되고, 정부의 수가 4면 0.25가 된다. 첫 번째 방식은 지속 기간에 관계없이 모든 연립 정부에 동등한 비중을 부여하고, 두 번째 방식은 지속 기간에 관계없이 모든 의회에 동등한 비중을 부여한다. 실제로는 연립 정부의 지속 기간이 의회의 지속 기간보다 변화의 폭이 훨씬 크기 때문에, 경험적으로 볼 때 두 번째 해법이 선호되며, 실제 계산에서 채택되고 있다.

그러므로 측정식, 의회마다 실제적 연립(집권) 유효성을 갖는 정당의 수가 몇 개인가라는 함수는 매우 간단하다. 분자는 각 의회를 1로 계산하고, 단일 연립 정부 의회인 경우에는 분모도 똑같이 1로 하기 때문에, 1은 측정치의 상한선이 된다. 그리고 $\Sigma\,C_i$가 클수록 $\frac{n}{\Sigma\,C_i}$의 비율은 낮아진다. 그래서 제2차 세계대전 이후를 기준으로 해 선별한 나라들에 이 비율이 어떻게 적용되는지를 곧바로 검증할 수 있다.

〈표 37〉의 제목에서 나타나듯이, 집권 유효성을 갖는 정당의 수를 측정함으로써 사실상 집권 연립의 파편화 정도를 측정하게 된다. 우선 이것이 정당들의 '연립 비중'을 측정하는 것이 아니라는 점에 유의해야 한다.[36] 두 번째 유의할 점은, 이 표에서는 양당 체계, 즉 양당 체계의 역학을 따르는 정당 체계를 제외하고 있다는 것이다. 왜냐하면 내가 제시한 기준은 다당 체계에 적용하기 위해 고안한 것이기 때문이다. 게다가 이 측정식은 양당 체계의 경우 1의 값이 산출되도록 만들어져 있으므로,

표 37.

18개국 정부 연립의 파편화(1946~74년간 체계의 평균)

.8	― 인도	.77 인도
		.67 스웨덴
.7	― 스웨덴	.59 우루과이(1946~1973)
		.58 노르웨이
.6	― 우루과이, 노르웨이	.53 에이레[구 아일랜드]
		.51 벨기에
.5	― 에이레, 벨기에,	.49 일본(1947~55)
	일본, 오스트리아, 룩셈부르크,	.48 오스트리아(1945~66)
	아이슬란드, 서독	.46 룩셈부르크
		.45 아이슬란드
.4	― 프랑스(제5공화국)**	.44 서독
		.41 프랑스(제5공화국)
	― 덴마크	.35 덴마크
		.28 이탈리아
.3	― 이탈리아, 핀란드, 스위스,	.27 핀란드
	네덜란드, 이스라엘	.27 스위스
		.26 네덜란드
		.25 이스라엘
.2	― 프랑스(제4공화국)*	.20 프랑스(제4공화국)

* 프랑스 제4공화국: 1946~58년, ** 프랑스 제5공화국: 1958년부터 현재까지_옮긴이

이런 배제는 반드시 필요하다. 일당 우위 체계의 경우도 마찬가지다. 그
래서 오스트리아는 '대연정'을 실행한 시기(1945~66년)만 포함되어 있
다.[37] 인도는 1969년에 국민회의파가 분열했기 때문에 포함되었다. 파
편화율에 대한 해석은 간단하다. 비율 1은 하나의 정당이 회기 내내 집
권하는 경우, 즉 하나의 정당이 모든 의회를 단독으로 구성해 집권하는
경우에 해당한다. 파편화율 0.5는 두 개의 정당이 회기 내내 집권하는

경우, 즉 두 정당(1~3개 정당 가운데)에 연립이 집중되어 있는 경우다. 파편화율 0.33은 세 정당이 회기 내내 집권하는 경우, 즉 연립이 세 개의 정당(아마도 하나의 정당에서 4, 5개의 정당)에 집중되어 있는 경우다.

예상대로 인도의 순위가 가장 높다. 일본은 온건한 다당 체계를 실시했던 시기만 포함되었다. 전체 기간(1947~72년)의 평균을 내면, 파편화율은 0.71이 되어 양당 체계의 특성이 사라지게 된다. 프랑스 제5공화국은 드골파와 독립공화당을 두 개의 정당으로 고려한다는 가정하에 0.41이 된다. 드골파와 독립공화당을 하나의 정당으로 간주하면 0.62가 된다.[38] 표 아래로 내려가면, 덴마크는 측정 과정의 어려움을 보여 주는 매우 좋은 사례다. 1974년 자유당 일당 정부였던 덴마크는, 자유당 의석이 의회 179석 가운데 21석에 불과해 의회 다수결로 불신임안에 반대하는 전략을 통해 집권했다.[39] 그러므로 우리의 규칙에 따르면, 1973~75년 의회의 경우 1개 이상의 정당을 계산에 넣어야 한다. 이탈리아의 파편화율에 대해 우리가 기억해야 할 것은, **정당 체계의 파편화 정도**가 아니라 **연립 정부의 파편화 정도**를 측정하고 있다는 것이다. 이 기간 동안 약 3분의 1의 의석을 차지한 정당(공산당, 이탈리아 사회운동당)이 집권 유효성을 확보한 것이 한 번뿐이었으며, 주요 중간 정당(기독민주당)이 40%가량의 의석을 차지했다는 사실을 감안하면, 이탈리아의 파편화율은 충분히 납득할 만하다.[40]

이 측정이 유효한지 여부는 두고 봐야 할 것이다.[41] 여기서 중요한 것은, 양적 과학으로 나아가는 방법과, 반대로 이런 조작화가 명목 과학으로 효과적으로 피드백되는 방법을 강조한다는 점이다. 앞의 논의가 보여 주듯이, '집권 잠재성'을 넓은 의미로 받아들이면, 측정치로부터 얻을 수 있는 것은 없다. 장점보다 결점이 많아지는 것이다. 그래서 두 번째 기준, 즉 위협 잠재성까지도 포함해 [정당] 체계 전반을 측정하는 것으로 논점을 확대할 수 있다.[42] 한편 조작을 통해 첫째 기준을 폭넓게 수용하는 경우와 협소하게 수용하는 경우를 구분할 필요가 있다. 그렇게 하면 확실히 명확성을 얻게 된다. 물론 정부의 파편화 정도에 대한 측정조차 잘못된 정태론과 거짓 정확성을 낳는다는 비판에 직면할 수 있겠으나, 그렇게 했을 때 그 두 결점을 최소화할 수 있는 조건을 약정할 수 있었다.

5. 수와 규모: 정당 체계 분열 지수

이제 [정당의] 규모에 대해 살펴보자. 직관적으로 보면, 정당의 수는 정당의 규모와 관련이 있고, 정당의 규모가 정당의 수를 제약한다는 사실은 분명하다. 이 맥락을 따라갈 때가 되었다. 현재 지식에서 [정당의] 수와 규모를 측정하는 방법은 두 가지가 있다. 가장 단순한 방법은 이른바 **누적 백분율**로 레이파트와 블롱델이 정당 연구에 적용한 것이다. 그러나 좀 더 정교한 측정 방법으로는 더글러스 레이가 개발한 **정당 체계 분열 지수**index of fractionalisation가 있다.

레이파트에 따르면, "서로 다른 체계 내의 정당의 수와 규모를 비교하는 가장 객관적이고 간단한 방법은 규모가 큰 정당부터 순서대로 정당 영향력의 누적 백분율을 검토하는 것이다." 레이파트는 이런 기법을 (이탈리아, 스위스, 네덜란드, 덴마크, 노르웨이) 5개국에 적용했고, 〈표 38〉에 나타난 것처럼 "정당의 수와 규모를 바탕으로 이탈리아와 여타 4개국을 명확하게 구분하는 것은 …… 불가능하다."라는 결론을 내렸다.[43]

표 38.

5개국 누적 비율

	이탈리아 (1963)	스위스 (1963)	네덜란드 (1963)	덴마크 (1964)	노르웨이 (1965)
상위 1개 정당	38.2	26.6	31.9	41.9	43.1
상위 2개 정당	63.5	50.6	59.9	62.7	64.2
상위 3개 정당	77.3	74.0	70.2	82.8	74.6
상위 4개 정당	84.3	85.4	78.9	88.6	84.5
상위 5개 정당	90.3	90.4	87.5	93.9	92.6
상위 6개 정당	95.5	92.6	90.5	96.4	98.6
상위 7개 정당	97.2	94.8	93.3	97.7	100.0
상위 8개 정당	98.8	96.6	95.6	98.9	

Arend Lijphart, "Typologies of Democratic Systems"(Sage Publications, Inc.의 허락하에 *Comparative Political Studies* Vol. 1, No. I (April 1968) pp. 3-4에서 재인용).

사실 레이파트는 내가 일찍이 온건한 다당 체계와 극단적 다당 체계를 구분한 것을 비판하고 있다. 이런 구분은 내 계산 규칙에 기초한 것이기 때문에 이 규칙을 무시하면 그 둘을 구분할 수가 없게 된다. 그러나 여기서 나의 관심은 누적 백분율의 장점을 검증하는 것이다. 그러므로 문제는 이 방법이 이론적으로 중요한 결과를 낳는가의 여부가 된다.

우선 제1당과 2당의 비율이 합쳐졌을 때의 순위가 과반 연립을 나타낼지 궁금해 할 수 있다. 〈표 38〉을 보면, 이탈리아, 네덜란드, 덴마크, 노르웨이는 두 정당이 연립해 과반을 넘는 정부를 구성했음을 알 수 있다.[44] 그러나 각 나라의 상위 두 정당들을 자세히 살펴보면 그렇지 않다는 사실이 드러난다. 이탈리아의 경우 두 주요 정당인 기독민주당과 공

표 39.

24개 민주의국가의 상위 두 정당 평균 득표율과 의석수(1945~73년)

	득표율	의석수		득표율	의석수
뉴질랜드	93	99	인도	53	73
영국	91	98	스웨덴	67	69
오스트리아	89	94	이탈리아	65	68
오스트레일리아	93	90	아이슬란드	64	68
뤼르키예	80	89	노르웨이	63	67
우루과이	89	89	실론[구 스리랑카]	63	65
서독	81	85	프랑스	53	63
캐나다	77	85	덴마크	61	61
에이레	74	79	네덜란드	58	59
벨기에	72	77	이스라엘	53	57
룩셈부르크	72	75	스위스	49	51
일본	68	74	핀란드	47	49

7개국(덴마크, 핀란드, 프랑스, 아이슬란드, 이스라엘, 일본, 스웨덴)에서는 상위 두 정당이 시기마다 바뀐다. 순위 배열은 의석수 순이다.

산당은 1947년부터 지금까지 연립을 한 적이 없다. 네덜란드의 상위 두 정당인 가톨릭당과 사회당은 대체로 서로 다른 정당들과 연립하는 경향을 보였다. 노르웨이의 상위 두 정당인 사회당과 보수당은 해당 체계의 상호 배타적인 양극을 이루고 있다. 그 밖에도 〈표 38〉의 지표들이 오해를 야기할 수 있는 사례들은 많다. 예컨대 프랑스 제4공화국 시기에 공산당은 거의 항상 상대적 다수를 득표했지만, 1947년 후로 한 번도 정부에 참여한 적이 없다. 바이마르공화국이 끝나 갈 무렵인 1932년에 사회주의 정당들과 나치당은 누적 득표만 보면 과반을 바탕으로 연정을 구성할 수 있었다. 그러므로 레이파트가 제시한 순위 배열은 확실히 이념적 양립 불가능성과 친화성을 무시하고 있다. 이는 또한 연립 교섭의 잠재력이 높은 소수당과, 규모는 비교적 크지만 별로 혹은 전혀 고려의 대상이 되지 않는 정당 간의 차이를 제대로 인식하지 못하고 있다. 요컨대, 누적 백분율은 어느 정당이 얼마만큼의 집권 유효성을 갖는지에 대한 단서를 전혀 제공하지 않는다.

또한 누적 백분율이 중요한 기준선을 설정하는 데 도움을 주는지에 대해서도 의문이 제기된다. 이와 관련해 블롱델은 서구 민주주의 19개국에 대해 1945~66년 사이에 각국의 상위 두 정당의 선거 결과(득표율)를 합해 평균을 내고, 이를 바탕으로 다음과 같은 그룹으로 분류했다. ① 90% 이상 : 미국, 뉴질랜드, 오스트레일리아, 영국, 오스트리아, ② 75~80% : 서독, 룩셈부르크, 캐나다, 벨기에, 에이레[구 아일랜드], ③ 66~62%: 덴마크, 스웨덴, 노르웨이, 이탈리아, 아이슬란드, 네덜란드, ④ 50% 내외: 스위스, 프랑스, 핀란드.[45] 나는 이 계산 결과를 의석수로 확대했다(이는 체계와 관련해 훨씬 중요하다). 또한 연구 대상도 24개국으로 확대하고 기간도 길게 잡았다. 이렇게 하면 예상대로 [유형을 구분할 수 있는] 절단점이 사라진다(〈표 39〉).

이제 레이가 **정당 체계 분열**(집중과 반대되는 현상)이라고 부르는, 좀 더 정교하고 완성도 높은 측정 방법에 대해 살펴보자.[46] 이 측정 방법은 선거에서의 정당 체계(단위는 득표율)와 의회에서의 정당 체계(단위는 의석수)에 동일하게 적용되며, 여기서 산출된 수치는 고정된 0점을 가진 구간 척도(즉 비율 척도)이다. 간결하게 하기 위해 의회 내의 정당 체계 분열, 즉 의석수로 측정한 F_p만 고려하기로 한다(F는 정당 체계 분열을, p는 의회를 나타낸다). 레이의 지수는 의회에서 두 의원이 서로 다른 정당에 속하게 될 가능성을 바탕으로 산출된다. 좀 더 정확하게 말하면, (의회 내) 정당 체계 분열은 그 의회에서 무작위로 선택된 두 의원이 서로 다른 정당에 속할 확률을 말한다. 정당 체계 분열 정도는 0에서부터 최대 1까지의 범위에서 변화한다(0은 집중의 최대화, 즉 정당이 하나만 존재하는 경우이고, 1은 정당이 의석수만큼 존재하는 경우다).[47] 두 정당 간의 의석 비율이 완전히 동등한 50 대 50으로 분할된 체계는 0.5로 표기한다. 거의 비슷한 규모의 정당의 수가 많을수록 정당 체계 분열 정도는 커진다. 공식은 다음과 같다.

$$F = 1 - \sum_{i=1}^{N} p_i^2$$

여기서 N은 정당의 수, P_i는 i번째 정당이 차지한 의석 점유율을 나타낸다.

레이의 정당 체계 분열 측정법은 분명 정당의 수와 규모를 측정하기 위한 것이다. 그러나 이 측정 방법은 정당의 의석 점유율을 제곱으로 계산하고 있으므로 규모가 큰 정당을 과대평가하고 규모가 작은 정당은 과소평가하게 된다. 예컨대, 규모가 40%인 정당은 제곱하면 0.16을 기여하게 되는데 규모가 10%인 정당은 0.01(정말 불균형적으로 낮은 수치다.)밖에 기여하지 못한다. 수많은 정당들로 분산되어 있을 경우 이 지수가 선형적으로 증가하지 않는다는 사실에 대해 따질 생각은 없다. 하지만 정당 체계 분열이 일정 한도를 넘어서면 정당 수와의 선형적 관계가 유익한 정보를 제공하기보다는 오해를 낳기 쉽다는 것은 틀린 이야기가 아니다. 단점은 함수를 대수 처리logarithmic performance했을 때 〈그

그림 40.

F지수의 2차 처리와 가능한 수정

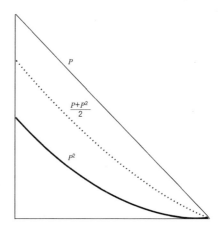

실선은 F지수의 2차 처리를 나타낸 것이고, 점선은 세련되지는 않지만 좀 더 현실적인 공식을 나타낸다.

$$1 - \sum (\frac{p+p^2}{2})$$

림 40〉에서 나타나듯이 너무 급속히 하강선을 그어 버린다는 점이다.

〈그림 40〉은 가능한 수정안을 제시하고 있지만[48] 결정적으로 바뀐 것은 아니다. 스콧 플래너건은 또 다른 수정안을 제시하고 있는데, 그는 이것을 '정당 체계 분열 지수'FI라고 부른다.[49] 공식은 다음과 같다.

$$FI = \sqrt{\sum_{i=1}^{n} V_1^2}$$

n개의 정당이 있고 i번째 정당의 의석 점유율이 Vi인 정체. 파편화가 없는 경우(일당제) 지수 값은 1.0, 파편화가 무한한 경우 지수 값은 0.

누구나 알 수 있듯이, 플래너건의 지수는 정당 체계 분열 지수의 합에 제곱근을 한 것일 뿐이다. 그러나 플래너건이 레이의 지수를 거꾸로 뒤집었다는 사실(정당 체계 분열이 없는 경우, 즉 일당일 경우 1.0) 말고, 플래너건의 지수가 레이의 지수와 어떤 차이가 있는지 나는 잘 모르겠다. 두 측정 방법 모두 동일한 통계에 기초를 두고 있다. 즉 둘 다 의석 점유율을 제곱하여 그것을 합한 것이다. 이런 방법에 의하면, 규모가 큰 정당이 압도적으로 높은 값으로 계산된다. 플래너건은 (그 합계치를 조작 처리하지 않고) 합계치의 제곱근을 그대로 채택하고 있으므로 실제로는 아무 것도 수정하지 않은 것이 된다. 그러므로 여기서는 레이의 정당 체계 분열 지수에 잠시 주목해, 이 지수가 현실 세계에 어떻게 적용되는지를 검증해 보자.

테일러와 허드슨은 101개국을 대상으로 정당 체계 분열 정도를 계산했는데,[50] 그들이 계산한 값을 이용하여 그 계수와 나의 분류 항목을 결부시켜 보았다(〈표 41〉 참조). 여기서 유의할 사항은 테일러와 허드슨이 제시한 순위 배열은 한 차례의 선거(특히 1962년에서 1968년 사이에 치러진 선거)를 바탕으로 한 것이라는 점이다.

내가 보기에는 〈표 41〉에는 별다른 내용이 없을 뿐 아니라 확실히 잘못된 정보를 제공하고 있다.[51] 오른쪽 비고란에 표시해 놓은 내용에서 알 수 있듯이, 연산 방식(이 경우 정당 체계 분열 정도)이, 여러 차이를 가져오는 수많은 변수들(정체의 구조화 여부, 선거 결과의 신뢰성, 의석 비율의 사전 결정 여부, 선거의 자유 정도, 정당의 후견 세력 존재 여부)을 통제하지 못한다는 것을 알면서 '맹목적으로' 국제 비교를 하는 것은 무모한 일이다. 이 표가 가진 또 하나의 주요 결함은 단 한 번의 선거에 기반해 단편적인 정당 체계 분열 값을 산출했다는 점이다. 이런 계산 방식은 선거의

표 41.

세계 각국의 정당 체계 분열 비교

순위	국가	정당 체계 분열 정도 (의석수)	구조화된 정체 (부류 및 유형)	신생 또는 유동적 정체	비고
1	레바논(1964)	.945	-	-	의석 비율이 미리 정해짐
2	홍콩	.900		A	
3	인도네시아	.877		A	
4	네덜란드	.830	SM		
5	스위스	.815	SM		
6	핀란드	.803	EM		
7	이스라엘	.794	EM		
8	베네수엘라(1963)	.760	M		불완전한 선거 결과
9	콜롬비아	.753	-	-	50% 기준으로 의석수 미리 결정
10	덴마크	.752	SM		
11	에콰도르(1966)	.741		A	만성적 군부 개입
12	페루(1963)	.738		ND	
13	이탈리아	.734	EP		
15	벨기에	.725	M		
15	실론	.725		D	
15	아이슬란드	.725	EM		
17	노르웨이	.720	P		
18	파나마	.713		ND	만성적 군부 개입
19	수단(1965)	.709		D	
20	칠레(1965)	.704	EM		
21	룩셈부르크	.697	M		

22	스웨덴	.693	P		
23	인도	.682	P		
24	프랑스	.668	P		
25	오스트레일리아	.625	T		
26	아일랜드	.624	P		
27	튀르키예(1965)	620	P		
28	가이아나(1964)	.617		ND	
29	캐나다(1965)	.616	T		
30	말레이시아	.589		D	
31	일본	.586	P		
32	서독	.582	M		
33	과테말라	.572		D	
34	엘살바도르	.566		D	
33.5	바베이도스	.565		D	
33.5	우루과이(1966)	.565	P		
37	코스타리카	.541	P		
38	오스트리아	.535	T		
39	뉴질랜드	.512	T		
40	영국	.507	T		
41.5	온두라스	.503		D	
41.5	몰타	.503		T	만성적 군부 개입
43	파라과이	.496	H		
44	레소토(1966)	.494		ND	불안정한 선거 결과
45	미국	.491	T		
46	모리셔스	.481		T	
47	자메이카	.479		D	

48	필리핀	.475	P		
49	니카라과	.463		DA	불안정한 선거 결과
50	트리니다드토바고	.457		D	불안정한 선거 결과
51	브라질(1966)	.438	P		
52	도미니카공화국	.430		D	간접 군사 통치
53	싱가포르	.416		D	
54	우간다(1962)	.414		ND	
55	잠비아(1964)	.402		ND	
56	감비아(1966)	.401		D	
57	남아프리카공화국	.397	P		
58	한국	.387		D	제한적 유권자(18%)
59	로디지아(1965)	.385		D	군부 영향력
60	파키스탄(1965)	.377		P	제한적 유권자
61	푸에르토리코	.370	P		
62	볼리비아(1966)	.358		D	
63	멕시코	.303	H		불안정, 군부 영향력
64	소말리아(1964)	.280		ND	
65	이란	.276		D	
66	보츠와나(1966)	.181		D	
67	케냐(1967)	.101		D	
68	말라가시(1965)	.055		D	
...					
85	폴란드		H		부정

〈약어〉 **구조화된 정체** EP = 극단적이고(구도) 양극화된(역학) 정체 / EM = 극단적-온건한(혼합) 또는 극단적-준양극화된 정체 / SM = 분절화되고(구도) 온건한(역학) 정체 / M = 온건한 다당 체계 / T = 양당 체계 / P = 일당 우위 체계 / H = 패권 정당제 **유동적 정체** ND = 비지배적 정당제 / D = 지배적 정당제 / DA = 권위주의 지배 정당제 / A = 원자화된 정당 체계

표 42.

민주주의 26개국의 정당 체계 분열(평균값 및 중앙값, 1945~73년)

	평균값	중앙값	
핀란드	.804	.807,5	칠레
스위스	.801	.798	스위스
칠레	.796	.796	핀란드
프랑스 제4공화국	.790	.796	이스라엘
네덜란드	.787	.788	네덜란드
이스라엘	.784	.770	프랑스 제4공화국
덴마크	.755	.743,5	덴마크
이탈리아	.721	.723	이탈리아
실론	.716	.716	아이슬란드
핀란드	.716	.708,5	실론
노르웨이	.691	.692,5	노르웨이
스웨덴	.685	.687	스웨덴
룩셈부르크	.678	.682	룩셈부르크
벨기에	.667	.641	벨기에
에이레	.649	.639	에이레
일본	.645	.635	일본
프랑스 제5공화국	.620	.629	프랑스 제5공화국
서독	.614	.617,5	캐나다
우루과이	.589	.593	오스트레일리아
캐나다	.574	.585	서독
오스트레일리아	.565	.580	우루과이
오스트리아	.556	.547	오스트리아
영국	.512	.518,5	영국
뉴질랜드	.494	.499	튀르키예
인도	.487	.499	뉴질랜드
미국	.483	.490	미국
튀르키예	.461	.449	인도

선거 실시 시기 : 오스트레일리아 1946~72; 오스트리아 1945~71; 벨기에 1946~71; 캐나다 1945~72; 실론 1952~70; 칠레 1946~73; 덴마크 1945~73; 에이레 1948~73; 핀란드 1945~72; 프랑스(제4공화국) 1946~56; 프랑스(제5공화국) 1958~73; 서독 1949~72; 아이슬란드 1946~71; 인도 1951~71; 이스라엘 1949~73; 이탈리아 1946~72; 일본 1946~72; 룩셈부르크 1945~68; 네덜란드 1946~71; 뉴질랜드 1946~72; 노르웨이 1945~73; 스웨덴 1948~73; 스위스 1947~71; 튀르키예 1946~73; 영국 1945~70; 미국 1946~72; 우루과이 1950~71.

안정성을 전제로 하는데, 실제로는 선거 실시 시기가 표시된 나라들 가운데 선거가 안정적으로 이루어지는 나라는 없다. 즉 다른 선거 시기를 기준으로 하여 계산할 경우 전체 순위 배열은 크게 바뀔 수도 있다.[52]

첫 번째 결점은 일련의 동질적인 나라들을 선별함으로써 해결할 수 있다(이들 나라에 대해서는 통제되지 않는 변수에 대해 '다른 모든 조건이 같다면'이라는 단서를 붙여야 한다). 두 번째 결점인 단편적 계수는 충분한 시계열 분석을 통해 평균값과 중앙값을 산출함으로써 최소화할 수 있다. 그래서 〈표 42〉에서는 분석 대상을 제2차 세계대전 이후 비교적 '안정된' 동질적 민주주의 또는 지속적으로 다두제가 유지된 25개국으로 축소했다. 〈표 42〉는 레이의 정당 체계 분열 지수를 계산하여 산출한 평균값과 중앙값에 따라 국가 순위를 매긴 것이다.[53]

첫째로 알 수 있는 사실은 평균값과 중앙값은 그중 어느 하나를 명백히 선호할 만큼 순위 배열에 영향을 미치지 않는다는 점이다(다만 중앙값의 폭이 더 크다). 그래서 우선 앞의 표에서 이미 밝혀진 사실, (정도는 약하지만) 〈표 42〉에 나타난 일련의 동질적인 나라들에도 적용된다는 사실, 즉 순위와 계수는 나의 분류 항목과 거의 관계가 없으며, 따라서 내가 작성한 지도에서 추출된 몇 가지 체계 속성과도 별 관계가 없다는 사실 등을 평가할 필요가 있다. 이 문제를 좀 더 분명하게 하기 위해 〈표 43〉에서는 나의 분류법에 따라 25개국을 몇 개의 그룹으로 묶고, 각 나라에 대해서는 그에 상응하는 정당 체계 분열 점수의 평균값을 사용했다.

내가 분류한 그룹들 간에, 그리고 그에 따른 F 계수들 간의 명백한 불일치는 설명 가능한가? 첫째, 나의 분류법은 정당들의 '위치값'에 특히 민감한 반면, 레이의 지수는 제1당 또는 상위 두 정당의 '크기'에 지나치게 민감하다. 그래서 정당들 사이의 세력 분포가 매우 상이한 나라들

표 43.

25개 민주주의국가의 유형 및 정당 체계 분열 점수(평균값)

극단적 및 양극화 (혹은 준-양극화) 체계		일당 우위 체계		온건한 다당 체계		양당 체계	
핀란드	.804	노르웨이	.691	스위스	.801	캐나다	.574
칠레	.796	스웨덴	.685	네덜란드	.787	오스트레일리아	.565
프랑스 제4공화국	.790	일본	.645	이스라엘	.784	오스트리아	.556
이탈리아	.721	우루과이	.589.	덴마크	.755	영국	.512
		인도	.487	아이슬란드	.716	뉴질랜드	.494
		튀르키예	.461	룩셈부르크	.678	미국	.483
				벨기에	.667		
				에이레	.649		
				프랑스 제5공화국	.620		
				서독	.614		

이 비슷한 F 점수를 갖기도 한다. 이를 예증하면 다음과 같다.

루리타니아	42-36-21	F = 0.650
벨기에, 1946	46-34-11-8	F = 0.654
쿠를란디아	49-30-8-7-5	F = 0.656
이탈리아, 1948	53-23-9-6-3-2-2-1	F = 0.653

위에서는 두 개의 실제 사례와 가공의(그러나 완전히 있을 법한) 두 사례를 들고 있다. 이 두 사례는 정당 간의 분포(정당 체계 분열)가 매우 상

이한데도 F 지수는 아주 비슷하게 나타나고 있다. 이는 논점을 예시하기 위한 특별한 경우로서, 광범위한 사례에 걸쳐 F 지수의 전반적인 유효성과 민감성을 줄이는 것은 아니다.

둘째, 정당 체계 분열 지수는 분절화된 다당 체계와 양극화된 다당 체계를 구별하지 않으며 구별할 수도 없다는 점이 명백하다. 이런 구분을 무시하면, 첫 번째 국가군은 핀란드(0.804)에서 시작해 이탈리아(0.721)까지가 될 것이다(스위스, 네덜란드, 이스라엘, 덴마크도 포함된다). 그러나 절단점을 0.721로 하면 구분이 불분명해지고, (핀란드가 맨 위에 있고 이탈리아가 맨 아래 있는) 순위 배열도 여기서 다룬 8개국의 체계 속성과 배치된다. 만약 두 번째 그룹을 덴마크나 아이슬란드에서 시작하면 (놀랄 정도는 아니지만) 상황이 개선된다. 왜냐하면 여기서는 F의 범위와 순위 배열이 이 그룹에 대한 나의 인식과 상당히 일치하기 때문이다. 그러나 비교를 진행하다 보면, 거리가 먼 사실들을 한데 묶으려고 애쓰는 것은 의미 없는 일이라는 결론에 이를 수밖에 없다. 즉 또 하나의 큰 불일치에 직면하게 되는데, 그것은 정당 체계 분열 지수와, 일당 우위 체계라는 나의 범주 사이에 생기는 불일치. 이런 혼란스러움은 절망적이다.

레이는 "일당제, 양당 체계, 다당 체계 등 명목적인 분류로 귀결되기 마련인, 이론적으로 의미 없는 '다당 체계' 개념 대신 '정당 체계 분열' 개념을 사용할 수 있다."고 주장한다.[54] 물론 그가 이렇게 주장하는 것에는 나름의 탁월한 논거가 있다. 실제로 이 특별한 분류와 관련해, 정당 체계 분열 개념은 성가신 질문들을 피할 수 있게 하고, '다당 체계'라는 뭉뚱그려진 전통적 개념이 절망적으로 뒤섞어 놓은 것을 측정한다. 그러나 분류가 개선되면 그 논거도 약해진다. 설사 정당 체계 분열 측정 (그리고 그와 유사한 측정)이 매력적인 수학적 속성을 가졌다 하더라도 지수의 장점은, 그것이 제공하지 못하거나 발견하지 못하는 것에 비추어 평가해야 한다.

앞에서 지적했듯이, 정당 체계 분열 측정이 갖는 첫 번째 한계는 전적으로 다른 인과적 요인들에서 비롯되는 상이한 종류의 정당 파편화를 구별하지 못한다는 점이다. 레이와 테일러에 따르면, 한 사회 내의 균열은 세 가지 유형으로 구분할 수 있다. ① 귀속적 균열(인종 또는 신분), ② 태도상의 균열(이념 또는 선호도 같은 '의견'의 균열), ③ '행동상의'behavioural 균열(투표나 조직 가입 등을 통해 나타나는 '행위'act의 균열).[55] 나는 이런 삼분법에 전적으로 동의하는 것은 아니다. 그러나 레이가 자신의 측정으로는 포착할 수 없는 차이가 있다는 사실을 인정하고 있다는 점에서 그런 구분법은 나름대로 의미를 갖는다. 정당 체계의 파편화가 귀속적 균열, 이데올로기적 균열, 혹은 단순히 '선호도' 균열을 반영한 것이든, 정당 체계 분열 지수는 이런 균열들을 동일하게 취급하고, 실제로 투표 행동의 결과이자, 투표 행동을 통해 표현되는 '행위' 균열만 측정한다. 하지만 분절화된 파편화와 양극화된 파편화의 차이는 정체의 전반적인 작동에 매우 중요한 의미를 갖는다. 그러므로 이 경우 정당 체계 분열 측정은 명목적 분류를 위협하기보다는 명목적 분류 안에서 최선의 유익함을 추구하는 일이라고 말할 수 있다.[56] 정치사회를 분절화된 유형과 이념적으로 양극화된 유형으로 구분하면, 파편화 지수는 그 자체로는 갖지 못한 변별력을 얻게 된다.

그렇지만 레이의 측정 방법에는 쉽게 개선할 수 없는 두 번째 한계가 있다. 여기서 우리는 일반적으로 '연속 대 불연속' 문제의 또 다른 측면을 만나게 된다. 사회과학에서 실제로 사용하는 수학은 경계점threshold을 다루는 데 적합하지 않으며, 지금 우리가 노력해야 하는 것은 명목 척도를 서수-기수 척도로 대체하는 것이다. 그럼에도 불구하고 실제 삶은 경계점을 넘느냐 마느냐에 좌우되고, '예스'나 '노' 중 하나를 선택해야 하는 상황에 직면하며, 어떤 시점에서는 비약을 통해 발전하기도 한다. 특히 주요한 갈등은 이런 양상을 띠는데, 그런 갈등은 '전부 아니면 전무' 같은 성격을 띠며, 대부분 제로섬으로 결말이 나기 때문이다. 우리가 연구 대상으로 삼고 있는 세계(즉 투표의 세계)에서는 이런 비약, 또는 전부 아니면 전무의 경계점이 다수결 원칙에 의해 확립되어 있다. 구체적으로 말하면, 현실의 정치 세계(민주정치의 세계)에서 우리는 두 개의 중대한 전환점 앞에 있다. ① (나눌 몫이 없는 소수당이 아닌) 일정한 몫을 차지하는 다수당, ② 전부를 차지하는 절대 다수당(단독 집권할 수 있는 권리)이 그것이다. 여기서 문제의 핵심은 연속적인 측정치로는 이런 비약을 알 수 없다는 것이다. 이 지점에서 우리의 지수와 계수는 당분간 한계를 지닌다. 그러므로 두 경로, 즉 수학적 경로와 명목적 경로를 다시 결합해야 한다. 각각의 상대적인 장점과 단점은, 두 경로를 최대한 따라간 뒤에야 평가할 수 있다.

6. 명목적 경로와 수학적 경로의 결합

레이의 접근 방법은 하나의 개념(즉, 정당 체계 분열)을 통해 이해되고 있지만, 나의 접근 방법은 구도와 역학이라는 분리할 수 없는 두 가지 개념을 통해 이해한다. 또한 레이는 하나의 양적 변수를 가지고 계산하고 있지만 나는 두 개의 명목 변수(파편화와 이념 거리)를 기초로 삼는다고 볼 수도 있다. 첫 번째 단계는 같다. 즉 정당의 수를 세는 것이다. 그리고 어떤 정당은 '유효' 정당이고 또 어떤 정당은 그렇지 않다는 것, 즉 표면상의 수치만으로 모든 정당을 계산에 넣어서는 안 된다는 점에는 의견이 일치하는 것 같다. 나와 레이의 차이는, 레이의 유효성은 그의 함수를 2차 연산하여 결정되는 반면, 나의 유효성은 위치값에 기초해 결정된다는 것이다.

그러나 두 번째 단계, 즉 규모 측정과 관련해서는 제법 상당한 차이가 있다. 레이는 정당들 간 의석 분포에 기초하여 규모를 측정하지만 나는 '자연스러운' 규모 경계점size thresholds에 초점을 맞추고 있다. 즉 나는 규모를 측정하지 않고 다수결 원칙을 기준으로 하여 다음 같이 구분한다. ① 한 정당이 연속적으로 50% 이상을 차지하는 경우(일당 우위 체계), ② 두 개의 정당이 각기 50%에 근접하는 경우, ③ 비교적 소수의 정당(3~5개) 또는 다수 정당(6개 이상)이 존재하고, 어느 정당도 과반을 차지하지 못하는 경우.

세 번째 그룹의 경우, 정당들의 분포가 불균형적이냐(지배 정당이 있는 다당 체계) 균형적이냐(지배 정당이 없는 다당 체계)에 따라 세분된다.[57] 그렇지만 '지배적 지위로 간주할 수 있는 경계점'(일당 우위 체계 아래에 있는 경계점)을 획정하는 것은 매우 어려운 일이다. 특히, 예컨대 40% 수준의 주요 정당과 30% 수준 내외에 있는 주요 정당 간의 차이는 체계 속성과 관련해 크게 중요한 것 같지 않다.[58] 그러므로 불균형적인 다당 체계와 균형적인 다당 체계를 구분하는 유용성을 손상시키지 않고서도, 수적 기준은 사례, 특히 체계 속성을 분류하는 데 좀 더 나은 단서를 제공해 준다. 그래서 이제 우리는 첫 번째 개념인 **구도**, 구체적으로 네 부류의 구도(일당 우위 체계, [두 정당이] 거의 대등한 양당 체계, 제한적 파편화, 극단적 파편화)를 갖게 된다. 이로써 정당 규모에 대한 레이의 측정식은 결국 비율 척도로 귀결되지만, 자연적 규모 경계점을 기반으로 하는 내 경우에는 (불연속적인) 분류가 생겨난다.

이론과 사실을 합치시킬 수 있을 때에는 측정이 명목적 배열보다 낫기 때문에, 아직까지는 정당 체계 분열과 구도 모두 똑같이 유용한 개념이라고 말하고 싶다(어느 하나가 다른 것보다 우월하다고 말할 수는 없다). 레이의 지수가 갖는 수학적 속성은 꽤 매력적이다. 그러나 정당의 '위치값'이 더 실제적으로 이론과 사실을 일치시켜 줄 수도 있다. 따라서 그런 면에서 어떤 것들은 불연속적으로 볼 때, 즉 경계점에 주목할 때 가장 잘 볼 수 있고, 또 어떤 것들은 연속선상의 측정을 통해 훨씬 잘 평가될 수 있다고 하겠다. 내가 명목적 경로를 주장한다면, 그리고 그것을 따른다면, 이는 그다음 단계, 즉 한 정체의 구도와 **역학**을 연계시켜야 하기 때문이다. 여기서 측정치는 (다른 방법의 도움 없이는) 우리에게 더 이상 말해 주는 것이 없다.

나의 이론적 구성의 중심 가정, 즉 정당 수의 많고 적음은, **역학적 성향과 체계의 속성**을 포함하는 구조적 배열을 나타낸다는 가정을 상기해 보자. 예컨대, 정당의 수는 정권의 안정에 중요한 의미를 갖는다.[59] 즉 정당이 2개일 경우, 온건하지 않은 정치는 전혀 득이 되지 않으며, 원심적 경쟁은 체계를 자멸로 이끈다. 정당이 3~5개인 경우에는 구심적 경쟁이 일어나 이극 구조[온건 다당 체계]가 형성될 가능성이 크다. 반면에 정당이 6개 이상이면 정당들 간의 상호작용이 원심적 경쟁을 초래한다.[60] 그러므로 나의 계산 규칙과 규모 경계점이 이 광범한 시야를 담고 있음을 잘 이해해야 한다. 그리고 구도가 역학, 즉 전반적인 체계의 작동에 접목되는 방식을 살펴보면 다음과 같이 말할 수 있다. 일반적으로 명목적 경로는 (그것이 가진 모든 한계에도 불구하고) 양적·수학적 경로보

다 훨씬 이론적이고 예측력을 갖는다.[61]

어쨌든 쟁점이 결합되는 것은 이 지점이다. 테일러와 허먼이 정당 체계가 정권의 안정에 미치는 영향을 검증하기 위해 정당 체계 분열 및 여타 측정 방법을 활용하고 있는 방식을 살펴보면, 우리의 논점을 예증할 수 있다.[62] 그들이 제기하는 질문은 다음과 같다. 의회 내 정당 체계의 유형으로 정부 안정성의 여러 유형을 어느 정도 설명할 수 있는가?

테일러와 허먼의 첫 번째 발견은, 정당의 수는 정권의 안정도에 영향을 미치는 변수이지만 레이의 지수, 즉 의회의 파편화는 "정권들의 안정도 변화의 5분의 1"을 설명한다는, 즉 두 배로 설명한다는 사실이다. 그렇게 되는 이유는 레이의 측정이 규모 또한 설명하고 있기 때문이라고 그들은 주장한다. 반면에 나는 레이의 측정이 좀 더 단순한 이유, 즉 그의 함수가 단조롭지 않고 실제로 정당의 유효성을 평가하고 있기 때문에 다른 변수들보다 더 잘 작동하는 것은 아닌가 생각한다.[63] 어찌되든 간에 테일러와 허먼은 계속해서 좌-우 차원을 따라 자료를 억지로 배열해, 정당의 이념 위치를 설명하는 두 가지 측정치('순서 불일치'ordinal disagreement와 '편차')를 발견하고는, "이념은 정권의 안정을 설명하는 데 중요한 역할을 하지 않는다."라고 결론 내린다. 그러나 나는 이런 주장에 동의할 수 없다. 그들이 실제로 발견한 것은 이념 순서sequencing(이것은 [내가 말하는] 이념 거리와는 다르다.)가 별로 중요하지 않다는 사실이다. 그 이유는 그들이 첫 번째 측정에서 정당을 단순히 순서대로 배열하고, 두 번째 측정에서는 이들 정당 간의 간격을 동등하게 가정하고 있기 때문이다. 물론 정당의 순서 혹은 이념적 인접성은 정권 연립의 형성을 예측하게 해주는 좋은 예측 변수다. 그러나 연합할 상대 정당들이 일단 정해져 있으면([이념적으로] 인접하지 않은 정당들끼리 연립하는, 거의 실현 가능성 없는 경우가 아니라면) 이념적 인접성과 정권의 수명이 관련된다고 상정할 이유는 없다. 그리고 정당 간 간격이 같다는 가정도 전적으로 잘못된 것이다. 이는, 그들이 이후에 발견한 최고의 연구 결과, 즉 "반체제 정당의 의석 점유율이 정권의 안정도를 나타내는 최상의 단일 지표"[64] 라는 사실에서도 명백히 드러난다.

말할 필요도 없이, 테일러와 허먼의 '최고의 발견'은 나의 분류법에도 매우 적합하다. 그러나 그 발견에 대한 그들의 설명은 부적절하다. 첫째, 그것은 친체제 정당과 반체제 정당 간의 순전히 '명목적인' 구분을 바탕으로 하고 있을 뿐, 그들이 앞서 제시했던 측정치와 아무런 관련이 없다. 둘째, 이 구분은 (그들은 부인하고 있지만) 이념과 관련이 있다. 왜냐하면 이 구분은, 두 그룹(부류)의 정당들 간에 현저하게 다른 이념 거리, 혹은 매우 불균등한 간격이 존재한다는 것을 가리키기 때문이다. 따라서 그들의 '최고의 발견'도 **이념 거리** 개념에 근거하고 있는 것이다. 이 개념 때문에 그들은, 측정 가능한 변수, 즉 반체제 정당의 규모를 분리해 낼 수 있다. 이런 수정은 결국 "정부 안정성에 대한 우리의 가장 좋은 설명은 반체제 정당의 규모와 친체제 정당들의 분열로부터 영향을 받았다는 것"이라는 엇갈린 결론을 내리게 했다.[65] 확실히 반체제 정당들의 규모는 친체제 정당들의 수와 연관시켜야 한다. 예컨대 큰 정당이 둘밖에 없는데 하나는 반체제 정당이고 다른 하나는 친체제 정당일 경우 체제는 불안정하지만 정부는 가장 안정된 상태가 될 것이다. 그럼에도 불구하고, 정당 체계 분열 측정은 여기서 별다른 역할을 하지 못한다. 반체제적이지 않은 유효 정당의 수를 그저 단순히 세기만 해도 충분하다. 그러므로 테일러와 허먼의 최고의 설명은 왜 반체제 변수가 그들의 최고의 단일 지표가 되는지를 설명하지 못한다. 양극화된 다당 체계의 역학에 대해 내가 이해한 바에 따르면, 상당한 크기의 반체제 정당들의 존재는 (비록 원심적 경쟁을 초래하지는 않더라도) 원심적 긴장을 나타내는 지표이자, 친체제 정당 그룹이 지나친 이념 거리로 인해 곤란을 겪게 될 가능성을 나타내는 지표가 되기 때문에 그렇다. 따라서 진정한 설명적 가설은 다음과 같다. ① 정권의 안정은 잠재적인 연립 대상 정당의 수 및 이질성과 역의 상관관계에 있다(여기서 '이질성'은 정당 간의 이념 거리를 말한다), ② 그 같은 이질성을 가장 잘 보여 주는 지표는 반체제 정당의 호소력이다(이는 그 정당의 크기로 측정된다). 첨언하자면, 위 가설은 진정한 문제, 즉 정권의 '수명'이 아니라 '유효성'과 효율성의 문제를 소개하고 있다는 데 더 큰 장점이 있다. 이는 겉으로는 드러나지 않는데, 긴 수명이 높은 효율성과 동일한 것인지, 또 효율성이 높아짐에 따라 수명도 직선적으로 증가하는지 매우 불확실하기 때문이다.

이상의 논의에서 알 수 있는 것은 테일러와 허먼이 질적 과학 또는 명목 과학에 얼마나 의존하고 있느냐 하는 점이다. 그들이 연구하는 문제들의 윤곽은 모두 질적 과학이 획정해 놓은 것이다. 그뿐만 아니라 그들이 최상의 변수를 찾아낼 수 있었던 것은 그 방법을 따라, 유형론적 구축물이며 자신들의 측정치가 갖는 판별력을 벗어나는 것이 분명한 (친체제 정당과 반체제 정당 간의) 구별을 채택했기 때문이다. 만약 그들의 설명 논리가 그렇지 않은 경우보다 강력하거나 엄격하지 않다면, 이는 분명 그들이 명목 과학으로부터 거리를 두어야 한다고 생각했기 때문이다. 요컨대 "단순한 [정당 체계의] 유형 분류 체계는 정확한 실증적 관계를 확립하는 데 실질적인 도움이 되지 않는다."[66]

지금까지 나는 명목 과학과 양적 과학 사이의 관계 악화에 기여할 의도는 조금도 없었다. 그와는 정반대로 방금 앞의 세 절에서 살펴보았듯이 나의 의도는 두 과학이 서로를 보완하면 양자 모두 이득이 된다는 것을 보여 주려는 데 있다. 질적 과학은 대체로 자신이 만들어 낸 가설들에 머물러 있어서, 가설을 개선하고 검증하기 위한 측정이 절실히 필요하다. 다른 한편, 정확성이라는 것이 조작적으로 만들어 낸 가공품에 지나지 않을 수 있다는 사실에 주의해야 한다. 먼저 문제가 무엇인지를 확인한 후, 사례에 대한 지도를 작성하고 인과적 설명을 제시할수록, 즉 잘 규정된 명목적 조건과 가정하에서 측정은 더 유용해지고 필요해진다. 숫자로만 된 것보다는 말로만 된 것이 낫다. 말로만 된 것보다는 숫자가 있는 말이 낫다. 숫자는 말로 된 이론verbal theory 안에서 타당해지거나, 말로 된 이론 속에서 훨씬 큰 의미를 갖게 된다.

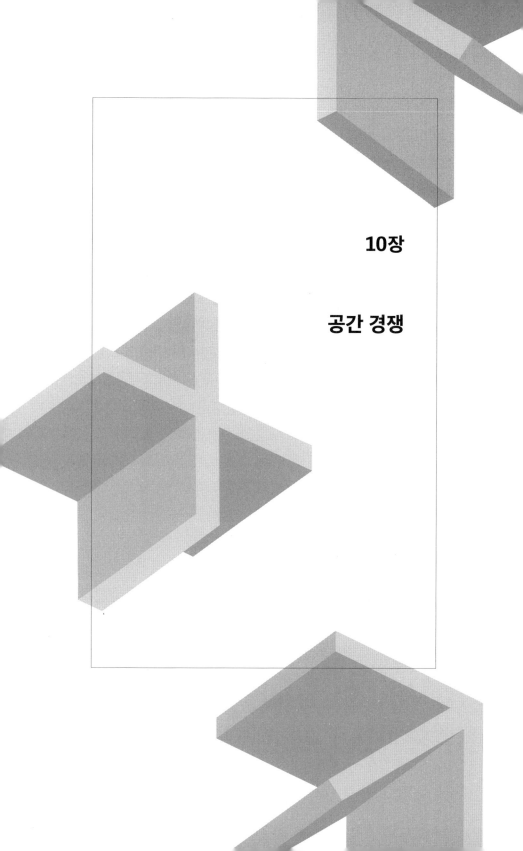

10장

공간 경쟁

1. 다운스 이론으로 되돌아가기

다운스의 대표 저작 『경제 이론으로 본 민주주의』*는 1957년 정식으로 출간되기 전에 이미 세간에 알려졌다. 이 책의 내용은 제목이 말하는 그대로다. 다운스는 '경제' 이론의 관점에 기초하고 있다. 뿐만 아니라 그의 서술 방식은, 오늘날 대세를 이루고 있는 연역적 이론화만큼 엄격하게 적용하고, 수식으로 표현하지는 않았지만 기본적으로 연역적이다 (어떤 사람은 그의 연구 방법도 연역적이라고 말한다). 다운스는 다음과 같이 가정한다. 민주주의에서 시민은 자기 이익과 효용을 최대화하는 방향으로 행동하고, "정당은 정책을 만들기 위해 선거에서 이기려는 것이 아니라 선거에서 이기기 위해 정책을 만들며", 정치가의 주된 목표는 '당선되는 것'이다.[1] 이런 전제들에 기초한 결과, 그의 민주주의 이론에서는 선거 이론이 중심적인 위치를 차지한다. 다운스 이론은 세 가지 관점, 즉 ① 민주주의 이론의 일반적인 맥락 내에서, ② 경제학적 전제와 선거 이론을 수식적·연역적으로 좀 더 잘 결합하는 측면에서, ③ 자신이 제시한 정당 간 경쟁의 공간 모델을 따로 떼어내서 그것을 경험적으로 확인, 검증하는 차원에서 이해하고 발전시킬 수 있다.

* Anthony Downs, An *Economic Theory of Democracy* (Addison Wesley Publishing Company, 1957); 앤서니 다운스 지음, 박상훈·이기훈·김은덕 옮김, 『경제 이론으로 본 민주주의』(후마니타스, 2013).

민주주의 이론가로서는 다운스가 민주주의의 발생 과정을 설명하는 데서 시작하지 않았다는 점에 주목할지 모른다. 그러나 민주주의가 지금처럼 불가피하게 나빠지고 제대로 작동하지 않게 된 과정에 대한 설명으로 독해한다면 그의 해석은 더욱 설득력을 갖는다. 하지만 다운스 이론을 그렇게 적용하는 경우는 없었다.[2] 그의 이론을 이해하는 두 번째 방식은 그가 제시한 선거의 공간 이론에 초점을 맞추는 것이다. 그러나 이 방식은 좀 더 엄격하고 수학적으로 형식화된 전제를 바탕으로 하며, 많은 경우 게임이론의 일종인 합리적 선택이론을 따른다. 요컨대, "공간 이론은 폰 노이만과 모르겐슈테른이 제시한, 게임으로서의 선거를 특수한 방식으로 공식화한 것일 따름"이라는 것이다.[3] 다운스 이론에 대한 세 번째 이해 방식은 (합리적 행위를 가정하는) 위의 전제들을 무시하고, 좀 더 형식화된 모델을 추구하지도 않으면서 단지 정당 간 경쟁의 공간 모델을 투표 행동에 대한 증거에 비추어 검증하는 것이다. 도널드 스토크스가 경험적 적용 가능성을 두고 다운스 이론에 최초로 이의를 제기했다면, 필립 컨버스는 데이터 해석과 관련해 다운스 모델에 접근했다.[4]

다운스 이론에 대한 나의 관심은 (내가 정당 간 경쟁 모델이 가장 잘 작동하지 않는 다당 체계 국가를 대상으로 그 모델을 발전시키려 하는 바람에 미국 사례에서 점점 멀어졌다는 것을 빼면) 스토크스와 컨버스의 관점에 매우 가깝다. 또한 마찬가지 이유로, 형식화된 공간 이론의 공리가 "다당 체계하의 비례대표제를 분석하는 데는 사실상 적합하지 않기" 때문에, 나는 수학적 접근 방법도 고려하지 않았다.[5]

가장 먼저 주목해야 할 점은, 대부분의 해석자들이 중요하다고 여기는 주제를 다운스 자신은 대수롭게 생각하지 않았다는 사실이다. 왜냐하면 그 주제가 "정당 이데올로기의 정태적인 양상과 동태적인 양상"이라는 제목의 글* 속에 가려져 있기 때문이다. 여기서 우리는 다운스가 자신의 전제와 일관성을 유지하기 위해 스스로 만들어 낸 난점을 즉각 알아챌 수 있다. 이념을 경제적 합리성에 근거해 다루는 것은 어려우며, 그것을 합리화하기란 특히 어렵다. 다운스는 다음과 같이 주장한다. "넓은 이념 편차ideological variance가 어떻게 우리의 득표 극대화 가설을 발전시킬 수 있는지를 설명해 주는 세 가지 요인이 있다. 그것은 사회 구성의 이질성, 사회 갈등의 불가피성, 불확실성이다."[6] 여기서 편차라는 표현은 멋지다. 그런데 이것으로 어떻게 이념을 설명할 수 있는가? 실제로 다운스는 '불확실성'을 강조하고 있으며, 불확실성은 그의 이론에서 주요 매개변수다. 그의 이론에 따르면, 이념은 정당으로 하여금 다른 정당과의 차별성을 만들어 내며, 유권자에게는 정당의 실체를 파악하는 비용을 절약해 주는 '지름길' 역할을 한다. 이런 견해는 충분히 수긍할 만하다. 다만 그것은 경제학적 전제에 기초하고 있어서 이념을 매우 좁은 의미로 개념화하는 문제, 즉 이념이 얼마나 '합리적'으로 이용되고 활용되고 있는가라는 관점에서만 개념화한다는 문제가 있다. 또한 이념이 유권자에게는 비용 절약을 위한 장치이고 정당에는 '득표를 위한 수단'이라고 주장하는 데는 굳이 연역적 방법이 필요하지 않다.[7]

경제학 이론은 정당 간 경쟁에 관한 다운스의 공간 모델의 발전을 뒷받침하는 데 별 도움이 되지 못했다. '공간적 비유'[8]는 경제학자 해럴드 호텔링과 아서 스미시스가 창안한 것이지만, 다운스는 그 유추를 그대로 차용하지 않았다. 1929년에 호텔링은 두 개의 상점이 계속 경쟁을

---

* 앤서니 다운스, 『경제 이론으로 본 민주주의』, 제8장, 177-217쪽.

하다 보면 결국에는 중심가를 따라 바로 이웃에 위치하게 되는 이유를 설명하고자 했다. 1941년에 스미시스는 소비자의 수요는 '탄력적'이라고 지적하면서 호텔링의 논지를 수정했다(즉 두 상점이 너무 멀리 있어 교통비가 너무 많이 들면 소비자들은 물건을 사러 오지 않을 것이다). 이 주장에 따르면, 두 상점은 서로 가까워지는 경향이 있기는 하지만 그럼에도 불구하고 그 상점들은 양쪽 끝에 위치한 오지의 소비자들이 구매를 단념하지 않도록 하는 최적의 위치(균형점)에 도달하게 된다.

이제 다운스의 공간 모델에서 중요한 문제는, 투표 공간이 일차원 공간인지의 여부, 또는 이 가정이 너무 제한적이지 않은가의 여부다. 그래서 다운스는 소비자를 유권자로, 회사를 정당으로 대체하고 비유를 통해 논리를 잘 진행할 수 있었지만, 물리적 공간(중심가라든지 기찻길이라든지)을 상징적 공간으로 연결하는 방식에서는 그렇게 하지 **못했다**. 중심가가 직선적이라고 해서 정치(적 경쟁)의 공간도 마찬가지로 직선적, 즉 일차원적이라는 사실을 입증할 수는 없다. 결론적으로 말하면, 다운스의 선거 이론은 가장 중요한 국면에서 오해의 소지가 있는 경제적 비유를 사용함으로써 우리를 실망시키고 있다.

다운스 또한 자신의 일차원적 모델이 불확실한 신임장에 의지하고 있음을 아마 알고 있을 것이다. 그의 경쟁 이론에서 가장 흥미로운 특징은, [상대 정당을] 뛰어넘기란 어려우며 대체로는 저지당한다는 것이다. 인접한 정당들은 서로 가까워지거나 멀어질 수는 있지만 상대를 뛰어넘지는 못한다. 다운스는 이 점이 중요하다는 것을 잘 이해하고 있었지만, 자신이 가정한 일차원적 공간으로부터 그런 사실을 대담하게 연역하려 하지 않았고, 일차원적 공간에서 그 원인을 찾지도 않았다. 그는 한 정당이 인접 정당 머리 너머로 이념적으로 도약하지 못하는 이유[9]를

'진실성integrity과 의무감responsibility'이라는 개념으로 설명한다.[10] 그래서 다운스는 일차원적 경쟁 공간을 도입하고 나서 그것의 가장 중요한 특성을, 경제적 관점과는 아무 관계없는, 전적으로 다른 근거에서 옹호하고 있는 것이다.

논의를 완전하게 하기 위해 다음을 기억해 두는 것이 좋겠다. 다운스는 "각 정당의 입장을 우리가 설정한 좌-우 척도 위에 나타낼 수 있다." 라고 가정하면서 "이 척도상에서 각 정당의 순 위치는 그 정당이 지지하는 모든 정책 위치의 가중 평균이라는" 또 하나의 단서를 추가한다.[11] 이는 사실 수학적 공식화에 관심을 가진 해석자들이 채택하고 있는 단서다. 그런데 이 두 번째 경로를 따라가다 보면 우리는 곧 몇 가지 난관 (실증적 연구의 발전을 저지하지는 않지만)에 부딪힌다. 다운스의 이론을 좀 더 엄격하게 말하면, 그의 기본적인 제안은, 유클리드 공간에서 유권자의 위치는 그의 '효용 함수'를 나타낸다는 것이다. 우리는 이 개념이 곧 얼마나 감당하기 어려운 것이 될지 알고 있다. 이런 경로를 따라가면 역시 우리는 곧바로 케네스 애로가 말하는 '선호의 비非이행성', 나아가 '균형'equilibrium의 문제에 빠져들게 된다. 즉 2인 제로섬 경쟁(양당 체계의 경우)에서 n명의 경쟁(다수의 사람 혹은 다당 체계의 경우)으로 옮겨 가는 순간 엉망이 되고 만다. 왜냐하면 1 대 1의 경쟁을 해석하는 방식으로는 n명의 경쟁을 제대로 다룰 수 없기 때문이다.[12]

정당 간 경쟁에 대한 공간 이론이 경제학적 접근 방법에 지나치게 의존하고 있다는 점과, 실제로는 양자를 분리하는 것이 더 낫다는 점은 정당의 정의만 살펴봐도 명확하게 드러난다.

정당을 '득표 극대화 집단'으로 정의하면, 이런 식의 개념화는 사실에 부합하지 않는다는 반론이 즉각 제기된다. 마찬가지로 다운스는 정당을 대체로 단절적이고 다면적인 '연합체'가 아니라 응집적이고 통합된 '팀'으로 상정한다는 이유로 종종 비판을 받아 왔다. 그러나 앞에서 제시한 최소 정의를 떠올려 보자. 즉, 정당은 선거를 통해 후보를 공직에 진출시킬 수 있는 모든 정치집단이다.[13] 이런 식으로 정의하면 확실히 다음과 같은 모든 종류의 정당이 포함된다. ① 신념 입증 정당witness party : 득표 극대화에 관심이 없는 정당, ② 이념 정당 : 주로 이념적 교리 전파를 통해 표를 얻는 데 관심을 갖는 정당, ③ 책임 정당 : 득표 극대화를 위해 정책을 희생시키지 않는 정당, ④ 반응 정당 : 선거에서 승리 또는 득표 극대화를 최우선으로 삼는 정당, ⑤ 순수 선동형 무책임 정당 : 득표 극대화만 추구하는 정당. 그런데 최소 정의는 어떤 '경제학적' 제약이나 가정에도 구애받지 않는다. 그런데 만약 '정당은 무엇을 위해 경쟁하는가?'라는 질문을 받는다면, 당연히 나는 '득표를 위해'라고 답변할 것이다. 왜냐하면 나의 정의에서는 정당이 득표에 관심을 두지 않는다면 (비록 운동이나 정치 결사체, 압력 집단으로 남아 있다 하더라도) 그것은 정당이 아니기 때문이다. 그렇다고 정당이 **오직** 득표를 위해서만 경쟁한다든가 득표 자체가 목적이라는 뜻은 아니다. 득표는 [정치]시장에 머물러 있기 위한 수단이자 정책을 만들기 위한 **수단**이다. 그러므로 정당은 선거에서 이기기 위해 마지못해 정책을 만드는 것이 아니다. 그럼에도 불구하고, **선거 시기에는** 정당이 득표 극대화를 추구하는 집단이 된다고 말할 수 있다. 이와 마찬가지로, 정당이 통합된 팀이라는 가정은 실제와 다르지만, **선거 시기에는** 다채로운 주장과 파벌들로 얽힌 정당조차 하나의 팀으로 행동하는 경향이 있다고 봐도 전적으로 타당하다.

요컨대, 다운스의 이론은 사실 두 방향(수학적 방향과 경험적 방향)으로 전개되었다. 첫 번째 수학적 방향에서, 그의 전제는 엄밀해지고 형식화된다. 두 번째 경험적 방향에서 그의 정당 간 경쟁 모델은 연역적 장치를 포기하고 경제학적 전제를 완화함으로써 아무런 손상을 입지 않고 불필요한 반대 의견을 해결하고 있다(나라면 모델이 손상되더라도 문제를 회피하지 않았을 것이다). 경제학적 비유는 지지를 받을 때마다 통찰력 있게 사용할 수 있기 때문에 불가능한 일이 아니다. 그러므로 신념 입증 정당은, 가격이 아닌 품질과 평판이 좋은 제품을 통해 경쟁하는 기업에 비유할 수 있다. 그 반대편에 있는 순수 선동형 정당은 전적으로 경쟁을 통해 판매 극대화를 추구하는 기업에 비유할 수 있다. 그 중간에 있는 정당들은 (꼭 이윤 극대화를 노리지는 않더라도) 이윤을 추구하는 과점 기업에 비유할 수 있다. 이런 비유는 과잉 경쟁과 과소 경쟁의 분계선을 나누는 데 도움을 주며, 그럼으로써 지나친 '경쟁'은 전혀 축복이 아니라는 경고를 강조한다.[14]

2. 쟁점, 일체감, 이미지, 위치

투표 행동에 관한 연구들은 정당 간 경쟁에 대한 공간적 해석을 입증하거나 기각하는 많은 경험적 증거를 제시한다. 그런데 이런 증거들은 대부분 미국 사례에서 비롯된 것이거나 (설사 다른 나라에서 획득한 증거이더라도) 애초에 미국 유권자를 위해 고안된 조사 설계의 영향을 받은 것이다. 따라서 비교 연구를 위해서는 미국 학자들의 조사 결과보다 그들이 사용하는 개념이 더 흥미를 끈다. 그리고 투표를 이해하기 위한 세 가지 중요한 개념으로 ① 쟁점issues, ② 일체감identification, ③ 이미지images가 있다(다운스는 이 개념들을 알지 못했는데, 그의 저서가 완성된 후에 제기되었기 때문이다).

'쟁점'과 관련한 핵심 질문은 다음과 같다. 투표자는 쟁점에 대해 얼마나 알고 있으며 **쟁점 인식**issue perception을 어느 정도 가지고 있는가? 쟁점 정향issue orientation 및 쟁점 선호는 유권자의 정당 선택에 어느 정도 영향을 미치며, 그 결과 **쟁점 투표**(또는 정책 투표)를 하도록 이끄는가? 어떤 경우든, 유권자는 어떻게 쟁점을 정당 및 정당 정책과 결부시키는가? 나아가 쟁점이 공간 모델과 관련이 있다고 판단되면, 이 개념에는 제3의 중요한 의미, 즉 ① 쟁점 인식, ② 쟁점 투표, ③ **쟁점 위치**issue positions가 포함된다. 쟁점이란 무엇인가? 눈에 띄지 않고 논쟁적이지 않다면 그것은 쟁점이 아닐 것이다. 나는 쟁점을, (독특하다는 점에서) 따로 분리할 수 있고, 실제로도 (그 독특성 때문에) 따로 분리된 것으로 인식되는 일련의 문제들로 본다. 브라이언 배리는 '노동계급을 위한 것'과 같이, 집단 이익을 강조하는 주장도 쟁점에 포함해야 하는지 의문을 제기한다.[15] 나는 확실히 부정적이다. 만약 '노동계급을 위한 것'을 쟁점으로 이해한다면, 어떤 것이든 쟁점이 될 수 있으며, 그렇게 되면 쟁점이라는 개념은 분석 도구로서 쓸모가 없어진다.

쟁점 인식과 쟁점 선호를 가진 쟁점 투표자는 '일체감을 가진 투표자', 즉 특정 후보나 정당의 상징에 일체감을 느끼는 투표자와 종종 대비된다. 그러나 일체감을 가진 투표자는 특정 쟁점에 대해 아는 바가 많을 것이다. 이와는 반대로 쟁점에 둔감한 투표자는 '일체감을 가질' 필요가 없다.[16] 물론 투표자 중에는 쟁점 인식도 없고 일체감도 없이 그저 사회적 압력 때문에 투표를 하는 사람도 있고, 바람직하지 않은 후보나 결과를 막기 위해 '소극적 투표'를 하는 사람도 있다.

이상의 내용으로부터 일체감 혹은 정확히 말하자면 **정당 일체감**partisan identification 같은 두 번째 개념이 도출된다. 정당 일체감을 가진 투표자는 현상 유지자로 여겨진다. 그들은 후보나 정당의 말과 행동에 관계없이 항상 같은 후보와 정당에 투표한다. 이들은 '일체감이 강한 투표자'로 가정된다. 투표 행동 조사들은 일반적으로 일체감이 강한 유권자와 일체감이 약한 유권자를 구분하고, 일체감이 약한 유권자는 불안정하고 결함 있는 투표자일 수 있다고 상정한다. 그러나 이런 가정은 전적으로 틀릴 수 있다. 예컨대 소극적 투표를 고려하면, 일체감이 약한 유권자가 매우 안정된 투표자가 될 수도 있다. "일체감을 가진 유권자는 현상 유지자일" 수 있지만 그 역은 성립하지 않는다. 즉 안정된 유권자라고 해서 모두 '자신의' 정당에 일체감을 갖는 '충성파'라고 말할 수는 없다.

쟁점 투표 및 정당 일체감과 관련해 유의해야 할 점은 서로 다른 두 가지, 즉 ① 투표 선택의 실제 **변화-불변**과 ② 입장 변화 또는 현상 유지의 **동기**를 종종 혼동하고 있다는 점이다. 그러므로 투표 **행동**으로부터 투표자의 **개성 유형**personality type, 즉 동기를 추론해 낼 수 없다는 데 유의해야 한다. 현상 유지자라고 해서 꼭 [정당에] '일체감'을 가진 사람일 필요는 없으며, 지식이 풍부하고 자신의 생각을 분명히 표현할 줄 알며 쟁점에 밝은 시민일 수도 있다. 이와 반대로, 투표 선택을 바꾼 사람이, 아는 것도 별로 없고 쟁점에 둔감하며, 아무렇게나 투표하거나 [과거와 상관없이 단지 현재의 상태에 의해서만 결정되는] 일종의 마르코프 과정에 따라 투표할 수도 있다.[17] 그러므로 분명히 해야 할 것은, 쟁점 투표나 정당 일체감은 얼마나 많은 유권자들이 실제로 투표 선택을 바꾸거나 나뉘는지를 나타내는 것이 **아니라**, 다양한 유형의 투표 동기를 나타낸다는 점이다.

쟁점 투표와 정당 일체감은 한 연속선의 양쪽 끝에 있는 것으로 생각할 수 있다. 그런 다음 쟁점과 일체감이 (비록 방식과 비율은 다양하지만) 혼합되어 있는 중간 개념을 상정하는 것이 유용하다. 게다가 투표자들이 정당 일체감을 갖는 경우라면, 그 정당과의 연결 방식은 분명하다. 그러나 쟁점 투표자들은 어떻게 정당들과 자신을 연결시키고 그 정당들 가운데 하나를 선택할까? 이 문제를 이해하려면 **정당 이미지**party image라는 또 하나의 개념이 필요하다. 이 세 번째 개념은 앞의 두 개념만큼 많이 사용되지도 발전되지도 않았다. 그러나 정당은 정당 이미지를 통해 유권자 대중과 소통하고, 선거 전략의 대부분은 그들이 표를 기대하는 대중에게 바람직한 이미지를 심어 주는 것과 관련이 있다.

정당 이미지는 정당 일체감과 동일한 것이 아니다. 두 개념은 명백히 서로 연관되어 있지만, 같은 정당을 지지하더라도 그 정당에 대해 생각하는 그림은 아주 다를 수 있다. 정당 이미지는 정당 일체감만큼 깊이 뿌리내리지도 안정적이지도 않지만, 쟁점과 후보에 대한 투표자의 태도보다는 오래 가는 경향이 있다.[18]

맞는 말이다. 그러나 추가할 내용이 있다. (내가 이해하는) 이미지란 하나의 단어나 구호로 압축되어 표현되는 모호한 **정책 꾸러미**policy package이다. '노동자를 위한 것'이라든가 '노동자의 정당' 같은 표현은 (쟁점이 아니라) 이미지다. 자유와 보수, 진보와 반동, 좌익과 우익 같은 꼬리표는 정당들이 이런 이미지를 두고 진행하는 상호 비방의 전형적인 예이다.

그렇다면 사람들은 어떻게 [여러 정당 가운데] 특정 정당을 선택하는가? 만약 (내가 말한 대로) 정당 이미지를 통해 선택한다면, 질문은 (일체감이 아닌) 이미지가 쟁점과 어떻게 상호작용을 하는가가 된다. 따라서 이를 쟁점 측면에서 보면 이렇게 질문할 수 있다. 쟁점 선호는 어떻게 이미지를 바꾸고 마침내 '일체감'을 변화시키는가? 말할 필요도 없이, 아직 우리의 연구 결과는 이런 문제를 제대로 논의하기에 부족하다. 연구 결과가 문제 제기보다 앞설 수는 없기 때문이다.

이와 같이 쟁점, 일체감, 이미지는 투표자들의 투표 행동을 이해하기 위한 주요 개념이다. 이 개념들은 다운스의 경쟁 공간 모델과 어떻게 연결되는가?

스토크스는 널리 알려진 자신의 비평에서 세 가지 주요 이견을 제시했다. 첫째, 정치적 갈등은 단일 차원으로 환원될 수 없다. 왜냐하면 조사 결과에 따르면 서로 다르고 독립적인 쟁점들이 존재하며, 따라서 이 쟁점들에 대한 '태도의 차원'도 여럿이기 때문이다. 둘째, (부패와의 싸움, 번영의 증진 등과 같은) 많은 쟁점에 대해 정당들은 정확히 같은 '입장'을 취한다(모든 정당이 다른 대안을 제시하지 않는다. 즉 모든 정당은 부패에 반대한다). 이로 말미암아 스토크스가 '합의 쟁점'valence issues이라고 부르는 것은, 그것이 비록 중요한 역할을 하더라도, 공간상에 순서대로 배열하지 못한다. 왜냐하면 과거 부패 문제에 대해 비난하는 것은 모든 정당이 아니라 하나의 정당이며, 또 부패와 싸울 것을 약속해 믿음을 얻는 정당도 하나일 수밖에 없기 때문이다. 셋째, 사실 "아무리 넓게 잡아도 (1952년, 1956년, 1960년의 [미국] 대통령 선거에서) 유권자 중 약 10분의 1만이 자유주의와 보수주의를 구별한다든가 기타 이데올로기적 개념을 사용한 것으로 나타났다. 좀 더 정확하게 계산하면, 그 비율은 겨우 3% 정도에 불과했다."[19]

첫 번째 비판은 다소 당혹스럽다. 그의 미시건 대학교 동료들이 쟁점 정향과 쟁점 인식은 유권자의 선택에 별 영향을 미치지 않는다는 사실과, 미국의 투표 행동에서는 정당 일체감이 가장 강력한 단일 동기로 작용한다는 사실을 발견했을 때, 스토크스는 '쟁점 대중'issue public이라는 개념을 상정했다.[20] 앵거스 캠벨과 필립 컨버스가 간결하게 말하고 있듯이, "우리의 조사 표본 가운데 거의 모두를 정당 일체감이라는 하나의 차원에 위치시킬 수 있으며"[21] "엘리트와는 달리, 일반 대중의 경우 정당 선호는 쟁점 위치와 별로 관계가 없어 보인다."[22] 그렇다면 왜 '쟁점'이 문제가 되는가? 스토크스는 50년대의 증거가 뒷받침할 수 없는 논거를 세운 것처럼 보이지만 이론적으로는 다운스 모델이 쟁점에 적합하지 않다는 그의 관점에는 하자가 없다. 즉 다운스의 모델은 쟁점과 관련해서는 적합하지 않은 면이 있다.

스토크스는 두 번째 비판에서 흥미롭게도 위치 쟁점position issues과 합의 쟁점을 구분한다. 본질적으로 합의 쟁점은 초당파적 쟁점, 즉 정당 간에 의견 차이가 생기지 않는 쟁점이다. 하지만 각 정당이 상대 정당의 말과 실제 행동이 일치하지 않다고 서로 비난한다는 점에서 그것은 하나의 쟁점이다. 이 논점을 좀 더 밀고 나가면, 우리는 다음 질문에 도달한다. 왜 어떤 정당은 '신뢰를 받고' 어떤 정당은 신뢰를 받지 못하는가? 첫 번째 답은 유권자는 정당이 하는 말에 속지 않는다는 것이다. 그러나 이것만으로는 충분하지 않다. 내가 보기에 이른바 합의 쟁점은 [정당들이 공유하고 있는] 일종의 접합점juncture을 가리킨다. 이 접합점에서 쟁점 인식은 정당 이미지와 일체감에 의해 조정된다. 궁극적으로 이 문제는 정당에 대한 일체감이 (다른 무엇보다도) '권위체', 실제로는 사람들이 그렇다고 인지하는 권위체cognitive authorities를 확립하느냐에 달려 있다. 대

중이, 그들이 하는 말을 믿을 것인지 말 것인지를 판단하는 그런 권위체로서의 정당 말이다.[23]

스토크스의 세 번째 비판은 미국의 유권자들이 좌-우의 공간 이미지를 사실상 무시하고 있으며, 심지어 자유-보수 구도를 활용하는 경우도 드물지만 거의 이해조차 하지 못한다는 것이다. 이 점에서 스토크스의 주장은 미시건 대학교 조사연구센터의 조사 결과와 궤를 같이 한다. 따라서 다운스 모델에 치명적인 일격을 가하는 것처럼 보인다. 그러나 스토크스는 자신의 글 말미에서 이렇게 지적한다. "정치적 갈등이, 질서정연한 하나의 차원을 만들어 내는 단일의 안정된 쟁점 영역에 집중되어 발생할 수도 있다. …… 이를 **강한 이념적 집중**ideological focus이라 부르기로 하자. 다른 한편 정치적 논란이 수많은 불안정한 쟁점 사항들로 확산되는 경우가 있는데 …… 이런 경우를 **약한 이념적 집중**이라고 하자."[24] 이런 제안은 확실히 중요하므로 적당한 때에 다시 언급하기로 하고, 지금은 미국에서 실시한 조사 결과를 전반적으로 검토해 보자.

키는 『책임 있는 유권자』 *The Responsible Electorate*라는 책에서, 투표 선호와 쟁점 간의 유의미한 연관성을 재확립하려고 시도했는데, 미시건 대학교의 조사에서는 양자 간의 유효한 관계가 없다는 결과가 나왔었다. 키의 연구 동기는 윤리적 또는 적어도 실천적 관심에서 비롯된 것이었다. 만약 정치가들이 "유권자가 터무니없는 말에도 반응한다고 생각한다면, 그들은 유권자들에게 터무니없는 말을 할 것이다. 정치가들이 투표자를 속기 쉬운 존재로 생각하면, 그들은 투표자를 속일 것이다."[25] 나는 키의 문제의식에는 동의하지만, 민주적 통제는 대중에게만 달려 있는 것이 아니라는 점 또한 유념해야 한다. 즉 가장 공정한 거래는 유권자에게 그들이 무엇을 줄 수 있는지를 묻는 것이며, 그것으로 충분하다는 것이다. 어쨌든 1960년대 말에 이르면서 연구자들은 키가 던진 질문을 탐구하기 시작했고, 현실 자체도 많은 변화를 겪었다.[26] 1964년 선거에서는 이념 인식이 높아지고 정당 간 차이에 대해서도 이전보다 잘 알고 있는 것으로 나타났다. (1972년에 조지 맥거번*이 민주당의 이미지를 왼쪽으로 이동시키는 데 성공한 것처럼) 베리 골드워터**는 (자신에게 득이 된 것은 아니지만) 공화당의 이미지를 오른쪽으로 이동시키는 데 성공했다. 동시에 베트남전쟁, 대학가 소요, 인종 갈등이 최고조에 이른 상황에서 치러진 1968년 선거는 이런 쟁점들을 전면에 부각시켜 '정책 투표' 양상을 한층 고양시켰다. 최근 설명에 따르면, 미국 유권자들이 좀 더 이념적으로 인식하게 되었거나 적어도 정당의 자유-보수 이미지가 투표 동기로 작용한 것으로 나타났다.

최근 자료들을 보면, 확실히 예전보다 쟁점 투표가 늘어나고 있다. 이는 이미 발견된 사실을 (쟁점에 민감한 측정 기법의 도움을 받아) 탐색했기 때문이기도 하지만, 그럼에도 불구하고 각종 수치를 보면, 분명 양상이 달라졌음을 알 수 있다. 1952년에서 1964년까지는 큰 변화가 일어나지 않았다. 그러나 1972년에 이르면서 미국 유권자의 3분의 1 이상이 어떤 정당도 지지하지 않는 '무당파'였으며, 양대 정당 중 어느 한쪽 정당에 강한 일체감을 가진 유권자는 겨우 절반 정도에 불과한 것으로 나타났다. 좀 더 정확하게 말하면, 1952년에서 1964년까지 23%이던 무

• 1972년 대통령 선거에 개혁파 민주당 후보로 출마해 선거 기간에 베트남전쟁의 즉각적인 종결과 사회·경제의 폭넓은 개혁 프로그램을 주장했다. 현직 공화당 대통령인 리처드 닉슨에 압도적인 표차로 낙선했다.
•• 1964년 대통령 예비선거에서 공화당 대통령 후보로 지명되어 현직 대통령 존슨과 대결했으나 당시 경제 상황과 그의 강한 반공주의 이미지로 인해 완패했다.

당파가 1968년과 1972년에는 각각 29.5%와 35.1%로 상승했다. 민주당 지지층은 1964년에 52.2%로 정점에 달했지만 1972년에는 41%로 줄었다. 공화당 지지층은 1956년과 1960년에 약 30%였는데, 1972년에는 24%로 떨어졌다.[27] 한편, 1964년, 1968년, 1972년의 대통령 선거는, 미국이 베트남전쟁으로 깊은 상처를 입고 인종 문제로 뜨거운 상황에서 치러졌다는 점을 고려하면 이런 변화도 그리 놀랄 일은 아니다. 또한 이들 선거 가운데 어느 것도 '중대'critical 선거, 즉 근저의 항구적이고 근본적인 재정렬을 의미하는 선거는 아닌 것으로 보인다.[28] 모든 변화를 고려하더라도, 미시건 대학이 1950년대에 실시한 조사의 핵심 결론은 여전히 유효하다. "어떤 경우에도 정당 일체감은 미국인의 투표 행동을 결정하는 유일하고 중요한 요인이다." 이 결론이 여전히 유효한 이유는 통계 수치가 이 결론을 지지하기 때문만은 아니다. 진짜 이유는, 더 많은 사람들이 더 많은 쟁점을 인식하고 있다는 사실을 발견하더라도 이 결론을 논박할 수는 없기 때문이다. 중요한 것은 **인과관계의 방향**이다. 어디에 투표할 것인가를 실제로 결정하는 것은 쟁점 정향인가? 혹은 쟁점 인식과 선호를 형성하는 것은 정당 일체감과 이미지인가? 어느 쪽 질문에도 답변하지 않을 수 있고, 두 질문 모두 답변할 수도 있다. 그러나 어느 것이 (얼마나 많은 유권자에 대해 어느 정도까지) 독립변수인가 하는 문제는 여전히 남는다. 확실히 정당 일체감은 쟁점에 대한 태도에서 비롯될 수 있지만, 나이와 사회화 과정으로 거슬러 올라갈 만큼 멀리서 온 것일 수도 있다. 그리고 정당 일체감에는 아마도 정책 선호도 포함될 것이다. 그러나 이런 조건하에서는 쟁점 선호와 정당 선택은 일치할 것이다. 그러나 여전히 인과관계의 방향, 즉 유권자가 실제로 쟁점을 **이유로**, 그리고 쟁점에 기초해 투표를 하는가라는 질문에 대해 말해 주는 바가 없다.

여기서 일종의 아이러니가 발생한다. 스토크스는 (첫 번째 비판에서) 자신의 증거에 반하고 있었고 다운스에 대해서도 다소 공정하지 못했지만, 이후의 증거가 오히려 그의 주장을 입증한 것이다. 그리고 스토크스는 (미국의 유권자들은 이념 공간에 자리 매김할 수 없다는) 1950년대의 조사 결과에 의지했지만, 1960년대와 1970년대의 조사 결과는 그의 비판을 뒤집고 다운스 모델의 적용 가능성을 입증해 주었다. 앞서 지적했듯이, 정당 간 경쟁의 공간 모델은 쟁점 투표자에 대해서는 잘 적용되지 않는다. 반대로 이 모델은 투표자가 이념 의식이 높고 좌-우 이미지에 민감하다는 가정하에서 가장 잘 적용된다. 직관적으로 말하면, 쟁점은 단일 차원으로 환원될 수 없지만, 다운스 모델의 가장 매력적인 속성은 그것의 단일 차원성에 있다. 그러나 곰곰이 생각해 보면, **위치 설정**posi-tioning이라는 네 번째 개념을 두 개의 공식, 즉 **위치 지각**position-perception과 **위치 이미지** 속에 추가로 도입하지 않으면, 투표 행동 조사 결과는 다운스 모델에 쉽게 들어맞지 않는다. 위치 지각이란 투표자가 자신과 정당을 **공간 배열** 속에 위치시키는 것을 의미한다. 위치 이미지는 정당이 자신의 **공간적 위치**를 유권자에게 전달하기 위해 전략적으로 움직이는 것을 의미한다. 위치 지각과 위치 이미지가 주어지면 (그럴 때만 비로소) 우리는 '쟁점 공간'issue space에서 '쟁점 위치' 개념을 효과적으로 사용할 수 있다.

조사 결과를 조직하기 위한 개념 틀을 정립했으므로, 이제 경쟁의 공간 모델을 유용하게 활용할 수 있는 조건들을 개괄해 보자.

1. 구조화된 정당 체계가 존재하지 않을 경우, 투표 행동을 결정하는 일반적인 요인은 명망가에 대한 지지다. 우리는 이것을 **인물 중심 투표**

personality voting이라고 말한다. 따라서 다운스 모델은 제3세계, 그리고 대중정당이 출현하지 않은 곳에는 적용되지 않는다.

2. **정책 투표**, 즉 쟁점에 의해 결정되며 정당의 정책 입장에 반응해 이루어지는 투표 선택으로, 비교적 드물다. 정책 투표는 항상 일어나는 것이 아니며, 쟁점 인식과 쟁점 정향이 독립변수임을 증명하는 것도 쉽지 않다. 그러나 쟁점 투표 또는 정책 투표가 이루어지더라도 그것은 공간상에 배치하기 힘들며, 공간이 단일 차원일 경우에는 더욱 어렵다.[29]

3. 정치가 발전했을 때, 유권자가 추상화 능력을 가졌을 때, 그리고 정당 체계가 대중정당들로 구성되었을 때는 **정당 이미지와 결부된** 위치 투표가 투표 선택을 좌우하는 가장 유력한 단일 결정 요인이라는 것이 가장 설득력 있는 가정이다. 그리고 투표자가 위치 지향적이면 정당 간 경쟁을 공간적으로 이해하려는 노력은 나름대로 의미를 갖는다.

4. 투표자는 확실히 쟁점 선호를 가지고 있지만(그렇지 않다면 재정렬 선거realignment election는 결코 일어나지 않을 것이고 일탈 선거도 설명하기 어려워진다.) 문제[투표 선택]는 **이탈점** 또는 붕괴점에 달려 있다. 이탈(붕괴)점이란 자신이 선호하는 정당이 표방하는 쟁점-정책에 실망해 그 정당에 대해 유권자가 갖고 있던 기존의 이미지, 일체감, 애착이 붕괴되는 지점을 말한다.

5. 쟁점 투표는 비교적 단순한 체계(양당 체계)에서 일어나기 쉽고 그래서 많아지는 경향이 있다. 반면 정당 수가 많아서, 특히 연립 정부가 구성되어 정당 체계가 복잡할수록 적용하기 어렵다.

6. 이와 동시에 약한 이데올로기 초점에서 강한 이데올로기 초점으로 옮겨 가면, 즉 실용 정치로부터 이념 정치로 옮겨 가면, 쟁점 투표는 위치 투표로 넘어간다.[30]

1~3의 일반화는 다운스 모델을 적용할 수 있는 범위를 명시하고 있을 뿐이다. 4의 일반화는, 정당은 이탈점을 걱정하기 때문에, 정당 일체감에 의한 투표나 위치 투표가 있다 해도 유권자를 아무렇게나 속일 수 있는 것이 아님을 지적함으로써, 키의 우려에 대답한다. 결국 유권자로 하여금 정당 일체감을 갖게 하는 메커니즘은 정당 이미지다. 그리고 정당 이미지는 모호하고 탄력적이기는 하지만 그래도 기본적인 쟁점 정향과 연관되어 있다. 마지막 두 일반화는 다음에서 좀 더 면밀히 검토할 폭넓은 가설을 가리킨다.

3. 다차원 공간, 일차원 공간, 이념 공간

앞으로 검토해야 할 문제는, '정치 공간'political space이란 무엇인가 하는 것이다. 좀 더 정확하게 말하면, 정당은 어떤 종류의 공간에서 경쟁을 하는가이다. 확실히 정당은 (호텔링과 스미시스가 말하는) 지리적 또는 물리적 공간에서 경쟁하는 것이 아니다. 또한 정당이 상징적 또는 비유적 공간에서 경쟁한다는 답변도 충분하지 못하다. 나아가 정치의 공간적 배열 구조에서 이념적 유형의 공간으로의 이행도 너무 자주 그리고 너무 쉽게 상정된다.

'좌-우' 배열을 공간 이미지라고 부르기로 하자. 좌-우 배열의 유일한 속성은 대상들을 평평한(일차원) 공간에 병렬적으로(수평적으로) **순서를 매기는** 것이다. 이것은 그 자체로는 전형적인 **공간 모형**spatial archetype에 불과하다. 이 모형을 어떻게 정치에 대입할 수 있는가? 좌-우 개념을 사용해 정치적 인식을 공간적으로 해석하는 방식이 처음 사용된 것은 프랑스혁명 과정에서였고 '정치의 이념적 발전'과 더불어 정착되었는데, 원래는 의회에서 좌우로 의석이 배열된 것을 가리켰다. 좌-우에는 항상 가치판단이 개입되어 왔는데, 19세기 내내 그리고 20세기에 들어 그에 대한 찬양과 비난의 의미는 상당한 변화를 겪었으며, 전체적으로는 서로 상쇄되었다. 1848년에 출간된 프랑스어 정치학 사전에서는 왼쪽에 앉은 의원을 "자유의 원리를 옹호하는 사람"으로, 오른쪽에 앉은 의원을 "권력의 원리를 옹호하는 사람"으로 기술했다. 그러나 1848년판 집필자에 따르면, 이미 이런 가치가 상당 정도 사라졌다는 점에서 이런 구분은 이미 낡은 것이 되었다. 좌파 의원들 가운데 많은 이들이 "대중의 자유를 보호하는 것보다 자신의 권력을 드높이는 데 더 많은 관심을 가져 왔기" 때문이다.[31] 함축된 가치에 대해 살펴보면, '오른쪽'right은 이 단어의 법적인 의미와 긍정적으로 연계되어 사용되었으나 (추상적으로는 프랑스어 droit와 독일어 Recht, 영어로는 '올바름'이라는 뜻 외에 '권리를 가짐'having a right 등등), 초기에는 군주 편에 나중에는 왕정복고와 연계되어 부정적인 의미를 가졌다. 이와는 반대로 '왼쪽'left은 심장이 자리한 왼쪽으로, 초기에 입헌 '공화파' 정치인들과 연결되는 개념이었다. 그러나 왼손잡이가 오른손잡이보다 열등하다는 의미에서 부정적인 대우를 받았다.

좌 - 우라는 말이 원래 가졌던 의미가 어떻게 발전해 왔고 그 과정에서 어떤 의미가 추가되었는지를 살펴보지 않아도 다음과 같이 말할 수 있다. 현재 '좌파'의 승리가 점차 긍정적인 평가를 받게 된 것은 파시스트 '우파' 체제의 패배와 종교의 쇠락(예수는 항상 하나님의 오른쪽에 그려져 있다.)에 따른 것이다. 그 결과 '민주주의', '미래', '젊음' 같은 말이 점차 '좌파'와 연결되고 있다.[32] 이 승리의 의미는 결코 작은 것이 아니다.

정치투쟁, 즉 **말의 전쟁**에서 '좌파'는 가장 인기 있고 중요한 말이 되었기 때문이다. 더 중요한 것은, 좌와 우에 대한 평가가 점점 불균형적이 됨에 따라 이들 꼬리표가 지닌 감정적 요소가 그것의 인지적 기능을 압도하게 되었다는 점이다. 그래서 이런 승리로 인해 좌와 우는 순전히 이념적 의미로 사용되기에 이르렀다. 다운스의 분석에서 이념은 '정보비용을 절감하기' 위한 장치다.[33] 그러나 이런 '절감'이 너무 급격하게 진행되면 '정보' 요소는 완전히 소멸되고 만다. 바로 이런 변화를 겪으면서 공간 이미지는 **이념 공간**으로 적절하게 불리게 되었다. 이념 공간에서는, 좌-우가 강한 찬양 또는 경멸의 말이 될수록 더 이념적인 것이 된다. 어떤 정책과 어느 정도 연결되어 있는 것은 사실이지만, 공간 이미지의 미묘함은 그것이 의미론적 근원, 즉 그것의 사용과 남용을 통제하는 그 어떤 의미론적 제약이 없다는 데 있다. 진보적liberal-보수적conservative 같은 명칭도, 적어도 비교의 기준에서는 좌-우와 동일시되곤 한다. 그러나 이 두 쌍은 근본적으로 다르다. 진보-보수는 인지적-정보적 내용을 완전히 벗겨 낼 수 없는 반면, 좌-우는 일종의 빈 상자들로 구성되어 있어서, 원칙상 언제든 그때그때 내용을 채우고 또 다시 채울 수 있다. '자유'라는 단어를 스탈린주의와 연계시키는 데는 의미론적 장애가 존재하지만, '좌익'이라는 단어와 연계시키는 데는 그런 장애가 존재하지 않는다. 역사적으로 좌-우의 이름표는 문화적·종교적 의미를 가득 실은 상태에서 정치로 들어왔다. 그러나 여기에는 의미를 쉽게 채우고 또 '다시 채울' 수 있다. 이 이름표에는 아무런 의미론적 토대가 없기 때문이다.

우리는 이제 대논쟁에 임할 준비가 되었다. 논점은, 정당의 경쟁 공간은 일차원으로 환원될 수 있는가, 아니면 다차원적일 수밖에 없는가이다. 다운스 모델을 활용해 조사 데이터를 해석하면, (나라에 따라) 뒤섞인 조사 결과가 나오는가 하면, 일부 결과는 당혹스럽고 모순적이다. 현재로서 확실한 사실은, (영국을 포함한) 유럽의 대중은 질문을 받았을 때, 좌-우 척도 위에 자신이 어디에 있는지를 말할 수 있다는 점이다.[34] 그러나 이것이 좌-우가 실제 투표 행동을 설명한다거나 설명하기에 충분하다는 것을 보여 주지는 않는다. 이탈리아[35]의 경우는 좌-우라는 일차원적 척도로 충분히 설명할 수 있으며, 독일[36]과 스웨덴[37]에도 그럭저럭 적용되는 것으로 확인되었다. 영국도 이런 국가군에 속한다고 볼 수 있다.[38] 그러나 이런 측면에서 프랑스는 이탈리아와 다른 것으로 나타났다.[39] 별로 놀랄 일도 아니지만 네덜란드와 이스라엘은 두 차원이 필요해 보인다.[40] 스위스의 경우에는 세 차원이 필요하다는 것을 알 수 있다.[41] 자코모 사니가 올바르게 강조하듯이, 좌-우 연속선을 적용할 수 있는가에 대한 논쟁의 대부분에서 핵심은

자료 수집 기법의 차이다. …… 예컨대 미국 유권자에 대한 분석은 자유 답변식 자료를 바탕으로 한다. 영국의 경우에는 예비 단계에서 '선별식' 질문 방식을 적용한다. …… 대륙의 세 나라(프랑스, 독일, 이탈리아) 응답자에게는 각 정당을 좌-우 스펙트럼상에 위치시키라고 요구하면 된다.

"(나라마다) 평균적 투표자들이 정당 체계를 '이해하도록' 도와주는 상이한 인지 장치 혹은 명칭을 내면화하는 정도가 얼마나 다른지"를 나타낼 수 있다는 사실은 충분히 이해할 만하다.[42] 그러나 먼저 자료 수집 기법을 일치시키지 않으면 이런 차이를 제대로 평가할 수 없다.

좀 더 일치된 발견을 기대하며 다음과 같은 이론적 주장을 제시하고

자 한다. 정당 위치는 하나의 교차점으로, 이를 명확히 하기 위해서는 좌-우 연속선을 나타내는 가로축뿐만 아니라 여기에 끼어드는 또 다른 최소한 하나의 세로축이 필요하다. 한스 아이젱크가 강조한 권위주의-민주주의 연속선[43] 혹은 세속-종교 연속선 같은 것이 그에 해당한다. 또한 민족 혹은 인종에 따른 정당도 명백히 별개의 차원에 속한다고 볼 수 있다. 도시-농촌 또는 심지어 근대-전통의 균열에 따른 차원을 추가할 수도 있다. 이제 4개의 기본 균열 차원을 가지고 논의를 마무리해 보자. 이를 도식화하면 〈그림 44〉와 같다.

어느 나라에서든 이런 균열의 차원들이 존재하고, 이 차원들이 쟁점을 조직하는 데 기여하며, 정당 이미지와 정당 일체감에도 영향을 미친다는 사실을 부정하는 사람은 아무도 없다. 그러나 적어도 다차원성을 하나의 '공간'으로 생각하는 것은 별 의미가 없기 때문에 이런 다차원성으로 우리가 할 수 있는 일이 별로 없다. 배리가 관찰한 것처럼, "다운스의 일차원 분석을 다차원 분석으로 확대하더라도 그것만으로는 수많은 정당들을 기대할 이유는 없다. 뿐만 아니라 투표자들이 n차원의 공간으로 분포하게 됨에 따라 정당들이 투표자의 중간이 아닌 어딘가에 위치하게 되리라 기대할 이유도 없다. 왜냐하면 그들은 n차원에 분산되어 있기 때문이다."[44] 둘 이상의 차원을 사용하면 일차원일 때보다 데이터에 대체로 더 적합하지만, 그럼에도 불구하고 "특정 묶음의 선호 순위를 설명하기 위해서는 x, y, z 차원들이 필요하다는 증거가 있다고 해서 행위자 모두가 둘 이상의 차원에서 이 공간을 보고 있는 것은 아니다."[45]

따라서 우리는 일차원적 단순화로 되돌아가는 길을 모색하게 된다. 첫 번째 주의할 점은, 실제로 공간이 (경제적, 사회경제적, 입헌적, 민중적인가의 기준에 좌우되든 아니면 결국 아무 기준에 의해서도 좌우되지 않든 상관없

그림 44.

다차원 공간

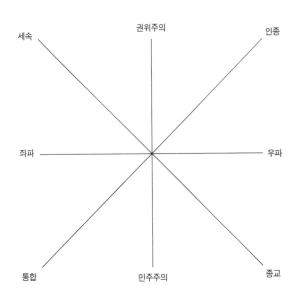

이) 복수의 배열로 구성되어 있다는 것을 인정하면서도 **하나의 좌-우** 차원을 상정해도 모순되지 않는 것으로 보인다는 점이다.[46] 경제적 기준에서 보면, 좌파는 국가 통제(결국에는 집산주의 경제)를 주장하고 우파는 사유재산에 기초한 시장경제 제도를 지향한다. 사회경제적 기준에서 좌파는 복지 정책과 평등화 정책에 우호적이고 우파는 반대한다. 그러나 양쪽 모두가 수용하는 비경제적 쟁점들도 많다. 이를테면, 시민권, 시민 자유, 인신 보호, 적법한 절차, 프라이버시 같은 것들이다. 여기서 나는 (입헌 민주주의와 관련해) 이른바 입헌적 기준을 도입하려는데, 이

기준에 따르면 극좌와 극우는 반체제 세력을 가리킨다. 입헌 체제 내에서 좌-우는 평등한 법이 사회적 불평등과 어떻게 연관되는지를 둘러싸고 견해를 달리한다. 그렇지만 우리는 또한 좀 더 느슨한 기준을 따르기도 한다. 1950년대에 좌파는 종종 '변화' 및 '운동'과 동일시되었고, 우파는 현상 유지를 지향하는 것으로 간주되었다. 그러나 이런 기준은 특히 노동조합이 방어적, 현상 유지적 입장을 취하면서 그 변별력을 상실하게 되었다. 그러므로 나는 이런 느슨한 기반에 기초해 포퓰리즘적 기준에 대해 말하고 싶다. 포퓰리즘은 사회경제적 계층화의 차원을 따라, 상층 혹은 일정 기준선 위쪽에 반대해 아래쪽(대중, 노동자, 취약 계층)에 호소하는 순수하고 단순한 설정이다. 이와 비슷한 의미를 가진 또 하나의 기준은 아마도 '불만'일 것이다. 마지막은 기준이 없는 상태로, 단순한 공포와 악담이 존재하며, 그것의 유일한 의미는 어떤 우연적인 사건이 발생한 후 어떤 독재자가 만들어 낸 것이라는 점이다.[47]

물론 이런 기준들은 대부분 서구에 엄격하게 한정된다. 사실 민주주의 세계나 비민주주의 세계에 공히 적용할 수 있는 것은 경제적 기준뿐이다. 소련은 국유 경제라는 측면에서 볼 때에나 좌파일 뿐, 앞서 말했던 다른 기준에서 보면 그렇지 않다. 그러나 서구 세계에서는 [현 체제를 인정하느냐 부정하느냐 같은] 입헌적 기준이 경제적 또는 사회경제적 판단 기준만큼이나 중요하고, 실제로 정치 엘리트와 일반 엘리트의 인식 수준에서는 결정적으로 중요한 기준인 것 같다.[48] 입헌민주주의가 지금은 그리 관심을 가져야 할 주요 문제가 아닌데도 불구하고 왜 입헌적 기준이 결정적인 기준이 될까? 이 점이 내가 이 책 전반에 걸쳐 정당을 좌-우라는 입헌적-정치적 연속선에 나타내는 것을 지지하는 이유다. 만약 내가 사회경제적 배열 기준을 따랐다면, 위치 설정 작업은 훨씬 더 곤란해졌을 것이며, 많은 정당들이 스펙트럼상에서 매우 다른 지점에 위치하게 되었을 것이다. 물론 입헌적-정치적 기준을 따라도 인접 정당끼리 서로 위치가 바뀔 수도 있다. 그것은 공간 위치를 지정하는 작업이 원래 인상주의적 본성을 갖기 때문이기도 하고, 또 인접한 두 정당이 실제로 겹쳐 있거나 동일한 위치를 두고 경쟁할 수도 있기 때문이다. 그러나 인접한 정당의 위치가 바뀐다고 문제가 생기는 것은 아니다. 하지만 입헌적 기준 대신 경제적 기준을 적용하면 양상은 매우 달라진다. 예컨대 경제적 기준에서 보면, 드골파는 1950년대에 극우에서 중도 좌파로 이동했다고 볼 수 있다. 마찬가지로 이탈리아의 네오파시스트 정당(이탈리아 사회운동당)도 입헌적 기준에서는 극우이지만 사회경제적 기준에서 보면 스펙트럼상 매우 다른 지점에 놓을 수 있다. 다당 체계 국가에서는 이와 유사한 예를 많이 찾아볼 수 있다.

언뜻 보면 다차원 배열은 문제를 단순화하기는커녕 복잡하게 하는 것 같다. 그러나 자세히 살펴보면 좌-우 상자의 '공백'이, 배열의 다차원성(즉 다양한 쟁점 공간)을 하나의 동일한 공간적 차원 안에 **압축**하기 쉽게 해주며 또한 촉진하고 있다는 것을 알 수 있다. 예컨대 아이젱크가 말하는 권위주의-민주주의 차원은, 전체적인 좌-우 공간을 확대하고 정당들 간 거리의 차이를 고려할 수 있게 함으로써 흡수된다. 덧붙여 말하면, 사람들은 가끔은 서로 혼동되는 여러 이유로 자신과 정당을 좌-우 스펙트럼상의 서로 다른 지점에 위치시키지만, 선택의 폭이 확대되거나 이념적 열기가 높아지면 자신의 공간적 위치를 지정하게 된다.[49] 다른 한편, 압축 과정은 ① 인터뷰를 통해 확인한 전반적인 정치 인식 및 일반 여론과 ② 실제 투표 선택 사이에 큰 격차를 만들어 낸다. 압축이 심할수록 격차도 그만큼 커진다. 시민들로서는 말로 할 때는 이것저 것 하고 싶은 이야기가 많을 수 있다. 그러나 찬반 투표를 해야 할 때는 '최단 거리'를 염두에 두고 선택할 수밖에 없을 것이다. 즉 좌-우 스펙트럼 위에서 자신의 위치로부터 가장 가깝다고 생각하는 정당(후보)에 투표하게 되는 것이다. 관찰자가 인터뷰 응답으로 투표 행위를 판단하고자 할 때 직면하는 어려움은 투표자가 실제로 투표할 때 겪는 어려움과 동일하다. 따라서 연구자가 이런 압축을 고려하지 않거나, **시민**의 전반적인 정치 인식이 자동으로 **투표자**의 실제 투표로 이어지지 않는다는 사실에 주의하지 않으면, 그는 자신의 해결 능력을 뛰어넘는 많은 문제를 만들어 내게 된다.

이상의 고려 사항에도 불구하고 적어도 한 가지 차원, 즉 종교 차원은 [다른 차원으로] 환원될 수 없으며 실제 투표 선택에 강한 영향을 미친다. 세속-종교 차원은 [좌-우 공간으로] 흡수되지 않는다. 하지만 어느 정도 **압축**될 수는 있다. 컨버스가 날카롭게 지적하듯이, 데카르트 공간[좌표계]에서 두 차원을 표현할 때 〈그림 45〉에서처럼 세 개의 상이한 형태를 생각해 볼 수 있다. 즉 x축과 y축의 길이를 동등하게 그리는 경우, 더 중요한 x차원을 길게 하고 y차원은 줄이는 경우, 중요한 y차원을 늘리고 x차원은 줄이는 경우다.[50]

x축은 좌-우 차원을 나타내고, y축은 종교-반종교 차원을 나타낸다고 가정하자. 이때 (첫 번째 그림처럼) 두 차원 모두 투표자에게 똑같이 중요하다면 일차원 공간의 논거는 사라지는 것처럼 보인다(첫 번째 그림과 같지는 않더라도 앞으로 보게 될 것이다). 그러나 y차원이 지배적이라면 정당 A와 정당 C는 압축된다(가까워진다). 우리는 이것이 정당 B와 정당 A-C 간에 이루어지는 종교-반종교의 단일 경쟁 상황이며, 이때 좌-우 차원은 정당 A와 정당 C가 너무 비슷해지지 않게 하는 것 말고는 다른

그림 45.

중간 지향성에 따른 2차원적 정당 공간의 편차

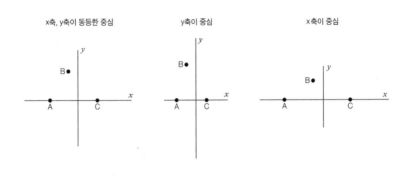

어떤 역할도 하지 않는다고 말할 수 있다. 반면에 세 번째 경우, x축을 따라 (x축에 근접해) 압축되는 정당은 B다. 정당 B는 중간 정당으로 여겨질 때에만 경쟁의 장에 들어오며, 이때 좌-우 단일 차원의 경쟁이 이루어진다.

말할 것도 없이, 이런 상황은 나의 논지에 부합하며, 재설계를 통해 서독, 이탈리아, 프랑스, 칠레의 기독민주당의 경쟁적 지위를 보여 줄 수도 있다. 독일 기독민주연합은 (바이에른 주를 제외하고는) 가톨릭 신자들로부터 지지를 받으려고 노력하지 않으며, 종교 정당으로 인식되기를 바라지도 않는다. 그리하여 기독민주연합은 과반 득표를 추구하는 과정에서 x축을 따라 거의 평평한 모습을 보인다. 이탈리아 기독민주당은 가톨릭 신자들을 지지 기반으로 삼고 있지만 중도(또는 중도 좌파)에 위치해 있어서 비가톨릭 유권자들에게도 다가간다. 프랑스의 대중공화운동은 1946년 결성 당시부터 너무 좌파로 기울어 가톨릭 신자들의 잠재적 표를 잃었고, 그 결과 종교적 호소와 위치 설정 모두에서 실패했다. 칠레의 기독민주당도 마찬가지로 좌-우 차원을 따라 심하게 동요한 탓에 안정된 지지를 유지하는 데 실패했다.

우리가 각 정당의 득표 추구를 연구하고 있다는 점을 상기한다면, 즉 **경쟁**을 진지하게 고려한다면, 단일 차원 상황에 대한 연구를 좀 더 진행할 수 있다. 경쟁은 (적어도) **두 개** 정당이 같은 유권자에게 말을 거는 공동의 장을 전제로 한다. 그러므로 (종교든 민족이든 언어든) **하나만** 내세우는 정당, 즉 정당 일체감을 가진 투표자들의 지지만 받는 정당의 경우, 다른 경쟁 차원이 추가되지 않는다. 실제로 그런 종류의 정당은 경쟁을 하지 않거나 경쟁에서 벗어나 있다. 〈그림 45〉의 첫 번째 경우(두 축이 똑같이 중요한 경우) 정당 B는 2차원 경쟁 공간에 있는 것이 아니라, **경쟁에 참여하지 않는** 위치에 있음을 보여 준다. 만약 정당 B가 자신의 지지 집단에 만족한다면, 정당 B는 (인구 변화나 세대교체가 일어나지 않는 한) 안정적인 상태를 유지할 것이다.[51] 그러나 정당 B가 득표 확대를 추구하면, 〈그림 45〉의 세 번째 사례에서 나타나듯이 x축에 접근해서 좋건 나쁘건 좌-우 차원을 따라 경쟁을 시도해야 할 것이다. 확실히 종교를 세로축(y축)으로 잡으면, 좌파 성향의 가톨릭 정당이 왜 마르크스주의 사회주의 정당이 아닌지를 설명하는 데 도움이 된다. 그러나 이런 요소는 지지를 호소하는 각축장에서는 무시되거나 당연한 것으로 여겨진다. 일반적으로, 정당 체계 파편화의 원인들이 경쟁 공간의 다차원으로 그대로 전환되는 것은 아니라는 점이다.

2차원적 경쟁은 특히 2~3개의 종교 정당이 종교적 기반을 바탕으로 경쟁을 벌이고 있는 이스라엘의 경우 여전히 그럴 듯해 보인다.[52] 다른 한편, 이탈리아나 독일, 프랑스, 칠레의 경우에는 2차원적 경쟁이 별로 설득력을 갖지 않은 것으로 보인다.[53] 특히 이스라엘의 국가종교당의 경우 그 지지자들이 다른 것은 아무래도 좋고 오로지 종교적 이득에만 관심을 갖기 때문에 좌-우 차원을 자유롭게 넘나들 수 있다. 이와 반대로 이탈리아 기독민주당은 다른 공간에서 경쟁을 하는 것이 아니라 다른 모든 정당들과 같은 공간에서 전략적 행동을 펼쳐 왔다.[54] 기독민주당이 종교적 이미지를 강화해서 표를 얻을 수 있다고 믿었다면 지난 20년 동안 중도 좌파 이미지를 표방하지 않았을 것이다. 인종적·민족적 특성을 내세우는 정당의 경우도 마찬가지다. 핀란드의 스웨덴인민당은 자유롭게 공간 위치를 정할 수 있다. 더 정확히 말하자면 어디에도 위치를 고정할 수 없다. 이 정당은 경쟁 공간 밖에 있는 인종·민족 집단이다. 다른 한편, 현재 벨기에가 처한 곤경은 예전의 좀 더 단순했던 공간이 2차원으로 분할된 사례로 해석될 수 있다.

전반적으로 볼 때, 허약한 사례는 다차원의 경우인 것 같다. 일차원적 단순화는 기본적인 사례(양당 체계)를 지나치게 단순화할 수 있다. 그러나 좀 더 현실적인 대표의 세계에 다가갈수록 우리는 실제의 혼란스러운 사례를 만나지 않을 수 없게 된다. 이렇게 되는 데는 두 가지 가설이 있다. 첫째, 정당의 수가 증가할수록 위치 인식은 더욱 유용해지고, 결국에는 불가피해진다. 둘째, 실용주의 정치에서 이념 정치로 나아갈수록 좌-우 공간이 존재할 가능성이 커진다.

이 논지의 타당성 여부는 해당 체계 내에 정당의 수가 몇 개인가에 달려 있다. 정당이 두 개만 있을 경우, 유권자는 좌-우에 대한 공간적 인식이 없어도 방향을 정할 수 있다. 미국의 사례가 보여 주고 있듯이, 경쟁 공간이 반드시 '이념 공간'이 되어야 할 뚜렷한 이유는 없다.[55] 그러나 영국의 양상은 전혀 달랐다. 우선, 정당의 이름에서 정당의 차이가 분명하게 드러난다. [미국의] 민주당-공화당의 구분은 [영국의] 자유당-보수당 구분에 비해 차이가 두드러지지 않고 서로 중첩되는 부분이 많다. 나아가 영국의 양당 체계에는 계급 정치의 요소가 들어 있다. 이 두 가지 이유 때문에 영국의 유권자는 미국의 유권자보다 좌-우의 정치 인식에 더 민감하다.[56] 그럼에도 불구하고, 정도의 차이는 있지만 자유-보수 혹은 노동-보수의 정치 지형을 따르는 유권자와 순수하게 좌-우 정치 지형을 따르는 유권자는 명백히 다르다. 이미 지적했듯이, 노동-자유-보수 구분은 (대중은 명확하게 이해하지 못할지라도) 의미론적으로는 인지적 토대에 기반하고 있다. 반면 좌-우 구분은 순전히 감정적인 상징으로 존재하며 유동적이다. 그리고 (우리가 3당 체계나 4당 체계를 언급할 때 간단하게 넘어갔지만) 양당 체계와 극단적 다당 체계를 비교할 때 이런 차이가 분명하게 나타난다. 정당이 5개 이상이 되면, 유권자에게 정보비용과 불확실성이 기하급수적으로 증가하며, 과감한 단순화가 필요해진다. 이런 맥락에서 만약 우리가 보통의 유권자가 (스토크스의 견해를 따라) 여러 차원의 균열을 여러 쟁점 성과에 결부시키고, 또 그 쟁점 성과를 여러 정당의 쟁점 강령에 결부시키기를 기대한다면 평균적인 유권자는 아마 일종의 컴퓨터가 되어야 할 것이다.[57]

정당의 수가 5개일 때가 전환점인데, 이를 기준으로 분절화된 정체와 양극화된 정체가 나뉜다.[58] 여기서 우리는 두 가지 해석을 생각해 볼 수 있다. 정당 수가 많을수록 다차원적 경쟁 공간(분절화된 사회) 또는 이념적 경쟁 공간(양극화된 사회)이 생길 가능성이 커진다고 주장할 수 있다. 두 번째 주장은, 분절화된 정체에서는 정당 **일체감**을 설명하려면 다차원적 공간이 필요하지만, 그렇다고 해서 정당 간 **경쟁**은 그와 마찬가지로 자동적으로 다차원적 경쟁이 되지는 않는다는 것이다(이것이 내 생각이다).

따라서 다음과 같이 대략적인 가설을 세울 수 있다. 정당 수가 많을수록 정당 간 경쟁은 좌-우 공간을 따라 직선으로 확대되는 경향을 띠며, 이런 경향은 정당 체계가 이념적 성격을 강하게 띨수록 더욱 분명해진다. 그러나 이념 의식이 낮은 분절화된 정체에서도 경쟁의 공간은 일차원적일 수 있다. 왜냐하면 한 정당이 이탈해 다른 차원으로 옮겨 갈 경우 그 정당은 홀로 게임을 하다가 마침내 패배하게 될 위험을 감수해야 하기 때문이다. 그리하여 다차원성 가설이 강한 설득력을 갖는 경우는 '압축할 수 없는' 또 다른 차원이 있어 (적어도) 두 정당이 (독립된 하위 체계를 운영하는 것과 같은 방식으로) 서로 경쟁해야 하는 나라들뿐이다. 여기서 문제는 왜 좌-우 차원이 다른 차원들에 비해 우세한 것으로 여겨지는지가 될 것이다. 이에 대해 나는 다음과 같이 대답하고 싶다. 대중 정치를 특징으로 하는 매스커뮤니케이션 세계에서는 시각적 단순화의 극대화가 조작 가능성의 극대화와 결합해 완벽한 조합을 나타낸다.[59]

4. 경쟁의 방향

다운스 모델이 지나치게 완벽을 추구한다는 이유로 또는 쟁점 투표가 실제보다 더 결정적이라고 가정하고 있다는 이유로 너무 쉽게 기각되어 왔다는 점을 보여 주는 과정에서, 내가 또 다른 극단으로 나아갔는지도 모르겠다. 그러나 원론적으로 말하면, 모델의 목적은 과감한 단순화에 있지 현실을 표현하는 것이 아니다. (다운스가 의미하는) 모델의 목적은 몇 가지 기본 특징을 부각하는 것인데, 이런 특징들은 모델이 없다면 복잡한 서술적 설명 속에서 놓치기 쉽다.

모델은 그 자체로 과감한 단순화일 뿐만 아니라, 앞서 전개한 논의는 다운스의 전제에 의거하지 않더라도 유권자들이 왜 흩어지고 모이는지를 설명할 수 있음을 보여 준다. 따라서 다운스 모델은 쟁점을 좁힐 때, 즉 **정당 위치가 투표 행동에 미치는 영향**에 관한 이론으로 해석할 때 가장 잘 옹호되고 더욱 발전될 수 있다. 나는 관심을 더욱 좁혀서 **정당 지도자에 의한 정당 간 경쟁의 효과적인 전술**에 초점을 맞출 것이다. 이런 관점에서 보면, 정책과 쟁점은 대다수 유권자들에게 **위치 이미지**를 전달하는 과정에서 공식화formulate된다. 또한 정당 지도자들은 경쟁에 몰두하는데, 이는 지지자들을 동요하지 않게 하는 동시에 새로운 투표자를 끌어들이거나 잠재적 이탈자가 생기지 않도록 하기 위한 **위치 조정 전략**position manoeuvrings의 일환이다.

문제를 좁혀 놓았으므로 이제는 그 요소들이 다운스가 예상했던 것보다 더 복잡하다는 점을 곧바로 강조할 필요가 있다. 좌-우는 그 자체로는 일차원적 배열을 유일한 속성으로 하는 **순서 공간**ordinal space이다. 좌-우를 순서 공간으로 설정하면 대상들 간의 간격이 같다고 가정하고 싶어진다. 그러나 좌-우가 **이념 공간**으로 변형되면 새로운 속성들이 더해진다. 이 경우 각 정당들은 서로 이웃해 위치하지만 그 **간격은 불균등**한 것으로 상정해야 한다. 그리고 공간이 얼마나 멀리 그리고 얼마나 크게 확장하느냐 하는 **공간 탄력성**이 추가되는데, 이 세 번째 속성이 다른 속성보다 훨씬 중요하다. 이 점에 대해서는 앞으로 살펴볼 것이다.

대중이든 정치가든 (각 행위자의 위치 설정과 관련해서) 정당을 단순히 좌파나 우파로 생각하지 않는다. 또한 행위자들은 정당이 '자신과 동떨어져 있다'거나 자신의 삶 '외부에 있다'고 생각한다. 이 말은 유권자들이 제2 혹은 제3의 정당을 선택할 수도 있고, 또 어떤 정당은 전혀 받아들일 수 없다는 것을 의미한다. 따라서 **표의 이동 가능성**은 스펙트럼상의 극히 일부에서만 일어난다고 할 수 있다. 유권자는 스펙트럼을 따라 더 이상 이동할 수 없는 범위 내에서만 이동한다.[60] 마찬가지로 의회 의원이나 정치가도 연립 전략을 펼 때는 단순히 인접 원리만 따르는 것이 아니다. 그들 역시 연립할 수 없는 지점에 도달하거나 도달할 수도 있다. 이런 인식을 공간 언어로 바꿔 말하면, 정당들이 **서로 분리된** 공간에 있는 것은 아닐지라도 서로 다른 **공간 간격**을 갖는다는 것을 가리킨다. 그래서 정당들 사이의 간격이 같지 않다는 것은, 이념 공간에서 정당들이 서로 다른 거리로 떨어져 있음을 의미한다(실제 거리는 아주 멀 수도 있다).[61]

공간 탄력성은 (간격의 부등성과 관련해 이해하는 것보다) 제3의 속성으로 이해하는 것이 가장 좋다. 그래야 정당의 수는 경쟁 공간과 어떻게 연관되는가 하는 문제를 제기할 수 있기 때문이다. 대부분의 연구자들은 확실히 전체적인 경쟁 공간을 고정되어 있거나 비탄력적인 것으로 가정한다. 이런 관점에서 보면, 정당이 2개든 6개든 직선상 같은 크기의 경쟁 공간을 [두 정당 혹은 여섯 정당이] 서로 분할하고 있는 것이다. 그러나 이런 가정은 전혀 설득력이 없다. 정당의 수가 늘어나는 이유가 어떠하든(물론 거기에는 많은 이유가 있다.) 일단 몇 개의 유효 정당이 존재한다면 그 존재는 경쟁 공간의 확장과 관계가 있다는 가설이 여러 증거에 의해 뒷받침되고 있다. 그러나 나는 경쟁 공간이 확장되기 **때문에** 여러 개의 정당이 존재하게 된다고 주장하고 싶지 않다. 왜냐하면 정당의 수가 증가해서 공간이 확장되는 경우도 있기 때문이다. 나는 다만 우리가 동질적인 정치 문화와 이질적인 정치 문화의 차이 또는 합의적 사회와 갈등적 사회의 차이를 아직까지 공간 용어를 통해 해석해 내지 못하고 있다는 사실을 지적하고 있을 뿐이다. 만약 우리가 평소 말하듯이 '통합된'integrated 정당 체계와 '통합되지 않은' 정당 체계를 대비한다면,[62] 그리고 내가 처음부터 주장했듯이 이극 체계냐 다극 체계냐에 따라, 즉 양극화된 경우와 양극화되지 않은 경우에 따라 정당 체계가 다르다면 이를 어떻게 표현하면 좋을까. 일차원 공간으로 표현하면 각 체계의 전체 직선거리는 서로 다르게 나타난다.

어쨌든 정당들 간의 간격이 같지 않다는 순수하고 단순한 사실만 보더라도 경쟁은 오직 하나의 자연적 경향(수렴)을 가진다고 가정할 수 없다. 달리 말하면, 이념 공간에서는 경쟁의 방향이라는 문제가 정면으로 제기된다. 다운스 모델에서 정당은 기본적으로 구심적 경쟁을 하는데, 이때는 각 정당들의 수렴이 얼마나 방해를 받느냐가 문제가 된다. 다운스는 정당들이 과도하게 중첩되거나 동일 공간을 차지하지 못하게 방해하는 주요 요인을 두 가지로 지적한다. 하나는 유권자의 기권이다. 이들은 과격한 유권자일 수도 있고, '차별성' 없는 정당들을 선택하는 데 관심이 없는 유권자일 수도 있다. 다른 하나는 좌-우 양극단에 존재하는 협박 정당이다.[63] 이런 전제들에 기초해, 다운스는 정당들이 그들 사이의 '균형'을 찾게 된다고 제시한다. 즉 각 정당들은 스펙트럼상에서 너무 멀리 떨어지면 사표死票가 될지도 모른다는 우려 때문에 그 자리에 머물거나 원위치로 되돌아와 최적 위치를 찾게 된다는 것이다. 그럼에도 불구하고 다운스의 주장에 따르면, 경쟁은 앞서 말한 한도 내에서 오직 한쪽 방향으로만 진행한다.[64] 하지만 만약 [유권자와] 거리가 멀고 무관한 것으로 간주되는 (스스로 그렇게 생각하는) 정당들이 있다고 할 때,

그 정당들은 왜 구심적으로 경쟁해야 하는가? 더욱이, 그리고 일반적으로, 이동 가능성이 없는 표를 좇는 것은 소용없는 일이며, 이동 가능한 표는 스펙트럼의 중간이 아니라 양 극단에 있을 것이다.

이제 이념 공간은 두 개의 가능한 경쟁 방향(구심적 방향과 원심적 방향)에 동등한 비중을 부여한다. 이런 관점에서 볼 때, 탈중심 경향은 단순히 기본적인 구심적 추동력의 일시적 역전 현상이 아니라 하나의 대안으로서 독자적인 경쟁 전략이다. 만약 그렇다면 여기서 우리는 아직까지 다운스도 그의 해석가들도 파악하지 못한 전적으로 새로운 문제를 만나게 된다. 이 문제에 대해 살펴보기로 하자.

잠정적이긴 하지만 신중을 기하여 최대한 단순화하면 〈그림 46〉과 같다. 이 그림은 오직 한 가지 점만을 명확하게 이해하기 위한 것이다. 즉 (경험적 증거들에 의해 충분히 증명되듯이) 왜 양당 체계, 3당 체계, 4당 체계가 중심적 경향, 즉 구심적 추동력이라는 특징을 갖는가 하는 문제이다. 이 그림은 그 논점을 명확하게 나타낸다. 그러나 또 다른 가능성, 즉 탈중심 경쟁을 생각하면 덜 분명해진다. 나는 이런 구심적 추동력을 순전히 역학 측면에서, 즉 정당의 수와 경쟁 공간 확장 사이의 상호작용에 근거해 설명할 것이다. 즉 나는 해당 정당 체계가 어떻게 그리고 왜 생겨나게 되었는지를 설명하려는 것이 아니다. 다만 일단 형성된 정당 체계가 어떻게 작동하는지를 설명하고 싶을 뿐이다. 정당의 수가 둘 또는 셋이 되는 이유, 넷 또는 그 이상이 되는 이유가 어떠하든 상관없이, 나는 단지 만약 정당이 둘이라면, 정당이 셋이라면 등과 같은 식으로 말할 뿐이다. 따라서 각 패턴이 현재의 모습대로 존재하는 것은 바로 각 패턴 모두 앞서 상정한 바대로 '작동하고 있기' 때문이다. 만약 특히 양당 체계, 3당 체계, 4당 체계에서 구심력이 우세하지 않다는 것은 원심

그림 46.
구심적 경쟁의 도식

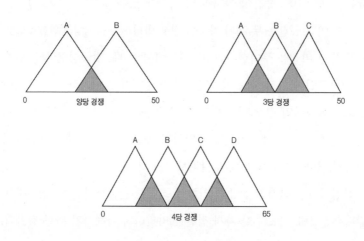

적인 방향으로 이행 중이거나 궁극적으로는 원심적 유형을 향해 이행하고 있음을 의미한다. 〈그림 46〉에서 음영 부분은 각 정당들이 경쟁을 통해 자기편으로 끌어들이려는 유권자들이 겹치는 영역을 나타낸다. 그리고 곡선이 아니라 삼각형을 사용하고 있는 것은 내가, 유권자의 선호 분포가 어떤 특정 곡선을 이루고 있다고 전제하지 않기 때문이다.

양당 체계에 대해서는 상세하게 살펴본 바 있는데[65] 다운스의 모델은 양당 체계에 가장 잘 적용된다. 따라서 〈그림 46〉의 첫 번째 모형에 대해서는 별다른 설명이 필요 없겠다. 양당 체계에서는 (효과적인 경쟁 영역이 정당 A와 B 사이에 있으므로) 경쟁자들이 수렴되든가, 아니면 체계가 역기능적이 되어 결국 해체된다. 그러므로 두 주요 정당 중 하나가 예측 가능한 미래에 승리할 기회가 없다고 생각하지만 **않는다면** 이 체계의 본질적인 요소는 바로 '중간 지향성'centrality에 있다. 이런 조건(이것은 좀처럼 명확하게 나타나지 않는다.)에서는 두 가지 사항에 주의를 기울여야 한다. 첫째, 양당 체계에서 정당의 수는 어떻게 계산해야 하는가, 둘째, 승리는 어떻게 정의해야 하는가이다.

첫 번째 문제에 대해서는 자세히 설명할 필요가 없다고 본다. 두 개 정당이 존재하는 것이 곧 양당 **체계**인 것은 아니라는 점만 기억하자. 우선, 두 정당 중 하나가 (실제로) 반영구적으로 소수당의 지위에 머물러 있을 수도 있고, 혹은 그렇게 되는 것을 두려워할 수도 있다. 이런 경우, 즉 일당 우위 체계[66]의 경우에는 소수당이 구심적 경쟁을 할 하등의 이유가 없고, 그 반대의 전략을 취하는 것이 나을 수도 있다. 두 번째 가능성은 비록 극단적인 경우이긴 하지만 두 정당이 전적으로 서로 다른 차원에 속해 있는 (이를테면, 흑백 대립처럼 경계를 넘으면 강력한 제재를 받는) 경우다. 그러나 이런 경우는 경쟁 상태가 아니라 그저 교착상태일 뿐이다. 마지막 가능성은, 우리가 잘 알고 있듯이, 양당 **체계**에 제3당이 존재하는 경우이다. 단독 정부가 연립 정부와 다른 것처럼, 이럴 경우 양당 체계는 3당 체계와 다르게 된다. 이런 단서들을 종합하면, 다운스의 양당 경쟁 모델은 다음 네 가지 조건하에서 적용된다고 말할 수 있다. ① 아직 의사를 결정하지 않은 혹은 부동층의 유권자가 중앙에 위치할 때, 즉 온건한 입장을 취할 때, ② 분류가 올바를 때, 즉 정당 체계가 일당 우위 체계가 아닐 때, ③ 두 개의 정당이 같은 공간에서 경쟁할 때, ④ 상대 다수 득표plurality로 승리할 수 있는 정당이 최소한 하나가 있을 때.

두 번째 문제[승리의 개념을 어떻게 정의할 것인가]에 눈을 돌려 보자. 득표 극대화 가정은 양당 체계일 때와 다당 체계일 때 전적으로 다른 의미를 갖는다는 사실에 유의해야 한다. 양당 체계에서 '승리'는 최다 득표 (상대적 다수)를 의미하며, 상대 다수를 얻지 못하면 패배하고 만다. 반면에 정당이 3개 이상인 정당 체계에서 '승리'는 더 많은 득표 또는 의석 획득을 의미한다. 나아가 정당은 득표상의 승리보다 위치 설정positioning의 관점에서 승리하는 것에 더 관심을 가질 수도 있다. 승자가 독식하는 것과 승자가 더 많은 몫을 차지하는 것 간에는 큰 차이가 있다.

이런 점들을 고려하면 다운스 모델에 대한 혹독한 비판, 무엇보다도 허시먼의 비판을 교정할 수 있다. 허시먼은 "호텔링-다운스 이론의 예측만큼 혹은 실제 사실로써, 즉 골드워터의 대통령 후보 지명이라는 사실로 철저히 부정된 가설[득표 극대화]도 거의 없을 것"[67]이라고 비판했다. 당시 공화당은 만년 소수당으로 전락할 우려가 있었으므로 당의 재편을 위해 필사적으로 노력한 것은 매우 '온당한' 대응이었다. 어차피 패배할 바에야 골드워터를 내세우면 또 어떤가?[68] 1964년의 계산된 모험(분명 오산임이 드러났지만)은 다수 기권자층에게 호소하기 위한 것이었다.[69] 오히려 '비합리적인' 것은 1972년 맥거번을 지명한 일이었다 ([소수당으로 전락할지 모른다는] 공화당의 장기적 두려움은 민주당에게 장기적 희망이었다). 패배하더라도 '올바른' 후보를 내세워서 패배하는 것이 합리적일지라도 말이다. 그러나 두 후보 모두 실제로 크게 패했기 때문에 다운스의 **선거** 예측은 정확하게 맞았다. 그러므로 골드워터와 맥거번의 사례를 음미해 볼 가치가 있는 것은, 두 사례가 다운스 모델을 부정해서가 아니라 정당의 내부 과정을 고찰하게 해주기 때문이다. 우리의 합리적 판단이 어떻든 대선 후보의 지명은 애초부터 승리를 추구하는 라이벌 집단들 간의 격렬한 투쟁의 결과다. 그러므로 정당의 **외적** 움직임(정당 간 경쟁)은 내적 움직임(정당 내부 경쟁)의 함수라는 점에도 유의해야 한다. 그래서 당내 과정 또한 다운스의 용어로 해석할 수 있는가라는 문제가 제기된다.[70] 나는 물론 그렇다고 생각한다.[71] 그러나 여기서는 이 점에 대해 탐구하지는 않겠다.

이제 3당 체계 사례에 대해 살펴보자. 〈그림 46〉의 평범한 그림은, 효과적인 정당 경쟁 전략은 왜 구심적이어야 하는가라는 문제를 분명하게 보여 준다는 점에서 나름 장점을 갖는다. 결국 정당이 세 개면 이미 좌파, 우파, 중간파가 존재할 수 있다. 그래서 우리는 중간(중도)이 의미하는 바가 무엇인가라는 곤란한 문제를 더 이상 피할 수 없다. 이제 (정치의 공간 배열에서 비롯되는) 중간 **위치**와 이른바 중도 **여론**(신조, 이념 등)을 명확하게 구분해야 한다. 그러나 **누구의** 위치가 중간 위치인지 알고 있어야 한다. 그리고 궁극적인 문제, 즉 "중간 위치는 어떻게 **중간 위치로 인식되는가**"라는 문제가 남는다.

중간 위치에는 어떤 정당이 있는가라는 첫 번째 질문과 관련하여 행위자 또는 주체는 정당(이른바 중간 정당)일 수도 있고 유권자의 일부일 수도 있다. 그리고 나는, 중도적 유권자는 어떤 정체에나 존재하지만, 중간 정당, 즉 경쟁 공간의 중간 영역을 차지하고 있다고 유의미하게 말할 수 있는 정당은 몇몇 정체에만 존재한다고 주장해 왔다.[72] 확실히 이런 경로를 따라가면 우리는 중간(중도)이 '정신적으로'(이념적으로) 무엇을 의미하는가라는 문제를 다시 만나게 된다. 그러나 우리의 취지에 비추어 볼 때 이는 중요한 문제가 아니다. 우리는 다만 중간(중도)은 합당함, 찬반 사이의 균형, 온건함뿐 아니라 순수하고 단순한 의미의 정신적 무관심, 아무것도 모르거나 아무 일도 하지 않는 (미결정의) 태도를 아우르는 넓은 스펙트럼이라고 말하면 될 것이다.

그래서 중간 위치를 '점유하고 있'다고 생각되는 정당에 대하여, '중간(중도)'에 대한 인식은 언제 어떻게 생겨나는가가 중요한 문제가 된다. 여기서 공간 탄력성 개념이 등장하는데, 중간(중도)에 대한 인식은 그 공간이 가진 길이의 함수이기 때문이다. 공간이 짧으면 중간 인식이 생기지 않거나 중간 인식이 어려워진다. 즉 중간(중도)이 끼어들 여지가 없는 것이다. 좁은 공간은 단지 좌우 양극단에 의해 규정될 뿐이다. 제3의 준거점, 즉 **중간점**은 공간이 넓어졌을 때에만, 특히 공간의 양 끝이 멀리 떨어져 있는 두 극으로 여겨질 때 의미를 가진다.

세 개의 정당이 구심적으로 수렴하게 되는 비결은 가로좌표의 직선 거리에 있다. 그림에서 이는 양당 체계일 때와 길이가 같다[0에서 50]. 사실 3당 체계에서 경쟁 공간이 양당 체계의 경우보다 넓어야 한다고 볼 이유는 없다. 만약 영국이 비례대표제를 채택했다면 곧 (최소한) 3당 체계가 되었을 것이다. 반면 서독이 소선거구제를 실시했다면 정치적 선호의 분포가 변하지 않더라도 자유당은 소멸되었을 것이다. 그러므로 경쟁 공간이 (좁아서) 상당 규모의 극단적 성향의 여론을 포함하지 못한다면, 정당 A와 정당 C는 양 측면에서 쏟아지는 공격을 무릅쓰지 않을 것이다. 게다가 정당의 수가 적을수록 각 정당은 정권에 접근할 기회가 커지므로 집권 지향적이 된다.[73] 이 두 가지 이유에서 정당 A와 정당 C는 모두 표를 얻으려고 중간 지대를 향해 수렴할 것이다. 왜냐하면 두 정당이 서로 떨어져 있으면 그 사이에 비어 있는 공간에 정당 B가 끼어들어 확장을 도모할 수 있기 때문이다. 정당 B는 양 측면에 대항할 수도 있고 한쪽을 공략할 수도 있다. 정당 B가 할 수 없는 것은 양측 전선에서 원심적으로 인접 정당을 밀어내는 것이다. 그렇게 하면 정당 B는 중간 정당으로 인식되지도 않고 또 극단주의에 대한 공포를 이용할 수도 없기 때문이다. 오히려 3당 체계에서 두 정당 사이에 있는 정당은 군소 정당으로 쪼그라드는 경향이 있다. 또한 정당이 세 개인 경우 양당 체계 특유의, 박빙의 경쟁이 약화되는 경향이 있다는 점에 유의해야 한다. 그러므로 경쟁적 상호작용은 실제로 세 가지 양상을 띠게 된다. ① 정당 A와 정당 C가 정당 B를 향해 수렴한다. ② 정당 A와 정당 B가 정당 C를 향해 이동한다. ③ 반대로 정당 C와 정당 B가 정당 A를 향해 이동한다. 앞에서 내가 말했던 표현을 빌리면, 정당이 세 개라고 해서 3극 체계가 형성되는 것은 아니다. 즉 3당 체계에서 경쟁의 양상은 여전히 **이극 경쟁**이다.

〈그림 46〉에 나타난 4당 체계에는 별 문제가 없다. 4당 체계는 단지 양당 체계의 도식을 나누거나 두 배로 늘린 것뿐이다. 유일한 차이가 있다면, 가로좌표의 길이를 0에서 65까지 늘려서 정당의 경쟁 공간을 넓힌 것뿐이다. 이렇게 넓혀야 할 필연적인 이유는 없다. 소선구제가 비례 대표제로 바뀌기만 해도 두 개 정당은 네 개 정당으로 나뉠 수 있다. 그럴 때조차 소선거구제라는 제약이 사라지면 두 가지 변화가 생겨난다. 지금까지의 협박 정당이 또 하나의 정당으로서 구체적인 형태를 띠게 되고, 어쨌든 (극단화된 의견이 아니라) 극단에 있는 의견이 세력을 얻게 된다. 그래서 4당제에서는 양당 체계의 직선 공간보다 더 넓은 공간을 창출하도록 돕는다. 그러나 4당제에서 대항 견인력이 더 큰 힘을 획득하더라도 4당제 정체가 극단화되거나 양극화되는 것은 아니라는 데는 변함이 없다. 이런 사실은 (스웨덴처럼) 세 개의 정당이 하나의 정당에 대항하거나, 아니면 중간의 부동층 유권자들을 공략하기 위해 2 대 2로 경쟁하면서, 네 정당이 여전히 구심적으로 상호작용할 수 있음을 입증한다.[74]

그다음 정당이 5개가 넘는 경우가 결정적으로 중요한 단계로 보인다.

그림 47.

원심적 경쟁

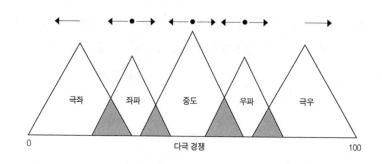

여기서 '5'라는 숫자는 나의 계산 규칙으로 정의한 것임을 상기할 필요
가 있다.[75] 더욱이 이 책의 취지상 다차원성의 문제도 고려해야 하며, 그
럼으로써 앞 절에서 경쟁 영역 밖에 있다고 간주한 정당들을 고려 대상
에서 제외하게 된다. 즉 일차원 경쟁 모델에 포함되어 있는 5개 이상의
정당들은 모두 하나의 동일한 선상에서 경쟁해야 한다.[76] 이런 단서들
을 염두에 두고 〈그림 47〉을 살펴보자. 〈그림 46〉은 단순히 시각적 측
면을 강조한 데 비해 〈그림 47〉은 '모델'을 묘사하는 데 좀 더 가깝다.
〈그림 47〉에는 특정한 5개의 정당 또는 5개 집단으로 묶은 6개 이상의
정당들을 나타내고 있다는 점에 주목해야 한다. 여기서의 논점은, 결정
적인 기준점을 넘어서면 좌-우 선상에서 경쟁하고 있는 정당들은 그 수
가 6개, 8개, 심지어 10개가 넘더라도, '진정한 의미에서 정당'real parties
이라면, 즉 정당의 원자화 상황으로 오해되지만 않는다면, 별 차이가 없

다는 것이다.

해당 선거구 내의 특정한 유권자 분포가 일정한 정당 수를 결정하고, 그 이상은 허용하지 않는다는 다운스의 주장이 옳을 수도 있다.[77] 하지만 이런 주장은 순환론에 빠질 수 있다. 왜냐하면 유권자의 실제 분포는 상당 부분 정당이 몇 개인가에 따라, 즉 정당들 자체에 의해 형성되기 때문이다. 따라서 그런 주장은 공간 탄력성과 관련해 검토하는 것이 좀 더 안전할 것이다. 〈그림 47〉에서는 가로좌표를 0에서 100까지 설정해 공간을 확대했는데, 이는 확실히 우리가 상정하고 있는 정체가, 이념적 초점이 강하고, 합의의 정도가 낮으며, 양극화가 높다는 것을 암시한다. 그러나 실제 분포는 경험적으로 연구할 필요가 있다.

〈그림 47〉의 화살표는 경쟁 양상이 더 이상 구심적이지 않고 원심적임을 나타낸다. 이런 변화를 어떻게 설명해야 할까? (앞에서 내가 제시한 견해에 따르면) 결정적인 요인은 다음과 같다. 스펙트럼 양 극단이 서로 멀리 떨어져 분리되면 그 사이의 중간 지대는 고도로 가시적인 점point이 될 뿐 아니라 강한 영향력을 갖는 하나의 극pole이 되기도 한다. 극단적이지 않은 유권자들은 중간 위치를 **안전한 위치**, 즉 현존하는 민주주의의 존속을 보증해 주는 위치라고 인식하게 된다. 중간 위치는 이제 양극단에 대해 방어하는 '중도 논리'를 구현한다고 말할 수 있다. 이리하여 그 체계는 3극 체계가 되고 결국에는 다극 체계가 된다. 이런 체계에서는 원심적 추진력이 스펙트럼의 정확히 중앙에서 시작된다. 왜냐하면 하나의 중간 정당(이탈리아) 또는 여러 중간 정당들(바이마르공화국, 칠레)이 전례 없는 호소력을 획득했기 때문이다. 그래서 중간 정당들은 '착색'oil stain 기법을 통해 양 측면에서 확장을 시도한다. 두 전선에서 동시에 치르는 전쟁은 성공하지 못할 수도 있지만, 이런 확장 논리는 중간

정당 자체의 내부적·원심적 긴장 속에 반영되고, 이런 긴장에 의해 드러난다. 어쨌든 이제 중간 지대는 실질적 의미를 갖게 되고 물리적으로 점유되는 공간이 된다. 즉 온건한 유권자들은 더 이상 전형적인 부동층 유권자가 아니다. 실제로 이런 환경에서 그들은 매우 안정적인 유권자가 된다. '중간을 벗어나려는' 중간 정당(또는 정당들)의 움직임은 확실히 온건 좌파와 온건 우파의 구심적 경쟁에 의해 다소 중화된다. 그러나 친체제 좌파는 왼쪽에서 공격을 받고, 친체제 우파 역시 오른쪽에서 공격을 받는다. 즉 친체제의 온건 좌파와 온건 우파는 반체제 야당과 원심적 경쟁을 해야 하는 문제에 마주친다. 즉 그들은 자신들의 위치 때문에 그 정체의 궁극적 동향에 어떤 결정적 영향력도 행사하지 못하게 된다.

　마지막으로 극단에 있는 정당들에 대해 언급해 둘 것이 있다. '극단에 있는 정당'은 양쪽의 공격에 노출되어 있지 않은데 왜 중간으로 수렴하지 않는지 의문을 가질 수도 있다. 그러나 여기서 이념 공간의 두 번째 속성(불균등한 거리)을 떠올려 보자. 이 경우 문제가 되는 것은, 적으로 생각하지는 않더라도 서로 '매우 다르다'고 인식되거나 스스로도 그렇게 생각하는 매우 '멀리 있는' 정당들이다. 그렇기 때문에 극좌 정당과 극우 정당은 구심적 경쟁을 원하지도 않으며, 그로부터 얻을 수 있는 이익도 별로 없다. 이들이 목표를 달성하는 최선의 방법은 체제를 와해시키는 것이다. 확실히 성공한 반체제 정당 중에는 후보가 광역단체장이나 기초단체장에 당선된 정당들도 있다. 그러나 그들이 정권을 차지한다고 해서 체제에 '통합되는' 것을 의미하지는 않는다. 그것 또한 체제의 '와해'를 입증한다. 반체제 정당이 반체제 이념을 완화하는 경우에도 그들의 기본적인 전략은 체제를 공동화하여 붕괴시키는 것이다. 즉 중간 영역을 소멸시켜 쌍봉 분포를 이루게 하거나, 아니면 스펙트럼 양극의 어느 한쪽에서 정점을 이루는 단봉 분포를 형성하려는 것이다.

요컨대 내가 극단적이고 양극화된 다당 체계라고 부르는 체계에 적용되는 모델이 보여 주는 기본적인 생각은 다음과 같다. 첫째, 중앙의 '극'이 획득한 정당의 지렛대 역할 때문에 [정당들의] 중간 지향성을 저해하고 실제로 방해하기까지 한다. 둘째, 이런 체계에서는 양극화가 심할수록 극단에 있는 정당들이 번성한다. 이런 체계는 너무 불안정하고 부적절하므로 아무리 세력이 강하더라도 무한히 지속할 수는 없다. 시간이 지나면서 반대 경향이 확산되기 시작할 것인데, 이는 경쟁 공간이 무한히 확장될 수 없기 때문이다. 즉 정체가 곧 붕괴하거나 어느 시점에 이르면 경쟁 공간이 축소되기 시작한다. 그러므로 '불안정하고' 작동 불능에 빠진 민주주의 국가들의 경쟁 동향을 설명할 수 있는 모델이 필요하다. 그런 민주주의 국가들 대부분이 소멸되었다는 사실이, 그 사례들을 잊어버릴 이유가 되지는 않는다. 오히려 소멸했기 때문에, 그 소멸의 이유를 이해하는 것이 더욱 중요해진 것이다.

두 가지 결론으로 마무리하고자 한다. 첫째, 여기서 살펴본 모델들은 어떤 한 번의 선거가 아니라 추세를 예측하려는 것이다. 둘째, 여기서 따른 접근법에 대한 가장 좋은 변호는 (비록 다운스가 연역적 이론화를 추구했음에도 불구하고) 그 자신의 주장에서 가져올 수 있다. 모델은 "기본적으로, 그것이 가정한 현실에 의해서가 아니라 그것이 예측한 바의 정확성에 의해 검증되어야 한다."[78]

미주

● 미주에 인용된 학술지의 약어는 다음과 같다.

AP(Acta Politic)   AJPS(American Journal of Political Science)

AJS(American Journal of Sociology)   APSR(American Political Science Review)

CJPS(Canadian Journal of Political Science)   CP(Comparative Politics)

CPS(Comparative Political Studies)   EJPR(European Journal of Political Research)

ISSJ(International Social Science Journal)   JP(Journal of Politics)

GO(Government and Opposition)   MJPS(Midwest Journal of Political Science)

PQ(Political Quarterly)   PS(Political Studies)

PSQ(Political Science Quarterly)   PT(Political Theory)

RFSP(Revue Française de Science Politique)   RIS(Rassegna Italiana di Sociologia)

RISP(Rivista Italiana di Scienw Politica)   SPS(Scandinavian Political Studies)

WP(World Politics)   WPQ(Western Political Quarterly)

피터 마이어 서문

1 이 서문은 Peter Mair, "Volumes of Influence"를 보완한 것이다.

2 Giovanni Sartori, "European Political Parties: The Case of Polarized Pluralism", in Joseph LaPalombara & Myron Weiner eds., *Political Parties and Political Development,* Princeton University Press, 1966, pp. 137-76.

3 Giovanni Sartori, "The Typology of Party Systems: Proposals for Improvement", in Erik Allardt & Stein Rokkan. eds., *Mass Politics: Studies in Political Sociology.* Free Press, 1970, pp. 322-52.

4 Peter Mair, "The Autonomy of the Political: The Development of the Irish Party System", *Comparative Politics*, December 1979, pp. 445-65.

5 Giovanni Sartori, *Partiti e Sistemi di Partito*, Firenze, Editrice Universitaria, 1965.

6 Giovanni Sartori, *Comparative Constitutional Engineering*, 2nd ed., Macmillan, 1996.

7 Giovanni Sartori, "Concept Misformation in Comparative Politics", *American Political Science Review*, December 1970, pp. 1033-53; Giovanni Sartori, "From the Sociology of Parties to Political Sociology", in S. M. Lipset ed., *Politics and the Social Sciences*, Oxford University Press, 1969, pp. 65-100.

8 Steven B. Wolinetz, "Party Systems", in Richard S. Katz and William J. Crotty eds., *Handbook on Political Parties*, Sage, 발간 예정.

9 국가 간 적용과 더불어, 그의 접근법이 갖는 적실성을 수정해서 밝힌 것으로 다음을 보라. Giacomo Sani & Giovanni Sartori, "Polarization, Fragmentation and Competition in Western Democracies", in Hans Daalder & Peter Mair eds., *Western European Party Systems: Continuity and Change*, Sage, 1983, pp. 307-40.

1장 부분으로서의 정당

1 볼테르의 글은 '파벌'에 관한 것이다(1778 Geneva ed. of the *Encyclopédie*, vol. XIII p. 765). 그런데 '정당'에 관한 글에서는 이렇게 서술하고 있다. "정당은 다른 것에 대립되는 하나의 파벌, 이해관계, 혹은 권력[puissance]이다." 이와 관련해 이탈리아를 사례로 들고 있다. "이탈리아는 수 세기 동안 교황파 정당과 황제파 정당으로 분열되어 있었다." 이 때문에 우리는 다시 원점으로 돌아오게 된다. 이 인용문은 볼테르의 『철학사전』(*Dictionnaire Philosophique*)에서도 찾아볼 수 있다.

2 다음을 참조. Sergio Cotta, "La Nascita dell' Ide.a di Partito nel Secolo XVIII," in *Atti Facoltà di Giurisprudenza Università Perugia*, LXI, Cedam, 1960; Erwin Faul, "Verfemung, Duldung und Anerkennung des Parteiwesens in der Geschichte des Politischen Dennkens," *Politische Vierteliahresschrift*, March 1964, pp. 60-80; Mario A. Cattaneo, *Il Partito Politico nel Pensiero dell' Illuminismo e della Rivoluzione Francese*, Giuffrè, 1964; Harvey C. Mansfield, Jr., *Statesmanship and Party Government: A Study of Burke and Bolingbroke*, The University of Chicago Press, 1965. 세르지오 코타의 논문은 특히 마키아벨리, 몽테스키외, 볼링브로크에 관한 것이다. 마리오 카타네오의 저서는 프랑스혁명의 주역들에 초점을 맞추었고, 하비 맨스필드의 저작은 그 제목과 달리 버크를 집중적으로 다루었다. 입헌 체제라는 환경 전체에서 정당을 논한 매우 유용한 저작으로는 다음을 참조하라. Mario Galizia, *Carattere del Regime Parlamentare Inglese del Settecento*, Giuffrè, 1969.

3 Machiavelli, *Discorsi sopra la Prima Deca di Tito Livio*, I, 4 및 7. 차이점은, 로마인들이 '평범한 수단'으로 '기질'(tempers)을 다루었다면, 파벌과 종파는 '비상한 경로'에 의지한다는 점이라고 보았다.

4 *Considerations sur les Causes de la Grandeur des Romains et de leur Décadence*, ch. 9.

5 다음을 보라. *L'Esprit des Lois*, XIX, 27 (in ed. Garnier, 1949, t. I, p. 16). 그러나 이런 의미에서 중요한 구절은 Lettres Persanes, CXXXVI에 나온다. 여기서 몽테스키외는 "영국에서는 반대와 소란의 불길 속에서 자유가 끊임없이 생겨나는" 것을 볼 수 있다고 말한다. 그러나 정당에 대해서는 언급하지 않는다.

6 Book XI, ch. 6.

7 다음을 보라. *Pensées*, 1802: "자유는 종종 두 개의 파벌을 만들어 내는데, 우월한 파벌은 자신의 우월한 점을 무자비하게 활용한다. 지배적인 파벌은 광포한 군주만큼이나 무시무시한 존재이다." 다음 글도 보라. *Pensées* 631, 1816; *L'Esprit des Lois*, III, 3.

8 주요 저자인 존 톨랜드(John Toland)는 이미 1701년에『정당에 의한 통치의 기술』*Art of Governing by Partys*(철자에 유의할 것)을 출간했다. 그는 다음과 같이 주장한다. "모든 훌륭한 정부는 신중하게 분파(divisions)를 피해야 한다. 그리고 왕은 한 정당의 우두머리로 스스로를 낮춰서는 안 된다. 그렇게 되면 왕은 한 파벌의 왕이 될 뿐, 더 이상 만백성의 아버지가 아니기 때문이다"(p. 41). 초기의 좀 더 가벼운 글로는 다음을 보라. Caroline Robbins, "'Discordant ties': A Study of the Acceptance of Party by Englishmen," *PSQ*, December 1958, pp. 505-529.

9 "*The Idea of a Patriot King*(1738)", in *The Works of Lard Bolingbroke*(이하 *Works*), Carey & Hart, in 4 vols., Philadelphia. 1841, vol. II, p. 401. 여기에서 표기된 쪽수는 모두 이 판에 따른다. 같은 책, p. 402에 실린 다음 내용도 볼 것. "정당은 절대적 파벌로 전락하기 전에는 일정한 목적과 이익(타자에 의한 공동체의 목적과 이익이 아니라)을 위해 함께 모인 수많은 성원들로 구성된다. 사적 혹은 개인의 이익이 너무 빨리 생겨서…… 그 안에서 압도적이 되면…… 그런 정당은 파벌이 된다."

10 *A Dissertation upon Parties*(1733-1734)(이하 *Dissertation*), Letter V, in *Works*, vol. II, p. 50. 다음도 보라. Letter XIX, p. 168, 여기서 볼링브로크는 정당들 간의 차이는 그것이 '원리의 차이'일 때만 '명목적 차이'가 아닌 '실질적' 차이가 된다고 지적한다.

11 *Dissertation*, Dedication, in Works, vol. II, p. 11.

12 그에 따르면, "그 두 정당은 엄격한 의미에서 사실상 파벌이었다"(*Of the State of Parties at the Accession of King George the First*, in *Works*, vol. II, p. 433).

13 *Dissertation*, Letter IV, in *Works*, vol. II, p. 48. 버크의 정의는 그가 브리스톨 연설에서 밝혔던 그 유명한 대표 개념과도 유사하다는 점에 주목하라(각주 75).

14 *Dissertation*, Letter XIX, in *Works*, vol. II, p. 167.

15 혹자는 토머스 홉스의 리바이어던은 물론 카를 마르크스의 프롤레타리아독재를 떠올릴 수도 있다. 프롤레타리아독재는 프롤레타리아가 권력을 장악해 모든 권력과 국가를 종식시키는 단계를 말한다. 볼링브로크의 말을 빌리면, 나라당은 '최후의 정당', 즉 "정당을 위한 미래의 모든 변명을 파괴하는" 정당이다(Galizia, op. cit., p. 31). 물론 볼링브로크의 나라당은 공격 수단이 아니라 방어 수단이라는 점에서

[프롤레타리아독재와] 다르다.

16 *Works*, vol. II, pp. 11, 21.

17 두 주요 저작(*A Dissertation upon Parties* 및 *The Idea of a Patriot King*, 이 저작은 1733~1738년 시기를 다루고 있다.) 및 *Of the State of Parties at the Accession of King George the First*(cit.) 외에 다음 글도 보라. *The Craftsman*(Caleb d'Anvers ed., 1726), nos. 17, 40(1727) 및 *Remarks on the History of England*(1730), 특히 Letters VIII, XI, XIV, XXIII.

18 Part I, Essay VIII: *Of Parties in General*, p. 58. 흄의 저작(*Essays, Moral, Political and Literary*)은 Part I(1742)와 Part II(1752)로 나눠져 있다. 이 글에서 인용하고 있는 출처는 모두 다음 저작에 의거한다. *The Philosophical Works of David Hume*(이하 *Works*), Edinburgh ed. of 1826, vol. III, in 4 vols.

19 *Of the Coalition of Parties*, Part II, Essay XIV, in *Works*, vol. III, p. 538. 흄이 볼링브로크의 입헌적 형태, 즉 계몽된 전제군주인 '애국 왕'이라는 괴물을 버리고 '연립', 실제로는 정당들 간의 연립을 해결책으로 강조한 데서 차이가 있다. 그렇지만 볼링브로크도 '정당들의 연립'을 옹호하고 있으므로 둘의 차이는 대체로 강조의 정도에 있다(다음을 참조. *Works*, vol. II, pp. 48, 438).

20 *Of the Parties of Great Britain*, Part I, Essay IX, in *Works*, vol. Ill, pp. 72-73.

21 이런 점은 다음 저작에서 잘 나타난다. *Of Parties in General*(Part I, Essay VIII)와 *Of the Parties in Great Britain*(Part I, Essay IX). 그러나 Part I보다 앞서 발표된 논문이 있다. *That Politics May Be Reduced to a Science*(Essay III), *Of the First Principles of Government*(Essay IV), *Of the Independence of Parliament*(Essay VI). 여기서 그의 비판은 '정당인'(party men)을 겨냥하고 있다.

22 *Of Parties in General*, in *Works*, vol. III, p. 58.

23 Ibid., pp. 59-65. 강조는 원문.

24 한 예로 "영국 정치를 살펴보면, 그 속에서 분파와 정당의 근원을 즉각 감지할 수 있다. 이는 영국 정부로서는 거의 피할 수 없는 것이었다"(*Of the Parties in Great Britain*, in *Works*, p. 67).

25 플라메나츠가 올바르게 강조하듯이, "흄은 철학자나 인식론자로서는 정당한 평가를 받았지만 …… 사회 이론가나 정치 이론가로서는 그렇지 못했다"(John Plamenatz, *Man and Society*, McGraw-Hill, 1963, I, p. 299). 그런데 플라메나츠조차 흄의 정당 이론을 비판하면서 흄을 제대로 평가하지 못했다(특히 pp. 320-324를 참조). 플라메나츠는 흄이 실제로 다루었던 것은 정당이 아니라 파벌이었다는 점을 간파하지 못했기 때문이다.

26 *Thoughts on the Cause of the Present Discontents*(1770), in *The Works of Edmund Burke*, Boston, Little, Brown, 1839(in 9 volumes), vol. I, pp. 425-426. 이 책에 표기된 쪽수는 이 판에 따른 것이다.

27 Ibid., p. 426.

28 Ibid., p. 430. p. 387을 보라. "궁정당은 전체를 파벌로 분해했다"(p. 421). [왕의 측근들은] 공직의 의무보다 보수에 관심이 많았다."

29 Ibid., pp. 421-424.

30 Ibid., p. 428.

31 Harvey Mansfield, Jr., "Party Government and the Settlement of 1688," *APSR*, December 1964, pp. 937, 945. 18세기 영국 정당에 대해서는 네이미어의 저작이 근본적인 출처다. 특히 다음 글들을 보라. Lewis B. Namier, *The Structure of Politics at the Accession of George III*, 2nd ed., St. Martin's Press, 1957; *Monarchy and the Party System*, Oxford University Press, 1952.

32 그렇다고 버크가 '정당에 의한 정부'를 실제로 시사했다고 생각하는 것은 아니다. 이 점에서 나는 맨스필드의 주요 테제와 입장을 달리 한다. Mansfield, *Statesmanship and Party Government*, op. cit.

33 이 장에 나타나 있듯이, 그리스와 로마 시대의 '당파'(parties)에 대해 진지하게 이야기하거나 황제파와 교황파, 심지어 수평파(Levellers) 같은 것을 떠올리는 것은 별로 의미가 없을 뿐만 아니라 오해를 불러일으킬 수도 있다. 18세기의 정당들은 기껏해야 [정당 이전의] 원초 정당(proto-parties)이다. 그런 식으로 올라간다면 그 선조들의 선조들을 계속해서 마주치게 될 것이다. 반대 관점에서 영향력 있는 의견으로는 다음을 참조하라. George H. Sabine, *A History of Political Theory*, Holt, Rinehart & Winston, 1951, ch. 24; Leslie Lipson, *The Democratic Civilization*, Oxford University Press, 1964, pp. 307, 317. 1장 3절의 막스 베버와 각주 87도 보라.

34 이 내용은 다음 글에 잘 정리되어 있다. Cattaneo, *Il Partito Politico nel Pensiero dell' Illuminismo e delia Rivoluzione Francese*, op. cit. 이 책은 다른 문제를 다루고 있지만, 이와 관련된 풍부한 자료를 담고 있다. J. B. Talmon, *The Rise of Totalitarian Democracy*, Beacon Press, 1952. 다음 글도 보라. Yves Levy, "Les Partis et la Démocratie," *Le Contrat Social*, 1959, no. 2(pp. 79-86) 및 no. 4 (pp. 217-221); "Police and Policy," *GO*, July-September 1966, 특히 pp. 490-496. 그렇지만 레비는 루소의 영향을 과대평가하고 있는데, 사실 정당에 대한 루소의 비난은 기존 견해를 재확인하고 있을 뿐이다.

35 모든 인용의 출처는 다음과 같다. Cattaneo, op. cit., pp. 84, 86, 89, 95-96. 일부 저자들은 '자코뱅 모델'에 대해 이야기하는데, 그 예로 다음을 보라. C. B. Macpherson, *Democracy in Alberta*, University of Toronto Press, 1953, pp. 241-242, 이 책에서 맥퍼슨은 다음과 같이 적고 있다. 자코뱅에 따르면 "모든 진정한 민주주의자들을 포괄함으로써 정당을 초월하는 단일 대중정당"이 있어야 한다고 말이다. 이것은 잘못된 해석으로 보인다. '대중정당'은 존재하지 않았고, 로베스피에르는 이를 의식하지 못한 채 볼링브로크의 말을 반복했을 뿐이다. 다음을 참조하라. *Le Defénseur de la Constitution*, no. 3, May 179. "공화국에는 두 개의 정당만 남아 있다. 선량한 시민의 정당과 사악한 시민의 정당, 즉 프랑스 국민의 정당과 탐욕스럽고 야심에 찬 개인들의 정당이 그것이다." 자코뱅 모델에 대한 개념은 다음 글에서 제안되었다. Felix Gross, "Beginnings of Major Patten of Political Parties", *Il Politico*, 3, 1965, pp. 586-592. 그러나 그의 논지는 사후에 합리화된 것이다. 19세기 내내 유럽 대륙에서도 영국식 모델에 주목했다. 그 결과는 종종 다르게 나타났는데, 이는 다른 지적 모델의 영향 때문이라고 보기 어렵다.

36 다음을 보라. Cattaneo, op. cit., pp. 75-77.

37 *The Federalist*, no. 10.

38 전반적 맥락에 대해서는 로버트 달의 탁월한 분석을 보라. "Madisonian Democracy," *A Preface to Democratic Theory*, The University of Chicago Press, 1956, pp. 4-33.

39 워싱턴이 고별 연설을 한 날은 1796년 9월 17일이다. 다음을 보라. *Documents of American History*, 5th ed., Appleton, 1949, I, p. 172. 강조는 필자.

40 각주 19.

41 제퍼슨과 볼링브로크의 유사성에 관해서는 다음을 보라. Mansfield, Jr., *Statesmanship and Party Government*, cit., pp. 113, 196. 좀 더 일반적인 내용은 다음을 보라. William N. Chambers, *Political Parties in a New Nation: The American Experience 1776-1809*, Oxford University Press, 1963; 곳곳. 제퍼슨에 관해서는 특히 pp. 6, 92-93, 106-112, 181-183을 보라.

42 *De l'Influence des Passions sur le Bonheur des Indvidus et des Nations*, Lausanne, 1796, ch. 7.

43 *Principes de Politique*, ch. VII, in Oevores, Pléiade, Paris, 1957, p. 1158.

44 이는 "반대파에 대한 관용이 종교적 관용의 세속적 산물"이며 "정당은 세속화된 종파 내지 종파들의 집합체(congregations)"라는 견해에 동의하는 것은 아니다. 그런 직접적인 연관성은 존재하지 않는다. 내가 말하는 것은 관용과 다원주의 간의 연관성이다.

45 특히 다음을 보라. *Contract Social*, Book II, ch. 3; Book IV, ch. 1 그리고 각주 34.

46 1.1과 각주 6에서 지적했듯이, 몽테스키외는 영국 헌법의 윤곽을 그릴 때 정당에 대해 언급하지 않았다. 볼링브로크는 이 점에 좀 더 관심을 가졌는데, 왜냐하면 그는 헌법의 '부분들'이 분리되어야 함을 강조한 만큼이나 반정당적 입장도 뚜렷했기 때문이다. 그는 "영국 역사에 관한 소고"(Remarks on the History of England)에서 "우리나라 같은 헌법에서 전체의 안전은 부분들의 균형에 달려 있으며, 부분들의 균형은 상호 독립성에 달려 있다."라는 주장을 긍정적인 의미에서 인용하고 옹호했다(Letter VII, in Works, vol. I, p. 331). 그리고 볼링브로크는 후자의 의미를 다음과 같이 이해했다. "각 부분의 결정은 …… 다른 부분들에 직간접적으로 영향을 미치지 않고 독립적으로 이루어져야 한다"(p. 333).

47 오늘날에도 대부분의 나라에서 정당은 헌법이 인정하지 않는, 법률상 사적 결사체로 존재하고 있다. 몇 안 되는 주목할 만한 예외로는 [제2차 세계대전 후 독일의] 본(Bonn) 기본법과 1958년 프랑스 헌법이 있다.

48 *The Rise of Totalitarian Democracy*, op. cit., p. 44.

49 다음을 보라. G. Sartori, *Democratic Theory*, Praeger, 1967, chs. 12, 13, 15, 및 특히 pp.

261-268, 293-298, 358-359, 377-378.

50 그러므로 18세기 민주주의의 선조들이 이른바 '전체주의적 민주주의'(totalitarian democracy)로 나아가는 세계를 상정했다는 탤먼의 주장은 실제적이기보다는 작위적이다. 그들의 실제 동기를 살펴보면, 그들의 의중에는 전체주의적 목표란 없었다. 그들 역시 중세 시대에 반기를 든 개인주의자들이었다.

51 암묵적으로 나의 논지는 프로테스탄트 윤리에 대한 베버의 지적 실험과 유사하다. 베버는 인도와 중국에도 자본주의를 배태할 물질적 요인이 존재했지만 경제 윤리는 존재하지 않았음을 밝혀냈다. 마찬가지로 다원주의적 신념 체계를 설명할 수 있는 것은 내생적이고 물질적인 과정으로서의 구조적 분화가 아니었다. 베버에 관해서는 다음을 보라. *Gesammelte Aufsatze zur Religionssoziologie*, 3 vols., Tubingen, 1922.

52 Edward A. Shils, *The Torment of Society*, Heineman, 1956, p. 153.

53 플레런은 요점을 명확하게 지적하고 있다. "...... 근대화, 발전, 분화, 분업, 산업화, 민주주의, 다원주의 사이의 연계는 경험적으로보다는 정의상으로", 즉 "개념들이 의미하는 과정들 간의 법칙적 연결이라기보다 서로 독립적인 것들 사이의 연결인" 경향이 있다(Frederic J. Fleron, "Toward a Reconceptualization of Political Change in the Soviet, Union," *CP*, January 1969, p. 234).

54 이런 식으로 개념을 혼란스럽게 확장한 대표적인 예는 다음 글에서 발견된다. Leo Kuper & M. G. Smith eds., *Pluralism in Africa*, University of California Press, 1969. 이것은 아래의 8.4에서 논의할 부메랑 효과의 한 측면이다.

55 일반적인 개관으로는 다음을 보라. John W. Chapman, "Voluntary Association and the Political Theory of Pluralism," in J. R. Pennock & J. W, Chapman eds., *Voluntary Associations*, Atherton Press, 1969, pp. 87-118. 19세기와 20세기 서구에서 정치적 다원주의가 정착되고 진화해 온 과정에 대한 역사적 분석으로는 다음을 보라. Gian Paolo Prandstàller, *Valori e Liberià: Co tributo ad una Sociologia del Pluralismo Politico Occidentale*, Comunità, 1966.

56 이것은 관찰자의 가치가 아니라 관찰 대상의 가치를 표현한다는 점에서 규범적 진술이 아닌 서술적 진술이라고 생각한다.

57 첫 번째 인용문의 출처는 다음과 같다. Robert A. Nisbet, *Community and Power*, Oxford University Press, 1962, p. 265. 두 번째 인용문의 출처는 다음과 같다. William Kornhauser, *The Politics of Mass Society*, Free Press, 1959, p. 81. 윌리엄 콘하우저는 다원주의와 중간 집단의 관계에도 많은 관심을 갖고 있다(특히 pp. 76-84, 131-141). 이것은 토크빌과 에밀 뒤르켐의 주요 관심사이기도 하다.

58 갈등을 강조하고 있는 것으로는 다음을 보라. Ralph Dahrendorf, "Out of Utopia: Toward a Reorientation of Sociological Analysis," *AJS*, September: 1958. 다음 글도 보라. D. A. Rustow, "Agreement, Dissent and Democratic Fundamentals:" in Kurt von Beyme ed., *Theory and Politics*, Nijhoff, 1971. 다른 맥락에 대해서는 다음을 보라. Bernard Crick, "The

Strange Death of the American Theory of Consensus," *PQ*, January-May 1972. 일반적인
논의로는 다음을 보라. Lewis A. Coser, *The Functions of Social Confiict*, Free Press; 1954;
Continuities in the Study of Social Conflict, Free Press, 1967. 1954년까지의 방대한 참고문헌
목록은 다음 글 속에 있다. Jessie Bernard et al., *The Nature of Conflict*, UNESCO, 1957, pp.
22-310. 본문에서 말하는 갈등은, '이익 갈등'이 아니며, '잠재적' 갈등은 더더욱 아니라는
점에 유의하자.

59 밸푸어의 격언은 그의 다음 글에 들어 있다. Introduction(1927) to Bagehot, *The English
Constitution*, p. xiv. 이견이라는 개념에 대해서는 다음을 보라. Edward B. McLean, "Limits
of Dissent in a Democracy," *Il Politico*, September 1970, pp. 443-456. 여기서는 ①
혁신(innovation), ② 의견 차이(disagreement), ③ 일탈(deviance), ④
불복종(disobedience)으로 구분한다.

60 이런 효과를 확증하는 최근의 사례가 북아일랜드이다. 다음을 보라. Richard Rose,
Governing Without Consensus: An Irish Perspective, Beacon Press, 1971. 1948년부터
1958년까지 10년에 걸쳐 콜롬비아에서 일어난 폭력 사태는 또 다른 훌륭한
사례다(제6장 각주 84).

61 이 개념에 대한 구체적인 설명은 다음 책에서 발견할 수 있다. R. A. Dahl, *Who
Governs?*, Yale University Press, 1961, pp. 315-325, 좀 더 포괄적인 내용은 다음을 보라.
Pluralist Democracy in the United States: Conflict and Consent, Rand McNally, 1967. 비록
암시적이긴 하지만 이런 측면과 관련된 연구로는 다음을 보라. Charles E. Lindblom, *The
Intelligence of Democracy: Decision Making Through Mutual Adjustment*, Free Press, 1965.

62 Amitai Etzioni, *The Active Society*, Free Press, 1968, p. 470. 제17장(특히 pp. 466-484)에
있는, 합의에 관한 에치오니의 분석은 통찰력이 풍부하다. 정의와 접근법에 관한
일반적인 개관으로는 다음을 보라. Theodor M. Newcomb, "The Study of Consensus,"
Robert K. Merton et al. eds., *Sociology Today*, Basic Books, 1959.

63 이 과정의 많은 요건들과 고통스러울 정도의 복잡함에 대해서는 여기서 모두 다룰
수가 없다. 이에 대해서는 달더의 탁월한 역사적 개관을 보라. Hans Daalder, "Parties,
Elites and Political Development in Western Europe," in J. LaPalmbara & M Weiner eds.,
Political Parties and Political Development, Princeton University Press, 1966. 이를 능숙하게
분석적으로 상세하게 설명한 것으로는 다음을 보라. Stein Rokkan, "Nation-Building,
Cleavage Formation and the Structuring of Mass Politics," in *Citizens. Elections, Parties*,
McKay, 1970. 다두제의 관점에서 순서 배열을 잘 정리한 것으로는 다음을 보라. Robert
A. Dahl, *Poliarchy: Participation and Opposition*, Yale University Press, 1971, ch. 3. 정당성
위기 개념에 관해서는 특히 다음을 보라. Lucian W. Pye & Leonard Binder. et al.. *Crisis,
and Sequences in Political Development*, Princeton University Press, 1971.

64 영어에서는 실질적 '지배하기'(ruling)와 공식적 '규칙'(rule) 간에 혼동이 생긴다. [의사
결정을 지배하는 규칙과 관련해] '규제 원칙'의 의미를 나타내는 것으로 프랑스어에는
règle가 있고 이탈리아어에는 regola가 있다.

65 다원주의가 다수결 이론에 미치는 영향은 다소 다른 각도에서 파악하고 있는 엡스타인의 다음 글을 보라. Leon B. Epstein, *Political Parties in Western Democracy*, Praeger, 1967, pp. 15-18, 357-358. 위의 글은 다수결 원칙에도 불균등한 선호의 강도라는 제약과 제한이 있다는 점을 간과하지 않는다(다음을 보라. G. Sartori, "Technoche Decisionali Sistema dei Comitati." *RISP*, 1, 1974; "Will Democracy Kill Democracy? Decision-Making by Majorities and by Committees," *GO*, Spring 1975).

66 관용(나는 관용을 나머지 체계가 서있는 기초로 여기는 편이다.)의 중요성은 다음 저작에 잘 나타나 있다. Plamenatz, *Man and Society*, op cit., vol. I ch 2. "Liberty of Conscience." 다음 책에 실린 플라메나츠의 글도 보라. Bryson et al. eds., *Aspects of Human Equality*, Harper, 1956.

67 Kornhauser, *The Politics of Mass Society*, op. cit., pp. 80-81. 이 점에 대한 일반적 측면에 대해서는 다음을 보라. David Truman, *The Governmental Process*, Knopf, 1951.

68 Jean Blondel, *An Introduction to Comparative Government*, Praeger, 1969, pp. 74-75. 블롱델은 위의 책에서 자연적 발전과 강제된 발전을 명확하게 구분하고 있으며(pp. 79-84), 정당에 대해 구체적으로 언급하고 있다(pp. 103-111).

69 아프리카의 다원주의에 관해서는 위의 책 주 54를 보라. 후자에 대해, 현재 인도를 사례로 한 분석은 다음을 보라. L. I. & Susan Rudolph, "The Political Role of India's Caste Association", in Eric A. Nordlinger ed., *Politics and Society*, Prentice-Hall, 1970. 루돌프 부부는 (카스트에서 출생은 여전히 '필요조건'임에도 불구하고) 카스트 "연합이 어떻게 자발적 결사체에 근접"할 수 있는가에 초점을 두고 있지만, 다음을 분명하게 밝혔다. 인도 카스트에 속하는 것은 '완전히 귀속적'이며, 일단 카스트 중 한 계급으로 태어나면 "사회적 정체성을 바꿀 방법이 없"으며, 카스트 구성원의 문화적·사회적 동질성은 "배타적 인식을 초래한다"(pp. 252-253).

70 Kenneth Janda (G. Rotkin & D. Sylvan 보조), *ICPP Variables and Coding Manual*, 4th ed., March 1972, No. 3.4 of the "International Comparative Political Parties Project," Monograph Series. Northwestern University. 카를 도이치는 일반적으로 다음 같이 지적한다. '다원주의 모델'은 '압력이 교차하기' 때문에, 즉 갈등 위치들이 중첩되어 있어서 서로를 강화하지 않기 때문에 억제적인 피드백(자기 교정적이고 자기 제어적인 피드백)을 하는 경향이 있다(Karl Dueutsch, "Multipolar Power Systems ana International Instability" [J. D. Singer 공저], *WP*, April 196, pp, 393-394). 또 다른 조작적 정의에 대해서는 다음을 보라. Robert Presthus,. "The Pluralist Framework," in Henry S. Kariel ed., *Frontiers of Democratic Theory*, Random House, 1970, pp. 274-304.

71 *Experience and Its Modes*, Cambridge University Press, 1966, p. 321.

72 이것은 다음 저작의 주요 초점이다. Mansfield, Jr., *Statesmanship and Party Government*, op. cit.

73 정당 정부의 완전한 범위에 대해서는 로즈가 다음 글에서 밝힌 8가지 조건의 '패러다임'에서 상술하고 있다. Richard Rose, "The Variability of Party Government: A

Theoretical and Empirical Critique," *PS*, IV, 1969.

74 *Thoughts on the Cause of the Present Discontents*, in *Works*, op cit., p. 395. 강조는 원문. p. 379도 보라. "국민이 받아들일 수 있는 사람이 권력을 잡을 때까지 또는 국민이 신뢰하지 않는 파벌이 궁정에서 세력을 떨치는 동안에는 정부에 대한 지지를 거부하는 것이 항상 의회의 첫 번째 임무……였다"(강조는 원문).

75 1774년 브리스톨 연설에서 공식화된, 대의(representation)에 대한 버크의 이론은 정당에 대한 그의 생각만큼이나 잘못 이해되어 왔다. 버크의 정당이 파벌로부터 벗어난 것처럼 대표에 대한 그의 이론도 중세의 위임(mandate) 개념에서 벗어나 근대의 시작을 알렸다. 나의 글을 보라. "Representational Systems," in *International Encyclopedia of the Social Sciences*, Macmillan, and Free Press, 1968, XIII, 특히 pp. 466-468. 다음을 참고하라. Heinz Eulau, et al., "The Role of the Representative: Some Empirical Observations on the Theory of E. Burke," *APSR*, December 1959, pp, 742-56.

76 *De la Démocratie en Amérique*, vol. II, I, 21(p. 94 in Gallimard ed., 1961). 토크빌의 저작을 보면, 귀족정치에서 의원들의 관심은 유권자가 아닌 자신의 '분파'(part)였다고 말하는 인상을 준다.

77 LaPalombara & Weiner eds., *Political Parties and Political Development*, op, cit., p. 52.

78 선거권 확대에 관해 다방면으로 분석한 것으로 다음을 보라. Stein Rokkkan, *Citizens, Elections, Parties*, op. cit., Part II, pp. 145-247.

79 Maurice Duverger, *Les Parits Politiques*, 2nd rev. ed., Colin, 1954, p. 1. 이 책은 1951년에 처음 출간되었다. 영어 번역판(Methuen, and Wiley, 1954)에는 부정확한 점이 많기 때문에 대개 프랑스어판 원전을 인용했다.

80 기본적으로 이것은 사회주의 정당과 가톨릭 정당을 지칭한다. '내생' 정당과 '외생' 정당의 구분에 대해서는 다음을 보라. Duverger. *Les Partis Politiques*, op. cit., pp. 8-16. 대중정당에 대해서는 제2권에서 논의할 것이다.

81 *Démocratie en Amérique*, op. cit., vol. I, II, 2(p. 178).

82 Ibid., p. 79; *Voyages en Sicile et aux Etats Unis*, 1957, pp. 196, 197-98, 260-261.

83 이에 대한 자세한 분석으로는 다음을 보라. Nicola Matteucci, "Il Problema del Partito Politico nelle Refessioni d'Alexis de Tocqueville," *Il Pensiero Politico*, I, 1968.

84 *Modern Democracies*, Macmillan, 1921, vol. I, p. 110.

85 M. Ostrogorski, *Democracy and the Organization of Political Parties*(F. Clarke, trans), Macmillan, 1902, 2 vols.(Vol. I은 영국에 관한 것이고, Vol. II는 미국에 관한 것이다). 오스트로고르스키에 관해서는 립셋이 잘 축약한 다음 저작의 서문에서 가장 잘 소개되어 있다. Introduction of Seymour Martin Lipset, "Ostrogorski and the Analytic Approach to the Comparative Study of Political Parties," *Quadrangle Books*, 1964, pp. ix-lxv. 오스트로고르스키는 개인주의적 관점에서, 선거 때마다 해체되는 자유분방한(즉

제도화되지 않은) 유권자 연맹으로 정당을 대체하는 방안을 선호했다. 그보다 앞서 동일한 맥락에서 논의를 전개하고 있는 저작으로는 다음이 있다. Charles C. P. Clark. *The 'Machine Abolished' and the People Restored to Power*, Putnams, 1900.

86 Roberto Michels, *Political Parties: A Sociological Study of the Oligarchical Tendencies of Modern Democracy*, Free Press, 1962. 미헬스 저작의 원제목은 다음과 같다. *Zur Sociologie des Parteiwesens in der Modernen Demokratie*. 이 책은 1911년에 독일어로, 1912년에 이탈리아어로 출간되었다. 그의 연구는 독일사회당에 초점을 맞추었고, 그의 입장은 실망한 사회민주당의 그것이었다. 미헬스에 관한 가장 좋은 글은 위의 저작 이탈리아어 신판(II Mulino, 1965)에 후안 린츠가 쓴 서문이다. 다음도 보라. G. Sartori, "Democrazia, Burocrazia e Oligarchia nei Partiti," *RIS*, Luglio-Settembre 1960.

87 정당에 대한 베버의 생각은 다음 글 곳곳에 있다. *Wirtschaft und Gesellschaft*, 4th ed., Tübingen, 1956, I, pp. 167-169; 특히 II, pp. 675-678, 845-858, 865-876. 이 책의 중심 내용은 1917년에서 1919년 사이에 쓰였다.

88 Giordano Sivini ed., *Sociologia dei Partiti Politici*, II Mulino, 1971, p. 16에서 인용. 그러나 제2장 각주 8을 보라.

89 *Statesmanship and Party Government*, op. cit., p. 2.

90 여기서는 미국 정치학에서 최근 사용하고 있는 '파벌'의 용법을 배제하고 있다(이에 대해서는 4장 1절에서 논의할 것이다). 사실 영어의 일반적인 용법에도 이 단어에는 역사적·부정적 의미가 남아 있는 것 같다. 왜냐하면 영국이나 미국의 정치가가 '나의 파벌'이라고 말하는 것을 들어 본 적이 없기 때문이다.

91 1장 1절과 각주 27.

92 여기서는 기능(function) 개념을, 역사가들도 사용하는 순진하고 상식적인 의미에서 사용하고자 한다. 이 개념의 기술적 복잡성은 제2권에서 논의할 것이다.

93 이것은 파벌과 이익집단을 구분하는 데도 도움이 된다. 파벌은 게이브리얼 알몬드가 말하는 '이익 표명 기능'을 수행하는 것으로 인식되지 않는다. 제4장을 보라.

94 1912년에 크로체(10년 후에 그는 파시즘에 반대하는 자유주의의 상징이 되었다.)는 볼링브로크나 흄과 동일한 맥락에서 정당들 간의 연립, 정당 위의 정당을 주창했다(Benedetto Croce, "Il Partito come Giudizio e come Pregiudiizio," in *Cultura e Vita Morale, Laterza*, 1955, pp. 191-198). 제2차 세계대전의 여파 속에서 시몬 베유는 오스트로고르스키와 견해를 같이하며 "정당을 폐지하는 것은 거의 절대적인 선이 될 것이다."라고 밝혔다(Simone Weil, "Appunti sulla Soppressione dei Partiti Politici," in *Cornunitd, gennaio-febbraio* 1951, p. 5.)

95 이런 연관은 더 이상 현재 참여 민주주의에 대한 요구의 선두에 있는 것은 아니다. 오스트로고르스키와 시몬 베유를 읽기만 해도 알 수 있다.

96 이런 개념들은 서로 겹치지만 동의어는 아니다. 이를테면, 일반 이익은 해당 집단의 성원들에 대한 이익 분배 문제로 정의할 수 있고, 공동선은 좀 더 객관적이고 나눌 수

없는 함의를 지닌 것으로 정의할 수 있다. 반면에 공익은 규제적 이상(regulative ideal)을 가리킨다. 이와 관련한 많은 문헌과 논쟁에 대해서는 다음을 보라. Carl J. Fiedrich ed., *The Public interest*, Atherton Press 1962, 곳곳.

97 여러 비평가들 중에서 다음을 참조하라. Glendon Shubert, *The Public Interest: A Critique of the Theory of a Political Concept*, Free Press, 1961; Frank J. Sorauf, "The Public Interest Reconsidered," *JP*, November 1957(두 저자는 앞에서 인용한 프리드리히 저작에도 기고했다.); Kenneth J. Arrow, "Public and Private Values", in Sidney Hook ed. *Human Values a Economic Policy*, New York University Press, 1967. 반대 의견에 대해서는 다음을 보라. Anthony Downs, "The Public Interest: Its Meaning in a Democracy," *Social Research*, Spring 1962; 특히 Felix Oppenheim, "Self Interest and Public Interest." *PT*, August 1975. 공익 개념을 명료하게 밝힌 자료에 대해서는 다음을 보라. Richard E. Flathman, *The Public Interest, an Essay Concerning the Normative Discourse of Politics*, Wiley, 1966.

98 나는 다른 글에서 이를, 매우 비현실주의적인 유형의 '현실주의'[형용 모순적인 의미에서 비현실주의의 현실주의라고 해도 좋겠다]라고 말한 바 있다(*Democratic Theory*, op. cit., ch. 3, 특히 pp. 31-35.)

99 내가 아는 한, 의사 표출과 의사 표출 기능이라는 단어는 다음 글에서 처음 사용했다. Walter Bagehot, *The English Constitution* (1867), Oxford University Press, 1968, p. 117. 중요한 점은, 월터 베젓이 이 개념을 정당의 역할이 아닌 하원에 적용했다는 것이다.

100 여기서는 알몬드의, 이익의 '표명'(articulation) 및 '집약'(aggregation) 기능을 포함하지 않는다. 너무 자세히 설명하기에는 시기상조이기 때문이다.

101 나의 글을 다시 보라. "Representational Systems," in *International Encyclopedia of the Social Sciences*, loc. cit. 대표 과정에서 정당의 역할에 관해서는 다음을 보라. Austin Ranney, *The Doctrine of Responsible Party Government*, University of Illinois Press, 1956.

102 Albert O. Hirschman, *Exit, Voice, and Loyalty*, Harvard University Press, 1970.

103 V. O. Key, Jr., *Public Opinion and American Democracy*, Knopf, 1961, p. 433.

104 E. E. Schattschneider, *The Struggle for Party Government*, University of Maryland, 1948, p. 10.

105 Sigmund Neumann ed., *Modern Political Parties*, The University of Chicago Press, 1956, p. 397. 정당의 의사 전달 기능에 대해서는 2장 1절과 3장 1절에서 분석해 놓았다.

2장 전체로서의 정당

1 미국의 이른바 일부 일당 주(州)들 그리고 변동성이 높거나 거의 구조화되지 않은

아프리카의 단일 정당들은 여기서 제외한다. 그 이유에 대해서는 4장 3절과 제8장에 기술되어 있다.

2 이런 측면에서 히틀러·무솔리니와 레닌의 주요한 차이는 전자가 공개적으로 반민주적임을 선언한 반면, 레닌은 만장일치를 이론화한 적이 없다는 점이다. 실제로 1917년부터 볼셰비키 10차 전당대회가 열린 1921년 3월까지 당내에서 자유롭고 격렬한 논쟁이 벌어졌다. 그러나 1921년 레닌은 반대파에 대한 탄압을 시작했는데, 이는 내부 이견에 대한 억압을 의미했다. 왜냐하면 반대파, 특히 두 개의 사회주의정당이 처음부터 공식적인 불법까지는 아니더라도 협잡과 폭력을 행사해 싸웠기 때문이다. 다음을 보라. Leonard Schapiro, "Putting the Lid on Leninism", *GO*, January-April 1967, 특히. pp. 181-91. 일반적 내용에 대해서는 다음을 보라. L. Schapiro, *The Communist Party of the Soviet Union*, Random House, 1959; 세부적인 내용에 대해서는 다음의 기념비적인 저작을 보라. Edgar Hallett Carr, *History of Soviet Russia*, Macmillan (7 vols.), 1951-1964, vols. I-III, "The Bolshevik Revolution".

3 이런 구분은 다음 저작에 의거한 것이다. Samuel P. Huntington, *Political Order in Changing Societies*, Yale University Press, 1968, 특히. pp. 403-08.

4 군부 체제는 현재 주로 남미(1974년 현재 볼리비아, 브라질, 에콰도르, 파라과이, 페루, 우루과이)와 아프리카에 집중되어 있다. 나는 헌팅턴이 제시한 '무정당'과 반정당의 구분을 따르기는 하지만, 대부분의 남미 정권은 원칙적으로 반정당이 아니라 일시적 반정당임을 분명히 해야 한다. 장기적으로 볼 때, 아프리카 신생국가의 경우는 양상이 다를 수 있다. 이 지역에서는 군부가 정당성 문제에 구애받지 않고 본격적인 반정당 교리를 발전시킬 수 있기 때문이다. 아프리카 군부 체제에 대해서는 제8장 특히 <표 29>와 <표 31>에서 자세히 설명해 놓았다.

5 Op. cit., p. 407.

6 내가 생각하는 정치된 사회는 대중사회라는 일반적인 개념에 매우 가깝긴 하지만, 여기서는 그 여러 측면 가운데 한 가지만 강조하고자 한다. 또한 내가 말하는 정치된 사회는 요즘 대부분의 저자들이 '동원된 사회'(mobilised society)라고 말하는 개념에도 가깝다. 그러나 나는 동원이라는 용어를 좀 더 좁은, 원래 의미로 사용할 것이다.

7 레닌주의 정당은, 레닌이 망명 시절과 폭넓은 서구의 논쟁 속에서 구상했다는 점에서 이런 일반화에 해당한다. 레닌주의 정당이 '전위'정당으로 이론화된 것은 마르크스주의 교의와 1917년의 러시아 상황에 의한 것이다. 대중정당 및 구조화된 정당 체계 개념에 대해서는 제2권에서 논의할 것이다. 이에 대한 예비적 토대로는 8장 1절을 보라.

8 Max Weber, *Wirtschaft und Gesellschaft*, Winckelmann ed.(1956), I, Part 1, III, sect. 18, "Concept and Essence of Parties".

9 *Modern Political Parties*, op. cit., p. 370, "일당제는 그 자체가 모순적이다"(p. 395). 같은 맥락에서 바커는 다음과 같이 서술한다. "국가가 …… 단일 정당 외에 다른 모든 정당을 폐지할 때 …… 그것은 정말 정당의 본질을 폐기하는 것이다"(Ernest Barker, *Reflections on Government*, Oxford University Press, 1942, p. 39). 알몬드는 간결하게 지적한다.

"전체주의 체제에서 우리가 정당이라고 부르는 구조는 전혀 정당이 아니다"(Gabriel Almond, "Comparative Political Systems", *IP*, August 1956, p. 397). 레슬리 립슨은 이렇게 주장한다. "정당은 정의상 전체의 부분이다. 그것은 그 자체로서 다른 부분들의 존재, 즉 여러 정당들의 공존을 의미한다. 그러므로 일당 체계라고 말하는 것은 형용모순이다"(Leslie Lipson, *The Democratic Civilization*, op. cit., p. 311). 다음 글들도 보라. Charles E. Merriam & Harold F. Gosnell. *The American Party System,* 4th ed., Macmillan, 1949, p. 8; Harold D. Lasswell & Abraham Kaplan, *Power and Society*, Yale University Press, 1950, p. 171.

10 이 점에 대해서는 다음 글에서 잘 평가되고 있다. Austin Ranney, "The Concept of 'Party'", in Oliver Garceau ed., *Political Research and Political Theory*, Harvard University Press, 1968, 특히, pp. 148-51. 이에 대한 반대 논지는 다음 저작들에 나타나 있다. Thomas Hodgkin, *African Political Parties*, Penguin Books, 1961, pp. 15-16; Gwendolen Carter, in Carter ed., *African One-Party States*, Cornell University Press, 1964, pp. 1-2; David E. Apter, *The Politics of Modernization*, The University of Chicago Press, 1965, pp. 181-85. 이와 반대로 콜먼과 로스버그는 조심스럽게 접근한다. "정의상 정당은 '부분'이다. 경쟁 및 체계 개념 모두 정당이 하나 이상 존재한다는 것을 의미한다. …… 우리는 이런 심각한 개념적 모호함을 해결하려는 것은 아니다. 아프리카 정당들은, 몇몇 예외를 제외하면, 처음에는 선거 경쟁을 통해 등장했다는 점에 주목할 필요가 있다"(James S. Coleman & Carl J. Rosberg, Jr. eds., *Political Parties and National Integration in Tropical Africa*, University of California Press, 1964, p. 3, n. 4). 그러나 제8장을 보라.

11 앞으로 보게 되겠지만, 이런 양보는 몇 가지 해결되지 않은 어려움을 남긴다. 피시켈라가 정확하게 지적하듯이, 일당은 구조적 측면이나 발생적(역사 기원적) 측면에서는 분명 '정당'이지만 기능적 측면에서는 그렇게 볼 수 없다(Domenico Fisichella, *Partiti e Gruppi di Pressione*, Il Mulino, 1972, "Introduction", pp. 26-31).

12 분과 학문의 경계를 넘나드는 주요 구분은 ① 사회 체계, ② 문화 체계, ③ 퍼스낼리티 체계로 구분하는 것이다. 이들 체계는 ① 역할, ② 가치 지향과 신념, ③ 동기부여, 추진력, 욕구 성향이라는 분석 단위로 구분할 수 있다. 여기서는 이들 체계 중 어느 것도 의도하지 않았다.

13 이를테면 정치학에서 선거제도는 정치 체계나 정당 및 압력 집단 하위 체계에 비하면 훨씬 덜 '체계적'이다.

14 정치학에서 체계 분석을 적용한 대표적인 학자는 이스턴이다. 특히 다음을 보라. David Easton, *A Framework for Political Analysis*, Prentice-Hall, 1965; *A Systems Analysis of Political Life*, Wiley, 1965.

15 좀 더 자세히 말하자면, 앞서 말한 내용은 다음을 의미한다. ① 부분들 혹은 변수들의 상호의존성이 존재해야 하는데, 그 결과 관계들이 일정한 '질서'가 있어서 어떤 일이 우연히 발생할 수 없게 된다. ② 이런 질서는 스스로 유지되는 경향이 있어야 한다. ③ 자기 유지에는 경계의 유지 및 "경계 내 체계의 부분들의 고유한 관계"의 유지가 모두 포함된다(Talcott Parsons & Edward A. Shils eds., *Toward a General Theory of Action*,

Harvard University Press, 1952, pp. 107-08).

16 Jan F. Triska ed., *Communist Party-States*, Bobbs-Merrill, 1969. 확실히 우리는 일당제 정체라든가 일당제 및 이와 유사한 용어들을 사용할 수도 있다. 중요한 것은 오해의 소지가 있는 용어를 피하는 것이다.

17 이것은 내가 잘못되었다고 지적한 지그문트 노이만의 주장, 즉 나치즘은 '이원적 국가'(dual State)라는 주장과 모순된다(loc. cit., p. 414). 이원성은 자기 강화 체계에 중요한 역할을 한다. 다른 한편, 내가 말하는 '복제물'은 카시넬리가 주장하듯 단일 정당이 반드시 '집행기관'임을 뜻하지는 않는다(C. W. Cassinelli, "The Totalitarian Party", *JP*, February 1962, pp. 111-41).

18 *Reflections on Government*, op. cit., p. 288.

19 Merle Fainsod, *How Russia Is Ruled*, new ed., Harvard University Press, 1963, p. 387. 포괄적인 설명으로는 2부와 4부를 보라. Frederick C. Barghoorn, *Politics in the USSR*, Little, Brown. 1966. 단일체(monolith)의 균열을 분석하고 강조한 것으로는 다음을 보라. Robert C. Tucker, "The Conflict Model", *Problems of Communism*, November-December 1963; Sidney Ploss, *Conflict and Decision-Making in Soviet Russia*, Princeton University Press, 1965; Carl A. Linden, *Khrushchev and the Soviet Leadership 1957-1964*, Johns Hopkins Press, 1966.

20 다음을 보라. Ghita Ionescu, *The Politics of the European Communist States*, Praeger, 1967, 특히. pp. 227-69.

21 특히 다음을 보라. Robert A. Dahl, *Modern Political Analysis*, Prentice-Hall, 1963, pp. 35 이하. 알몬드와 파월은 이런 경로를 추구하면서 하위 체계 자율성(높은 자율성, 제한된 자율성, 낮은 자율성)과 문화적 기준을 결합한다(Gabriel A. Almond & G. Bingham Powell, *Comparative Politics: A Developmental Approach*, Little Brown, 1966, 특히 pp. 259-72).

22 다음을 보라. Samuel E. Finer, *Comparative Government*, Allen Lane Penguin Press, 1970, pp. 48-49, 575-86.

23 이것은 [국가에 대한] 베버의 이미지다.

24 또 다른 질문은 정당들 없이도 민주주의가 가능하거나 더 바람직할 수 있는가의 여부다. 이는 직접민주주의에 관한 것이므로, 여기서는 다루지 않겠다. 나의 다음 글을 참조하라. *Democratic Theory*, op. cit., Ch. 12.(2장 1절에서 진술한 조건하에서) 정당 없는 직접민주주의가 '가능하다'는 것을 인정한다면, 그래서 민주주의가 더 잘 작동할 수 있다는 것을 보여 줘야 할 것이다(이 문제에 대한 키의 의문에 대해서는 4장 3절을 보라).

25 이런 경고는 유동적이고 발전 중인 정체뿐만 아니라 미국의 이른바 단일 정당 주(州)들에도 적용된다. 이들을 분류하는 데 있어 아직 해결되지 않은 문제(4장 3절과 6장 5절)들을 차치하고, 연방 국가를 구성하고 있는 주들은 명백히 연방의 통제를 받는 지역이라는 점에서 약한 자율성을 보여 주는 명백한 사례이다.

26 2장 2절 및 각주 19.

27 이와 관련해 [탄자니아의 독립 운동가이며 초대 대통령인] 줄리어스 니에레레의 탕가니카아프리카민족연맹(Tanganyika African National Union)의 실험은 흥미롭다. 이 실험은 두 명의 당원이 의석을 놓고 경쟁하는 것을 허용한다. 그러나 탄자니아는 1961년이 되어서야 독립을 했고, 니에레레가 95%를 득표했으므로, 이 제도의 지속 가능성은 물론이고 그 중요성을 평가하기는 어렵기도 하고 너무 이르다(8장 2절 및 각주 23). 마다가스카르도 탄자니아와 함께 인용되지만 주의 깊게 접근해야 한다. 사실상 유일하게 강력한 사례는 7장 3절에서 논의하는 멕시코이다.

28 *Les Partis Politiqlles*, op. cit., p. 310 (North trans., p. 278). 뒤베르제는 부적절하게도 남부 지역 정치(4장 3절)를 예로 들고 있는데, 그의 일반화는 다분히 잠정적이다. 오히려 케말 아타튀르크가 살아 있을 때 인민공화당 내에서 이뇌뉘와 바야르가 경쟁을 하던 튀르키예의 사례가 적절하다. 튀르키예에 대해서는 9장 1절에서 살펴본다.

29 William H. Morris-Iones, "Dominance and Dissent", *GO*, August 1966, p. 454.

30 다음을 보라. Hirschman, *Exit, Voice, and Loyalty*, op. cit., 특히 Ch. 5. 이것은 다음 저작들의 기본명제이기도 하다. C. Wright Mills, *The Power Elite*, Oxford University Press, 1956; Henry S. Kariel. *The Decline of American Pluralism*, Stanford University Press, 1961.

31 특히 다음을 보라. Mancur Olson, Jr., *The Logic of Collective Action : Public Goods and the Theory of Groups*, Harvard University Press, 1965, 곳곳.

32 Joseph A. Schumpeter, *Capitalism, Socialism and Democracy*, Harper and Brothers, 1942, Ch. 22, 특히. p. 269

33 그가 제시한 '예상 반응의 원리'에 관해서는 다음 글에서 가장 잘 공식화되어 있다. Carl I. Friedrich, *Constitutional Government and Politics*, 2nd ed., Ginn, 1941, Ch. 25, 특히 pp. 589-91; *Man and His Government: An Empirical Theory of Politics*, McGraw-Hill, 1963, Ch. 11.

34 린드블롬과 공동으로 저술한 책(C. E. Lindblom, *Politics, Economics and Welfare*, Harper, 1953)을 시작으로, 달의 저작은 Domenico Fisichella, *Temi e Metodi in Scienza Politica*, Sansoni, 1971, Ch. 6에서 볼 수 있듯이, 대부분 민주주의의 작동 조건에 초점을 맞추고 있다. 최근 저작으로는 다음을 보라. Dahl, *Poliarchy*, op. cit.; 나의 저작도 보라. *Democratic Theory*, op cit., Ch 6, 특히 pp. 124-28.

35 Blondel, *An Introduction to Comparative Government*, op. cit., p. 151. 블롱델은 '자유민주주의'라고 명시하고 있지만 대부분의 저자들, 특히 뒤베르제는 다소 모호한 종류의 민주주의를 이야기한다는 점에 주목하라.

36 아주 멀리 떨어진 지점에서부터 수렴되어 오는 두 가지 진술이 특히 시사하는 바가 많아 보인다. 예지 비아트르에 따르면, "정치 다원주의는 …… 다양한 정당 및 집단들로 외부에서 분화되는 형태를 취할 필요는 없으며, 통치 정당의 내부에서 발전할 수도 한다." 폴란드통일노동자당이 그런 경우이다(Jerzy Wiatr, *Cleavages, Ideologies and Party*

Systems, op. cit., p. 286). 그리고 리그스도 이에 동의한다. "일당제의 경우 …… 선출된 의회는 집권당에 의해 지배되므로 소수당들의 반대 권리가 보호될 수 없다. 그러나 집권 정당 내에서 자체적으로 선출된 당 대회를 통해 이에 상응하는 기능적 등가물을 제공할 수 있다. 만약 …… 충분히 강력하다면, 당내 반대파의 권리를 보호해 줄 수 있을 것이다"(Fred W. Riggs, *Administrative Reform and Political Responsiveness: A Theory of Dynamic Balancing*, Sage, 1970, p. 583). 일당제 개념이 갖는 모호함을 나타내기 위해 강조 표시를 했다.

제3장 예비적 틀

1 구체적으로는 다음을 보라. Deutsch, *The Nerves of Government*, op. cit. 일반적으로는 다음을 보라. Richard R. Fagen, *Politics and Communication*, Little, Brown, 1966.

2 Samuel H. Barnes, *Party Democracy: The Internal Politics of an Italian Socialist Federation*, Yale University Press, 1967, p. 241. 알몬드와 이스턴의 정의도 사용되지만, 반스의 정의는 의사소통의 초점이 정당에 어떻게 적용되는지를 잘 보여 준다.

3 특히 다음을 보라. Almond & Bingham Powell, *Comparative Politics: A Developmental Approach*, op. cit., Ch. 7.

4 1장 4절과 2장 1절.

5 예비적 개관을 위해 이 세 가지 기능을 선택한 것은 그것들이 어느 정도 본질을 다루기 때문임을 분명히 해야 한다. 이에 대해서는 정당에 속하는 기능의 전체 목록을 소개하는 제2권에서 상세하게 다룰 것이다.

6 이 방법론적 논점은 나의 다음 글에서 자세히 살펴보고 있다. "Concept Misformation in Comparative Politics," *APSR*, December 1970.

7 Hirschman, *Exit, Voice, and Loyalty*, op. cit., 및 1장 4절 참조.

8 다음 글에서 잠정적 정의를 찾아볼 수 있다. *Les Partis Politiques*, cit., p. 218. 뒤베르제는 1953~54년 강의에서 이 문제에 대해, 정의는 시간이 지남에 따라(즉 정당이 변화함에 따라) 변한다는 점을 지적하고, 50년 전의 적절한 정의는 이념을 바탕으로 했지만 현재 통용되고 있는 정의는 사회 계급에 기초하고 있으며, 정당을 조직 측면에서 정의하는 것은 특정 유형의 정당, 특히 공산당에만 중요하다고 지적한다. 다음을 보라. M. Duverger, "Classe Sociale, Ideologia e Organizzazione Partitica", in Sivini ed., *Sociologia dei Partiti Politici*, op. cit., pp. 109-114.

9 *Constitutional Government and Democracy*, Ginn, 1950, p. 420.

10 1.1.

11 E. E. Schattschneider, *Party Government*, Holt, Rinehart and Winston, 1942, pp. 35-37.

12 *Capitalism, Socialism and Democracy*, op. cit., p. 283.

13 Bernard Hennessy, "On the Study of Party Organization", in William 1. Crotty ed., *Approaches to the Study of Party Organization*, Allyn and Bacon, 1968, p. 1.

14 분명히 샤츠슈나이더는 "정당에 의한 방법은 …… 평화적인 방법이다"(p. 37)라고 덧붙임으로써 "정당은 권력 쟁탈의 관점에서 정의된다"(*Party Government*, cit., 67 p. 36)는 자신의 말을 정당화한다. 그의 정의가 암시하는 바는 선거 경쟁을 언급하는 데 있다.

15 L. Epstein, *Political Parties in Western Democracies*, op. cit., p. 9.

16 Ibid., p. 11. p. 9에는 다음과 같이 자세하게 실려 있다. "…… 아무리 느슨하게 조직되어 있더라도, 특정 상표를 달고 공직 선출을 추구하는 모든 집단 …… 정의에 있어 조직은 결정적인 요소가 아니다."

17 이런 경향은 다음 글의 개관과, 가치 있는 분석이 입증하고 있다. William J. Crotty, "Political Parties Research", in Michael Haas & Henry S. Kariel eds., *Approaches to the Study of Political Science*, Chandler, 1970, 곳곳 및 특히 pp. 290-95. 다음 책에 실린 래니(Auatin Ranney)의 글도 보라. Garceau ed., *Political Research and Political Theory*, op. cit.; Fred W. Riggs, cit. 아래 각주 19 및 24.

18 이에 대한 예시로 다음 같은 것이 있다. "정당은 대중을 교육하는 기능을 수행하고 …… 공직에 인력을 충원·승진시키며, 대중과 정책 결정자 사이의 포괄적인 연결 기능을 제공하는 공식적으로 조직된 집단이다. 정당은 정책 결정에 광범한 영향을 미치기 위해 헌신하고, 정부를 통제하며, 선거 행동의 제도화된 규칙을 수용한다는 점에서, 특히 평화적인 방법으로 공직에 오른다는 점에서 여타 집단과 구분된다"(Crotty, "Political Parties Research", loc. cit., p. 294).

19 세계정치학회(IPSA) 몬트리올 대회에서 발표한 발표문을 보라. Fred W. Riggs, *Parties and Legislatures: Some Definitional Exercises*, 1973, pp. 3-9.

20 '경계를 정하는' 문제의 이론적 중요성은 무엇보다도 다음 글에서 잘 강조되고 있다. Harry Eckstein, *Introduction to Internal War*, Free Press, 1964, pp. 8-16. 엑스타인이 지적하듯이, "개념의 경계를 한정하는 방법으로 개념의 정의를 내릴 수 있다. …… 탐구를 시작하면서 주제의 경계를 짓는 데 도움이 되는 정의를 내리는 것 이상 하지 않을 수도 있다"(p. 9).

21 정치적 결사체, 운동, 정당의 구분에 대해서는 다음을 보라. David E. Apter, "A Comparative Method for the Study of Politics", *AJS*, November 1958, p. 227. 정치적 결사체나 클럽은 종종 내생 정당의 모태가 되는 경우가 많은 반면, 운동이 정당이 되면 대체로 (외부에서 만들어진) 외생 정당으로 발전한다. 결사체 개념에 대한 구체적인 내용은 다음을 보라. Robin Williams, *American Society*, Knopf, 1951, pp. 450-55. 운동 일반(종파 형성, 종교 및 정치혁명, 민족주의 및 카리스마적 운동 포함)에 대해서는

다음을 보라. Neil J. Smelser, *Theory of Collective Behavior*, Free Press, 1962, Ch. 10, "The Value-Oriented Movement."

22 단순 정의와 복합 정의 그리고 최소 정의에 관해서는 다음을 보라. G. Sartori, F. W. Riggs, Henry Teune, T*ower of Babel: On the Definition and Analysis of Concepts in the Social Sciences*, Occasional Paper of the International Studies Association, Pittsburgh, 1975, pp. 32-35 및 곳곳.

23 *Power and Society: A Framework for Political Enquiry*, op. cit., pp. 169, 170-71.

24 F. W. Riggs. *Administrative Reform and Political Responsiveness: A Theory of Dynamic Balancing*, op. cit., p. 580. 이것은 가장 최근의 정식이다. 다른 정식에 대해서는 아래 각주 27을 보라.

25 이 인용문은 다음 글에 근거한 것이다. "Comparative Politics and the Study of Political Parties", in Crotty ed., *Approaches to the Study of Party Organization*, cit., pp. 50-51. 사실 이글은 이 주제에 관한 리그스의 주요 저술이다. 그의 전체적인 논평과 귀중한 논의는 다음을 보라. pp. 46-72.

26 현실적으로 정당은 파벌이라는 하위 집단 내에서, 그리고 하위 집단에 의해 결정된 후보 지명을 수동적으로 받아들이는 존재라는 의미에서, 결국 파벌은 강력하게 조직될 수 있고 선거에서 후보를 지명할 수 있다는 것이다. 이 점에 대해서는 4장에서 탐구한다.

27 리그스의 정의를 "의회 선거에 후보를 지명하는 모든 조직"이라고 변형하면 이런 인상은 한층 강화된다("Comparative Politics and the Study of Political Parties", loc. cit., p. 51). 즉 입법부라는 단어는 정당 다원주의에 기초한 입헌정부와 강한 연관성을 갖는다.

28 Kenneth Janda, *A Conceptual Framework for the Comparative Analysis of Political Parties*, Sage, 1970, p. 83. 이 세이지 출판사 판은 잰다의 *ICPP Variables and Coding Manual*, op. cit.를 축약한 것인데, 잰다의 이 책은 좀 더 나은 이해와 충실한 평가를 위해 참고할 문헌이다. 잰다의 정의는 '비합법 정당'도 포함하고 있는 그의 연구 계획 때문에 어려움에 직면한다는 점을 덧붙일 필요가 있다. 그러나 상세한 조건을 덧붙이는 방식으로 이런 사례를 포함해서는 안 되는지의 여부에 대해서는 의문이 든다.

29 일반적으로, 잰다의 정의는 처음 부분은 너무 느슨하고 개방적인 반면 마지막 부분은 불필요하게 제한적이라는 점에서 결함이 있는 듯하다. 정당이 너무 작아서, 또는 직접민주주의의 회복을 목표로 선언한 무정부/혁명 정당이기 때문에, 혹은 다른 이유로 '공직' 진출이라는 목표를 추구하지 않는다면 어떻게 하는가. 어떤 집단이 정당의 이름으로 식별되는 선거에서 경쟁을 하는데도 그것을 정당으로 간주해서는 왜 안 되는가?

30 그 결실은 다른 어느 저자들보다 더 의식적이고 체계적으로 최소 정의의 전략을 추구한 리그스의 여러 저작에 가장 잘 나타나 있다.

31 앞서 언급한 내용이 1945년 이후 세계에는 잘 적용되지만 역사적으로는 그렇지 않다는 지적도 있다. 이탈리아의 파시스트 정권은 1924년과 1934년 두 차례에 걸쳐 단일

명부 선거를 치렀지만, 나치 정권은 선거를 통한 정당화의 필요성을 느끼지 못했다. 그러므로 나의 최소 정의에 따르면 나치당은 '정당'이 아니다. 이는 초기의 저술가들이 단일 정당을 왜 정당이라고 부르기를 거부했는지를 설명해 주고(위의 제2장 각주 9), 이런 동화작용(assimilation)이 갖는 해결되지 않는 어려움을 지적한다(제2장 각주 11).

32 위에 제시한 정의는 혁명 정당도 정당에 포함하는 것을 허용한다는 점에 주목하라. 혁명 정당도 그 목적과 이념이 어떠하든 어느 정도 선거 경쟁에 참여하기 때문이다.

33 이것이 엡스타인이 강조한 특성이다(각주 16). 이를 진지하게 생각하면, 단순한 '표면상의 정의'는 모든 명칭을 고려해야 한다는 것을 의미한다. 이 정의를 받아들이면 포함되는 정당의 수는 네 배로 늘어난다. 정당의 이름(label)만을 가지고 계산하면 많은 나라에서 15~30개의 정당이 존재하게 된다.

34 1964년 현재까지 문헌 목록을 선별해 분석적으로 정리해 놓은 것으로는 다음을 보라. LaPalombara & Weiner eds., *Political Parties and Political Development*, op. cit., pp. 439-64. 1964년 이후에 출간된 문헌에 관해서는 다음을 보라. Jean Charlot, "Nouvelles Etudes de Partis Politiques", *RFSP*, Août 1970, pp. 818-21. 1964년 이후 출간 속도가 빨라지고 있다. 또한 다음 저작에 실린 ('정당 단위'에 관한) 슐레진저(Joseph A. Schlesinger)의 논문과 ('정당 체계'에 관한) 엑스타인(Harry Eckstein)의 논문도 보라. *International Encyclopaedia of the Social Sciences*, cit., vol. XI. 최근의 개관으로는 다음을 보라. Crotty, "Political Parties Research", in the Haas, Kariel vol. cit. 현재의 실태를 명민하게 평가한 것으로는 다음을 보라. Derek W. Urwin, "Political Parties, Societies and Regimes in Europe: Some Reflections on the Literature", *EJPR*, I, 1973.

4장 내부로부터의 정당

1 Samuel J. Eldersveld, *Political Parties: A Behavioral Analysis*, Rand McNally, 1964, p. 1. 이것은 디트로이트 대도시 지역에 대한 사례연구이지만 이론적 가치가 높다.

2 엘더스벨드는 많은 지면을 할애해 미헬스의 논점을 재정식화한다.

3 조직 중심의 접근법은 제2권에서 개관한다.

4 '가치중립'에 관한 내 견해에 대해서는 다음을 보라. G. Sartori, "Philosophy, Theory and Science of Politics", *Political Theory*, II, 1974, pp. 151-54. 이 사례에서 정의를 새로 한다고 해서 '파벌'을 가치중립적으로 만들기는 어렵다.

5 Huntington, *Political Order in Changing Societies*, op. cit., pp. 412-13.

6 각주 8과 4장 3절을 보라.

7 더글러스 레이가 발전시킨 파편화 지수에 관해서는 9.5에서 논의할 것이다.

8 Richard Rose, "Parties, Factions and Tendencies in Britain", *PS*, February 1964, p. 37.

9 Ibid., p. 38.

10 일례로, 무엇보다도 다음을 보라. C. J. Friedrich, *Constitutional Government and Democracy*, op. cit., p. 421. 여기서 프리드리히는 정당의 특징을 '안정적인 조직의 필요'에서 찾는다.

11 극단적인 사례는 우루과이로, (모호한) 양당 체계(1972년 6월까지는 그랬다.)는 실제 행위자, 즉 블랑코당과 콜로라도당의 계파(lema)와 그 하위 체계가 선거 시에 갖게 되는 외관에 불과한 것으로 보인다. 이 경우 정당은 사실 정파들의 느슨한 연맹(confederation)이라기보다는 [어느 정도 조직적 귀속력을 가진] 연합(federation)이다. 그러나 4장 4절의 이탈리아와 일본을 보라.

12 후견 집단 및 구조의 개념은 수많은 연구를 통해 확증되어 왔다. 이를 개별 국가에 구체적으로 적용한 것으로는 다음 저작이 있다. Joseph LaPalombara, *Interest Groups in Italian Politics*, Princeton University Press, 1964 (이탈리아어판 제목은 훨씬 적나라하다: *Cliellela e Parentela, Comunitá*, 1967); Sidney Tarrow, *Peasant Communism in Southern Italy*, Yale University Press, 1967, 특히 pp. 68-81 그리고 곳곳; Keith R. Legg, *Politics in Modern Greece*, Stanford University Press, 1969; Nobutaka Ike, *Japanese Politics, Patron-Client Democracy*. Knopf, 1972. 후견 정치를 근대화 과정의 과도기적 단계로 한정할 특별한 이유는 없다. 후원-수혜 관계는 미국에서는 '머신', 스페인과 남미에서는 카시키스모(caciquismo) 등 상이한 명칭으로 발견된다. 일반적 논의로는 다음을 보라. Eric Wolf, "Kinship. Friendship and Patron-Client Relations in Complex Societies", in *The Social Anthropology of Complex Societies*, A.S.A. Monographs 4, Tavistock, 1966, pp. 1-22; Alex Weingrod, "Patrons, Patronage and Political Parties", *Comparative Studies in Society and History*, July 1968; James C. Scott, "Corruption, Machine Politics, and Political Change", *APSR*, December 1969; John D. Powell, "Peasant Society and Clientelist Politics", *APSR*, June 1970; James C. Scott, "Patron-Client Politics and Political Change in Southeast Asia", *APSR*, March 1972; R. Lemarchand, K. Legg, "Political Clientelism and Development", *CP*, January 1972; Carl H. Landé, "Networks and Groups in Southeast Asia: Some Observations on the Group Theory of Politics", *APSR*, March 1973; Robert Kern. ed., *The Caciques*, University of New Mexico Press, 1973; Luigi Graziano, "Patron-Client Relationships in Southern Italy", *EJPR*, April 1973, L. Graziano ed., *Cliellelismo e Mutamento Politico*, Angeli, 1974. 이와 관련한 문헌이 증가하는 것은 아주 바람직하지만 나의 목적을 해결하기는 어렵다. 특히 '후견인'과 '피후견인'(특히 정당과 관련해서)은 구별해야 한다.

13 내가 이념-실용주의 연속체를 제안하는 이유에 대해서는 나의 다음 글을 참고하라. "Ideology, Politics and Belief Systems", *APSR*. June 1969. 5장 3절도 보라. 이 차원을 잰다는 '이념적 파벌주의' 대 '쟁점 파벌주의'로 조작화해 해석한다(Kenneth Janda, *ICPP Variables and Coding Manual*, op. cit., pp. 159-61a). 나의 실용주의 개념은 쟁점 지향을 의미하는 반면(따라서 잰다의 조작적 정의에 다시 합류한다), 나는 개념적으로는 이 차원을 문화적 배경과 관련해 접근하는 것을 선호한다.

14 다음을 보라. G. Sartori, "From the Sociology of Politics to Political Sociology", in S. M. Lipset ed., *Politics and the Social Sciences*, Oxford University Press, 1969, pp. 78-79. 10장 3절에서 추구한 분석도 보라.

15 내가 말하는 '인물 중심 파벌주의'는 잰다가 말하는 '지도자 중심 파벌주의'(leadership factionalism)에 매우 가깝다(loc. cit., pp. 161-63). 좀 더 전통적인 명칭은, 리더십 역량이 실제로 관련되어 있음을 의미하지 않는다.

16 어떻게 교섭이 저지 연립(blocking coalition)을 승자 연립으로 바꾸는지 대해서는 다음 저작에 잘 나타나 있다. Brian Barry, *Political Argument*, Routledge & Kegan Paul, 1965, pp. 245-49. 저지 연립과 승자 연립의 개념에 대해서는 다음을 보라. William H. Riker, *The Theory of Political Coalitions*, Yale University Press, 1962, pp. 103-04 및 곳곳. 라이커는 '패자 연립'(losing coalition)에 대해서도 고찰하고 있는데, 이것은 지지자 집단과 일치하기도 한다.

17 *ICPP Coding Manual*, cit., p. 163.

18 세 나라의 순서는 이용 가능한 증거의 규모를 의미한다. 실제로, 세 번째인 일본에 대한 자료가 불충분하므로(적어도 일본어를 사용하지 않는 나 같은 사람에게는) 일본에 대해서는 매우 잠정적으로 언급할 수밖에 없다(아래의 각주 50). 인도는 (정당 체계의 시작에 대해서만 단편적인 분석 수준에서 체계적으로 설명되어 있다는 점을 제외하면) 일본 다음으로 나의 논의에서 유망한 후보가 될 것이다(Myron Weiner, *Party Politics in India : The Development of a Multi-Party System*, Princeton University Press, 1957). 나머지 증거는 매우 단편적이다(다음을 보라. Paul Brass, "Factionalism and the Congress Party in Uttar Pradesh", *Asian Survey*, September 1964; Mary C. Carras, "Congress Factionalism in Maharashtra: A Case Study", *Asian Survey*, May 1970). 유럽의 맥락에서는 이탈리아를 제외하고는 영국에 대한 문헌만이 간접적으로나마 정당 하위 단위 수준을 충분히 세밀하게 탐구할 수 있게 한다. Rose, "Parties, Factions and Tendencies in Britain", loc. cit. 그 밖에 다음을 참조하라. S. E. Finer, H. B. Berrington, D. 1. Bartholomew, *Backbench Opinion in the House of Commons 1955-1959*, Pergamon, 1961; P. G. Richards, *Honorable Members : A Study of British Backbenchers*, Faber, 1963, 특히 pp. 145-60; Robert J. Jackson, *Rebels and Whips: An Analysis—Dissension Discipline and Cohesion in British Political Parties*, St. Martin's, 1968; P. Seyd, "Factionalism Within the Conservative Party: The Monday Club", *GO*, Autumn 1972.

19 앞의 2장 3절을 참조하라.

20 잘못된 분류에 대한 최근의 글로는 다음을 보라. Michael Leiserson, "Factions and Coalitions in One-Party Japan: An Interpretation Based on the Theory of Games", *APSR*, September 1968. 이 글은 실제로는 게임이론을 다루고 있지만, 제목은 일당제라는 분류가 갖는 무의미함을 의미심장하게 담고 있다.

21 이는 물론 입헌 민주주의에도 적용된다. 그렇지만 입헌 민주주의는 '실질적 민주주의'가 필요로 하는 다른 모든 것의 전제 조건이다. 이런 견해에 대해서는 나의

논문을 보라. "Democracy", in *International Encyclopedia of the Social Sciences*, op. cit. 이 점은 문화적 측면에서 뒷받침될 수 있다. 대니얼 엘라자르에 따르면, 남부의 하위문화적 경향이 설령 백인들 사이에서 '전통주의적' 성격을 띠고 있더라도 그것은 통상적인 로크식 자유주의 정치 문화에 속하는 하위문화이다. Daniel J. Elazar, *American Federalism: A View from the States*, Crowell, 1966. pp. 79-140.

22 예를 들어 래니와 켄달은 "미시시피 정당 체계와 소비에트 정당 체계는 같은 종류가 아니다."라고 지적하며 양자에 대해 동일한 용어(일당제)를 사용함으로써 "연구자들이 이런 사실들을 불가피하게 동일시하도록 하는 ...... 경향이 있다."라고 불평한다(A. Ranney & W. Kendall, "The American Party System", *APSR*, June 1964, p. 479). 자료 은행과 컴퓨터 처리 덕분에 오늘날 이런 주장이 더욱 설득력을 가진다. 그러나 우리가 가진 소프트웨어 안에 미국의 25개 주가 일당제 부류 안에 섞여 들어가 있다면 우리는 그 의미를 전혀 이해할 수 없게 될 것이다. 한편 래니와 켄달조차 자신들의 불평을 논리적 결론으로까지 밀고 가지는 않는다. 그들도 결국에는 10개 주를 일당제 범주에 포함시키기 때문이다(p. 484).

23 *Southern Politics in State and Nation*, Knopf, 1960, p. 299. 키의 분석은 다음 책에 정확하게 진술되어 있다. *American State Politics: An Introduction*, Knopf, 1956.

24 키가 이론적으로 이해하는 바가 그의 다른 재능에 비해 못하다고 지적한다고 해서 그의 위상을 떨어뜨리는 것은 아니다. 자신의 주요 관심사였던, 미국의 일당제와 양당 체계를 비교하는 것에 대해 그는 두 줄로 일축한다. "그러므로 이 문제는 다음과 같이 바꿔 표현할 수 있다. 일당 체계들이 비슷한 것 같지만 사실은 그렇지 않고, 양당 체계들은 비슷한 것 같지만 사실은 그렇지 않다"(ibid.). 잘못된 분류는 개선되어야 한다는 반박일 수 있다.

25 그 차이는 2장 1절에서 확인되고 있다. 이 문제는 알렉산더 허드의 글로 시작되는(키와 동일한 노선을 따르고 있는) 문헌 전체에서 회피되고 있다. Alexander Heard, *A Two-Party South?*, University of North Carolina Press, 1952.

26 이것은 6장 4절에서 명시한 양당 체계의 '구도'와 '역학'의 차이이다.

27 6장 5절을 참조하라.

28 다음을 보라. Joseph A. Schlesinger, "A Two-Dimensional Scheme for Classifying States According to Degree of Inter-Patty Competition", *APSR*, December 1955. 이 분포는 주지사의 관할권을 기초로 한다.

29 신뢰할 수 있는 경쟁성을 구성하기 위해 양당 체계라는 부류를 확대하는 이유는 비교의 근거에서 명확해질 것이다(6장 4절). (슐레진저의 첫 번째 부류가 그렇듯이) 경쟁성을 아주 좁게 정의하면, (연방 수준에서) 양당 정체를 취하고 있는 미국을 처음부터 제외하게 된다.

30 이런 분포는 슐레진저의 분류에서 가져온 것이다. 그의 분류는 다음과 같다. ① 경쟁(9개 주), ② 주기적 경쟁(4개 주), ③ 주기적 일당제(8개 주), ④ 일당 우위(16개 주),

⑤ 일당제(11개 주). 나는 앞의 세 부류와 뒤 두 부류를 하나로 묶었다. 이와 달리 다음과 같이 세 가지 유형으로 묶어 볼 수도 있다. ① 경쟁(13개 주), ② 주기적 또는 부분적 경쟁(24개 주), ③ 일당 우위(11개 주). 본문에서 이렇게 묶은 이유는 그것이 일당 우위 체계의 일반적 정의에 부합하기 때문이다.

31 "The American Party System", loc. cit., 특히 pp. 482-84. 저자들은 대통령, 주지사, 상원의원 선거 결과를 결합하고 있기 때문에 슐레진저의 평가와 다를 수밖에 없다. 그러나 다른 차이점들은 분류 도식 및 관련 정의에서 비롯된 것이다. 11개 하위 경쟁 주 가운데 유일하게 불일치하는 곳이 오클라호마이다. 래니와 켄들은 오클라호마를 '변형된 일당제'로 보는 반면, 슐레진저는 확실히 '일당제'로 보고 있다. 캘리포니아, 일리노이, 미시건, 워싱턴, 몬태나, 미주리, 메릴랜드는 래니와 켄들의 기준에 따르면 양당 체계이고 슐레진저에 따르면 일당 우위 체계이다. 후자의 경우, 자신의 일당 우위 체계와 주기적 일당제가 '경쟁의 전반적 차원'에서는 '유사하다'는 것을 인정하고 있기 때문에(loc. cit., p. 1125), 그 둘의 실질적 불일치는 실제로는 사소한 차이에 불과하다. 대신 골롬비에프스키가 제안한 분류법과 관련해서는 실질적인 차이가 있다(R. T. Golombiewski, "A Taxonomic Approach to State Political Party Strength", *WPQ*, September 1958). 그는 양당 체계 19개 주, '허약한 소수정당' 13개 주, 일당제 14개 주로 분류한다(p. 501). 다른 한편, 에이버리 라이서슨은 1933-52년 시기에서는 양당 경쟁 또는 주기적 경쟁 26개 주, 일당 우위 22개 주로 나누어 래니와 캔달과 정확히 똑같이 구분하고 있다(Avery Leiserson, *Parties and Politics*, Knopf, 1958, Appendix IV, p. 377). 라이서슨의 분류는 다음과 같다. 경쟁(10개 주), 주기적 경쟁(16개 주: 정당별 8개 주), 민주당 지배(14개 주), 공화당 지배(8개 주). 래니와 켄들과 비교해 가장 큰 차이는 라이서슨은 변형된 일당제와 일당제를 자신이 우세적 일당제라고 부르는 것으로 결합한다는 점이다.

32 정당 경쟁에 대한 다양한 측정 방식에 관한 논의는 다음을 보라. R. E. Dawson, J. A. Robinson, "Inter-Party Competition: Economic Variables and Welfare Policies in the American States", *JP*, II, 1963, 특히 pp. 270-278. 그러나 좀 더 상세한 내용은 제7장 각주 3을 보라.

33 나 홀로 정당은 자발적 발전이 강요된 발전과 다르듯이 일당제와 다르다. 제6장 각주 131을 보라.

34 주의할 점은 겉으로 무소속인 것처럼 보이는 것이 사실상 기저에 있는 당파적 지지를 가리는 것일 수도 있다는 점이다. 여하튼 무소속 정치는 지역 수준에서 실제로 존재하고 증가하는 추세에 있다. 그러므로 여기에는 각별한 주의가 필요하다. 특히 다음을 보라. Charles R. Adrian, "Some General Characteristics of Nonpartisan Elections", in O. P. Williams and C. Press eds., *Democracy in Urban America : Readings*, Rand McNally, 1961. 다음 글도 보라. C. R. Adrian, "A Typology for Nonpartisan Elections", *WPQ*, June 1959; Eugene C. Lee, *The Politics of Nonpartisanship*, University of California Press. 1960. 네브래스카 주의 특수한 사례에 대해서는 다음을 보라. Richard D. Marvel, "The Nonpartisan Nebraska Unicameral", in Samuel C. Patterson ed., *Midwest Legislative Politics*,

Institute of Public Affairs, University of Iowa, 1967.

35 특히 다음 저작 제14장에 실린 키의 요약을 보라. "Nature and Consequences of One-Party Factionalism" pp. 293-311. 다음 연구도 보라. Allan P. Sindler, "Bifactional Rivalry as an Alternative to Two-Party Competition in Louisiana", *APSR*, September 1955. 나의 설명은 모두 키가 글을 쓴 시기[1950년대]에서 1960년대 중반까지 적용된다는 점을 강조해 둘 필요가 있다. 그 후로 새로운 양상이 출현했다. 지금은 미국 남부가 민주당의 안전한 텃밭이 아니라는 것이 분명해졌다. 특히 대통령 선거에서 경쟁성이 나타나고 있다(혹자는 1968년과 1972년에 미국 남부에서 '대통령 선거 중의 공화당주의'를 말할 수도 있다).

36 Golombiewski, loc. cit., p. 501.

37 내가 말하는 '어느 정도 경쟁적인' 범주는 래니와 켄들의 '변형된 일당제'(modified one-party), 슐레진저의 '일당 우위 체계'에 해당한다는 점을 기억하자. 키는 일반화를 시도하지 않지만. 다음과 같이 지적한다. "노스캐롤라이나와 테네시 모두에서 다수파인 민주당 파벌들이 공화당의 반대로부터 단결을 이끌어냈"으며, "이들 주에서는 작은 반대당이라도 다수파 파벌의 응집력이 엄청난 영향력을 발휘할 수 있음을 보여준다"(op. cit., p. 300).

38 *Southern Politics*, op. cit., pp. 300-301.

39 Ibid., pp. 302-10. 이 효과에 대한 조사 결과를 요약해 놓은 것으로는 다음을 보라. Fred I. Greenstein, *The American Party System and The American People*, Prentice-Hall, 1963, pp. 57-60. 도슨과 로빈슨은 다음과 같이 지적한다. 정당 간 경쟁의 정도가 "사회경제적 요인들과 자유주의적 복지 프로그램 사이에서 중요한 매개적 영향력"을 행사하지 않는다(loc. cit., p. 289, 주 32). 그러나 이것은 키의 주장의 핵심이 아니었다. 다음 이와 동일한 것이 다음 저작에도 적용된다. Thomas R. Dye, *Politics, Economics, and the Public*, Rand McNally, 1966. 이 저작은 그 자체로는 매우 흥미롭지만 키의 중심 논점을 평가하지는 않는다. 이 논지에 대한 일반적인 평가는 6장 1절을 보라.

40 다양한 예비선거 제도와 그 효과에 대한 전반적 분석으로는 다음을 보라. Sara Volterra, *Sistemi Elettorali e Partiti in America*, Giuffrè, 1963, pp. 157-219.

41 6장 1절 및 2절 참조.

42 개괄적 설명에 대해서는 다음 저작에 실린 나의 글을 보라. "European Political Parties: The Case of Polarized Pluralism", in LaPalombara & Weiner eds., *Political Parties and Political Development*, op. cit., 특히 pp. 140-53. 좀 더 폭넓은 내용으로는 다음을 보라. Dante Germino, Stefano Passigli, *Government and Politics of Contemporary Italy*, Harper & Row, 1968, Ch. 4. 그러나 이 책 제6장의 각주 45를 보라.

43 이 같은 전개 과정에 대한 영어로 된 최초의 설명은 다음 두 글을 보라. Raphael Zariski, "The Italian Socialist Party: A Case Study in Factional Conflict", *APSR*, June 1962; "Intra-Party Conflict in a Dominant Party: The Experience of Italian Christian Democracy",

JP, I, 1965. 영어로 된 근래의 논문으로는 다음을 보라. A. J. Stern, S. Tarrow, M. F. Williams, "Factions and Opinion Groups in European Mass Parties", *CP*, July 1971. 이 논문은 그 제목에도 불구하고 이탈리아만 다루고 있다. 다음 글도 보라. Alan Zuckennan, "Social Structure and Political Competition: The Italian Case", *WP*, April 1972, 특히 pp. 429-32.

44 이 집계는 이탈리아공산당만 제외하는데, 이 정당은 당내 역학 관계가 거의 보이지 않아서 비(非)공산주의 정당과 동일한 수준에서 파악할 수 없기 때문이다. 이탈리아공산당의 조직 구조가 응집력에 어떤 영향을 미치는지에 대해서는 다음을 보라. Giacomo Sani, "Le Strutture Organizzative del PC1", in VY.AA. *L'Organizzazione Partitica del PCI e della DC*, Il Mulino: 1968, 특히 pp. 167-96. 이탈리아어 correnti는, 미국 학자들이 사용하는 '파벌'(faction)과 마찬가지로 무차별적으로 사용된다는 점을 분명히 해야 한다. 이탈리아 정치인들은 파벌이라는 용어가 갖는 부정적 의미를 피하기 위해 '계파'라는 표현을 사용한다.

45 1971년은 중요한 의미를 지니는데, 기독민주당이 당내 분파주의 억제를 선언하며 당 강령을 개정했기 때문이다. 그 당시 당내에는 9개 분파가 있었다. ① Iniziativa Popolare(Rumor, Piccoli), 20%, ② Impegno Democratico(Colombo, Andreotti), 15%, ③ Nuove Cronache(Fanfani, Forlani), 17%, ④ Tavianei(Taviani), 10%, ⑤ Morotei(Moro), 13%, ⑥ Base(De Mita, Misasi), 11%, ⑦ Forze Nuove(Donat Cattin), 7%, ⑧ Forze Libere(Scalfaro) 4%, ⑨ Nuova Sinistra(Sullo), 2%. 이 비율은 기독민주당 전당대회에서의 세력 분포이다. 앞서 말한 '계파'는 모두 정당 최고 위원을 맡고 있었으며, 마지막 계파를 제외한 모든 계파가 콜롬보 정부에서 내각 직책을 맡았다. 1971년 이래로 기독민주당 내 분파의 수는 줄어들었지만, '인물 중심의' 분열(및 증식)은 늘어났다.

46 몇 년 사이에 이탈리아의 사회주의 정당들은 많은 분열과 합병을 겪었기 때문에 그것을 따라 다양한 명칭을 열거하기 어렵다. 전반적인 양상은 사실상 두 개의 사회주의정당(이탈리아공산당과 사회민주당)으로 이루어졌다. 이탈리아공산당은 넨니라는 특출한 지도자가 있었고, 대체로 마르크스주의를 지향하며, 이탈리아 사회주의 전통의 대부분을 대표하고, 사회민주당보다 약 두 배를 득표했다. 사회민주당(현재 명칭은 PSDI)은 개혁주의 성향을 대표한다. 그렇지만 이탈리아 사회주의는 세 가지 정신(개혁주의, '최대강령주의', 혁명주의)을 가지고 있다고 말할 수 있다. 1964-72년 사이에 이 세 가지 정신은 실제로 세 정당에 의해 대표되었는데, 세 번째 정당이 친공산주의 통일사회당(PSIUP)이었다. 이 정당은 1968년 선거에서 5%를 차지하며 정점을 찍었지만 1972년 선거에서 몰락했다(그리고 곧 해체되었다). 이탈리아공산당에 관한 주요 자료는 다음과 같다. Antonio Landolfi, "Partito Socialista Italiano: Strutture, Organi Dirigenti, Correnti", *Tempi Moderni*, V, 1968.

47 다음 글에서 인용. Antonio Landolfi, *Il Socialismo Italiano*, Lerici, 1968, p. 119. 넨니가 '정파'라는 용어를 마르크스주의적으로 사용했으므로, 이 말은 이전의 계파들이 용납할 수 없는 어떤 것으로 변모했음을 의미한다. 이탈리아공산당 내에서 정파주의의 증가에 관해서는 특히 다음을 보라. Franco Cazzola, *Carisma e Democrazia nel Socialismo Italiano*,

Istituto Sturzo, 1967. 또한 스턴, 태로, 윌리엄스(Stern, Tarrow, Williams)의 논문(위의 각주 43)은 주로 사회당에 관한 것이다.

48 Stern et al., "Factions and Opinion Groups in European Mass Parties", loc. cit., p. 529. 이 저자들이 자신들이 공유하지 않는 가정을 발표하고 있다는 점을 분명히 해야겠다.

49 다음을 보라. Michele Sernini, *Le Correnti nel Partito*, 1st. Ed. Cisalpino, 1966, p. 47; Luigi D'Amato, *Correnti di Partito o Partito di Correnti*, Giuffrè, 1964, p. 19.

50 일본의 정파주의에 대한 자료는 다음과 같다. Robert A. Scalapino & Junnosuke Masumi, *Parties and Politics in Contemporary Japan*, University of California Press, 1962, pp. 79-101, 169-74; Hans H. Baerwald, "Factional Politics in Japan", *Current History*, April 1964; Lee W. Famsworth, "Challenges to Factionalism on Japan's Liberal Democratic Party", *Asian Survey*, September 1966; G. O. Totten & T. Kawakami, "The Functions of Factionalism in Japanese Politics", *Pacific Affairs*, 1966, pp. 109-22; L. W. Famsworth, "Social and Political Sources of Political Fragmentation in Japan", *JP*, II, 1967; S. D. Johnston, "A Comparative Study of Intra-Party Factionalism in Israel and Japan", *WPQ*. II, 1967; A. J. Heidenheimer & F. C. Langdon, *Business Associations and the Financing of Political Parties: A Comparative Study of the Evolution of Practices in Germany*, Norway and Japan, Nijhoff, 1968; Nathaniel B. Thayer, *How the Conservatives Rule Japan*, Princeton University Press, 1969 및 그의 논문 "The Election of a Japanese Prime Minister", *Asian Survey*, July 1969; Chae-Jin Lee, "Factional Politics in the Japan Socialist Party: The Chinese Cultural Revolution Case", *Asian Survey*, March 1970; Michael Leiserson, *Coalition Government in Japan*, in S. Groennings, E.W. Kelley & M. Leiserson eds., *The Study of Coalition Behavior*, Holt, 1970. 문화적 요인은 매우 적실한데 이에 관해서는 다음을 보라. R. E. Ward, "Japan: The Continuity of Modernization", in Lucien W. Pye & Sidney Verba eds., *Political Culture and Political Development*, Princeton University Press, 1965; Scott C. Flanagan, "The Japanese Party System in Transition", *CP*, January 1971, pp. 238-47(관계 이론); B. M. Richardson, *The Political Culture of Japan*, University of California Press, 1973. 제6장 각주 134도 보라.

51 *Parties and Politics in Contemporary Japan*, op. cit., pp. 94, 85. 우리가 보기에, 라이서슨이 (단위 비약을 아랑곳하지 않고) 일본의 다파벌 상황을 다당 체계와 동등한 것으로 보고 있더라도, 그는 이런 결론을 더욱 밀어붙인다.

52 Luigi D'Amato, *Correnti di Partito a Partito di Correnti*, op. cit., 곳곳. 다마토는 후속 저작에서 정당이 계파로 '만들어진다'는 점을 명확히 하면서, 정당에 대한 정파의 우위로부터 매우 거친 결론을 이끌어 낸다. Luigi D'Amato, "L'Equilibrio di un Sistema di 'Partiti di Correnti'", *Scienze Sociali*, 1966.

53 이는 (사회주의적 마르크스주의 정당과 사회민주당 간의 생리적 이원론과는 별도로) 장구한 실패의 기록을 가진 정당 분열의 경험을 통해 확인된다. 기독민주당이 좌우로 넓은 범위와 이질성을 가졌음에도 한 번도 분열한 적이 없다는 사실에서 보면, 그 정당이 선거에서 갖는 중요성을 기독민주당 당원들은 잘 이해하고 있다.

54 그러나 이보다 더 극단적인 해석은 다음 글에서 설득력 있게 개진되었다. Antonio Lombardo, "Dal Proporzionalismo Intra-Partitico al Fazionismo Eterodiretto", *RISP*, II, 1972. 나의 다음 글을 보라. "Political Development and Political Engineering", in John D. Montgomery.

55 Albert O. Hirschman eds., *Public Policy*, XVIII, Harvard University Press, 1968, 특히 pp. 262-76.

56 일본은 편차가 가장 작은, 가장 소규모의 대선거구를 갖는다는 특징을 아일랜드와 공유한다. 아일랜드의 선거구당 평균 의원 수는 3.7명이고, 일본은 4명이다.

57 선거구당 선출 인원이 갖는 중요성은 다음 글에서 잘 나타난다. Douglas Rae, *The Political Consequences of Electoral Laws*, Yale University Press, 1967(및 1971). 이탈리아의 선거구당 의원 수는 평균 20명으로 선거구별로 편차가 매우 크다. 또한 유권자의 30%만이 정당 선호도 투표를 한다는 점에 유의해야 한다(대부분 남부에 집중되어 있고, 북부의 비율은 10~20% 선이다). 다음을 보라. Luigi D'Amato, *Il Voto di Preferenza degli Italiani* (1946-1963), Giuffrè, 1964.

58 다음을 보라. Scalapino & Masumi, *Parties and Politics in Japan*, op. cit., pp. 86-101, 그리고 특히 스콧 플래너건의 연줄 이론(kankei theory)을 보라(위의 각주 50).

59 흥미롭게도, 이런 점은 기독민주당 좌파의 '본부'(base) 정파의 경우에 특히 사실로 나타났는데, 이 정파는 친아랍 외교정책을 얻기 위한 수단으로 마테이의 국영 석유 회사로부터 자금을 받았다. 이와 관련한 상세한 내용은 다음을 보라. Giorgio Galli, Paolo Facchi, *La Sinistra Democristiana*, Feltrinelli, 1962.

60 반대로 다음을 보라. Giovanna Zincone, "Accesso Autonomo alle Risore: Le Determinanti del Frazionismo", *RISP*, I, 1972. 이 글의 결론은, 자금 조달 통로와 기관이 주요 단일 요인이라는 것이다. 나의 관점은 이와 다르지만, 돈이 필요조건이라는 것은 거의 부정할 수 없다.

61 뒤베르제의 법칙과 전반적인 쟁점은 제2권에서 상세하게 논의한다.

62 이와 관련해 이탈리아의 네오파시스트 정당 이탈리아국민연합(MSI)이 여러 측면에서 공산당 조직을 모방해 내부 갈등을 종식시켰다는 점은 주목할 만하다. 뒤베르제가 (정확히 말하면, 그가 글을 쓸 당시) 뚜렷한 파시스트형 조직 구조를 이론화한 이후 상황이 달라졌다.

63 이는 미국 남부의 '파벌'이 정당 위에 있다는 나의 진술(4장 3절)을 정당화한다. 이때 파벌이 정당 위에 있다는 것은 파벌은 정당이 가진 경력 체계를 우회하기 때문이며, 파벌이 정당 밖에 있지도 정당 없이 존재하지도 않는다는 것은 유권자들은 대체로 정당의 명칭에 일체감을 갖기 때문이다.

64 이는 (상상되거나 제안된 것은 말할 것도 없고) 기존 선거 체계가 얼마나 다양한지에 대한 어떤 설명으로부터도 쉽게 모을 수 있다. 이에 대한 훌륭한 일반적인 개관으로는 다음을 보라. W. J. M. Mackenzie, *Free Elections*, Alien & Unwin, 1958.

65 이것은 1963년까지 시행된 아르헨티나에서 사엔스 페냐(Sáenz Peña) 선거법[1912년 아르헨티나 대통령 사엔스 페냐 재임 기간에 통과된 법을 통해, 여성과 외국인을 제외한 18세 이상의 남성에게 보통 비밀 의무 투표권이 부여되었다.]로 알려져 있으며, 일반적으로 '제한 명부제'로 분류된다. 실제로 그것은 다당 체계하에서 모든 제3당을 말살시키는 이중 프리미엄 제도이다.

66 본문의 논의는 순전히 추측은 아니다. 이탈리아의 기독민주당은 가장 먼저 프리미엄 장치를 활용했고, 그다음으로 비례대표제(1964년 9월 도입), 봉쇄 조항(1971년 9월; 당시 기준선은 10/15%였다.)을 차례로 도입했는데, 1년 후 곧바로 폐기되었다. 구체적인 세부 내용은 다음을 보라. G. Sartori, "Proporzionalismo, Frazionismo e Crisi dei Paltiti", *RISP*, III, 1971, 특히 pp. 646-51.

67 제5장 참조. 이 문제는 두 수준에서 동일하지는 않지만, 그럼에도 불구하고 정당 수 논쟁의 문제는 정파 수준에도 그대로 적용할 수 있다.

68 이탈리아의 정부들에서는 장관 약 25명, 차관 60명으로 상당한 규모에 달했다. 중요한 것은, 반대의 노력에도 불구하고, 이탈리아의 내각에서 한 정당이 차지하는 비중이 여전히 지나치게 큰 상태라는 점이다.

69 이런 제안은 젠다의 분류 코딩과 관련이 있다. 위의 각주 13.

70 다음을 보라. Alberto Spreafico & Franco Cazzola, "Correnti di Partito e Processi di Identificazione", *Il Politoco*, IV, 1970; 특히 Stern, Tarrow, Williams, "Fractions and Opinion Groups in European Mass Parties", loc. cit.의 후속편. 이 논문은 기본적으로 사회경제적 노선을 따라 이탈리아사회당 정파들을 설명하기 위한 것이다. 이 연구는 한 나라의 한 정당만을 대상으로 한 것이기 때문에 충분한 증거로 간주할 수는 없지만, 그럼에도 불구하고 정치사회학의 견지에서 볼 때 이탈리아사회당이 최적의 사례라는 점에서 시사하는 바가 크다.

71 이것은 정치사회학이 정당 수준의 분석에서 높은 설명력을 가진다는 것을 의미하지는 않는다. 나는 다음 글에서 반론을 제기한다. "From the Sociology of Politics to Political Sociology", in Lipset ed., *Politics and the Social Sciences*, cit.

72 1963년 일본 자민당의 한 보고서는 정파의 폐지를 위한 일련의 권고 조항을 채택했다(다음을 보라. Baerwilld, "Fractional Politics in Japan", loc. cit., pp. 226-27; Farnsworth, "Challenges to Fractionalism on Japan's Liberal Democratic Party", loc. cit., pp. 502-05). 그 후 별다른 변화가 없었다. 그러나 이탈리아에서는 기독민주당이, 비록 1972년에 폐기되긴 했지만 1971년에 봉쇄 조항을 채택했다(위의 각주 66).

73 이것은 매우 빈번하게 정당화되고 있으며, 반스에 따르면 이탈리아사회당 당원의 90% 이상이 계파가 '민주주의의 도구'라는 진술에 동의했다고 한다. Samuel H. Barnes, *Party Democracy: Politics in all Italian Socialist Federation*, op. cit., p. 181. 이 조사 결과는 무엇보다도 정당이 상당히 정파화되어 있음을 입증한다. 정파주의를 실천하는 자는 분명 그것을 정당화하기 마련이다.

74 Stefano Passigli, "Proporzionalismo, Frazionismo e Crisi de Partiti: Quid Prior?", *RISP*, I, 1972, p. 132. 그러나 특히 다음을 보라. Germino and Passigli, *Government and Politics of Contemporary Italy*, op. cit., pp. 127-32.

75 정파 분석을 다르게 확장할 수 있는 가능성은 다음 글에 제시되어 있다. Ralph W. Nicholas, "Fractions: A Comparative Analysis", in *Political Systems and the Distribution of Power*, A.S.A. Monographs 2, Tavistock, 1965. 그렇지만 이 저자는 사회인류학의 관점에서 이 문제에 접근하고 있다. 노먼 니콜슨의 논문(Norman K. Nicholson, "The Factional Model and the Study of Politics", *CPS*, October 1972)을 읽어보면, 다음과 같은 점을 확증하고 있음을 알 수 있다. 즉 일반 이론이 절실히 요구되기는 하지만 그것은 여러 학문들 간의 절충에 의해 강화된 개념들의 수렁에서 벗어나기는 어렵다. 니콜슨이 제시한 세 가지 구조적 모델(촌락 파벌주의, 다원 공동체 파벌주의, 위계적 파벌주의)을 눈여겨 볼 필요가 있다. 그는 그중 어느 것도 역사 문헌(1장 1절)에서 다루고 있는 '파벌'로, 그리고 모든 정체에 존재하는 정당의 특정 하위 단위로 간주하지도 않는다.

76 *Political Parties*, op. cit.(North trans.), p. xiii.

5장 정당 수에 따른 정당 체계 구분

* 제5장에서 제7장까지의 내용 중 일부는 다음 글에 실려 있다. "Typology of Party Systems Proposals for Improvement", in Stein Rokkan & Erik Allardt eds., *Mass Politics: Studies in Political Sociology*, Free Press, 1970. 초기에 쓴 요약본 원고와 현재의 원고 사이에는 상당한 차이가 있다. 제5장과 제6장은 한스 달더의 조언에서 많은 도움을 받았다. 그는 내가 범한 많은 오류를 일일이 검토하여 개선해 주었다.

1 "국제 정당 비교 프로젝트"에는 90여 개국 250개 정당들이 제시되어 있다. 이 숫자는 5% 의석 기준을 통과한 정당만 포함된다. 다음을 보라. Janda, "Retrieving Information for a Comparative Study of Political Parties", in Crotty ed., *Approaches to the Study of Party Organization*, op. cit., Appendix B. 한편, 블롱델은 일당제 및 복수 정당 체계를 107개로 추산한다(*An Introduction to Comparative Government*, op. cit., p. 140).

2 Crotty, "Political Parties Research", in *Approaches to the Study of Political Science*, cit., p. 282.

3 *Political Parties and Political Development*, op. cit., pp. 34, 36.

4 특히 다음을 보라. Jean Blondel, "Party Systems and Patterns of Government in Western Democracies", *CIPS*, June 1968; *Introduction to Comparative Government*, cit., pp. 155-160. 그러나 다음 글도 보라. Kenneth Janda, *Information Retrieval, Applications to Political Science*, Bobbs-Merrill, 1968, pp. 147-48.

5 그러나 특히 9장 3절, 5절, 6절 참조.

6 최근의 예로 다음 글을 보라. James Jupp, *Political Parties*, Routledge & Kegal Paul, 1968. 이 책에서는 다음과 같이 분류하고 있다. ① 불명확한 양당 체계(미국, 브라질, 튀르키예, 한국, 이란), ② 명확한 양당 체계(영국, 일본, 덴마크, 노르웨이), ③ 다당 체계(이탈리아, 벨기에, 아이슬란드), ④ 지배 정당 체계(인도, 멕시코), ⑤ 광범한 일당제(스페인, 폴란드, 유고슬라비아, 케냐), ⑥ 협소한 일당제(이집트, 포르투갈), ⑦ 전체주의 정당, ⑧ 무정당제(위의 책, 제1장 및 부록, pp. 111-12를 보라). 각종 사례가 보여 주듯이, 대부분의 부류들이 이상하게 묶여 분류되어 있다.

7 Roy C. Macridis, "Introduction", *Political Parties-Contemporary Trends and Ideas*, Harper & Row, 1967, p. 20. 그러나 매크리디스는 자신만의 유형론을 제시한다(p. 22). 일반적인 참고문헌에 대해서는 제3장, 각주 34를 보라.

8 *Party Strategies in a Multiparty System*, Lund, Studentlitteratur, 1968, pp. 174-75.

9 예를 들어, 잰다의 "국제 정당 비교 프로젝트"에서 그렇다(앞의 각주 1). 5%가 봉쇄 조항의 기준점으로 확립되고 있는데, 이에 따르면 이탈리아에서는 3개 정당(기독민주당, 공산당, 사회당)이 이에 해당된다. 잰다가 연구를 진행하던 시기에 또 다른 세 정당이 있었는데 그는 이를 무시하고 지나가 버렸다. 하지만 이들 정당은 과반 연립을 형성하는 데 필요한 정당들이었다(반면에 공산당은 1947년 이래로 정부 형성에 관여하지 못했다). 좀 더 유연한 해법으로는 로즈와 어윈(Richard Rose & Derek Urwin)이 제안한 것이 있는데, 적어도 세 번 선거에 참여해 한 번이라도 5%를 획득한 정당을 포함하고 있다(*PS*, September 1970, p. 290). 그러나 이런 해법조차 이 책의 본문(노르웨이와 스웨덴, 제6장 각주 62 참조)과 다른 많은 저작에서 언급되고 있는 이탈리아 공화당의 사례에는 적용할 수 없다. 이에 대한 대안으로 로즈는 다음 같이 제안한다. "각종 설문 조사 기법이 체계 내 정당의 수를 정하는 한 가지 방법을 제공한다"(*Governing Without Consensus*, op. cit., p. 221). 이 제안은 북아일랜드에서는 제법 타당하다. 하지만 좀 더 복잡한 정체에서 일반 대중은 무엇보다도 정당의 위치 값이 갖는 미묘한 차이를 놓치게 된다. 드 스완은 봉쇄 조항의 기준점을 2.5%로 낮춘다(덴마크의 경우에는 3.5%로 올린다). 이렇게 해도 그는 이탈리아의 경우 공화당은 물론 자유당에 대해서도 설명하지 못한다. 이 두 정당은 실제로 내각의 직책을 맡았던 적이 있다. Abram de Swaan, *Coalition Theories and Cabinet Formations*(Elsevier, 1973).

10 수학적으로 가능한 연립과 이념적으로 실현 가능한 연립을 구분하는 간극은, 연립 정부는 '연결형'이어야 한다는 원칙에 의해 뒷받침된다. 다음을 보라. Robert Axelrod, *Conflict of Interest*, Markham, 1970, Ch. 8. 다음 글에서는 연결형 또는 인접형 연립을 '폐쇄적' 연립이라 부른다. de Swaan, *Coalition Theories and Cabinet Formations*, op. cit.

11 협박 정당 개념은 다운스에서 가져온 것이다. Anthony Downs, *An Economic Theory of Democracy*, Harper & Row, 1957, pp. 131-32. 아래의 제10장을 보라.

12 9장 4절 참조.

13 9장 5절 및 6절 참조.

14 이것은 라자스펠드와 바턴이 내린 정의다. "…… '유형'이란 특정 속성들이 혼합된 것이다"(Lazarsfeld & Barton, "Qualitative Measurement in the Social Sciences", in D. Lerner & H. D. Lasswell eds., *The Policy Sciences*, Stanford University Press, 1951, p. 169). 분류론과 유형론을 구분할 필요가 없을 때는 분류학(taxonomy)이라는 용어를 사용할 것이다. 엄밀히 말하면, 분류학은 분류론에 의한 정렬과 유형론(매트릭스형)에 의한 정렬 사이에 있는 중간적 정렬이다. 그러나 나의 목적에는 이 정도로 상세한 이야기는 불필요하다.

15 M. Olson, *The Logic of Collective Action*, op. cit., p. 49.

16 구조적 공고화 개념에 대해서는 8장 1절을 보라.

17 4장 2절 및 제4장, 각주 13 참조.

18 분절 개념에 대해서는 6장 3절에서 분석한다.

6장 경쟁 체계

1 Duverger, *Les Partis Politiquues*, op. cit,. p, 245, pp. 239-246, 251, 261-265. '자연적 이원론'(natural dualism) 개념은 1926년에 헤르베르트 술탄(Herbert Sultan)이 이론화한 것이다. 뒤베르제는 "현상들이 쌍을 이루어 발생한다고 보는 지극히 미신 같은 인상"에 대해 신랄하게 비판하고 있는데 이에 대해서는 다음을 보라. Aaron B. Wildavsky, "A Methodological Critique of Duverger's Political Parties," *JP*, 1959, pp. 303-318. 다음의 비판도 보라. Hans Daalder, "Parties and Politics in the Netherlands", *PS*, February 1955, pp. 12-13.

2 Ibid., pp. 241, 269. 두 체계 간의 완전히 다른 역학에 대한 이런 오해는 오늘날까지 이어져 왔다. 특히 다음을 보라. Giorgio Galli, *Il Bipartitismo Imperfetto*, II Mulino, 1966.

3 레이파트는 나의 이전 논문("European Political Parties: The Case of Polarized Pluralism", in LaPalombara & Weiner eds., *Political Parties and Political Development*, op. cit., pp. 137-176)에 대해 다음과 같이 지적한다. "사르토리는 온건 다당 체계와 극단 다당 체계 사이의 경계선을 같은 지점에서 일관되게 그리지 않는다"("Typologies of Democratic Systems", *CPS*, cit., p. 16). 레이파트의 이런 지적은 전적으로 옳다. 당시 나는 정당을 어떻게 계산할지에 대해 명확하게 알지 못했는데, 이런 점이 내가 동요한 원인이다. 그러므로 여기서는 정당 수의 경계를 4개와 5개 사이가 아니라 5개와 6개 사이에 설정하고 있음을 분명하게 밝혀둔다.

4 핵심 요건은 '상호작용'이므로, 정당들이 동일한 공간에서 경쟁을 한다면 계산 방식은 간단하다. 하지만 경쟁 공간이 2차원이거나 다차원인 경우에는 간단하지 않다(제10장을

보라). 정당 수가 5개가 넘어가면 규칙이 덜 엄격해져서 정당들이 분리된 차원에서 경쟁하기 때문에 상호작용을 덜 하게 된다.

5 이 장(특히 이 절)에서는 정치에 대한 공간적 인식을 전제로 한다. 그러므로 그 중심 개념(이를테면 이념 거리)은 제10장에서 자세하게 다룬다. 이 개념은 경쟁 체계를 논의하는 전 과정에서 암묵적으로 언급된다.

6 이런 개념들에 대한 분석으로는 다음을 보라. Erik Allardt, "Types of Protest and Alienation", in Rokkan & Allardt eds., *Mass Politics* op. cit.

7 이것은 태로의 해석이다. "사르토리는 이탈리아공산당이 체계의 외부에 있다고 결론 내렸다"(Sidney Tarrow, "Political Dualism and Italian Communism", *APSR*, March 1967, p. 40). 그의 다음 글도 보라. *Peasant Communism in Southern Italy*, op. cit. 특히 pp. 110-01. 태로는 이탈리아공산당은 "헌신하는 사람들의 정당이나 전투 정당"이 아니라는 논지에 근거하여 자신의 견해를 피력하고 있기 때문에, 내가 말하는 반체제 정당이라는 개념에는 그런 뜻이 전혀 담겨 있지 않다는 점도 분명히 하고자 한다. 두 가지 오해 모두 잘못된 것이다.

8 이를 위해 가장 신뢰할 수 있으면서도 가장 소홀히 다뤄지고 있는 지표는 일간 언론의 기사 내용 분석이다. 이 지표는 단순히 말로 하는 행동(verbal behaviour)이라는 이유로 무시되어서는 안 된다. 우선 이 지표는 (신뢰할 수 있고, 중요한 증거의 지위를 갖는) 인터뷰와 마찬가지로 언어로 이루어져 있다. 나아가 눈에 보이는 대중 정치는 (앞으로도 강조하겠지만) 말로 하는 행동에 달려 있다.

9 "정치에는 중간이 존재하지 않는다."라는 뒤베르제의 명제(*Les Partis Politiques*, cit., p. 245)는 문제의 다양한 측면들을 혼동하고 있으므로, 다음과 같이 뒤집어야 한다. "중간(중도) 지향적 '경향'은 항상 존재한다. 존재하지 않는 것이 있다면 그것은 중간 정당이다." 그러나 10장 4절을 보라.

10 나는 정치 체계가 이극화되어도 그것이 곧 양극화는 아니라고 주장하는 반면 뒤베르제는 양극화와 '이극화'를 동일시(또는 혼동)한다(다음을 보라. *Les Partis Politiques*, p. 279). 그런데 플래너건은 '양극화 지수'를 고안하였다(Almond, Flanagan & Robert J. Mundt eds., *Crisis. Choice and Change*, Little, Brown, 1973, pp. 86-89, 682-84). 그의 측정 방식은 나의 개념화보다 더 많은 요소를 포함하고 있지만, 경험적 검증이 필요하다. 그러나 우리 둘은 분명 동일한 문제를 바라보고 있다.

11 강조한 부분은, 내가 말하는 '탈중앙'의 원심적 경쟁은 선거 득표율로 측정할 수 있다는 점을 강조한 것이다. 이 지표의 적합성에 대해서는 다음 글을 보라. "Rivisitando il Pluralismo Polarizzato", in Fabio Luca Cavazza & Stephen R. Graubard eds., *Il Caso Italiano*, Garzanti, pp. 202-04, 210-11. 이 점에 대해서는 곧 논의할 것이다.

12 완전한 수치는 다음 절의 <표 9>(이탈리아)와 <표 10>(프랑스)에 나타나 있다.

13 4장 1절 및 제4장 각주 13 참조. 또한 나의 글도 보라. *Democratic Theory*, cit., Ch. 1l.

14 특히 그의 다음 글을 보라. "Kirchheimer, Germany: The Vanishing Opposition", in

Dahl, *Political Oppositions in Western Democracies*, cit.

15 이 점에 관해서는 무엇보다 다음을 보라. J. LaPalombara, "Decline of Ideology: A Dissent and Interpretation", *APSR*, March 1966, pp. 15-16.

16 이들의 이념적 성격에 대해 의문을 제기할 수는 있지만(4장 4절) 이념적 전술과 호소력에 대해서는 거의 의문을 제기할 수 없다.

17 나는 책임-무책임 차원이 양극화된 체계에서 야당의 주요 특징이라고 생각한다. 달은 이런 나의 견해를 풍부하게 뒷받침해 주고 있다. Dahl, *Political Oppositions in Western Democracies*, cit 결론. 다만 우리가 이념 거리가 좁은 나라에서 넓은 나라로 넘어갈수록 경쟁의 범위가 다양해지고 강도가 커진다는 점만 언급해 두고자 한다.

18 H. V. Wiseman, *Political Systems*, Praeger, 1966, p. 115. 와이즈맨은 다음 저작에서 끌어온다. Harry C. Bredemeier & R. M. Stephenson, *The Analysis of Social Systems*, Holt, 1962.

19 나는 이런 측면, 즉 조직 응축(organisational encapsulation)을 강조한 바 있다. LaPalombara & Weiner, *Political Parties and Political Development*, cit., pp. 144-47.

20 이탈리아공산당에 관한 논의와 연구는 무수히 많다. 다음 책에서는 최근의 이탈리아어 문헌을 개관해 놓았다. Arturo Colombo, "La Dinamica del Comunismo Italiano", in Luciano Cavalli ed., *Materiali sull'Italia in transformazione*, II Mulino, 1973. 그러나 특히 다음 저작을 보라. Giacomo Sani, "La Strategia del PCI e l'Elettorato Italiano", *RISP*, III, 1973; Juan Linz, "La Democrazia Italiana di fronte al Futuro", in *Il Caso Italiano*, op. cit.; 특별판 "Il Compromesso Storico", *Biblioteca della Libertà*, September 1974. 다음 글도 보라. Donald Blackmer. *Unity in Diversity: Italian Communism and the Communist World*, MIT Press, 1968; Arrigo Levi, *PCI : La Lunga Marcia Verso il Potere*, Etas Kompass, 1971. 소극적 통합 개념은 다음 저작에 따른 것이다. Guenther Roth, *The Social Democrats in Imperial Germany*, Bedminster Press, 1963.

21 야당들과 그들 견해의 엄청난 다양성에 대해서는 다음을 보라. Rodney Barker ed., *Studies in Opposition*, Macmillan St. Martin's Press, 1971. 내가 서술한 장에서는 '입헌적 반대를 내거는 야당' 개념을 소개하고 있다(pp. 33-36).

22 최고의 증거라고 말하는 이유는, 내가 지도자와의 인터뷰를 잘 믿지 않기 때문이다. 인터뷰 대상자는 인터뷰 실행자의 기대에 매우 민감할 뿐만 아니라 지도자들은 대중적 이미지와 정당 노선을 선전하기 위해 인터뷰를 활용한다. 이에 대해서는 각주 8에 나타나 있다.

23 다음 글에서 인용. Franco Cazzola, "Consenso e Opposizione nel Parlamento Italiano: Il Ruolo del PCI", *RISP*, I, 1972, p. 92. 이탈리아에서 대부분의 법률은 의회 상임위원회에서 직접 제정하며 그 절차는 폐쇄적이고 완전히 비공개적이라는 점을 강조해 두고자 한다. 법안이 본회의에 상정될 때 공산당은 법안 통과에 매우 비협조적이다.

24 다음을 보라. Alberto Predieri, "La Produzione Legislativa", in G. Sartori ed., *Il Parlamento Italiano 1948~1963*, Edizioni Scientifiche Italiane, 1963. 프리디에리는 이탈리아의 입법 과정과 결과에 대한 방대한 연구를 계속했다. Predieri, *Il Processo Legislativo nel Parlamellto Italiano* (Giuffre 1974~1975, in 5 vols.) 이를 통해 풍부한 증거를 도출할 수 있었다. 제2권의 주요 결론은 다음과 같다. "입법 활동은 …… 대개 돌봄과 관련된 부처의 역할에 대한 것(p. 110)이며, "사회생활과 관련된 주요 이슈에 대해서는 다수를 차지하고 있는 연립정부도 의회의 승인을 얻는 데 큰 어려움을 겪는다. …… 이런 유형의 법안 85건 가운데 겨우 7건만 제정되었다"(Franca Cantelli, Vittorio Mortara & Giovanna Movia, *Come Lavora il Parlamento*, p. 156). 이런 입법적 결과가 무엇을 의미하는지에 대한 평가는 다음을 참조. Giuseppe Di Palma, *Decision and Representation: Parliament Parties and Conflict Management in Italy*, 발간 예정, 특히. Chs. 2, 5. 디 팔마는 블롱델이 고안한 지수를 확장하여 영국에서는 법안의 '평균 중요도'가 3.2인 데 비해 이탈리아에서는 0.99라는 점을 발견했다(위의 책, Table 13).

25 이와 관련하여 테드 거와 뮤리얼 매클렐런드가 계산한 '불법성 점수'(illegitimacy scores)와 전반적 '불법성 규모'를 보라. Ted Robert Gurr & Muriel McClelland, *Political Pelformance: A Twelve-Nation Study*, Sage, 1971, p. 41. 여기서 이탈리아는 대략 1957~66년 시기에 비정당성 정서가 가장 높은 것으로 나타난다(pp. 30-48, 특히 Table 9, Table 10을 보라).

26 적어도 이탈리아에 관해서는 이런 결론이 부적절하다는 것이 퍼트넘의 연구에서 드러났다. Robert D. Putnam, *The Beliefs of Politicians : Ideology, Conflict, and Democracy in Britain and Italy*, Yale University Press, 1973. 그가 발견한 주요 내용은 다음과 같다. "이 조사에서 두 나라의 정치인들의 차이가 어떤 사실보다도 첨예하다는 것이 드러났다. 여러 '이념' 차원을 구성하는 거의 모든 요소들에서 …… 이탈리아가 영국보다 현저하게 높은 점수를 받았다. …… 어떤 척도로 보더라도 이탈리아 정치인들은 이념적 성향이 강하다"(p. 78).

27 G. Sani, "Mass Perceptions of Anti-System Parties: The Case of Italy", *British Journal of Political Science*, October 1975(발간 예정). 사니의 저작은 1968년과 1972년 두 차례에 걸친 설문 조사를 바탕으로, 엘리트가 정당성 상실에서 정당성 회복으로 재전환하는 데 방해가 되는 제약 요인을 강조한다("Mass Perceptions of Anti-System Parties: The Case of Italy", *British Journal of Political Science*, October 1975. 발간예정). 반체제 정당의 유권자들이 그들의 승리를 통해 '기대하는' 바가 무엇인지를 조사하면 이 점을 더욱 강조할 수 있다.

28 John C. McKinney, *Constructive Typology and Social Theory*, Appleton-Century-Crofts, 1966. 매키니의 저작은 여러 유형의 유형론을 매우 유용하게 분석하고 논의한다(John C. McKinney, *Constructive Typology and Social Theory*, Appleton-Century-Crofts, 1966). '추출형' 개념도 사실 그에게서 끌어온 것이다(특히 pp. 23-25).

29 논의를 단순화하기 위해 나는 적어도 전체주의 유형은 경험형이 아닌 극단형으로 이해되어 왔다고 가정한다. 이것이 사실과 부합하지 않는다는 것은, 전체주의에 대한

최근 논쟁을 보면 알 수 있다. 이 문제는 7장 2절에서 다룬다.

30 5장 3절 참조.

31 덴마크에 관해서는 다음을 보라. Alastair H. Thomas, *Parliamentary Parties in Denmark, 1945-1972*, Occasional Paper 13, Glasgow, University of Strathclyde, 1973; Erik Damgaard, "Stability and Change in the Danish Party System over Half a Century", *SPS*, IX, 1974; Mogen Pedersen, "Consensus and Conflict in the Danish Folketing 1945-1965", *SPS*, II, 1967; Damgaard, "The Parliamentary Basis of Danish Governments: The Patterns of Coalition Formation", *SPS*, IV, 1969. 이 연구 내용들은 모두 상당히 흥미롭다.

32 네덜란드에 관한 탁월한 연구로는 다음 책에 실린 레이파트의 논문을 보라. A. Lijphart in Richard Rose ed., *Electoral Behavior: A Comparative Handbook*, Free Press, 1974. 그러나 다음 책도 참조. Lijphart, *The Politics of Accommodation: Pluralism and Democracy in the Netherlands*, University of California Press, 1968. 그리고 아래 각주 34와 73에서 제시한 달더의 저술들도 보라.

33 1973년에 부상한 진보당을 제외하고 나는 4-5개 정당을 제시하는데, 이는 (전 시기에 걸쳐서가 아니라) 1960년대에 정의당이 두 차례 연립 정부에 참여했기 때문이다. 그러나 1920-71년 기간 동안 덴마크는 비록 전통적인 4대 정당의 총 득표율이 96.9%에서 81%로 떨어지긴 했어도 기본적으로 4당 체계였다(Damgaard, 위의 각주 31, *SPS*, 1974, pp. 104-107).

34 "전통적으로 5개 정당이 네덜란드 정치 체계를 지배해 왔다. 3개의 종교 정당과 …… 2개의 비종교 정당이 정권 획득을 위해 경합을 벌이거나 권력을 나눠가졌다"(H. Daalder & J. G. Rusk, "Perceptions of Party in the Dutch Parliament", in Samuel C. Patterson & John C. Wahlke eds., *Comparative Legislative Behavior*, Wiley, 1972, p. 147).

35 그러나 내 계산 규칙에 의하면, 1971-72년 네덜란드 의회는 6당 구도였다(여섯 번째 정당은 단명한 내각에 참여한 민주사회70당이다). 1973년에만 민주66당과 혁신정치당 (민주사회70당이 아니다.)이 연립 정부에 참여하여 7개 정당의 의회 구도가 형성되었다.

36 6장 3절, <표 21> 및 6장 5절 참조.

37 노르웨이에 관해서는 다음 저작에 실린 로칸의 글을 보라. Stein Rokkan, in Dahl, *Political Oppositions in Western Democracies*, cit. 다음 저작에 실린 헨리 발렌과 공저한 글도 보라. Rose, *Electoral Behavior*, cit. Valen & D. Katz, *Political Parties in Norway*, Tavistok, 1964. 다음 저작은 이론적 가치가 매우 큰 사례연구를 담고 있다. Harry Eckstein, *Division and Cohesion in Democracy: A Study of Norway*, Princeton University Press, 1966.

38 스위스에 대해서는 최근 협의 민주주의 테제로 가장 잘 분석되어 왔다(아래 6장 3절 및 각주 73, 82). 일반적 개관으로는 다음을 보라. *European Political Parties: A Handbook* ed. by Stanley Henig, Praeger, 1969, Ch. 9. 더 나은 내용은 다음 저작을 보라. Roger Girod, "Geography of the Swiss Party System", in Allardt & Littunen, *Cleavages, Ideologies and Party Systems*, op. cit., pp. 132-161; "Le Systeme des Partis en Suisse", *RFSP*, Décembre 1964. 다음

글도 보라. Jürg Steiner, "Typologiesierung des Schweizerishen Parteiensystems", *Schweizerischen Jahrbuch für Politische Wissenschaft*, 1969, pp. 21-40; E. Gruner, *Die Parteien in der Schweitz*, Francke, 1969. 유익한 일반적 개관을 제시하고 있는 것으로는 다음 저작을 보라. G. A. Codding, *The Federal Government of Switzerland*, Houghton Mifflin, 1961.

39 이 결과는 종교의 중요도를 측정한 것이 아니라는 데 유의하라. 종교를 믿는 사람은 대략 전체 인구의 20%에 달하며, 종교적 기억과 상징의 호소력은 이스라엘 사람의 절반 이상에게 여전히 강하게 남아 있다. 특히 아래 각주 43의 거트먼의 글을 참조하라.

40 전체 인구의 약 6분의 1(유대인이 300만 명인 데 비해 대략 50만 명)을 차지하는 아랍 인구를 무시하는 이유는 이들의 표가 분열되어 있기 때문이다. 따라서 (전체 아랍인 표의 약 절반을 차지하는) 이른바 합동아랍리스트는 지속적으로 마파이가 주도하는 연립을 지지해 왔다. 또 다른 주요 아랍 표의 블록은 공산당 명부에 표를 던지고 있다. 이와 관련해서는 다음을 보라. Jacob Landau, *The Arabs in Israel: A Political Study*, Oxford University Press, 1969. 그렇다고 미래 아랍인들의 중요성을 낮게 평가하는 것은 아니다. 현재 국경 안에서 아랍인의 인구 성장률이 유대인보다 높기 때문이다.

41 이 점은 10장 4절(및 각주 71)에서 논의할 공간 경쟁 모델에서 정확하게 제시된다.

42 다음을 보라. Dan Horowitz & Moshe Lissak, "Authority Without Sovereignty: The Case of the National Centre of the Jewish Community in Palestine", *GO*, Winter 1973.

43 이스라엘에 관해서는 다음을 보라. Benjamin Akzin, "The Role of Parties in Israeli Democracy", *JP*, November 1955; Amitai Etzioni, "Alternative Ways to Democracy: The Example of Israel", *PSQ*, June 1959; Emanuel E. Gutmann, "Some Observations on Politics and Parties in Israel", *India Quarterly*, Jan-March 1961; Scott D. Johnston "Major Party Politics in a Multiparty System", *Il Politico*, II, 1965; S. N. Eisenstadt, *Israeli Society*, Weidenfeld & Nicolson, 1967; Leonard J. Fein, *Politics in Israel*, Little Brown, 1967; Martin Seliger, "Positions and Dispositions in Israeli Politics", *GO*, Autumn 1968; S. Clement Leslie, *The Rift in Israel: Religious Authority and Secular Democracy*, Routledge & Kegan Paul, 1971; E. Gutmann, "Religion in Israeli Politics", in Jacob M. Landau ed., *Man State and Society in the Contemporary Middle East*, Praeger, 1972; Khayyam Z. Paltiel, "The Israeli Coalition System", *GO*, Autumn 1975. 나에게 조언을 해주고 내가 제시한 수치를 검토해 준 란다우 교수에게 감사의 뜻을 전한다.

44 바이마르공화국에 관한 고전으로는 다음 저작이 있다. Karl D. Bracher, *Die Aufloesung der Weimarer Republic*, 3rd ed., Ring Verlag, 1960; Erich Eyck, *Geschichte der Weimarer Republic*, 3rd ed., Erlenbach, 1962, 2 vols. 바이마르의 체계를 전체적인 시각에서 간명하게 분석한 것으로는 다음을 보라. Gerhard Loewemberg, "The Remaking of the German Party System", *Polity*, I, 1968. 지금은 다음 저작에 실려 있다. Derek Urwin in Rose ed., *Electoral Behavior*, cit., pp. 118-126. 다음 글도 보라. Charles E. Frye, "Parties and Pressure Groups in Weimar and Bonn", *WP*, IV, 1965. 선거 결과는 다음 글에 수록되어 있다. E. Faul ed., *Wahlen und Wähler in Westdeutschland*, Ring Verlag, 1960. Gurr &

McClelland, op. cit. (위의 각주 25). 독일(1923~32)은 전체 불법성 정도에서 19.3을 얻었는데, 이를 능가하는 나라는 유일하게 22.0을 얻은 스페인(1932~36)뿐이다(p. 40).

45 6장 1절 참조. 그 밖의 폭넓은 해석으로는 다음을 보라. Galli, *Il Bipartitismo Imperfetto*, op. cit., 및 *Il Diffcile Governo*, Il Mulino, 1972; Germino, Passigli, *The Government and Politics of Contemporary Italy*, op. cit.; P. A. Allum, *Italy, Republic Without Government?*, Weidenfeld & Nicolson, 1973; Cavazza & Graubard eds., *Il Caso Italiano*, op. cit. 곧 발간될 다음 저작도 보라. Di Palma, *Decision and Representation*, cit., 특히 Ch. 6.

46 결선투표제의 효과를 일반적으로 평가한 것으로는 다음을 보라. Fisichella, *Sviluppo Democratico e Sistemi Elettorali*, cit., pp. 195-221.

47 프랑스에 관한 문헌은 많지만 이론적 관점에서 만족스러운 것은 드물다. 그럼에도 불구하고 다음 저작들을 보라. N. Leites, *On the Game of Politics in France*, Stanford University Press, 1959; Jacques Fauvet, *La IV République*, Fayard, 1959; D. Pickles, *The Fourth French Republic*, 2nd ed., Methuen, 1958 및 *The Fifth French Republic*, 3rd ed., Methuen, 1965; M. Duverger, *La Cinquiéme République*, Presses Universitaires, 1968 (4th ed.) 및 *La VI République et le Régime Présidentiel*, Fayard, 1960; Roy C. Macridis, "France", in Macridis & R. E. Ward eds., *Modern Political Systems: Europe*, Prentice-Hall, 1963; Duncan MacRae, *Parliaments Parties and Society in France 1946-1958*, St. Martin's Press, 1967; P. M. Williams, *The French Parliament 1958-67*, Alien & Unwin, 1968; S. Ehrmann, *Politics in France*, Little Brown, 1969. 드골파에 관한 것으로는 다음을 보라. Jean Charlot, *L'U.N.R.*, Colin, 1967 및 *Le Phénomene Gaulliste*, Fayard, 1970. 내가 보기에 제4공화국에 관해서는 맥레이의 저작이 가장 유익하다. 최근 논문으로는 다음을 보라. Vincent Wright, "Presidentialism and the Parties in the French. V Republic", *GO*, Winter 1975.

48 1970년 대통령 선거에서 아옌데는 36.3%를 획득했고, 그 뒤를 이어 보수당 후보 알레산드리가 34.9%를 획득하여 불과 4만 표의 근소한 차로 2위를 했으며, (좌파 성향의 기독민주당 후보) 토믹은 28%를 얻어 3위에 그쳤다. 아옌데는 이미 3파전으로 치러진 1958년 선거에서 이미 승리에 매우 근접했었고, 프레이와 2파전으로 치러진 1964년 선거에서는 대통령으로 당선된 1970년 선거 당시보다 더 높은 득표율(38.6%)을 기록했다는 점에 유의하라. 헌법 관례상 의회가 대통령 선거에서 1위를 한 당선자를 거부하는 전례가 없었다.

49 1973년 8월 22일 의회가 아옌데 정부의 '비합법성'에 대한 성명을 의결했는데, 그 결과 군부 인사들이 내각에서 사임했으며, 9월 11일의 군부 쿠데타가 정당화되는 데 의심의 여지없이 도움이 되었음을 상기할 필요가 있다.

50 비정치적 조건들 가운데 내가 먼저 거론하고 싶은 것은, 쿠데타 이후 대부분의 해석가들이 강조하지 않고 있는 사실, 즉 1972년 말까지 인플레이션율이 160%를 넘어섰고, 쿠데타 이전에는 두 배로 올라 325%에 이르는 파국적인 수준에 달했다는 사실이다. 인플레이션은 많은 인과적 요인의 지표이고 그 결과이지만, 1972년에 칠레가 도달한 정도를 넘어서면, 그것을 하나의 독립변수로 다룰 수 있다.

51 한 예로 1971년에 맥도널드는 칠레를 '다당 지배 체계'로 분류하고 1969년 선거를 정당 체계의 '축소'(contraction)로 해석했으며, 자신의 책 한 장(章)에 "질서 있는 변화의 정치"(The Politics of Orderly Change)라는 이해할 수 없는 제목을 달았다(Ronald H. McDonald, *Party Systems and Elections in Latin America*, Markham, 1971, pp. 116 ff.). 칠레의 정당 체계 일반적인, 그리고 나의 간략한 설명의 배경에 대해서는 특히 다음을 보라. F. G. Gil, *The Political System of Chile*, Houghton Mifflin, 1966. 붕괴 이전에 대한 평가로는 다음 글을 보라. "Chilean's Chile", *GO*, Summer 1972. 이 논문은 칠레를 프랑스 및 이탈리아와도 비교하고 있다(pp. 389-408).

52 내가 알기로는 (1974년 말까지) 이 진술의 유일한 예외는 다음 저작에 실린 발렌수엘라(Arturo Valenzuela)의 탁월한 글이다. J. Linz & Alfred Stepan eds., *Breakdowns and Crises of Democratic Regimes*(발간 예정).

53 6장 1절 참조. 이에 대한 다른 고찰로는 다음을 보라. Erik Allardt, "Social Sources of Finnish Communism: Traditional and Emerging Radicalism", *International Journal Comparative Sociology*, March 1964. 좀 더 일반적인 측면에 대해서는 다음을 보라. John H. Hodgson, *Communism in Finland*, Princeton University Press, 1967.

54 일반적으로 다음을 보라. Jaakko Nousiainen, *The Finnish Political System*, Harvard University Press, 1971. 최근의 개관으로는 다음을 보라. Pertti Pesonen, "Party Support in a Fragmented System", in Rose ed., *Electoral Behavior*, cit.

55 "The Party System of Spain: Past and Future", in Seymour M Lipset & Stein Rokkan eds., *Party Systems and Voter Alignment*, Free Press, 1967, pp. 200-01.

56 정당 당세의 추세와 변동을 측정하는 기법을 개관한 것으로는 다음 논문이 있다. R. Rose & D. W. Urwin, "Persistence and Change in Western Party Systems Since 1945", *PS*, 197 pp. 287-319.

57 이 계수는 플로렌스 대학교에 있는 나의 친한 동료인 알베르토 마라디(Alberto Marradi)가 계산했다. 또한 도표 작성 과정에서도 그의 도움을 많이 받았다.

58 이탈리아(1946~72년)의 수치는 다음과 같다. 공산당 +1.32, 사회당 및 공화당 -0.84, 기독민주당 -0.34, 네오파시스트당 +1.1. 좀 더 상세한 내용은 다음을 보라. Sartori, "Rivisitando il Pluralismo Polarizzato", in Cavazza & Graubard, *Il Caso Italiano*, cit., 특히 pp. 203-09.

59 칠레에 관한 <그림 18>에서는 칠레의 정당정치가 중간의 공백 상태임을 감안하여 극좌, 중도 좌파, 중도 우파 세 당파로 구분했다. 프랑스에 삼분법을 적용할 수 없는 이유는 여러 가지가 있다.

60 6장 1절 참조.

61 1935~40년에 노동당 정부도 소수파 정부였다는 점에 유의해야 한다. 그럼에도 노르웨이에서 소수파 정부는 규칙보다는 예외에 가까웠다.

62 이와 관련해, 2석의 의석과 총 득표율의 2.4%를 차지한 정당을 유효 정당으로

간주해야 하는가라는 문제가 제기된다. 나는 1961년 의회는 분명 여기에 해당한다고 말하고 싶다. 그러나 사회인민당은 1962년 의회(야당들이 53.4%의 의석으로 다수를 차지했다.)에서 아무런 역할을 하지 못했으며, 1969년 의회에서는 의석을 갖지 못했다. 이런 이유로 나는 노르웨이가 장기간 5당 구도를 유지한 것으로 본다. 그러나 문제가 1973년 선거에서 다시 제기된다. 이런 사례에서 확인할 수 있듯이 통상적인 유효한 봉쇄 조항의 기준점은 큰 오해를 낳을 수 있다. 이탈리아 공화당에 대해서는 5장 2절을 보라.

63 노르웨이에 관한 문헌은 위 각주 37에 제시되어 있다.

64 스웨덴에 관해서는 다음을 보라. Nils Stjernquist, "Sweden: Stability or Deadlock?" in Dahl, *Political Oppositions in Western Democracies*, cit.; Bo Särlvik, "Political Stability and Change in the Swedish Electorate", *SPS*, I, 1966; M. D. Hancock, *Sweden: A Multiparty System in Transition?*, University of Denver Press, 1968.

65 1939-45년에 4당이 모두 참여해 구성한 거국 연립 정부를 추가할 수도 있지만, 이 연립 정부는 명백히 제2차 세계대전이라는 상황에서 어쩔 수 없이 이루어진 것이다.

66 단독 정당 정부의 유효성은 스웨덴 공산당 때문이라고 추론할 수 있다. 그리하여 위 각주 62의 논점에 다시 합류한다.

67 일당 우위 체계에 대한 분석은 6장 5절을 보라.

68 Nils Andrén, *Government and Politics in the Nordic Countries*, Almquist & Wiksell, 1964. 이 저작에 수록된 덴마크에 관한 <표 3>과 <표 4>, 노르웨이에 관한 <표 9>, 스웨덴에 관한 <표 11>, 핀란드에 관한 <부록 2>와 비교해 보라.

69 소수파 정부의 구성에 관해서는 다음을 보라. Hans Daalder, "Cabinets and Party Systems in Ten European Democracies", *AP*, July 1971, p. 288, Table 3. 이 표는 1918-69년 사이에 연구 대상인 250개 내각 가운데 74개 내각이 공식적인 의회 과반을 차지하지 못했음을 나타낸다. 이 수치는, 다양한 봉쇄 조항의 기준선, 상황, 이유를 다루고 있음에도 불구하고 다소 놀랍다. 바이마르공화국, 프랑스, 이탈리아, 네덜란드, 이스라엘, 핀란드, 스웨덴, 덴마크, 노르웨이의 다양한 연정(최소 과반수 미달 연정을 포함)의 성격에 대한 매우 유용하고 적절한 설명으로는 다음을 참조하라. de Swaan, *Coalition Theories and Cabinet Formations*, op. cit., pp. 160-283.

70 서독에 관한 많은 문헌 가운데 포괄적 관점에서 다룬 것으로는 다음을 보라. Arnold J. Heidenheimer, *The Government of Germany*, rev. ed., Crowell, 1966; Lewis Edinger, *Germany*, Little Brown, 1968. 좀 더 특수하게 다룬 최근의 것으로는 다음을 보라. Derek Urwin, "Germany" in Rose, *Electoral Behavior*, cit. 초기의 중요한 문헌으로는 다음을 보라. K. Deutsch in Macridis & Ward, *Modern Political Systems*, cit.; Kirchheimer in Dahl, *Political Oppositions in Western Democracies*, cit.

71 아마도 아이슬란드는 이런 특성에서 예외일 테지만 이는 매우 사소하고 특이한 예외다(6장 1절 참조). 어떤 나라도 변하지 않는다고 말할 수 없기 때문에, 아이슬란드가 정말 일탈 사례인지 아닌지는 시간이 지나 봐야 알 수 있을 것이다. 만일 일탈 사례라면

아이슬란드는 또 다른 유형에 속하게 된다. 노르웨이와 스웨덴에서 소규모 공산당의 유효성이 증대하고 있는 것은 세력이 충분하지 않은 일당 우위 체계를 유지하려는 시도에서 비롯된 것이다.

72 네덜란드는 두 진영으로 이루어진 대안적 연립 패턴을 따르지 않는데, 이는 종교 정당들, 특히 가톨릭정당(KVP)이 중간 위치에 있기 때문이다. 그런데 가톨릭정당의 쇠퇴로(<표 5>) 네덜란드는 두 진영이 경쟁하는 구도로 가고 있다.

73 용어와 관련해 레이파트는 '협의 민주주의'를, 게르하르트 렘브루흐는 협조 민주주의(Konkordanzdemokratie)를, 발 R. 로윈은 '분절된 다원주의'(segmented pluralism, 네덜란드어로 verzuiling)를 사용한다. 오스트리아 사례에는 '게토화'(ghettoisation), '구획화'(compartmentalisation)라는 용어가 적절하며 자주 사용된다. 이런 용어에 대해서는 다음 저술들을 참고했다. Hans Daalder, "The Netherlands: Opposition in a Segmented Society", in Dahl, *Political Oppositions in Western Democracies*, op. cit.; Lijphart, *The Politics of Accommodation*, op. cit. 및 그의 논문 "Typologies of Democratic Systems", *CPS*, cit.; Gerhard Lembruch, *Proporzdemokratie: Politische System und Politische Kultur in der Schweiz und in Oesterreich*, Mohr, 1967 및 그의 1967년 IPSA 논문, "A Noncompetitive Pattern of Conflict Management in Liberal Democracies: The Case of Switzerland, Austria, Lebanon"; Jürg Steiner, "Conflict Resolution and Democratic Stability in Subculturally Segmented Political Systems", *Res Publica*, IV, 1969; Val Lorwin, "Segmented Pluralism: Ideological Cleavages and Political Cohesion in the Smaller European Democracies", *CP*, January 1971; Hans Daalder, "On Building Consociational Nations: The Case of the Netherlands and Switzerland", *ISSJ*, III, 1971, pp. 355-70 및 "The Consociational Democracy Theme", *WP*, July 1974; Jürg Steiner, *Amicable Agreement Versus Majority Rule*, University of North Carolina Press, 1974. 다음 저작은 학술 토론 내용을 모아 놓은 것이다. Kenneth D. McRae ed., *Consociational Democracy: Political Accommodation in Segmented Societies*, McClelland and Stuart, 1974. 네덜란드 다음으로 '협의'의(consociational) 관점에서 가장 많이 조명된 나라가 오스트리아이다. 다음을 보라. G. Bingham Powell, *Social Fragmentation and Political Hostility*, Stanford University Press, 1970; Kurt Steiner, *Politics in Austria*, Little Brown, 1971; Rodney P. Stiefbold, "Segmented Pluralism and Consociational Democracy in Austria: Problems of Political Stability and Change", in Martin O. Heisler ed., *Politics in Europe*, McKay, 1974.

74 "Segmented Pluralism", *CP*, cit., p. 141. 내가 로윈의 글을 선택한 이유는 그의 탁월한 글이 가장 일반적인 논의를 대표하기 때문이다. (각주 73에 제시된) 또 다른 저술들은 대체로 한두 나라의 사례만 다루고 있다.

75 이는 사실 제2부에 실린, 사회 계급 및 균열에 관한 장에서 다루고 있는 문제다. 이 장 전체에서 나는 독립적 요인으로 비정치적 변수들을 의도적으로 제외했음을 분명히 밝혀 둔다. 이 변수들을 제외하고도 얼마나 설명이 가능한지를 확인하기 위해서이다.

76 6장 4절 참조.

77 *Structure and Process in Modern Societies*, Free Press, 1960, p. 263.

78 Di Palma, *Decision and Representation*, cit., Ch. 6. 네덜란드와 스위스에는 많은 정당들이 있지만 이념적으로 다양하지는 않다. 즉 이념 공간이 복잡하거나 극단화되어 있지 않다.

79 "Typologies of Democratic Systems", *CPS*, cit., p. 21. 자세한 내용은 그의 다음 저작을 보라. *Politics of Accommodation*, op. cit.

80 협의체주의 엘리트들에게는 다음과 같은 역량이 요구된다. ① 분열된 체계에 내재하는 위험을 인지하는 능력, ② 체계의 유지에 대한 헌신, ③ 엘리트 수준에서 문화적 균열을 초월하는 능력, ④ 하위문화의 요구를 적절하게 해결하는 능력("Typologies of Democratic Systems," cit., pp. 22-23). 실제로 이것은 현재의 추세를 거스르는 것이다. 한편, 특히 다음 글에 실린 달더의 비평을 참고하라. "The Consociational Democracy Theme", cit.

81 벨기에에 관해서는 다음 저작들에 실린 로윈의 글을 보라. Dahl, *Political Oppositions in Western Democracies*, op. cit.; D. W. Urwin, "Social Cleavages and Political Parties in Belgium: Problems of Institutionalization", *PS*, September 1970. 다음 글도 보라. Keith Hill, "Belgium: Political Change in a Segmented Society", in Rose, *Electoral Behaviour*, op. cit. 다음 저작에서는 정당 체계가 '갈등 해소' 역할을 수행한다는 점을 올바르게 강조하고 있다. J. Meynaud, J. Ladriere & F. Perin, *La Decision Politique en Belgique*, Colin, 1965.

82 이것은 "전통적인 협의체주의 체계가 …… 사회적 균열의 위계가 상당히 급격히 변화하는 것의 영향으로 붕괴되는 과정에 있다."라는 지적과 모순되지 않는다(James A. Dunn, Jr., "Consociational Democracy and Language Conflict : A Comparison of the Belgian and Swiss Experiences", *CPS*, April 1972, p. 27). 제임스 던이 지적하듯이, 협의체주의 정치는 균열의 위계가 ① 종교적, ② 경제적, ③ 언어적 균열일 때 가장 잘 작동한다. 균열 개념을 조심스럽게 접근하고 있는 것으로는 다음을 보라. Eric A. Nordlinger, *Conflict Regulation in Divided Societies*, Occasional Paper No. 29, Centre for International Affairs, Harvard University, 1972 및 레이파트가 다음 저작 마지막에 추가한 장. *Politics of Accommodation*, 2nd ed., 1975, op. cit.

83 *A Cross Polity Survey*, MIT Press, 1963.

84 10년에 걸친(1948~58년) 격렬한 갈등 끝에 국민투표로 비준된 시체스(Sitges) 협정으로 자유당과 보수당이 번갈아 대통령직을 맡는 체계를 수립하고(1974년까지) 선거 결과에 관계없이 양원(兩院)이 동수의 의석을 갖기로 했다. 콜롬비아의 해결 방식은 현직 의원도 선거에서 싸울 것을 요구하지만, 이는 다른 모든 점에서 인간 상상력의 풍부함을 입증할 따름이다.

85 *Political Oppositions in Western Democracies*, op. cit., p. 333. 파나마는 늘 쿠데타에 노출되어 있다. 우루과이(각주 127 참고)와 필리핀(1969년 선거에서 111명의 의석 중 민족주의당이 90석, 자유당이 15석을 차지했다.)은 일당 우위 체계의 특성을 지니고 있고 과거에도 그러했다. 이 두 나라가 일당 우위 체계에 포함되는데 인도를 "일당 지배라는 이유로" 제외한 것은 흥미롭다.

86 *Introduction to Comparative Government*, op. cit., pp. 165-67.

87 이에 대해 최근 '불명확한 양당 체계'(미국)와 '명확한 양당 체계'(영국)를 구분하자는 제안이 제시되고 있다. 다음을 보라. Jupp, *Political Parties*, op. cit., pp. 8-13. 한편, 번스에 따르면, "전국 수준에서 보면 미국 정체는 사실상 4당제이다"(James MacGregor Burns, *The Deadlock of Democracy*, Prentice-Hall, 1967, p. 257 및 곳곳).

88 이는 미국식 대통령제가 아닌 의회중심제에 해당한다. 미국식 대통령제에 대해서는 논거를 수정하고 조정할 필요가 있다. 그래서 '단독 집권' 즉 일당 정부는 '대통령제 정부'(presidential government)로 바꿔 쓰는데, 여기서는 양당이 의회에서 번갈아 절대 다수 의석을 차지한다(절대 다수 의석을 차지한 정당이 반드시 대통령 소속 정당인 것은 아니다). '반드시 그렇지는 않다'는 것은 말 그대로 사실상 연립 정부가 나타나지 않는다는 것을 의미한다.

89 예컨대 영국에서는 1935년 이후 하원 선거에서 승리한 어느 정당도 50%를 획득한 적이 없다. 더욱이 1951년 선거에서 노동당은 보수당보다 0.8%를 더 얻어 선거에서 승리했지만, 보수당은 안정적 다수 의석을 차지했다(321석 대 295석). 한편, 1964년 선거에서 노동당은 득표율이 0.3%밖에 오르지 못했지만 의석수는 258석에서 317석으로 증가했다.

90 특히 다음을 보라. Charles Sellers, "The Equilibrium Cycle in Two-Party Politics", *Public Opinion Quarterly*, Spring 1965. 이 글은 주기를 1789년으로까지 거슬러 올라가 재구성하고 있다. 1876년에서 1968년까지의 대선 및 총선 결과에 대해서는 다음을 보라. Waiter D. Burnham, in Rose, *Electoral Behavior*, cit., pp. 676-77, Table 7 (그러나 다음도 보라. Table 4: "Typology of American Presidential Elections 1844-1968"). 미국의 투표 행태 분석에 대해서는 제10장에서 논의한다. 미국의 정당 체계 일반을 훌륭하게 논의하고 있는 것으로는 다음을 보라. Robert A. Goldwin ed., *Political Parties*, USA, Rand McNall 1961. 다음 글도 보라. William N. Chambers & W. D. Burnham eds., *The American Party System*, Oxford University Press, 1967. 정당 체계 개혁에 관한 논의로는 다음을 보라. Evron M. Kirkpatrick, "Toward a More Responsible Two-Party System: Political Science, Policy Science or Pseudo-Science", *APSR*, December 1971. 양당 체계의 일반적 특성과 관련하여 미국의 정당들이 가진 뼈만 앙상한 구조적 특징, 이런저런 세력들의 연합으로서의 특징, 중앙 집권적이기보다 분산적인 특징(2부에서 논의된다.)은 내 논점에 영향을 미치지 않는다.

91 오스트레일리아의 1974년 선거에서 노동당은 연방의회 하원에서 66 대 61을 얻어 다시 한 번 승리했지만, 1975년의 조기 선거에서는 패배했다. 따라서 현재는 정권 교체 기록이 개선되었다.

92 흥미롭게도 벨기에 자유당과 오스트레일리아 농촌당은 모두 16% 대 득표율을 기록하고 있다. 따라서 제3당의 상대적 규모라는 측면에서도 비교해 볼 수 있다.

93 6장 3절 및 특히 벨기에에 관한 <표 24> 참조.

94 오스트레일리아에 관해서는 다음을 보라. L. C. Webb, "The Australian Party System", in *The Australian Political Party System*, Angus and Robertson, 1954; J. D. B. Miller, *Australian Government and Politics*, Duckworth, 1964; James Jupp, *Australian Party Politics*, Melbourne University Press, 1968; H. Mayer & H. Nelson eds., *Australian Politics*, Cheshire, 1973.

95 이런 단서에 따라 1948년부터 1957년까지 아일랜드는 오스트레일리아와 동일 선상에 놓고 볼 수 없다. 그러므로 아일랜드는 결코 양당 체계를 이룬 적이 없다. 이 10년 동안 더블린 정부는 집권당인 공화당(Fianna Fáil)과 '정당 간 연립 정부'로 번갈아 집권했다(이 연립 정부는 1957년에 무너졌다). 아일랜드의 경험은 단순한 동맹만으로는 양당 체계를 확립하는 데 충분하지 않다는 점을 보여 준다. 아일랜드에 관해서는 6장 5절을 보라.

96 Mildred A. Schwartz, "Canadian Voting Behavior", in Rose, *Electoral Behavior*, cit., p. 552. 이와 관련하여 캐나다도 민족-언어 갈등을 겪고 있으며, 퀘벡이 사회신용당 지지 기반의 하나임을 상기하라. 그러나 각주 121을 보라.

97 1921년부터 1974년까지 총 17차례 의회에서 8번이 그러했다. 그리고 1957년 이래 캐나다 집권 정당은 1957년, 1962년, 1963년, 1965년, 1972년에 과반 획득에 실패했다.

98 캐나다에 관한 문헌은 아주 많다. 특히 다음을 보라. Leon D. Epstein, "A Comparative Study of Canadian Parties", *APSR*, March 1964; G. A. Kelly, "Biculturalism and Party Systems in Belgium and Canada", *Public Policy*, 1967; Hugh G. Thorburn ed., *Party Politics in Canada*, Prentice-Hall of Canada, 1967, 곳곳(및 특히 Meisel, "Recent Changes in Canadian Parties". 이 글은 캐나다의 정당 체계가 다당 체계로 나아가고 있음을 간파하고 있다); Howard A. Scarrow, "Patterns of Voter Turnout in Canada", in John C. Courtney ed., *Voting in Canada*, Prentice-Hall of Canada, 1967; Maurice Pinard, "One-Party Dominance and Third Parties", *Canadian Journal of Economics and Political Science*, August 1967(다음 글과 논쟁함. Grahan White, "The Pinard Theory Reconsidered", *CJPS*, September 1973); John Meisel, *Working Papers on Canadian Politics*, 증보판, McGill-Queens University Press, 1973; *Cleavages, Parties and Values in Canada*, Sage, 1974; M. A. Schwartz(위 각주 96).

99 사실 자유당은 이미 1945년에 12석을 얻었고 1966년에 다시 12석을 얻은 바 있다. 그러나 전후에 자유당이 집권당(노동당)으로 하여금 과반 의석을 얻지 못하게 한 것은 1974년의 단명한 의회 단 한 차례뿐이었다(노동당은 301석을 얻었지만 과반에는 15석이 모자랐다). 전에 노동당이 소수파 정부를 이룬 것은 1924년과 1929~31년으로 거슬러 올라간다.

100 영국에 관한 문헌은 아무리 엄선하더라도 방대한 양이 될 것이다. 최근 저술만 간단히 소개하면 다음과 같다. Richard Rose, in *Electoral Behavior*, op. cit.; David Butler, Donald Stokes, *Political Change in Britain*, Macmillan, 1969. 자료에 관한 것으로는 다음을 보라. F. W. S. Craig, *British Parliamentary Election Results 1918~1949*(1969); *British Parliamentary Election Statistics 1918~1970*(1971), Political Reference Publications. 초기 저작 가운데서는 특히 다음을 보라. Robert T. McKenzie, *British Political Parties*, Heinemann, 1955; Samuel H. Beer, *Modern British Politics: A Study of Parties and Pressure*

Groups, Faber & Faber, 1965.

101 이런 주장과 관련해서 보면, 뉴질랜드는 예외라 할 수 있다. 뉴질랜드에서는 제3당인 사회신용당이 1954년 이래로 선거에 참여해 경쟁을 벌여 왔다. 그런데 유일하게 거둔 성공은 1966년 선거에서 얻는 1석이었다(14.5%를 득표했지만 이후 감소했다). 이것은 양당 체계 나라의 모든 제3정당 가운데 가장 초라한 성적이다.

102 오스트리아에 관해서는 다음의 저작을 보라. G. Bingham Powell & K. Steiner(각주 73 참조). 오스트리아의 비례대표제는 20년에 걸친 사회당과 가톨릭당 간 집권 동맹의 접착제이자 결과물이었다. 이를 잘 보여 주는 것으로는 다음 저작을 보라. F. C. Engelmann, "Austria: The Pooling of Opposition", in Dahl, *Political Oppositions in Western Democracies*, op. cit. 오스트리아 비례대표제는 사실상 이권 분할을 위해 고안된 제도이므로, 오스트리아에 협의 민주주의 개념을 붙여 줄 지격이 있는지는 의심스럽다. 어쨌든 오스트리아의 두 정당이 각각 과반에 미치지 못한다는 점이 중요하다. 따라서 두 정당이 과반에 미달한 단독 집권보다 95% 압도적 다수의 공동 집권(1966년까지)을 택한 것은 놀랄 일이 아니다.

103 이것은 사실 스칼라피노와 마스미의 견해이다(Scalapino & Masumi, *Parties and Politics in Japan*, op. cit., pp. 79-81). 이들은 일본을 양당 체계로도 다당 체계로도 분류할 수 있음을 인정한다. 반면에 나는 일본을 일당 우위 체계에 속하는 것으로 본다(아래 6장 5절).

104 내 견해로는 독일은 2+½정당 체계 중에서 첫 번째 사례이다(예컨대 C. J. Friedrich, *Constitutional Government and Democracy*, Ginn, 1950 ed., p. 414). 블롱델은 벨기에, 캐나다, 에이레[구 아일랜드]도 이 범주에 속한다고 지적한다(Blondel, *An Introduction to Comparative Government*, op. cit., pp. 157-58).

105 Michael Leiserson, Jr., 제4장 각주 20은 일본을 일당제로 간주한다.

106 Aitkin & Kahan in Rose, *Electoral Behavior*, cit., p. 444. 다음 저작에서도 오스트레일리아는 "양당 체계, 2+½+½정당 체계, 4당 체계로 분류할 수 있다."고 주장한다. Jupp, *Political Parties*, op. cit. p. 6.

107 Rose, *Electoral Behavior*, cit., p. 487.

108 7장 1절 참조.

109 이와 관련해 로빈크는 "캐나다 정치는 지나치게 경쟁적인가"라는 문제를 제기한다(J. A. A. Lovink, "Is Canadian Politics Too Competitive?", *CJPS*, September 1973). 그리고 미국과 영국은 경쟁성이 (의석수로 측정할 경우) 너무 낮다고 지적한다.

110 다음을 보라. Rose, *Electoral Behavior*, cit., p. 484, Table.

111 이것은 다음 글에서 잘 설명되어 있다. Dahl, "The American Oppositions", in *Political Oppositions in Western Democracies*, op. cit.

112 선거인 등록을 어렵게 하는 문제에 관해서는 다음을 보라. Stanley Kelley et al.,

"Registration and Voting: Putting First Things First", *APSR*, June 1967. 4천~6천만 명의 투표 불참자에 대해서는 다음을 보라. Walter Dean Burnham, "A Political Scientist and the Voting-Rights Litigation", *Washington University Law Quarterly*, 1971, pp. 335-58.

113 유형론적 분석의 범위를 넘어서는 양당 체계의 여타 측면에 대해서는 다음을 보라. Lipson, *The Democratic Civilization*, op. cit., Ch. 11; Epstein, *Political Parties in Western Democracies*, op. cit., Ch.3 및 곳곳. 다음 저작도 보라. V. O. Key, *Politics, Parties and Pressure Groups*, Crowell, 1958 ed., pp. 225-31. 뒤베르제보다 먼저 양당 체계를 소선거구제와 관련하여 설명한 것으로는 다음을 보라. Schattschneider, *Party Government*, op. cit. 다운스 모델에 대해서는 제10장에서 분석할 것이다.

114 Maurice Duverger, "La Sociologie des Partis Politiques", in G. Gurvitch ed., *Tr'aité de Sociologie*, Presses Universitaires, 1960, vol. 11, p.44; Almond, in Almond & Coleman eds.. *The Politics of the Developing Areas*, op. cit., pp. 40-42.

115 Almond & Coleman eds., ibid., p. 480. 콜먼은 같은 책에서 인도, 튀르키예, 멕시코, 그리고 알제리, 니아살랜드(구 말라위), 가나, 튀니지, 말레이반도, 말리에서도 '지배 정당'을 발견했다.

116 블롱델은 블랙스텐의 '비(非)독재 지배 정당' 범주에 '다당 지배'(multiparty dominant) 범주를 추가한다. 덴마크, 스웨덴, 노르웨이, 이탈리아, 아이슬란드 외에 칠레, 이스라엘, 인도, 베네수엘라, 콜롬비아가 이에 해당된다. B1ondel, *Introduction to Comparative Politics*, cit., pp. 157, 116. 최근의 '중추 정당'(pivotal party)이라는 표현도 혼란을 가중시키고 있다. 이 표현은 훨씬 모호하다(다음 논문에서 확인되고 있다). Dominique Remy, "The Pivotal Party: Definition and Measurement", *EJPR*, III, 1975).

117 다른 기준도 포함될 수 있는데, 예컨대 뒤베르제는 (제3공화국과 제4공화국에서) 프랑스 혁신당을, 위치 값을 고려하여 '지배 정당'으로 간주한다. 하지만 그는 그 개념을 충분히 깨닫지는 못했다. 그는 자신의 저작에서 지배 정당 개념을 다시 끄집어내면서도 "이 개념은 …… 유동적이며 …… 실제로는 두 극 사이에서 …… 진동한다."라고 지적한다(*Introduction à la Politique*, Gallimard, 1964).

118 이 목록은 아프리카 지역과 동남아시아를 포함해 확장할 수 있다. 그렇게 하지 않는 이유는 제8장에서 논의한다.

119 간접적이지만, 선거 결과의 신뢰도를 검토하는 가장 훌륭한 자료는 『프리덤 앳 이슈』(*Freedom at Issue*) 지의 '프리덤 하우스'(Freedom House) 란에 실린 주기적 순위다. 좀 더 최근 자료는 1974년 153개국을 대상으로 조사한 것이다("Comparative Survey of Freedom IV", n. 26, July-August 1974). 다양한 평가 기준에 대한 분석은 다음을 보라. Leonardo Morlino, "Misure di Democrazia e di Liberta", *RISP*, I, 1975.

120 노르웨이, 스웨덴, 덴마크의 전체 선거 결과는 6장 2절에 제시해 놓았기 때문에 이들 나라를 평균화할 때의 장단점을 직접 확인할 수 있을 것이다. 튀르키예에 대해서는 9장 1절과 <표 32>를 보라.

121 4장 3절 참조. 이에 비견할 만한 사례가 1935년(1921년부터 우위를 지켜 온 이전의 농민연합United Farmers을 제친 해)부터 1971년까지 캐나다 앨버타에서 36년 동안 확고하게 우위를 지켜 온 사회신용당이다. 이를 두고 C.B. 맥퍼슨은 자신의 저작(C. B. Macpherson, *Democracy in Alberta*; op. cit.)에 "유사 정당 체계의 이론과 실제"(The Theory and Practice of a Quasi-Party System)라는 부제를 붙였다. 확실히 이는 미국식 명칭에 비해 개선된 것이다.

122 이에 해당하는 사례가 특히 인도이다. 인도의 선거는 (유권자의 규모와 특성을 고려하면 당연하게도) 규칙성을 가진 모델은 아니다. 그럼에도 불구하고 국민회의(Congress party)가 경쟁 정당들에 비해 선거 결과에서 압도적 우위를 보이는 것을 보면 대체로 유권자의 의사를 반영하는 것으로 볼 수 있다. 1975년 이후에도 이런 현상이 계속 유지될지는 확신할 수 없다.

123 이런 약점에 대한 최근의 사례에 대해서는 다음을 보라. McDonald, *Party Systems and Elections in Latin America*, op. cit.. 맥도널드는 "정의상 단독 정당 지배 체계는 한 정당이 최소한 60%의 의석을 통제하는 체계"라고 간단하게 표현한다(p. 220). 따라서 멕시코(내가 이해하는 바로는 멕시코는 패권 정당제다.)는 엘살바도르나 니카라과(실제로는 중간에 잠깐 있다가 사라진 정당 체계)와 같아진다. 반면, 우루과이(최장 기간 일당 우위 체계를 유지한 사례)는 양당 체계인 콜롬비아와 같아진다(각주 84). 동일한 기준을 적용하면 일본, 노르웨이, 스웨덴, 아일랜드는 제외된다.

124 제한적인 사례가 덴마크이다. 덴마크는 1973년에 선거 혁명이 교착상태에 빠지자(<표 6>) 1974년 1월에 자유당이 총 179석 중 22석만 가지고 단독으로 집권했다.

125 이 점에 대해서는 노르웨이와 스웨덴을 언급하면서 6장 2절에서 논의한 바 있다.

126 '의심의 여지없이'라는 수식어는 달더의 연구 결과와 관련이 있으며(위 각주 69), 소수파 정부가 단순히 관리내각에 불과한 경우를 배제하기 위한 것이다.

127 우루과이는 미심쩍은 사례이다. 콜로라도당이 (거의 한 세기 동안) 블랑코당에 대해 우위를 지킨 것 때문이 아니라 우루과이가 양당 체계를 위장한 하위 정당들(sub-lemas)로 이루어진 여러 정파들의 연합체가 아닌가 하는 의문이 들기 때문이다. 문제는 우루과이의 정파들(lemas)이 유의미한 단위인가 하는 것이다. 1973년 이후 현재 우루과이는 군부가 간접 통치하는 민군 이원 정체이다. 튀르키예에 대해서는 9장 1절을 보라.

128 아일랜드에 관해서는 다음을 보라. Basil Chubb, *The Government and Politics of Ireland*, Stanford University Press, 1970; J. F. S. Ross, "Ireland", in S. Rokkan & J. Meyriat eds., *International Guide to Electoral Statistics*, Mouton, 1969; J. H. Whyte, "Ireland: Politics Without Social Bases", in Rose, *Electoral Behavior*, cit. 각주 95도 보라. 1973년 선거에서 통일아일랜드당(Fine Gael)과 노동당이 연립하여 과반을 획득함으로써 16년간 집권한 아일랜드공화당을 밀어내고 연립 정부를 형성했다.

129 양당 체계를 일당 우위와 연결하는 또 다른 방법은, 양당 체계하의 각 정당을,

각자의 안전한 지역 선거구에서 '우위'를 지키고 있는 정당들이 전국 수준에서 연합한 것으로 볼 수 있다는 데 주목하는 것이다. 달리 말하면, 일당 우위 유형은 (선거구 수준에서) 단순다수득표 소선거구제에서 흔히 나타나는 결과이다.

130 인도 국민회의에 대해서는 특히 다음을 보라. Myron Weiner, *Party Building in a New Nation: The Indian National Congress*, University of Chicago Press, 1967; Rajni Kothari, *Politics in India*, Little Brown, 1970. 일반적으로는 다음을 보라. W. H. Morris-Jones, *Government and Politics in India*, Hutchinson University Library, 1964.

131 이런 위치 선정은 지로드(R. Girod)가 말하는 '결속' 정당(solidarity party) 같은 제한적인 사례에서도 정당화된다(Allardt & Littunen, *Cleavages, Ideologies an Party Systems*, op. cit., pp. 137-138). 지로드는 이 개념을 스위스의 칸톤(canton, 주)에 적용했지만, (4장 3절에서 지적했듯이) 공화당이 선거에 출마조차 하지 않는 남부 주에도 적용될 수 있다. 결속 정당제은 야당의 경쟁력이 낮은 수준인 상황을 말한다.

132 라즈니 코트하리가 적절하게 제시하듯이, 간격이 아주 넓을 때 군소 정당은 '압력 정당'으로 간주될 수 있다(Rajini Kothari, "The Congress System in India", *Asian Survey*, December 1964), 이와 관련한 내용이 현재는 다음 저작에 실려 있다. Kothari et al., *Party System and Election Studies*, Allied Publishers, 1967.

133 노르웨이와 스웨덴에 관해서는 <표 21>, <표 22>, 아일랜드에 관해서는 각주 128을 보라.

134 일본 자민당은 1955년 중의원 의석의 63.6%를 얻으면서 출발했다. 의석수가 1969년에는 59.3%, 1972년에는 55.2%로 줄어들었다. 이런 추세는 1974년 참의원 선거에서 확인되었다. 이때 자민당은 딱 절반 의석(252석 중 126석)을 얻었고, 무소속으로 당선된 7명을 영입해 과반을 유지했다. 일본에 대한 개괄로는 다음을 보라. Scalapino & Masumi, *Parties and Politics in Contemporary Japan*, cit.,; F. C. Langdon, *Politics in Japan*, Little Brown, 1967; Robert E. Ward, *Japan's Political System*, Prentice-Hall, 1967; *Political Developmenlt in Modern Japan*, Princeton University Press, 1968. 위의 제4장 각주 50도 보라.

135 파키스탄(옛 서파키스탄)은 대통령이 군부 출신임에도 불구하고 준-민간 체제로 분류된다.

136 북아일랜드에 관해서는 다음을 보라. Rose, *Governing Without Consensus*, op. cit.

7장 비경쟁 체계

1 2장 3절 참조.

2 6장 1절 참조.

3 오늘날 경쟁성의 정도를 측정하는 방식은 무수히 많다. 특히 미국의 경우에 대한 것이 다양하고 많다. 다음을 보라. David G. Pfeiffer, "The Measurement of Inter-Party Competition and Systemic Stability", *APSR*, June 1967; R. E. Zody & N. R. Luttbeg, "Evaluation of Various Measures of State Party Competition", *WPQ*, December 1968; A. John Berrigan, "Interparty Electoral Competition, Stability and Change", *CPS*, July 1972; David J. Elkins, "The Measurement of Party Competition", *APSR* June 1974. 각주 5를 보라.

4 A. Przeworski & J. Sprague, "Concepts in Search of Explicit Formulation: A Study in Measurement", *MIPS*, May 1971, pp. 199-212. pp. 208, 210에서 인용.

5 다음을 보라. D. Loekard, *New England State Politics*, Princeton University Press, 1959; Dye, *Politics, Economics and the Public: Policy Outcomes in American States*, cit.; Richard E. Dawson, "Social Development, Party Competition and Policy", in Chambers & Burnham, *The American Party Systems*, cit.; Charles F, Cnudde & Donald J. McCrone, "Party Competition and Welfare Policies in the American States", *APSR*, September 1969, pp. 858-66; Ira Sharkanski & Richard I. Hofferbert, "Dimensions of State Polities, Economics and Public Policy'" ibid., pp. 867-78.

6 Brian Barry, *Sociologists, Economists and Democracy*, Collier-Macmillan, 1970, p. 152.

7 *Exit, Voice and Loyalty*, op, cit. 3장 1절을 보라.

8 내가 아는 바에 의하면, '일당제'(unipartism)라는 단어는 다음 저작에서 기원한다. James Coleman & Carl Rosberg eds., *Political Parties and National Integration in Tropical Africa*, op. cit. 여기서는 '단일 정당'(single party)과 '단일 정당제'(monopartism)가 동의어로 사용되고 있다.

9 이 점에 대해서는 제2장에서 상세하게 논의한 바 있다.

10 이 목록은 다음에서 인용한 것이다. Charles L. Taylor, Michael C, Hudson eds., *World Handbook of Political and Social Indicators*, rev. ed., Yale University Press, 1972, pp. 49-50. 이 목록은 의회 내 분열이 전혀 일어나지 않은 나라들에 대해 언급하고 있다.

11 전체주의 독재와 권위주의 독재의 구별에 대해서는 다음 저작에서 잘 요약되어 있다. Ferdinand A. Hermens, *The Representative Republic*, University of Notre Dame Press, 1958, pp. 134-41. 프란츠 노이만은 이를 세 가지로 구분한다. ① 단순 독재(권위주의 유형에 해당), ② 제왕적 독재(카리스마적 지도자와 대중의 지지), ③ 전체주의 독재(Franz Neumann, "Notes on the Theory of Dictatorship", *The Authoritarian and the Democratic State*, Free Press, 1957, 특히 pp. 233-47). 독재에 관한 문헌을 분석적으로 논의한 것으로는 다음을 보라. G. Sartori, "Appunti per una Teoria Generale dell a Dittatura", in Klaus von Beyme ed., *Theory and Politics: Festschrift für C. J. Friedrich*, Nijhoff, 1971, pp. 456-85. 그러나 특히 각주 13에 실린 린츠의 최근 논문을 보라.

12 특히 다음을 보라. Carl J. Friedrich & Z. K. Brzezinski, *Totalitarian Dictatorship and Autocracy*, Harvard University Press, 1956 (rev. ed., 1965); C. J. Friedrich ed.,

Totalitarianism, Harvard University Press, 1954; Leonard Schapiro, "The Concept of Totalitarianism" *Survey*, Autumn 1969, pp, 93-95; *Totalitarianism*, Pall Mall, 1972. 최근 들어 전체주의 개념이 도전을 받고 있다. 다음에 실린 논의를 보라. C. J. Friedrich, Michael Curtis & B. R. Barber, *Totalitarianism in Perspective : Three Views*, Praeger, 1969. 소련 지역에 각별한 관심을 두고 연구하여 그 개념을 수정한 것으로는 다음을 보라. Frederieh J. Fleron, Jr., "Toward a Reconceptualization of Political Change in the Soviet Union", *CP*, January 1969, pp. 228-44. 다음의 개요를 보라. Ghita Ionescu, *Comparative Communist Politics*, Macmillan, 1972.

13 권위주의를 전체주의와 대비하여 세밀하고 철저하게 분석한 것으로는 스페인에 관한 린츠의 논문이 있다. 특히 다음을 보라. "An Authoritarian Regime: Spain", in Allardt & Rokkan eds., *Mass Politics*, op. cit., pp. 251-75; "Opposition in and Under an Authoritarian Regime: Spain", in R. A. Dahl ed., *Regimes and Oppositions*, Yale University Press, 1973, pp. 171-259. 린츠는 포괄적이고 이론적인 비교 연구를 출간했다. "Totalitarian and Authoritarian Regimes", in F. I. Greenstein & Nelson W. Polsby eds., *The Handbook of Political Science*, Addison-Wesley, 1975.

14 Huntington, in Huntington & Moore eds., *Authoritarian Politics in Modern Society*, op. cit., p. 15.

15 *Political Parties and Political Development*, op. cit., 특히 38-40.

16 2장 3절 및 1장 2절 참조.

17 4장 2절 참조.

18 5장 3절 참조.

19 *The Politics of the Developing Areas*, op, cit., pp. 43-44.

20 특히 다음을 보라. Neil A. McDonald, *The Study of Political Parties*, Random House, 1955, pp. 31-32.

21 무어가 지적하듯이, "기존의 모든 단일 정당은 체제와 통치자에게 정당성을 부여하기 위해 가치를 주입할 필요가 있다. 그러나 그런 정당들의 이념은 각양각색이다"(C. H. Moore, *Authoritarian Politics in Modern Society*, op. cit., p. 57). 그렇지만 나로서는 무어가 일당제의 이념을 네 가지로 유형화한 것을 이해할 수 없다(ibid.). 예를 들어 나는 파시즘 이탈리아와 카스트로의 쿠바는 비록 '의사 표출 기능'의 측면에서이긴 하지만, '전체주의적'이고 '천년왕국'을 제시하는 방식으로 '총체적 변형'을 추구한다는 점에서 동일한 범주에 놓는다.

22 정당의 의사 전달 기능에 대해서는 2장 1절에서 논의했다.

23 Dahl, *Regimes and Oppositions*, op, cit., p. 253.

24 라이베리아에 관해서는 다음을 보라. J. Gus Liebenow, in Coleman & Rosberg, *Political Parties and National Integration in Tropical Africa*, op. cit., pp. 448-81.

25 다른 아프리카 사례들도 들 수 있다. 하지만 제8장에서 설명하겠지만 유동적인 정체에는 공고화된 정체의 증거를 적용할 수 없다. 튀니지를 그에 해당하는 사례로 볼 수 있는데, 네오데스투르당의 기원은 1934년으로 거슬러 올라가기 때문이다.

26 퍼트넘은 체계적인 경험적 연구를 통해 이런 결론을 지지하는 많은 증거를 제시한다. Putnam, *The Beliefs of Politicians: Ideology, Conflict and Democracy in Britain and Italy*, op. cit.

27 자연적 발전 및 강요된 발전 개념에 대해서는 다음을 보라. Blondel, *Introduction to Comparative Government*, op. cit., pp. 70-76.

28 2장 2절 참조. 이런 노선은 사실 다음 저작에서 추구되고 있다. Finer, *Comparative Government*, op. cit., Ch. 12.

29 *World Handbook of Political and Social Indicators* (1972 ed.), op cit., pp. 51-52, Table 2.7. 이 지수의 최저 점수는 -4.00이고 최고 점수는 +4.00이다. 이 자료의 출처는 다음과 같다. Ralph L. Lowenstein and the University of Missouri School of Journalism.

30 하위 집단 자율성을 나타내는 보다 광범위한 지표들(① 정치적 권리, ② 시민권, ③ 자유 정도, ④ 추세)은『자유도 서베이』(*Survey of Freedom*)가 정기적으로 발표하는 순위 평가에 제시되어 있다. 1974년 7-8월호에서는 조사 대상 153개국 중에서 63개국이 자유롭지 않은 나라, 46개국이 부분적으로 자유로운 나라로 분류되었다. 정치적 권리와 관련해 흠잡을 데 없는 기록을 가진 나라(1등급)는 겨우 22개국이었다.

31 Robert A. Nisbet, *The Quest for Community*, Oxford University Press, 1953, p. 202, Ch. 8. 나는 전체주의를 다음 저작에 기초하여 분석했다. *Democratic Theory*, op. cit., Ch. 7.

32 Finer, *Comparative Government*, op. cit., p. 74.

33 이 용어의 출전은 다음과 같다. Huntington, *Authoritarian Politics in Modern Society*, cit., pp. 15-17. 그러나 나는 헌팅턴의 '배제적 대 혁명적'이라는 이분법을 받아들이지 않는다. 왜냐하면 이 두 용어는 다른 차원에 속하기 때문이다.

34 1960년대의 스페인을 설명하기 위해 린츠가 개발한 '제한적 다원주의' 개념을 이런 맥락에 놓고 싶다(각주 13 및 다음 저작을 보라. Dahl, *Regimes and Oppositions*, cit., 특히 p. 188). 다른 한편 '제한적 다원주의'는 소비에트 체제에도 적용되었는데, 이는 잘못 적용된 것 같다(Boris Meissner, "Totalitarian Rule and Social Change", *Problems of Communism*, November-December 1966, p. 50). 이는 내가 왜 이 용어를 받아들이는 것을 꺼려하는지, 그 이유를 설명해 준다.

35 이 같은 제안은 전체주의-민주주의라는 대립항을 기각하는 것이 된다. 그러나 이분법이 단순하다고 해서 그 용어가 배척되어야 하는 것은 아니다. 새로운 방식으로 접근하면 그 용어들은 이분법적이지 않은 용도로 사용할 수 있기 때문이다.

36 2장 1절 참조.

37 다음을 보라. LaPalombara & Weiner in *Political Parties and Political Development*, op.

cit., 곳곳; 특히 vol. VII of the SSRC political development series, Leonard Binder et al., *Crises and Sequences in Political Development*, op. cit. 다음 저작도 보라. Dahl, *Poliarchy*, op. cit., Ch. 3.

38 *Authoritarian Politics in Modern Society*, cit., p. 15; Barrington Moore, Jr., *Social Origins of Dictatorships and Democracy*, Beacon Press, 1966.

39 나는 특히 정당사회학과 관련해 쓴 글에서, 정당 사회학을 특별히 언급하면서 이 어려움에 대해 설명한 바 있다. "From the Sociology of Politics to Political Sociology", in Lipset, *Politics and the Social Sciences*, op. cit. 이 점에 대해서는 제2부에서 다룰 것이다.

40 이런 주의 사항은 정책 결정자(일반적으로 의회 의원)의 사회적 출신 배경에 초점을 둔 기존의 많은 연구에서 지적되고 있다. 다음을 보라. *Decisions and Decision-Makers in the Modern State*, Paris, UNESCO, 1967, "Parliamentary Profession". 이 책은 6개국을 다루고 있다. 다음 저작도 보라. Dwaine Marvick ed., *Political Decision-Makers: Recruitment and Performance*, Free Press, 1961.

41 각주 33 참조.

42 동독에서는 독일자유민주당(LDP)과 국민민주당(NDP)이 순수한 명목 정당으로 존속하고 있다. 이들 정당은 1949년 이래로 "'계급 없는 사회'로 나아가기 위해 중간 계급을 준비시킨다는 특별한 목적을 가지고, '전달 벨트'로서 존재 또는 행동하는 것이 자신들의 임무"라고 인정했기 때문이다(Ghita Ionescu, *The Politics of the European Communist States*, Praeger, 1967, p. 251).

43 Allardt & Littunen eds., *Cleavages, Ideologies and Party Systems*, op, cit. (1964), pp, 283-284. 다음 저술도 보라. Wiatr, "The Hegemonic Party System in Poland", in Allardt & Rokkan, *Mass Politics*, op. cit., pp. 312-321.

44 6장 5절 참조.

45 최근 로버트 달은 체제(regime)를 나타내는 용어로 '패권'(hegemony)을 택했고, '다두정치'의 반대 개념으로 '폐쇄적 패권'(closed hegemony)을 선택했다. 이들 범주는 자유화(경쟁)와 포용성(참여)이라는 두 가지 차원에 따라 정의된다. 다음을 보라. *Poliarchy*, op, cit., 특히 pp. 7-8. 확실히 나의 패권 정당 개념은 정당의 맥락에 기반을 두고 있기 때문에 훨씬 좁다. 이런 차이에 주목하면 달의 용어로 패권 정당은 '폐쇄적 패권'으로부터 '포용적 패권'에 가까워진다고 말할 수 있다. 이런 관점에서 달의 분석과 나의 분석은 서로 보완적이다. 그러나 라팔롬바라와 와이너의 용법은 받아들일 수 없다. 이들에 따르면, "패권적 체계는 장기간에 걸쳐 동일한 정당 또는 동일 정당이 지배하는 연립이 정권을 장악하는 체계다"(*Political Parties and Political Development*, op. cit., p. 35). 이 개념은 (연립 정부를 포함할 정도로) 너무 포괄적이다. 뿐만 아니라 너무 약한 사례에 너무 강한 용어를 적용하는 셈이 된다.

46 Allardt & Littunen, *Cleavages, Ideologies and Party Systems*, op. cit., p. 283.

47 선거제도는 이런 결론을 충분히 증명해 준다. "패권 정당제에서 기존 정당과

집단들은 합동 명부를 작성한다. ...... 일당의 주도적 역할은 다양한 정당들 사이의
정치적 경쟁을 제거한다. ...... 의회 및 지방 정부 기관의 자리 배분에 관한 합의는 선거
전에 이루어진다"(Wiatr, loc cit., n. 46, p. 287). 1957년 폴란드 선거에 대한 분석으로는
특히 다음을 보라. Zbigniew Pelezynski, in D. E. Butler et aI., *Elections Abroad*, Macmillan,
1959, pp. 119-179. 다음 저작도 보라. J. Wiatr ed., *Studies in Polish Political System*, The
Polish Academy of Sciences Press, 1967, pp. 108-39.

48 Allardt & Littunen, *Cleavages, Ideologies and Party Systems*, cit., p. 282. 이런 해석은
스페인이 '유기체적(organic) 민주주의'라는 프랑코의 주장만큼이나 그럴싸하게 들린다.

49 1965년, 1969년, 1972년 선거에서 총 255석의 의석 분포는 기본적으로 변함이
없었다(공산당에 225석[55%], 연합농민당에 117석, 민주당에 39석, 무소속[가톨릭 세력
포함]에 49석이 할당되었다). 연합농민당과 민주당은 시종일관 공산당과 투표 행동을
함께한다. 가톨릭 계열은 그 안에서만 제한된 수준의 독립성이 존재한다. 가장 강력하고
진정하게 독립적인 가톨릭 집단은 즈낙(Znak)이다. 그러나 처음에는 트로이목마로
의심을 받았던 팍스(Pax)는 장기간에 걸쳐 교회와 폴란드 통일노동자당(공산당)을 잇는
유용한 중재자 역할을 하게 되었다. 1972년 선거에서 즈낙은 7석을, 팍스는 5석을
회득했다.

50 *Poliarchy*, cit., p. 7, Fig. 1.2.

51 이는 "전체주의 정당조차 제대로 기능하는 반대 세력 없이 존재하기 어렵다. 따라서
반대 세력이 없는 것처럼 보여도 있다고 가정해야 한다"(Neunamm, *Modern Political
Parties*, op. cit., p. 395)는 노이만의 진술을 수정한, 내가 유일하게 받아들일 수 있는
정식화인 것 같다.

52 독재 체계에서 정당은 "필요한 [정보를 수집하는] 청음초소(listening post)의 ......
역할을 한다."는 노이만의 일반화를 나는 패권 체계의 사례에 한정하고자 한다(ibid., p.
398). 이탈리아의 파시스트당과 독일의 나치당은 모두 청음초소로서는 매우 무능했다.
왜냐하면 독재자가 듣고 싶어 하는 말만 들었기 때문이다. 이런 점에서는 스탈린도 별반
다르지 않다.

53 3장 1절 참조.

54 2장 3절 참조.

55 이와 관련된 문헌은 방대하다. 다음을 보라. W. P. Tucker, *Mexican Government Today*,
Minnesota University Press, 1957; Robert E. Scott, *Mexican Government in Transition*,
Illinois University Press, 1959; Scott, "Mexico: The Established Revolution", in Lucian W.
Pye & Sidney Verba eds., *Political Culture and Political Development*, Princeton University
Press, 1965; Martin C. Needier, "The Political Development of Mexico", *APSR*, Jun 1961; L.
Vincent Padgett, *The Mexican Political System*, Houghton Mifflin, 1966; Padgett, "Mexico's
One-Party System: A Revaluation", *APSR*, December 1957; Frank Brandenburg, *The Making
of Modern Mexico*, Prentice-Hall, 1964; Kenneth F. Johnson, *Mexican Democracy: A Critical
View*, Allyn & Bacon, 1971. 이에 대립되는 연구로는 다음을 보라. Pablo Gonzales

Casanova, *Democracy in Mexico*, Oxford University Press, 1970. 이 저작은 멕시코 체계의 권위주의적 성격을 사실적으로 묘사하지만, 이론적으로는 멕시코 권위주의 체제가 가진 민주적 가치를 옹호한다.

56 폴란드 공산당과 비교할 때(각주 49의 수치를 참조) 제도혁명당은 전혀 관대하지 않다. 확실히, 패권 정당의 통제가 강할수록 위성 정당들에게 의석을 더 안전하게 배분할 수 있다. 이런 관점에서 보면 1962-63년의 멕시코 선거 개혁은 제도혁명당이 가진 더 큰 자신감을 보여 준다.

57 Brandenburg, *The Making of Modern Mexico*, cit., p. 141. 차이가 있다면 로마의 '입헌 독재자'는 겨우 6개월 동안만 지속되었고, 사실상 멕시코 대통령처럼 후계자를 직접 임명하지 않았다는 것이다. 따라서 사실 멕시코는 "개인 독재를 피한" 것이 아니라 일인 종신 독재의 자의성을 겨우 피했을 뿐이다.

58 대부분의 저자들은 멕시코 선거를 간과하거나, 이런 점에서 매우 순진하다(Barry Ames, "Basis of Support for Mexico's Dominant Party", *APSR*, March 1970). 사실 선거 결과는 통제할 수 없지만, 필요할 때마다 조작될 수 있다는 것은 의심의 여지가 없다. 다음을 보라. Philip B. Taylor, Jr., "The Mexican Elections of 1958: Affirmation of Authoritarianism?", *WPQ*, September 1960. 1969년에 코레아 라초가 유카탄 주 주지사 선거에서 제도혁명당과 맞붙었을 때, 제도혁명당은 군대를 투입해 투표함을 강탈했고 결국 국민행동당 후보는 '패배했다.' 이런 일은 이전에 비하면 아주 양호한 편이다.

59 Bo Anderson & James D. Cockroft, "Control and Cooptation in Mexican Politics'" in L. Horowitz ed., *Latin American Radicalism*, Vintage, 1969, p. 380.

60 다음 글은 멕시코에 관해 통찰력 있게 개관하고 있다. Finer, "The Quasi-Democracy", in *Comparative Government*, cit., pp. 468-79. 대신에 '내밀한 민주주의'에 대한 평가는 다음 저작을 보라. Johnson, *Mexican Democracy: A Critical View*, op. cit.

61 Andrew C. Janos, in Huntington & Moore, *Authoritarian Politics in Modem Science*, cit., p.444.

62 유고슬라비아에 관한 문헌은 대체로 만족스럽지 못하다. 설득력은 별로 없지만 최근의 평가로는 다음을 보라. M. George Zaninovich, "Yugoslav Party Evolution: Moving Beyond Institutionalisation", in Huntington & Moore, ibid., pp. 484-508. 좀 더 일반적인 내용은 다음을 보라. Adam B. Ulam, "Titoism", in M. M. Drachkovitch ed., *Marxism in the Modern World*, Stanford University Press, 1965. 공산주의자동맹이 정당인지 아닌지에 관해서는 어느 참여 관찰자의 말을 신뢰한다. "이름만 바꾸어 '공산주의자동맹'이 되었다고 해서 이 정치 조직이 더 이상 정당이기를 멈춘 것은 아니다. 또한 교의에 있어서도 정당이기를 그만둔 것은 아니다"(Jovan Djordjevic, "Political Power in Yugoslavia", *GO*, January-April 1967, p. 216).

63 아롱에게 이런 질문들은 강조점을 1950년대에서 1960년대로 이동하는 것과 관련이 있지만, 내 경우 이 질문들은 정당 스펙트럼상의 상이한 지점들과 관련이 있다. 다음을 보라. "Can the Party Alone Run a One-Party State : A Discussion", *GO*, February 1967, p. 165.

64 앞서 소개한 파라과이와 한국의 사례는 이런 맥락에 속하거나, 이런 맥락에서 성장한 사례다.

65 이런 견해의 출처는 다음과 같다. Jupp, *Political Parties*, op. cit., pp. 5-6. 각주 30도 참조하라.

8장 유동적 정체와 유사 정당

1 콜먼에 따르면, 현대 정치 체계는 "정부 기능과 정치 기능이 특정 구조에 의해 수행되는" 체계로 정의된다(Almond & Coleman, *The Politics of the Developing Areas*, op, cit., p. 559). 혹은 좀 더 정확하게는 "정치 구조와 정부 구조의 분화, 명확성, 기능적 차별성의 정도가 상대적으로 높은" 체계이다(p. 532).

2 내 계산으로, 1951~73년 사이에 남미에서 성공한 쿠데타는 26건이다. 이는 왜 내가 (정당 체계의 관점에서) 남미를 하나의 지역으로 다루지 않는지, 그리고 대체로 남미의 국가를 독립적으로 설명하지 않고 특정 요점을 설명할 때 언급하는지를 말해 준다(칠레와 멕시코는 예외이다). 남미를 다룬 귀중한 저작으로는 다음이 있다. Martin C. Needler ed., *Political Systems of Latin America*, 2nd rev. ed., Van Nostrand, 1970. 남미 전체를 다루고 있는 저작으로는 다음을 보라. McDonald, *Party Systems and Elections in Latin America*, op. cit., 및 *Guide to the Political Parties of South America*, Penguin Books, 1973. 남미 국가에 관한 문헌들은 대부분 군부 체제에 관한 연구들이다. 최초의 체계적인 비교분석으로는 다음을 보라. S. E. Finer, *The Man on Horseback: The Role of the Military in Politics*, Pall Mall, 1962. 좀 더 구체적으로는 다음을 보라. John J. Johnson, *The Military and Society in Latin America*, Stanford University Press, 1964. 최근의 문헌으로는 다음의 논문을 보라. Abraham F. Lowenthal, "Armies and Politics in Latin America", *WP*, October 1974.

3 조작화의 한 예는 다음 글을 보라. Janda, *A Conceptual Framework for the Comparative Analysis of Political Parties*, op. cit., pp. 87-89.

4 "Political Development and Political Decay," *WP*, April, 1965, pp. 386-430, 곳곳. 그러나 지금은 다음 저작을 보라. Huntington, *Political Order in Changing Societies*, op. cit., pp. 12-23. 여기서는 제도화가 네 가지 기준에 따라 설명된다. ① 적응성-경직성, ② 복잡성-단순성, ③ 자율성-종속성, ④ 응집성-분열. 최고 수준의 제도화는 이상적인 조직, 즉 고도로 복잡하고 자율적이며 통일되고 응집적임에도 불구하고 기능적 적응성이 높은 조직에서 이루어진다. 첫 번째 속성과 나머지 세 가지 속성 간에는 어떤 필연적인 일치나 심지어 일치할 가능성도 없다고 생각한다. 위의 책, p. 13에서 인용.

5 정당 체계의 점성(viscosity) 또는 '동결'(freezing)에 대해서는 다음 저작에서 강조되고 있다. Lipset & Rokkan, *Introduction to Party Systems and Voter Alignments*, op. cit., 특히 p.

50. 다음 저작에서는 실증 조사를 통해 이를 잘 증명하고 있다. Richard Rose & Derek Urwin, "Persistence and Change in Western Party Systems Since 1945", *PS*, September 1970, 특히 pp. 306-07 및 Table 9.

6 대중정당 개념에 대해서는 제2부 제12장에서 다룰 것이다. 이에 대한 예비적 개관으로는 나의 다음 논문을 보라. "Political Development and Political Engineering", *Public Policy*, 1968, 특히 pp. 281, 292-95.

7 *The Politics of the Developing Areas*, cit., p. 40. 알몬드는 이 분류가 이 책에서 다룬 지역 분석을 참조한 것이라고 말하지만, 이후 예시를 통해 유럽 지역도 포함되며, 이 유형론이 전반적 틀을 제공하기 위한 것임을 확인할 수 있다.

8 Ibid., p. 41.

9 Coleman & Rosberg eds., op. cit. 이 책은 *The Politics of the Developing Areas*가 발간된 지 4년 후인 1964년에 출간되었다.

10 Coleman & Rosberg, ibid., 특히 pp. 4-6.

11 예컨대 루이스는 가장 분별 있는 소책자에서 다음과 같이 주장한다. "전체주의 정당이란 …… 한 사회의 최고 기구임을 자처하는 정당이다. 가나, 기니, 말리에서는 당이 모든 제도 위에 있다"(Arthur Lewis, *Politics in West Africa*, Allen & Unwin, 1965, p. 56).

12 특히 다음을 보라. David E. Apter, *The Politics of Modernization*, University of Chicago Press, 1965, Ch. 10.

13 특히 다음을 보라. Hodgkin, *African Political Parties : An Introductory Guide*, op. cit.; Ruth Schachter Morgenthau, *Political Parties in French Speaking West Africa*, Clarendon Press, 1964, pp. 330-58; Clement H. Moore, "Mass Party Regimes in Africa", in Herbert J. Spiro ed., *Africa: The Primacy of Politics*, Random House, 1966. 또한 '권위주의 대중정당'(authoritarian mass-parties)에 대해서는 다음을 보라. Morris Janowitz, *The Military in the Political Development of New Nations*, University of Chicago Press, 1964. 좀 더 최근의 저술로는 다음을 보라. Crawford Young, "Political Systems Development", in John N. Paden & Edward Soja eds., 대중정당과 '새로운 대중정당'을 다룬 저작으로는 다음을 보라. *The African Experience*, Northwestern University Press, 1970.

14 이는 다음 책들을 읽고 내가 갖게 된 견해이다. Paul E. Sigmund ed., *The Ideologies of the Developing Nations*, Praeger, 1963. 또한 다음 저작들에 대한 비판의 연장선에 있다. Finer, *Comparative Government*, op. cit., pp. 509-10; Henry Bienen, "One Party Systems in Africa", in Huntington & Moore, *Authoritarian Politics in Modern Society*, op. cit., pp. 103-04.

15 '신생국가'는 '아프리카 신생국가'보다 넓은 개념이지만, 북한과 북베트남 같은 동아시아 공산주의 체제가 내 논의에 포함되지 않는다는 것, 즉 무정형 국가 또는 맹아기 국가에 해당하지 않는다고 이해하는 한, 일반화를 허용할 수 있다. 좀 더 광범한 맥락에

대해서는 다음 저술에 나타난 문헌 목록들을 보라. David E. Apter & Charles Andran, "Comparative Government: Developing New Nations", in Marian D. Irish ed., *Political Science: The Advance of the Discipline*, Prentice-Hall, 1968.

16 다음을 보라. J. P. Nettl, "The State as a Conceptual Variable", *WP*, July 1968, 특히 pp. 189-91. 아프리카 정당과 국가의 제도적 허약성에 대해서는 다음 저작에서 잘 지적하고 있다. Aristide Zolberg, *Creating Political Order; The Party Systems in West Africa*, Rand McNally, 1966.

17 무엇보다도 다음 고전을 보라. Frederick Meinecke, Weltburgentum und National Staat, 6th ed., Oldenbourg Verlag, 1922.

18 일반적으로 다음을 보라. Clifford Geertz ed., *Old Societies and New States*, Fress Press, 1963. 그중에서도 다음 부분을 보라. Edward Shils, "On the Comparative Study of the New Nations". 이 논문은 우리의 관심사와 깊은 관련이 있다. 또한 인류학적 및 사회학적 접근으로는 다음을 보라. M. Fortes & E. Evans-Pritchard eds., *African Political Systems*, Oxford University Press, 1940(1970).

19 *The Organizational Weapon*, Free Press, 1960.

20 동원 개념은 제2부에서 상세하게 논의할 것이다.

21 일반적으로 다음을 보라. Hodgkin, *African Political Parties*, op. cit.; G. M. Carter ed., *African One-Party States*, op. cit.; Coleman & Rosberg eds., *Political Parties and National Integration in Tropical Africa*, op. cit.; G. M. Carter ed., *National Unity and Regionalism in Eight African States*, Cornell University Press, 1966; A. Mahiou, *L' Avenement du Parti Unique en Afrique Noire*, Colin, 1968; Paden & Soja eds., *The African Experience*, op. cit.; Henry L. Bretton, *Power and Politics in Africa*, Aldine, 1973; Anna M. Gentili, *Elites e Regimi Politici in Africa Occidentale*, II Mulino, 1974. 이 책에 수록된 단일국가 조사 외에도 선도적인 연구 논문으로는 다음이 있다. Apter, *The Gold Coast in Transition*, Princeton University Press, 1955. 그 이후의 저작은 다음과 같다. *Ghana in Transition*, Atheneum, 1963; A. R. Zolberg, *One-Party Government in the Ivory Coast*, Princeton University Press, 1964. 최근 자료(1971년까지)에 대해서는 다음 저작을 가장 추천하고 싶다. Donald G. Morrison et al., *Black Africa : A Comparative Handbook*, Free Press, 1972.

22 가나에 관해서는 앱터의 책(Apter, *Ghana in Transition*, cit.)과 다음 책을 참조. H. L. Bretton, *The Rise and Fall of Kwame Nkruma*, Pall Mall, 1966. 기니에 관해서는 Bernard Ameillon, *La Guinee, Bilan d'une Independance*, Maspero, 1964을, 말리에 관해서는 Frank G. Snyder, *One-Party Government in Mali: Transition Towards Control*, Yale University Press, 1965을 참조.

23 탄자니아에 관해서는 다음을 보라. Henry Bienen, *Tanzania: Party Transformation and Economic Development*, Princeton University Press, 1967; William Tordoff, "Tanzania: Democracy and the One-Party State", *GO*, July-October 1967, pp. 599-614 및 2장 3절 및 제2장 각주 27. 1965년 탄자니아 선거에 관해서는 다음을 보라. Lionel Cliffe ed., *One*

Party Democracy, East African Publishing House, 1967.

24 자세한 내용은 다음을 보라. A. Zolberg, "Military Intervention in the New States of Tropical Africa", in Henry Bienen ed., *The Military Intervenes: Case Studies in Political Change*, Russel Sage Foundation, 1968; W. F. Gutteridge, *The Military in African Politics*, Methuen, 1969; Anna M. Gentili, "I Militari nell'Africa Sub-Sahariana", *RIS*, IV, 1971, pp. 635-75.

25 다음을 보라. Finer, *Comparative Government*, cit., p. 528, Table 21. 그러나 다음 글에서는 반대 견해를 제시한다. R. E. McKown & R. E. Kauffman, "Party System as a Comparative Analytic Concept in African Politics", *CP*, October 1973. "다당 체계 국가보다 일당제 국가에서 불안정성의 수준이 높을 것이라는 주장이 제기되었지만 이는 확인되지 않았다"(p. 68).

26 Janowitz, *The Military in the Political Development of New Nations*, cit., 1964, p. 29.

27 Immanuel Wallerstein, *Africa, The Politics of Independence*, Vintage Books, 1961, p. 163. 그러나 1966년에 월러스틴은 매우 다른 분위기에서 다음과 같이 지적했다. "흥미로운 현상은 일당제의 출현이 아니라 그것이 급속하게 의미를 상실했다는 점이다." 그러고는 그는 일당제가 '위축되는' 추세였다고 결론짓는다("The Decline of the Party in Single-Party African States", in LaPalombara & Weiner, *Political Parties and Political Development*, cit., pp. 207, 208).

28 Spiro ed., *Africa: The Primacy of Politics*, op. cit., p. 88.

29 *The Politics of Modernization*, op. cit., pp. 197ff., 특히 pp. 206-16.

30 이 구분은 원래 말리의 정치가 마데이라 케이타가 가나와 말리를 언급하며 제안한 것으로, 이곳에서는 정당 통합이 자발적 합병의 결과로 가정됐다. 다음을 보라. Sigmund, *The Ideologies of the Developing Nations*, op. cit., pp. 175-76.

31 2장 1절과 2장 2절 참조.

32 독립 달성이 아프리카 정당들의 존립 근거를 위태롭게 한 사실에 대해서는 분별력 있는 연구자라면 누구나 알고 있었다. 이와 관련해서는 다음을 보라. Coleman & Rosberg, *Political Parties and National Integration in Tropical Africa*, cit., pp. 672ff; 특히 William J. Folz, "Building the Newest Nations: Short-Run Strategies and Long-Run Problems", in K. W. Deutsch & Folz eds., *Nation Building*, Atherton Press, 1963.

33 쿠데타 이전의 와프드당(Wafd)이 (1921년과 1952년 사이) 이후 이른바 아프리카형 대중정당의 가장 가까운 선구자였다는 사실을 지적할 필요가 있다. 나세르의 시도에 관해서는 다음을 보라. Leonard Binder, "Political Recruitment and Participation in Egypt", LaPalombara & Weiner, *Political Parties and Political Development*, op. cit., Ch. 8.

34 튀니지에 관해서는 다음을 보라. Clement H. Moore, *Tunisia Since Independence: The Dynamics of One-Party Government*, University of California Press, 1965; 특히 "Tunisia: The Prospects for Institutionalization", in *Authoritarian Politics in Modern Society*, cit.

35 다음을 보라. Zolberg, *Creating Political Order: The Party System in West Africa*, op. cit., pp. 159-61 및 Rene Lemarchand, "Political Clientelism and Ethnicism in Tropical Africa: Competing Solidarities in Nation-Building", *APSR*, March 1972, pp. 68-71. 이와 관련하여 19세기 후반에 간부 정당이 어떻게 생겨났는지에 대한 오스트로고르스키의 설명을 다시 살펴보자는 제안이 있다. 매우 중요한 글로는 다음을 참조. James Scott, "Corruption, Machine Politics and Political Change", loc. cit.. 전반적으로 피후견인에 초점을 맞춘 것으로는 제4장 각주 12를 보라.

36 1장 1절 참조. 여기서는 파벌 같은 하위 단위가 실질적 단위일 수도 있다는 것을 함의한다. 위의 4장 3절도 보라.

37 *Africa: The Primacy of Politics*, op. cit., Ch. 5 ("The Primacy of Political Development"), 곳곳 및 p. 153. 이 같은 제언을 따라 다음을 보라. Colin Leys, *Politicians and Policies*, East African Publishing House, 1967.

38 이 명칭은 다음 저작에서 고안한 것이다. Macpherson, *Democracy in Alberta: The Theory and Practice of a Quasi-Party System*, op. cit., Ch. 8. 그러나 이 명칭은 개발도상 지역에 적용할 때 더 적절하다고 생각된다.

39 각주 7과 8장 1절을 보라.

40 다음을 보라. *The Politics of the Developing Areas*, op. cit., p. 534, Table 1. 또한 '민주적 경쟁'과 '준-경쟁' 개념은 야노비츠의 1964년 저작에도 나타난다(각주 42).

41 Rupert Emerson, "Parties and National Integration in Africa", in LaPalombara & Weiner, *Political Parties and Political Development*, cit., p. 269. 일반적으로 다음을 보라. W. J. M. Mackenzie & Kenneth Robinson eds., *Five Elections in Africa*, Oxford University Press, 1960.

42 Loc. cit., pp. 269, 287-93. Janowitz, *The Military in the Political Development of the New States*, op. cit.. 이 저작에는 '민주적 경쟁'이 포함되어 있는데 (탄자니아 같은 나라가 거기에 포함될 수 있긴 하나) 더 나을 것은 없다.

43 나이지리아에서는 1966년 이후 모든 정당의 활동이 중단되었고, 1967년에서 1970년까지 [1967년 나이지리아 동부의 주가 나이지리아로부터 분리 독립을 선포함에 따라 발발한] 비아프라 전쟁을 치렀으며, 현재까지 군부가 직접 통치하는 국가로 남아 있다. 콩고(킨샤사)는 1960-63년까지 촘베-카탕가의 분리 독립으로 혼란을 겪었으며, 1965년에는 쿠데타가 일어났고 곧이어 1967년에 내전에 돌입했다. 따라서 케냐는 에머슨의 분류에서 설득력 있는 유일한 사례이다. 그러나 케냐의 다원적 경쟁은 야당이 목숨을 걸지 않고도 [초대 대통령인] 케냐타와 집권 여당 케냐 아프리카 민족동맹에 반대하여 목소리를 낼 수 있다는 정도를 의미할 뿐이다. 1965년에 케냐 아프리카 민족동맹은 사실상 단일 정당이 되었으며, 1969년에 무력으로 독점을 유지했다. 나이지리아에 관해서는 다음을 보라. Richard L. Sklar & C. S. Whitaker, "Nigeria", in Carter, *National Unity and Regionalism in Eight African States*, op. cit.; Walter Schwartz, *Nigeria*, Praeger, 1968; Robert Melson & Howard Wolpe eds., *Nigeria: Modernization and the Politics of Communalism*, Michigan State University Press, 1971. 자이르와 콩고의

'다원주의적 경쟁'에 관해서는 다음을 보라. Daniel Biebuyck & Mary Douglas, *Congo Tribes and Parties*, London, Royal Anthropological Institute, 1961; Daniel J. Crowley, "Politics and Tribalism in the Katanga", *WPQ*, March 1963; Crawford Young, *Politics in the Congo*, Princeton University Press, 1965. 케냐에 관해서는 다음을 보라. Cherry Gertzel, *The Politics of Independent Kenya 1963-68*, Heinemann, 1970; Carl Rosberg, *Kenya*, Cornell University Press, 발간 예정.

44 Morrison et al., *Black Africa*, op. cit., p. 99, Table 8.2. "합병에 의해서 생겨났든 분열에 의해 생겨났든 이 시기의 합법 정당은 모두" 계산에 넣었다. 이 표에는 정당이 없는 에티오피아를 포함해 32개 나라가 포함되어 있다.

45 보츠와나와 레소토는 1966년에야 독립했으며, 인구가 각각 50만 명과 70만 명에 불과한 매우 작은 나라이다.

46 이런 흐름도는 실제로 '국가 개요'를 탁월하게 제시한 다음 저작에 나타나 있다. Morrison et al., *Black Africa*, cit., Part 2. 이 저작에는 국가별 목록도 포함되어 있다.

47 Apter, *The Politics of Modernization*, op. cit., p. 194.

48 1장 2절 참조.

49 이 명칭은 다음 저작에서 가져온 것이다. Huntington & Moore, *Authoritarian Politics in Modern Society*, cit., p. 517.

50 예컨대 인도네시아에서는 1955년 선거에서 40여 개의 정치집단(정당)이 후보를 출마시켰다. 콩고는 1960년에 정당 수가 약 100개에 이르는 것으로 추정된다.

51 J. David Singer, *A General Systems Taxonomy for Political Science*, General Learning Press, 1971, p. 6.

52 이런 규칙은 개념의 외연과 내포 사이의 역관계에서 파생되며, 이는 다음 저작에 잘 나타나 있다. Sartori, "Concept Misformation in Comparative Politics", *ASPR*, 1970, cit.

53 이를 보강하기 위해서는 어느 정도 높은 중앙 집권성, 어느 정도 저수준의 민주성, 높은 정도의 반대할 자유, 낮은 정도의 반대할 자유 등의 변수도 유용하다. 다음을 보라. Irma Adelman & Cynthia T. Morris, *Society, Politics and Economic Development*, Johns Hopkins Press, 1967.

54 Mary B. Welfling, *Political Institutionalization: Comparative Analyses of African Party Systems*, Sage, 1973, p. 38, Table 5 on p. 33. 나는 이 저자의 검증 기준을 따를 수는 없지만, 이 책은 제도화 개념에 관한 귀중한 논의를 소개하고 있다(pp. 5-18).

55 *Black Africa*, cit., p. 95.

56 *The Politics of the Developing Areas*, cit., p. 17.

57 *African Political Parties*, op. cit., pp. 15-16.

58 3장 2절 참조.

59 각각 2장 3절과 8장 1절 참조. 이 마지막 논점은 9장 1절에서 전개되고 있다.

9장 전체적 틀

1 "Political Development and Political Decay", cit., 여러 곳.

2 이에 반해서는 다음을 참조할 것. Gurr & McClelland, *Political Pelfonnallce : A Twelve Nation Study*, op. cit., 특히 pp. 11-13 및 여러 곳. 그러나 나는 그들의 명석한 분석으로부터 많은 도움을 받았다.

3 일반적으로 우리는, (남미와 관련해) 대부분의 정당 체계가 체계로서 구조화되지 않았지만, 정당들은 군부 통치하에서조차 "명백한, 그리고 기능하는 정치적 단위"로 남아 있을 수 있다고 말할 수 있다. 남미의 정당들이 대체로 정치과정에 효과적으로 참여할 수 없을 때에도 "정당의 존재 자체에 대해서는 억압적인 조치가 취해지지 않았다"(Peter Ranis, "A Two-Dimensional Typology of Latin American Political Parties", *JP*, August 1968, p. 798). 아르헨티나에 관한 최근 연구로는 다음을 참조할 것. Guillermo O'Donnel, *Modernization and Bureaucratic-Authoritarianism: Studies in South American Politics*, Berkeley, Institute of International Studies, 1973.

4 7장 3절을 참조.

5 이와 대비해 다음을 참조. Kemal H. Karpat, *Turkey's Politics: The Transition to a Multiparty System*, Princeton University Press, 1959. 일반적인 내용에 대해서는 다음을 보라. Dankwart A. Rustow, "The Development of Parties in Turkey", in LaPalombara & Weiner, *Political Parties and Political Development*, op. cit., Ch. 4; Clement H. Dodd, *Politics and Government in Turkey*, California University Press, 1969.

6 1957년(을 포함해) 이전의 공식적인 선거 결과 통계는 없다.

7 1973년까지인데, 이는 마지막 선거에서 안정된 두 개의 제3당이 출현했기 때문이다. 하나는 48석을 획득한 이슬람 조직인 민족구세당이고, 다른 하나는 정확히 10%를 득표해 45석을 차지한 보수파인 민주당(1960년에 금지된 민주당과 혼동하지 말 것)이다. 두 정당 모두 데미렐의 정의당에서 탈퇴해 생겨난 것이다. 여기에다가 1973년에 공화인민당에서 이탈해 13석을 얻은 공화신임당을 고려하면, 튀르키예는 일당 우위 패턴이 종식된 나라 중 하나로 보인다. 그러나 이 나라 유권자들의 특징적인 탄력성을 고려할 때 이런 예측은 시기상조인 것 같다.

8 다음을 보라. Waiter F. Weiker, *The Turkish Revolution 1960-61: Aspects of Military Politics*, Brookings Institution, 1963.

9 D. A. Rustow, "Turkey: The Modernity of Tradition", in Pye & Verba, *Political Culture and Political Development*, cit., p. 198.

10 스페인에 관해서는 제7장 각주 13에 있는 린츠의 저술들과 다음 저작들을 보라. Juan Linz, "From Falange to Movimiento-Organizacion: The Spanish Single Party and the Franco Regime", in Huntington & Moore, *Authoritarian Politics in Modern Societies*, cit.; Klaus von Beyme, *Vom Fascismus zur Entwicklullgsdiktatur: Machtelite und Opposition in Spanien*, Piper, 1971.

11 튀니지는 가장 최근에 목록에 추가되었음에도 불구하고 이미 10여 년 전에 민주주의에 들어섰다. 다음 글을 보라. Clement H. Moore, "The Neo-Destour Party of Tunisia: Structure for Democracy", *WP*, April 1962, pp. 461-82.

12 그리스는 이 국가군에 속하지 않는다. 왜냐하면 그리스의 군부독재(1974년 가을에 종식된 7년 독재는 1936-41년 이오안니스 메탁사스 장군의 독재를 이은 것임을 기억하라)는, 민주주의로의 '진입'이 아니라 민주주의의 '회복에 가깝지만 여러 차례 단절을 겪은 남미 패턴과 여러 면에서 유사하기 때문이다. 그리스의 정당에 대해서는 다음을 보라. Jean Meynaud et al., *Les Forces Politiques en Grece*, Montreal, Meynaud Editions, 1965.

13 나 역시 이런 논지에 반대하는데, 최근 이 논지를 재정식화한 것으로 다음을 보라. Huntington & Moore, *Authoritarian Politics in Modem Society*, cit., pp. 17-22, in the sect. "From Monopoly to Competition: The Democratization of Exclusionary One-Party Systems."

14 2장 2절 참조.

15 3장 1절 참조.

16 본문은 <표 33>에서 일당 우위 체계가 갖는 위치 설정이 연속체 확립의 논리를 따르고 있음을 의미한다. 그렇다고 일당이 우위를 보이는 상황이라 해도 일당 우위의 구도와 무관할 수 있다는 사실을 손상시키는 것은 아니다.

17 이어서 그에 맞는 분석 도식을 획득하게 된다. 일반적으로 제8장, 특히 8장 3절, <표 30>을 보라.

18 9장 4절 및 9장 5절 참조.

19 특히 6장 2절 참조.

20 Carl G. Hempel, *Fundamentals of Concept Formation in Empirical Science*, University of Chicago Press, 1952, p. 51.

21 정치의 자율성 대 사회학적 환원론에 대해서는 다음을 보라. G. Sartori, "What Is Politics", *PT*, February 1973, 특히, pp. 21-23.

22 7장 1절 참조.

23 경쟁을 측정하는 여러 방식을 다룬 문헌은 제7장 각주 3과 5를 보라. 측정 가능성의 중요성에 대해서는 특히 9장 3절과 9장 5절을 보라.

24 다음을 보라. Rajni Kothari, *Implications of Nation-Building for the Typology of Political*

Systems(유인물), 1967년 국제정치학회 대회 발표 논문.

25 나는 일부러 '비교의 논리' 대신에 '등급화의 논리'라고 말한다. 전자의 명칭은 카를 헴펠의 권위에 기대고 있으며(loc. cit. 각주 20, 위의 pp. 54-58), 다음 저술들에서도 다뤄지고 있다. Arthur L. Kallberg, "The Logic of Comparison", *WP*, I, 1966, Felix E. Oppenheim, "The Language of Political Enquiry", in Greenstein & Polsby eds., *Handbook of Political Science*, cit. 그럼에도 불구하고 이 명칭은 부적절하다. 왜냐하면 분류의 논리에서도 '비교'가 이루어지기 때문이다(비교는 차이점과 유사점을 가려내는 방법이다).

26 Abraham Kaplan, *The Conduct of Enquiry*, Chandler, 1964, p. 13.

27 이 점에 관해서는 다음 글에서 통찰력 있게 다루고 있다. Robert T. Holt & John M. Richardson, in Holt & John E. Turner eds., *The Methodology of Comparative Research*, Free Press, 1970, pp. 58-69. 그들은 이를 '이론의 발전 문제에 이론 없이 접근하는 것'이라고 표현한다.

28 이 절에서 표현된 견해를 폭넓게 다룬 것으로는 다음 책에 실린 내 글을 보라. G. Sartori & F. Riggs, H. Teune, *Tower of Babel: On the Definition and Analysis of Concepts in the Social Sciences*, Pittsburgh, International Studies Association, Occasional Paper No. 6, 1975.

29 Scalapino & Masumi, *Parties and Politics in Contemporary Japan*, cit., pp. 79-81. 이 저자들은 사실 마지막 가능태를 선호하는데, 이는 내가 말하는 일당 우위 체계 유형과 동일하다고 할 수 있다.

30 Burns, *The Deadlock of Democracy*, cit., 이 책 제6장 각주 87.

31 이런 부류를 두고 일각에서는 사이비 부류라고 일컫는다. 6장 5절 참조.

32 *Les Partis Politiques*, cit. 이 책 제6장 각주 1.

33 Ergun Ozbudun, "Established Revolutions Versus Unfinished Revolutions: Contrasting Patterns of Democratization in Mexico and Turkey", in Huntington & Moore, *Authoritarian Politics in Modern Society*, cit., p. 382. 7장 3절의 <표 28> (멕시코)과 9장 1절의 <표 32>(튀르키예)를 보라.

34 *Man and His Government*, op. cit., p. 28.

35 5장 2절 참조.

36 연립 내 정당 비중은 각 정당이 내각에서 점유하고 있는 비율과 재임 기간 모두와 관련해, 각 정당이 차지하고 있는 내각의 자리 수를 계산함으로써 측정할 수 있다.

37 6장 4절 참조.

38 프랑스에 대해서는 6장 2절에서 논의했다. <표 10>도 보라.

39 6장 2절 참조.

40 6장 1절 및 <표 9> 참조.

41 정당 정부 연립에 대해서는 제2부 말미에서 논의할 것이다.

42 레이는 이 장에 대해 유익한 비판을 많이 해주었다. 그는 이런 결론이, 나의 유효성 개념, 특히 협박 가능성이라는 개념이 조작 가능성 검증에 실패했음을 인정하는 것과 같다고 생각한다. 조작화를 측정과 동일시한다면 이는 맞는 말이다. 하지만 나는 이런 동일시에 동의하지 않는다(다음을 참조. Sartori et al., *Tower of Babel*, cit., pp. 21-22). 한편, 레이는 내가 제시하는 측정과 취지가 유사한, 그리고 좀 더 만족스러운 측정을 제안한다("An Estimate for the Decisiveness of Election Outcomes", in Bernhardt Lieberman ed., *Social Choice*, Allan Smith, 1974, Ch. 33).

43 "Typologies of Democratic Systems", *CPS*, I, 1968, pp. 33-34.

44 스위스는 이 점과 거의 관련이 없다고 할 수 있는데, 왜냐하면 연방 수준에서 권력의 공유와 순환을 미리 정해 놓은 체제이기 때문이다. 관련 참고문헌은 제6장 각주 38을 보라.

45 다음을 보라 Blondel, "Party Systems and Patterns of Government in Western Democracies", *CJPS*, June 1968, 특히. pp. 184-87; *Introduction to Comparative Government*, op. cit., pp. 155-160 및 Table 10-1.

46 레이의 측정은 실제로는 레이파트와 블롱델의 두 변수, 즉 제1당의 득표(의석) 점유율, 제1당과 제2당의 합계 득표(의석) 점유율을 결합한다. 나는 설명의 명확성을 위해 두 변수를 별도로 논의했다.

47 특히 다음을 보라. Rae, *The Political Consequences of Electoral Laws*, cit. pp. 46-64. 그러나 다음도 보라. D. Rae & Michael Taylor, *An Analysis of Political Cleavages*, Yale University Press, 1970, Ch. 2. 레이의 공식(F)에는 많은 기호가 들어 있다. 이 책에서는 테일러와 허먼(Taylor & Herman, in *APSR*, March 1971, p. 30)의 기호법을 가져와 활용한다(각주 62 참조).

48 이 제안에 대해서는 알베르토 마라디(Alberto Marradi)의 도움을 받았다.

49 Scott C. Flanagan, "The Japanese System in Transition", *CP*, January 1971, 특히 pp. 234-235.

50 *World Handbook of Political and Social Indicators*, rev. ed., 1972, cit., p. 21 및 Table 2.6, pp. 48-50. 원래 <표 1>과 관련해 다음 항목들을 생략했다. (불완전한) 표의 파편화, 출처 표시, 선거 일자(이 정보가 필수적인 경우는 예외), 정당 체계 분열의 정도가 1 이하인 모든 나라, 즉 일당제 국가. 테일러와 허드슨은 레이의 공식을 좀 더 정교화해서 적용하는데, 이는 내가 표기한 것보다 n과 N을 더 정확하게 계산한다. 그러나 두 부분의 계수들 간 차이는 거의 변함없이 1% 수준 이하이다.

51 레이도 아마 인정할 것이다. 왜냐하면 그는 다음 저작에서, 자신의 공식을 맹목적으로 사용하는 것에 대해 실제로 경고하고 있기 때문이다. *An Analysis of Political Cleavages*, op. cit., pp. 5, 33-35.

52 이는 다음 저작에 나타나 있다. Arthur S. Banks, *Cross-Polity Time-Series Data*, MIT

Press, 1971, pp. 282-295. 여기서 레이의 계수는 1년 단위로 계산된다.

53 이 표는 스탠퍼드 대학에서 당시 알몬드의 대학원생 제자 앤드류 페리가 행동과학고등연구센터의 재정 지원을 받아 수집·처리한 조사 자료를 바탕으로 작성되었다. 앤드류 페리와 연구소에 심심한 감사의 뜻을 표한다.

54 Douglas Rae, "A Note on the Fractionalization of Some European Party Systems", *CPS*, October 1968, p. 413.

55 Rae & Taylor, *An Analysis of Political Cleavages*, cit., p. 1.

56 이는, F가 어느 정도는, 내 분류가 고려하는 것을 측정한다고 말하는 것과 같다.

57 이는 블롱델이 다음 저작에서 제시한 구분과는 전혀 다르다. Blondel, *Introduction to Comparative Government*, cit., pp. 157-158. 그의 분석에서 덴마크, 스웨덴, 노르웨이, 이탈리아, 아이슬란드, 네덜란드는 '지배 정당이 있는 다당 체계'(45-35-20의 구도)이다. 반면 스위스, 핀란드, 프랑스는 '지배 정당이 없는 다당 체계'로 분류된다. 나와의 차이는 블롱델이 자신의 첫 번째 부류, 즉 '지배 정당이 있는 다당 체계'를 확장해 일당 우위 체계를 포함시키고 있다는 것이다.

58 여기서 인식할 수 있는 주요 차이는 내각의 자리를 얼마나 차지하고 있는가에 있는 것 같다. 주요 정당이 (추가 조건인) 중추적 지위를 누리지 않는다면 말이다.

59 레이파트는 의견이 다르지만("Typologies of Democratic Systems", cit., p. 35), 테일러와 허먼도 다음과 같이 레이파트를 반박한다. "'체계 내에 존재하는 정당의 수와 그 체계의 안정성(stability) 간에는 경험적 관계가 없다'는 레이파트의 주장은 부당해 보인다"(아래의 각주 62, p. 30을 보라). 그들이 말하는 안전(security)은 정권의 안정에 관한 것이지만 레이파트가 가리키는 것은 좀 더 일반적인 것이다.

60 이런저런 체계 속성에 대해서는 제6장에서 논의한 바 있고 <표 35>에 요약되어 있다. 10장 4절도 보라.

61 지수와 이론을 비교하는 것은 공정하지도 않고 이해에 도움이 되지도 않는다고 지적해 준 레이에게 다시 한 번 빚을 졌다. 그러므로 여기서 내 논점은 두 개의 넓은 전망 또는 접근법에 대한 것이라는 점을 이해해야 한다. 확실히 그것은 특정의 측정치에 대한 것이 아니다.

62 Michael Taylor & V. M. Herman, "Party System and Government Stability", *APSR*, March 1971, pp. 28-37.

63 9장 4절 <표 37>에 제시된 정부의 파편화 정도에 대한 측정이 아마도 훨씬 더 설득력 있으리라 본다.

64 Taylor & Herman, loc. cit. pp. 31, 34, 37에서 인용.

65 Ibid., p. 37.

66 Ibid., p. 30, n. 10. 강조는 필자.

10장 공간 경쟁

1 *An Economic Theory of Democracy*, cit., pp. 28, 30.

2 다운스 이후 민주주의 이론에 대한 좀 더 통찰력 있는 접근이 다음 연구자들에 의해 제시되었기 때문에 더욱 그러하다. Dahl, *A Preface to Democratic Theory*, cit.; James Buchanan & Gordon Tullock, *The Calculus of Consent*, University of Michigan Press, 1965; Olson, *The Theory of Collective Action*, cit..

3 Peter C. Ordeshook, *The Spatial Theory of Elections: A Review and Critique*, ECPR paper, Strasbourg, 1974, p. 3.

4 D. Stokes, "Spatial Models of Party Competition", *APSR*, June 1963 (다음 저서에 재수록됨. *Elections and the Political Order*, 각주 16). 컨버스와 관련해서는 특히 다음을 보라. "The Problem of Party Distances in Models of Voting Change", in M. Kent Jennings & L. Harmon Zeigler eds., *The Electoral Process*, Prentice-Hall, 1966.

5 Ordeshook, cit., p. 21. 두 후보 간 대결의 범위 내에서지만 수학적 처리를 한 최근의 예로는 다음을 보라. R. W. Hoyer & Lawrence S. Mayer, "Comparing Strategies in a Spatial Model of Electoral Competition", *AJPS*, August 1974.

6 Downs, op. cit., p. 100.

7 Ibid., pp. 98, 96.

8 Ibid., p. 115.

9 Ibid., p. 122.

10 Ibid., pp. 103-13.

11 Ibid., p. 132.

12 이런 난점들은 다음 저작에서 지적되고 있다. Barry, *Sociologists, Economists and Democracy*, cit., Ch. 5, 곳곳. 이런 난점을 기술적 근거에서 파악하고 있는 것으로는 다음을 보라. Ordeshook, loc. cit.

13 3장 2절 참조.

14 7장 1절 참조.

15 *Sociologists, Economists and Democracy*, cit., p. 143.

16 또한 이런 개념상의 모호함 때문에 정당 일체감을 가진 유권자가 얼마만큼 쟁점 투표를 했는지는 평가할 수가 없다. 실제로는 '정상 투표'에 기초하여 평가되어 왔기 때문이다. 다음을 보라. P. E. Converse, "The Concept of a Normal Vote", in Angus Campbell, Converse, & Warren E. Miller eds., *Elections and the Political Order*, Wiley, 1966.

17 이에 대해서는 다음을 보라. Douglas Dobson & Duane A. Meeter, "Alternative Markov

Models for Describing Change in Party Identification", *AJPS*, August 1974.

18 Donald R. Matthews & James W. Prothro, in Jennings & Zeigler, *The Electoral Process*, cit., pp. 149-50.

19 Stokes, "Spatial Models of Party Competition", cit., p. 370 및 곳곳.

20 다음을 보라. A. Campbell, P. E. Converse, W. E. Miller & D. Stokes, *The American Voter*, Wiley, 1960, 특히 Chs. 6, 8.

21 Ibid., p. 127.

22 P. E. Converse, "The Nature of Belief Systems in Mass Publics", in D. E. Apter ed., *Ideology and Discontent*, Free Press, 1964, p. 229.

23 '권위에 대한 믿음'에 관해서는 다음 글을 참고했다. Milton Rokeach, *The Open and Closed Mind*, Basic Books, 1960, 특히 p. 44 및 곳곳.

24 "Spatial Models of Party Competition", cit., p. 376. 스토크스의 구체적인 방법론적 비판은 이후 논증에서 중요하지 않은 것 같아 생략하겠다.

25 V. O. Key, *The Responsible Electorate, Rationality in Presidential Voting 1936-1960*, Harvard University Press, 1966, p. 6. (키가 사망한 후에 커밍스Milton C. Commings가 편집해 출간했다).

26 1960년대의 조사 결과는 다음 글에서 잘 요약되어 있다. Gerald M. Pomper, Richard W. Boyd, Richard A. Brody, Benjamin I. Page & John H. Kessel, in *APSR*, June 1972, pp. 415-70. 다음 글도 보라. N. H. Nie & K. Andersen, "Mass Belief Systems Revisited: Political Change and Attitude Structure", *JP*, August 1974.

27 이런 수치는 다음 글에 집약되어 있다. Peter Nissen, *Party Identification, Issues and Images as Components of Electoral Decision: An Analytic Model*, ECPR 1975 London paper, Table 1.

28 키가 처음으로 개발한 '중대 선거'(critical election) 개념은 다음 저작에서 자세히 검토되고 있다. W. D. Burnham, *Critical Elections and the Mainsprings of American Politics*, Norton, 1970. 그것의 기준선, 즉 '영 모델'(null model)은 '정상 선거'라는, 컨버스가 만든 토대에 의해 제공되며(위의 각주 16), 이는 '일탈' 선거(deviating election)와 '복원' 선거(reinstating election)의 기준도 동일하게 제공한다. 컨버스는 1952년에서 1960년까지의 선거에 기초하여 미국의 정상 선거를 민주당 54%로 추산했다. 한편, 캠벨은 『선거와 정치 질서』(*Elections and the Political Order*)에서 선거를 현상 유지 선거, 일탈 선거, 재편 선거로 분류한다.

29 확실히 산아제한 같은 일부 쟁점은 좌-우 차원과 잘 연관되어 있다. 그러나 모든 쟁점을 종합적으로 고려하거나 쟁점이 끊임없이 변화할 때, 전체적인 투표 구조는 하나의 차원에 잘 들어맞지 않을 가능성이 높다.

30 이 가설은 다음과 같이 진술할 수도 있다. 이념적 초점이 강하면 쟁점과 좌-우 차원이

일치할 가능성이 크다고 말이다. 이렇게 재정식화하면 일차원의 사례가 많아진다.

31 *Dietiolllzaire Politique*, 3rd ed., 서문. Gamier-Pages, Pagnerre Editeur, 1848, *Gauche*, p. 425.

32 추가적인 고려 사항에 대해서는 다음을 보라. Jean A. Laponce, "The Use of Visual Space to Measure Ideology", in Laponce & P. Smoker eds., *Experimentation and Simulation in Political Science*, Toronto University Press, 1972, pp. 52-53; Rokkan, *Citizens, Elections, Parties*, op. cit., pp. 334-35. 이 장을 서술하는 과정에서 날카로운 논평을 해준 라폰스에게 감사한다.

33 Downs, op. cit., p. 113.

34 1973년 유럽 9개국을 대상으로 한 설문 조사에 따르면, 자신의 좌-우 위치를 답한 비율은 다음과 같다. 독일 93%, 네덜란드 93%, 덴마크 91%, 이탈리아 83%, 영국 82%, 아일랜드 80%, 프랑스 78%, 룩셈부르크 78%, 벨기에 73%. 다음을 보라. R. Inglehart & H. D. Klingemann, *Party Identification, Ideological Preference and the Left-Right Dimension Among Western Publics*, 발표용, Table I. 이 발표 논문은 다음 저작에 곧 실릴 것이다. Ian Budge & Ivor Crewe eds., *Party Identifications and Beyond*, Wiley, 발간 예정.

35 S. H. Barnes, "Left-Right and the Italian Voter", *CPS*, July 1971; Giacomo Sani, "Fattori Determinanti delle Preferenze Partitiche in Italia", *RISP*, I, 1973; "A Test of the Least-Distance Model of Voting Choice: Italy 1972", *CPS*, July 1974.

36 H. D. Klingemann, "Testing the Left-Right Continuum on a Sample of German Voters", *CPS*, April 1972.

37 Bo Slirlvik, "Sweden", in Rose, *Electoral Behavior*, cit., 특히 pp. 424-26.

38 로칸의 표본에 따르면, 좌-우 차원을 따라 배열에 '가장 가까운' 나라는 영국과 스웨덴이다(Rokkan, *Citizens, Elections, Parties*, cit., p. 300).

39 컨버스는 프랑스에는 좌-우 차원 외에 교권-반교권 차원이 분명하게 나타난다는 것을 발견했다(다음을 보라. Converse & Georges Dupeux, "Politicization of the Electorate in France and the United States", 현재는 다음 저작에 수록되어 있다. Campbell et al., *Elections and the Political Order*, cit., Ch. 14; Converse, "Some Mass-Elite Contrasts in the Perception of Political Space", 발표 논문, 국제정치학회 파리대회, January 1975). 그러나 다음을 보라. Emeric Deutsch, D. Lindon & P. Weill, *Les Familles Politiques*, Minuit, 1966; Roy Pierce & S. Barnes, "Public Opinion and Political Preferences in France and Italy", *MJPS*, November 1970. 이 저작에서는 다음과 같은 결론을 내린다. "두 나라에서 여론은 종교 및 종교 관련 쟁점에 대해 좌-우로 정당 정체성이 배열되어 있는 것과 가장 가깝다"(p. 658).

40 그 이유는 곧 설명할 것이다. 그러나 이스라엘은 분명 2차원적이지만, 네덜란드는 그 정도가 약하다.

41 R. Inglehart & Dusan Sidjanski, "Dimension Gauche-Droite chez les Dirigeants et

Electeurs Suisses", *RFSP*, October 1974.

42 Sani, "A Test of the Least-Distance Model", loc. cit., p. 194. 인용문에서 언급한 영국 연구는 다음 책이다. David Butler & D. E. Stokes, *Political Change in Britain*, St. Martin's Press, 1969.

43 H. J. Eysenck, *The Psychology of Politics*, Praeger, 1955, Ch. 4.

44 *Sociologists, Economists and Democracy*, cit., p. 139.

45 컨버스는 계속해서 다음 같이 주장한다. "그런 인식은 모든 투표자가 동일한 방식으로 인식하는 복합적 공간의 함수로 해석되는 것이 아니라, 투표자마다 다른 공간 내의 좀 더 단순한 인식들의 함수로 해석된다고 추측할 수 있다"(p. 197). 내게 이런 관찰은 스토크스가 제시한 '고정된 구조' 가정에 반하는 것으로 이해된다(loc. cit., pp. 371-72).

46 이런 기준들은 유권자 대중 수준이 아니라 엘리트 수준에서 접합된다는 점을 잘 이해해야 한다.

47 예를 들어, 서유럽 좌파가 친아랍적이어야 한다는 기준, 그리고 특히 (좌파의 시각에서) 초자본주의적 기생충으로 비난받아야 할 진정한 봉건 군주들을 건드릴 수 없게 하는 기준을 나는 찾을 수 없다.

48 이것은 연립정부에 대한 우리의 증거를 통해 잘 확인되는데, 이는 인접 원리(adjacency principle)가 사회경제적 선호 순서보다 입헌적 선호 순서에 훨씬 더 잘 적용된다는 것을 보여 준다. 드 스완은 다음 저작에서 선험적으로 사회경제적 선호 순서를 상정함으로써 자신의 훌륭한 설명('폐쇄적' 연립, 즉 인접 연립에 정당화할 수 없는 어려움을 야기한다(De Swaan, *Coalition Theories and Cabinet Formations*, op. cit.). 또한 의원의 당내 좌-우 위치 설정에 관한 연구도 입헌적 기준의 압도적 우위를 보여 준다.

49 곧 자세히 살펴보겠지만. 이런 일반화는 정당이 3개 이상인 체계에 잘 적용된다. 그러나 엘리트 집단과 관련해 양당 체계에도 확대 적용할 수 있다(각주 55 참조).

50 "The Problem of Party Distances", cit., pp. 198-99. 내 그림은 컨버스의 그림을 단순화한 것인데, 이것은 프랑스의 정당 체계를 준거로 하며 6개 정당을 다룬다.

51 시간이 지남에 따라 정당 B는, 경쟁이 벌어지고 패배할 가능성이 있는 차원으로부터 추종자들을 벗어나게 하는 문제에 직면하게 된다. 예를 들어, 현재 네덜란드 가톨릭당이 그런 곤경에 처해 있다.

52 이스라엘에 대해서는 6장 2절을 참조. 네덜란드는 설득력이 떨어지는 사례인데, 네덜란드의 두 주요 정당인 가톨릭당과 캘빈주의 정당이 사실상 서로 경쟁하지 않기 때문이다. 즉 각 당의 지지자들은 구별된다.

53 (적어도 프랑스의 경우) 유권자가 교권-반교권 차원상에서 어디에 위치해 있는가가 투표 선택에 대한 최고의 단일 예측 변수라는 기정사실이 이를 반증하는 것은 아니다.

좋은 예측 변수로 만드는 데는 여러 이유(대체로 불가분의 관계에 있는)가 있기 때문이다.

54 이는 당내 파벌 싸움에서 확인되는데(4장 4절 참조), 파벌 싸움은 오로지 좌-우 진영의 측면에서만 전개된다.

55 이는 엘리트 집단이 아닌 일반 유권자에게 적용된다. 따라서 미국과 캐나다의 학생들은 다른 모든 서구의 학생들과 마찬가지로 자신을 좌-우 연속체 위에 위치시킬 수 있다. 다음을 보라. Jean A. Laponce, "Note on the Use of the Left-Right Dimension", *CPS*, January 1970; David Finlay et al., "The Concept of Left and Right in Cross National Research", *CPS*, July 1974.

56 오스트리아(6장 4절 참조)는 극단적인 사례, 즉 이념적 성향이 더 뚜렷한 양당 체계의 범주에 속한다.

57 특히 이 지점에서 스토크스의 방법론적 비판과 가정은 내가 '현미경 오류'(잘못된 정확성 오류의 변형)라고 부르는 것에 의해 손상된다.

58 6장 3절 참조.

59 종교의 쇠퇴는 '종교적 좌파'를 낳고, 이는 다시 종교적 차원과 경제적 차원이 일치하는 배열을 만들며, 그 결과 좌-우 정치 인식을 강화한다는 점을 덧붙여 두고자 한다.

60 이는 다음 글에서 확증된다. Michael Laver, "Strategic Campaign Behavior for Electors and Parties: The Northern Ireland Assembly Election of 1973", *EJPR*, March 1975. 이 논문은 아일랜드 얼스터 지방에서 단기 이양식 투표제(single transferable vote)를 도입한 것을 다루고 있다. 레이버는 자신의 연구를 검증하는 데 다운스 모델을 활용한다.

61 컨버스("The Problem of Party Distances", loc. cit., pp. 184-93 및 특히 Figure 2)는 정당들 간의 '인식된 거리'와 관련하여 프랑스와 핀란드의 증거를 분석해 다음과 같은 점을 발견했다. "두 나라에서 두 주요 좌파 정당(공산당과 사회당) 간의 거리는 모든 비공산주의 정당들이 점하는 거리를 합한 것만큼이나 매우 넓다"(p. 191). 네덜란드와 관련해서는 달더와 러스크(Daalder & Rusk)의 정교한 연구에 따르면, "잠재적으로 체계 안에 있는 것으로 간주되는 정당과 …… 체계 밖에 있는 정당은 서로 분명한 차이가 있다"(p. 180)(H. Daalder, Jerrold G. Rusk, "Perceptions of Party in the Dutch Parliament" in Patterson & Walke, *Comparative Legislative Behavior*, cit., 특히 pp. 169 이하). 사실 양극화 정도가 비교적 낮은 체계에서 이는 중요한 발견이다(6장 2절 참조). 덴마크에 대해서는 다음 저작에서 이와 유사하게 다뤄지고 있다. Mogens N. Pedersen. E. Damgaard. P. Nannestad Olsen, "Party Distances in the Danish Folketing", *SPS*, vol. 6, 1971. 노르웨이에 관해서는 다음을 보라. Converse & Henry Valen, "Dimensions of Cleavage and Perceived Party Distances in Norwegian Voting", *SPS*, vol. 6, 1971.

62 무엇보다도 다음을 보라. Helmut Unkelbach, *Grundlagen der Wahlsystematik*, Vanderhoeck, 1956, pp. 36-41.

63 Downs, op. cit., pp. 127-32. 참정권 부여가 제3의 '분열' 요소가 될 수도 있다. 이에 대해서는 다운스가 영국과 관련하여 예증한 바 있다(위의 책, p, 129, Figure 6). 그러나 그것은 모든 정당이 새로운 분포에 적응함에 따라 영향력이 사라지는 외생적 요인이다.

64 다당 체계와 관련해 다운스는 다음 같이 간단하게 지적한다. "다당 체계는 정당들이 이념적으로 서로를 향해 다가갈 어떤 유인도" 제공하지 않는다(ibid., p. 126). 유일한 결과는 정당 간 '차이'가 분명하게 유지될 것이라는 점이다.

65 6장 4절 참조.

66 6장 5절 참조.

67 *Exit, Voice and Loyalty*, op. cit., p. 71.

68 부분적으로 이것은 윌리엄 바움의 주장으로, 아래 컨버스의 주장에 응답하기 위한 것이다(William C. Baum, *APSR*, September 1965, p. 693).

69 Converse et al., "Electoral Myth and Reality: The 1964 Election", *APSR*, June 1965.

70 Sjöblom, *Party Strategies in a Multiparty System*, op. cit., pp. 163-64. 쇠블롬은 이 문제를 정당 응집력의 관점에서 간략하게 다루고 있으며, 선호의 당내 분포를 설명하기 위해 다운스 모델을 어떻게 재설계할 수 있는지를 잘 보여 준다.

71 이와 관련하여, 당원들은 일반 유권자들에 비해 상호 작용에 있어 훨씬 덜 다차원적이며, 좌-우라는 명칭을 훨씬 더 많이 사용한다는 점을 기억하라. 이를 지지하는 다른 고려 사항을, 정당 정파를 다루고 있는 4장에서도 찾아볼 수 있다. 예컨대 '이해관계에 의한 파벌'은 순수하게 자신을 위해 득표를 극대화하는 집단이다.

72 6장 1절 참조.

73 군소 정당이라도 정부에 참여해야 한다. 그렇지 않으면 정의상 양당 체계가 되기 때문이다.

74 본문에 소개된 세 사례에 대한 자세한 내용과 이를 뒷받침하는 증거에 대해서는 제6장을 참고하라.

75 5장 2절 참조.

76 이런 설명은 제6장에서 길게 설명한 모호한 사례들, 즉 스위스, 네덜란드, 이스라엘 사례를 해결하는 데 도움을 준다.

77 Downs, op. cit., p. 126.

78 Ibid., p. 21.

찾아보기
(인명)

ㄱ

갤러허, 미리엄(Miriam Gallaher) 30
고트발트, 클레멘트(Klement Gottwald)
　　394
골드워터, 베리(Barry Glodwater) 472,
　　496
귀르셀, 카말(Cemal Gürsel) 399

ㄴ

넨니, 피에트로(Pietro Nenni) 154, 158
노이만, 지그문트(Sigmund Neuman) 79,
　　89
뉴얼, 제임스(James Newell) 12
니에레레, 줄리어스(Julius Nyerere) 359,
　　367

ㄷ

다운스, 앤서니(Anthony Downs) 196,
　　296, 459-465, 469, 470,
　　474-476, 478-480, 489, 490,
　　492-497, 501, 503
달더, 한스(Hans Daalder) 13, 29, 66
당통, 조르주(Georges Jacques Danton) 49
데 가스페리, 알치데(Alcide De Gasperi) 219
도이치, 카를(Karl W. Deutsch) 105

ㄹ

뒤르켐, 에밀(Durkheim, Émile) 232, 364
뒤베르제, 모리스(Maurice Duverger) 24,
　　26, 27, 68, 98, 100, 109, 112,
　　121, 126, 165, 170, 183, 207,
　　208, 298, 426
뒤아멜, 자크(Jacques Duhamel) 248
디 팔마, 주세페(Giuseppe Di Palma) 280

라니엘, 조제프(Joseph Laniel) 249, 250
라만, 셰이크 무지부르(Sheikh Mujibur
　　Rahman) 310
라스웰, 해럴드(Harold D. Lasswell)
　　114-116
라팔롬바라, 조지프(Joseph Lapalombara)
　　12, 14, 189, 324
래니, 오스틴(Austin Ranney) 148
레노, 폴(Paul Reynaud) 248
레이, 더글러스(Douglas Rae) 434, 437,
　　438, 440, 445, 447-452
로베스피에르, 막시밀리앙 프랑수아
　　마리 이지도르 드(Robespierre,
　　Maximilien François Marie Isidore
　　de) 49
로스버그, 카를(Carl Gustav Rosberg) 355
로윈, 발(Val R. Lorwin) 29, 278-280
로즈, 리처드(Richard Rose) 129-131

로칸, 스테인(Stein Rokkan) 13, 29, 237
로크, 존(John Locke) 54
르카뉘에, 장(Jean Lecanuet) 248
리그스, 프레드(Fred W. Riggs) 114~116
린츠, 후안(Juan Linz) 259, 326
립셋, 세이무어 마틴(Seymour M. Lipset)
    29, 237

ㅁ

마담 드 스탈(Madame de Staël) 53
마르슬랭, 레이몽(Raymond Marcellin)
    248
마이어, 피터(Peter Mair) 11
마키아벨리, 니콜로(Niccolò Machiavelli)
    38~40, 49, 128, 166, 171, 174
망데스 프랑스, 피에르(Pierre
    Mendès-France) 250
매디슨, 제임스(James Madison) 50, 51,
    53, 58, 59
매켄지, 로버트(Robert T. McKenzie) 16
맥거번, 조지(George McGovern) 472,
    496
맥그리거 번스, 제임스(James MacGregor
    Burns) 294
맥도널드, 닐(Neil A. McDonald) 325
맨스필드, 하비(Harvey C. Mansfield) 72
메이어, 골다(Golda Meir) 244
멘데레스, 아드난(Adnan Menderes) 397,
    398
몽테스키외(Montesquieu, 샤를 루이 드
    세콩다Charles Louis de
    Secondat) 38~40, 54
무어, 클레멘트(Clement Moore) 362,
    363
미헬스, 로베르트(Robert Michels) 71,

125, 126

ㅂ

바야르, 젤랄(Celâl Bayar) 397
바인더, 레너드(Leonard Binder) 29
바커, 어니스트(Ernest Barker) 92
배리, 브라이언(Brian Barry) 320, 466,
    480
밸푸어, 아서 제임스(Balfour, Lord Arthur
    James) 58
뱅크스, 아서(Banks, Arthur) 286
버크, 에드먼드(Edmund Burke) 36, 38,
    40, 43, 45~53, 62, 64~67, 73,
    110, 111
볼링브로크, 헨리 세인트 존(Henry
    Saint-John Bolingbroke) 35, 36,
    38, 40~44, 47, 48, 52, 58, 119
볼테르(Voltaire, 본명 François-Marie
    Arouet) 35, 36
부토, 줄피카르 알리(Zulfikar Ali Bhutto)
    310
브라이스, 제임스(James Bryce) 70
블랙스톤, 윌리엄(William Blackstone) 54
블랭크스텐, 조지(George Blanksten) 298
블롱델, 장(Jean Blondel) 189, 286, 434,
    437
비델라, 가브리엘 곤살레스(Gabriel
    Enrique González Videla) 253
비아트르, 예지(Jerzy J. Wiatr) 335, 336

ㅅ

사니, 자코모(Giacomo Sani) 479
살라자르, 안토니우
    드올리베이라(António de

Oliveira Salazar) 343, 344, 361

샤츠슈나이더, 엘머 에릭(Elmer Eric
  Schattschneider) 79, 110, 111
셀즈닉, 필립(Philip Selznick) 357
쇠블롬, 군나르(Gunnar Sjöblom) 190
쉐보르스키, 애덤(Przeworski, Adam) 317
쉴레이만, 데미렐(Demirel, Süleyman)
  399
스미시스, 아서(Arthur Smithies) 461,
  462, 476
스토크스, 도널드(Donald Stokes) 460,
  469~471, 474, 488
스프라그, 존(John Sprague) 317

125
엡스타인, 레온(Leon D. Epstein) 112
오스트로고르스키, 모이세이(Moisei
  Ostrogorski) 71, 152
오크숏, 마이클(Michael Oakeshott) 62
와이너, 마이런(Myron Weiner) 12, 14,
  189, 324
울리네츠, 스티븐(Steven Wolinetz) 20,
  21
은크루마, 콰메(Kwame Nkrumah) 358,
  361, 364
이뇌뉘, 이스메트(İsmet İnönü) 396, 397
이오네스쿠, 기타(Ghita Ionescu) 93

ㅇ

아롱, 레이몽(Raymond Aron) 345
아엔데, 살바도르(Salvador Allende) 225,
  230, 252~254
아이젱크, 한스(Hans Eysenck) 480, 483
아타튀르크, 케말(Kemal Atatürk) 396,
  397, 399
알라르트, 에리크(Erik Allardt) 13
알레산드리, 아르투로(Arturo Alessandri)
  253
알몬드, 게이브리얼(Gabriel Almond)
  105, 298, 325, 353, 354, 371,
  372, 383
알타미라노, 카를로스(Carlos
  Altamirano) 255
애로, 케네스(Kenneth Arrow) 463
앱터, 데이비드(David Apter) 24, 364,
  373
에머슨, 루퍼트(Rupert Emerson) 372
에반스, 조슬린(Jocelyn A. J. Evans) 11
엘더스벨드, 새뮤얼(Samuel J. Eldersveld)

ㅈ

젠다, 케네스(Kenneth Janda) 61, 114,
  116, 140
지로드, 로저(Roger Girod) 148
지스카르데스탱, 발레리(Giscard
  d'Estaing, Valéry) 306

ㅊ

체임벌린, 오스틴(Austen Chamberlain)
  295

ㅋ

카에타누, 마르첼로(Marcello Caetano)
  343, 344
캐플런, 에이브러햄(Abraham Kaplan)
  114~116
캠벨, 앵거스(Angus Campbell) 470
컨버스, 필립(Philip Converse) 460, 470, 484

케냐타, 조모(Jomo Kenyatta) 375

케렌스키, 알렉산드르(Aleksandr
  Kerensky) 85

케이타, 모디보(Modibo Keita) 358

켄들, 윌무어(Willmoore Kendall) 148

코크, 에드워드(Edward Coke) 54

콜먼, 제임스(James Smoot Coleman) 355,
  371, 372

콩도르세(Condorcet) 49

콩스탕, 뱅자맹(Benjamin Constant) 53,
  54

키, 블라디미르 올랜도(Valdimer Orlando
  Key Jr.) 78

키르히하이머, 오토(Otto Kirchheimer)
  13, 219

ㅌ

탈몬, 제이콥(Jacob L. Talmon) 55

테일러, 찰스(Charles Lewis Taylor) 327,
  440

텍스터, 로버트(Robert Textor) 286

톨리아티, 팔미로(Palmiro Togliatti) 256

퇴니에스, 페르디난트
    율리우스(Tönnies, Ferdinand
    Julius) 232

투레, 아메드 세쿠(Ahmed Sékou Touré)
  358, 364, 367

ㅍ

파슨스, 탤컷(Talcott Parsons) 280

파월, 빙햄(G. Bingham Powell) 29

포르, 에드가(Edgar Faure) 250

프레이, 에두아르도 몬탈바(Eduardo Frei
  Montalva) 252, 256

플래너건, 스콧(Scott C. Flanagan) 439,
  440

피네, 앙투안(Antoine Pinay) 248

ㅎ

허드슨, 마이클(Michael C. Hudson) 327,
  440

허시먼, 앨버트(Albert Hirschman) 78,
  496

헌팅턴, 새뮤얼(Samuel Huntington) 85,
  127, 129, 334, 352, 390

호지킨, 토머스(Thomas Hodgkin) 383

호텔링, 해럴드(Harold Hotelling) 461,
  462, 476, 496

홉스, 토머스(Thomas Hobbes) 54, 58

흄, 데이비드(David Hume) 36, 38,
  42-45, 48, 52, 58, 131, 134, 175

찾아보기
(일반)

ㄱ

거부권 권력(veto power) 196
　거부권 집단(veto group) 139, 140
경쟁의 가시성 181
　경쟁의 방향 28, 196, 416, 417, 492
　경쟁적 과두제(competitive oligarchy)
　　337
가시적 정치(visible politics) 165~167,
　　180, 227~229, 269
　비가시적 정치(invisible politics)
　　165~167, 180, 227~229, 269
공간 모형(spatial archetype) 476
　공간 탄력성(space elasticity) 490, 491,
　　498, 501
과두제의 철칙(iron law of oligarchy)
　　125
구심적 추동력(centripetal drive) 214,
　　215, 493
　원심적 추동력(centrifugal drive) 215
구조적 양태(structural configuration) 408
권력 파벌(power faction) 134
　이권 파벌(spoils faction) 134, 136
권위주의 지배 정당제(dominant
　　authoritarian party) 371, 373,
　　378, 443
　비권위주의 지배 정당제(dominant
　　non-authoritarian party)

ㄷ

다두제(polyarchy) 95, 101, 445
다(多)파벌 상황(multifactionalism) 144,
　　148, 151
　양대 파벌 상황(bifactionalism) 148,
　　151
단극 체계(unipolar systems) 408
　이극 체계(bipolar systems) 207, 274,
　　408, 415, 492
　다극 체계(multipolar systems) 408,
　　415, 492, 501
단원주의(monism) 84, 88, 99
　일원주의(unitarism) 92, 120, 395
단위 비약의 오류(unit jump fallacy) 91,
　　145
단일 중심 체계(mono centric system)
　　401, 402
당-국가 체계(party-state system) 17, 92,
　　93, 95, 96, 99, 106~109, 120,
　　121, 331, 333, 402~404
대안 연립(alternative coalition) 220, 243,
　　244, 274, 276, 285, 300
　대안 정부(alternative government) 212,
　　276, 300, 412
대중정당(mass party) 28, 69, 87, 152,
　　156, 352, 355, 357, 358,
　　361~363, 368, 475
　반체제 정당(anti-system party) 20, 21,

195, 196, 209, 211, 220-223,
227-229, 238, 277, 278, 453,
454, 502
부차적인 정당(secondary party) 198,
203, 335, 336, 339, 342
사절단 정당(ambassador party) 63, 64
외생 정당(externally created party) 69
우위 정당(predominant party)
원리에 기초한 정당(parties of
principle) 43-45
원자화된 정당(atomised party)
지배 정당(dominant party) 153, 245,
298, 300-302, 304, 306, 336,
426, 450
체계로서의 정당 91, 94, 100, 126
패권 정당(hegemonic party) 198, 199,
324, 332, 335-339, 342-346,
362, 371, 394, 395, 401-404,
406
포괄 정당(catch-all party) 219
협박 정당(blackmail party) 196, 492,
499
대항 야당(counter-opposition) 212
대칭 야당(bilateral opposition) 212
동결(freezing) 237, 238, 244, 341
해빙(de-freezing) 234, 235

ㄹ

레이의 지수 438, 440, 445, 451, 452

ㅁ

모조된 다당 체계(simulated pluralism)
338
극단적 다당 체계(extreme pluralism)

101, 177, 199, 200, 202, 208,
209, 219, 233, 237, 243, 269,
406-408, 434, 488
온건한 다당 체계(moderate pluralism)
21, 201, 202, 207, 213, 233, 238,
269, 274,-279, 281, 283, 285,
307, 407, 408, 411, 433
제한적 다당 체계(limited pluralism)
18, 199, 200, 202, 271, 275, 281
원자화된 다당 체계(atomised systems)
405, 407

ㅂ

복합 사회(complex society) 57
분절(화)(segment/segmentation) 61, 201,
202, 204, 238, 244, 278-280,
308, 409, 410, 412, 447-489
분절된 다원주의(segmented pluralism) 279
사회 다원주의(societal pluralism) 57,
346
입헌 다원주의(constitutional
pluralism) 54
정당 다원주의(party pluralism) 54, 55,
61, 62, 79, 83-86, 90, 93, 95, 99,
106, 117, 120, 309, 322, 335,
390, 400, 404
정치 다원주의(political pluralism) 57,
59
비결정(non-decision) 226,

ㅅ

사회분화(societal differentiation) 57
실용주의 패권 정당제 346, 407
이념적 패권 정당제 407

ㅇ

양당성(twopartiness) 291
연립형/연맹형)
　　정파(coalitional/confederative
　　fraction) 139
　원리에 따른 정파 134, 135, 178
　이해관계에 따른 정파 176-179
　인물 중심의 정파 139
예상 반응의 원리(rule of anticipated
　　reaction) 319, 321
위치 설정(positioning) 214, 474, 483,
　　486, 490, 496
유효 정당(relevant party) 193, 195, 208,
　　212, 220, 232, 250, 255, 269,
　　275, 277, 287, 309, 335, 412,
　　427, 453, 491
　유효성(relevance) 21, 146, 159,
　　193,-196, 271, 294, 335, 339,
　　370, 371, 427-431, 433, 447,
　　450, 452, 454
　유효성 기준 195
　비유효성 기준 195
　집권(연립) 유효성 428-431, 433, 437
의사 추출(extraction) 96
　의사 전달(channelment) 87, 88,
　　105-107, 109, 218, 219, 330,
　　331, 367
　의사 표출(expression) 73, 76-79, 88,
　　96, 105-108, 120, 338, 364,
　　403-406
　의사소통(communication) 78, 79,
　　105-109, 166, 279, 404
이념 거리(ideological distance) 18, 19,
　　201, 208, 211, 238, 277, 278,
　　298, 324, 410, 412, 415, 449,
　　452-454

이념 강도(ideological intensity) 201,
　　324, 329
이념 집단(ideological group) 135
　이상 집단(idea group) 135, 175
　의견 집단(opinion group) 135
　입증 집단(witness group) 135, 136
　촉진 집단(promotional group) 135
이원성(duality) 207
　이원화된 정당 체계(two-tier party
　　system) 145
일당 다원주의(one-party pluralism) 98,
　　102
　일당 민주주의(one-party democracy)
　　98, 144, 151, 384
　전체주의 일당제 323, 328-330, 357,
　　407
　권위주의 일당제 323, 326, 328-331,
　　407
　실용주의 일당제 323-326, 328-331,
　　346, 407
일당 우위 정당 체계(predominant-party
　　system) 18-20, 146-148, 152,
　　159, 160, 198, 199, 203, 219,
　　237, 243, 271, 274, 275, 288,
　　291, 294, 298, 302-304,
　　306-311, 315, 316, 335, 371,
　　378, 394, 398, 401, 402, 406,
　　407, 415, 416, 426, 431, 447,
　　450, 495

ㅈ

쟁점 대중(issue public) 470
　쟁점 선호(issue preference) 466, 469,
　　473, 475
　쟁점 위치(issue position) 132, 466,

470, 474

쟁점 인식(issue perception) 466, 470,
　　473, 475

쟁점 정향(issue orientation) 466, 470,
　　473, 475, 476

쟁점 투표(issue voting) 466~468, 472,
　　474, 475, 489

전달 통로(channel) 73, 76, 79, 88

　정당이라는 수로(party canalisation)
　　96, 366

　정당이라는 전달체(party
　　channelment) 29

정당 체계 분열 / 정파
　　분열(fractionalisation) 437, 438,
　　440, 446~449, 451~453

　정당 체계 분열 지수(index of
　　fractionalisation) 434, 439, 440,
　　445, 447, 448

정당의 수 18, 19, 28, 146, 155, 165, 169,
　　174, 176, 189~192, 194, 197,
　　198, 200, 201, 204, 208, 212,
　　232, 233, 236, 237, 239, 243,
　　244, 278, 308, 324, 372, 374,
　　408, 410, 411, 413, 414, 427,
　　428, 431, 434, 438, 449, 451,
　　452, 454, 487, 488, 491, 493,
　　495, 498

정당 공간(party space) 86

정당 이미지(party image) 468~470, 475,
　　476, 480

정당 일체감(partisan identification)
　　466~468, 470, 473, 476, 480,
　　486, 488

정당 정부(party government) 47, 54, 63,
　　64, 68, 72

　단독 정당 정부 285, 291~293, 295,
　　304, 306

정부 내 정당(party in government) 63, 64

정당 정체(party polity) 16, 25, 29, 73,
　　106, 128, 339, 401, 408, 427

정당성 상실(de-legitimisation) 227, 229

　정당성 회복(re-legitimisation) 227,
　　229

정책 꾸러미(polity package) 468

정치공학(political engineering) 29, 161,
　　180, 181

정치적 연계망(political connection) 47

정형화된 국가(formed state) 351, 352,
　　354

　무정형 국가(formless state) 351, 352,
　　354

주변적 정권 교체(peripheral turnover)
　　220, 285

중간 정당(centre party) 207, 213~215,
　　220, 244, 247, 249, 252, 253,
　　256, 266, 433, 485, 497, 498,
　　501, 502

　중간 지향성(centrality) 213, 495, 503

　중도 논리(centre logic) 501

중심이 하나뿐인 정체(monocentric
　　polites) 96, 97

집권 잠재력(governing potential) 194

　연립 잠재력(coalition potential) 194,
　　195, 196

　협박 잠재력(blackmail potential) 195

ㅊ

책임 정부(responsible government) 64,
　　65, 68, 69, 77, 336

　반응 정부(responsive government) 68,
　　77

추상화의 사다리(ladder of abstraction) 22

ㅍ

파편화(fragmentation) 20, 61, 132, 171,
190, 198, 200, 201, 232, 236,
238, 241~243, 277, 278, 374,
410, 412, 414, 427, 431, 433,
434, 448, 449, 452, 486
파편화 지수 448
파편화율 432, 433
극단적 파편화 450
제한적 파편화 450

ㅎ

하위 체계 자율성(subsystem autonomy)
93~96
하위 집단 자율성(sub-group
autonomy) 94
합의 쟁점(valence issue) 469, 470
위치 쟁점(position issue) 470
협의 민주주의(consociational democracy)
280, 281
혼합 정부(mixed government) 54

정당과 정당 체계

1판1쇄 | 2023년 9월 11일

지은이 | 조반니 사르토리
옮긴이 | 정헌주
펴낸이 | 안중철, 정민용
편   집 | 윤상훈, 이진실, 최미정

펴낸 곳 | 후마니타스(주)
등록 | 2002년 2월 19일 제2002-000481호
주소 | 서울 마포구 신촌로14안길 17(노고산동) 2층
전화 | 편집_02.739.9929/9930 영업_02.722.9960 팩스_0505.333.9960

블로그 | blog.naver.com/humabook
트위터, 페이스북, 인스타그램 | humanitasbook
이메일 | humanitasbooks@gmail.com

제작 | 천일문화_031.955.8083 일진제책_031.908.1407

값 33,000원

ISBN 978-89-6437-439-9 94340
      978-89-6437-191-6 (세트)